朱执信文存

上册

广东省人民政府文史研究馆 编

张 磊 主编

中华书局

图书在版编目(CIP)数据

朱执信文存/广东省人民政府文史研究馆编;张磊主编. —北京:中华书局,2018.8
ISBN 978-7-101-12577-1

Ⅰ.朱… Ⅱ.①广…②张… Ⅲ.朱执信(1885～1920)–文集
Ⅳ.Z426

中国版本图书馆 CIP 数据核字(2017)第 110575 号

书　　名	朱执信文存(全二册)	
编　　者	广东省人民政府文史研究馆	
主　　编	张　磊	
原版责编	陈　铮	
责任编辑	张玉亮　　吴冰清	
出版发行	中华书局	
	(北京市丰台区太平桥西里 38 号　　100073)	
	http://www.zhbc.com.cn	
	E-mail:zhbc@zhbc.com.cn	
印　　刷	北京市白帆印务有限公司	
版　　次	2018 年 8 月北京第 1 版	
	2018 年 8 月北京第 1 次印刷	
规　　格	开本/920×1250 毫米　　1/32	
	印张 34⅝　插页 4　字数 850 千字	
印　　数	1-800 册	
国际书号	ISBN 978-7-101-12577-1	
定　　价	186.00 元	

编辑委员会

目　录

（一）论　著

(二)函　电

（三）文　艺

（四）杂著及其他

附　　录

前　　言

　　朱执信(1885—1920)是中国近代民主革命的光辉前驱,不愧为卓越的理论家和活动家。他短暂的、与时共进的革命生涯,经历了旧民主主义革命高潮、低潮以及新民主主义革命的发轫阶段,宛如一颗明亮的彗星划过近代中国的黑暗天幕。

一

　　朱执信原名大符,字执信、蛰伸,诞生于1885年。他的童年和少年时代是在广州度过的。那是堪称"天崩地解"的年代。梁启超作出这样的慨叹:"十九世纪与二十世纪交点之一刹那顷,实中国两异性之大动力相搏相射,短兵紧接,而新陈嬗代之时也。"帝国主义的侵略和清朝政府的统治所造成的深重民族危机和窳败社会状况,在青年朱执信胸中激荡起了爱国救亡与变革现实的热望。1902年,他考入当时新式的"教忠学堂",颇热衷于探求新知识,并且和一些志同道合的朋友组织了"群智社"。其时,他阅读了《扬州十日记》、《嘉定屠城记》和蒋氏《东华录》等书籍,十分服膺于王船山的学说;还开始接触西方新学,诸如《天演论》、《原富》、《民约论》和《万法精理》等著作;此外,在国外发行的《浙江潮》等革命刊物也给予他深刻影响。这些,滋育了朱执信最初的变革思想①。

1904年,朱执信作为官费留学生前往东京法政大学速成科研习经济。此前,他参加了京师大学堂预科考试,并以高分被录取。反复权衡后,他决心东渡日本寻求救国救民的真理。在当时中国革命分子聚集的东京,他结识了孙中山和其他著名的民主革命活动家,并且迅速地卷入了沸腾的斗争生活。朱执信翌年成为中国同盟会最早的盟员之一。在朱执信当时所从事的广泛革命活动中,理论宣传工作具有特别重要的意义。他担任了同盟会评议部议员兼书记,参与了《民报》的编辑和撰述工作,写下了一系列著名的政论,有力地阐发和传布了孙中山所倡导的、民主革命派奉为政纲的三民主义,沉重地抨击了保皇派的谬论。在1905—1907年间发生的民主革命派与保皇派的大论战中,朱执信具有激进革命色彩的理论活动起了积极的战斗作用,使他跻身于民主革命派的主要理论家之列。

1906年返粤后,朱执信积极从事实际革命活动。他以"广东法政学堂"的教职作为掩护,致力于联络、发动民军和新军的工作。在1906—1911年间,朱执信参与了多次反清武装起义的策划和战斗,其中包括1908年发动民军、新军和巡防营攻击广州,1910年著名的"新军之役"。在成为辛亥革命前奏的"广州三月二十九日之役"中,他充当了"选锋"——突击队员。堪称"凡广东革命诸役,无一不与"②。

武昌起义的枪声传来,朱执信把主要精力放在发动民军和新军的工作方面,立即准备响应。革命形势的高涨,使得广东光复基

① 朱秩如:《朱执信革命事迹述略》,《广东辛亥革命史料》,广东人民出版社1981年版,第426—427页。
② 汪兆铭:《朱执信先生墓表》。

本上"兵不血刃"。军政府成立后,朱执信任总参议,编练军队,准备北伐。南北和议达成后,朱执信被委为广阳绥靖处督办和广东核计院院长,着手遣散民军和整饬财政。当时,革命组织涣散蜕化,革命形势迅速消失,朱执信的辛勤劳作实际上未能真正发挥重大积极作用。

孙中山在1913年点燃了反对袁世凯窃国的"二次革命"的火焰,广东成为宣布独立的省份之一。朱执信在这重要时刻采取了较为坚决的态度,力主加强西江防务。但是,主政南粤的国民党的领导人物——陈炯明等却犹豫观望,未能采纳朱执信的意见,致使"反正"时期率军退驻梧州的桂军统制龙济光根据袁世凯的密令迅速进据广州。朱执信只得前往上海,在那里参与了吴淞的举义。"二次革命"失败后,朱执信和许多民国的创建者们被迫流亡日本。1914年7月,孙中山在东京建立中华革命党以继续进行反袁斗争。这年秋天,朱执信潜返广东策划反对龙济光的战斗。他把主要活动放在运动社会下层分子——"绿林"方面,并且亲自领导了湛江、佛山地区的起义。反龙斗争失败后,朱执信走南洋进行宣传和募款。稍后前往日本,在极其艰苦的处境中加入中华革命党。尽管朱执信当时主要从事实际革命活动,但他仍然为《民国》等杂志报纸撰述了一些旨在捍卫共和、反对袁世凯统治的政论。

1916年,朱执信再返广东,在那里策划了几次规模不大的武装斗争。其时,护国运动已经急剧扩展。由于缺乏明确革命政纲和广泛群众基础,坚决反袁的中华革命党难以承担斗争主要领导的重担,西南军阀、进步党人和国民党右翼分子则乘机攫取权益。结果,护国运动的胜利仅为"去袁"而已,桂系军阀则取代了龙济光在广东的地位,朱执信和他的同志们却遭到排斥和冷落。

1917 年，孙中山举起反对继承北洋军阀衣钵的段祺瑞解散国会、毁弃约法的护法旗帜。在孙中山主持广东军政府期间，朱执信一直是他的主要助手。然而，缺乏实力的军政府不仅难以有所作为，甚至孙中山也不得不在桂系军阀、政客的排挤下，于 1918 年 5 月赴沪。朱执信当时正在漳州协助陈炯明编练粤军，闻讯后也前往上海。作为孙中山的忠实战友，朱执信一面从事准备逐走桂系军阀的活动，一面进行宣传工作，承担了《建设》杂志的编辑和撰述任务。十月社会主义革命和五四运动给朱执信带来了希望和信心，促使他进行不懈的探索和追求。朱执信开始学习俄语，准备到新生的苏维埃国家中去探求救国救民的真理①。这样，他一生中最后阶段的理论活动就达到了前所未有的高度。尽管他的观念基本上仍未越出民主主义的范畴，但时代的新因素毕竟在这个不断追求进步的、忠于革命事业的斗士的著述中得到了反映。

1920 年秋，孙中山决心驱除窃据广东的军阀。朱执信被派赴漳州敦促粤军西进。9 月 21 日，朱执信为策划虎门炮台守军反正被桂系军阀所部杀害，结束了短促而光辉的一生。孙中山惊闻噩耗后表示：对"最好的同志"的牺牲，"痛惋难言"，"使我如失左右手"，"吾党失此长城"。

二

1905—1908 年是民主革命形势高涨的年份，也是朱执信理论活动的始发期。他把阐发、宣传孙中山所倡导的三民主义作为主要任务，这个阶段中所写的诸多政论，在两年之久的两派大论战中

---

① 何香凝：《我的回忆》，中国人民政治协商会议全国委员会文史资料研究会编：《辛亥革命回忆录》第一集，中华书局 1961 年版，第 30 页。

有着重大的战斗作用,传播了革命民主派的思想和纲领,驳斥了保皇派的反革命谬论,揭露了清朝政府的"假立宪"骗局。

这一时期,民族主义无疑是朱执信在他的著述中阐发的中心论题。与保皇派为清朝政府的民族压迫狡辩粉饰的言论针锋相对,朱执信在《论满洲虽欲立宪而不能》、《驳〈法律新闻〉之论清廷立宪》等政论中宣扬了强烈的"反满"思想。他认为国内民族矛盾不容抹煞。满洲统治者残酷地奴役和压榨广大汉族和其他少数民族群众,致使"中国之民,久受困苦于此恶劣政府"①。同时,满洲统治者对外丧权辱国,使得中华民族面临严重危机。"彼视汉人土地,不甚爱惜,何靳以贻之列强。宁有警以为外患,复谋自新之事哉",实际上,充当了西方列强的鹰犬。朱执信确信清政府不会进行诸如"立宪"之类的真正社会改革。因为,满洲统治者与汉族人民"相视如仇雠","侵侮无所不至",而任何进步的社会改革会导致统治者所享有的特权——例如"特任之官,特廪以禄"的取消,这是朽败已极的满洲统治者绝对不能接受的。"其所志无过金玉奢靡,则不惮以贪婪为业。"朱执信告诫人们要摒绝对于清朝政府的幻想,并且尖锐地揭穿了"假立宪"之类伎俩的反革命性质。必须抛弃以"为人所征服之国家为国家"的抹煞民族矛盾的保皇派谬论,即所谓"国家主义",因为,这是"奴隶主义"、"服从主义"。为了进行"政治革命"、"社会革命"乃至"免外国之侵凌",就必须"反满"、"驱除鞑虏",高举民族主义的大旗。

朱执信对于民族主义的阐发是有着战斗意义的。"反满"成为民族主义的重要内容是必然的,这不仅由于满洲统治者与汉族和

---

① 朱执信:《驳〈法律新闻〉之论清廷立宪》。

其他少数民族之间存在着矛盾,清帝国无疑是一个民族"宰制于上"的民族牢狱;还因为以满洲贵族为首的清朝政府的统治所造成的落后状态为侵略者开辟了通道,而其自身则充当列强在华统治的工具,甚至沦为"洋人的朝廷"。在这种情况下,任何真正的社会变革都不能不首先触动内忧外患的渊薮——以满洲贵族为首的清朝政府。只有把社会变革和避免瓜分厄运的内容与"反满"的口号密切联系起来,才能充分显示这个口号在整个民主革命高涨时期的广泛而重大的动员意义。然而,如同大多数革命党人一样,朱执信对民族主义的阐发也有着不可忽视的缺陷。首先,民族主义缺乏明确的反帝内容。严峻的现实乃是:帝国主义与中华民族的矛盾正是半殖民地半封建的中国社会诸矛盾中基本的、主要的矛盾,帝国主义的侵凌是中国社会沦于贫困、落后的最重要的原因。因此,必须提出鲜明的反帝口号,才能科学地概括民族运动的任务,把广大群众的自发反帝斗争汇成一股巨流。反之,把避免瓜分、共管厄运的目标在很大程度上归融于"反满"口号,甚至幻想在不触动帝国主义在华权益的条件下会出现"中国而有革命,新为组织,则其感情足及于外"的局势,则不能不给民族解放运动以消极影响。其次,大汉族主义倾向乃是民族主义的另一缺陷。在"今之革命,复仇其首"的偏执观念影响下,与赞颂汉族成为鲜明对照,满族在中国历史发展过程中的作用遭到抹煞,而被称为"贱种"、"鞑虏",被视作"不可扶植者,与之合同,适以自累"①。这不仅表现了朱执信的民族主义的狭隘性,而且过分强调的"反满"色彩也产生了模糊人们认识近代中国社会两个基本的、主要的矛盾——帝国

---

① 朱执信:《论满洲虽欲立宪而不能》。

主义与中华民族的矛盾和封建主义与人民大众的矛盾——的政治
后果。虽然这种局限性是可以理解的,几乎包括孙中山在内的一
整代革命党人那个历史阶段都在不同程度上未能避免这种缺陷。

民权主义是朱执信从事的理论活动的另一主要课题。在他看
来,清廷只是实施"暴政"、"虐政"的"恶劣政府"。在封建君主制
度下,"吾人犹奴隶耳"①。因此,必须通过"政治革命"建立一个民
主立宪的共和国。他尖锐地批驳了保皇派的"开明专制"主张,认
为这不过是借"开明之号"以行"专制之实"。应当指出,朱执信在
传播民权主义的过程中着重发挥了"国民革命"的思想。他确信
"现时革命亦绝不以豪右为中心点","细民"才是斗争的主力,"今
后革命,固不全恃会党,顾其力亦不出于豪右而出于细民"②。所以
如此,乃是因为"中国富族对于政治革命什九持两端"。与这种把
"细民"视作革命主力的进步观念相联系,朱执信在批驳保皇派诋
毁群众的"贫民当政"论时表述了他对人民政治能力和作用的相当
信心。他向对人民群众抱鄙视目光的保皇派提出尖锐的质问:"贫
民无石储者,何以无为议员之资格乎?议员一用贫民羼入,则秩序
立乱乎?犹是横目两足,犹是耳聪目明,独以缺此区区阿堵,故不
得有此权利。"③不仅如此,朱执信还进一步指出:由于"贫民者居大
多数",因而"若为大多数之人代表者,则其议决势不得私";"富者
居少数也","居少数者欲自利,则可背公而为不正之议决"。

在封建专制主义长期君临的中国社会,朱执信对民权主义的
阐述是有着启蒙作用的。这种"带有建立共和制度要求"的民主主

----

① 朱执信:《心理的国家主义》。
② 朱执信:《论社会革命当与政治革命并行》。
③ 朱执信:《论社会革命当与政治革命并行》。

义思想的传播具有重大的理论和实际意义。在此以前,人们或者以为推翻清帝国的目的在于复兴汉族帝国,或者以为在清廷统治下实行立宪就能拯救国家;在此以后,人们愈益清楚地认识到上述途径是走不通的。正是由于政治思想领域中的这个划时代的变革,才使得鸦片战争以后人民群众的自发反抗运动汇成了民主革命的巨流,而辛亥革命所达到的结果,则是绵延数千年的封建帝制的最后崩溃。朱执信关于"细民"为革命主力的观点和他对"贫民当政"的辩护,更鲜明地体现了迥异于维新派"君子"的激进民主主义色彩。高举共和的大旗和重视民众的理念,无疑是十分卓越的思想。当然,民权主义也烙有历史局限性的印记:首先,朱执信对于作为楷模的西方资产阶级民主制度采取了几乎是无保留的肯定态度,虽然"代议政治"的虚伪性随着自由资本主义过渡到帝国主义而日益加强;其次,尽管朱执信斥责了保皇派对人民参与政治活动的诬蔑,但是人民在未来共和国的地位缺乏明确具体的论述,因为以西方为典范而建立的国家是不可能实现真正完满的民主。

为了反击保皇派的诋毁,朱执信把自己当时理论活动的重点集中于有关民生主义的诸课题。他认为民生主义的倡导和实行是非常必要的,西方国家的状况可资戒鉴:由于社会经济组织不完全——"放任竞争"和"绝对承认私有财产",因而出现了"贫富悬殊"的现象,形成"资本跋扈"、"富豪跋扈"①的局面,造成"社会之痛苦,遂无暂已之期矣"②,致使"二次革命"即社会革命成为不可避免。中国现状不同于西方——"贫富之分"还"不可以为悬殊",但却正为"防患于未然"提供了便利条件:"当其未大不平时,行社

---

① 朱执信:《英国新总选举劳动党之进步》。
② 朱执信:《北美合众国之相续税》。

会革命,使其不平不得起,斯其功易举也。"加以中国政治革命的"主体",不是社会革命的"客体",更便于"以一役而悉毕其功",即是社会革命与政治革命同步并行。所以,社会革命对于中国是必需与可行的。而与中国社会近代化的现实与趋向相应,土地和资本问题成为朱执信在民生主义中阐述的重点。"平均地权"——"土地国有"乃是民生主义的主要内容,在他看来,这是防止垄断和谋求全社会福利的首要手段:"文明日进,地租日增……推测土地为一二私人独占之效果,因谋其救治之术,而令其渐增之益归之社会全体。"①考虑到社会革命"非夺富民之财产以散诸贫民",而"土地之价值总额过大"到不能以"单纯一时收买之方法为满足",所以,朱执信认为实施"土地国有"的主要方法有二:"先给国债券而后偿还";"划定价值后有增价悉以归官,然后随时依价收买"。朱执信确信"土地国有"一经实现,则可"尽废诸税",而以"土地收入,得使国有",使"人民负担……减轻"。其次,朱执信在资本问题上提出了"铁道国有"的主张。与"土地国有"的目的类似,"铁道国有以抑制私营自然独占事业者之专横为目的,而其抑制之原因,则以欲致社会上幸福"②。朱执信确认对"私营"资本必须加以"节制"和发展国有企业,不能容忍"已失人性"的资本家"肆其淫威而恫喝一世"和"复朘削劳动者",因为这与"国民之福利"相矛盾。

　　十分明显,民生主义乃是革命民主派思想体系中最为鲜明地反映其社会属性的历史地位和特性的重要部分。历史的辩证法在于:当年轻的中国资产阶级踏上政治舞台并且准备大体以西方国家为楷模来改造清帝国的时候,资本主义列强却已经处于社会主

---

① 朱执信:《土地国有与财政》。
② 朱执信:《从社会主义论铁道国有及中国铁道之官办私办》。

义革命的前夜;资本主义发展到帝国主义阶段,而曾经参与过资产阶级民主革命的"第四等级"则已成为社会主义运动的主体。这样,仍然处于"向上发展"阶段的中国资产阶级的左翼政治代表革命民粹派,在解决历史所提出的现实任务即反对中世纪的陈腐桎梏的过程中,亦熔铸了包括对于资本主义社会溃疡的某种批判和预防社会主义革命内容的主观社会主义——民粹主义。正如列宁所解析的:民粹主义在这里成为对民主主义的"特殊补充"。不过,民生主义与民粹主义有着歧别:前者对资本主义的发展不抱感伤和恐惧,而是承认历史的必然。毫无疑问,民生主义的倡导是有着积极意义的。首先,作为社会革命中心内容的"土地国有"政策实质上是最大限度发展资本主义的举措。列宁在《中国的民主主义和民粹主义》一文中指出:"即以亨利·乔治式的什么单一税来实行土地国有……使'增加的'土地'价值'成为'人民财产',也就是把地租即土地所有权交给国家,或者说使土地国有化。"而这一切只是意味着"尽量铲除农业中的中世纪垄断和中世纪关系,使土地买卖有最大的自由,使农业有最大的可能适应市场"①。十分明显,朱执信的"平均地权"——"土地国有"的主张是积贫积弱的中国近代化的步骤。至于资本问题的二元内涵:节制资本问题和发展国家资本,显然利于社会经济的推进。事实上,朱执信的社会经济理论并非等同于社会主义,只是具有某些因素,其中,还包含着主观社会主义观念。他的土地方案在很大程度上正是亨利·乔治的"单一税"论和约翰·穆勒的"土地国有"主张的混合物。亨利·乔治认为贫富悬殊导源于"土地价值的日往上升"和这种社会进步造

---

① 《列宁全集》第十八卷,人民出版社1959年版,第155—156页。

成的物质利益为"地租"所吞没;因此,必须征收单一的、等于地租额的土地税。约翰·穆勒则主张对全国土地予以估价,然后把因社会进步而增殖的土地价值以赋税形式交给国家。这种方案既非科学社会主义,也不可能解决农民的土地问题。正如恩格斯在《美国工人运动》中所指出:"亨利·乔治所主张的,则是丝毫不动目前社会的生产方式。"同样,"铁道国有"也只是意味着国家干预和经营企业,在一定的条件下,这种措施会对工业化的发展起积极作用。正如"土地国有"一样,"铁道国有"也不是社会主义,因为,国有的性质在最大程度上取决于社会基本生产关系和国家性质。其次,民生主义中包含着对于资本主义社会溃荡的批判和对于资本家贪婪暴虐的揭露,以及由此而产生的对于社会主义的同情。这在当时的社会政治思想领域中有着重要进步意义。此外,朱执信的有关著述中也表露了他对劳动人民生活状况的关怀:减轻人民负担,是他在"土地国有"政策中的企望;而在阐发"铁道国有"的优越性时,"职工保护"问题也被提出。当然,朱执信所宣扬的民生主义也存在着严重的缺陷。首先,朱执信在他的著述中未能把"土地国有"与农民问题——农民挣脱封建主义桎梏和获得土地问题联系起来。在他看来,防止垄断和把增长的地租转交国家乃是民生主义的真谛。因之,他的目光集中于城镇及其郊区的土地,所谓"吾人所以主张以土地为国有者,其主要之目的全在宅地"。然而,农民解放——"耕者有其田"问题乃是中国民主主义革命的根本内容之一,而没有广大农民的奋起,革命运动——包括"社会革命"——的彻底完成是不可想象的。其次,民生主义中的主观社会主义色彩也有其消极方面:幻想由于中国社会的落后而利于"预防资本主义",这是有悖于历史趋向的臆断,而力求使"政治革命"与

"社会革命"毕其功于一役的主张,则是混淆革命步骤。中国革命必须分两步走——民主革命和社会主义革命,混为一谈的观点是为科学的革命理论所不取的。

应当指出,朱执信还是最先在中国介绍马克思、恩格斯和马克思主义的先进人士之一。他的战友何香凝忆称:"在同盟会中,朱执信是真正研究马克思主义的人。"[①]这是完全可以理解的:热衷于"社会革命"的革命民主派成员必然会——如同列宁所指出的——"真挚地同情欧洲的社会主义"。在《德意志社会革命家列传》一文中,朱执信片断地介绍了马克思、恩格斯的革命活动和《共产党宣言》、《资本论》的某些内容。朱执信对马克思主义有其赞扬的方面,他十分称道关于阶级斗争的学说:"马尔克素欲以阶级斗争为手段,而救此蚩蚩将为饿莩之齐氓。"显然,他的相关述评在20世纪之初的中国是难能可贵的。但是,历史的局限使得他难以对马克思主义有着正确和全面的理解,例如,比较强调了"社会救济之策",而未能对科学社会主义进行系统的介绍;夸大了在价值规律基础上产生的小生产者的分化,却忽视了为资本主义诞生过程所必需的"血腥的"原始积累,以致得出马克思的资本"从掠夺得"的论点对于"资本起源"阶段"不无过当"的评论。此外,把马克思与拉萨尔并列以及对拉萨尔的介绍,也表明了同样的缺陷。

由于缺乏相应的社会基础和条件,朱执信对马克思主义的评介未能如同在五四运动前后那样引起深远的反响。

三

作为孙中山的忠实战友,朱执信在辛亥革命后的坎坷岁月中

---

① 何香凝:《对于孙中山先生的片断回忆》,《人民日报》1956年10月29日。

始终站在斗争的前列,除了进行实际革命活动外,朱执信在这个阶段——主要是在1914年期间写下了一系列著述。

反对袁世凯的暴政,是朱执信理论宣传的中心。朱执信尖锐地抨击了袁世凯倒行逆施的举措,指出这不过是"少数阀阅富豪,戴一独裁总统"[①]。其次,朱执信把矛头指向秉承袁世凯的旨意为"帝制自为"制造理论根据的"学者"和政客们——从美国顾问古德诺直到所谓"六君子"——的各色谬论。他着重批驳了喧嚣一时的"开明专制论",并且指出了这种谬论包藏着恶毒的政治阴谋,"其志固在专制不在开明也"[②]。在当时政治逆流的情势下,揭露袁世凯的反革命面貌和建立洪宪王朝的鬼蜮心肠,显然具有实际战斗意义。

捍卫共和制度,坚持民权主义——这是朱执信在他的论著中着重阐述的另一重要内容。针对与当时的反民主共和谬论,朱执信给以有力的反击。他驳斥了"暴民政治"论,指出这种谬论的政治目的在于使除"彼富贵之一集团"外的"不得富贵之国民"成为专制主义的奴隶:"徒为贵族供其奔走,献其衣食,待其摧残,伺其喜怒,不得议政治之短长。"与反动分子诬称"革命者"和民主政治为"暴民"和"暴民政治"的谰言相反,真正"屠戮最多,无恤暴之本义"者,正是袁世凯及其爪牙。

针对当时革命党人内部和群众中间存在并滋生着犹疑、动摇和失望的情绪,朱执信在他的著述中力求鼓舞人心和坚持斗争。他反复地说明袁氏政权的稳定乃是表面的、暂时的现象,"今日民心之恶袁而匿之者又甚于昔";一旦"国民举出而于表面反对……

---

① 朱执信:《暴民政治者何》。
② 朱执信:《开明专制》。

则袁倒久矣"①。因此，"又生第二之共和"乃是无疑的趋势。至于
"今日吾人所应致力者"则主要"在促进人民之觉醒"。朱执信反对
"曲全苟安"的思想，号召人们为将来而斗争，在他看来，这才会使
生活具有意义和促动社会发展："夫为将来而牺牲现在者，能使现
在有现在以上之价值，故其进步不息。"②

　　毫无疑问，朱执信的理论活动是有着积极斗争作用的。在那
个沉郁的时代，这些政论堪称斗士的呐喊。但是，朱执信的思想在
这个阶段尚未获长足的发展：如对民权主义诸课题的阐述大体未
曾超越《民报》时期水平，先前理论活动中的缺陷也大抵未能有所
克服。首先，朱执信也像许多革命党人一样相信清朝政府的瓦解
意味着民族主义的实现，因而一度未能继续高举民族主义的旗帜，
把理论斗争的矛头指向中华民族的大敌——帝国主义。反之，还
对帝国主义存在着一定程度的幻想和轻信。例如，认为列强支持
袁世凯，只是要使"中国安定"以便"经济之竞争"，并且幻想革命
"成功迅速而干涉无由而至"。其次，朱执信在捍卫共和制度的过
程中并未发展民权主义。他仍然相信欧美"代议制度"是完善的，
未能深察它们日益反动的实质。辛亥革命以来的社会政治生活中
的屡遭"顿挫"，也未曾使他深入考虑资产阶级共和国在中国的现
实性。再次，朱执信对人民群众的认识和估计也是带有片面性。
在那革命处于低潮的阶段，他痛感人民精神面貌中的消极方面：
"只知有共和，而于共和之内包（各属性），初未尝领会"，甚至对于
政治"若不相关"。但是，他却未能理解这种现象乃是统治阶级造
成的恶果，人民群众将在变革现实的活动中改造主观世界。显然，

---

① 朱执信：《革命与心理》。
② 朱执信：《未来之价值与前进之人》。

上述情况并非偶然:表明旧民主主义革命已经走到自身的降弧期,必将为新的革命运动所代替,而革命民主派曾持之战斗过的理论、纲领和方针则面临着历史进程的扬弃。

四

　　1919—1920 年的民主革命转变年份,是朱执信理论活动的高峰期,他写下了约四十万字的著述,几占他一生为文的大半。朱执信在此期间曾把更多的精力投入宣传工作,原因在于革命形势急剧发展的需要。辛亥革命失败以来的压抑氛围被打破了,如同朱执信所指出的:“民国以来,到现在,总要算这个时候最有光明。”[1]沸腾的社会政治生活,文化领域中的激荡,纷至沓来的新问题……迫切要求革命运动的指导者认真思考,予以科学的概括、阐释和解决。切实反映社会实际和密切结合当前斗争的著作显示了朱执信思想的重大发展,在当时的社会条件下发生着积极作用,具有时代先导的意义。当然,这也是世界范围革命浪潮高涨——特别是十月社会主义革命和五四运动影响的结果。

　　有关三民主义诸课题的新阐释,构成了朱执信这一时期著述的主要内容。

　　民族主义,在朱执信的阐述中得到了不容忽视的发展。首先,给人类带来巨大灾难的世界大战和战后帝国主义列强宰割殖民地附属国的卑鄙行径,迫使朱执信把如何认识和对待“文明的”侵略者作为当前的重大议题。在《伯达铁路之过去及将来》、《朝鲜代表在和会之请愿》等政论中,朱执信强烈谴责了殖民主义。在他看

---

[1]　朱执信:《不合时宜之调和论》。

来,帝国主义国家乃是弱小民族"自由意志"的压迫者和"倚恃资本"的剥削者。严酷的现实使得他作出了这样的论断:西方列强的"国家主义"已经由"军国主义"的途径发展为"帝国主义",而帝国主义则意味着"对于国内要求大部分国民之牺牲……对于国外以统治异民族为根本政策"①。从这种认识出发,朱执信认为被压迫民族决不能依赖帝国主义。对于中国的山东问题的有关决议,表明了聚集在巴黎和会的帝国主义列强业已抛弃了"民族自决之主义";同样,波斯也不可能借助法国而摆脱英国的奴役②。然而,殖民统治的命运是不会长久的,帝国主义的侵略必然引起反抗——"朝鲜独立运动"的"原动力"即由"日本资本家,逐日以压榨形成"③。被压迫民族一旦具有充分的"抵抗之意志",懂得"非有武力,不能反抗",并意识到"联络之必要",则作为"世界革命的一部分"的"独立运动必将胜利"。他在《朝鲜代表在和会之请愿》一文中重申:"于此二十世纪,一民族中之少数人,尚欲倚其与之反对之劳农所组成之武力为后援,以拥护其握有他民族奴隶使之之特权,真犹燕巢幕上,决无长久理矣。"其次,对于国内范围的民族问题,朱执信提出了"民族自决"的原则,在他看来,不应当以"多数民族之主张"强迫"少数民族绝对服从";而对"满、蒙、回、藏的人民意思,我们万不可不尊重他"④。

朱执信关于民族主义的阐述增添了颇有意义的新因素。把认识和对待帝国主义殖民主义的问题提上首要议事日程,谴责帝国

---

① 朱执信:《国家主义之发生及其变态》。

② 朱执信:《英国与波斯之新协约》。

③ 朱执信:《朝鲜代表在和会之请愿》。

④ 朱执信:《不可分的公理》。

主义列强的野蛮掠夺,同情和赞扬民族解放运动,确信殖民统治必将瓦解,这种观念具有重要的现实意义,也表明了朱执信的思想的进展。国内范围的"民族自决"原则的提出,则意味着大汉族主义倾向的消弭。这种主张体现了民主主义的精神,较之孙中山在1920年所提出的以汉族为中心的民族"同化"——"融成"论更为符合实际。当然,民族主义的局限性仍然存在。朱执信对于帝国主义的认识还缺乏深度和广度,在他看来,帝国主义只是一种恶劣的"政策",而未能把它科学地理解为资本主义发展的本质表现。这样,朱执信也就不可能把殖民主义视作帝国主义社会经济、政治的必然产物;反之,却在猛烈鞭挞本国统治者祸国殃民的暴政时作出客观上淡化帝国主义侵略罪行的论断——"侵略之争,虽发于人,其所以招致侵略之原因,固在自身"①。而在《侵害主权与人道主义》一文中,竟然认为领事裁判权乃"以立法司法之不良而诱起"。其次,对待资产阶级"国家主义"(即是民族主义)的考察也表明了朱执信的局限。他从严酷的现实中得出了列强的"国家主义"已发展为穷兵黩武的"军国主义",或以"统治异民族为根本政策"的"帝国主义"的论断,但是,却未能把这种变化与资本主义的本质及其发展过程联系起来,反而主观和片面地认为"其病皆在于只知国家有目的,不知人类有目的,只知国民要为国家牺牲,不知国家要为人类牺牲"。在这种未能触及要害的批判基础上,朱执信只能提出补苴式的、臆造的诸如"絜矩的、相容的国家主义"的主张,不可能得出反帝的明确结论。再次,朱执信关于国内民族的"自决"原则的阐述也未超越民主主义的范围,只能是一般地、空泛提出"平等"的

---

① 朱执信:《伯达铁路之过去及未来》。

问题。

民权主义,主要是关于"直接民权"思想是朱执信在这个阶段所传播的重要政治理论。在继续揭露和斥责各派军阀践踏"民主"与"共和"、积极捍卫"民国"的同时,朱执信把"直接民权"作为一种新的民主政治方案大加宣扬,认为"直接民权"乃是"一劳永逸之计,根本解决之法"①。人民只要握有选举、罢免、复决、创制四权,就可以使"主权在民"的原则充分体现于政治生活。同时,朱执信还强调了实施"地方自治"的重要,在他看来,没有"地方自治"则"民权政治,无由发生"②。

应当指出,朱执信积极宣扬孙中山在 1916 年提出的"直接民权"主张并不是偶然的。一方面,朱执信的目光愈益触及了资产阶级政治和议会制度的溃疡。现实生活迫使他承认"代表制自身缺点,加以政党之助长,所以信用全失,责备诸多焉"③。为了弥补这种缺陷,朱执信在政体方面进行了探索。另一方面,由于资本主义国家中无产阶级的壮大,宪法不能不在一定程度上有所反映,加以资产阶级国家行政机构业已成为庞大的军事官僚集团,呶呶空谈的议会日益丧失了蒙蔽人们的作用,因此,资产阶级政治家再次唱出了卢梭的原则,玩弄起诸如"公民投票"之类的补救伎俩。这样,在西方国家——尤其是美国和瑞士——腾起了甚嚣尘上的"直接民权"、"全民政治"的声浪。于是,呈现出一种颇有意味的社会现象:作为西方"民主制度"衰败而企图改良的"直接民权"的主张,却被中国的革命民主派当作新的民主政治方案。这里,正是评价"直

---

① 朱执信:《请愿与民权》。
② 朱执信:《我们要一种什么样的宪法》。
③ 朱执信:《国会之非代表性及其救济方法》。

接民权"的关键。不容否认,朱执信宣扬"直接民权"是有着一定积极意义的,表明了他忠实于民主主义,力求以"主权在民"的精神来消除资产阶级"代议政治"的缺陷。《中国国民党第一次全国代表大会宣言》曾经予以肯定,指出"直接民权"的实施"既以济代议政治之穷,亦以矫选举制度之弊"。但是,其局限性也是十分明显的。首先,朱执信没有把政体和国体问题联系起来,因而也就无从对所提出的任务给予科学的论断和真正的解决。事实上,资产阶级共和国根本不能实现"主权在民"的原则。撇开国体而单纯着力于政体的探究,不能不流于形式主义的泛论;而企图以政体的某种变革作为解决民主政治问题的"一劳永逸之计",则难免陷于空想和侈谈。其次,"直接民权"的主张表明了朱执信的目光始终未能脱出西方"议会政治"的窠臼。尽管他目睹了资产阶级政治制度的溃疡,但却仍然认为"国会仍为当采之制度"和"今代民治基础"。这种情况,影响了民权主义思想向纵深发展。

民生主义、社会革命的有关课题,也在这个阶段中得到阐述。和过去所持的论点相似,朱执信把"平均地权"视为"实行社会主义的第一步",认为"用地的权,是人人有的"。在他看来,"社会的改造,从破除独占作用起",而"土地的独占性最大","掠夺本领最多"。土地问题解决后,"其他问题都很容易解决"①。其次,关于中国工业化问题的论述也在民生主义中占了相当比例。朱执信认为必须迅速改变"工艺没有发达、自然资源没有开发"的现状,实现孙中山所制定的"实业计划"。在如何实现"实业计划"的问题上,朱执信未作比较详细的阐述。然而,值得注意的有下列几点:第

---

① 朱执信:《恢复秩序与创造秩序》。

一,他不相信资本家的"提倡实业"能够救中国的"贫""弱"①;第
二,朱执信认为如铁路修建、港口辟筑之类的巨大企业应由国家经
营;第三,朱执信谴责了资本家对于工人的腋削,主张改善劳动人
民的生活状况。他认为"中国的劳动者……所受的痛苦,比别的国
民也要加几倍"②,所以,必须实施"减少工时"、"工厂改良"、"疾病
保险"、"废疾年金"等主张。

朱执信上述主张有其积极的一面。除去发展实业的经济纲领
颇具现实意义外,需要着重指出,他在这个阶段中对于资本主义的
批判较前有所深入;而对人民群众生活状况的关怀,也比过去有所
进展。在《兵底改造与其心理》一文中,朱执信更把他所设想的"寓
兵于工"的"理想区",定要使得工人"摆脱隶属关系":"主要的工
厂管理权都要叫工人参与";虽然在"私有制还不能废止"的时候要
承认"资本的利息",但"决定产额、价格、工钱的权要分给工人"。
朱执信尽管未曾以之作为社会经济纲领,但这种新观念却反映了
新生的苏维埃国家的影响。然而,民生主义的局限性仍然存在。
平均地权的主张依然未能和农民解放的课题密切联系起来,实施
的手段也具有改良主义色彩。同时,预防资本主义的臆想和混淆
革命步骤的主观社会主义也并未摈除。关于工业化的思想中包含
着一些模糊的观念:其一,对于中国的民族资本主义缺乏科学的认
识,因而也就不可能给予正确的评价。其二,未能把实现工业化与
推翻现存社会制度联系起来。不挣脱殖民主义、封建主义双重枷
锁的束缚,"实业计划"难免成为"纸上谈兵"。

朱执信的思想发展还表现在下列几个重要课题的相关论述。

---

① 朱执信:《实业是不是这样提倡》。
② 朱执信:《野心家与劳动阶级》。

在客观形势的影响下,朱执信对于人民群众的作用和意义有了进一步的认识。"民意战胜金钱武力",这就是他在第一次世界大战结束后从剧变的政治生活——首先是俄匿和欧洲各国的革命运动中所作出的论断。稍后,朱执信更在一系列政论中发挥了这种思想。在他看来,人们"是要由不觉悟走到觉悟的"①。而"以其主义主张结合其众",则是不可抗拒的力量。所以"国家之中最有力者为人民,人民所归向者,始谓之实力";反之,貌似强大的军阀却是"且夕可以倒坏的"②。不过,朱执信仍然在很大程度上把群众视作需赖"先知先觉"引导的被动力量。他较多地看到人民精神面貌中落后愚昧的一面和被扭曲的抗争,而未能把它理解为这是统治者迫使人民处于贫困和无权状态所造成的恶果,况且,群众将在改造客观世界的斗争中变革主观世界。对义和团运动的偏颇理解表明了他的局限,朱执信甚至苛责人民"无知识与无适当之主义",以致"以同情而生仇教","以爱国而成拳匪"③。

在有关革命斗争的诸课题上,朱执信曾经作出了一系列卓越的论述。他强调了阶级斗争的观点,反对一些论著所散布的投降主义的"调和论"。在他看来,"不争是永远没有的","斗争是永远没有了期的"④。以这种理论观点考察社会政治生活,朱执信同意"社会主义者的主张,不能不先绝灭阶级;要绝灭阶级,还要借斗争的一个阶级的力量"⑤。在革命运动依靠谁的问题上,朱执信的目光更多转注于工农群众。他对资产阶级不抱期望,"冂国的商人,我不敢

---

①　朱执信:《倒叙的日俄战争史》。
②　朱执信:《所谓实力派之和平》。
③　朱执信:《舆论与煽动》。
④　朱执信:《不合时宜之调和论》。
⑤　朱执信:《新文化的危机》。

希望他的团体有打破环境的举动";而"中等社会"、"中产阶级"的"没落",也是不可"防止"的趋势;此外,"没有农工帮助"的"学界"也是"没有真正的力量"①。在他看来,"一天增加一天"的"工人力量"是中国革命"难免"的主要因素,同时,必须"运动乡下人爱国才有用"。关于革命斗争的方式和手段,也是朱执信论述的重要课题。显然,他益发意识到武装斗争和建立革命武装力量的巨大意义。这不仅是对先前长期革命教训进行初步总结的结果,更为现实的是苏维埃国家的经验启示。朱执信十分重视和认真研究俄国革命的经验,称赞新制度的诞生和革命党人"为社会牺牲的精神"。他翻译了《劳动军法规》,把兼充"防卫主义的武力"和"共同经济建设的先锋"的"赤卫军"视为楷模,认为"现在俄国的赤卫军,就是俄国劳农阶级的乳母"②。朱执信以为斗争的方式和手段是多种多样的,但单纯从事"劳工运动"、"教育"事业、"工农互助团新村活动"或"请愿"难以达到变革社会的目的。由于革命的敌人握有"兵"和"钱",所以,革命阵营必须具有自己的武装力量,以之作为斗争的主要方式和手段。朱执信还强调指出革命斗争所依赖的武装力量必须是崭新的,"有民主的、有希望的、不突然过劳的、精神上平等的"军队③。上述崭新的武装力量,只能属于"俄国的劳动军"类型。它的英勇无敌是毋庸置疑的,苏维埃国家的赤卫军和参加赤卫军的中国战士的光荣业绩即为明证。由于朱执信来不及充分深究,又未能赴俄实地考察,所以他的认识还是不够深刻、全面和精当的。

---

① 朱执信:《野心家与劳动阶级》。
② 朱执信:《匈俄苏域政府的兵》。
③ 朱执信:《兵底改造与其心理》。

　　朱执信在有关革命斗争问题所持的新观念具有重要的积极意义。在有关革命斗争的系列论述中,充实了许多积极的新内容。如在论及革命运动应以何种社会力量为基础时,朱执信进一步发展了过去以"细民"为革命主力的观点。至于武装斗争和建立革命武装的思想,对于革命运动有着迫切的理论和实践意义。当然,上述观念依然有着不容忽视的缺陷。工农群众仍被视为需要资产阶级、小资产阶级革命家"唤起"和"扶助"的对象,而建立革命武装的方案则包含着不少空想成分。

　　朱执信关于一系列社会思潮和运动的著述不可忽略。他对五四运动前后汹涌澎湃的群众运动采取了积极态度,不仅投身其中,并力求给予正确引导。他热烈参与了新文化运动,他以进化、发展的普遍观念作为向腐朽事物挑战的武器。他坚信宇宙万物"无所谓永远,无所谓绝对","一切事实皆应与人生进化之道路以为评价"①。僵死的"宗教信条"必须"打破",政治、法律和道德"亦应随社会以改变","秩序是永远有的,永远的秩序是没有的"。这样,世界才会"有进化、有革命、有改造"②。同时,朱执信还就新文化运动本身提出了中肯的意见:既反对了不务实际的空谈,也反驳了胡适的"多研究些问题少谈些主义"的偏见,明确指出:"真要研究问题 自然也要研究到一个主义上来,没有可以逃得过的。"学生运动也为朱执信所关注,他充分估计了学生运动的作用和意义:"为之唤起言论,为之率先实行","博一国之同情,生绝大之效果"③。同时,告诫青年学生切不可使运动限于学界和拘于一隅,而应使之"遍于各阶级各地方";青

---

①　朱执信:《神圣不可侵与偶像打破》。

②　朱执信:《恢复秩序与创造秩序》。

③　朱执信:《学生今后之态度》。

年学生必须懂得"没有农工的帮助","学界"也没有真正的力量的道理,要去"运动乡下人爱国"。在对当时各种破坏学运的谬论进行反驳时,朱执信强调了学生的社会义务,指出对国事的淡漠有悖于"国民之资格"。求学的目的在于"办事","真正的学问是要同社会有脉络贯通的"①。朱执信劝阻青年学生切勿为宗教所"毒害",形成慢性的精神自杀②。此外,朱执信对妇女运动也提出了一些有益的意见。这些紧密结合当前斗争的政论在社会政治思想生活中发生了积极的战斗作用,它们是朱执信后期著述的重要组成部分。

"生如闪电之耀亮",而非时的逝世中断了朱执信的思想和实践的光辉进程。他的政治生涯——特别是最后的思想高峰期如此短暂,以致许多卓越见解未能得到充分阐发,不少正在开展的探索与践行突遭中止。

虽然壮志未酬,英名青史长存!

编　者

2018 年春·广州

---

① 朱执信:《求学与办事》。
② 朱执信:《青年学生应该警戒的两件事》。

编辑凡例

一、本书除译文外,凡朱执信的著作尽量收集齐全。编印时力求采用原稿或最初发表的报刊,没有原始资料可资依据的,就采用建设杂志社 1921 年编印的《朱执信集》。

二、为了便于了解朱执信思想与实践的发展情况,本书排列原则是:按照不同的内容分为五类。

(1)论著、函电、文艺、杂著及其他,都按写作时间先后编次;没有写作日期,即按发表日期;写作和发表日期皆难确考者,则按内容估定时间;无法判断时间的,编在该类著述的后面。附录部分包括"朱执信先生墓表"、"先兄执信行状"、"朱执信主要活动年表"、"主要参考文献"。

(2)每篇文章都保持原来的标题,没有标题的(如函电)由编者拟加。

(3)每篇文章之后都注明写作或发表年月以及材料来源。凡编者估定的写作或发表日期另在各篇首页加页下注。

三、本书根据作者原稿和最初发表的报刊及《朱执信集》(建设杂志社版)互校。凡据《朱执信集》校过的,又末加▲号标明。

(1)在校正过程中,《朱执信集》有明显错误的文字从报刊;《朱执信集》改正后的文字从《朱执信集》;报刊和《朱执信集》都为舛错且无原稿可资校对,由编者予以更正。对明显的错字改正后不作说明,如"鲁王威廉第一"的"鲁"字显然是"普"字之误。遇有疑问的地方,对原文不作改动,另用[　]号标明疑作何字。原文有脱字,尽量补出,所补字加【　】号标明。

　　(2)原文有时残缺处,确知字数的用相应数字的□号标出,不能确知字数的,用一个□号标出。

　　(3)原文有时为了突出文句而使读者注意,夹用大号字排印。今为排版方便,一律改用黑体字。

　　四、为了帮助读者了解正文,特别是信函类中颇多简称、别号或隐语,对文中人名、地名、译名及事由等择要加注说明,放在页下。作者原注均置文后。

　　五、本书较中华书局初版《朱执信集》增收之内容于目录处标"△",较中华书局《朱执信集》增订本增收之内容于目录处标"△△",以示区别。

（一）论　著

论满洲虽欲立宪而不能

今之非革命者,则曰:立宪易,革命难。呜呼! 是乌知立宪,是乌知革命。夫欧美孰有不革命而能立宪者,况中国之立宪不可同于欧美也。

吾今正告天下曰:中国立宪难。能立宪者,惟我汉人。汉人欲立宪,则必革命。彼满洲即欲立宪,亦非其所能也。

今之为争者,斤斤于满洲之欲立宪否,以为立宪之难易。此所以一闻贱种二三转移之言,而遽信立宪之易。前之辩者不能折,则又从而是之也。是皆坐不知立宪之过也。夫先于"欲立宪否"之问题,有"能立宪否"之问题。今之满洲,不能立宪者也。不能立宪,则无问其欲否也。求鱼于樵,求木于渔,彼虽欲,如无以应吾求何。

今之为论者,意若惟不欲之患,而无不能之患。此未尝更事变而姑以其所欲者为能耳。夫诚欲实施,未有不先察于其可能否而问其欲不欲也。夫满洲纵欲而不能行之者,民族实为之也。夫立宪者,非其条文是尚也。其民协同而能自治,然后宪法生。故能宪治者,惟民族之同。今之满洲与我汉族,其相视为何如乎? 而谓其能同立于一宪法之下乎? 其不能,宪从何以立焉。

夫中国自流寇之糜烂,乱臣外附,率鞑虏以蹂躏中华,国胜社屋,黔首大半屠戮,遂使虏尸此君位。自尔以来,台湾之割据,三藩之兴起，川楚之纵横，以民族倡义者，未尝十年间绝。而最近者，洪氏扶义而起，东南响应，屠胡虏以万计。既以胡运未终，功遂不奏。而其余力每蓄愈遒，茹蘗蹈刃，志在必克。下之妇稚懦夫，无荷戈踵后之勇，而犹戟指愤詈不置。是故两族之间，有相屠之史，而无相友之迹也。则其之不可望明矣。

间里为讼，不胜者衔之终身，况国仇乎！吾汉族之愤彼如此，则彼满洲之吾愤亦可知矣。假令彼中之一黠者，欲假立宪之制，以救亡种之祸，犹将不能得于彼族，无论于汉族也。夫民族之相雠，愈合之而其怒愈深者也。锢之甚，则其发愈大而已矣。彼满洲之驻防于各省者，画地而居，入其境，则其侵侮无所不至。彼出而至于境外，则恭顺无敢专横。此其恭顺，非真能协于我族，势不敌而不敢发也。然其不敢发，必不遂已也。蓄怒愈久，即为祸弥深也，故伺间而一发。彼其画地不相涉而若是，则其于同一宪法之下，使齐等营业，其将若何。

夫今日满人之政权，百倍汉族，束发为吏，无大过失，则黑首卿相可坐致也。以是误天下而肥己，无所能则以谄为工。其所志无过金玉侈靡，则不惮以贪婪为业。天下之涂毒，一切由之。夫立宪则此为必革之制，明也。生而仰给于政府，以逮其死，竭天下之力以供之，号曰为兵，而不可以一用，坐病黔首，莫之恤也。而旗民生事，以为朝廷之大计。夫立宪则不容有此，又易知者也。今立宪而使满洲之民与我汉齐等，毋特任以官，特廪以禄。使自以其才能进，则彼必无从得政权。使彼自为生，则必无从得营业。坐至于奴隶饿馁，彼固不知自咎，则惟汉人怨而已。此满洲之自离，可必者也。

而我汉族抑必不得以与满洲俱立而遂已也。国仇之念，每降愈深,此耻不雪,则他胡为者。夫使我汉族而统治于一王之下,苦其暴政而欲革之,则暴政去而吾事毕矣。今之革命,复仇其首,而暴政其次也。盖满洲之以虐政苦我者,犹其余事。而吾祖先所衔恨以没,不得一伸者,将于此一泄焉。立宪者,其第二目的,达否未可知,而第一目的之不得达,则甚明也。然则虽既立宪,吾汉族之不能安然与满人同处自若也。夫立宪之治,必非满人所能与,其司缮群治法之事,必独赖于汉人。而汉人者,大辱未雪,大欲未偿,亦复何心以商此事。然则纵有条文,而立宪之治不可举,至易知者也。

今之民族异而不可强沟合者,不独中国也。奥、匈之双立君主国也,几四十年,而国中轧轹日甚一日,近顷益甚,不久其分离可见。夫匈牙利之于奥,初未尝有屠戮之惨,如我之受于满洲者也。以王死绝嗣之故,而迎立奥君,亦既三百五十有余年矣,然其民族之间不能调和如是。故近代学者谓,民族之不同,大不利于国家之组织,微特匈牙利然。彼欧西之荷兰、比利时,其宪法亦至自由,而终不能合一。故米人彼则斯曰,民族统一为于近世立宪最强之势力。若数国之民,种性各异,其中有政治能力优者,则并服其劣者,于政治上为最良。故今日中国而欲立宪也,必汉族之驱并满洲而后能为之。何者?政治能力,汉族之优于满洲百十,而满洲固不可扶植者,与之合同,适以自累也。姑无论仇雠,以求政治上进步之顺序言,亦当如是。况吾汉族,非排满,则其政治能力,亦固无所伸张也耶。

论者谓:中国苟立宪,则满汉之界自破,而汉族得同化满洲至不复别,前此诸患,一不足虑。此其倡者一二无赖,而和者乃遍中国,相与鼓吹张皇之,使深入于士民之心,是其为心,与吴三桂之引鞑虏以夷戮中原,相去亦复几何也。夫谓满汉之界可破,即无异谓汉族能低首下心,以与其仇雠为党类。其污蔑我汉族亦已甚矣。抑满汉之界,非由不立宪而兴者也,又恶从以立宪而消灭乎。为我汉族者,可以蹈白刃,就水火,可使老岩壑,长鄙僿,而不可以与满洲人长此侪处。无论以立宪饵之也,即有共和极制,非与满洲为群,无从得之者,亦有舍置之而已,长此忍辱含垢,所不屑为也。

夫汉族之夷于满洲,非常之痛也。痛而无所复则不消。欲令满汉之界感情不恶,非有以复之不可也。其复之之手段,则仅革命而已。革命以往,满汉之界不待人消之而自消者也。苟不革命,即虽尽其力以图消之,吾知其无一效者也。故消灭种界一问题也,立宪一问题也。种界消灭然后能立宪,即前所云云是也。种族未消灭,而欲以立宪消灭之,则不可能之事也。唐李泌谓代宗:"陛下与李怀光,譬如破叶不可复合。"今汉族之与满洲,亦若是矣。宁独不可复合,抑不两立者也。满洲既失其生所根据,而寄于各省之土,不能自营生,而仰给于俸糈,则其不奴汉人以自奉,不可也。汉族际极强之逼蹙,非急自湔洗振拔,无以自存,非去满洲,则国耻未除,无由更自湔洗。以生存竞争,使必若是。有彼则必无我,有我亦无从曲容于彼也。谓其界可消灭者,其所据何也。

彼谓汉族能同化他民族,使更无辨别。是也。然为所同化之民族,必当具特别之资格。无此资格者,则不能同化。此于历史上至显易见者,彼未尝察也,于是而欲持以论满洲,是乃所谓大谬者也。夫中国往昔所吞而化之者,有吴越之民,有荆蛮之民,有闽粤之民,有滇黔之民,而当日九真、日南诸郡,今属安南者,皆尝合而无余迹。然是诸种者,皆未尝有侮于汉族。抑虽尝加侮,而其所为侵害者微。故如匈奴、鲜卑、吐蕃、契丹、金源、蒙古、俺答,则终不可化也。非汉族之同化力有所不逮,实彼于同化之资格失也。彼匈奴、鲜卑之为患于汉晋,吐蕃之为唐患,契丹、金源之为宋患,皆非可以一二言尽。而蒙古日蹂躏上国,窃其政柄近百年也。其所以苦汉族者愈深,即其不能同化愈甚也,宁独不能同化其大群而已。东汉之羌,马援徙之,二百年而犹为梗。魏武徙胡于三辅,近百年而卒召五胡之乱。彼其数不过数万,降虏之余,经百年而一不变。无他,汉族之怨毒甚,彼之自危惧日滋,则其保持旧惯,不肯放任于同化,为必然之事。满洲之在中国,其视此有甚焉矣。若第举一二以蔽其余,则休屠之王,列为贵族,唐初蕃将,十九为世家,宁能谓无一效忠汉族者。顾其千万之一耳,而余不能,则岂今兹之所事乎。汉族之同化他族,于征服后,犹不得行如是。则满洲今兹之未尝被征服者如何也。彼言汉族同化之力,辄引金世宗诫其部族沾染汉风之言以为证,是尤不思之甚者矣。彼之师汉人之习惯也,未尝自同于汉人。彼以奴隶汉族为心,而虑其师中国文化为自弱。羯胡之种,庸知根本之义乎。苟但师其文物,遂谓无异我族。则英当取印度之民而纳之国会,俄德当取波兰之种而一视以齐民。吾不知其何所据而为是谬说也。

夫民族尝相暌,而终得合者,亦有之。若英往者北人之合于盎格鲁撒逊,法往者法兰克族之合于拉丁是也。盖惟处专制下,久而相忘,然后有之。二民族既先合而后有宪治,非有宪治而后合者也。吾中国不可与英、法比也。汉人之不能忘国雠,二百余年犹一日也。于立宪之前而不可合也,于立宪之后愈非矣。

抑且民族之合也,必无无所持以合者。其能力足以相辅,而后有合可言,否则直摧除之而已。满洲于我,果何所益于我乎,而损者则不可胜计。然则满汉之界固不能破,亦无取于破之者也。知其二者不能并立,则直去其一耳。附疽不可不溃,害马不可不除。以为吾能鞭其后以就其前者,必且束缚其前以殉其后也,害莫甚焉。

夫民族之思想,其说明也以理论,不如其感情也。虽极主满汉合一之说者,苟其抚心而自思,其嫌恶满洲之心终未尝无也。欲解之者,必一新夫全国之感情,此固非人力之所能及也。即其可及,亦非数纪间得之者也。彼以昌言民族主义,谓纯根据于感情,不依于学理。是诚然。抑知其以感情言,而举国风动者,其故何在乎?实以其感情为举国之所同,而以一二人者,乃代表之以发言者也。夫感情为一国之所同者,其发为行为必不可抗。此固于学理亦不能谓非者也,况革命之说,实有学理之根据也。

故民族之界限,满洲不能立宪之本也。虽欲之,固无从耳。而彼之欲否,固非今所论矣。由是更有两种病焉:曰对外之难,曰对内之难。对外之难奈何?满洲之治,不足以信外人久矣。彼日声言望满洲之改革,而实则意其无能为也。而改革固取其实,而不必务其声。顾其能博外人之信,则其着手自易。使中国而有革命,新为组织,则其感情足及于外,于时而立宪法,则众之所属目而料其良者也。使出自满洲,则正无异于土耳其屡败之后,为无聊之颁布以自文饰也。彼以土耳其之改革视中国,则惟已便利是图,固当然者。如是则为其立宪阻碍虽微,而其见轻不得同情,视前属望倾耳者,国际上之地位,相去益远矣。

由是更有对内之难。对内之难者,施治之人之危也,非不得于君之为患也。使不平等,则无以谢汉族。使平等,则无以解于满洲也。夫事专制者,得君而惟所欲为。虽然,于民族之间,盖不可以此为例也。崔浩之仕拓跋,与崔暹之仕高氏,亦不可以不谓知遇也,然终至于残死。彼二人者,亦固未尝有忠于汉族之心,其所行意不出整齐其部落以便专制耳,其难犹若此。则今日之难之倍蓰,亦可以测而知矣。夫宪法,非可使君主与其二三嬖佞定者也。彼詹詹然望治于满洲之一人,微论其不足为治,即有魏明高澄之风,能任人以治,亦复如其不能为治何。

凡此诸难,一以民族不同之故而起,则欲救其难,舍革命更无他术。革命者,以去满人为第一目的,以去暴政为第二目的。而是二者,固相连属,第一目的既达,第二目的自达。何则? 其难既已去也。

要之,论立宪之难易,当先其能不能,而斥其欲不欲。能立宪者,惟我汉人。而汉人能革命,始能为立宪。则欲以立宪对抗于革命者,可以废而返矣。

原载于 1905 年 10 月《民报》第二号,署名蛰伸。▲

德意志社会革命家列①传

绪　言

社会主义学者于德独昌，于政治上有大势力，而他政党乃却顾失势仰其欤援焉。盖自俾士麦当路以来，言德国政治而不数社会党之势力者，未尝得为知言也。然溯其始事之际，上有暴力，旁无奥援，二三私人，力征经营，颠沛败亡，壹不为意，乃稍稍得集，今日得握区区之政权，亦犹非社会学者所以为期也。继此以往，欲树卓绝之功名于社会间者，正亦不患无着手处。然而藉强力，倚声援，易以有为，视初之孤诣独行者盖远矣。

社会革命与政治革命殊科。政治革命者，第以对少数人夺其政权为目的耳，然则敌少而与者众也。社会革命，则富族先起为阻，而政府又阴与焉，务绝灭其根株，以谋其一己之安。有政权与有资财者合，则在下之贫民无以抗也。夫彼其猜疑于社会党者，固已大谬。然而持之坚，畏之甚，非说谕之所能解也。抑又甚远之不欲闻其论，惟思熄之耳。故方马尔克②之始创说也，窘迫无所投。是非惟政府之专横然，亦一般有势力者无不深恶之使有此也。夫

---

① 《民报》第 2 号作"小"，第 3 号作"列"。

② 马尔克，今译马克思。

倡之于众莫敢应之秋,亦逆知其有危难,而不能徼幸。然犹竭其能以从事,抑非他有利焉,徒以己以为难而退听,则人之难之亦将如己也,则此问题终于不解决而泯没。抑自解决矣,而使以其解决益重不幸于烝民,则孰若己为之以希冀万一,夫宁豫计党类之众寡哉。假令是数人者舍此不为,震世之名未必不可坐致。不为其可成,而为其不可成,此所以贤于俾士麦辈万万也。说摈不用,固所豫期。而其学说之得流传,亦乃所望而不敢必者。则自今日视之,欲不宗师而尸祝之,其安能也。

学说既衍而渐广,徒党亦日盛,则欲为不利焉者逾多,势不能不有所倚恃。三十年来,社会革命家时有干谒卿相与坚相结纳者,是非诚与之,其策略有不得不然者,而德人为尤甚。故世谓德人欲以得政权达目的与英法异,以此。然而政府之能力亦可睹矣。彼持阶级制以为权力之本,堂廉不峻威严则渎之说,深入于当路者之心,故常假社会改良劳动保护之名,以行摧陷有志者之实,阴绝社会革命之根株。其政策正与满州之日言立宪类。是固雄猜之主所优为者,彼德意志人,十年之间,身丁其毒,曷尝不知之也耶!

抑尝闻之师,社会上之势力,自演而变,人与有能。然其既变也,则政治上必因顺应焉。不然,且继以革命,区区二三人固不得久持之也。政治上势力,不能变社会上势力,而因社会上势力以变者也。故政府之压抑,虽处心积虑,且继之以强力,不足以为社会革命家患也。于德意志自一八七八年至一八九〇年之间,社会党压抑之令盛行,然而社会党乃潜滋暗长,比较于前后,社会党之发达为最速之日。其故亦可思矣。曾谓区区三数人,遂足以抗公理,而倒行逆施无所顾忌也耶。

是故政府有猜忌之实,而无助长之能。与之为合,其便鲜,其害多。然而德意志之社会学者不遂与之暌离，而委蛇求容者，意亦欲无多树敌。以故苟令其组织不与社会之组织相妨，则仍之可耳。若持是，遂谓社会革命不当与政治革命并行，则大非也。此于吾华之为革命所最当注意者也。

要之，社会的运动，以德意志为最，其成败之迹足为鉴者多。而其功，实马尔克、拉萨尔、必卑尔①等尸之。故不揣颛蒙，欲绍介之于我同胞。翔赡博洽，所未敢云。所期者，数子之学说行略，溥遍于吾国人士脑中，则庶几于社会革命犹有所资也。

甲　马尔克（Marx）

马尔克者，名卡尔（Karl），氏马尔克，生于德利尔（Trier）。父为辩护士，笃于教宗。马尔克少始学，慕卢梭之为人。长修历史及哲学，始冀为大学祭酒。既垂得之矣，而马尔克所学之校为异宗，他宗徒攻之，遂不果进，退而从事日报之业。时一八四二年，马尔克之齿二十有四也。

马尔克既为主笔，始读社会主义之书而悦之。其所为文，奇肆酣畅，风动一时，当世人士以不知马尔克之名为耻。而马尔克日搜讨社会问题而加以研究，学乃益进。既二年，其日报之组织稍稍备矣，而以论法兰西社会党触政府忌，无已，噤嘿而止。马尔克郁郁不自得，已无如何。俄被放逐，乃西适巴黎。

亚那尔卢叙②者，巴黎之名士，马尔克抵巴黎遇之。倾盖心醉，遂定交焉，相与组织一《德法年报》③。于是马尔克始研究国家经济

---

① 必卑尔，今译倍倍尔。
② 亚那尔卢叙（Arnola Ruge），今译阿·卢格。
③ 《德法年报》，今译《德法年鉴》。

学,而探社会主义之奥窭,深好笃信之,于《德法年报》大昌厥词。既而《德法年报》中辍,乃别发行一杂志,命之曰《进步》,痛掊击普鲁西政府。纪助(Guizot)[1]者,法之名政治家也,素亲普,时相法,不欲以是恶之,乃逐马尔克。马尔克困顿无俚,乃北走比律悉。

初马尔克在巴黎,与非力特力嫣及尔(Friedrich Engels)[2]相友善。嫣及尔者,父业商,少从事焉。习知其利苦,乃发愤欲有以济之,以是深研有得。既交马尔克,学益进。马尔克既去法,嫣及尔亦从之北游,因相与播其学说于比律悉之日报间,言共产主义者群宗之。万国共产同盟会[3]遂推使草檄,布诸世,是为《共产主义宣言》[4]。马尔克之事功,此役为最。以压制之荼也,间关而出版于伦敦,时为法国二月革命之前十四日。

前乎马尔克,言社会主义而攻击资本者亦大有人。然能言其毒害之所由来,与谋所以去之之道何自者,盖未有闻也。故空言无所裨。其既也,资本家因讪笑之,以为乌托邦固空想,未可得薪至也。是亦社会革命家自为计未审之过也。夫马尔克之为《共产主义宣言》也,异于是。

马尔克之意,以为阶级争斗,自历史来,其胜若败必有所基。彼资本家者,啗粱肉,刺齿肥,饱食以嬉,至于今兹,曾无复保其势位之能力,其端倪亦既朕矣。故推往知来,富族之必折而侪于吾齐民,不待龟筮而了也。故其宣言曰:“自草昧混沌而降,至于吾今有

---

① 纪助,今译基佐。
② 非力特力嫣及尔,今译弗利德里希·恩格斯。
③ 万国共产同盟会,今译共产主义联盟。
④ 《共产主义宣言》,今译《共产党宣言》。

生,所谓史者,何一非阶级争斗之陈迹乎。"①取者与被取者相戕,而治者与被治者交争也。纷纷纭纭,不可卒纪。虽人文发展之世,亦习以谓常,莫之或讶,是殆亦不可逃者也。今日吾辈所处社会方若是,于此而不探之其本原以求正焉,则掠夺不去,压制不息,阶级之争,不变犹昔。则中级社会与下级社会改善调和之方,其又将以何而得求之也。

马尔克又以为当时学者畏葸退缩,且前且却,遂驾空论而远实行,宜其目的之无从达也。苟悉力以从事焉,则共产之事易易耳。故其宣言又曰:"凡共产主义学者,知隐其目的与意思之事,为不衷而可耻。公言其去社会上一切不平组织而更新之之行为,则其目的,自不久达。于是压制吾辈、轻侮吾辈之众,将于吾侪之勇进焉詟伏。于是世界为平民的,而乐恺之声,乃将达于渊泉。噫来!各地之平民,其安可以不奋也。"②于是乃进而为言曰:"既已知劳动者所不可不行之革命,始于破治人治于人之阶级,而以共和号于天下矣。然后渐夺中等社会之资本,遂萃一切生产要素而属之政府。然而将欲望生产力之增至无穷,则固不可不使人民之握有政权也。然则吾人不可无先定其所当设施,而为世界谋万全之道,以待其行之之机也。乃骤闻吾人所语设施之方者,鲜不惊怵,掩耳拤舌,惶惑无措,以谓偭于经济之原则,而不可以一日施。虽然,是固素未尝究焉,而以所习为不可躐。吾辈之所标者,亦未若其所抨击之偏反也。是乃凡社会动摇之所不可不见,而以之为革命方法,抑又欲

---

① 引文即《共产党宣言》第一章第一句。见《马克思恩格斯全集》第四卷,人民出版社1958年版,第465页。

② 引文为《共产党宣言》最末一段。见《马克思恩格斯全集》第四卷,人民出版社1958年版,第504页。

避之而无所从也。凡是诸设施，亦不必凡国皆宜，必善因其国情以为变。而在最进步之社会，则必当被以如下之制：

(1) 禁私有土地，而以一切地租充公共事业之用。

(2) 课极端之累进税。（累进税者，德语之 Progressiv abstufe Steueru 也。孟德斯鸠、卢梭等既尝倡之。而近世德之华格纳 Wagner 及康 Kon，英之麦克洛 Maculloch 等，皆主张之。而反对之者则倡比例税，为布留 Beaulieu、希尔孟 Hermann、因乃斯得 Gneist 等是也。而其反复争论，盖有多说。要之，以为累进说者强取于富人，而寒实业家之心。即弥勒著论，亦不免此也。弥勒《经济学原理》谓，累进税只宜加于遗产相续，他则不宜，实迷于此说者也。后世学者增加其种类，谓所得税等等皆可以累进之法行之。然又谓当于其增加之率为之制限。凡此一皆虑冨家之因而不利耳，未尝比较其轻重。而推其误谬之源，则在未解资本之性质也。对于此问题，当别著论明之。要之，累进税者，使富人应其财产而纳税之率增加，不但数量增加而已。即如常人税百二三者，稍富百六七，大富百十，乃至百二十。然则富者以税故渐即贫，而应其贫，税随之轻，卒至凡人齐等，无大贫富，税率亦近均一矣。所谓极端累进税者如是。不劳而富均，又无所苦，策之最上者也。近日行累进税之国渐多，于瑞士其成效尤著，抨击者日息而颂美者渐多，抑亦进步之一征也。顾其累进之率甚微，不足以抑富家。又有其制限，至一定之度，其上更不增加，故效不大见。即如日本，其所得税率用累进法，其最低额为对于三百圆税千之十，其最高额为对于十万圆税千之五十五。自十万以往，税率以千五十五为限,而其税率之增加率自四分一乃至十分一,然则其所助于均贫富者,恐微也。)①

(3)不认相续权。(相续者,承继财产上权利义务之谓。古有承继户主权者,日本尚存之,而欧洲则大抵不认,但为财产承继而止,马尔克所欲废者,此也。盖设相续之理由,在使其权利有所归,而不至归于先占者幸得。其义务有代履行者,不至使权利者有大损失耳。然不认之亦决非无以处焉。盖国家相续之制本非不可行,而财产甚少,债务过多者,亦可以破产之法被之也。于是无因相续得财产者,则数十年后,且可绝资本家之迹。此主张废相续者之说也。然于实际能行否,及行之有效否,今尚为问题。至课之以税,则自弥勒以来,皆以为善法,无反对者。)

(4)没收移居外国及反叛者之财产。

(5)由国民银行及独占事业集信用于国家。

(6)交通机关为国有。

(7)为公众而增加国民工场中生产器械,且于土地加之开垦,更时为改良。

(8)强制为平等之劳动,设立实业军。(特为耕作者。原注)（所谓军者,以军队组织而从事于实业也。）

(9)结合农工业,使之联属,因渐泯邑野之别。

(10)设立无学费之公立小学校,禁青年之执役于工场,使教育与生产之事为一致。（即使为生产者,必受相当教育

---

① 括号中的文字,均为朱执信所加,非《共产党宣言》本文。

之意。)①

马尔克素欲以阶级争斗为手段，而救此蚩蚩将为饿殍之齐氓，观于此十者，其意亦可概见。盖马尔克固恶战争，虽然，以之去不平，所不可阙，则亦因用之所不能讳者也。故其言又有曰："今者资本家雇主无复能据社会上之阶级矣，彼辈无复能使其所以生存之现组织为支配此社会之法则矣。故彼既不足支配社会。何则？彼辈使凡劳动者，虽方供役于彼犹不得以全其生故也。夫彼等既使劳动者贫困使至为穷民而不可不扶养矣。"②又尝曰："于此问题当注意者有二：一者，其现以为经济上变迁之阶级对抗及阶级竞争。其二，则社会的运动（破资本家雇主之支配权促新社会生产力树立之社会分子所编成组织者）是也。"马尔克之意可于是以觇之。

《共产主义宣言》之大要如是。既颁布，家户诵之，而其所惠于法国者尤深，时际法国革命。三月，柏林之民亦蜂起，普王以兵力压之，功遂不奏。法既毕革命，乃迎马尔克之巴黎而礼之。既而德意志之劳动者亦感于马尔克之说，起而与富豪抗。富族侧目，然无如何。马尔克寻归柏林，创报名《新来因日振》，声振一时，且斥普王之无道而赞议会之租税拒否，益逢政府之怒。一八四九年五月，复禁其发刊而放其主笔。其明年，复大索社会党，悉放囚之。

马尔克既放，乃适英，卜居焉。与嫣及尔偕，终其身不复归柏林。

马尔克既草《共产主义宣言》，万国共产同盟会奉以为金科玉

____

① 引文为《共产党宣言》第二章《无产者与共产党人》末尾。见《马克思恩格斯全集》第四卷，人民出版社1958年版，第489—490页。

② 引文为《共产党宣言》第一章末尾。见《马克思恩格斯全集》第四卷，人民出版社1958年版，第478页。

律。故颂美马尔克,诟病马尔【克】者,咸是焉归。然马尔克之他述作固甚夥,常与嫣及尔共著,学者宝贵之。而其学理上之论议尤为世所宗者,则《资本史》及《资本论》也。

马尔克以为:资本家者,掠夺者也。其行,盗贼也。其所得者,一出于腴削劳动者以自肥尔。爰据于斯密理嘉图之说以为论曰:"凡财皆从劳动而出,故真为生产者,劳动之阶级也。然则有享有世间财产之权利者,非劳动者而谁乎。此所谓劳动者,固亦不限于肢骸,指挥监督之劳非所不与,然而不可无别于其难易也。故数劳动之功以计廪,则不可不先劳力而后劳心。乃于实际,劳心者所受廪给,百倍劳力者而未止。此何理也?近世工业盛用机械,而需大资本。因之,大需监督者。从其末论,余亦不能以谓非然。然而,资本者,本劳动者所应有之一部,而遂全归于彼掠夺者,与循其本,吾不知其所以云也。溯而穷之,欲不谓资本为掠夺之结果而劫取自劳动家所当受之庸钱中者,不可得也,傥劳动者终未由与资本为缘(即无奖励农工贷之资本之银行抑其相类者),而循此以往,则是宜谓之资本家财务者,即为奴隶于依他人劳动以为生之一阶级富族者耳。夫今后产业所资于固定资本者正多,劳动者之地位乃将愈降而不返。是亦理之所难容者也。经济学者以资本为蓄积之结果,是阿合中等社会之意以立说者耳,不足为道。且假令诚由蓄积,宁非夺之劳动者而蓄积之者也耶。"

据理嘉图所论,凡制品之市价以产出之所必需之劳动与运致诸市之劳动而成。无问其所施技者为何材,苟价有所增,即其劳动焉赖。此如素丝盈把,织以为缣,价兼于前。是其为价,一则当于丝之原直,一则劳动之庸钱也。机械不得有加于生货之价,交易亦不得有加于生货之价也。然则使价之增,惟劳动者。食其价增之

福者,亦宜惟劳动者耳。乃观其庸钱,则仅受理嘉图所谓最廉之
额,而不得食所增于物价之金也。譬有人日勤十二小时,而其六小
时之劳动,已足以增物之价,如其所受之庸钱。余六时者,直无报
而程功者也。反而观之,则资本家仅以劳动结果所增价之一部还
与劳动者,而干没其余,标之曰利润,株主①辈分有之,是非实自劳
动者所有中掠夺得之者耶。夫今者,彼辈日言求改良。所谓改良
者,非他,节勤劳之费耳。然则职工劳动如旧,而受损益多。新机
械之发明,资本家之利,劳动者之害也。工业改良益行,劳动者益
困顿而已。古之奴隶不知己之程功,何时为目为,何时为为主人者
也,惟命是从。今之劳动者,则何以异于是也。

　　马尔克此论,为社会学者所共尊,至今不衰。而马尔克所取救
济之策则有两方:一为《共产主义宣言》中所举十条。一则为农工
奖励银行之设置也。此种银行,专以贷资本于农工业劳动者为事,
使不仰给富家之资本,则能独立不为所屈。尝以提议于万国共产
同盟会,众议不谐而止。近世所谓农工银行者亦类是。然彼之志,
固欲以奖励之使成资本家,非出于求锄资本抆劳动之意也。

　　一千八百八十三年,马尔克卒于伦敦。后数年,嫣及尔亦卒。

　　蛰伸子曰:马尔克之为学者所长也,以《资本论》,然世之短之
亦以是。是亦马尔克立言不审时,或沿物过情之为之累也。约翰
弥勒论之,以为张皇夸大,盖亦有由也。夫资本固非一切为从掠夺
得,蓄积之事,往往亦自劳动。此虽经济学者之一家言,然于事实
恐无以易也。谓蓄积者,必得诸人,而非用会庋置,至辩者不能言
也。凡生产消费,本不必一一同符,时而有余,时乃不足。方有余

---

　　① 株主,即股东。

而念不足,则有贮蓄之事,此于孤立经济时代已见之者也。既贮蓄而后用之,以使所生产多,是为资本之始。于是时资本家与劳动为同一人。安有如马尔克所云,自掠夺而蓄积者。故谓之夸大,亦无所辞。虽然,经济既发达之世,则不可以是论。何则?交通既繁,贷借之事乃起,而劳动者或用他人之资本矣,既乃有雇佣之制。夫雇佣者,受给而生产益多,故久且不废,然而劳动者之祸于是焉兴。蓄积由庋藏之事益少,而其由掠夺之事渐盛矣。盖方是时,其所给之资本,远不逮所获果实,而劳动者不依赖焉所得亦微,乃乐与为契约。自是以往,劳动者无息肩期矣。资本家因其所得,益扩张之,发而愈多,遂成积重难返之势。劳动者所获,仅足糊口,无从更为储蓄以得资本,此中世之形也。至于近今,则资本家益恣肆,乘时射利,不耕不织,坐致巨万。为细析其资本之所由来,恐自贮蓄者乃无纤毫也。而其岁入则大半为赢利,小半为庸钱,虽欲不谓之掠夺盗贼,乌可得哉。故马尔克之言资本起源,不无过当,而以言今日资本,则无所不完也。往者蓄积所生之资本甚微,而其得大,以有今日者,以取息。故其取息之苛重,实同掠夺,此无可诿解者也。一人劳动终身,其蓄积所得者,不足以供资本家一日之费也。资本家昔所蓄积者明既费消,今所有者全非由于蓄积,特以蓄积所得为刀斧鸩毒以劫取之者耳。故马尔克目之盗贼,非为过也。

彼论者则必曰:赢利之起源,基于契约。彼被雇者始为约时,先取庸钱,后以所生产之价值为偿,加之息耳。是以雇工契约,其原理无异借贷。而借贷关系,以契约而取息者,不得谓强夺也。彼非强使必借,则不能谓劳动者被强迫而出此息也,则疑于非掠夺。是其说非无所据。虽然,有当辨之者。夫契约者合意,此罗马以来所认者也。故必两方意思俱为完全,其意思有欠缺者无效,其有瑕疵者得取消，此亦无或异议者也。意思有瑕疵，如虚伪强迫之属是。而英美法有所谓不当权势（Undue influence）者，非所应使之权势之义，亦为意思瑕疵，而得为取消之原因。质言雇工契约所以得以至贱之庸钱，取最贵之劳动者，实缘其以不当权势故，不可以寻常契约论也。盖英美所谓不当权势者，譬属僚之对于长官，慑于其威，有所赠遗，语其中情，实无赠答之愿。一旦长官免职蒙谴，此属僚者，得直取消其赠与之行为，诉之公庭，前所赠物，悉还归属僚所有。又如贫窭之子，忽有急需，卖物富豪，直百取十。其既也，亦得取消（罗马法所谓大缺损而取消者，亦略同此）。凡皆基于不当权势者也。盖以长官之权势临以属僚，而强求其赠与；以富家之权势临于卖者，而贱买其物，皆不当者也。而有如此之行为，即推定其意思之有瑕疵。故凡离常可怪者，率得以此推定加之。苟其滥受利益之人，不能反证己之利益不由不当权势而得，即不能拒其取消。此英美法之所特长，无訾议之者。而返观于雇工契约，则又何以异是。彼其上下不对等，犹属僚之与长官也。其程功与报酬不相当，则犹贫子之卖物也。特其习久，转以为常，众不加怪。受利益者安之若素，而被害者窘迫不知所诉焉。苟去流俗之见，而察其本源，则其有不当权势可推定，而无从以反证明也。彼挟巨赀者不待约而联，以苦工人。斯密氏所尝太息痛恨者，而近今益甚。贫富离隔，譬云霞之与渊泉，祸乃愈酷，卒使劳动者无所投足，而降心低首以就至贱之庸，此亦不可掩之迹矣。然则依于法理，其契约可取消，而彼所沾丐于劳动者之泽，终不可不归诸劳动者。何得因之谓资本之得，由正当而不可夺耶。故马尔克之谓资本基于掠夺，以论今之资本，真无毫发之不当也。夫亦非谓取息必皆不当权势。顾今者欧洲息率恒百三四，而公司赢利分于股东恒百十一二，宁有说以处之，恐欲辩而无所也。因序马尔克学说，遂附论以告世之右资本家者。

乙 拉萨尔

拉萨尔者，名飞蝶南（Ferdinand），氏拉萨尔（Lassalle），犹太之族也。千八百二十五年生于布列斯罗（Breslau）。父商，家中资。拉萨尔生而骏发，犹太之人素以嗜利无勇为世诟，拉萨尔病之。少厌犹太人之为，长乃思有以极焉。年十六，闻打马斯加之犹太人被残戮，大愤慨，曰：忍此者非人也，宜急复仇耳。时为日记有曰："余告于彼矣，且予实信是，予乃第一流之犹太人。救犹太人于今日涂炭凌夷之中，予愿舍身，为使彼等为高等人种，虽上断头台亦不辞也。"既渐长，乃推其爱一族之念以爱全国劳动者，爰倡社会主义及共和主义。

拉萨尔少佐父业商，复入于商业学校，进入于布列斯罗与伯林之大学，修古语学及哲学。卒业，赴来因。后游巴黎。时年二十。

时法方苦于腓立布之虐政，巴黎民气渐昌，拉萨尔居之，因得纳交于当代名人。其社会主义之思想，多受自巴黎者。

拉萨尔居巴黎一年而还。间二年，法有二月之革命，逐腓立布而建共和政。不数月，德意志之民党各地蜂起，希复暴政府。梅特涅既被逐，诸邦宪法次第建立，普鲁士亦迫于三月柏林之暴动，开国会矣。时拉萨尔在敌西多夫，倡极端共和主义。而马尔克方营《新来因日报》，拉萨尔纳赞焉，恒出入其社。虽然，于时拉萨尔犹专醉心共和，而求政治上自由平等，未知所以谋经济上自由平等也。

四十八年十一月，普鲁士王与国会议宪法不调，卒解散国会，布令戒严,密为检索,以备非常。而各地次第户王之罪,起而抗之,不肯纳税。拉萨尔亦纠合敌西多夫之市民执兵,拒官吏之征税者,遂被捕。是年二十三。

普鲁士法廷公判以拉萨尔为有罪,而拉萨尔则辩己行之正,驳"人民执兵以抗行政官者,无论如何皆为不正之说",且言曰:"方夫国王蹴踏市民之法律,杀其子而辱其女之时,为市民者,果无抵抗彼暴横以卫己之权利耶,其谁敢应之曰然。夫谓无论何时人民执戈皆以不正论者,是犹前世界之态,而今日所不可容之耻辱也。于今日立宪之世,犹有欲存三月以前之专制者夫,当即据此高座之罪人也。"(三月指千八百四十八年三月市民之变)

又曰:"地上之法,则非已因王权而破隳者耶。夫是神圣首出之法则,乃一般自由之法则。若稍侵之,则危国家之基础,且危全市民之权利者也。而是神圣之法则,出版、集会个人之自由,参政之权利,既被王权蹂躏而破坏矣。方是时,执兵而起,是则市民之义务也,为良爱国者之义务也,余乃尽此义务者也。"

拉萨尔又诽讥国会抗拒之消极,其言曰:"若王之解散国会为正当者,则抵抗之者,固不法也,且罪恶也。苟王之所为为不正者,当大反对之,且应为积极的反对,不可以消极的自划也。为保护人民之自由者,不可不掷其身命以为抵抗。"

然有司不听拉萨尔之辩,处以禁锢六月之刑。刑既毕,复放之柏林以外。然拉萨尔苦恋柏林,时微服出入。又使友人为之缓颊,久乃得许。时普鲁士钦定宪法既行,而反动大息。拉萨尔闲居无所事,因广交游,间复从事著述。拉萨尔美丰仪,善词令,人多乐与游,以是名于交际场中。

普鲁士既立宪,劳动者时起为运动,思握政权。普鲁士王大索社会党而放逐之。然劳动者之运动力,实遍于全日耳曼。普鲁士王知独力不足奏效,乃与诸邦联合,务令绝迹乃止。于是普奥首倡之,而各邦景从。议定极严之律,以绳政治、社会、共产等之结社及运动。对于新闻纸及出版物,日力压制。千八百五十四年七月,其法律通过于议会。凡新闻社、出版所,以至旧书肆、新闻公览所等,率受其绳勒。凡定期发刊者,皆令豫纳金五千他力尔为保证,少有违反,辄加以处罚金。禁集会于户以外,其室中之聚谈,亦悉以警察监之。

禁令既布,凡倡共和、倡社会主义一皆匿迹抑首待时,不敢复有所宣布。政府大忻,报告于国会,谓佛兰克科久为革命之曹所群聚者,今乃无遗迹,即此属出版物,亦无在肆者,盖实情也。然其时禁社会主义之运动,独不禁组合。劳动组合乃大发达,其主持之者,则希尔孟修尔辑也①。

修尔辑者,普领素逊尼人。初为法官,继为普鲁士国会议员,后入为德意志下院议员,长于拉萨尔十七年,为进步党之领袖,一大经济家。其从事劳动运动垂三十年,然而不尚社会主义,乃欲遵英国之轨,以劳动组合救下层社会之苦厄,不触资本家之怒。政府又以其不己害而足抚宁劳动者,故从而予之。修尔辑之目的,专在小资本家与劳动者之联合;而重自助,使各自进以期完其生。以此为号召,劳动者从之者二十余万人。虽有讥其与于资本家者,然修尔辑之势力不为之少衰也。

千八百六十一年,修尔辑以其众建立进步党,普鲁士之人民皆响应。拉萨尔既久闲居,亦思乘时起,乃投身其党中。然拉萨尔所

---

① 希尔孟修尔辑(Franz Hermann Schulze-Delitzsch),今译赫尔曼·叔尔茨。

宗,固与修尔辑殊,既不得合,时时思脱去自为建树。

是时普王威廉第一初即位,极意扩张军备。然国会作激烈之反对,遂解散国会,更数召集之,议卒不成。千八百六十二年,召俾士麦来自法,以之为相,藉其助以废豫算,强征租税供军费,谓为国计不得不然。国人大不平,讼言王违宪者四起。拉萨尔亦左政府,是年春,或招拉萨尔为演说,拉萨尔应之。

拉萨尔为演说之旨,以为宪法之条文,不过表彰国中种种威力要素,及其相互关系而已。故正当之宪法,不可不与是等势力相应。若王、若贵族、若军队既相协,而组织密着之威力要素,则徒以纸上之空文,决无能束缚夫君主也。乃进而为之谋曰:"若宪法果为威力也,则于今日之宪法问题当如何解决。普鲁士政府之背后,倚有军队,则国会对其政府之不法,当出于何策耶。或曰,国会宜拒政费之支出云。是策也,于人民有大组织威权之英国,或得奏效,普鲁士非其伦也。然则今兹国会所当出之策,惟在不应召集而已。国会不集会,则政府所出者只有两途,非行断然之专制政治,则直屈服于民而已。然于今日,专制政治终不可得而行也。夫如是,必且旷日久持,激发全文明国民之感情,则人民之所持者可得全胜,不待龟筮而可逆睹者也。"

拉萨尔为此演说,初会未得竟,乃于次会续成之。始闻其前半之论议者,皆以为右王者也,进步党中人皆引以为辱,丑诋之无所不至;助政府之新闻纸,则皆誉拉萨尔,谓其尊王。及拉萨尔终其说,乃皆大愕失措。拉萨尔以是大触政府之忌。

亡何,拉萨尔复演说以伯林劳动协会,据哲学及历史,以明法兰西大革命以来国家社会发达进步之故。而终言千八百四十八年德意志之革命,实崇高第四级人民,而与之尊严之地位,亦犹法兰西大革命之与第三级人民以国家之重要地位也。其论殊激烈,且刊其演说笔记行于世。(所谓第四级人民者,指劳动者也。其云第三级者,指中等市民、资本家、实业家之属也。由是以王为第一级,以贵族为第二级。欧洲学者恒用是称。)

由是政府以拉萨尔为挑激国民间反目,有害公安,没收其刊行之演说笔记,且由检事起诉,求正其罪。千八百六十三年一月十六日,开廷于伯林裁判所,为公判。而拉萨尔讼言己之无罪,且谓己当痛辩之以保护科学及哲学研究之自由。普鲁士宪法第二十条曰,科学及其教授为自由。拉萨尔根据之,以为所谓自由者,不可不为绝对自由。若以此自由限于刑法范围以内,则是宪法之规定,为无用之物而已。夫在劳动协会之演说,全据哲学及历史,以研究社会之所以进步,而论革命之结果者也,非宪法所许之自由而何。

于是拉萨尔请以其演说笔记界学士会院诸博士,辨其为科学的否耶。且言曰:"科学与劳动者阶级,处于社会之两极端者也。使此相反之两极端一旦而得联络,则遂可以扫荡一切文明之障碍。予实为科学劳动者之联结,而舍身与命以为之者也。予实为文明进步计者也。如之何其以予为罪人而罚之也。

"夫曷不一回首于千八百四十八年伯林骚乱之际耶。市中之堡垒,不尝漂以鲜血欤。警察之威权,不尝坠地欤。富豪不尝悚惧战栗,有若死人欤。伯林市中,不尝一时全属于暴民之手中欤。欲罚予之法官等,其望此恐怖时代之再见也耶。

"若其不然,则宜感谢夫为沟合科学思想与多数人民之声(舆论)而献其身者。宜感谢夫为芟夷富豪与多数人民间之荆棘障碍而献其身者。宜感谢夫悉其才知以为公等暨多数人计者。是等之人,宜礼为上客,承之大飨,如之何其反以之为罪人而罚之也。"

拉萨尔之辩论，恣肆百出，判事检事等交谪谇之不能制也。检事乃请于裁判长，欲禁拉萨尔勿言。裁判长乃令停止辩论。拉萨尔曰："唯。然予就于禁予发言之事，不得不要求法廷一同之决定。且甚望余此议之见容。"检事曰："既止彼发言，则被告不能发言者也。"拉萨尔曰："否。检事误。夫予既停止辩论者也。然予今者抗拒法廷之决议者也。夫法廷于若是重大之事件，不叩予意之何许，不得决议者也。"裁判长曰："不许被告辩论。佢许就辩论当停止否为发言。"检事曰："然。则其勿更言余一切事。"拉萨尔曰："佳。余不可不就于此点有所述也。"

拉萨尔且辩且复赓前论。检事裁判长欲制之，终不可得，遂听毕其词。拉萨尔既悉陈所怀而终之曰："于国民之名与其名誉，为科学之名与其尊严，为土地与其正当自由，为后世历史审判裁判结果之名，希望无罪而放免予。"于是法廷处之刑禁锢四月，及使负担裁判费用。拉萨尔直控诉于上级裁判所，卒减刑为罚金。

拉萨尔刊其公廷辩论之词而布之，其在第一审者称《科学与劳动者》，最名于时，而拉萨尔亦以是厚得劳动者之信赖。

拉萨尔居进步党，说不得伸，恒思离立，号召劳动者部勒之，被以己所梦想之制。先是裁判，已绝进步党，尝对伯林会各劳动团体之委员，语以所志。而是诸人意想不齐，不得要领而散。及是年拉萨尔益得众望，前集诸委员复相与谋，更为会迓拉萨尔，令悉倾吐所怀，以决从违。先以谘拉萨尔。拉萨尔大喜诺之。然其友多谏以为危。拉萨尔不听。尝称言曰："纵死吾精魂，支解吾体，吾决不翻复而退缩也。夫陈义无论其高下，苟不随以实行者，无何所益也。虽十断吾胫，吾必从事此矣。"

拉萨尔既应其求，先为公开状发表意见。其大要以为：当代劳动者,率旁皇于普通社会改良说之范围中,其所建议,甚不适于运动之徽识纲维。例如言移民自由、职业自由者,沾沾自喜。夫是问题既已久存,立法者亦夙知之矣,何俟放论此不适于用者为。又或竞言贮蓄银行,救恤基金,共同资金之制。是亦徒益喧扰耳,未足探其本以解决社会问题。譬泛舟平谭,舟运水止,篙楫所及,不过其上际,而底自澄也。今之论者,亦犹是已。不探其本,而末之救,抑徒劳耳。欲探其本,不可不求之理嘉图之铁则论也。曷不视诸劳动之庸钱,不常降至仅足为生之度耶。修尔辑唱自助,自助诚美矣,而是垒然仅力以自糊其口者,顾安从得金而设自助之组合也。修尔辑所鼓吹者,贷付组合、原料组合等,若是者稍拥资本之小商人之属,或优为之。而进大多数之劳动者,谓之曰:汝宜为是。吾只见其惑耳。是以解决此问题之方法一而已。舍是皆无益者也。所谓一者无他。劳动者务自为生产,而其所生产之富,不可不归属于生产者。其将为是也,劳动者不可不组织生产组合。其为是组织所必需之资本,国家不可不给与之也。如是其归宿在使国家给与资本,何由使国家不能不给与资本乎?此凡人所由知以为疑者也。拉萨尔以为是无难也。将欲得是,则劳动者务自组织政党,而此政党不可不以平等普通直接选举为其方针。夫依普通选举选出其代表于德意志立法部者,所以于政治上保存其正当利益惟一之策也。其使彼等得彼等正当之立法权,则彼等得直实行其意见也。

劳动者首领得此公开状,或服或贺,不一致,于是其属别为两:一右修尔辑,一右拉萨尔。时修尔辑提挈一政党,睥睨全国。而拉萨尔无尺寸之藉手,来因以外,劳动者鲜知其名,于是而欲决两者之从违,则固有所难矣。夫拉萨尔势力如何,实为人所未敢信则不轻从之,宜耳。是年四月,来布芝之劳动者复招拉萨尔。拉萨尔赴其会,益衍前之旨。劳动者感焉,然其议终未决。

后一月,劳动者乃开大会于佛兰克科美医之地,兼招拉萨尔、修尔辑,使各陈其说,相诘难。然修尔辑辞不至,拉萨尔乃独衍己说,辞绝激楚。中有曰:"若诸君反对于予,若德意志劳动之多数反对予,则予当奉身而退,往从修尔辑之为适。何则? 民智幼稚,不足与谋①。抑为予一身计,亦甚希诸君之不予从也。傥不予从,则方将优游学界,自吐露其所尊信,以俟后世,而予后此残身得以卒保,苦病悉蠲,何不乐为者。独是诸君子为诸君子之阶级计,失此良友,且使来者以予为鉴,裹足不前,则劳动者阶级之不祥莫大焉矣。故予向劳动者阶级之前途,致其全爱,以关诸君子告。诸君子之决议将如何,予之精魂实悬于是矣。"

辩论亘二日,劳动者大为所动,右修尔辑者皆引去。及投票决从违,则右拉萨尔者四百,反之者一而已。拉萨尔更转而莅缅司之劳动会议,右之者八百人。拉萨尔因之以设一政党,名"全德意志劳动同盟会"②,于五月二十三日举始会之仪,始集者六百人,皆各地之代表也,而拉萨尔为之长。其会之决议曰:"凡劳动者不可不出议员于国会,代表其意见,以除各阶级间之冲突。故我辈当以平和手段,致力于普通选举。"是会者,实今日社会民主党之权舆也。于时以来布芝为会之本据,而拉萨尔为会长,居伯林。

方是时,拉萨尔之旁为运动数四,而往往不如所望。尝干路俾土斯(亦社会主义者,时为耆硕,有盛名)。路俾土斯谢弗与。盖路俾土斯之不慊于拉萨尔者有二:一欲仍给庸钱为生产之制,一不欲

---

① "往从修尔辑之为适。何则? 民智幼稚,不足与谋",《朱执信集》作"夫假令民智之不足与于此者,无宁从修尔辑之为适"。

② 全德意志劳动同盟会,今译全德意志工人协会。

以得政权达其目的也。其他运动，亦往往不见答，新闻纸尤不之助（盖其时新闻纸大抵属进步党），或且攻之。拉萨尔以强毅自将，遍游说各地。自来布芝外，若汉璧、若敌西多夫、若琐琳坚、若哀卑辉尔德，以至夫郎、来因之属，皆为所动。然后此党得立，拉萨尔稍稍发抒矣。然以劳顿故，精神为之疲劳。体魄又素不强，加以会中事务丛集，遂大困敝。始拉萨尔期以一年间，费万二千五百镑以得万人以上之会员。至是不可得继其业，乃先养疴于瑞士。

时会众不过千人，拉萨尔深忧之。虽在瑞士，不稍怠其职。恒语于众曰："吾辈今兹所运动鼓舞者，傥不得劳动阶级之多数结合，则无效果者也。故决不可不于一年以内得大多数，徒胜于道德之战者，是无能者耳。久之，运动终无效。"拉萨尔为之郁郁不自聊。于是或讽之解散，拉萨尔峻拒之。

九月，自瑞士归，直赴来因，布其说。以序演说于巴尔缅、琐琳坚、敌西多夫诸地，所至多景从。其在琐琳坚也，会方中，市长使宪兵十人偕警卒露刃入其会，强命解散，会为大扰。于是劳动者数千翼拉萨尔出，遁邮政局中，仅得免。然拉萨尔次日复出演说，不少止。来因之民，以是大重之，声援为张。

拉萨尔既历说来因各地，复归伯林，誓必集其劳动者于己会中。然伯林者，进步党之所萃也，其人士咸攻拉萨尔，新闻纸亦然。警察又数苦之，使不得集会，其发布之书檄，多为没收，卒致之法网，前后三数拘引之。自冬涉春，始愿不售，会中金钱又次第尽。拉萨尔业为此运动破家，各地取收会费又极薄，不足以继。拉萨尔外御困侮，内谋其党生存费用，焦心劳思，体为之敝。始党员之翕合，多起于一时之感。既久不见效，渐思畔去。于是拉萨【尔】急谋维持其党，千八百六十四年首夏，复力疾游说各地，渐复胶结。及五月,当同盟会设立之一周年,乃开大会,会其众于郎士多夫,至者二千人。

拉萨尔于此会,述其前此孤身犯难为万矢的,艰难辛苦,以得有此。今日社会不敢轻劳动者,国王犹思立法以保护之。盖丁此初期,万众犹死,呼之令苏者,实同盟会也。集者皆感。然拉萨尔于是时,业自虑不寿。乃告于众曰:"予始建劳动运动之施而兴,予固逆知予身之将为之毙也。予若死,予之同志将必起于予枯骨中。夫予死者,文明进步之国民运动未或死也。诸君子中有人一息尚存者,其必使予所燃星星之火,他日达于燎原乎。诸君子其举右手以誓。"是二千人不待拉萨尔辞之毕,皆举右手。

会既竟,拉萨尔复赴瑞士。于是时,拉萨尔体益衰,政府迹之亦益急,不南北走者必且为累囚,乃避地索居,蓄机俟时,图再举。居于瑞士之利几一月,疾少间矣。而拉萨尔惑于一妇人,欲婚焉,为之赴日内瓦。俄而不如愿,妇谋与遁,拉萨尔不可,遂请决斗于妇人之父,斗而伤腹。千八百六十四年八月之晦,拉萨尔以伤卒,归葬于布列斯罗。其友白克志其墓曰:"哲人而为斗士,维飞蝶南拉萨尔,体魄则降,宅是幽宫。"

拉萨尔所以谋缮进其社会者,在使劳动阶级握国家主权。尝谓近世历史,可分三期:于千七百八十九年法国大革命以前,国家权力在于有土之贵族僧侣等,其他阶级皆奴役耳。法革命后,国家权力在第三级之企业家、资本家,行政立法,一皆为彼等利害计也。往昔贵族所以苦中等社会者,彼还贻以苦劳动阶级。故重间接消费之税,使其主事坐困。又次则千八百四十八年以降,是实鼎新之期也。劳动者支配国家社会之机于是始显,而贵族、富豪、地主等之势力,则业过时而代谢矣。夫劳动者握政权,而支配国家社会者,实社会发达之所归极也。国民之中百之九十六为劳动者,故虽谓以一阶级,实即为全国民,其利害即国民全体之利害也。其进步,其自由,非止一阶级进步、自由之谓也。国家社会方发达以进于劳动者之国家社会,而推挽之使急进者,实吾辈所有事者也。虽然,顾今日之劳动者,则犹是资本家之牺牲与奴隶,操纵之具,所舍之货物而已。于前后革命之际,尝力言与一切人以自由,然于衣食则既无自由,他吾不知其何所取也。夫自无资本,则不能独立,必役于人。若是者惟书契约之形式或有自由耳。尚此者吾未之见也,是岂所谓自由竞争者耶。夫一自由而挟巨赀,一不自由而家无担石储,以令为竞,是其制将何从以维久远乎。革命之起,旦晚间事耳。

拉萨尔探此革命之原因,以为在于铁则。铁则者,理嘉图所倡也。以为劳动者之取庸钱,高不逾于仅自糊口之额。设其暂逾,必且复低,低过是额,则又复涨。何者?其高逾额,则劳动者生事裕而生齿随之繁。繁则劳动者增,而依供求相剂之理,致庸钱减。减之过,则劳动者生事不继,渐至寒饿死亡,以故缺乏,而其庸钱腾。如是上下不止,皆以之为标准,是谓铁则。由是铁则以桎梏劳动者,使其生活程度终无由以进。长此抑郁,则革命之起宜也。故拉萨尔在佛兰克科之演说曰:"诸君子知此铁则之结果果如何乎?诸君子自视不犹俨然一人欤。自经济上视之,乃无异陈肆之货也。急其用则与庸钱以来之。至厌其多,则故抑其价,务使濒寒饿渐减退,不至于供过所求也。"又曰:"饥而死者有二:无食直僵为殍者,一也。食不足以荣其体,又强役之以夭其天年,亦饥死之属也。"其意可见矣。拉萨尔以为富者利用此铁则,劳动者劳动之结果皆为所取以之自肥。饱食之余,乃出以豢养劳动者,收后日之用。资本积而愈多,劳动者愈困,则劳动者不得自有其所生产之效也。假欲救劳动者,不可不先破此铁则,使一切之富归于生产者,而工业属国家社会之共有。破之之道,在先以国家资本建生产组合。夫劳动者,有此组合,得自为生产,不仰资本家之鼻息,则铁则自无由行。其设立之始,不得遍也,则可先设一二,后以次推广,期以悠久。此其目的也。其达此目的之手段,则为普道选举运动,依于政党,求以法律;定此制。德之普通选举制,始定于千八百六十七年,拉萨尔殁既三年矣。制行而劳动者势力果张,凌进步党矣。

拉萨尔之倡说及运动,皆限于一国家中。承其流者,变本加厉,遂不肯与外国劳动者合。累居全德意志劳动同盟会长位者,又短于才,遂久不得发达。其后李卜尼希①及必牟尔等,自其党中别出为一派,颇宗马尔克,倡世界主义。至千八百七十五年,乃联合而大进步,是为今之社会民主党。

蛰伸子曰:拉萨尔之言社会革命,不如马尔克言之之完也,而其鼓吹实行之功方〔力〕之多。其然则不得不专致力于一部,而后其余。故其社会主义为国家的,不足怪也。顾衍之者,排他国劳动者以自张,其亦过矣。或以拉萨尔欲得政权以达其目的,乃诬其右君权(俾斯麦则然)。顾拉萨尔运动既为社会方面,政治运动其所出之策尔。即如所言,未足病拉萨尔,况其实非邪。或又短拉萨尔之情死。是则拉萨尔无所辞咎矣。然自社会言之,则拉萨尔以一身唱新说,抵死以谋其进步,后死者食其荫,拉萨尔亦可谓无负社会矣。功未成死,固可为憾。然社会革命之事业,固不为拉萨尔死败也。拉萨尔虽与彼妇订白头约,而犹申礼自防,不与其出走之

---

① 李卜尼希,今译李卜克内西。

谋,卒以死殉,于道德未为伤也。第自主观言,则不能为天下惜其身,使所图中道受其阻滞。藉拉萨尔不死三四年,其势力正当大长,俾斯麦之压制社会党法或不能施,未可知也。拉萨尔蚤自戕贼,延为社会之不幸,是则虽拉萨尔自叩精魂,而语臧否,亦不能自为解者矣。顾今日志士,有年未弱冠,不识国学何许,亦未尝肄于专科,而借口欧化,破溃藩篱,恣情恔志,驯至牺牲一切。以逐其欲,其视拉萨尔又何如乎。不幸今吾国中乃多有是曹,所为伊郁不置者也。

原载于 1906 年 1 月、4 月《民报》第 2、3 号,署名蛰伸。

驳《法律新闻》之论清廷立宪

满洲日言立宪，欲以为愚弄一世，具藉保其大位也。夫其言之甚甘，且示以将实行之形，则昧昧者信之宜也。夫汉族且然，抑又何怪于外国之人。五臣之使，列国倾心迎之，亦谓改革之机，诚在是也。是故欺售而谤日以消，誉日以来。夫宁无高瞩旷瞻，豫识其无足为道者。顾一般之论，悉为所转移，彼纵未得内尽闭塞吾人之聪明，而以是挟有外人之同情，令无与于在野之党，则为彼声助计亦甚得矣。矧吾汉族近顷之知进而自新者，其源实远汲于欧米。日本使其知识之所从来者，已加赞与焉。则其流所及，亦复可使新进之士气坐短。是亦亡胡死不择阴之计，害未始不甚深也。余居日本，见其近顷对于此事，一般舆论所趋，强半背于事理，而尤加曲誉且献擘画者，则为《法律新闻》近出之文。其题为《清廷其先公表立宪之誓约乎》。其立论之蓄虑何似，所不敢知，抑无庸辩。第彼所主张之理由，近真而逾易疑众，故不惜繁言以破其说，诰之于我国人，亦以释友邦名贤之惑也。

《法律新闻》之言曰：

（上略）况从近年外患之刺激，日悟变法自强之为急务，遂见废科举制之快举，其他政刑百度，悉期更新。特为将实施立宪制，而派遣视察大使于各国。载泽一行既已遥集于东京矣，余辈固披沥满腔热情以欢迎之者,亦欲少陈卑见,以资其采择之万一也。

夫谓满洲从外患刺激而悟变法自强之为急务,此一般根本之误也。夫满洲知内乱耳,何知外患。彼之政策,犹是利用列强冲突之政策。彼之目的,犹是聊乐一日之目的也。夫所谓外患,抑又何损于彼。彼视汉人土地,不甚爱惜,何靳以贻之列强。宁有惊以为外患,复谋自新之事哉!然而遽高言变法自强,以号诏于天下者,无他焉。前此汉族之自图存也,固声民族之辱,而思一洒雪之,亦以政踬令暴为前提,因博世界之与助。夫其助之也,初固未详于吾民族之历史也。第以其所触感者之不复丽于人道,而后乐与民以摧挫夫横暴也。亡胡知其然,则姑以其方将整饬为口实,重图各国之已倾而不民援。是故言变法自强者,非对外而然,实对内而然也。其言之意,固在名,而不在实也。惧民之昌,则己之薄,因予之口惠,销其锐气,奖以空名,而揽其实权。则庶几昧者景从,明者口塞,其隐衷宁可掬示天下哉。不此之察,而谓其鉴外患图自强,将立宪也。其去真远矣。

原文又曰:

> 想基于国民精神立宪制之实施,优得收满汉一家之效,而足利用其国民之自觉心。若不依于立宪制,而妄谋中央集权,或有如不与参政权,而施强迫征兵之事,则反以激发其反抗,速不测之患害,随而从列强之干涉,开所谓瓜分之端而已。

夫令是立宪制者,诚为基于国民精神,则是宪法固非满族之所得而制定也。奉若是之宪法,犹曰基于国民精神,是乃苟且猥贱之士,所以自文者,非智者之所宜出也。言立宪制者,其名,函义亦至复杂。顾自政治上以言,决非指有具一二空文.而无实际之宪法者明也。故政治学者常言,土耳其尝有法律名宪法而已,非立宪国。所谓立宪之特质者,乃在其机关组织之完全,而不任独夫之自由意思,以运转统治权,即有监督机关也。而其为监督机关,又以独立而有实力为要素。其言若是,则满洲之为律制,虽标宪法之词,又安得篡取立宪之名哉。抑亦既知不立宪而妄行中央集权,祸若是其亟矣,曷又不思其宪法之为何等,乃瞥然而谓既立宪则不如是何也。夫于中国中央集权,何以不可强行,此亦当为笔者所知也。民族之间,界限划然,久而愈睽。五十年来,兵事频仍,地方之权亦日重,而满族无从为控御。目下操切之令,徒悬空文而已。故虽欲为中央集权,数所不可得也。是岂可以一二空文变之者。则以谓宪法立而优得收满汉一家之效,足利用国民之自觉心者,无亦循名而不核其实之过也钦。

原文又曰:

> 而更有可为戒心者,所谓革命风潮,与其新学流行,共入于国民之头脑,往往弄诡激之言论,无所顾忌。故于其民论尚未甚沸腾,而来要有参政权之际,清廷其先公表立宪誓约,以使彼不逞之徒无措手之地乎。其既已一度公表誓约也。志士论客忽狼狈,一变其革命思想之鼓吹,而向于宪法得失,选举利害等事实问题,全注其气力。满汉一家之感情,当不期而涌生矣。惟此公表,有颇贵拙速者,即如其实施期限之属,期之制度调查之后,乃无不可。然而使世之志士论客安其心之一事,则其关系非尠小也。何则?彼革命家惧宪政之成立,深如北京停车场之炸弹,不尝云出于彼辈之手耶。故此公表之举,为镇压革命派之惟一良策,是不战而屈人之类也。

　　凡全篇之所为喋喋者,意端在此数言。嗟乎! 笔者劳苦,然而误矣。谓世论者之流于诡激,而此一宣言者,可使唱革命之人,屈其锋,回其虑,而从事于宪法选举之研究也。抑未尝察夫唱革命者之真之过也。夫何视彼恶劣政府之宣言,一若是重,又视革命家若是其轻也耶。夫以言革命者之论点为诡激,则谓不诡激者,无亦缄默而止耳。革命岂得已而可为者,抑亦非可不得已而犹不为者也。不察其所根据者何在。惟其唱革命,则漫谓之诡激。吾意是惟不习闻革命原理,专制国之民乃然。初不信自诩文明者,犹称是言也。既见立宪前途之未有涯涘也,期尸祝于其公表。夫所为重公表者,重其所表之事耶,抑重其为表示而止也? 东胡之族,贪而无信,朝三暮四,奚必果其前言,彼宁有吝于公表。既公表之,又何不可为取消乎? 表示之不足重轻业如此,而犹望之以为其效力将至大也,是亦蒙于因果之道、名实之辨矣。中国国势与日本殊,日本天皇宣誓五条,及十年后开国会之诏敕,可以定一时之民志。是有由也。其民素无恶于君,所为敌者,阀阅耳。民协于君,交相赖,则其相信深也。中国之民,久受困苦于此恶劣政府,且习知其食言,又安从信之。抑吾中国所求者,非虚名之立宪已也。所以谋革命之理由,在洒世仇而报虐遇。是之不解决,革命末由而止。彼其公表者,即盟之载书,征之天日,所为信者,只其立一法名宪法耳。其宪法之内容,固未尝定也。我汉人又安用此空言慰藉为也。且所谓公表者将如何,满洲亦曷尝不数言将立宪,而车站刺客乃出于其后。然则谓此一公表,而革命运动将立为息者,其证将何存,吾真穷于求索矣。夫岂不知热中仕宦,思乘时一骋其才者,固不乏人。即如东京某某者,皆富学殖而近功名,平居不肯于稠人广坐,为阿附苟且之谈。亦不敢为批鳞折角之论,贱视侪民,不屑与言。心希高位，又不能下气求之，乃优游养望，坐致政府之属意旁求。然后庶几咄嗟青紫，身名俱泰，乘时窥便，蹂躏胞与，以博能名，无所顾惜。若人者，闻立宪之公表，必且承意望旨颜色，而胪其利害得失，明己之材知，度越寻常，壹如笔者所云，向于宪法选举等事实问题注其全力。第若人者，即不际立宪之公表，何尝不可夤缘攀附，梦想良图。若彼前投身青年会为激烈者魁，而今已改弦易辙致位丞辅者，其本师也。然而其所能为招致者止于此属。若谓他凡革命家皆若是，则诚非所敢信也。真鼓吹革命者，方且以破邪自任，廓清思想，以迓完全之新知，致一般之幸福。而伏不可久，诚不可晦。我国之民智日蒸，则革命之思想亦逾溥。何云无措手地，又何以知满汉一家之感情得涌耶。抑尤有进焉者，则笔者既不知中国民族，历史何似，而乃悍然谓其将至革命为可忧，是亦言之不择，后将有正之不及之悔者。据之以断其公表效果之良，无由得中者也。纵令其公表有如是之效果，其足吊抑尤甚者耳。

要之，为此种之论者，其言恒谓中国前途若是其危，不可不立宪。而于所谓立宪之内容，一不加察也，因生种种之误谬。犹不自觉，而心以为吾辈对中国有指导之责任，必如是乃得为尽之也。然亦曷试返观其所标之理由乎。夫其所标以为当指导中国之理由者，不过于二：一谓酬往者文明输入之惠，一为同文之国宜相为倾助也。是其所谓文明输入者，谁实尸之，非我汉族耶。言同文者，岂谓与彼鞑虏同鸟兽之迹耶。故苟加报酬者，当对我汉人而不当对满人也。故赞我汉族而覆满廷，暴其狡戾之真于天下者，为报酬所应尔也。反之，而与其所恩者之仇雠，以仇其所恩，而曰报曰助，其相去岂不甚远。抑或以为此外交上策略然。然则为利害而忘义，所谓大国民风者，其又何在也，其又何在也！

抑更有为我同胞告者。近顷风气渐开,然随之有轻信易摇,不能葆其所守之病。每闻人言,辄甘而不之察。辨理心之薄弱,于国民心理乃为大玷,不可不急去也。去之必慎于始。始有所信,必深审其由。既详其颠涯,则外论无自惑之也。藉令不然,则终身为人所转而无所得,重失败而已。《法律新闻》此文,度内地必有翻译而称述之者,以为赞己说有人矣,因以便其私。然其影响所及,被其摇惑者,恐正不鲜。嗟夫!吾虽欲不为之辨又安能耶。

原载于 1906 年 4 月《民报》第 3 号,署名县解。▲

英国新总选举劳动党①之进步

今岁当英国五年总选举之期，新选出之代议士属劳动党者四十九人，其增于前实四十八人也；虽其数不及议员总数之什一（英下院议员总六百七十人），然其进步之速，亦足以骇愕一世。政治上社会的运动之行于英国，其自兹役始乎。

英国之劳动者素以不为政治上运动闻，与大陆诸社会党大殊者以此。而学者推究其原因，众论各殊，要之不出二种：（一）以政治上政党发达，两党对峙送政权，其间更不容有他党存也。（二）以经济界劳动者与资本家相倚而不相雠，故依于劳动组合及他仲裁裁判制而已足，不事为政治上运动，而劳动者之生事已不楛楛。且两政党互欲得人心时，制便劳动者之法律，若限时厂令，其著者也。盖由政党发达根据完固，故不能为政治上运动（不能者非绝对之不能），而劳动者地位自佳，故亦不欲为政治上运动也。于十九世纪之末，大陆诸国政治上社会的运动次第张，而英国独无闻焉。非无劳动者之结合也。其结合也，专从经济上铢累寸计，以谋劳动者之利益。希日计之不足者，于月计有余，故政治上之运动无闻也。

夫社会的运动，所以必于政治上者，固各因于其国之状态，而

① 劳动党，今译工党。

要之则以阶级斗争之不可无所藉手也。社会的运动,以阶级斗争为本据。然后持劳动阶级之利害较衡之,以求得之于资本家阶级。是以无社会上之力,不足以济之。社会力固不齐,而政治上之力亦其一也。以政治上之力,为阶级固有之力助,则足以胜其敌。故劳动者阶级必为政治上运动者,势宜然也。抑又或迫使不得不然。夫政治上权力既有助于阶级运动,则是欲持而有之者,微特劳动者,富族亦尔矣。王权之摧挫,贵族之倾覆,皆富族之所以为陈勋者,故其持有政权,亦常视劳动者易。苟劳动者不为运动,而令政权纯移于富族之手者,劳动者扼吭坐视已耳,虽并命与争,何所济乎?杯斯渠伯之希查标注(一称文明大破坏,闻有译汉文者,尚未之见也),所述富豪跋扈之况,盖于是起者也。然则必及其未至是也,不使得据政权。故政治运动之效,从积极言,则可以助己运动之进步;从消极言,亦可抑富豪将来之势力。凡社会的运动,无不涉政治者以此。英国之劳动阶级,犹是各国之劳动阶级耳。前述之原因,固不足以久障政治上社会的运动之前途也。

故前二原因间有不行时,则政治上社会的运动立起。

其第一原因之间不行奈何?曰:英之两政党对立,自百年前以来,而近二三十年间,乃时时离合。际其离合,则新党派生,若自由统一派,若爱尔兰自治党,其始起也皆若是,必先有政党之分割缺胸,然后新党起而补之。非先有一党起,而后蚕食前存各党之势力,此英国政党之特色,此政党内阁之结果也。今者保守党以不得人望,势力忽尽渐灭,而自由党大盛,握政权,自由统一派代居在野党之位,盖于政党之政治,此为大变革。则劳动党之得乘机而新建,亦势实使然,夫岂少数富族所能持其重轻者哉。

问其第二原因何以间不行乎?夫劳动者不欲为此运动则不

为，欲为之则为之，若甚明者。虽然，实非也。于此所当研究者，其何以前不欲而今欲也。是则非研究劳动者之地位不可。盖英人首重习惯，所沿以行者往往不易改。劳动所已得之利益，无失之患也。如是则前所不欲者而今欲之，必有外诱之因，而非其本源之变。夫英人之行动，必践实而不凿空也。外诱之因固不一，而以余之意，则德意志社会民主党运动为之模范，其巨者也。于千八百九十三年德之社会民主党尝为宣言，谓政治上运动与经济上运动，两不可阙。德之运动与英之运动，皆偏于一方，苟互师其长，目的旦夕可达云云。后英之劳动组合议欲归向之，其机殆动于是。藉令不然，英国之鉴于德之成效而师之者，亦固无惑耳。

千九百年各劳动代表委员会始决议出候补者而为政治上之运动。于时有所谓社会民政联合协会、独立劳动党之团体，实今兹之所自出者也。而前岁《十九世纪》报尝称稽霞氏募金于国中，期出候补者五十名，则为劳动者代表者必不下二十五人。然此次选举，劳动者实出代表九十人，而当选者四十九，亦可谓过望者矣。英国劳动组合之组合员凡二百万人，则其左右政治真无难事。而导其机者，要不得不归功于德意志人，英之运动，师其成迹者也。

就英国之社会而观，则其为社会革命，有视他国易者。资本家与劳动者不相恶，而调和之事习行，其争不必出于同盟罢工，亦不必骚动，而其福利可坐致。从之，双方为协议。纵有不调中止，亦不过稍待而已，不出危险之手段也。夫阶级竞争之结果，使富族栗栗然，恐让步犹不得免，遂坚持之。英则此现象较鲜，然则劳动者所行受阻较轻也。

然英国亦有其所独难者，则习惯之不易破也。英人之重习惯出于天性，历久不衰。故于贵族之制，其不合于法理明甚，而犹保持之不废去,则他可知已。况此经济界上之事,其利害所关系者至大耶。故苟欲为变革,其纷争之态,亦必不下于一八三二年选举改正之际矣。

虽然,英之劳动者政治上运动进率如此之速,则安知十数年后,不可以占多数而达其目的乎。余日夕尸祝之矣。

原载于 1906 年 4 月《民报》第 3 号,署名蛰伸。

北美合众国之相续税①

　　闻北美合众国大统领罗斯福近为演说,其言有曰:"当为遏富之集中而深相续税。"欧美之人闻之,无不动色,而吾国人顾泯然若不之知,何也?

　　北美之制,大统领不有立法权,而租税非涴律莫定。罗氏虽为此言,其实行犹远,未可知也。然在资本家势力最盛之美国,而罗氏不能违反于人民大多数之声,遂为此演说。然则美洲社会革命,其以此为之朕乎。

　　相续税者(Inheritance Tax),间接税(Indirect Tax)中财产无偿移转税(Tax on Gratuitous Transfers)之一种也。凡社会主义者率赞之。盖富之集中,令仅止于一代,则数年后身死,财分而不复聚。故一方集之,一方散之。生者竭力求使聚,未可必也。而旋死旋散,是富终于均也。故令无相续,则必无富之集中之患,明也。惟有相续,故其所集于生前之富,逮死不散。而纨绔之子,席旧业,无举手投足之劳,而享有百万,因利用之,使富益集中于少数人之手。社会之苦痛,遂无暂已之期矣。故相续者,于今日社会不为益而为害者,明也。独是溯相续之所由来,盖源家族之制,既久行之,遂令

---

　　① 相续税,今译遗产税。

社会习而忘其弊。夫故不可遽去,今日各国认此制度者,其他理由,大率薄弱,独以沿革论,鲜能谓可直弃置,因遂仍之耳。既不得已而认之,亦不得不求所以杀其弊害之法。故课之以税,实源于社会政策者也。近世如弥勒、如华格纳、如可沙等各财政经济学者,亦皆主张相续税。顾相续税若止为此例税,则绝无效果。必当以累进税法施之,且其累进之率宜大。如千元以下之相续,税之百一二可也;万元以上者,必以什一;若十万元以上者,则什三四;乃至百万者,则取其过半,犹不为苛也(相续谓承继上权利义务。然在相续税言若于元,则止指其权利中减去义务所值而已。故若一人死后,子继之,其财产值十万元,而负债九万,则谓之一万元也)。

相续税之制如此,其效果将如何乎?曰:加相续以税,不能使其富全不集积也。然而其富每移转而削其一部,其富愈大,所削愈多,故其富人之集积,一遇转移,即复被削,其相续愈频繁,则所削愈多。故富之集中,不全止息,而其势之促,亦逊于前矣。至其所削之部分,则归于国库。非徒归国库而已也,以之轻一般之负担,且进其福利者也,间接使富平均者也。

世之主张相续者往往以他理由,不尽如吾所云。然罗氏既云为遏富之集中而行之,则其出于此目的固明甚也。然北美合众国宪法,规定国会议决租税(第一章第八条),假令于国会提出适合于社会政策之法案,果可得通过乎,未可知之数也。夫美国国会实力在政党,政党一方为资本家所左右,一方复瞻顾徘徊,仰工党之鼻息,其赞否固有未可豫知者。

虽然,以余观之,工党之赞成相续税固宜然。而富家若为反对于此,则大误者也。凡社会主义之运动,其手段诚为阶级战争,而其目的则社会全体之幸福也。故虽社会革命以后,今之富者,苟不自为蟊贼以取祸,则其一己所享之康宁豫悦,何减今日。特其康宁悦豫,非己所私,而众所同,故其享之有安无危,有和乐而无患思。以哲人观之,谓之胜前千万可也。凡社会主义所建树者,率如此。不忍一时之苦痛,而舍永久之康乐,安于惨酷之组织,聊自为娱,惟恐失之,是皆鼠目寸光之类也。况相续税者,不取之于生前,而取于相续之际,己固无苦。而为相续人者,不劳而获产,亦何吝于以其一部供公众幸福之牺牲乎。苟美之富族为真有智者,必不以此而反抗罗氏之政策也。美国人民之程度,吾将于是觇之。

原载于 1906 年 5 月《民报》第 4 号,署名县解。▲

从社会主义论铁道国有及中国铁道之官办私办

（社会主义本译民生主义，铁道原称铁路，今以篇
中术语多仍日译，故此二者亦并从之。）

绪　　论

近日粤汉铁路，广东有官办商办之争。就事而论，必右商而左官。世论因或致疑于铁道国有之主义。夫铁道国有与今所谓官办不为同物，至易知者也。然而商办者其与铁路国有之本旨相冲突，又无能为之辩护者也。然则，商办之弊害果无穷乎？其救之方法云何？当为研究者也。

今便宜先示余辈所主张之要点如左：

（一）铁道国有者，以抑制私营自然独占事业者之专横而达社会上目的，以铁道经营之权归属于国家及公共团体之政策也。（二）国家及【公】共团体之经营此者，以为公共设备而参以官业之性质者也。（三）官办铁道者，以之为收税之一方法，即财政学上所谓准公共经济之事与铁道国有性质上不同者也。（四）商办铁道者，反于铁道国有论之精神，然当不得已而行之时，则宜施最严之公共监督，以杀其专横者也。

又此所谓铁道国有论,社会主义者之铁道国有论也。其他以军事上、财政上、经济上利害而言铁道国有者,如其说则国有者诚无异于官办。世往往有淆社会主义者之铁道国有论,与非社会主义者之铁道论以为一者,则必反疑吾说之支离,所不能无先为之辨者也。

(二)铁道国有之理论

(Ⅰ)铁道国有以抑制私营自然独占事业者之专横为目的,而其抑制之原因则以欲致社会上幸福。然所谓自然独占事业者何?铁道营业所以为自然独占事业者何?其专横之事实的证明,其抑制之之各方法,皆当研究者也。今撷诸家之学说如左:

(甲)自然独占事业之义　付于此当先明独占事业之性质,次言自然的独占事业。

(子)独占事业(Monopolies)　独占者,对于竞争而言者也。美国学者依利(R.T.Ely)下其定义曰:"独占者,不受竞争掣肘之事业也。"即特有左右其价格之力之从事于一种业务者之有统一之活动之谓也。惟其不受竞争之掣肘,故能有左右其价格之能力,而非为有统一之活动,则自不能无竞争。盖独占之事,本不限于一人,而多人为独占之事,必为有统一之活动。此如美洲社会信托之制(即托辣斯),会社可至数十,而其活动皆受同一之统制,不得有歧异也。又如所谓普尔(Pool)、钦巴因(Combine)之属,略如中国所谓"行"者,而严过之。萃同业之人,支配于一组织之下,不许其团体员间自为竞争。而其大者团体员以外可与竞争者久已无有,则其团体为有统一之活动,而独揽左右价格之力矣。虽合多人以为之,然其行动无异一人独占也。盖溯独占之语源,百年以前不过专卖之义。而今日所谓独占生产之属,非其所语。所以然者,当时人工业制度未起,得为独占者仅依于国家恩惠为专卖者而止耳。迨自由学派兴,以大资本营大工业者盛,同时专卖之事业之大抵废绝,而独占者乃多由于联合,其意义亦全变矣。故于往者独占事业,多由国家之许容而成立,以其许容之反射作用,使余人不得与之竞争。今之独占,则全不因于国家,且与国家立于反对之地位,此其特质也。抑言独占事业者,不必为绝对的独占。即其为独占事业之目的物有代用品者,亦得云独占。例之瓦斯事业者为独占事业,固亦不妨有石油之代用品,不被独占者存也。(山内正瞭解说依利氏《经济学概论》一〇三页,及《国家学会杂志》第一八二号五五页以下,马场锳一论文)

(丑)自然的独占事业 独占事业分为人为的独占事业(Artificial Monopolies)及自然的独占事业(Natural Monopolies)。人为的独占事业,以人力使为独占,即如以信托使成独占之类是也。自然的独占事业者,则因于其事业之性质,使不得不为独占。盖其始采放任主义,令为竞争之事绝对自由。然其事业性质上本不能竞争,苟为竞争,必招损害,遂使营其业者大半凋丧。其幸不败者,遂专其业,无复敢与为竞者矣。故学者云,自由竞争之末,必生自然独占。盖谓此也。从依利氏之分类,则自然独占者有三种:其一,则铁道之类。其二,应于市街需要各种集中之事业,即自来水、瓦斯、电灯、电车之属也。其三,则自然财源之买占也。此如美洲斯丹达石油公司及石炭组合,占有石油、石炭出产之源,遂得支配此二种货物价格之能力。其最著之例也。三者皆自然独占事业也。依利氏更举自然独占事业之特质曰,自然独占事业异于他种独占事业者有三:(一)占有于其事业所最必要之特殊地点或线路。(二)方其所供给货物若任务,以增加为必要时,得投少许资本而多获效果。(三)其所供给货物若任务,不得离设备之所而用之。所谓占有地点线路者,其适于此事业之地点线路唯一之时,占有之者,为自然独占事业,不待言矣。即令其线路地点,本有数四,而其中之一特有利便胜其余者,因占有之而成独占,其属此种亦明也。此如其线路,一由平陆,他皆非凿山通路不可。则占有此路,竞者谁复能与之竞乎?所谓增投少许资本而多获效果者,即其收益增加率,比于资本增加率甚大,于工业多见之。所谓不得与设备分离而用者,则如电信业是。彼地虽有电信局,不能代此地传信,则此地之电信局遂成独占。虽明知此地通信之费数倍他所,然而他所之设备,不存于此,无能用之也。由是三者,其事业性质终不能不为独占,是所谓自然的也。于此更有不可不审者,自然独占事业今日大抵有地域的限界,其所谓无竞争只限于一地方;至于将来或发生世界的自然独占事业,不可知尔。(《经济学概论》一〇四页及五二〇二页以下)

(乙)铁道营业者自然独占事业也 近世学者无不主张此说。盖从上依利氏所举自然独占事业之三特质以观,则占有特殊线路者,营铁道者所不得不为者也。需用多时,增少资本,而多得效果者,又营铁道者之常态也。铁道之轨路、停车场、其他营造物皆固定者也。虽多用之,无俟别多投资本。即车辆等,其利用增加时,亦不必多为增加。其役人应之增加矣,其增加率亦不甚速。要之,其支出之增,视收入之增,皆为甚仅也。不得离其设备而显其用者,铁道主为运送,不得以欧之铁道代美为运送;亦不得以美之铁道,供欧洲两地方交通之用,又甚易知者也。故此三特质,皆铁道所已具者也。即其事业不容竞争者也。顾或有欲以强制竞争之法施之,其所用方法凡四种,然皆不见其益。日人关一氏尝驳其说,无以复也。其一曰,使各铁道竞争,此其费多而益寡,率必归于合同而止。其二曰,使在一铁道间为竞争,此说令人各得行其车于公共铁道之上,或令此公司之车得行于他公司铁路之上。由前之术,则其运转之术不齐,终不可安全,亦无以与私营之公司竞。由后之术,则强公司以其路供他公司之用,终不可得行,徒悬空文耳。其三曰,使牵引与运送之事分离,于是线路敷设及机关车运转为公司之事,而车辆则运送者自备之,使运送者与铁道营业者为竞争。然实际运送者,往往不能自有车,即有车亦不尽适于用,久之必复委托其事于铁道公司,而此法为无效。其四曰,设他种交通机关以与铁道竞争,然非铁道不能运送之场合多,故得为竞争者非铁道亦得为之之场合耳,其效至仅。(《国家学会杂志》一百八十八号二十二页以下关一氏论文)盖强制竞争者,已与自由竞争不同,犹不能行于铁道营业。则自然独占者,真铁道之固有而不可免之性质也。

(丙)铁道事业独占者之专横 既独占而无与竞争者,则其价上下,惟意所如。所欲与者,则特优之。其不己顺者,则苦之无所不至。此为事理所当然,不足怪者也。诚亦知彼之价格不能腾至无穷,藉令使人不复能任,则亦谁复为运送。特虽未达此不能底之境,而公司已因其价格之腾,获非常之不当利得。于是其资本每蓄愈富,无形之掠夺,习以为常,因肆其淫威而恫喝一世。方盛之都市,可使即颓;不毛之地,可使立盛。如依利所举美洲西部之铁道公司,故高谷物之傲费,使农业必悉卖其谷于铁道公司,不敢复论价。闻之不发指者几何?不惟此也,彼资本家以数百年外界之刺激,已失人性之常,知有金钱而已。为得是金钱,流无数人之血,曾所未恤也。既获不当之厚益,复朘削劳动者,铁道职工大抵贫困,其营业既惟利是视,遂不惜以公众利益为牺牲。千九百年美国之铁道,杀人七千,伤人三万三千八百。依利评之曰,普法战争,普人死伤不如此之巨也。今之人不此之惧而惧战争,不亦慎乎?盖此之专横,从自由独占之事业性质出者,不特铁道为然矣。

(丁)抑制专横之方法 铁道营业者之专横,既久为世所病,于是乃有思抑制之方法者。而依利氏别之为三主义:(1)竞争主义(Competition),即前所述强制竞争之制是也。其有损无益,已如前述。(2)政府监督主义(Government Regulation)此主义为矫前主义之弊而起,然苟令检点稍有不周,则各公司必舞文弄欺,以蔽塞聪明。而监督之实,乃几无有。愿当未得实行国有政策之顷,则此主义之行,要为有益于社会者,不可争者也。(3)政府所有主义(Government Ownership)即国有主义也。(此字既诬政府,又译国家,颇不免于腾诮,然 Government 之义本两歧,译之者亦有参差)此制之最良者,而吾辈所倡者也。华格纳(Wagner)尝曰:苟不有特以国有为非之理由,则铁道为国有可也。此其足以抑制专横,固无疑义。但限于特有不可行之理由,始不宜行之耳。(《经济学概论》一一三页以下泷本美夫解说《华格纳财政学》二七四页)

(Ⅱ)国有者,以其经营之权归属于国家或公共团体之谓也。国有铁道之政策,以国家握其全国各线路之经营之权利为目的者也。故其线路,虽尚未有人经营者,国家犹得以为国有。而兼言公共团体者,公共团体为国家之部分。若其线路又为一地交通设者,国家自身不经营之,而令其下之公共团体为经营,至当之事也。盖从公共团体之性质,于营一地方之事业,往往较国家为易,适合于其地之情势故也。

(Ⅲ)国有铁道之历史 各国对于铁路之政策有两主义:曰英美主义,曰大陆主义。英美自来皆采放任之策,故其铁道无国有者。欧洲大陆诸国率采铁道国有之政策,然其规划不同。其效之呈,或迟或速。于奥,尝悉铁道以为官有,然至千八百九十五年以府藏空匮,遂卖之于民,期他日更买之而已。法国,始欲采国有主义,划国中线路为数区,使私人经营之。经过若干年,无偿以其铁道纳诸国家。然其后公司以为苦,不乐经营,乃更与以补助,且延其期。故今日法之铁道为国有者仅七线中之一。他六者之为国有,犹待数十年以后也。意大利之铁道,亦初为国有。千八百八十五年以国库竭,遂卖之于两大公司,然约六十年后更复买之,且其监督权綦严也。于德,国有铁道之成效最著。始各邦未联合时,已各设官线。逮胜法结合为联邦,遂以偿金买收私线,完国有之实,各国以为模范焉。于此,自始采国有政策,然中道尝一变之,许私人为经营。初犹稍有竞争,继则合同,终于独占,遂妄腾运费,操纵全国之事业,使一抑已鼻息,弊害百出,不可极纪,终由政府买收之而后已。要之,欧洲各国无不以国有铁道政策为然者,然行之则往往为财政所窘。故每划久远之策,期终达之而止。于美,近亦有倡铁道国有之议,然未见实行也。日本,自来国有、民有之铁道相参杂,至今岁始提出铁道国有法案。一时争议蜂起,卒遂得通过两院成法律。稍长之铁道,大抵被买收,期十年间毕其功,则国中大铁道悉为国有矣。(华格纳《财政学》二七五页,小林丑三郎《比较财政学》一〇五〇页以下)

(Ⅳ)铁道国有之利益 铁道既国有,则凡独占事业专横之弊悉去。故其对乘客及运货者,运费得廉,设备得固,其对职工保护得完全。要之,使一国之人民,皆得食交通机关之益,而不受其害也。国家固非恃铁道以谋收入之增进,其经营皆以适应社会之需要而止。不如资本家经营之惟利是视也。其有收益为国家之饶,亦即以为国民之福利,不如资本家之获益以扩张其势力,对于他营业使屈下媚悦己,对于劳动者益事压制也。其管理者不以媚悦资本家为容身之术,而以其所事为公务之一种,则不得偷慢。其营业之方法,壹皆为公之事项,表彰于外,受他机关之监督,无来一机关专擅之虞。即不能为政治上、社会上害毒。此数者,铁道国有之社会上真之利益也。(未完)①

原载于 1906 年 5 月《民报》第 4 号,署名县解。

---

① 原文止此,以后亦无续刊。

论社会革命当与政治革命并行

社会革命者,于广义则凡社会上组织为急激生大变动皆可言之。故政治革命,亦可谓社会革命之一种。今所言者,社会经济组织上之革命而已,故可谓之狭义的社会革命。

社会革命与政治革命当并行者,吾人所夙主张者也。方将著为长之论文,备究其相关系各方面之利害,且付于其施行之各政策之得失,加以批评,使我国民咸了于此义。则当与政治革命并行之旨亦自明了,不俟别为之论。第此其程功不得甚速,而恐未之知者讥议蜂起,故先简短言之,其详仍俟他日也。

近日《新民丛报》于本志土地国有之主张,恣为讥弹,本论实亦感之而作。然本论之主旨,在使人晓然于社会革命当与政治革命并行之理由,不专为对彼辨论而作。故篇中皆以主张为答辨,不与驰逐于末点也。

《新民丛报》所以评社会主义者要有四端:社会革命终不可以现于实际;而现矣,而非千数百年之内所能致。一也。行土地国有于政治革命时,同于攘夺。二也。利用下等社会必无所成,而徒荼毒一方。三也。并行之后,无资产之下等握权,秩序不得恢复,而外力侵入,国遂永沦。四也。其前二者,非本论范围,故将以他篇辟其谬说,而本论则就后二者之立论。

由是首明社会革命之原因,次举社会革命与政治革命相关之场合;次中国现在可并行之理由,所以破其利用下等社会必无所成之说;次并行之效果,所以解秩序不复、国遂永沦之说也。

论者于社会主义多所诋诽羌无理论根据。假令一一拾取其凶秽之词,还加彼身,恐彼亦无缘能自为解。顾此非吾辈之所屑事也。至其误谬之原,则吾可揭之以告于天下。盖世每惟不知者乃易言之,又易而攻之。惟不知而多言之,复不自省,乃生自为矛盾之结果。然后有以今日之我,与昔日之我挑战之一说,以为解嘲。曾不知苟其不知而言如故者,虽百反复,其结果一而已,安事此挑战。为见一新说以为可以诧于人,则弃其旧说而从之,无所顾惜。实则其不知新说犹是也。而其旧说所以弃之若是其易者,则正以其始绝未知其实际,而遽易言之故也。故往者昌言经济革命断不能免,绍介圣西门学说(今论写作仙士门,意论者犹未知为一人耶),惊叹濠洲新内阁,以为二十世纪大问题。曾不过再期,而遽以为空想妄论,世之人当亦同评之。第令略知其姓之主张,全不知社会革命之真。今之排斥,亦信口雌黄,则亦当失笑也。慎言君子之德,固非所以勖于论者。惟世之人知其妄言而不为所迷惑,则所庶几耳。

抑尤有妄诞可慨者,论者目不通欧文,师友无长者,世所共知。而冲口辄曰:世界学者之公论,世界学者之公论。将依论者涉猎所及之一二书以为断乎,抑知学派有异同,学说有变迁沿革乎?夫往者诚有排社会主义者,顾其所排者非今日之社会主义,而纯粹共产主义也。若是谓今日不能即行,吾亦不非之。顾自马尔克以来,学说皆变,渐趋实行,世称科学的社会主义(Scientific Socialism),学者大率无致绝对非难,论者独未之知耳。而吾辈所主张为国家社会主义,尤无难行之理。论者但观一二旧籍,以为世界学者之公论尽是,虽欲不惊其妄诞又焉可得耶?假此可为世界学者之公论,则十七八世纪中霍布士、马奇斐利亚辈之说,亦尝风靡一时,何不执以谓君权不当限制之说,为世界学者之公论也。

彼又述孙逸仙先生之言,谓社会革命当与政治革命并行者,政治革命时死者太半,易于行社会革命,意将以怵世人而巧获同情也。然先生当时语,彼实只云政治革命之际,人多去乡里,薄于所有观念,故易行左证具在,何尝如彼所云乎?妄诞不已,继以虚诬,吾不知其所谓信良知者果如何也。此皆于事实有不可诬者,故附论之。至于其主张之理由,及实行方法,俟诸他篇。

(一)社会革命之原因

穷社会组织经济之弊,以明社会革命之所由来,非为社会革命则不可者,非一二页所能尽,亦非本篇之所事也。

然方言社会革命,当与政治革命并行,则不得不先言社会革命原因之存在。苟无此不得不行之关系,则社会主义束置高阁可也,复何用詹詹炎炎为?故于此虽不暇分析证明,而断不可不知者。**社会革命之原因,在社会经济组织之不完全也。**凡自来之社会上革命,无不见其制度自起身者也。此必然之原因也。至其他有所藉而后暴发者,偶见之事,固不能谓社会革命绝不缘是起,而言社会革命无必然之关系,则非所论也。而今日一般社会革命原因中最普通而可以之代表一切者,则**放任竞争,绝对承认私有财产权**之制度也。今日之社会主义,盖由是制度而兴者也。因其制度之敝而后为之改革之计画者也。于英、于法、于德、于奥、意等,无不皆然。而俄罗斯则独小殊,谓之例外可耳。于此二断案之当证明辨论者不尠,今俱略之。惟有不可不置一言者,世之知社会主义而言之者,必归于社会贫富悬隔而起,此其言固无误也。岂惟无误,先辈诸大家实主张之。余辈未尝非之也。顾今不言社会贫富悬隔,而言社会经济组织不完全者,是有三故焉:

(1)贫富悬隔者,社会经济组织不完全之结果也。此最易明者也。凡学者言救贫富悬隔之弊者,莫不更求之本原。所谓本原者,放任竞争、绝对承认私有财产制是也。夫绝灭竞争,废去私有财产制,或不可即行;而加之制限,与为相对的承认,则学理上殆无可非难者也。惟放任竞争一不过问,故其竞争之结果,生无数贫困者,而一方胜于竞争者,积其富,日益以肆矣。假如放任论者所言,竞争之胜负,一准于能力之多寡,则其败者只缘己力之不竞,宁不类于至当。然实际竞争之优劣,以能力而判者,至尟。能力诚足以为竞争之助,而非一视之以为优劣者也。然则决不得以应能力多寡,享富多少之适宜,证放任竞争之必归于适当也。此原其始以言也。一度有优劣之分以后,胜者鞭策不胜者,使匍匐己下,而悉挹其余利以自肥。此少数已胜者与多数已不胜者,更为竞争时,既立于不平等之地位,而往者之竞争,其胜负决于种种之偶然事实,今乃一决于资本之有无,必同有资本或同无资本始有真平等竞争行其间耳(亦或有起家寒素而卒致巨万者,为仅少之例外。即有之,亦非大多数之福利也)。此少数富人间亦复相为竞争,必至富归于三数人之手乃止。故放任竞争,与贫富悬隔有必然之关系者也。抑不由放任竞争,固不得致贫富悬隔也。贫富悬隔,由资本跋扈;不放任竞争,则资本无由跋扈也。更从他方面以观,则无私有财产制,不能生贫富固也;有私有财产制,而不绝对容许之,加相当之限制,则资本亦无由跋扈。即于可独占之天然生产力,苟不许其私有,则资本之所以支配一切之权失矣。故必二者俱存,而后贫富悬隔之现象得起。(独占者,排斥他人之竞争者也。而所以得为独占者,由从政者以为排斥,亦竞争之一方法,而放任故也。)言贫富悬隔,则决不能离此使之悬隔者。故言社会经济组织不完全,而放任竞争,绝对承认私有财产制,为社会革命之原因,非过也。(尚当注意者,放任之竞争,决非自由之竞争。旧学派主张自由竞争,而贵放任者,以当时干涉使不自由,故为有当。今则缘不干涉乃反不自由,故不得以彼说左吾说也。)

(2)虽未至贫富悬隔,可为社会革命。盖社会革命者,非夺富民之财产,以散诸贫民之谓也。若是者,即令得为之,曾无几何之效果,可谓之动乱,不可谓革命也。既为均之,复令为竞如昔,则无有蹈覆轨而不颠者也。诚为革命者,取其致不平之制而变之,更对于已不平者,以法驯使复于平,此其真义也。故假其不平之形未见,而已有可致不平之制存,则革去其制,不能无谓之社会革命也。此固推极以言。然就中国前途论,则此决不可忽也。中国今日固不无贫富之分,而决不可以谓悬隔,以其不平不如欧美之甚,遂谓无为社会革命之必要。斯则天下之巨谬,无过焉者。当其未大不平时行社会革命,使其不平不得起,斯其功易举也。而常人不易知其必要,逮于不平既甚,则社会革命之要易知矣,行之乃难。于其难知易行之代得知而得之,则不远胜于难行易知之代不得已乃行之乎?故言苟有是制,即当为社会革命,视言贫富悬隔,尤直截耳。

(3)社会革命尚有不因于贫富悬隔者。盖社会革命之名,于往代之经济制度变更,亦当用之。然则如自封建时代之经济制度,变而为放任竞争制度之际,亦可言社会革命也。普通言社会革命固不含此义,然自理论上言,则实当函之。是固非由贫富悬隔起者,而言社会经济组织之不完全,则无所不包也。

(二)社会革命与政治革命相关之各场合

既有革命原因之存,则不能不为之矣。于是乃生当与政治革命并行否之问题。此可就社会革命与政治革命相关系之各场合而分论之。

于两者中仅一之原因存在之场合,则无社会革命原因者,惟为政治革命而已足。此于往者革命最常见者也,其例既至多,不悉举。

若仅社会革命原因存在之场合,则反之,而不必为政治革命。虽社会革命之结果,生社会上势力之消长,从之政治上势亦有变更,顾不得以谓此即制度之变更也。固亦有以势力之消长,使其制度变至不良者。若是者,社会革命可为政治革命之原因。第此事实极少,仅可得之想象。至于近今,实难遘之。缘政治组织与经济组织相分离久,即有富族势力显于政治上,亦不过其最小之一部分,甚不足道(此就现在以言,过此以往,则不可知也)。决不因其势力消失,而致有根本之变动也。欧洲之列强,今日大抵处此地位。如法,苟为社会革命,其必无改共和立宪制,可必也;如德,苟为社会革命,其必无改联邦君权立宪,可必也。其根本既无改矣,则其枝叶有变动,亦改良进步而已,非革命也(如以财产额纳税额而令选举权有多少之制,既为社会革命后,则此阶级终至消灭,而为之设之制度亦归无有,此即其变动之最大者,然亦不能以谓根本之变动也）。

要之，凡仅一原因存者，无并行之场合。

至于两原因既并存矣，则如何始可并行乎，乃方今所当研究者。于此可从其革命运动之主体客体，而分别为数场合。（主体者，革命运动之力所从出；客体者，其力之所加也。故探源以论革命之客体为一制度。所以为革命者，固非仅欲祛此阶级之人，实由欲去其有此阶级之制度也。然则言革命客体为一阶级者，近于不论理。但自实际之方面言，革命者，阶级战争也。自革命之方立言，则为此运动之阶级主体也；对于此运动为抵抗压制或降服退避之运动之阶级则客体也。今所言用此义也。）

凡政治革命之主体为平民，其客体为政府（广义）；社会革命之主体为细民，其客体为豪右。平民、政府之义，今既为众所共喻，而豪右、细民者，则以译欧文 Bourgeois，Proletarians 之二字，其用间有与中国文义殊者，不可不知也。日本于豪右译以资本家，或绅士阀。资本家所有资本，其为豪右，固不待言。然如运用资本之企业家之属，亦当入豪右中，故言资本家不足以包括一切。若言绅士，则更与中国义殊，不可袭用。故暂锡以此名。至于细民，则日本通译平民，或劳动阶级。平民之义，多对政府用之。复以译此，恐致错乱耳目。若劳动者之观念，则于中国自古甚狭，于农人等皆不函之，故亦难言适当。细民者，古义率指力役自养之人，故取以为译也。

由是可由革命运动客体之位置，别为二场合，曰：（甲），政治革命运动客体，与社会革命运动客体为同位之场合。（乙），政治革命运动客体之〔与〕社会革命运动客体为异位之场合。

于（甲）之场合，两革命运动之客体为同位，故其革命必要并行。盖豪族而居政府，以其经济上之势力，助政治上之暴，因施为法，益增其富。而此蛊蛊者，既苦苛暴，复逼贫饿，益不能自聊。此非并行政治革命、社会革命，终无能苏生之日，尤不可以谓既得其一，斯当知足而止，余更俟之他日也。其政治革命与社会革命，两相依倚，成则俱成，败则俱败者也。令政治革命幸得成功，而不行社会革命者，则豪右之族跋扈国中，不转瞬政权复入于彼手，而复于未革命以前之旧观矣。又令不为政治革命，而为社会革命者，则彼挟其政治上势力，可为己谋便安，制为专利彼族之法，社会革命之效果，亦归于无有也。抑当是时苟力足为政治革命者，亦即能为社会革命无他阻挠之可虞者也。故曰，必当并行。今日之俄罗斯居此状态者也。俄国之经济制度，尚未脱封建时代之状态，其挟经济上势力者，大抵为贵族、僧侣、地主，而是三者同皆有政治上势力之阶级也。故俄国之革命，皆并行政治革命、经济革命者也。（俄人有自诩其经济组织，不落于自由竞争制度之惨状中者。然其不竞争，乃禁制一般人民，使不得与地主、僧侣等争耳。是固非大多数之幸福也。故其改革，必不可已者也。若其改革，得能直为共产制乎？抑仅制限竞争而犹于相对范围内认私有财产制乎？尚有问题。虚无党等所主张为绝对的共产主义，余辈亦不能无疑之也。）

于（乙）之场合更可分之为二：（1）政治革命运动之主体，为社会革命运动客体之场合；（2）不然之场合；是也。于（乙）之（1）之场合，政治革命与社会革命不能并行者也。何则？政治革命运动之力，出诸豪右之手，而不出诸细民之手，则是时社会革命运动虽欲起而无从也（所谓革命运动之力之所出，谓主要之部分。故往有豪右对于政府之反抗，而劳动者参加之者，其力不能不谓自豪右出。又非发起鼓吹之谓，如马尔克、圣西门皆非婴人子，其所鼓吹者,固大有造于社会革命,然社会革命运动之力,亦不得谓从彼出。盖其鼓吹者,不过兴发其力,而非力之本体也)。藉欲为社会革命,则反以利政府,而两无所成也。故两者不可不牺牲其一。而欧洲十八世纪之末,以至十九世纪之前半期,凡有革命,皆牺牲社会革命,以成政治革命者也。于时,虽有社会革命运动,而皆不得成功,良由此也。而以是之果,致今日欧洲诸国不得不更起第二次之革命,其幸则以平和解决,不幸则希查标柱之惨状,且夕间见矣。夫其初之不能不牺牲其一,欧洲之不幸也。而今日之危机,殆亦当时为政治革命者所未尝梦见者也。苟无彼欧洲之不幸之原因,无政治革命运动主体为社会革命运动客体之事实,而误援欧洲之历史以自偶,无故而使社会甘其惨祸者,是亦敢于祸社会也已。

次(2)之场合,两革命原因并存,而社会革命客体与政治革命无涉,则利并行者也。政治革命运动之客体,虽非社会革命运动客体,社会革命运动,不为政治革命运动之妨,则以一役而悉毕其功者,其必胜于因循以贻后日之悔者明矣。夫政治革命与社会革命,其运动之客体往往殊,而其运动主体则今无多异也。苟其政治革命之力,自大多数人出者,此大多数人之必什九为社会革命运动主体。于是时,政治革命而奏功者,则同时以其力起社会革命,非甚难事也。抑惟政治革命时,人心动摇,不羡巨富,于是垄断私利之念薄,而公共安全幸福之说易入于其心也。逮事既平,则内顾慊然,不自足于饱暖,而进思兼人之奉养,乃苦谋所以得之者,则必求便己营利之制。语以人各百金者,不以为憙;语以百人而其中一可得万金者,则雀跃从之;常私自诡必得,而不虑其不得之困矣。惟在患难,乃于公共之利害明,而为一己冀饶获之念不切。故行社会革命于平时者,其抗拒者必多;以与政治革命并行,则抗拒者转寡。

此吾人主张并行之第一理由也。岂有死止强半,乃利于行之说哉?

(三)中国现在当并行之理由

熟观上所列举之各场合,则中国现在是居中之何等乎? 得以社会革命与政治革命并行乎? 吾人乃可得为之答曰:中国社会革命与政治革命原因并存,而居上举(乙)之第二之状态,社会革命宜与政治革命并行者也。谓两革命原因同时并存者,政治革命之不可以不行,既为一般所知。至谓中国有社会革命原因,则往往有恫而不信者,此误信社会革命原因惟由贫富已大悬隔之故也。贫富已悬隔,固不可不革命,贫富将悬隔,则亦不可不革命。既有此放任竞争,绝对承认私有财产制之制度,必生贫富悬隔之结果。二者之相视,为自然必至之关系。然则以有此制度故,当为社会革命无疑。余辈前此所以不言社会革命之原因在贫富悬隔,而言在社会经济组织不完全,以此也。而中国今日固已放任竞争,绝对承认私有财产制者也,故不得不言中国有社会革命之原因也。然而俱有其原因矣,乃其革命客体绝不相关,故不得为上举甲之状态,此即中国革命所以有殊于俄罗斯之点也。今者老朽之政府,诚亦各蓄货财,顾其富或缘贵得,而决非与贵有不可离之关系,此自古而已然。至入虏廷,则尤忌以多财闻。自乾隆行最阴险之计略,以吸集金资(乾隆纵督抚贪婪,俟其满载归则籍没之,谓之宰肥鸭。彼无丝粟强取之名,而汉人膏血已尽矣)。即富者亦不敢扬声于外,而实际有财者皆远于政府。咸同以后稍稍变,然决不得谓有财者必为官吏也。若彼满洲之族,则以禁营业故贫困太半,是以政治革命运动之客体,决不与社会革命运动之客体为同物者也。两者既非同位,则必居乙之(1)(2)两场合中矣。而今日社会革命运动之客体,果为政治革命运动之主体否乎?中国并行政治革命、社会革命之利害问题,视以解决者也,而余辈不惮答之以否。何则?中国历史上无如是之状态。即现时革命运动,亦绝不以豪右为中心点故也。中国往代揭竿之事,多起于经济之困难,于汉、唐、明之末季尤著,此最当注意之点也。由此以扩充之,则经济组织能早完善,不致召今日之社会革命,未可知也。惟图苟且之安,而无百年之计,政府未覆而戴新主,及其功成,相与休息,更不闻有为谋大多数衣食完足之道者,此致足惜者也。然中国革命运动之力不出于豪右之族,证左亦以昭矣。至于今日革命之运动,则尤易见。自南都沦丧,唐桂二王先后不禄,中国悉委于腥膻。而东南会党,所在团结,蓄力待时,二百六十年如一日。此其组织者为何等人,亦当为世所共知矣。今后革命,固不纯恃会党,顾其力亦必不出于豪右,而出于细民,可预言者也。故就中国今日之状况而论,决不为乙之第一之状态,而当属于其第二之状态。从而由上节所论之理由,以并行政治革命,社会革命为最有利。

然而非社会革命之说者则曰:"以之(社会革命)与普通之革命论并提,利用此以恃一般下等社会之同情,冀赌徒、光棍、大盗、小偷、乞丐、流氓之悉为我用。惧赤眉、黄巾之不滋蔓而复煽之。其必无成,而徒荼毒一方,固无论也。"此其论绝武断而不举其理由,固莫知其何以为蓍龟而卜筮是。顾强从其不条理之论议中为之整调,则论者所以为是言之由,亦致易测。盖论者认社会革命为强夺富民财产而分之人人者也。故谓甲县约法之后,乙丙诸县,虽如晚明之扬州、嘉定而不能下也。又谓行民生主义,其地方议会议员,必皆为家无担石、目不识丁者而已。盖其意为富族畏避而贫民专

政,则将以社会革命妨政治革命也。夫社会革命固将以使富平均
而利大多数之人民为目的,而决非如论者所意想之简单者也。从
制度上而为改革者也。既有善良之制,则富之分配,自趋平均,决
无损于今日之富者。何则?偃鼠饮河,不过满腹。生养死葬,各得
其所。白余之富,皆赘而已。今日营营于富者,叩其本心,果何所
谓乎。恐其什九以惧贫之不可堪,而非以富之可乐也,为避贫而后
为富,然则使菽粟如水火,无不足之虑者,又安用此过量之富为。
故就终局而论,则社会革命固欲富者有益无损也。至于其进行之
手段,则各学者拟议不同,要之必以至秩序、至合理之方法,使富之
集积休止。集积既休止矣,则其已集积者不能一聚不散(凡富无不
散者,即在欧美富之集积盛行,而一面仍因相续等事散之也)。散
则近平均矣。此社会革命之真谊也。故其进行之时,亦无使富者
甚困之理也。今日欧洲豪右所以甚恶社会革命者,彼自恐惧于绝
对共产主义之说,乃一切深闭固拒。又一方以值承平,储蓄之望盛
耳。中国现在无此原因,则其畏避之情当减。第既为社会革命矣,
则固亦豫定豪右之必为抵抗。第有之,亦决不足为政治革命之阻。
何则?凡对于社会主义为抗抵者,必甚富者始力,而中产者乃中立
无所属而已。而方政治革命之际,彼素封之家,先已望尘畏避,何
俟社会革命之驱之耶。大抵中国富族,对于政治革命什九持两端,
视政府利则从政府,洎革命军捷,则又从革命军耳。其所欲者,惟
在保其现在已集积之富,而不在希望将来之巨获。社会革命富人
所失者,为将来可幸致之巨获,而非已集积之富(社会革命固亦行
以渐分散已集积之富之策,然分散者合理的分散,不可言失)。彼
既避政治革命,则与社会革命无与。若其来归,则亦必不以将来可
幸获之失,伤现在已集积者之保护明甚。故谓富民畏避,为政治革

命之阻说,非也。次其言贫民当政,则直不通之言也。试问贫无担石储者,何以无为议员之资格乎？议员一用贫民羼入,则秩序立乱乎？犹是横目两足,犹是耳聪目明,独以缺此区区阿堵,故不得有此权利,吾不知其何理也。使此说而正也,则桓灵卖官之政,乃真能应富以官人者;唐虞明扬侧陋,直粃政耳。捐纳之制,其可永存;而平等之说,直当立覆也。试以叩之天下具五官百骸者,恐除论者外,无一人而不应之曰,否矣！且今日诸国议院,无不有多数出身贫民之议员。即如此次英国新选举,劳动党所选者,强半出身工人。论者又将何说以云。至云目不识丁,则尤可笑。普通选举之际,于被选选举者,未尝不可定教育之资格;岂有悉选无教育者之理乎？论者岂不曰,地方议会,使富民占优势,固专偏利富民;使贫民占优势,亦有偏利贫民之弊。然须知贫民者居大多数,不如富者之居少数也。居少数者欲自利,则可背公而为不正之议决。若为大多数之人代表者,则其议决势不得私。盖地方议会可议决之事项有范围(府县会之权力决不能比北美各州,此沿革上使然者也),于此范围以内,谋大多数之利益,则不能屏富者使独不可享也。故贫民之专擅,决不必虑,而因贫民专政以妨政治革命进行之事,更无有也。

抑于中国尚有利于速行社会革命之理由二:即中国今日富之集积之事不甚疾,一也。中国社会政策于历史上所屡见,不自今日始,二也。中国经济上放任竞争之制虽久行,而贫富今尚不甚悬隔,此由物质进步之迟,大生产事业不兴,而资本掠夺之风不盛,从而积重难返之患,社会革命之业轻而易举。不及早为之图,则物质的模仿旦晚行,而此利便为全失矣。抑中国古以兼并为罪,盖沿封建之余习,而其言为儒者所称道,因之深入人心。汉代诏敕,尊农贱商,亦本制富集积之旨者也。自是以降,虽不必常奉斯旨,而凡谋抑富助贫之策者,亦率以善政称。顾是皆流=末而无探其本原以为救济之策,其可称真为根本之计者,独荆公之青苗之法耳。不幸而奉行不称厥旨,遂以重祸。然当时所訾于新政者,除苏轼之无知妄论外,大抵皆攻击其办法之不善,而不能言其制法之意之非也。要之,抑豪者而利细民者,中国自来政策者之所尚者也。因而改善之,以为根本之改革,决不能谓为非适合社会心理者也。由此二点以观,中国今日实最利行社会革命之日也。而此最便行之机,稍纵即逸者也。然决不能无为政治革命而径行之。何则?行之必借政治上权力,而非有政治革命,平民不能握此权。然则言社会革命当与政治革命并行,当然者也。更就土地国有论之。则此现念亦于中国自古有之,地税至唐称租,即显国家为地主之义,而其称有土者,不过有永小作权①者而已。自两税法行而此表现失矣。然虽唐以后,庶民对于地税之观念,与他种税之观念,终不能谓无别也。更举近世之例,则于明初屯卫之制,其田皆国有者也。明初所以得行此者,亦正以政治革命之从易为功也。观于其后欲赎取已卖之田,犹患费无所出。乃其初设时若甚轻易举者,斯亦可知其故矣。行土地国有于政治革命之际,果何事强夺耶(明尚有皇庄之制,然为君主私产,非国有者也,故不能以为例)。

(四)并行之效果

既曰以并行为便矣,则其并行后见如何之效果乎,决不可不一

---

① 即永佃权。

言者。然此当注意者,并行之效果,谓社会革命及于政治革命之影响,政治革命及于社会革命影响也。若政治革命,社会革命自身之效果,则非今所论也。难并行者之说者曰:"充公等之所望成矣,取中央政府而代之矣。而其结果,则正如波伦哈克之说,谓最初握权者为无资产之下等社会,而此后反动复反动,皆当循波氏所述之轨道而行。其最后能出一伟大之专制民主耶,则人民虽不得自由,而秩序犹可以恢复,国犹可以不亡。若无其人耶,则国遂永坠九渊矣。即有其人焉,或出现稍迟,而外力已侵入而蟠其中央,无复容其出现之余地,国亦亿劫而不可复矣。"此彼所以为最后之论点者也。而吾不得不惊条理之错乱,论据之自相缪反。盖论者之旨,以为并行则秩序纷乱,而外力侵入也。其所言虽若两,而实则根据于一。破其秩序纷乱之说,则外力侵入之说,亦无从立也。乃问其言秩序纷乱之由,不出波伦哈克数语。此可谓奇谬矣。夫波伦哈克之说,久为学者所摈固无论。今假波伦哈克之说为正,亦正足以为社会革命当与政治革命并行之证左,而不得以为攻之之器械。何则?波氏所论,为未行社会革命之前之国家故也。波氏之所根据者,法国之历史也。而法国之大革命,绝无社会革命之分子存于其间者也(然且有助长竞争及绝对承认私有财产权之点,此可从人权宣言中见之者也)。惟未为社会革命,故有贫富阶级代嬗以秉政权之说也。社会革命以阶级竞争为手段,及其既成功,则经济上无有阶级。虽受富之分配较多者,亦与受少同等,不成为特别阶级,故绝不能言一阶级(经济的)握有政权,更不能言自此阶级移之彼阶级。由其无两,故不得称阶级,亦无彼此可言也。故决不能由波氏之说,以证社会革命有害于政治上秩序。则波氏之言之本不实,乃更无庸辩也。

以余辈观之,则社会革命与政治革命并行,有相利而无相害,此可分两方面言之。

(甲)社会革命及于政治革命之影响。此质言之,则政策不受社会经济上势力之摇动,而无为一私人经济上利益牺牲,为大多数幸福计之政策之事,是经济阶级不存之所利也。

(乙)政治革命及于社会革命之影响。此之利社会革命者,于方行时既已有前述之便,而在既行之场合,亦尚有之。即已有政治革命者,社会革命后之完备组织,无为政治不良而被破坏之虑是也。藉欲行至完美之组织于专制政府之下,则缘被以阶级为制度之精神,故必两不相容。于是两相激荡,专制之败幸也,其胜则此制湮矣。故欲其制之安全永久,亦必政治革命已行而后可得也。

要之,本篇之论重于破邪。而以欲破邪说,故不能不根据于社会革命之原理。故简单举之而未暇致其曲。略欲一一发挥之,则非十数万言不能明其崖略,非此区区数千言所可尽也。故证明推论之事,皆让之他篇。世有有志社会革命者,尚当徐徐相与研究之也。

原载于1906年6月《民报》第5号,署名县解。▲

就论理学驳《新民丛报》论革命之谬

　　于欧洲言论理学,必溯诸希伯来人以前,至亚里士多德勒①,以为集大成矣,后儒加之,文缘而已。中国则自明李氏②译《名理探》始,暨艾氏③译《辩学启蒙》,皆不行于世。严氏译《名学》后,世乃知有一科学,为思之法则尔。然吾窃观世之读名学者,什九震于严氏之名而已;以云深喻,殆未可也。然则中国之人,自来无有论理学。坚白之论,实不与论理学同物,特论理之应用而已。宜其为论,常逾越轨范矣。乃刺取古人立论之方,绳以论理学之法,又未尝数谬。转而察之彼大秦之国,论理学成一科,业二千余年者,其牴牾亦未尽绝迹也。昧者以为大惑,虽然,是奚足怪!凡一学科,其应用恒先于纯理,又其纯理既明以后,应用之亦未尝无陷于偏颇之忧也。奈端未发明地球引力,而人知置器之为安。方程之术,始见《周官》。其前此错糅之数,遂无发生之事乎。钻燧而取火者,神农之道,是时物理之学,两物摩荡而热生之理,固未尝见知也。乃至精神之学,尤无不然。盖凡学者,皆根据于吾人之理性,以发生自然之法则也。其至简者,夫妇能喻。而其繁颐之点,专门之士,

---

　　① 亚里士多德勒,今译亚里士多德。
　　② 指明末李之藻。
　　③ 指艾儒略,意大利人,耶稣会会士,明末来中国。

所不及周知。然常人应用之者,固在简不在繁也(如汽船应用物理学、化学、机械学等各专科,司船者固不必一一知其穷极,然不碍于航海也)。故论事而求不悖于论理学之大原则者,常人所能决,不得以能之自矜,犹食粟之不得为异众也。及其繁赜之点,欲应用之,固非专治之者不可。藉其非然,动辄成咎。此所以虽欧洲今日,不无戾于论理之说也。此实至常之理,无足诧者。乃吾视今之人,往往以为论理非吾侪所知,亦已孙让失衷矣。奸者乘之,而袭论理之外形,以自文其浅陋,抑尤足为痛恨者也。盖近今张言知论理学,而数胪之矜以为珍鲜者,无过于《新民丛报》,故不惜泄笔一发其覆。若夫探索幽隐,则固专门家事,非所敢妄为论议耳。

《新民丛报》于寻常论议,率陈三段式(严译连珠),而其于告白,自赏扬其特色,亦数遵据论理焉。意者三段论法,惟彼知之耶。然三段论式,或为人所不习知,若其原理,则固童稚所得喻者。与儿童言桃李为植物,植物生物也,则彼必能决言桃李为生物,不待甚智者乃能知之。若仅得知之,遂以自豪者,是儿必极鲁钝,而不可教,以其难之也。三段论之在论理学,犹"全大于其分"诸题之于几何学。于是招而举之以为能,宁得不为之失笑哉。昔有荐举者,以有操守为言,其人遂不答。由有操守者士之常,以有操守为殊者,其操守亦不可恃也。(见汪龙庄所著书)今之言论理学,无乃类是乎。盖论者初不知论理学,獭祭之余,偶习其式,以为人之不知亦当如我,则以文饰吾论,或亦足以欺人。一身为之,而莫之斥。不惟自满,又以骄人。乃有"请遵论理赐答辩"之狂语,曾不知其见丑于识者也。利用一般人不敢自信知论理学之道德心而欺之,既复睥睨一切,为社会计,亦决不能无摘发之也。

论者之不通论理学之点,皆每言辄见。特缘论者自不知论理学,即亦无从自知其有误谬。实则其自为牴牾,路人所能语者也。今固不暇一一匡其谬,特就其言论理学之点,为天下暴之而已。傥论者从此不言,亦藏拙之一道也。由是自其误谬之重点,分之为三:曰认识之误谬,曰形式之误谬,曰内容之误谬。下分言之:

所谓认识之误谬者,于事物之义解不了然,而强附会之以为根据,或攻击之也。于是其根据为无实,其攻击为无当。即如彼论根据《星台遗书》①:"苟可达其目的者,其行事不必与鄙人合也"及"鄙人所主张固重政治而轻民族"二语,遂谓星台之视种族革命,不过以为间接补助之手段。苟有他手段焉,足达政治革命之目的,则此手段不辞牺牲之。此则陷于二重之误谬者也。盖其言行事不必与己合,为革命目的不可牺牲,手段可牺牲者,谬也。星台所言,自为革命以外者发,观其文义,自当了然。盖《星台遗书》自"不必与鄙人合也"以前,言人所当为。下乃言己所怀抱,文义截然。而此"不必与己合"一语,决不为与下所自陈诸说异议者发。其所谓同目的者,指救国之共同目的也。承上文"亟讲善后之策"云云以为言。顾不能谓此为目的,他皆手段;又不能以为惟政治革命得为救国手段也。盖苟同有此救国目的者,则可于社会上种种方面为活动,而不必于政治界为之之谓也。然而己之政治革命之目的,则固与种族革命、社会革命之目的,各立并行,相为关系,而不相为手段,即亦无有一可为牺牲者也。言人之行事,虽不妨不与己合,不能以谓为己所抱持可为牺牲。犹构大厦,或集材木,或从事版筑,或斧削而雕刻之,其相视皆不妨不与己合,以有建屋之共同目的故。而己之目的,固不以有他而牺牲。星台之意,亦实若是。同为

---

① 陈天华字星台。本文所引《星台遗书》,即《民报》1906年1月第2号所刊的《陈星台先生绝命书》。

欲救国者,可为教育家,可为实业家,可与革命两不相妨。至于同为革命家者,固非此言所及。若实畏避不敢为,而姑妄言革命者,尤非星台所屑与言也。又其言重政治而轻民族,为以种族革命为间接手段,亦谬也。星台言重政治而轻民族者,谓其言革命之理由,为政治之利害,非民族之感情;不谓其为革命之目的在改政治之组织(政治革命),不在改其组织之内容(种族革命)也。论者须知种族革命与政治革命并举,为偶然沿用之名 绝非除种族革命于政治问题以外之谓。言种族革命者,固有以社会上之理由(复仇)者,亦有以政治上之理由者。星台所谓轻民族 谓民族间之感情而已。夫吾辈主张社会上理由,谓感情之已暌,则我族不得雪其沉冤,社会终无发达之望。星台不与之同,诚为不幸。至其政治上理由,则星台与吾辈所主张同一,观其前后著书,已大可了解,即遗书中亦既言之矣。其曰:"至近则主张民族者,则以满汉终不两立。(中略)岂能望彼消释嫌疑,而甘心与我共事乎。欲使中国不亡,惟有一刀两断,代满洲执政柄。"又曰:"政治公例,以多数优等之族,统治少数之劣等族者,为顺;以少数之劣等族,统治多数之优等族者,为逆;故也。"即此可知星台对于种族革命之观念,实为最后决心,一定不摇,以为目的,而非以为手段。又可以见吾言星台言革命(种族革命在其中)之理由,在于政治利害之非谬也。论者不之知,而以种族革命非目的为根据,而攻击以种族革命为政治革命手段者之非,其言固一无所当耳。凡论中认识错误之点,类此者不可胜数,今亦不暇悉为论。特以为论理之前提者之误若是,即其论理之内容可知,故摘发之如此。

所谓形式之误谬者,其为论理对当之误谬,及其证明己说方法之误谬也。其大者有二点:

首为驳"不为种族革命不能立宪"说之误谬。盖言"不为种族革命不能立宪"一语,从严格之论理,则只一全称否定命题(严译谓之全谓否词)而已。第从此命题以推测则必别有一:"有为种族革命者能立宪"之一特称肯定命题(否词严译谓之编谓然词)者存。盖凡言物上于两端言不为种族革命不能立宪,则能立宪者必存在于种族革命之场合中矣。苟欲对此为驳理者,则只可言有不为种族革命者能立宪,则可破前之全称否定命题。不然,则当言凡为种族革命者不能立宪,则可破后之命题也。然观《新民丛报》之论,固未尝言此二命题,而直接用归纳法。夫归纳论理以证己之是而已,苟欲适用归纳法以破他人之说,则必先立与他人之说反对或矛盾之主张(论理学上言反对与矛盾不同,详大西博士《论理学》第一编第三章中),乃以归纳法明己说之是,决无有如彼之错乱者也。乃继观其所以为论证者,则尤足异。盖其可为"有不为种族革命者能立宪"之证佐者。仅问者曰,以下十行(《中国存亡一大问题》第八十七、八页),而其不可用既如后所述,而在其前之三十七行(同八四页至八七页),张言类同法、差异法,乃无一字可为足破吾辈所主张之两命题之证佐者。其所得证者,有非不为种族革命不能立宪,次则证有已立宪者仍生种族问题而已。如言日本、法、普、西、葡诸国,往者非不为种族革命。(甲)而不能立宪(呷),此但证"有非不为种族革命者不能立宪"而已。不可以破"不为种族革命不能立宪"之命题也。此得为不能,彼未尝不得为不能故也。又不可以破"有为种族革命者能立宪"之命题也。虽同非不为种族者,而有能立宪者,亦未尝不可有能立宪者故也。次举明为种族革命不能立宪,其所得证亦与前同,止于有为种族革命者不能立宪尔。然则其不能破吾辈所主张,亦犹是也。次就其南非二国以论,则尤可笑。

波、亚二国未败于英之前,固已非专制矣,是则立宪而后有种族者也。其所可得证者,既立宪犹须为种族革命止耳,与"不为种族革命不能立宪"之言,真犹风马牛不相涉也。故此三十七行中,无一字足破吾辈之主张者也。(尚有彼于类同法标称之下,用差异的研究法亦一笑柄。虽无关宏旨,亦足以觇论者于论理学之深矣。)

世有疑吾言者乎?则吾更可以至浅近之例明,无事如论者之罗列干支,故令人难解为也。记有之:"玉不琢,不成器。"此命题亦当无不承认者矣。然以论者之归纳施之则如何?试以论者所谓类同法(实差异法)之例推之,则可云:"某玉非不琢者,何以不成器。"此足以破前说乎?必不然也。盖言"玉不琢,不成器"者,不言"玉非不琢者即成器"也。犹言"不为种族革命者不能立宪",非言"凡非不为种族革命者皆能立宪"也。又依于论者所用差异法之第一例推之,则又言"某玉者不琢,今琢矣,何犹不成器"。此亦不足以破前命题也。无他,玉固有琢而不成器者,然而不琢则无有能成器者。犹非不为种族革命者,亦有不能立宪之时;而不为之者,则决无能立宪时也。又从其所举第二例以观,则南非二国,已有宪法而不为种族革命,犹玉已成器,而不更琢也。以有已成器而可不琢者,而谓玉不必琢乃能成器,其准据果何存乎?真非知论理学者所能了解也。若是之论理,宜闭门觅三数同调共领悟之,毋以溷世也。

次其主张证明之误谬,在彼所谓"戊"为"吁"之最高原因之点。盖析此断案,可得二命题:一曰,"凡为要求皆能立宪",他曰,"凡不为要求者不能立宪"也。以其不认有不为要求以外之不能立宪原因,即君主之不欲,亦归责于不要求故也。然欲于前后文要求索其证明,殊不可得。盖有立说者,最易为特称命题,以只举一二证据而已足自完其说,由是狡辩之人喜为之,缘其知论理学深也。至言全称,则必举多证而后可。况论者今立两全称命题乎?故为此论之证,必历举非要求者之不能立宪,要求者无不立宪之事实,乃观其前后文,初未尝有是。第曰,各国不能立宪者,或其君主误解立宪,以为有损于己;或其人民大多数未知立宪之利益,而不肯要求而已。夫此固一断案,而非一事实也。不证明此,而依据之以立论,则不如无有也。是谓窃取论点之似而非推论 Assumption on probate,论理学所不能容者也。且彼所谓要求何乎?其义本至不了。从彼开明专制论,所谓要求者与暴动相对待。为要求者则不为暴动,为暴动者则非要求。从而征之各国之历史,殆可谓之"凡为要求皆不能立宪"。何则?其立宪以前,必有暴动。法、普等人所共知,毋论已。乃至论者所举之西班牙、葡萄牙亦若是。西班牙自一八六八年九月起革命,逐女王而迎新君后,又改为共和政体。逮一八七四年,始迎立阿尔芳苏十二世 Alphonso Ⅻ 而为君主立宪政体。葡萄牙则亦于一八二四年逐故王子米固尔 Miguel,而立其兄女马利亚棣格光黎龙 Maria da gloria 亦成立宪政体。其他诸国,无暇悉数。假如是,则论者之言,乃论理学上所谓"同品徧无"者,为肯定之命题,即大谬也。抑姑认论者今日言要求与前日异,自相挑战之结果,取消前说,则宜从此勿更排暴动为是申申也。且即令如是,论者之误谬,犹不可免者也。何则?要求者,非己为之之辞也。故凡民主立宪者,皆不能以要求论。即立宪而后迎君主者,亦不能以要求论。如比利时是也。(比利时于一八三○年十月,离荷兰独立,自制宪法;然受神圣同盟之影响,不能为共和组织,故强立王,使批准之。其实宪法现存在,其批准特形式而已。)故虽欲宽假之,彼亦不能自圆"不为要求不能立宪"之说也。而云"凡为要求者能立宪"

时，则必附以暴动之条件，而实无异避"暴动'之名而名之以"要求"，度论者亦必不尔也。故此亦形式之误谬之一也。

至所谓内容之误谬者，则指其以为归纳材料之事实之不当也。夫为归纳，必取同类之事物。而彼所举以为归纳之材料，得合于形式者，惟奥匈一例，既如前此所述矣。然则检查其奥匈之例，果得为正当否乎，即彼真妄之所由断也。然而彼以为奥匈不解决种族问题而能立宪，此大误也。故以为内容而归纳，亦无不误。何则？从严格言，奥匈之种族问题，固未解决，而亦不得谓已完全立宪之运用，此已如别论所言矣。而苟认奥匈为已立宪者，则亦不能不认为已为种族革命者也。盖彼于一八四八年以前，奥大利属中，惟匈牙利有宪法，有代议院。盖其始，匈之合于奥也，全以抗土耳其之故，而其旧治，奥悉承之不改。奥之他属，不如是也。然由匈之旧法，其贵族院无大权，权在代议院与君主。故既戴奥君以为君主，则君主与代议院争权恒相冲突，然代议院势恒不敌，而奥君益张，遂使匈人自治权失。匈之所谓种族问题者如是，其有宪法而实不能谓之立宪者亦缘是也。匈之宪法精神既奄然没欲尽，际二月革命之起，匈牙利人亦倡义欲以匈独立，惟戴奥君为君，他皆不得与；而同时改选举之法，使全国民有选举、被选举权，但附少条件而已（前此之代议院由市选出之十二名，及从以贵族构成之选举会委员者，而构成之）。盖此令得行，则匈之立宪制已完矣。然不得请于奥，举兵又不胜，奥益削其自治权。至一八六七年奥战败，乃思和国内之感情始与匈议会约，两国平等，各独立，有自治权，惟由共通利害之关系相结合。故于共通事务，有共通机关处理之，余则各不相涉。此亦一大变革也。盖奥匈始终以共同利害相结合，而非以一国灭他国者；特以权归于奥君，故渐为奥政府所支配，而匈人自治权利尽。匈人所谋复者,其自治权而已。得回复此自治权,则可谓为种族革命。若其犹君奥君者,固亦为称种族革命之有未毕。然匈人之所以为病者,本不在此。缘始以共同利害而君之,无恶感焉也。匈欲立宪,不可无自治权。得自治权,宪法乃可立。故匈之谋立宪,其着手专在种族革命不成之不成功。立宪须得自治权,即不可关种族革命。而一八六七年之约,实令匈人有自治权,故此即为种族革命,有是乃能立宪也。若谓是种族革命犹未毕行者,则其不毕行之敝亦自见,第以其主要之部分,只在己族得有自治权否,故不害其为立宪而已。顾以是不毕行,犹有害立宪,种族问题能决为立宪梗可也,然不能以其已太半行而未毕者,足以立宪,证全未行者之亦足以立宪也。彼盖误认种族革命为必以武力颠覆政府者,始足当之。而不知凡种族阶级间之竞争,无日无之,而其阶级间权力急生根本的变更,则通谓种族革命,从其种种关系而有要用武力否之殊。匈之取争,仅在自治权,而两族间初不以恶合,故得不以武力而能决,固不得谓非种族革命也。若中国,则种族问题固不如匈之简单,亦不得无用武力而解决者也。故彼匈牙利不为种族革命之说既非,则其证据悉破。何则?其前诸种种已谬于形式,而其惟一之不谬于形式者,又以不相当之事实为内容。故自论理学上言,彼之攻击不为种族革命不能立宪之说,亦谓之悉破可也。

尚有足为内容误谬者,则其云西班牙当一八〇九年以前云云是也。此虽小节,亦一足以见其安矣。西班牙自一八〇八年并于法,中有自立之谋,亦未尝遂也。至一八一二年,始有宪法,然寻废。至一八三六年,始再立宪,行之至于革命之际。今宪法,则一八七四年迎立新王始布之者也。故言不能立宪者,可数一八七八年革命以前,可数一八六四年以前,可数一八一二年以前,而不可数一八〇九年以前也。言非不为种族革命耶,则可数一八〇八年,而不可数一八〇九年以前也。以其非为同类异类区画之界限故也。此亦可以证其立言之率而无所当矣。

以此三误谬,行之遂无往而不错。论者何自苦乃尔。苟因任常识,不为炫耀,则前之诸谬论,当不妄发,噤口无言。谓食肉不食马肝,亦犹可也。徒以人为可欺,遂至自白其谬于天下,计毋乃太左乎? 今为正言以锡若曰:自此以后,慎毋谈论理学。从道德论,自欺欺人,为大罪恶。此梏〔犹〕或若所自忻而不暇省。从利害言,绝口于思考之原理,亦藏拙之道。若应亦不能恝然置之与继此若犹欲为遁词者,则当谨佩吾箴。事实如是,不若诳也。

原载于 1906 年 7 月《民报》第 6 号,署名县解。▲

土地国有与财政

（再驳《新民丛报》之非难土地国有政策）

《新民丛报》既不得志于攻击排满之论，乃退为蹈瑕之谋，思致难于吾辈之土地国有论，此亦倔强泥沙应有之现象也。既逢掊击，不获一申，斯亦可以已矣。而必怙其前非，更远攀名家之学说，以张己军，谓可无恐。曾不知彼为梁氏[①]所援之学说，方且见驳于通人，况能为梁助耶。盖近世学者对于土地国有之非难，率从管理方法等方面立论，而不能探土地国有之本源以立反对之论据。所以然者，文明日进，地租日增，虽理嘉图之例，以征证不足，诎于圭列，而地租增进之事实，诚不可掩（以一国一种地言，则时有减退，如下言英耕地是也。然举其全体言，则为进也）。由此渐增之趋势，推测土地为一二私人独占之效果，因谋其救治之术，而令其渐增之益归之社会全体，则可以达社会政策之目的。斯亨利佐治土地单税之说所由贵也。微言不昌，富室弥姿。一世之学者，笃于时而不能通，真理以晦，即令智足以瞩是，而又不能胜其哗俗取宠之念，以是狼狈迁就而不得安。欲以真理为敌，又非所能为也。则姑不问其大节之是非，而徒指摘其难行之点。以是上不得罪于巨室，下又不召大非难，

---

① 本文所称梁氏，系指梁启超。

而其责毕矣。承学之子,狃于师说,益以离经道怪相诫。梁氏本无学殖,妄肆剿袭。不幸而所依傍者非人,不能有益于辩。剿袭所不逮者,济以舞文,庶一得当以报称于虏朝,亦以自慰万一。顾世不乏明目者,无聊之论,适增其丑耳。顾对于一般人吾辈有发奸擿欺之责,且指其违谬,亦足以发明吾辈所主持。故著为此论,以释众惑。

梁氏于《新民丛报》第十八期,《再驳某报土地国有》论文中,专就财政以攻击吾辈之说,其论点凡十有五,叩其根据则当归于左之诸点:

（一）以英国田租之额不足供国用,证中国地租不足供国用。

（二）中国地租不得有八十万万,故不足供国用,复分为三:

　　（甲）田赋岁入不足四千万;

　　（乙）不加额不可得四万万;

　　（丙）地租不过六万万。

（三）以土地单税非租税制度之良策。

然其所为论据者,失实而多欺,今分而辩之。复著其不涉重要之点而驳之,为附论。

第一　驳麦洛克氏之说

梁氏之驳土地单税论,首引麦洛克氏之说曰:英国全国借地料①不过四千九百万镑,而英政府经费每年六千八百万镑有奇。然则虽没收全国地主所收借地料全额,而国库尚生一千九百万镑之

---

　　①　借地料即地租。

不足。以是证土地单税不足供国用。然麦洛克氏者,纯任自然之进化论者也。其主说大致谓社会进化当以一部分人为牺牲,据之以排斥社会主义者所主张。以为劳动者大多数之阶级,当为少数资本家牺牲,不必为谋,亦不能为谋也(此种学说将别著论辩之)。其持论偏颇如是,则其排斥土地单税政策,自无足怪。然事实者,事实也。英国之田租统计,决不足以推翻土地单税之论据。缘英之幅员,本至狭隘。考一八九八年统计,英之耕作地,英伦、威尔斯合二七、五八四、二六四英亩,苏格兰共四、八九二、七六七英亩,爱尔兰共一、三九〇、九四一英亩,全国共不过四七、七九二、四七四英亩(内含小岛耕作地)。而每十五英亩半当中国之一顷,故每英亩当中国六亩又三十一分之十四。(即小余四五、一六一、九〇三),故四千七百七十九万二千四百七十四英亩,合中国三百零八万三千三百八十五顷四十二亩。而此四千余万英亩之中,其过半为草生地,种谷类者,不过八百八十一万余英亩耳。此所以有食不得继之忧也。除此耕作地外,荒地尚多,试取科利所制百分比较表证之。

国	耕 地	草生地及牧草地	葡萄园	森 林	荒 地
比利时	59.5	13.8	——	16.8	9.4
法兰西	53.7	15.0	5.3	17.0	9.0
日耳曼	51.2	11.5		27.2	9.9
不列颠	39.0	27.9		4.7	28.4
匈牙利	35.9	25.4	1.4	27.1	10.2
荷 兰	32.8	37.0	——	7.2	23.0
奥地利	31.4	28.3	0.8	32.6	6.9
意大利	25.2	25.8	6.6	16.1	19.3
爱尔兰	28.6	56.3	——	1.7	13.4

然则英之土地既狭,不垦又甲于诸国,而麦洛克氏据以驳土地

单税论,其不可据已明矣。

虽然,麦氏之说不可恃,有更甚此者。英之耕地租近年急剧下落,此其原因固不一而足,要之其下落之景况,决非长久者也。至于近岁国人渐知农业政策之要,则耕地地租之总额增加,为至易决者。试举不列颠全国土地收入统计表以证之(租税皆在其中)。

年	英　伦	威尔斯	苏格兰	不列颠全国
1842	37,794,000 镑	2,371,000 镑	5,586,000 镑	45,753,000 镑
1852	38,587,000	2,596,000	5,499,000	46,582,000
1862	41,962,000	2,648,000	6,715,000	51,326,000
1872	46,137,000	2,871,000	7,363,000	56,372,000
1882	45,151,000	3,251,000	7,573,000	55,976,000
1893	36,996,000	3,065,000	6,251,000	46,313,000

就此表以观,可知英之地租减退之急剧。而此表所列只不列颠各地,而不及爱尔兰暨余诸小岛。查此诸地耕作总额,当英全国耕作地面积三分之一,则其租税总额最低不下六千镑可知。而麦氏之统计又较此为少,此非故举最少之额以抑土地单税论者而何。假其以此论法,推之一切经济现象,则农学未发达之际,固有赤地千里不有籽粒之获者,持此将谓地方之不足养人也耶。夫统计者,通数十百年以为计,知其趋势何若,大率若干,以此推经济现象之前途于一事一物当收更良之效果欤,抑得更恶之结果欤。其价当腾当跌,抑循此以往,利害相剂,平均不可逾越之中数如何,所以足重也。执一二年以为论,则其根据薄。择其尤便己说者以为证,则天下曲说戾辞,安往而不可得证于统计。藉各执其一以为论,又安

从判断其是非耶。故假令麦氏统计而正确,犹是**执持英国耕作地租总额最下落时以为证,不足据也**。况其实又未必正确耶(英国千八百九十七年为所得税而调查之表,甲种中土地之收入五千四百八十万余镑,即示其渐复高之趋势也)。

何言麦氏统计之不精确也。英国近年地租虽低落,决不至减其三分之一。而依前统计,三十年前英伦、威尔斯地租四千九百万镑,十年前降为四千万镑,斯亦可谓急剧矣。而如彼说则不过三千三百万镑,虽以英国地租跌落之趋势,决不能尔也。推其致此误谬之由,则必由**不计税,纯计租**。盖英国之土地所负担之税有三种:乍观地税之额甚微,若无与于收入。实不然也,英之正称地税者,最近收入额不过八十余万镑。此地税之税率,名称收益五分一,实则相去悬绝。若第据此以言,则略而不论,诚亦无大关系。顾英之所税于土地者,不止此也。于土地之收入,别以所得税之甲种、乙种之名目课之,其额较之地税额为大。凡此皆国税也。国税之外,别有地方税;地方税中含有地税。而依波留氏之说,则此税为地方直税额之七分三,其总额又数倍于国税。合此三项,其额盖大矣。依波留氏所推算,则一八七三年英之地税名目征收者二千七百五十万法郎克,以所得【税】甲种名目征收于乡村地主者二千八百万法郎克,以所得税乙种名目征收于农夫者八百万法郎克,以地方直税名目征收者二万三千三百万法郎克,合二万九千六百万法郎克。以一法郎克合英九便尼半计之,则等于英一千一百三十八万镑。而当时计算英之地税收入为一百一十万镑。后以种种变更,至千九百年为八十一万镑。则他种税亦容有轻减。而要之,综英之土地负担税额不下千万镑,而以加麦氏之不及五千万镑者,适与吾所略算者等也。而此不计税纯计租之统计,欲以推翻土地单税论,则

为奇谬。盖此税之负担既在农地，则土地国有之后，必能并之租额
之中而征收之，不得除去之以论土地国有后之收入也。故曰，其统
计不精确，而其**所差镑在千万镑内外也**。以上皆就耕作地言也。
而吾人所以主张以土地为国有者，其主之目的全在宅地，此可征于
前后之论以明也。而麦氏之说，惟证耕作地之地租不足供国用，未
尝论及宅地租只字。岂以宅地为无租耶，实欲以统计二字迷世人
之目，而执耕作地租即田租以概一切地租。此其舞文之术，足以为
梁氏师矣。夫在进步之国，房屋之租，太半为地租。然英国房屋，
自一千八百二十年以来，至于千八百九十四年，其租额实增七倍有
余，据墨尔化氏万国国力比较表列之于左。

年	房屋数	租　额	价　额
1821	3,572,000	20,300,000	338,000,000
1841	4,775,000	41,500,000	692,000,000
1861	5,131,000	61,200,000	1,020,000,000
1881	6,485,000	117,500,000	1,960,000,000
1894	7,360,000	149,600,000	2,493,000,000

依此表，千八百九十四年房屋租总额一万四千九百六十万镑，
而此中三分之二当为对于土地之租，故宅地之租，应为一万万镑内
外。又依波留氏所计算，所得税中税房主者百四十余万镑，地方税
税诸房主者约千四百一十余万镑，合千五百六十万镑内外。而自
波氏著论以来，房租所增几半，则其税亦必应之增，少亦有四百万
镑之增收。而以房屋税之名目征收者，于一千九百年其额百七十
余万镑，合之当得二千一百余万镑，此税皆土地所负担也。以加前

一万万,则一万二千一百余万为土地所出,确无所疑,其额正倍于耕作地之租税总额。不取此租额为倍之宅地,独据彼租额仅少之耕作地,自可成为驳耕地单税论之一说耳,未足尸土地单税反对论者之席也。

然而梁氏则依据麦氏之说以为言,且曰:

> 以吾所闻英国最高之地代①与吾国最高之地代相较,平均统算,大率我以十而仅当其一耳。以我本部面积与英本部面积比,我约十一倍于彼,而彼地代价格约十倍。两者相消,其地代总额应略相等。在英不满五千万镑,在我充其量不过五六千万镑止矣(第十八期第六页第七至十一行)。

又曰:

> 然则英国全国之地代总额,犹不过合库平银三万五千万内外。我国本部面积十倍有奇于英国,故就令我国地代价格所值与英国同率,其总额亦三十五六万万,而断不能至四十万万。今彼报谓有八十万万,然则我国地代价格不已两倍于英国耶(第十八期第十页第八至十一行)。

夫彼于此所谓地代者,专指耕作地以言耶,抑兼宅地、耕作地言之耶? 不解决此,则吾诚无从与为辩。顾彼前后所论,率单称田赋,不论宅地,则此所指其必为耕作地租可知。夫地租之最高、最低,不特英国之数难详,即吾国中亦不易得悉。第彼由此以断言中国地租价额不过英之什一,则武断实甚。考尼可孙之统计表,英国一千八百七十八年之地租,每耕作地一英亩,平均得租三十先令。

---

① 地代,即地租。

而千八百七十八年者,英国耕地租价额最高之年也。而依每英亩当中国六亩又三十一分之十四之计算,则每亩租四先令七便士又十分便士之八。依梁氏之计算,每先令当三钱三分三厘有奇,则英之耕地,每亩平均不过一两五钱四分内外耳。假其十倍吾国,则吾国地租不已降为平均一钱五分四厘内外耶。然则有百亩之田者岁入犹不过十五两四钱,殊不易度日。而颜回仅拥五十亩负郭之田,更何怪于贫饿以促其生也。然以吾粤地租言之,则中地岁租自二两三四钱至七八钱不等,平均当在二两四五钱间。征之乡农,所言颇不相远。以与英较,则我之多于彼者近一两,而彼不过居吾五分之三耳。即令他省不能如是,其必不甚少,而等于英之什一,易知也。梁氏日言人大胆,吾不知其造言英国地代价额十倍于我时,其胆量为何如耳。昔人谓李天生杜撰故实,汪钝翁私造典礼。夫杜撰、私造,止于故实、典礼,又何足言者。惜夫毛大可之未见梁氏杜撰统计,私造地代价格也。

大中国地租,虽不倍于英,而决不下之至于居其数十分之一,既如前述矣。而尤不能谓中国不有两倍于英国之地代价格,即不能有八十万万之租。何则?英之宅地、耕作地,租税总额达一万八千万镑,等于中国之十二万万两。则八十万万者,不过英之六倍有奇。而中国平均地代价格,纵居英之三分二或五分三,犹优足以得八十万万也。

是以麦洛克之说,可以为英之耕作地单税反对论,而不能为英之土地单税反对论,**尤断不能以之推倒土地单税论之根据**。而梁氏据之以谓吾国行此单税,其不足用,亦等于英,则不衷于理之甚者也。至于于麦氏之说以外,杜撰英国地代价格十倍于我之说,则尤谬之谬者也(梁氏自言吾粤赁地而耕者,上地岁租不过四两,下地不及一两。则其平均价格,亦当为二两余也。易页之后,乃为此说。其忘之耶,抑以为英之地租每英亩平均可得二十六七镑也)。且彼谓国费比例国境而增,吾之国费当十倍英。不知英之国费中,最大宗之国防费,实为全国费中十分之四有奇。其次公债费亦居十分之二有奇。国防之大部分,用以防卫全领土,非比例于本部领土。国债费尤无关于领土广狭。而据一千八百九十八年之决算,则:

(一)国债费		二五、三二三、〇〇〇镑
(二)海陆军费		四〇、〇九四、〇〇〇
(三)内治费		
	内治行政费	七、五八六、〇〇〇
	教育费	一〇、三九九、〇〇〇
	地方的性质之费用	三、二八一、〇〇〇
(四)其他		二、九九五、〇〇〇
	合计	八九、六七八、〇〇〇

观此,知英之海陆军费(国防费)及公债费额,凡六千五百余万镑,余二千四百余万,乃他种经费,可比例于国境而大小者耳。梁氏之说又安足信耶(尚当注意者,英国别有地方费,其额几等于国费。而麦氏言六千八百万,则与国费、地方费之数两无所合,不知何所指也)。

以上对于麦氏之说,驳击略尽。未尝稍杂意气之词。梁氏其将仍固执之耶,抑又觍然曰:吾无为麦氏辩护之义务也。

第二　驳中国田赋岁征不及四千万之说

梁氏之为论议,所持秘诀,不外欺瞒读者,虚词恫喝,冀一得当。忽遭驳诘,意气茶然矣。则又幸人之素未习闻,摘举繁难之事实,故为确凿之词,以坚人之信。其论证之方,若较前为进步也。而其对于读者之罪恶,则尤大。何则? 前者之暴论,错谬百出,矛盾并进,可以目脑筋瞽乱,于刑法上为无责任之举动,等诸醉客之叫号,狂夫之跳梁,加之箝束,施之疗治,其瘳可望也。籍令不瘳,亦颠狂院之前辈,慈善家之所致怜也。原其操术,不得谓恶。今则异是,于其所知不便己说者,故隐之;于其已知不确者,喜其便己说,则故引以为证。淆乱耳目,颠倒是非,此乃类酷吏之舞文,罪不容诛矣。其证据则在《新民丛报》第十八期第八页,曰:

> 现在中央政府所收田赋总额,据赫德所调查,则其纳银者二千六百五十万两,纳米者三百十万两,合计为二千九百六十万两。据上海英领事夏美奴所调查,则其纳银者二千五百〇八万八千两,纳谷者六百五十六万二千两,合计为三千一百六十五万两。我国无确实之统计,二说未知孰信。要之,其总额三千万两内外近是。

夫梁氏于八页以下,斤斤引《赋役全书》,则非不读《赋役全书》者也。且即自不有《赋役全书》,而于至普遍之《会典》,度必为崇尊供养,日夜梦魂缠绕焉者也。而于赋额则独不引官书,而据外人之所调查,此何意也? 夫近世赋额虽为官书所不载,而乾嘉赋额,则官纂之书，类载之。梁氏虽浅陋，亦尝供职庬廷矣。于其聚敛之方，宁不熟习之耶？而曰忘之，则是前此之孤忠自许者，恐亦未可恃也。如其不忘，则明为欺读者以为无知，而以谩语进也。是则其心术之不可问也。且吾固知彼之必非真忘之也，于其后之屡引官书，而此舍不引，知之也。凡官书无不屡载赋额，而各省赋课率或载或否，载亦一度止耳。能查取此各省赋课率，决无绝不睹乾嘉赋额之理也。

抑凡言地租地税者，有田租，有山林、矿地租，有宅地租（含工场、仓库等）。三者之外，若池沼溪涧之地，皆可有地租地税。吾辈之言土地国有，本指全土地言，而尤重宅地。即令田赋不满四千万，如赫德、夏美奴所说，仍不足以破吾说。以彼所考证非地税全额故也。然而赫德、夏美奴之说，固明为不可据也。言中国田赋者，有额征之数，有实收之数。额征者，总天下土田法定正供之总额；实收，则各省每岁实报收于户部之数也。额征依于法，故有定；实收视其征收所得成数，故无定。而实收中又含有蠲缓、流归、带征之款，故尤不可以一年为准。赫德、夏美奴所得调查者，或一年之实收而已，额征非彼所得知也。实收之中，又只以地丁名目报部之项，彼知为田赋耳。其他亦非彼所知也。然而欲据之以证田赋不足四千万，至愚之人所不为也（梁氏既根据之，又硬派吾辈亦根据此说，因谓吾辈改三千万为四千万。然吾辈先言地税四千万，后引赫德言，意义划然不相涉。未必梁氏脑筋瞀乱一至于此，特欺读者为不晓文理，故敢尔耳）。

满政府之定田赋，本分银、钱、粮、草四种赋课，而银之数值为最多，粮次之，钱、米并少。至其岁入总额，则常例七项之内，地丁居其过半。粮为粮收之大部分，而各地有额征钱者，其额亦不少。

粮除供漕以外,并归本省自用。草亦供本省用。然无问本省用,抑解部,皆为应行奏销之款,即吾所谓达于中央政府者也。此外更有杂税一门,中有田房税契之款,亦为地税。其他漕折、灰石折(江浙诸省课之)额虽小,亦地税也。而耗羡归公之后,其额特多。虽然,此在官吏所滥收,不过其十余分之一,而官吏既纳之,视同规费,益肆斁索,政府亦因利之,不复过问矣。自伪雍正年间,已定耗羡之额,文武养廉二百八十余万,皆取给焉,与定为赋额盖等耳。更查伪光绪十年户部奏颁各省汇报出入款项册式,银收册(收册中分银收、钱收、粮收、草收四项)内,除地丁外,杂税中田房契粮、漕粮、粮折中皆有折色(漕而折银者,归此类,否则归粮收册),并续完地丁耗羡五项,皆地税也。钱收,有小部分属地税,粮收、草收册则除为屯田所纳之少数外,皆为地税。凡皆赫德、夏美取所未及详也。今取刘岳云所编《光绪会计表》摘其十三年、十五年、十六年、十九年四年之所列各省汇报总额,列之于下(粮每石折银二两四钱,亦依梁所计算也):

| 年 | 地 丁 | 粮 收 | | 耗 羡 | 总 |
		石 数	折 银		
丁亥	2322,8150	563,7201	1352,9283	304,4033	3980,1455
己丑	2282,2508	461,3644	1107,2745	292,0805	3681,6058
庚寅	2373,7114	454,8137	1091,5528	301,2583	3766,5225
癸巳	2332,9533	449,3075	1078,3380	303,6735	3714,9648
平均					3785,8096

观此表,知即地丁、粮收、耗羡三项,每年平均已可得三千七百

八十余万两之收入。而银收册中杂税、漕粮、粮折、续完四项，并有巨额之地税，以非全为地税，又不可以意测度其居若干分之一，故不能列入。而表中粮收不属地税者，亦可剔出。以此两者相偿，必犹有余。**然则满政府岁收地税，必不下于四千万**。此其数，赫德、夏美奴固无从知之也。且此皆以其实收言耳，若论其赋额，则决不止于四千万两也。试就伪《通考》所列以计之：则乾隆三十一年，天下赋银二千九百九十一万七千七百六十一两有奇，粮三百八十一万七千七百三十五石有奇。依之以粮折价，得一千九百九十六万二千五百六十四两有奇。合纳银之额，得四千九百八十八万零二百二十五两有奇。外征草五百一十四万四千六百五十八束。然则当时田赋总额过五千万两矣。而道光末年，天下田赋额征银三千三百三十四万八千零三十七两有奇，粮米称之。视乾隆时尤进（据王庆云《熙朝纪政》）。而光绪十一年户部具奏正杂赋税额，额征总数岁计三千四百余万两，而近年实收仅二千三百【万】两云云。查其时每年征收杂税，岁收百六十万两内外。杂税虽多吞蚀，然以额微，故鲜不及额。度其额亦不过百六十万两内外。而此三千四百余万两中，除百六十万两，余三千三百万两内外，必为地丁征银之额。以视道光年间，虽不能加，未尝减也。粮、草两项，以银之比例，亦不当少于乾隆时，而其折价当为二千万两内外。合之为五千三百余万两。而耗羡一项，常为税额之什一，亦当五百万两矣。加余诸税，则其额当为六千万两弱也。而依下所论此实收不能如额之由，实在官吏之种种侵蚀，非土地之不能负担此税也。

第三　驳中国地税不加额不可得四万万之说

梁氏此论,其贯于始终之巨谬有一,不知田赋与地税内容之有差别是也,以地税即为田赋故也。审其说然,则除田以外无地也,三尺之童亦当谂其说之非矣。而彼顾敢以之欺人,是真视诸读者不若三尺童子也。彼之驳赫德四万万之说,即从此论以来。则其谬于真理亦不可以道里计。夫吾辈引赫德之说,谓中国倘能经理有方,则不必加额为赋,岁可得四万万。意取喻者,不示其详细之剖析。宜梁氏阅而不解。第吾辈论土地国有,已可从种种方面证其能供国用。则赫德之说存而不论,固无不可。而彼既睹此论,即萦地税于田赋,以指摘吾辈之说。则亦可就而驳之。盖吾人所以测中国实征于民之数,固自有所不必纯恃赫德之说。即赫德之说证左不完,吾辈亦有他方法能证其所说之近真。特以赫德之说,众所习知,聊取便于喻解耳。彼既不能明中国税地共有几何,而姑就田赋以为论,则即令其所言之数悉确,何足以病吾说乎?今者田赋以外,房捐为各省岁入之一大宗,论者亦知之否乎?试剖析房捐之性质,渠能屏之地税以外乎?凡房捐之终极负担者,皆其土地也。特房主必兼地主,故不见耳。设假定房主与地主异人,则其税必土地之方负担之矣。然则独以田赋一项立论,非视不见睫者而何。抑即就田赋以论,彼亦无精确之论据。第曰:"财政上舞文中饱之弊,厘金为最,而田赋反稍逊。"以冀蔽读者之耳目。又以"不过六千万","一万二千万止耳"二语抹杀一切。不知彼言六千万、一万二千万之根据,在岁收三千万之说,而如前所证,既已不衷于事实矣。至田赋舞文作弊稍逊之说,更不知其证据何存也。且稍逊者,吏较之辞,不示厘金中饱之率,又安知稍逊于厘金之不为多也耶。考今日官吏于田赋侵蚀之方,大者有四,列之于左,未尝见其何所逊于他种税也。

(一)滥征 梁氏谓平余、火耗皆有定额,不能滥征。此盖根据官书颂美之词,以为贫〔贪〕吏辩护耳。实则凡官州县者,无不从事滥征。滥征所入,不尽自得之也,亦以供上级之种种侵蚀也。自州县征收以达于户部,其间每有一度解交,即须有足具一度侵蚀之款。即达部之际,犹须多额之费用。则州县所收可知矣。中国旧定税率本极轻,故虽加倍征收,民犹不觉其重耳。此之事实,梁氏亦未尝不认识之也。故曰:就令与法定金额埒,亦不过六千万。是则其前言总额三千万之结果也。然使果依此以为论,犹可言也。乃方于此言六千万,而相距不二千字,遽复依三千万以立论(十二页)。此其舞文之术固工矣,如世人之目未尝眯何。盖依吾辈所推度,则州县所取于民者,约为正供之二倍半,虽有过不及者,其平均相去不远矣。至其特多征者,亦数见不为鲜。然非常率,可姑无论也。盖赋有轻重,地有肥瘠。赋重地瘠者,不能及额,或至赔垫(非不及法定之额也,不及备侵蚀之额耳。其实已逾正供而几及倍矣)。而在赋轻地饶者,则多收之亦事所宜有也。今举广西之一例证之:广西之田赋,每额一两,藩库额收银一两三钱五分,而州县粮差收于民者率至二两五钱。马丕瑶官广西巡抚,乃定限每额一两收钱二千五百文,其值已等于二两矣。而其后粮差更夤缘作弊,其取诸民乃至每额一两收银三两五钱,是税额之三倍半也。而泗城府之凌云县乃收至四两有奇,则四倍矣。马树勋(云南人)为令其地,乃思革去宿弊,榜令限依旧额收二两五钱以便民,而见恶于岑春萱之弟。乃援马抚定章,以浮收钱粮黜去之。夫依马抚之章,则是二倍于额也,而以为轻减。凌云县之限收二两五钱,亦既为定额二倍半矣,而犹以之得罪于土豪。然如马树勋者固不多,则是民常求纳二倍半之税而未得也。则吾辈谓其滥收之数,常为额之二倍半者,必非过实矣。

(二)吃荒 垦地不报部,而私取其地升科所征税,是谓吃荒,近代州县之通弊也,其所入不下于滥收。盖垦地纳税而不报于中央政府者其额少,亦与报垦之数相等。自丁银摊随地征以后,丁口之数骤倍,非以无丁税而易孳生,只缘丁无税则不隐匿耳。丁税如此,地税亦然。或实垦而报已荒,或既熟升科而不报,皆州县所优为也。以是群起相效,以吃荒多寡为缺分肥瘠。虽日言清丈,徒具虚文,具报升科者卒鲜闻也。此有甚易证明者。盖土地垦辟之数,当与人口之进步为正比例,与农事技术之进步为反比例。更以微分之式表之别如左。

土地面积 = z   人口 = x   每亩产额 = y

则
$$z = f(x, y)$$

而
$$dz = \frac{Tz}{Tx}dx + \frac{Tz}{Ty}dy$$

依此式可知田地面积,为人口与每亩产额之函数。而当人口无增减时,依每亩产额之进退之微分而变动。每亩产额无变时,依于人口增减之微分而变动。双方具有转变,则依于双方之微分而变动。此众函数之被变数之性质,当如是也。

而中国近百年来农业未尝进步,故言土地面积增减,必当求其征于人口。据伪清《通考》、《通典》及《熙朝记政》,乾隆二十三年,人口一万九千零三十四万有奇(其时户口已绝少隐匿)。二十四年,田土六百零七万八千四百三十顷有奇。同二十九年,人口二万零五百五十九万有奇。三十一年,田土七百四十一万四千四百九十五顷有奇。嘉庆十七年,人口三万六千一百六十九万有奇,田土七百九十一万五千二百五十一顷有奇。人口之增加已倍,而地之加垦不过什三。逮于今兹,人口四万万有余,而田土更不报垦。夫农事既未尝进步矣,若绝无吃荒,垦必报部者,则此四万万人中之半数之食,将于何求索乎?明为垦而不报耳。然而垦荒者孰得免于征收耶,明为州县之取之耳。故**被吃荒之地,其面积当与报垦之面积等**。中国人数证之有余矣。而**此地所征地税之额当不大减于报垦之地所收税**也。

(三)**吃灾** 今征额银三千三百余两,而实收常不过二千三四百万者,其重之原因,在于因灾蠲缓。**蠲缓之数,岁可千余万,非不征也**,官吏利之不达于政府,则不见于实收耳。大率报灾请蠲请缓之事,岁必有之,且常居赋额之四分之一以上。既缓之赋,率径数年而题蠲,以是终不登于岁入。然蠲缓伪谕,初不着何乡、何国、何甲,蠲免若干、缓征若干也。官吏则因而影射,应蠲不蠲,应缓不缓,其所得率以肥己。蠲既无复须解,缓者亦必终于免,则永无败露之日。习以成风,不复怪诧矣。此即田赋实收不能如额之大原因,而民之所以重困也。

(四)**捏完作欠,征存不解,交代宕延** 此三者皆地方官之积习,以欠久必得豁免,故虽已完之款,仍报未纳,而干没其银。此谓捏完作欠。旧例每征收银米,限三日起解,不能有殊。然日久上级官吏怠于催促,则有但具报已征,存库而不起解。存库之后,挪移费用,无复存留。积久成习,而其银米遂不入实收矣。及其任满交代,则本应以所存银粮移交后任,然以负债成习,不复可偿,上司无可如何,即敕令后任设法弥缝,不为发觉。及其既泄,则案经数十年,无从诘究矣。此亦实收不能如额之一大原因也。

前二者,所以使法定额少,而民纳多者也。后二者,所以使赋额虽多,而实收终不能及额者也。前计赋额可六千万,则此后二项所侵蚀,已为其三之一,当实收之半矣。然赋额既有可考查,则此后二项之侵吞如何,可不具论。但以六千万而论,滥收者,普通当正额之二倍有半,故此项征诸民之实数,当为一万五千万两矣。而未以升科报部之各田,面积既当与报垦者等,则其取诸民之数,少亦不下一万二千万两也。是知,**但以田赋言,毫不加额,犹可得二万七千两之收入**。而梁氏六千万、一万二千万之说,固一无所据也。

田赋之外,宅地、山林、矿产、运河、铁道等,皆有税。其税亦略可以属于地税中。而此数者中,宅地尤重,不待言矣。中国迄年田虽不大长,而宅价大增。其增也,非以建筑之精良,皆建宅之地之价腾致使然也。则价加之税者,宜亦为地税(日本地租,即并宅地征之)。近年各省次第举行房捐,其收额皆不公布。然第假定每省数百万,十八行省中可得六七千万之款,非虚想也。而房捐隐匿、延欠之弊实多,实收不过半额,假令充其额,宜可得一万二三千万两。更自他方面以观,中国文明虽不甚发达,地价虽不甚腾,然总全国宅地收入,犹当半于耕地。而房捐之率虽各省不同,要之,其率平均,亦当与田赋相去不远。则其额亦当半于田赋,而为一万二三千万两也。合之田赋其他赋税额**决不下于四万万。赫德之数,与真相近**。而吾辈之说,亦绝不赖赫德,然后为确也。要之不加额而可得四万万云者,非就四千万言其十倍也,综一切土地所负担之额以衡之,而知其额当如是也。虽其中亦或报告不确,传闻异辞,要其大较不可逃矣。梁氏既昧于此,乃悍然倡论曰:

> 夫使如赫德所言,照现在赋额不加征一钱,而实数可十倍于今日。则据《赋役全书》所载,其至重之赋,有每亩征至六钱者,而政府所得,不过人民所出之十分一,然则人民所出不已六两耶。

夫吾辈固言不加额可得四万万,不言出此四千万之人本出四万万也。言满政府所收总额为民所出十分一,非言满洲责取一者,官吏必取其十也。此间界限至微,不可不察也。且如梁氏说,第举至重之赋以为证,则又安足以概一切乎? 夫州县之滥收,各称其所欲,得与民之所能出,安所得全国划一之比例,以为滥收之标准者。举一不能十倍者以言,正未足以证余之不可十倍也。况余辈固未主张,是谓地税可得四万万,不过推测言之。则现所收田赋居此十分中之几何分,未定也。田地之中已报垦田所出几何分,未报垦田所出几何分,亦未尝言之也。即报垦之田中,三分之一所纳赋,为官吏所侵蚀,不达于政府,余则得达,此中孰负担几何分,又未明言也。而如梁氏说,必假定为田以外之地,官不取其一文,即未报垦之田,官亦不取一文;乃至报垦之中,经官吏侵吞,其所纳税无余之部分,亦必视同未纳,而后独撰此余三分二之人,使承纳十倍税之名。世界虽大,文体虽众,宁能容此种论法乎? 然而不如是假定,则六钱为六两之税无自而生。盖田以外,有地税则四万万非独取诸田。假未报垦者可被征,则非徒为此报垦之日所出也。假知政府实收不过定额之三分二,而被征之地实不止此,则出此四万万之地,犹为税六千万之地,非税四千万之地也。不宁惟是,此一小部分之纳税地中,自有税率高下之殊,纵令负担十倍之地税,亦必不能不依其比例而少有假借。藉其不然,六两之说,仍无着也。故令梁氏不依此假定,则其说本已不成为问题,无俟反驳。若必依此假定,则吾辈前言破其根据有余,不烦更言之也。

要之,梁氏不知田赋与地租之区别,故误认地税四万万为田赋四万万;不知报垦地与未报垦地之区别,则又误以田赋四万万为报垦地征收四万万;不知税额与实收之别,而以实收之四千万,抹杀赋额之六千万。因以四千万较四万万得十倍,而发生此六钱将为六两之奇论结。意将谓可以窘人也,其愚不可及已。

第四　驳地租总额不过六万万之说

梁氏于中国地税、田赋、征额、实征、实收之五者之区别,既混淆不清矣,又以其杜撰的论法臆定中国地租总额。其言曰:

> 国家现在所征田赋,为地代价格十分之一。现在田赋总额三千万,其地代总额三万万,约当英国价格十分之一(此句甚奇,或者四万万为英之代价格十分一耶)。此数当不甚远。即日所征者有不实不尽,更益以十八省以外之地代,充其量能将此数加一倍,则亦六万万极矣。

夫彼言总额三千万，根据固已误矣。而谓租不过赋额之十倍，则尤谬。彼徒据地丁银米征率最高最低数，与租之最高低率相较十倍，而因以推定田租总额，亦为赋之总额十倍，此大谬反于事情也。地之科最高率税者极鲜，而科最低率者极众。彼所举最高租率，则为田租所恒见。故即最高低率相较如是，亦不足证地租总额，与地税总额相较亦如是也。凡言税率之比较，只当言平均额，不能言最高低率。查伪清《会典》所载，广东田土总数三十二万八千八百三十二顷九十三亩，赋银百二十五万七千二百八十六两，粮三十四万八千九十五石各有奇。依此算之，每亩平均赋银为三分八厘二毫三丝五忽弱，粮值银二分五厘四毫零六忽弱（依梁氏计，每石二两四，以乘三十四万八千九十五石，得八十三万五千四百二十八两，以亩数除之得此数），合为六分三厘六毫四忽强。而依乾隆三十一年统计，田土七百四十一万余顷，而赋银半合计值约五千万两，平均亦每亩六分七厘内外。而去彼所举四钱内外之高率远矣。是知十倍之言，为无据也。且吾辈所谓二十倍者，实征（民所实出）之二十倍也。彼所谓十倍者，实收之十倍也。若其说为确，则必政府不得其税者（缘侵蚀蠲免），地主亦不得收其租而后可，不然，则总额不止十倍也。又必官吏一无滥征、隐匿而后可，不然，则十倍于所纳者，非十倍于政府所收也。然而皆必无之事也。今试如梁氏说以推其结果，尤有足使人骇笑者，如广东之税率，平均每亩六分三厘六毫四丝强矣，令租十倍之，则一亩平均亦不逾六钱四分。虽梁氏自闻，当亦不自信矣。况此中尚须纳税，而催科之吏，不如梁氏所拟议者之忠厚，势必收至二倍有余。而此六钱四分者，所余仅四钱七分有奇，为地主所实得。然则通常百亩之地主所入，曾不逮一拥奴耶（粤之小使月俸，稍高者六元，岁七十二元，尚多于此所计百亩之租四两余）。抑如粤地，数亩之池，亦得十两之租。然则地主胡不悉坏其地以为洿池，以求数倍之租，又免重税，视以艺五谷尤胜也。况田地以外，宅地如许，山林如许，其可得租几何，梁氏胡不一计耶。是知**六万万之说无往而可通者也**（梁氏言不实不尽，只能指隐匿，不得解释为包括其余也）。

梁氏又引吾粤地税及苏松四府地税，谓每亩之租八十两至一百二十两，为断不能有，以攻击吾辈租二十倍于税之说。然此八十两、百二十两之租，虽所未尝有，而二十倍于实征税之租，固不难有也。盖梁氏此论之病，与论实收不得四万万同。（一）不知田赋以外有地税。（二）不知田有隐匿不报垦。（三）以租税之比例为划一不动。故其结论如此。既破其前说，则此说亦无庸辩也。况吾辈言租二十倍于税，不过约略之辞，即于实际八十万万少有所减，吾说亦未尝为之摇也。

且如广东之田，中地每亩可得二两四五钱之租，而税率不过六分有奇，以实征二倍半于额计之，亦不过一钱五分九厘一毫内外。而田租约计平均可二两四五钱，为实征之十六倍弱。此他山林、池沼税皆极微，不过租之百一。而房捐一项，如前所言，实际不过二十分之一。参伍计之，即不能二十倍于税，犹当为其十七八倍。而合各省平均计之，虽减于八十万万，亦不多矣。盖证吾辈之说未尝误也。

第五　驳土地收入不足供国用之说

以上所论，皆只就现在所可有之租言耳。而吾辈所以言土地国有后财政巩固者,非谓政府得此八十万万而遂可用之也。吾辈主张土地国有之原始理由,在地租之自然增加,而所欲取以为新政府之收入者,亦在此浴社会的自然恩惠而增加之额。故曰,此增加一倍之八十万万为新政府所有,不言其本来之地租与增加之地租皆为政府之收入也。而彼报不察,则为言曰:(十七页以下)

> 彼报之土地国有论,既主定价实收之说,则实收时不可不给以代价,明矣。吾试与彼核算,其共和民国政府所应支给之土地代价共需几何。据彼所核算,则全国地代总额八十万万。夫地代非地价也。(中略)然则地代总额八十万万之土地,其所有地价总额应为一千三百万万元有奇。(中略)共和政府无点金术,不知何以给之。即曰如日本收铁道为国有之例,不必支给现金,而付以公债证票。(中略)以新造政府第一着手,即负担十倍于法国总额一千三百万万余元之国债,天下有如是之财政计画耶?(中略)且凡募集国债者,当其募集之始,不可不豫计及所以偿还之途,及其每年给付利息之财源。现今普通之国债,最廉者亦须给利五分。则每百元者,岁给利五元。而地价值百元,其地代不过岁六元。国家拥此百元之所有权,而所收入六元之利益。以六分之五付诸债权者,而仅自有六分之一。然则果使有八十万万之岁入者,则每岁不可不以六十五万万余为国债利息,即吾所计算谓地代总额为六万万者,则每岁不可不以五万万为国债利息。天下又有如是之财政耶。

此其立论,包含二个之误谬:第一,误解吾人之说,以为吾辈将现在八十万万之地租以为收入。第二,武断吾辈之国有方法,为以公债买收;又以消费的国债拟此买收国债,而不以起业国债拟此买收国债也。以下先就此第二之误谬而驳之，以次及于第一之误谬。

吾人前言土地国有，未尝论及以如何之方法使为国有也。他种财产之为国有，固常以买收之方法。而如土地之价值总额过大者，决不能以单纯一时收买之方法为满足。此于实际稍加考虑者，所能知也。既已明知土地之将来增价可至数倍，而此数倍之增价，由社会之进化以生，不由劳力资本。则取其将来之增价，补偿现在所有土地者之损失，而此地价增加之益，遂归于国家，则可以胜于一时收买之无谋。于是有相辅而生之两方法：先给国债券，而后偿还，一也。划定价值后，有增价悉以归官，然后随时依价收买，二也。此两法可并行不相悖，而第二法尤便利。何则？现在土地鲜属大地主。数十年间，必有交易。若划定地价，则交易必更频繁。而土地之买卖，必涉于官，无从欺匿。故划定地价之后，有交易止以原价归卖主，而其增价属国家矣。如此，国家可不费一钱而收增价之益。以此收益供买收之用，优有余矣。

所以先定地价，则土地之买卖必频繁者。凡地主之吝卖其土地者，一惧损失，二希厚利也。既划定地价矣，地主不患不得售其本价，又无从希额外之利得，故苟有欲买者，虽以国家之力强制之可也。藉令其不欲卖而自纳其增价之额，亦可也。要之，有地价可增加之事实，则必有欲求买者。而无论其买卖之成立否，国家皆受其增价之益。而地主初不抗拒。其不抗拒非为势抑而然，亦自计其利而已。故一方用国债买收之策，一方用此策，则买收之财源决不患其乏也。

然梁氏只知可以公债买收，而不知此法，则其为驳议之无所当，固宜耳。且即如彼所论，有此千三百余万万之国债，其结果于财政亦无丝忽之危险。何则？凡论公债之结果，其最要之点，在其公债有生产的性质与否。其起债而为生产的者，为起业公债；非然者，则消费的公债也。而现在各国之国债，多为消费而募集。其尤重者，以事战争、供赔偿。夫以公债供战争、赔偿之用，则是其费终不可复，而于将来之收入，无毫末之益。即如论者所举法国之例，彼百余万之公债，其大半皆以充战费者也。即普法一役，彼之公债已由四万万八千镑，升至八万万八千镑，而一时浮动之公债尚在外。此皆仰偿于租税者也。夫故其财政受其影响，而近年之支出，公债费至居经费十分之三有奇，为巨额矣。然假使法之借款，不以用于战争，而用以起业，则其业务所益，优足以给其公债之费用，则法之财政固甚安全无恙也。惟其公债之收入，以供军用，更无从回复，则其利息及偿还之源泉，势不能外于租税。而人民以有此公债，故每人负担之国债费二十一马克二有奇，一一皆自其所得中割出之，此其病民，所以见诉也。然而以公债买收土地，绝殊于是。其偿还之源，始措勿论。第言其利息，则就其土地所收之益出之，固已足矣。然则于财政有何不巩固，而劳论者为之忧也。

梁氏固非不知此也，故于后段明为利息之计算。然计算利息而不知其利息即从土地出者，于财政无所碍，是则吞剥现代学说而不知运用之过也。而彼更由此论法以论偿还，谓政府于此廿年以内，决不得偿还国债，因谓政府信用当坠地。（二十页）不知国债之偿还期限，以国库信用高低而迟速，不以其偿还迟速而信用有高低也。夫还偿之迟者，莫如无期固定公债。今如英国之整理公债，利息年不及三分，而无还偿之期，只有随意偿还之条件，其不欲偿还，则不偿还耳。然则论者之视此何如，当亦以为英国政府之信用坠地，而国可亡乎。夫英之公债，非有厚利，而又无期偿还，然而人争保有之，价不减跌者，英之国库之信用足以维持之也。偿还之期，只视募集当时之信用。公债之价值，全不关于其偿还之期。夫英之国库，固未尝储偿还公债之金，而人亦不望其偿还也。则其年给之息无亏，斯已足矣。况此国有财产，实具与国债相当之买价，而有收益递增之趋势，其利息亦决无怠期。而谓此类公债不偿之于二十年内，则政府信用坠地，而国可亡。吾真不知其义之何存也。抑无期固定公债，非其信用之厚已表示于公众，不能募集。而国家之募集公债，实以无期固定公债为最宜。此学者之通说也。然以此公债买收土地，即以土地之价格厚国家之信用，则何人亦不疑其为财政上之良策。以此信用而给付无期固定公债券，以为代价，实无毫末损于卖主，亦万不致如论者所云也。假曰，虽有此广大之土地，其信用犹不足以得发行无期固定公债，而价格不少低落之结果，则必其有他故存，而非此政策自身之病。苟可为此假定，则何不可假定者，顾论理不容之耳。抑且如彼所言，二十年以内，地租不得加倍。然则吾辈地租增加之说，彼犹承认之。特曰，二十年后，乃能加至倍耳。然则反问之曰，此加倍者，为于二十年以后，突由八十万万而倍至百六十万万耶？抑由买收之初年，逐渐增加，至二十年后，而后可以增加至百六十万万耶？其逐渐增加也，则虽未至加倍，而所加犹优足以供偿还之用也。盖凡巨额之公债，例必分年偿还，而如此巨额之公债，其偿还之年，例必较多。征之法国，自千八百七十八年以来，着手于公债之整理，其计划当至千九百五十二年而完了，其长实逾七十年。今如彼所计算，以十倍法国之额之公债，其偿还之期间自必当较七十年长，明也。期间既长，其每年偿还之额自少。然则，于此二十年中，取其渐增之一部分，以供偿还，甚非难事也。假定此偿还之期间为百年，则年所偿还者不过百分之一耳。比之利息百分之五者，其额大不相侔矣。故能支利息有余,而忧偿还无着者,必无之事也。又公债例于借债之后,定一相当之期间,于此期间中,绝无偿还之事。日本谓之据置期间。据置者,存而不动之义,所以使政府得发行公债之效用,而应募者亦得以达其应募之目的也。假朝募集公债而夕偿还,则无宁不募集之为愈也。然此期限常为十年或二十年。盖通常所以募集公债者,因于租税之不可增加。而租税不可增加之状况,非三数年间所可变更也。故政府募集,非据置十年或二十年之公债,则虽足以济一时之急用,而无从获其偿还之途,终于无效。若其犹可以得偿还之途,则必其税源之甚丰,足以供其非常大之增税,故其募集公债以后,直得以增税供其利息,又可以供息之余为偿还也。是则其税源之丰有异于寻常者。然考之公债史上,巨额之公债而能以此偿还者,未见其例。其有偿还较速者,必其借债偿债,而非根本的偿还者也。依是而论,则此买收之公债,纵不如前所论,而为有期固定公债,而其据置期限必不可少于十五年,甚明。然则虽有偿还之期,政府决不至苦于其偿还而致破产也。何则?如前所述此二十年中,地租既已逐渐而增加矣,则此增加之额,必足以供此偿还之百分一也。偿还之额,不过利息之五分一,而每岁利息,恒得以岁入支之而有余。则此岁入增加六分之一,已足供偿还之用。而此岁入至二十年后而可倍者,在十五年后,决不止增加六分之一。然则于二十年以内,以增加之资供偿还之用,又必非不可能之事也。况每有偿还,利息即因之而减。自开始偿还以往,不及二十年,而其利息减额所赢,即足以供偿还,而不俟别为之计耶。故即如论者所言,以公债买收全部,财政未尝受其危险。而其公债为无期固定公债者,其偿还只视政府之便宜,绝无所害。即为有期固定公债,犹应有据置期间,而偿还期间又必甚长,虽地租二十年后乃得倍者,亦无患还偿之无着。而二十年间不得偿还者,破产而国可亡之云云,真梦中占梦之呓语,无所当于事实也。推其致误之由,不外不知生产的公债,与不生产的公债之区别,以消费的公债拟此买收公债,而不以起业公债拟此买收公债也。

然梁氏根本之病源不在此,而在误解吾人恃现在地租为收入之一点。故彼所见为缭绕而不可通者,吾辈直可以一言解决之也。彼以为政府缘买收土地之故而破产,不问其地代多募者,以为吾辈以现在地租为收入之正宗,而以将来增价所生收入为饶余也。其下驳增加租额之说,又曰:无论如何,当其初行此制度之第一年,政府必不名一钱。以第一年地主所收租额,必即为国家法定原额故。正表现其此种思想者也。抑亦不知政策之着手与完成有殊之过也。今如日本言铁道国有,将以议院议决、天皇裁可之日,为铁道国有政策之完成乎? 抑以各铁道买收整理完了为其完成乎? 必将曰,买收完了。然而始之议决、裁可者,只为决定其政策之行为,不得指以为政策之已毕实行也。知此,然后可与言土地国有之次第。彼所斤斤持以为论者,无过孙先生私人永远不用纳税一语。而先生之言,只就国有事业完成后以言,不言国有政策决定后即悉废他租税也。而彼之立论,乃若谓一行此政策,即无有他收入者然。是无他,以吾人之政策,为恃现在地租为收入,因是买收定价之事,吾人所以为决定着手者,彼以为政策之完成也。唯以为吾人所望只在现在之租额,而一买收定价,即为完了。故武断吾人着手此政策之时,即尽蠲此一切之租税以事之。而其结论则曰,岁入八十万万,则须付六十五万万之岁息;岁入六万万,则须付五万万之岁息。以此征财政之不巩固。虽然,如其说者,一买收而已毕者,世又何难于土地国有之实行乎? 夫现在国有事业,最大者莫如铁道国有。

然以视土地国有,其程功之巨细,相去远矣。然铁道国有而得完成于一二年间者,未之前闻也。日本以新进之国,全线不过五千哩,而尚除地方铁路不买收,其计画不可谓大。然其买收之期限尚需十年。法国之铁道国有计画,则于前世纪之后半期已大略定,而其实行完了之期限,当在本世纪之中半。盖实行之所需时日、手段,有万非空想家所能拟议者。然初不儗其政策之为良政策也。吾辈前言土地之价,十年可倍,只就其可增收之度言,不必与土地国有政策实行完了之期限相符合。将来实行之际,或能最敏活之手段,得最长足之进步;以最短之年月,完成此最大之计划,非今兹所能逆料。而所可知者,则此实行完了,决非三数年之事耳。然于此政策实行未完了之中,一切政费自必仰之旧有之租税,暨余一切收入,决不如彼所云,一着手此政策,即不有其余之收入也。此可即至浅之譬以明之。则如梁氏,括其所得美洲南洋华人之血汗,以营广厦于神户。其始营,以逮其落成,自不能无需时日。而当其建筑之际,横滨山下町之馆,箱根之旅宿,未可遽废也。苟梁氏以有金可得广厦之故,浸假而以广厦视其巨金,不待新居之成,而以新民丛报馆为鹊巢,为兔蹄,为鱼筌,则付之水火,加之斤斧,将见其无所荫庇,奔走以求一宿,而所挟巨金未尝呈丝忽之效也。然梁氏之知,不以此术施之室,而必度人之以此术施之国,以吾人所计画为金,而以现在可得之收入为馆,此何说也。且吾人之计画,与租税绝不相谋者也。吾人日实行土地国有计画,而民之负担不为之加多也。土地国有之所得者,由自然的恩惠而生之利益也。既完了国有之后,而减免赋税,则人民负担之轻减也。而未完了之前,一方为国有之进行,一方仍前取租税,非人民负担之加重也。然则绝无因土地国有政策之进行,而不得有别种收入之理由也。

于此吾辈所谓土地国有政策之完了者,亦不能不一说述之。吾人前言以土地归国家所有之术,有二方法:一为公债买收。而此公债买收者,不能以给付公债之时期为完了,易明也。盖以吾人之目的,在得其土地所增之租。故一旦买收之后,非至其收入足以给公债利子之外,别足以供给国家之用,不可谓之完了。盖各国之国有事业,只以归于国有为目的。而此政策则归于国有之外,别有与国家以充足之收入之目的故也。然吾人固不纯恃此方法。

其第二之方法,则定价而国家收其增额之法也。此方法之利用,视前法为多。盖调查其地价而划定之,则地主只能有其现所有之地价。而此地价,无论何时,由官给之,则地主不得拒弗卖也。即地主欲卖,卖于官,而得公债或现金。则不问时价如何,皆得同价,故地主无不利也。有欲买者,纳价于官,官取其所增而以定价与原主。其不足,官为补足之。则买者亦无不利也。如是其利则独在官。何则?近世之趋势,地租日昂,在欧美诸国行之,犹必有获。然在中国,则将来地租有升无降,则政府尤得收其厚利。此厚利之源,非夺之民,乃以社会之进步而有者也。地租之升降,与地价之升降,固非同物。然以普通而论,地租增者,价即比例增,而定价之后,此所增者归于国库。如是即以之渐买收其土地。及土地尽归国有,而后为土地国有政策之完成。而用此策者,亦非三数年所可毕者也。前所言法定而归诸国有者,谓此。盖其始时,地虽尚属私有之状态,而以法律定之,令其人于其土地上,仍有同前之权利,特制限其让渡之权。自法律上言之,所有权在国家,人民特于其地上有他之物权耳。而是时国家未尝给相当之对价,亦未尝得行使所有权,故人民所行使之他之物权,与前之所有权之行使悉同。第虽有与所有权同之权利,而法律上所有权仍属国家,不属私人也。故曰,法定而归诸国有。及后以买收而完全得有所有权,亦基于此最初之法律规定。可准之地上权消灭,而所有权得完全行使。然所有权固前之而存在也。后之买收,亦基于前此之法定者也。而当其政策进行之间,其增租之利益,已归国库所有,亦此法定之结果。而吾辈前言,因于文明进步,所增租额归国家,(十二期三十一页①)即指此也。特是由此法所得者,由增租所增之地价,而非即其租。而前偶不检点,只称租额,未免语病,以致彼疑。然租额之增,买来价额之增,土地之特殊性质如是。寻其原因所在,不能不谓之出于租。而国家以法定为大地主收此增租之益,固毫不有矛盾之所也。

此第二之方法,用之而有效者,不待远征之,即前数年在汉口、广东商人致富之事,可以为之证。广东商人者,当芦汉铁路初通时,商于汉口。知沿芦汉铁路之地价必且腾也,则求其道旁地主,与之约为买卖。其约价恒视时价数倍,而不定买卖之期,但定其最迟不过若干年,过此期者废约,而在期中不得更卖与人。民见其利,争趣之。然商固不持一钱,不能一时悉买此地也。逮铁路既通,欲地者骤多,而地主守商约不可得,则求转买于商。商因多取其价,而如约以价与原主。商不出费,只以一契约而厚收其利,更以所得利次第如约买取其地。又次第卖之,得利巨万云。此盖由第二之法而变之者。商惟希一时之利,故买而复卖之。然铁路旁地之涨价,固不止是。藉商不以是为足,而自保守其土地之大部,以一小部之价偿其原值,未为不可也。如是则商所收益,可百十倍。又假为此者非商,而国家自进为之,则亦可以得莫大之收入

---

① 指《民报》第 12 号所刊民意撰《告非难民生主义者》,第 31 页。

也。今中国之铁道纵横,次第敷设,是皆芦汉之类也。森林、矿山之业,次第发达,是皆铁道之类也。国中都市次第发达,其宅地之价,次第腾贵,又当十倍于铁道旁之地。是有一百芦汉铁路也,亦即可有数十万倍于汉口商人之利得也。虽以商人之策,为将来事业进行之缩图,可也。

是故吾人之国有土地,非恃其现在地租为收入者也。故其政策之完成,非于买收之顷刻完了,而于土地价格既增加如所豫期,得以与国家以充足岁入时始完了者也。然则未完了以前,国家不废别种之收入,无国库不足之忧。而苟以公债买收者,土地自身足以偿还其公债有余,不事忧惶也。故现在地租,吾人既以前此以计算,明八十万万之数不大远于真。而此八十万万,初不必入于豫算之收入,只此可增加之一倍之八十万万,可入之豫算收入之簿耳。然则梁氏之驳议之无当自明。彼言八十万万之收入,而出六十五万万为国债息者,其财政为天下所无有。而不知彼所言支给六十五万万国债息之间,不可谓为土地国有之完成,他种收入未尝为之废也。此征之普之铁道国有,其例最易明者也。普为铁道国有而发行三十一万万二千五百万马克之公债,而千八百九十四年之统计,国有铁道收入九万万四千七百四十万马克,其支出五万万六千二百五十万马克,得纯益三万万八千四百九十万马克。至一千八百九十八年,则其收入增至十二万万零九百七一万马克,并余官业及国有森林、土地等收入合十五万万六千三百七十万马克,居收入总额之百分之七十二,而其纯益实足以给每年支给公债利息并偿还之费。然则数十年后,更无公债费之支出,实得此巨大之收入,其于财政上之福利为何如也。假普于此外,更有种种之经营,而国家私经济的收入,遂足以供国费之全部,非甚难之事也。当是时,民无租税之负担,而国家得充足之岁入。自梁氏视此,其以为良结果否乎? 傥诉诸平旦之良心以言之,决不能曰否也。然以梁氏之论法,则于普之政策未达成功之际,亦且以为第一着手,即负担巨额之公债,且以六分之五付债权者,而仅自有六分之一,而诟为天下无有之财政矣。然普固未尝于铁道国有政策未完满成功之今日,行尽免租税之愚策,则其财政亦正为天下所易有。将来之中国,何独不然?

抑梁氏推算吾国将来之岁出,谓当比例面积人口增加,至数倍于英。而吾辈所豫期之收入,决不能给之也。于是闻吾人之说,必曰,旧有之收入,不足以供新政府之用也。则吾辈所主张仍不能实行也。然求其推算之根据,则曰:(五页至六页)

> 据日本小林丑次郎(三郎之误耶)之总分国家经费为宪法费、国防费、司法费、内务费、外务费、文教费、经济行政费、官工行政费、财务费之九种,内中惟宪法费、外务费不以国土之大小为比例,无论何国,其额大率不甚相远。其官工行政费,则以国家自营事业之多寡为率,非可一概论。(中略)然则此亦可与宪法费、外务费同置勿论。其国防费虽非可以同量之比例进算,然大国之当增于小国,亦至浅之理也。自余司法费、内务费、文教费、经济行政费、财务费,则无一不比例于国土之大小,人民之众寡而累进。然则我国面积虽远过于英本国,而我国为自维持、自发达起见,其所需正当之岁入,亦当远过于英国。

又曰:(二十三页至二十四页)

> 计英国现今岁入十一万万余,法国十四万万余,德国十二

万万余，俄国二十四万万余，岁出略相当，而国债费尚在外。我国以幅员之广，人民之众，所需行政费之多，则其岁出入必须过于英、法、德而勿劣于俄。质言之，则每岁必能提出二十万万之豫算案，然后可以供国家自维持、自发达之用。

于此姑勿问其论理之确否如何，即其所举数字而论，已错谬百出。即如彼前引麦洛克氏说，言英国经费六千八百万镑，而此言英国岁入十一万万，斯已谬矣。而彼必自解曰，麦氏之立说与今异时，故不得合。然则既知其不合于近今之数矣，又何为笃信而死守之乎？第此犹非要点，其要者彼谓经费皆当比例于国土面积、人数而增加，且其增加之比例极确（彼六页注，谓如乙国面积人数十倍于甲国，则此等国费自然六十倍于甲国，尤可骇怪。然六或讹字，姑恕之）。即彼三四页所论也。今试如其说以检之，中国面积，十倍于英本部有奇，彼所承认者也。中国人口，亦十倍于英本部有奇（英本部人口只四千万内外）。然则依梁氏说，中国之经费除宪法费、外务费、官工行政费外，皆当十倍于英。就中国防费虽不十倍，亦四五倍也。而查英之宪法费不过一百五十会万镑；外务行政费一百二十余万镑；英国本少官工业，官工行政费不及百万镑。然则此三项合计不及四百万镑。而国防费凡四千余万镑。故以麦洛克氏之说计之，则六千八百万镑之经费，除去此四千四百万镑，其余二千四百万镑，皆梁氏所谓当十倍于彼者，故其额当二万二千四百万镑。而国防费当五倍者，亦二万万镑。然则其总数当四万四千四百万镑也。而每镑伸银十元弱，故其额在中国为四十二万万元有奇。与二十万万之说已大背谬矣。况依英国十一万万之说，则中国于司法费等五项，当支出七万镑，加余二万万镑有奇，当有十一万万镑，即一百一十余万万元之岁出。然则中国更何从觅此财源。是吾人之主张土地国有,未尝令中国政府有破产之虞。而梁氏硬派此十倍之经费于中国政府者,乃真令中国政府舍破产以外,无他道也。又姑无以此虚悬之说与为辩。即彼所举英与俄之岁出入计之,俄之面积大于中国,而人口少于中国,以此两相抵,中国之推算,亦略可移以施诸俄。顾俄之统计,即如彼所说,亦不过廿四万万余耳,未尝有一百万万以上之岁出入也(以他书统计征之,则俄之经费,除国债不过十三四万万元,无此巨额)。此事实之最显著者也。梁氏诚欲自完其说,则无宁更改俄国之岁出入为百万万,而悍然曰:中国后此亦非得百万万不可,犹得以遮饰一时也。

以上皆就数字上以证彼说之不足据也。更自理论上以言,则其立说误谬之源,亦易明了。盖彼言面积人口增加,则一切经费皆当应之增加,固也。然其增加之比例,非以线比例增加(算术所用比例即线比例),而以乘方比例增加,其式当为:

$$S = a \sqrt[n]{(bx+cy)}, \quad S=经费, \quad X=面积, \quad Y=人口。$$

故面积人口增加之时,其经费即依微分理而增加。然其增加之数决不能大。以其式中变数之项有分指数存故也。浅言之,则(一)经费比例于面积人口而增加。(二)其增加之率,从于面积人口之大与多而减少是也。(一)者经费为同变数之结果。(二)者项中含有分指数之结果也。

梁氏固不解此,而以小学一年级算术初步之智识谈财政,宜有此结果矣。况检其所举五项国费,其中固有不与面积人口俱增加者,即如财务费中含国债费,国债费固与面积人口无关者也。然考其所举英国之例,则英之国债费,实居总财政费中百分之九十五。故虽谓其财政费全不涉面积人口可也。俄、法之财政费中,国债费之位置,亦略同英。惟德国债费极少,为例外耳。其他项目亦多有不与面积人口相关者。一概论之，其失远矣。又此之所言面积人口者，专就本部而言也。而各国之经费多不上为其本部出之，而国防之费尤甚。今如英国，其本部虽甚小，而其属地则甚大，凡其军费，率为全国投之，不但为本部为支出也。然英之军费，实居全经费百分之二十九。法之属地之多虽不如英，而其海军大半以保护属地，陆军在属地者亦不少，而其军费居全经费之什三。然则彼所计算之本部面积人口，已不可为基础矣，以其经费不仅为本部故也。由前之说，则当除出公债费。由后之说，则当除出军费。而如彼所举例之英法，此两项经费实居全经费之过半。然则彼说之无足采，又甚明也。

　　夫彼之说，恒自相撞突者也。故虽驳其一说，其他说恒不为摇。则如此论，梁氏既主张经费应土地之面积人口而增加之说，又主张中国经费当过于英、法、德而勿劣于俄之说。其前说则既破矣。其后说则未尝不合一面之真理，不能悉舍置之也。然虽当为相对之承认，而于土地国有之进步毫无所碍者也。盖以中国方今改革之殷，虽有劳力物品价值低廉之便宜，其经费自当以次增加，而其增加之最高额，则虽与俄国等，亦为理所可有也。然而所谓不劣于俄者，自当有界限。彼言廿四万万者，当为前数年之豫算。而俄国自与日战，每岁临时费加增数万万，故若计一千九百零五、六年之岁出入，则中国决不能效之也。故当征之戋前之财政。据黑迦氏统计（以上所示统计皆据之），俄国之经费总额，不过十六万二千一百余万元。而其中有国债费三万万元弱，临时费一万三千六百余万元，皆非所当计也。然则所谓不劣于俄，其额止于十二万万元而已。彼说稍有可取者在此。然而彼之为说曰，中国必每岁能提二十万万以上之豫算案，而后可以供国家自维持、自发达之用。

则是以俄之战时财政拟之平时而误也。且此十二万万元者,不过其最高额可抵。是曰,不如是则不可者,又大不然也。以中国有种种可得节省经费之便宜故也。

于此更有当注意者,彼所言十一万万、二十四万万等,皆就圆以言也。而前此就中国财政土地收入等项所言四千万、四万万、八十万万、六万万、一万三千万等,皆就两以言者也。两为中国计算上所常用,省而不言宜也。然既于两省不言矣,则于以圆计时,理不得省圆不言。然梁氏反之,于此诸国财政以圆计者,只言若干万万,不言圆,是大谬也。不惟然,于此以圆计者之中,言中国收入一万万七千万者,又以两言,不以圆言,复不著两字。更持七十万以较二十万万,谓不及三十分之一,可谓大瞀乱矣。夫梁氏岂不知圆与两之区别,然故为是比较者,以读者为下愚,而思以舞文之巧术济其说之穷,甘蹈巨谬而不顾也。其术可怜,而其心可诛也。

故就此计算,则俄国之岁出不过八万六千余万两,固非甚难企及之事也。即中国现在之财政言之,中央政府所入万三千万两,而各省外销不报部之款,大省恒千余万两,小者亦数百万两,此其大部分皆国家经费也(其性质不能为地方费用)。而此之合计,当有加于中央经费之额,则二万六七千万两者,中国现在经费之常数也,当于俄国岁出之什三矣。然中国之岁入,非真正取于民之数也。以前所论地税实收之额,实取于民者之什一而已。其他杂捐、苛税,滥收之弊尤甚。弊差少者独关税耳。而厘金一项,侵吞欺滥,又论者所已认者也。然则推算中国人民实际所负担之额,必视政府实收入加数倍。而即以三倍计之,亦几埒于俄矣。故论者姑无震惊于俄之岁入,其民之所出以畀满洲政府暨其爪牙者,未遽下于俄人之所出也。故当此土地国有政策方进行之日,就旧有之岁入而整理之，尽去侵蚀，优足以供国费。故土地国有之政策，毫不为之妨碍也。

论者必曰：此所言者，未及地方费也；而将来更须谋地方费用，则经费犹不足也。曰：然。然地方经费之多寡，全视其地方团体之职务之繁简。故地方团体职务而多者，其经费必多，为今兹所无有也。第以英国之地方经费论之，则十年前之地方经费，已达九千余万镑之巨额，几等于国费。而各国初不闻有此也。是全因于其职务多寡而殊者也。为问中国之始改革，其他方团体能任巨大之职务乎？必不能也。然则其经费亦当甚少，未足为道也。且今日中国亦不无单纯的地方经费，不计入国费中者。他省所不敢知，以粤地言，则乡局皆自有其经费，若团练局、沙田局等其尤著者也。然则以此种收入充地方经费，亦甚不难之事也。故地方经费虽广土不遽增，其事既简，则其经费亦不入于财政问题也。

更就今日政府收入观之，其中一部属于地税，而计人民所纳，则地税实居全负担之三分之一以上。然则土地国有政策之进行，得无为此收入之障害与？此普通最易起之问题也。虽然，同时亦为最易解决之问题，不可不知也。土地上之有税既久，其地主之收入中，恒割其一部分为税（地税或从租税出，或从庸出，或从赢出，下当详之。而中国地税则概自租出）。则计算租者，只计其所收入中，除去地税之部。即如租亩二两而税一钱者，在地主视之，只可以为租两九钱而已。然则当行土地国有政策时，假其地被买收，则其买收之价，只可以两九钱之收入计，而政府收此地之地租，实得二两，则于地租未涨以前之地税之一钱，仍可从地租中划出之，于旧有岁入无所增损也。而余一两九钱，亦为始所豫计不见耗也。要之，国家代居地主之位，故得其收入，亦得其税之负担。而即国家一方为征税者,亦未尝因而有所盈亏也。若在定价而未买收时,地主仍收其租,亦仍负其负担,于国家收入更无所碍也。

故从种种方面以观,岁出之多少,皆与土地国有政策之进行无关系。而彼论所称第八至第十之理由,乃悉破也。梁氏不能抹杀现在政府之收入,即不能推倒吾人之说。虽然,假其抹杀此事实,则梁氏方且以之自穷。何则?不能提出二十万万之豫算案,不能供国用,梁氏所主张也。行土地国有则破产,行借债起生产事业则破产,梁氏所倡言也。然使满洲政府一旦翻然思念梁氏之高勋,涤瑕荡垢,许复朝班,更假以阁龙科勃之位置,则梁氏其将何策以处此困难之财政乎?其必取之租税无疑也。今姑就吾辈所计算中国岁入二万七千万即四万万元弱者,一旦欲其增加而为五倍(二十万万元),以应国家之需,其道将奚由?假其不认征收于民者,数倍国家实收之事实,则惟有加此税率为五倍,以益困吾民而已。夫以今日细民生计之困难,现在税率犹不能堪者,其何以堪此五倍之税乎?此真铁良、刚毅所不敢建之毒策也。况梁氏之经济政策,以奖励资本家为第一义,而牺牲劳动者一部分之利益,非其所计。于是排斥外资,而保护资本家。以之劳动者势既不敌(保护资本家故),又无需要者之竞争(排斥外资,而内国资本又不多故),庸钱日低,重逢此恶税,方且希为奴于北美而不可得矣。如是而后彼说可行,然犹主张之者,是其心真非常人所得测矣。

以上皆言土地国有政策进行中不害财政也。然至其完成之日,则可尽废诸税,独以土地收入得供国用,此吾人所夙主张者也。然梁氏则悍然曰:单税不足以支持国费。考其根据,无过麦洛克氏之说,及彼六万万之臆定耳。二说皆所前破,更无复述之必要。然吾人所期以为国家收入者,增加之地租,而非现有之地租也。故更从他方面推算地租可得升腾之额，即可因以知将来可得之收入。无论地租为八十万万有证据存，即令其如梁所说为六万万，国库之收入乃逾多，盖所可得者同额，而所出较少故也。今比较他国之土地收益，以推算中国将来所得，分项明之：

（甲）　田地之收入

吾人固不言以田地之租为全收入。然田地之租，要为土地收入之一大宗。欲推算将来田租升腾之率，只须就农产物之价值而知之。考美国第十二次统计年鉴（一千九百年）全国农产物值美金四十七万万元，即中国九十四万万元。其输出农产物，值美金八万六千万元，即中国十七万二千万元也。而九十四万万元之农产物，除此输出者外，皆应消费于国中（虽有制为酒类等而输出者，然其额当不多）。是则美国人民所自消费之农产物，凡值七十六万八千万元也。美为新垦之邦，农产物价贱，不如欧之昂（美产面粉能销于中国，即可证之）。而其额之多尚若是，则欧洲可知矣。中国文明进步不如美，人民所消费简单而少额，又谷价贱，故其消费额，今暂不能如美。然其改良进步以后，人之欲望增进，当不下于美。而谷价亦必以渐昂腾。故以美之例计之，彼国人数凡八千万而费七十六万八千万元之农产物，人所费者年九十六元。中国四万万人若人费九十六元之农产物，即需五倍于美之数，为三百八十四万万元矣。中国现在之农业，经常纳其生产之半以为租者推之，将来租价随谷价以升腾，即产此三百八十四万万之农产物之地，当有一百九十二万万元之地租。然以经济常理言之，土地苟不达报酬渐减之限界以前，租额增加之率，实大于产物增加之率。是以将来之土地收获虽入报酬渐减之限界,而其额犹当居全产物价值之半也。即此一宗,已可得近于八十万万之一倍之收入矣。况此外尚有宅地耶。又以日本之例言之,当明治廿八年,米价每石不过七元(其时输入米价不过六元半弱,故知其时米价至多不过七元也)。逮三十六年,每石标准相场(即市场定价之平均额),乃至十五元有奇。其年为丰岁,故米价稍低。至于此顷,复大腾贵。要之十年之间,米价两倍者,其情实也。然此增加之米价,其结果当如何分配之乎?则其产出之所要自然、资本、劳力一与前同。在此十年之间,庸钱虽增加,其率不大。利率乃无大变动。然则此所增加之额,其一小部分为庸钱增率之外,当分配于地主与企业家。第企业家之利润一旦高,则以竞争之故,旋使之低落,故此分配为利润者,亦仅独其大部分分配于地主以为地代耳。然则日本之地租,此十年间,当不止一倍,而其地价亦增加不止一倍也。日本社会之发达,多在明治二十八年以后。然则苟中国将来社会发达所要时间与日本同,则亦十年而已。此就于田地,可证前言十年可得一倍之非虚者也。

(乙) 宅地之收入

言宅地之收入,自必以都会之地租为首位。考各国之人口住居于都会者:于美国居万人以上之都会者,凡百分之三十;英国居于万人以上之都会者,凡百分之六十一有半;法国居于二千人以上之都会者,凡百分之三十七有半;德国居于二千人以上之都会者,凡百分之四十六(英、法、德三国据一八九一年统计)。故今日文明国间,人口三分之一居于都会者,其中数;而都市人口以渐增加者,其趋势也。(参照《国家学会杂志》第百四十四号,欧米都会之发达项下)。然以美国论之,居于万人以上之都会者,岁必纳美金六十元以上之屋租。而五万以上、十万以上、乃至数百万如纽约者,其所需又从之增加而至数倍。故都会中人所需住居费,平均每年必不止六十元。即以六十元而论,此总人口百分之三十三居于都会者,其数都二千六百万人。人出六十元,则是都会之屋租,凡值美金十五万六千万元,即中银三十一万二千万元也。此中至少有一半属于地租,则为十五万六千万元。而中国今日之宅地,租虽甚微,至于改良进步之后,自不难于与美同等。则依于同一之此例,四万万人中当有一万三千余万人居于都会,其所出之地租当有七十八万万元。此外居于田舍者居百分之六十七,则以其租当都会之五分一计算,仍可有三十一万二千万元之租。合之为一百零九万二千万元也。

以上专就居住之宅地言之,而住宅之外,制造所用工场仓库,商业所用店铺等地,亦可纳巨额之租。以美国之例言之,则据第十二统计年鉴,大小制造家凡五十一万二千二百五十四家,其所制出者合值美金百三十余万万元,其资本金美金九十余万万元也。其资本运用之状况则如左:

地租	十万零二千七百万元	合中银二十万零五千四百万元
建筑	十四万五千万元	
机器人工	二十五万四千三百万元	
流运现金	四十七万九千六百万元	

观此可知制造业者所纳地租,实不止其资本之十分之一也。而将来中国资本增殖如美国现在之景况,则必五倍于美国,而所纳

地租为百零二万万七千万元矣。以合前宅地租，可得二百一十一万九千万元也。第此制造业者，或使其职役居住其建物之中，则此属不纳宅租，而仍不可不称住民。而前计住民所纳屋租单以都会住民计算，于此其地租之计算不免重复。然从事制造业者，以美之统计，不过全人口百分之九弱。而属于此种不另纳屋租者，最多不过半数。故其重计之数不过十万万元，除去之，尚有二百余万万元也。

此外商店所应纳之地租，第以住民所纳之三分一计之，亦当有二十六万万之收入。故统都会、田舍、住宅、商店、工场、货仓之属，凡可得地租约二百三十万万元。

前此两项，并以发达之程度等于美国计算。然中国当以若何长之期间，始能发达至与美等乎，则不能豫为精密之决定者也。然而所可决者，美国之致此发达，凡要百年。而中国之得此发达，决不同一之年月，即二三十年，已足追及美国。何则？效法者之善取其利而避其害，实比于始创者有数倍之便宜。美之致此发达实放于欧，而其进步较之速。今中国之于美，亦犹美之于欧耳。且此发达皆以渐致，不由顿成，假其进步需三十年者，此前十余年间，必已有若干分之进步，而地租亦得有若干分之增加矣。故如前之两项地租合计，实有四百二十余万万元，即令其后十年之增加率，较前二十年为倍，则此四百二十余万万元者，在其改革后二十年，不过二百一十余万万万元耳。然而固已几倍于八十万万两矣（八十万万两，即一百一十一万万元）。故吾辈前言，十年自信者，或过于情。然中国苟能为大改革，切实谋社会之进步者，其得一倍八十万万两之地租，固可不在二十年以外也。

更以日本之例言之，则以吾人旅居之生活，每月至少尚须纳二元五十钱之宅租。若居近繁盛之区者，每月当五六元。然则吾人在日本所纳宅租，每岁乃自三十元至六十余元也。即吾人所纳以为地租者，岁不下二十元也。香港之住民，每人月纳屋租至少三元，然则所纳地租亦必岁不下二十元。吾中国改革以后，十数年间，纵不能直追美国，必不劣于香港、日本。然则都市居民所纳之租，至少必有今所豫算之三分一，即二十六万万元也。乡村宅地皆以至廉之值计之，故不待十年，已可进至今所豫定之率，而其额实为三十一万万余元。制造及商店所用地租，只其什三，已可得三十九万万元弱。此合计为九十六万万元（日本之郡村宅地租，亦于十余年间腾贵一倍以上，可证乡村宅地，非不腾贵者也）矣。而田地之租，依前日本之例，亦十年而自倍。故现在地租八十万万之中，以三分之二属于田租计算，其加倍时当得百零六万万余两。合此九十六万万元即六十九万万两，实为八十万万两之一倍有奇也。

（丙）山林之收入

山林之收入者，矿山及森林之收入也。以矿山言之，中国为世界最富于矿产之国，且其采取不甚困难，故其收入必较他国为多。盖矿山之制度各国不同，有认以为属国家者，有认为属地主者。其认为属国家者，地主只能有其地地面之权利，而矿山之利益，国库取之。然在中国则习惯上以为国家所有，故其利益不待定价收买始可收之也。矿之收益，多寡不齐，全视其质品之美恶贵贱，采取之难易以定之。故其输于地主者，多至过半，少亦十一，而其平均应在十分之二以上。考美国每年所产矿产总值美金十二万三千八百万元,合中银二十四万七千六百万元。故令中国所产只等于美国(中国面积既大,矿产复多,故决不止等于美国),而其收益又不过十分之二,亦可得四万九千四百万元之地租。

森林之收入,亦可为将来国库收入之一大宗。盖森林之业,其性质最适于为官业。虽至不主张官业者,亦认其为适当于官营之事业也。森林之中,当分保安林、收入林二种。而保安林,以改善其一地之气候,防止其灾害为目的者,非国营之不能完备。而即收入林,亦须有数十年继续之经营,不便于私人之经营也。又其经营方法甚简单,不要复杂之工力,又不容为小计画之经营,凡此皆独便于国营者也。考日本国有森林之收入,于明治三十五年度,其面积凡千三百一十七万余町步,纯收入一百六十四万余元,每一町步纯收入十三钱弱。而日本国有森林,居总林百分之六十八,故合算其私有森林之收入,当为二百四十四万元。中国面积得日本之二十六倍,故其所可有之森林,亦当二十六倍于日本。而如日本之收益率,每岁纯收入亦可得六千三百四十余万矣。然日本之林业,至不发达者也。各国之森林业收入,除俄、奥外,皆数十倍于日本。则日本之林业将来可得之纯收入,决不止十倍于现在。而中国将【来】国有森林业之纯收入,亦决不止此豫算六千万之十倍也。试依高野博士所表列各国国有森林每希打纯收入观之:

普鲁士	五、七四	巴威伦	八、三九
撒 逊	二四、五八	威丁堡	二〇、六八
奥大利	〇、八一	匈牙利	一、五四
法兰西	五、〇六	俄罗斯	〇、一〇

此中除俄罗斯不计外,每希打约为日本一町步六分之五(日本一町步当三英亩弱,即中国约廿亩。一希打当英亩二亩半弱,即中

国之十六亩有奇。故其比例当为六与五）。故奥之纯收入，为日本之七倍有奇。法普之纯收入，为日本之三十余倍。而撒逊之收入，为日本之二百三十倍。假中国之森林进步与普法等，则可得二十余万万元之纯收入。此纯收入以三分之一供其经营资本之本利偿还，每年仍可得十五万万元以上之收入也。

（丁）湖沼河海之收入

此项收入最多者渔业，而盐业亦亚之。此外种植水中植物，其利亦不鲜。盖古之官山海而以鱼盐饶国者，自有前例。而榷盐之政，至今行之。虽财政学家率以盐税为不便，而于产盐之地取其地税，决非过也。此外尚有开凿运河、筑港场者，亦属此类，而其收益亦当不尠。

（戊）水电之收入

近日电气之用途大扩张，而最新之电气设计，俱赖自然力，而尤重者水电也。水电所利用者，瀑布河滩之力也。利用此属之力以发电，其所需资本可大减，而其所生电力之价直，比于其资本为甚大，故其利益之分配，当有大部属于自然力之主。电气之供于实用，不过二十年前事耳。计其现在之用途，不外交通（电信、电话、电车等）、代烛（电灯）、运机三项，而炊爨、温室用电之法，虽经发明，未尝应用于实际，则以其价高于薪炭，不能夺其席也。中国之水力可供发电之用者，如龙门、夔峡之激滩，西南山国多数之瀑布，蓄而用之，其力至大，而用资本较微。然则电力直价可廉，而炊温之用电者亦多矣。依美国现在之统计,每年每人所需用于电力者,凡美金七元,合中银十四元。然其用止于前举三项耳。则加以炊温之用,其每人所需于电者,当不止此数。即曰电气价廉于美,而其需用增加所生益之额,决非其减价所损之额所可此,明矣。且就令其额不过十四元,而以四万万人计之,每年所需应为五十六万万元。水电之运用全恃机器,一成之后,支出盖微,不如用汽者费消之大也。然则其以收入之什一,足供其每年支出之费,余五十万万余元为纯收入矣。以前所论以自然力发电需用资本较少,故其收入五十万万元中,以三分之一为本利偿还(此为国营,故必计及其偿还资本,所谓利之偿还,即当于私立会社之配当金;其本之偿还,则当于会社之资本减少,株式消却之积立金也)。余三分之二,凡三十三万万余元为国家之收益。

(己)铁道之收入

美国铁道每年之总收入,凡美金十七万六千九百万元,除去各项费用,尚得纯收入六万五千二百万元,合中银十三万万余元。更除偿还本利,合中银五万二千万元,当得八万八千四百万元,为企业者之收入。然美国两面临海,所恃于铁道者,比之他国为少。中国若发达至与美同程度,其所需用于铁道,至少需有美之两倍,其纯收入当为十七万六千万万矣。

以上四项,除河海等之收入不能豫计外,其他三项总可有七十一万万元之收入。至本利清还之后,更可得三十三万万元之收入。故其总额可得百万万元以外。第此豫计皆就其发达至于全盛者计之,故其达之之程期,必须三四十年,不能视为自始可得之收入。

然如矿山、铁道,虽其始时,亦可得巨额之收入,非绝对无收入者
也。(未完)①

　　　　　原载于 1907 年 7 月、9 月《民报》第 15、16 号,署名县解。

---

① 　原文止此,后无续刊。

心理的国家主义

　　近顷倡国家主义以抗民族主义者日多，虽其论皆久为吾人所驳击，而民众犹信彼不疑者，以震于国家之一名辞故耳。夫使不从心理上言，徒以统治之迹而论，则言爱国家犹言爱君主耳。彼辈知保皇之说之终不可伸也，而又思保全满洲，则舍君主而言国家。夫国家满洲而为之尽力，则何事言保皇斥排满哉。名实不损，而君位赖安，其为满洲谋可谓忠矣。顾满洲不爱其忠，且深虞其诈，则又奈之何。然在普通人虽知满洲之为雠，而无以解于国之不可不爱；虽知彼辈之说未遽足信，又疑于国家主义之倡道，为欧洲一般风潮，不敢非之。故为之释国家主义之真谛，明彼辈所倡非真正之国家主义，亦吾人所信为应有之责者也。

　　盖自国家主义之说兴，怀利禄者觊其便己私，阴知其非是而不惜主张之，以为登进阶。而一般人民乃为所惑，常言动曰："国家，国家。"其说始则曰，满洲人者，我国家之人也。其结果则曰，满洲之国家，我之国家也。夫满洲人之非我国人也，吾辈已熟论之。今而曰，满洲之国家我之国家，则不过承认征服之事实而已。夫如是，则第从其名称谓之国家，则吾亦固不之靳。何则？名者所以呼物，譬如有人易兽之名谓之人，易贼之名谓之父，此固自成一种语言而已。苟不父事其贼,人畜其兽,亦何足为疚。顾以其名曰国家,而遂以他人之所以爱国家者爱之,幸则为之幸,耻则为之耻,死生以之,此非所谓大惑终身不解者耶。夫**通常之言国家,恒有二义:一为法理上者,一为心理上者**。前者,则于法律上以定其人所属之国者也,故可称客观的观察之国家。后者,则人之心中自定其所归向者也,故亦可称主观的观察之国家。从法律上言,人不可无所属之国家也。故为人征服之国家为国家,夫非教之以忠爱也,特以事实上为其所支配,则以为其人属此国家耳。其认此人属此国家者,只认定其有能为支配之事实,初不问其为此支配之是非,又不教其不反抗此国家也。至于心理的国家,则全与此异。实根于历史的、民族的思想,以定其所依归。而此思想决不随外物为转移,以为吾应受此国家之支配则受之,以为不可则去之而自建立,非可以势力压抑之章制羁縻之也。故虽身之见支配,无所逃于天地之间,而心所宗仰,则仍以历史的、民族的关系为判断。故言法理上属何国家,无是非之可言者也。然在心理上则得以己之判断,定所归往;有不当者,人交非之矣。今如旅居署籍,在日本则曰清国人,在英属则署名曰 Chinese,其意皆以指吾曹为满洲所征服之民也。从法理上言之,从客观的观察之也。吾人虽甚不欲其然,不能言其非也。然使有人叩吾曰:"足下所归向之国家为满洲欤?"则吾率臆而答曰:"否矣!"此则心理的国家,所异于法理的国家也。

然而如前所述,**彼以满洲之国家为国家者,实基于法理的,而非基于心理的者也**。于是而称国家主义,则适成其为彼辈之国家主义而已。试循其本而论之。彼之倡国家主义者,其意岂不曰,吾言奉满洲之君主,则于义为不合,而言国家则无碍耶。夫往者满酋力倡君臣之义,以抑种族之见,以为一旦委赘,不复可叛;食毛践土,同凛天泽之分。自大义昌而邪说摧陷,今之人士无不知非笑之矣。顾于国家则以其说之新,而有所赖以为后援也,则莫敢訾议之。虽然,吾岂必谓国家主义之皆可废,特是**所谓国家主义者,当以心理的国家为基础以立说,不当以法理的国家为基础而立说。**不幸而吾国民初未知此别,彼倡邪说者遂得因而摇之也。今夫**自法理上而言国家主义,则其结果与彼满酋所倡君主主义果何异耶。**夫人孰为当为吾君者乎?孰为当支配吾者乎?是皆系权力所关,其不能由己意以决者同也。是则强而使属己国者,无异强而为之君也。今满洲人强而为吾君,则知其不可;而满洲人强而使吾人国其国,则可之,是何不知类之甚也。夫在往者,不知有所谓国家主义,其言尊君爱国义同耳。至其亡国也,则不曰亡国,而曰易君。此无他,亡国之结果,必易君也。宋明之遗民,讴咏不离于赵朱,以其帝系代表吾国也。在今日方且笑其不知国家与皇室之区别。然而在当时幸不知此区别耳,使其知之,则如彼所谓国家主义之说,何不可云:"新君之国,即吾之国,当爱之而为之尽力。"方且并此洁身全节者无之矣。夫不事二君者,不欲人强为之君也。然而讳此易君之名,转而他言曰:"以我之国为汝之国,则将事之乎?"方明之未亡,法理上为明人。其既亡于清,则法理上为清人矣。则易忠于满洲君主之词,为忠于国家,未见其有以异也。然知其言君臣之义,不足以藉口抹煞种族界限;乃至言国家,则以为可以泯种族之争。于亡吾国之君,知其不可君也,而于亡吾国之国则国之。此真所谓知二五不知一十者矣。

且自法理上而言国家主义,则其所以认某国为己之国家者,非自意之团结,而法律之结果,非以能动的性质有国家,而以被动的性质有国家者也。法理上所以定所属国家者,主由国籍。国籍法者,孰则定之,非由吾民之总意定之也。在立宪国,犹不过以选出为议员者中之多数决定之。在专制国,则惟一任君主之决断而已。然而决定国籍法以后,以国籍法定一人为属此国者,即其人立与其国有不可离之关系;一旦去其国籍,则无复相干涉。是则人之属于国家,由〔犹〕鬻市之鸟,属于笼耳。一入其笼,生息依之,而鬻者有不当意,易笼可也,鸟不能有容心于其间也。今人之于国籍,宁有异于鸟之处笼乎。俎上之肉,惟宰之分配是视。落花之英,惟风之吹嘘所向。彼定国籍法者,宁有异于分肉之宰,散花之风乎。夫以是傥来之事实而定国家,而于此国家必曰,爱之利之牺牲其身而不惜,其理果何存也!夫国籍之取得,固未必尽非属于自意。即如由归化以取得国籍者,即绝对以己之意思为要件。虽然,此特其最少数者耳。其大多数,如以出生地、以血统、以亲族关系等取得国籍者,即毫不关于自己之意思如何者矣。而其最著者则以割让吞并。夫当割让吞并之际,其受割之国常为敌国,而其割让地之民,无一愿属焉者也。然依于法理上,则此被吞被割地之人民,皆取得受割国之国籍矣。诚依法理而言国家主义,则此被吞被割地之民,皆当忠于吞并之、割取之之国家,爱之利之牺牲其身而不惜。夫是故阿尔萨斯、鹿林①之人,当爱德而不爱法;爱法则非国家主义也。夫是二州,昔者虽属法,而今者已割于德,其人皆取得德之国籍矣。芬兰、波兰之人,当爱俄而不谋恢复;谋恢复则非国家主义也,则以此地之人皆已取得俄之国籍故也。推之爱尔兰人、印度人、非洲人之于英,印度支那人之于法,犹太人之于各国,莫不以有国籍故羁束其思想,不许复有他图。此其理论之正当与否,不俟智者而后能判

---

① 阿尔萨斯、鹿林,今译亚尔萨斯、洛林。

断之矣。抑国家之始定国籍，以统治臣民，不可无其范围耳。于是时定之以法律，使有国籍者皆有忠诚之义务。则惟法律上命其然，而人果守其忠诚义务否，初不得定也。是以度其能守此义务，或己能强使守此义务，然后授与国籍。然假行法理上之国家主义，则是一授与国籍，即必能守忠诚义务。授与国籍，遂为吸收人心之唯一利器。则吾将立国于此，遍授与国籍于世界之人，则不几全世界之人皆为吾致忠诚而一统世界耶。此尊崇国籍而不问其取得之来由者之结论所不得不然者也。吾无以名之，名之曰：**国籍万能主义**。今之倡国家主义而劝吾人为满洲尽力者，皆国籍万能主义累之也。吾不欲更多言其是非，惟欲诉之世界之人之良心之判断而已。

且此曹倡国家主义者，必言中国不亡。此其意，以为认中国为亡国，则不得不以侪之俄之波兰，德之阿尔萨斯、鹿林，而不得倡国家主义也。然而言中国不亡甚难而实非，言中国既亡其易而实是。以主张国家主义故，舍其是易而取其非难，其心亦已苦矣。顾苟从法理上国家主义，则中国虽已亡而吾辈固犹未脱满洲之系属，则苟欲效人言国家主义，即取满洲而国家之，奚不可者。不证中国不亡，未必遂为法理的国家主义累也。何必言中国不亡乃为快乎。

抑且彼辈恒言曰："不用吾国家主义，必亡中国。"虽然，若吾辈自心理上言国家主义者，惧亡国耳。**假如彼所说之法理的国家主义，则何亡国之足惧。**且所惧于亡国者，非徒恋其国不忍使之亡也。抑以亡国，则己为亡国之民，无所可归向之国也。若徒自法理言，则亡国者第失一国籍耳。失一国籍，得一国籍，其所不慊者几何。彼征服之国家方渴待忠良之民，何患不以国籍见与，而事此幽忧耶。夫自法理上言之，人无无国家者。**自法理上言国家主义，则爱国家者非意识的活动，而机械的活动也。第为国家，则爱之耳，**

不问其国家于己何如也。山泽之间有獭焉，纯牝无阳，见男子则拥抱求合，不谁何之也。今之言爱国者，何以异于獭之求男乎。昔人言："丧君有君。"今何不云，亡国有国乎。昔人曰："人尽夫也。"今曷不云，天下之政治团体尽国家也乎，何患于亡国哉。

抑吾又甚为所谓国家主义者惧。夫爱国家者，由夫爱人也。其事不止于当前，而恒溯及过去。昔人代陈公主诗曰："笑啼俱不可，始信做人难。"此言情之不能两尽也。然于国家岂有异是。假如有人隶属台湾，则昔为清国人，今为日本人矣。如论者言籍隶满洲则爱满洲，籍隶日本则爱日本，此其人于时当犹忆满洲乎，抑亦以分定而低首于日本乎，将随唐刘以举事乎，抑向日人而纳降乎？此实苦于采决者也。夫所为爱者，没齿不忘。第以当时之隶属而爱之，讵足为爱国。然而在当日满洲与日本敌也，爱满洲必拒日本，爱日本必绝满洲。绝满洲则非爱满洲也，拒日本则非爱日本也。然则法理的国家主义穷于适用，而有不行之时矣。楚人之娶妻也，娶曾骂己者，曰："欲其为我骂人也。"今之论者，其殆将率天下之人为楚人之妻也乎。虽然，彼特男女之事，徒念其故夫，于娶者无害也，但不见诮而悦斯足矣。今人之念其故国，非犹嫁妻之念其故夫也，且将复之。复之则不爱新国明，而法理的国家主义又不能适用也。夫法理的国家主义，于其自身不免撞突，业若是矣。

试为彼辈思所以免此非难之道，则惟有一途。一途奈何？曰，服从于现在之国家而已矣。当其国家统治己，己有其国籍则爱之。其一旦失国籍，则不复念旧国矣。故方其事满洲，不知有日本也。方其事日本也，不知有满洲矣。狗之拘噬，惟豢养者之命而已，安问豢之者为何人战。必如是，则其法理上之国家主义乃可以自完。然此何名国家主义，**直服从主义**而已。其爱国家，乃不得不爱，非不欲不爱也。国家奴隶畜之，彼亦且以奴隶所以事主者事之。故彼所谓国家主义者，服从主义也，亦即**奴隶主义**也。夫奴隶非特不敢抗其主也，于其主之辈行皆不敢抗。何则？皆有为主之资格故也。夫奴隶之买卖固无时，现为之主者固无论已，即将来可为之主亦主事之。夫满洲之视吾人犹奴隶耳，傥吾人亦复以奴隶自视，则满洲随时可割地以赠友邦，而此地之人随之俱取得他国国籍，斯时何异奴之易主。然则所谓他邦者，特寓名耳。自我不立，何他之云。在既割让后，不既以他国为自国，而他国满洲乎。然则今日之自国，他日之他国也。今日之他国，他日未必非自国也。苟除去今日、他日云云之时之关系，则所谓自国、他国者，其价值正等耳，何所差别。于是而言爱国，则今日之自国爱之，他日之自国亦爱之，即他日之他国，与今日之他国，皆可视为自国而爱之，无所别其情之厚薄也。然则尽天下之国家，孰非己之国家乎。故法理上国家主义者，“**皆国家主义**”也。抑所谓国家由差别性而成立。既无他国，何有自国，然则其爱自国亦空言耳。是故法理上国家主义者，**“无国家主义”**也。

如是由法理上言国家主义，终有穷时，亦既明矣。且彼之始言国家主义也，只言团聚则足以御外侮耳。其如何而团聚必限于国家耶？如何而可团聚耶？初无确实之理由存也。今为问曰：团结数省不可欤？团聚远东数国不可欤？必答曰，不可矣。其所以不可者，以此之团结全由于偶然之位置，而非有出于自意之联合，又非有宜于联合之关系也。然则自法理上言国家，又何独不然。夫法理上，人不可无国家也。于是以其出生地或血统定其国籍，以人之附着于此地也。故国家有领土之变更，即其所变更领土内之臣民，随之有国籍之变更。夫人之出生，不过自母体脱离耳。自母体脱离而偶然于此地,偶然于彼地,真无所择者也。然而以之定国籍,至于割地于他国,则其民所甚不愿者也。顾虽甚不愿,仍不免变更国籍。然则人于其注籍之国家之关系,直偶然而已。夫人之所以爱国利国不惜牺牲其身者,乃以此偶然之关系之结果耶。必不然矣。且法理上目一人为此国人,目一人为彼国人,特指明其结果耳。夫结果有善有恶,人固当加之辨别。结果为善,任之可也。结果不善,则宜有以矫正之。故如吾人得为黄帝神明之胄,而承先王之余烈,不丧失其为开化人民之资格,此善之结果也。然而于世界上人皆谓我满洲之臣民,则恶之结果也。故吾人力谋去此名称。然则结果不可一概论,甚明事也。惟此国籍之定,定于偶然,故其结果或善或恶,或为自由之民,或隶异族之下,**在法律只认定此结果耳,未尝研究此结果也。夫不能判其应如此否,而可依之以立一主义者,未之有也。然则法理上国家主义,非惟适用上有所穷,自始亦无由立也。**论至此,则世界学者所倡之国家主义,所异于彼辈所倡者何在? 亦可不烦言而解矣。盖凡政治论,皆当判断是非,不可徒依倚结果者也;皆当以自意之发动为根据,而不可以偶然之现象为根据也。**夫国家主义亦政治论之一也,故其议论必为心理的,而不可为法理的。**此可不待远征,即以归化人而论可以见矣。夫归化人固有国籍,俨然一国民也。然而于政治上于归化人之权利加以种种制限,何也? 归化人于法理上以所归化国为国家,而于心理上本无民族的历史的关系故也。自国家言之,则无此关系,即虽有有国籍之结果,不能享与一般人同等之权利。则自归化人言之,虽有有国籍之结果,而其视注籍之国家,不能与有民族历史的关系者同,明矣。又若于新占领地,如日本之于台湾。自法律上言,注籍台湾者皆有日本之国籍者也,皆日本国民也。然日本于台湾施政全异于内地，普通法令不行于台湾，何也？台湾之人，与日本历史全异，民族全异，虽得有日本国籍，不可以普通日本人待之也。要之，政治上之施设全基于心理的，无可疑者也。凡世界政治家之倡国家主义，其根据于心理的，盖无异也。

即吾辈历来所主张，初未尝以心理的国家主义为非也。特是**倡心理的国家主义，则万不能不先倡民族主义**。而彼辈乃欲举国家主义以抗民族主义，此所以为大惑也。抑彼以为惟服事现统治之之国家，则谓之国家主义；至于恢复前朝之国家，新创出一国家，则不谓之国家主义。夫是以颠倒反复，无一是处也。今吾为简括之言以告若曰：**亡国者，自客观言之者也，可以法理论者也。国家主义，自主观言之者也，不可以法理论者也。夫国虽亡，而吾人仍可怀国家主义。怀国家主义者，不忘故国，且将更立新国也**。而非如彼说以服从现在所隶国家为主义者也。

彼信法理的国家主义论者，徒以不知此义，以为惟满洲乃可称国家，则既标国家主义即与民族主义相反对。实则**言国家主义者，不必以现支配之国家为国家**（故如梁氏，乃至谓亡国之民，不能相称以我国民，亦只于法理上着眼，吾辈既已前斥之矣），只可以心之所归向者为准。故如对于明社而谋恢复，其心向明，则国家主义也。欲建设中华共和国，而为各种运动，亦国家主义也。而今学者所用，大抵**以将来欲建设之国家为主**，故通言国家主义者，皆举爱尔兰、德意志之运动为适例。其意**不过为争一民族之联合或独立而已。故惟倡民族主义，而后可倡国家主义**。言民族主义，即国家主义在其中矣。今试征之欧洲历史上所谓国家主义者，以证吾前言。

国家主义之最早倡导而得成功者，当推荷兰。荷兰者，始尼达兰北部地,以姻族相续传于日耳曼帝甲列五世,复传其孙西班牙王腓立二世,自尔为西班牙属,以宗教问题,故离西班牙自立者也。然其始叛西班牙,虽以宗教为名,实则以民族全异西班牙。故南尼达兰民族同西班牙,则既叛仍服,而北部终不服也。夫西班牙王以相续得尼达兰,非以征服也。然而尼达兰以族异而教不同,故遂有此国家的运动,终于自立。夫尼达兰本西班牙属地,于法理上除西班牙外,更无国家。然而谋其独立而得称国家三义者,以心理的国家为基础故也。次之,则于拿破仑时,西、葡诸国之反对拿破仑,历史家所称之曰国家主义者也。夫在当时,西、葡诸国既并于拿破仑,苟从法理言,倡国家主义者宜尊法兰西。顾当时之运动,则主谋其独立而已。此亦谋独立者,以心理的国家为基础而称国家主义者也。

又次,则国家主义中最著且其成功显于人目者,德意志是也。德意志之国家主义,远发源于古代,而近起于拿破仑之侵略,自神圣罗马帝国解散而始著,中间经六十余年,逮一八七一年始告成功。其所异于他国者,则其运动乃由分而求合,非由他国自隶属而求独立也。然其所以联合之故,与他国之求独立之故正同,皆因于历史的关系与民族的关系也。德意志之联邦,即由神圣罗马帝国之遗迹以起,同为日耳曼人,又同属由往者神圣罗马帝国分离而出者,故其民恒思结合,非徒以外患逼之使合也。法兰西之侵凌,俄罗斯之觊觎,不过为引起德之国家主义一诱因,而不得以为德人倡国家主义之理由也。然则德意志之国家主义,亦立于心理的基础之上,无异于昔日之荷兰、西班牙、葡萄牙焉。有为问者曰:德之国家主义,果以为民族的关系为基础,则何以排澳大利? 澳大利非日耳曼之国家耶? 则答之曰:吾言国家主义,以民族的关系为基础,未尝言苟同民族者必当翕合为一国也。则虽为心理的国家主义之运动，其结果不能不除外同民族之一部分，于其国家主义之价值，初无所损。即如荷兰，固与日耳曼人同族，当时国家主义之运动，未尝及于荷兰，岂独澳哉。且澳之不加入联邦也，自以不能与北部诸国联合之特别理由，非被除斥于国民运动之谓也。故德意志之统一运动，可代表国家主义者也。彼则斯有言曰："**始德意志国以为于人民意识之理想，于主观的存立者耳。其欲于制度法律，使此理想为客观的之感情，即为于得其结果使用适法之习惯的形式之实力之自身也。**"此言德意志帝国之成立，基于国家主义者也。又可以见其所谓国家者，指理想之德意志联邦，而非指当时各邦而言也。

又次，国家主义大昌明而尚未成功者，则爱尔兰是也。爱尔兰之隶英久，而宗教民族本不相同，是以恒欲离英自立，以是而为各种运动。夫以法理论，则爱尔兰固英国家之一部。岂惟为其一部而已，且为英本部三岛之一，在英人固最致力于同化之者也。顾爱尔兰人不向英而常为独立运动，亦以心理的为基础故也。

最后以国家主义运动而成功者有挪威。其时日最短，亦无他争议，决独立之事于尊俎之间，不待锋刃，此近代绝无之事也。丹麦、瑞典、挪威旧同属一王。十三世纪之顷，瑞典离而独立，屡侮丹麦。属有拿破仑之战争，丹麦为法党。既而法败，众遂割丹麦所领挪威以益瑞典。挪威虽久属丹麦，其民族本与瑞典同源，然以五百年间之历史，深恶瑞典。瑞典复揽取其外交权以抑之，以是轧轹日深。至一九〇五年遂以议会决议，去瑞典王之兼王而独立，瑞典亦不得已与订条约而罢。夫瑞典、挪威同为北人之裔，宜能协合，然以有此五百年争斗之历史，遂终不得合为一国。是则虽有同民族之关系，未尝有同历史之关系，即不免分离。是基于历史的关系而为独立运动者，亦以心理的国家为基础者也。

通观以上所举，则有一共通之点可言。即**凡所谓国家主义，皆以创造一独立之国家为归是也**。而其创造之方法，或为联合多国，或自一国分离。其集合分离之标准，则（一）**所基以创造新国者，必有同民族之关系**。（二）**虽同民族而异历史者，不与于创造之事**。（三）**虽本以同民族组织之一国家，而民族中一部分有特殊之历史者，仍生分离独立之结果**。要之，其创造之事，必先有理想而后以见之实施，是以可称之曰心理的国家主义也。

夫吾人之主张国家主义，亦正如是。以有四千年之历史、四万万之民族，**故以纠合同民族创建共和国为理想，而驱除鞑虏、恢复中华**，则达此目的之手段也。吾辈所反复申言之，不外于是。其理论不烦重举矣。

今试取真正之国家主义（心理的国家主义），与彼所谓国家主义者较其结果，则见三种之差异：

（一）**真正之国家主义，将建设一独立国家；而彼所谓国家主义者，将服从于现支配之国家**。此在前文已屡言之，不事复举。

（二）**吾辈主张真正之国家主义，将以建设新中华国；而彼所谓国家主义者，则以毁灭之**。假从彼辈之说，则屈伏于满洲政府之下，永无伸期，寖假使吾人渐忘其历史，渐以其民族同化于人。是则满洲能灭吾国家，而不能使吾人不念之也。今之论者，则心理上摧灭吾人之国家主义，为满洲去其所不能去者，其意果何在乎。**然则满洲之亡吾国，不过暂时亡之；而彼辈之亡中国，乃永久亡之也**。虽菹醢之充庖厨，又安能蔽其罪耶。

（三）**吾人之倡国家主义，将顺理而进也；而彼之倡国家主义，**

实以扇人之感情为己名高。论者訾吾辈辄曰，驱于感情。夫吾辈之论，固未必无宕而失中者。要之，大较于理为准。夫怒满洲者，非徒怒之，盖有其由也。乃若彼所说，则凡属外国者，不问如何，皆先以不肖之心待之，或恐其为满洲之不利。于是每一问题生，辄危言悚论，哭泣叫号，使举国若狂，而已得掩有志士之名，此非专以扇动感情为事耶。**昔之保皇党，率天下以诈。今之国家主义论者，率天下以狂**。夫惟相率为狂，故于第一之敌之满洲则国家之，于第二之敌之他国乃仇雠之也。

谓余不信，则请征之于最近之辰丸事件。夫辰丸者，载军火至澳门，清吏以为将以供给吾国民之反抗满政府者而截获之，又以日本之强硬抗议而见释放者也。其未释也，所谓志士者，争奔走演说以和满政府。而其既释也，则又引以为国耻，移怒于日本，而相戒勿用其货。

夫辰丸事件于国际上法理如何，事实如何，非吾人所欲问也。满洲政府疑其将资己奴之叛也，则捕之。日本人恐其以此损己商业交通之便也，则争之。亦各自为而已。夫满洲政府之不欲失其土壤，亦犹吾人之不欲以此土壤长胙满政府也。吾能自蓄其力以谋光复，则安所怪于满洲之为敌对于我。至若日本，则其视吾国之代兴，更无所轻重，苟有所利，曾何恤焉。其为吾争也不足喜，不为吾争也不足悲也。夫是以得释其船，复其价，则直以弹药付满政府，初不顾虑焉，皆无足道者也。

然而吾独怪一般国民之行动，何缘迷罔至是。使其军火将以供给吾民党，则吾之与也，顾认其为供给民党，转为满政府之助，以惩助吾光复者，虽不得于满政府不止，何也？吾闻其言，动曰国耻。吾不知其所谓国者何在，其耻何存也。某教习固留学生，婉娈工媚，顾亦尝主张革命矣。一旦得邀顾问之宠盼，则为之指陈法理，谓捕获为当，日本抗争非理。或叩其由，则对曰："此国家之幸，民党之不幸也。"嗟乎！吾真不知其所谓国者何国也。

试为抉其心而暴之，则彼所谓国家者，舍满政府而外，他更无所指。然则所谓国家之幸者，满洲之幸而已。国耻者，满洲之耻而已。满洲视为其敌之军资而夺之，则幸之；既偾而复辱于日本，则耻之。宜也。吾人何为亦见其幸而幸之，见其耻而耻之耶。夫不当耻而耻，不当幸而幸者，见其被夺者索偿者为外国，而不知夺之者被辱者，乃己敌之满洲也。洞视千尺，不见眉睫。听于希微，而不闻雷震。聪明之有所蔽也。彼既以法理上国家主义蔽其聪明，而又激励之使民殚索其力以毒外人，而更不事光复，其罪固有甚于清臣之卖国。且以此徧恶于各国，令列强皆以为吾之革新，无过如是。盖悉力助满政府以镇压暴动，相结托以收中华之利，尽中土之膏腴，讵足以饱其欲耶。而其咎则法理的国家主义论者当尸之矣。故微论计正义当先讨满洲，则欲免外国之侵凌，完中国之利权，亦决不能主张彼法理的国家主义也。

原载于 1908 年 6 月《民报》第 21 号，署名县解。▲

未来之价值与前进之人

中国今日其已成熟者乎？^(注一)

成熟者，满足于现在，而不求进于将来。其不进也，非不欲也，其分子已更无发展之余力，不能进也。故夫物之进步不齐，其各有成熟，一也。其成熟之方向不齐，其为成熟者，亦一也。梧桐之实，径不过三四分，而瓜可过尺。方瓜之大如桐子，不得谓成熟；而桐子之实虽不大如瓜，已更无进步，是其程度之异也。然瓜熟蔓槁，虽无雀鼠觑之，朽败可期。其成熟也虽迟，既有成熟，不能逃其结果，则自明之理也。故曰，各有成熟。然则杀父食母，枭獍之成熟也。啄粒哺糟，坐待鼎烹，鸡豚之成熟也。无问其为善为恶，自力他力，要不可使有此时。惟人亦然，善固不可以成熟，恶亦不可以成熟也。

今如观察中国政府，以华盛顿、坎必大之手段，与之比较，固属大痴；以格林威尔、拿破仑与之挈长度短，亦曰不类。而恶口者则曰，魏武、晋宣、隋文皇、宋艺祖之流也。斯殆定论乎？曰，不然。彼有子孙万年帝王之业，措诸心中，不惜其民之弊，犹惧其征求之不可以继也；不计其事之是非，犹虑后嗣之食其不慎之报也。故高欢不为宇文泰裂东魏，陈高帝不与西魏分梁，斯诚非苟息三四年以图自娱者比也。依恃外力，牺牲人民、土地，以图一逞者，其惟石敬瑭乎。能使从珂心胆俱碎，而儿皇帝竟不保十二年，此殆历史上作恶之最下劣者也。虽然，吾甚悲今之有似于彼也。今之世所目为官僚派者，其治天下固已不足道，其自谋身也，犹若是其拙也，则将何以继之。是今之政府，为恶之政府。而其为恶，又不过苟且姑息以为之，非积虑蓄怀，期有所达，然且更无进于此之恶，又安望其有善于此之善乎。倒持太阿，授人以柄，固满政府所不为者也。重敛以逞，民劳弗恤，固满政府所不为者也。山泽之宝，一贡诸人，固满政府所不为者也。纵兵肆虐，任意残掠，固满政府所不为者也。昔之用人，犹视其孰能适于地方之民意者，今则非怨毒深者莫使也。昔之诛戮，犹视其罪状昭著者，今则惟是诬告者是信也。凡若是者，虽悉一日之力数之，不能终也。而至其极，乃以国家财政举置之他人监督之下，斯则无可加矣。夫为善者，虽损己而有益于人则为之。其极也，弃其身名而弗惜。然而益于社会者多而损于己者少，则善之进步也。非如是者，其善难为继也。今之为恶者，不求其损于人者少而益于己者多，是不求恶之进步已。夫为恶人者，固不惜牺牲全国以利一身，然使其有术以使身名俱泰，民怨不蓄，国家不颓，于彼又何苦而不为。计不及此，而惟是贼中国以求逞一时，斯则恶不进步之成熟政府也。

成熟之政府而能久不见屏，斯殆历史上罕见之例也。虽然，吾能知其所以然。今中国之国民，成熟之国民也，故能有此成熟之政府，而使中国为成熟之中国。

自未革命以前，以至今日，一般有程度不足之叹，斯殆先觉之觉后觉乎？曰，不然。此国民成熟之一明征也。觉其程度不足，而求进其程度使至于足，此真先知先觉事也。然则言者和者必为少数之人，且为奋斗的前进之人。又必其言之者和之者大半为程度已足之人,至少须自视为程度已足之人。今则反是,不闻此说者,固不入议论之范围,其闻此论者,大略赞成者什九而反对者什一,斯已可异矣。又其和之者,大略自认为不足,而无一肯以中国人程度不足,而画策尽力使之进者。一何可笑也。寻其根源,盖非以欲有所为,而患其程度不足,将以进之,乃欲有所沮,而毛举其程度不足,将以止之也。故曰,程度不适于共和。而反对之者则云,中国程度已足。夫使程度已足,是则此未足之说,必不为大多数之所欢迎。今既自暴自弃,而以程度不足为安,斯不得不谓为不足。独是所谓不足不适于共和者,乃以为辩护专制,主张君主立宪,而缘饰开明专制说之具。斯尤可诧耳。以此程度不足之国民,而求其程度能足,固有种种之方法,而常关于国民有无前进之精神。而中国人今日所以号称程度不足,其根原乃在其国人成熟而不前进。于此成熟之国民之下,而为共和政体,固不得良;而使其为君主,为立宪,为开明专制,为闭塞专制,其结果亦皆无良理。既曰不适于共和,当并云不适于君主,亦可云不适于专制,而尤不适于开明专制。其不适也,非他有适者存也。当求如何可使此国民适于此政体,不当求如何之政体适于此国民。何则?彼本无适合之政体也,况乎言者实非求适合,但欲安于专制也。

言之最易入人而实非者,无过开明专制。实则开明专制者,不过得一进步之恶人以为君主,其捐于天下者少,而利彼一家者多,因是而被开明之号,而无以辞于专制之实。譬于今日,亦可以二三自命管仲、郑侨之流,假专制之地位,行其所谓开明之策。而在彼一般成熟之人,日日以程度不足拒绝共和者,亦必遂以此拒绝开明。夫专制之力,非能以一二人自生之,仍筑造于多数人民之上。故欲以专制而行开明者,其难与以共和行之等,而其召怨则过之。

今试取开明专制之模型而论之,如陈景华之治广东,殆近之矣。其去民之迷信也,其严于奸宄之稽劾也,其不徇显要之意而屈其所持也。其督民以公共卫生也,其示民以人类平等也,古之循吏何以尚之。然民不闻有父母之思,方其生也,毁者七而媚者三;比身戮于无辜,外人或且感涕,而民方快之。迹其怨詈之所由,不外数端。禁烟不假借豪家,死者责以申报,淫祀悉与毁除,畜婢而虐者收且教之,诸买贫女畜待长使淫卖者,悉解放之,其尤著者也。夫若是者,不过开明之一端。其牺牲之人,与其牺牲之额,皆至微者也,而已召千夫之指。则使更尚之以大同之旨,为全社会计幸福之平均,立百年之计画,彼坐尸厚产,食而弗劳者,又安能顺而乐之。其怨毒之深,抑可思矣。于是其专制之基础已亡,将覆灭出于始所豫期之外,以视不开明者尤酷且速矣。悲夫!陈景华之死,固广东之人所为,而假手于袁者也。使政府而同于开明专制,彼必且乐卖国以去此开明之政府矣。故成熟之结果,惟有朽灭,于此而斤斤于政体之适不适,谬之甚者也。时者变动不居,不及于时,都将为虚。彼自政府对国民而言,则取古人马牛鞭扑之说,宜莫便于专制。然踞专制政府于成熟的国民之上,固无救于朽坏。其为专制者亦复同乎尽者无余。岂有超然离其所制者,而独此千古乎。成熟之国家,朽灭之状虽万殊,其朽灭固无由免也。

抑此成熟之现象,有如何之社会心理的基础乎?于一切可以进步之事,悉沮罢之,坐待朽灭,使除去时间之一问题,则固反于人之天性,不可解者也。惟社会之心理,虽非尽蔑视将来,而对于将来之价值,未有视为全等于现在者。此价值时差之说所以兴,而利子之所以成为一种社会事实也。是以人有甘冒明日之破灭,而畅一时之意者;亦有深虑将来,而排斥一切现在享乐者。于此二者之间，复有等等不同其将来评价之人。于此，有社会一般之人认将来之价值之程度比较少者，其社会为成熟而不进。

今如以中国市场言，年息百分之八，每半年付息一度，此非甚高之利率也。然使有人提一钱（一圆之千分一）而出之，以委诸公众，使无动其资本利息，而以复利法增殖之，则五百年之后，此所积者当在一百兆圆以上（万万为亿，万亿为兆）。（注二）设五百年前，有人为此积立者，现在中国全人口举而分之，每人所得当不止二十五万圆也。然则今日之人有二十五万圆，曾不及五百年前之全国中惟有一钱之价值。而在今日，亦更无为五百年后之人，计此每人二十五万圆之利，而牺牲此一钱者。是则价值时差之显证也。然此不过极端之例（利息不能永远不变），非可以此律一般人之行动。顾吾闻弗兰克林之死也，以金二百镑分赠费拉特费与波士顿之政府，期至百年而各得十三万一千镑（五分复利）。中国贤哲，于此顾未有闻也。斯非其对于将来价值判断之素弱于异国人乎。（注三）

夫惟为将来而牺牲现在者，能使现在有现在以上之价值，故其进步不息，所谓前进也。物无不可以供享乐者也，且其终局之目的，不能外于享乐。然而人不可以悉取一切之物以供享乐。故有置谷于地而弗食也，畜牛于牢而弗杀也，织而为布不以衣，指穷于为薪不以爨也。则有所望于将来者也。所谓牺牲也，惟其将来之所谓，将以现在之啬其享乐，所余者为之原因。故认将来之价值逾〔愈〕高，即其视现在之牺牲逾〔愈〕贱，而以将来有此利益。故其人所得月异，而岁不同。其增加者，非特足偿所牺牲，又益有以供其将来之发展。此其进步不特经济上有然，在社会中一切事物，皆可以类推者也。凡所称为社会致力有造于天下后世者，蔑不由此精神出，而或弃其生命，或毁其声名，或丧其娱乐，或见病于亲戚朋友。其近者显于年月之内，远者见于千载以后，或名不称而业在，或志已遂而身隐。凡皆以为我所丧者有限，而社会之益无穷。此高尚之心，实使社会向上，而弗坠于成熟之境。顾为此者，初非一二人之力，实赖社会有多数如此之人以成就之。社会而有此征象者，其牺牲之结果虽未生，而一种将来生此结果之期望在。现在社会尊重之之程度，固加于所牺牲以上，是所以为前进之社会也，所以为有现在以上之价值也。冯骥之市义也，尹锋之保障也，虽其未有难也，其价值固已存矣。

今中国之人，于将来价值有几许之认识乎？此一问题也。夫曰，不管他人瓦上霜，犹非吾家也。曰，我躬不阅，遑恤我后，犹非吾身也。今之人，韩退之所谓今日曷不乐幸时不用兵，无曰既戏尚可以生者也。赵孟所谓偷食朝，不及夕者也。其与其进者几何矣。(注四)

夫曰个人主义，曰自利心，斯固至不条理非进化之一事实也。而如何以限制此利用此者，犹是有主义有远久计算以后之事，于今日固不足以语之也。如使其审于自利，则今日亟当有事者，晓之以国家与个人关系如何而已。然今日不若是易为也。彼于国家之事有如何影响及于自己之一问题，固不能自下决断，亦复无意研究。此无他，彼其心以为国家纵使善良，己身不知何年受益；而当此际牺牲吾之精神财力，以求国家之进步，未免大愚。故无论何种制度为良，自己既吝不主张，亦复忍不抗拒，惟是祸机方发，则惊悚相求以宁息而已。故方革命之未起也，其奔走呼号，以革命召瓜分恐吓全国人者，所谓商人也。然当满政府势力既尽，则率先迫地方官，使与革命党言和者，亦商人也。彼其心理，非急变也，非有上帝临之在上，非有天使质之在旁，非遇名僧大师触指顿悟，忽有革命不瓜分之说入于耳而铼于心,然而翻然归向革命者,以为瓜分是革命以后事,革命而战争,是现在事。现在而无战祸者虽无几何时而亡国,亦复甘之。其在第二次革命时,亦若是而已。彼于北军、南军,将何所择,而竭力将迎于总统者,无亦徒有望于战事之息,而不惮牺牲将来,以求曲全现在乎。推以论之,彼拳匪之乱,对于外人争先悬顺民旗者,其亦以为虽明日被掠,今日犹免见诛求也。尔时东南各省之以立约中立为喜,亦曰今日而无战争者,后日虽亡国可也。设异日更有他国,挟其力以临中国,彼辈亦皆将长跪,以请所谓都督师长勿与决裂,以保暂时之安宁而已。抑岂独无所计于国家,彼其于一身之所得,正亦尔耳。今如中国铁路、矿产,于十年来悉力保持者,政府已一一举而授诸外人矣。然将来非特铁路、矿产然也,于地租、盐税已供必不能偿之债之抵押,则将来之土地上权力谁属,亦可概知。此外如森林,如水电,如大工场,一一皆供外债之抵押,将来更何有企业容中国人自营者?是其结果,全中国皆如杜兰斯哇、巴拿马,而全中国人皆为华工耳。此其进行途径,固已显然,不待甚深察而知也。而此华工之境遇,果可得久延乎,犹是未决问题。然而今代之人,熟视无所动,且惟恐有反对之言起而累及己,不待政府之禁,而承风豫摧排之。斯其人虽晓以国家与个人关系之密接,宁有济乎。夫知有是非不计利害者,吾人可以自处,未可遽以责人。然尚望人知有利害而未尽忘是非,庶几犹得为进善之社会。奈何不知是非之上,更并将来之利害而忘之也。斯则所谓成熟之利己心,其所标举之理由,不能于保持现状之上加一字也。

然成熟之社会,其前方惟是朽坏横亘之,诸所作性,皆是无常。譬如乡音,童幼所习,壮历异国,归犹艰于言。何况物质随时演变,更有何法能保持之。必欲保持，惟有于现在存立者外，别谋所以补其变灭之缺于将来者，斯则非有现在之牺牲不可，而此牺牲固亘于各方面者。譬如一机械，每用必有所损，此所损矣，非可保全者也。然于用其机械已程其功之日，就其生产品，储蓄其一小部分，以逐渐得等于机械原价之资本，于一旦机械坏灭无余之际，即以其所积更作机械，此即普通所谓积立制度也。然此所积立之一部，属于直接者，显然见其为牺牲耳。实则所当牺牲者，何仅此一点。先就机械自体言，不遇暴卒之掠，不为侦探所胁喝强夺，已是一条件。同社会人，各得安生，而买取其机械所成，亦是一条件。政府不于机械营业加以种种科派，使不堪其烦，又是一条件。又自其积立者言，贮之银行，而政府不以紊乱之货币制度扰之，亦一条件也。银行惮于法律，不轻诈欺破产，亦一条件也。凡此种种，无一不与国家有关。苟不为国家有所牺牲，将何以保全其机械乎。此徒自国家一方面言，其实社会各方面，无一不能为个人祸福。苟欲趋福避祸，即曰微细，终不能无牺牲。然则以保持现物为目的者，其第一手段，当为除去恶政府而设改良者，下此始有保持可言。若如今之所为，则政府方授外人以权，肥军队以掠，而风天下以暗默，言保持者徒放任顺适而已。但求保持现在，不惮牺牲将来，而所保持者，瞬息已成为过去。其第二之现在，已受前此之牺牲，成为坏灭。又更就其坏灭之余，以讲保存而谢现在之牺牲，此则成熟者之为也。

世人得无疑吾攻击守旧者乎？吾言不为守旧者发也。守旧者不满于现在，而以复古自任。故其所追慕者在既往，而其所置重者在将来。吾人于其主张多所反对，而于其精神不得不为极端之赏扬。此如宋儒之主张井田封建，至欲尽废现制。其事虽不可果，而其精神一移用之他方面，即为社会之大利。况此精神之所贯注，能使人有廉立之况乎。满洲之复也,为之死者无一人焉,此非守旧家缺乏之证乎。夫以社会学眼光观之,以异国一姓之人,来攘我国,今其覆灭,宜莫与偕。顾彼辈有笃信旧说死节为义而莫之行者,有明知身与清室同其休戚而犹吝其牺牲者,于义于利,审之而不克践其所尚。悲夫!吝于现在者悔于将来。将来虽有悔于今兹,而犹吝于将来之现在。斯其朽灭,固无怪也。《乌托邦》之著者妥玛摩,旧教徒也。彼虽于社会改革,怀此突飞之改良意见,有今兹所犹难实行者。顾其于宗教,则笃信不移。身老矣,爵位方隆,际英之改国教,甘死而弗从也。夫为此宗教而殉其生,吾人当不奖励之以为可,顾其笃信守死之精神可风也。此真守旧者也,赵公子成肥义愧之矣。(注五)

社会如有机体然,其质点渐凝固,而趋衰老,遂至灭亡。此社会有机体说学者所信也。虽曰,今日学者反对有机体说者颇多,而其所为反对者,不曰凝固不足以召灭亡也。即吾所谓社会成熟而趋于朽坏者,于认社会全为自然法所支配者,抑认为可于自力自由变更其状况者之学说,皆未有所悖。特是由最近学者所说,则普通有机体之因果关系,连络密切,显明易见,单简不杂,于自然力之趋避难;社会则因果关系复杂微眇,故不能如他有机体之能豫见结果,不失毫发。从而于已邻死灭之社会,而有一部分前进之人出于其中,将或更新其社会的精神,而与以前进之生命,非尽受命于自然力之下也。此则社会所以为超有机体也。

前进者,不已者也。社会进步,如无穷级数之同数然,任增求若干项之值,其结果只能与极限相近,而终不能有全同之一时。社会时时有改良之余地,即时时有牺牲现在之要求,抑且比例其进步之度,其感觉将来价值重要之程度愈高,且为是所要之牺牲愈大。

然而此追求终不息者,则前所谓对于将来价值之期望,于精神上能与以现在之满足也。夫人有享乐属于过去,而其结果留于现在者。如闻清歌,三月忘味。如遇名画,过眼辄忆。惟于将来亦然,豫想将来美善之境,以为现世缺乏之补偿,斯其满足,固不必基于现实之享乐也。能视此期望为加于一切现在享乐之上,则能以一切现在供牺牲,纵使其所期望于将来有时更供牺牲,在此时未尝不感满足。如是者,安得成熟,安得灭亡。

又此牺牲之精神而存者。所为牺牲之目的,不必果远,而此牺牲之效果,则未有没而不彰者。为将来之社会计 固求不误之牺牲也。然与其无牺牲,无宁误牺牲。牺牲之误,患不知之;苟其知之,幡然可改也。欧洲中古之研究点金方术,曾出无数之精神能力以求之。其结果虽不能塞河决,而化学乃为之得基础。日本之攘夷也,其牺牲可谓多矣,然其目的不达,而国势遽隆。故误之牺牲,而能自知其误者犹不误也。

由此而言,中国之人,其亦惟甘槁饿死者可已耳。否则,当毋吝其牺牲,以一部之前进精神,移而布之全国,今犹可及止也。抑吾闻之,非洲鲁人,有厌世谋自杀者,则往立海滨,待鳄鱼来衔之去。使其人而于自杀犹吝其劳也,则何望其自助也。

注一　"成熟"之文,不过假借取便立言,义既见于后文,故不深致商榷,幸毋循名责义,枝辩害意。

注二　一钱又百分之四之对数为〇·〇一七〇三三三,故其千乘方自(中国旧称言之则为九百九十九乘方)之对数为一七·〇三三三〇〇〇,即其真数为首位以下更有十七位者,以原定单位为戋,故其数为一百兆圆以上,更精密求其回数,则当云一百零七兆九千六百余亿圆也。

注三　其后波士顿之基金虽渐增,迄今约得十二万镑,殊不如所豫期费府〔?〕

之增加率更不及此(Fisher:The Nature of Capital and Income.ch. XIII)。

注四　此与厌世者不同。厌世者固不属望将来,亦不留恋现在,可与破除拘墟之见者也。今之借口于无可为而坐待死亡,又不欲人之以现在为牺牲者,不可以自附于厌世也。

注五　此中更有以为今既不如古,后又不胜今者,无意于法古而徒虐今,则近于厌世派者也。

三年四月雪打樱花之朝记之。

原载于 1914 年 5 月《民国》第 1 号,署名前进。

无内乱之牺牲

自讨袁军熸，各地虽稍有再起之计画，皆出于不统一无条系之动作，相继败没。故此半年间，可暂谓之无内乱。

今中国人大部分皆为政府所恐吓，以内乱之起为大毒，而不敢措思议于其结果。此其于半年间之小康，宜感激不敢忘。然此无内乱之一事实，可以无牺牲而获得之乎。其有牺牲也，则于无内乱之日，静而受牺牲者，以较有内乱之日动而为牺牲者（包含自投牺牲与受动者两方面），其孰为多，则今兹所欲研究者也。

自革命以后，各地军队皆数倍往昔。元二之间，日言裁兵，故讨袁军未起之时，兵数由多趋少，而陆军部所定计画为五十师。讨袁军起之日，南方未尝加一卒也。政府既用张勋、龙济光辈以对付反抗者，此辈遂乘势扩增所部，动数十营。虽当时倡义之师，已同于溃灭，而陆军部所定计画，反有八十师。是则前之拟裁者，今决不裁；而前之未招者，今又增招也。当讨袁军起时，固未尝恃添招之兵力以定之。而于第二讨袁军欲起之日，乃须恃停裁旧兵别添新兵之力以防之也。而第二讨袁军不知其果起否，又不知其操何策略，起于何地。然而各省都督不期而同破坏无数内乱机关，且不止一次，不止一时，此明表示所谓第二讨袁军之计画，实未存在。纵有实在计画，亦不过百中之一，其九十九则各省都督以保持其将散之军队之目的,罗织人民而锻炼成狱者耳。以彼辈用语显之,则将校要吃空额,老粮子要打混而已。夫为内乱之故,未尝增一兵之负担;而为使无内乱之故,人民不得不虚糜此三十师之饷;此其所牺牲者为如何。

此三十师之兵力增加,果足以防止内乱使永不起乎?稍有识者,必不信其然也。佳兵者,祸必起于旌戏之下。人民所以为足防遏内乱而绞血汗以养给之之军队,将倒戈而为内乱之首。此非将来之现象也,现在既见者也。中原讨白狼之军,不有一部入于白狼之伍乎。张勋之去南京,其军不尝有扰乱之阴谋乎。夫如是,则又不能不更设兵以防此防内乱之军队。故将来军队之增加,将为自乘的,正如马罗阅①所以论人口增加者。去年为五十万者,今八十万,则一年之后,八十万者当为百二十八万也;二年之后,当为二百四万余;三年之后,当为三百二十七万余;十年之后,当为八百七十九万余也。彼其于内乱不知何如也。吾国民其能堪此乎。此不特民所弗堪,即拥兵者亦未必肯忍耐至十年默不一动也。是内乱固不可防,而牺牲已不可挽也。

今政府所恃以防内乱者如是,纵其变端不起于军队之内,亦非可以为长治久安者也。使其为内乱而志不过窃位自娱,其羽翼之者犹是攀龙附凤之心理,则或以力之未充,势之不敌,而有隐忍折服之时。至于为民之疾苦,仗义而走,期于廓清者,则无成败利钝之可言,岂有示兵而能屈之者。抑今政府所欲防者,亦惟是为义而起者耳。其于冒利取荣之辈,固可以利诱荣网之,不事用兵也。是其目的终不得达也。

---

① 马罗阅,今译马尔萨斯。

无内乱之牺牲

今政府非不知此也,其所恃以维持此半年之无内乱,且期久于其位者,固犹有策焉。其用之亦非自今始,且于历史亦夙具其例。吾人可假命之以名曰变形的坚壁清野主义。

方郑氏之据台湾也,满廷尝命徙沿海五十里地之民之内地,其名曰杜绝供给。其实以当时遗民伏处海滨者多,感化所及,皆形敌忾,一旦兵至,必先为应;而郑氏一度得根据地,则满廷危。故设此口实,使其民颠沛流亡,救死不赡;后虽还之故地,精力尽矣。其用意至深险,其立言也,则曰为防奸民交通,不惜庶民之困苦。庸知其庶民困苦,乃彼本来之目的,非此固不能杜绝其反抗之精神也耶。后此百龄所以施于广东,亦同此策。其时张保纵横海上,百龄使禁渔夫赍粮出海,于是远洋渔业悉绝,张亦遂降。此皆于坚壁清野之名义行之者也。非特于满洲有然,明太祖之重赋苏松,即以张士诚余罪犹散在各地,故绝其生聚之途以重赋也。汉之徙豪族富民实关中,亦以其挟资为雄于各地,易成割据之势,徙其人而资力随之。强干弱枝之策,以他方面言之,则为贫外县富京师之策而已。楚灵服于郑儋弃疾之论,苻坚感于鲜卑种人之歌,亦同此义。要之,绝其生产之途,即令更无暇日为叛离之计,殆古今所同用之策也。其稍欲更之者,则往代漕粮之制与满廷固本之饷,但求中央较富,不愿地方极贫。此盖欲谋长治久安,知百姓不足君孰与足之义。然其结果,地方之瓦解,中央毫无制御之力,殆壁则坚而野未清者欤。

袁氏既得此历代相传之心法而益扩张之,右前此政府之使用此手段,于平时不过使其地方人士百事仰承于中央,初非尽绝其生路;若有事,则专用之于一隅,未尝普行之天下。所以然者,天下举困,则租赋无所出,不如袁之得时时借债也。袁惟恃此,故以昔人行之于战时者,用之于平时;限之于一隅者,溥之于全国。其结果可使各地生产事业,无一不萎靡。民既穷于衣食,则无心更论政治之是非。地无财赋之供,即有志于革命者,亦无由取为根据。故其残灭各省之策,无异西班牙人之遇印第安人也。其历然可数者,不止一端。往者称实业之战争(商战),对外国言之也。今者庶几可谓之大总统对于国民之露骨的实业战争乎。而彼国际间之实业战争,以发达自己之实业为目的,而其使他国实业萎靡者,不过其反射之结果,或其偶然不得已之手段耳。此总统国民间之实业战争异是。总统实以减杀国民之生产力为目的,其国民则除哀诉以外,未闻采何种手段。且于近今又知哀诉之无效而并怠之也。今者总统于实业战争已战胜国民矣。

共和国之先进国且为大国者,法与美,皆农业国也。中国亦古农国,保护农业,不能过人,当不至不及人乎。是二年前之希望也。此希望之打破已久矣,中国固不能学法美之共和,又安能学其共和政下所行之政策。然有共和政不如法美者,如去年首先承认中国之巴西,其政治上犹未甚整顿也,然吾有感于其保护架非①园之政策。巴西之产物,以架非为首,其风土所毓,固少能与竞者。当一九〇〇年以来,架非价落,农家愁叹,不能自振,于时政府乃起公债以买收所产之架非,屯待高价而出之。当是时,虽欧洲之学者,未尝不致疑于此政策谓为冒危徼幸。然巴西政府卒冒其危,架非价果起,农民亦苏。嗟乎!巴西虽数内乱,其民何尝有涂炭之苦。巴西政府虽数摇动,未闻以颓敝产业为固位之计,此可风也。今中国之农产,孰当改良,孰宜扶助,政府固不知也。不知不足责,而二年

———————————
① 架非,即咖啡。

以来未闻有求知之策。何也？其意惟恐各省之实业发达，即能厚革命党之势力，而与以不可拔之根据耳。自讨袁军败以来，国民不复望政府之能相助矣。虽然，中国农业之不得真之保护也数千年，既不自今而失保护，亦未遽以袁之一时不保护而见艰虞也。顾袁之毒农业，又安能以不保护为止境。方讨袁军之刱起，江西李氏实虑南赣之匪窃发，而借广东之防营以靖之。广东之师未出，而警察游击队分布于各乡，以防盗扰。夫工商聚于都市，而农业则布于鄙野。以中国实业之未发达。于中惟此农业尚足为自活之资，虽以讨袁军之竭力充实战斗线兵力，未尝敢以为后图也。今者内乱未有闻也，而东南各省之兵，聚之城市者多，散之乡村者少，以是之故，盗掠相继，奔号无援，抑何为也？夫养不能捕贼之兵，而置之不复见贼之地，且夺各地自治之权，使无自建警察之力，又重之以侦探之喜诬告徼赏，使乡民欲得自卫之武器而不能，此其农业之将来，抑可豫测矣。以讨袁军不肯疏之于战时者，袁氏忍忽之于无事之日。斯其相去为何如哉。

中国之铁路不兴，则凡百工业无由发达，此一般之人所知也。然铁路之计画已具，铁路总公司已成，而交通部苦持之不许以权，使其计画全归挫折，然后借名解散之，乃以铁路权媚外人。此其用心抑何如。铁路属民有者，则百计攘以归官。其曰官之日，又羞之于外人，惟恐其不我受也。则异时铁路之效果如何，可以知之矣。夫今日各国之于铁路政策固不一也，而其同采干涉者，则有一点，即其运送赁率之差等是也。美国托辣斯之初起已，皆以利用铁路之特减运赁契约，而得巨利。于是得一铁路公司之助者，其营业者立得压倒一切同业。于其铁路势力所及范围以内，独占市场。故其结果，各国政府不得已而采干涉政策，禁其因人而设差等。此则铁路能左右一切产业之明证也。又于他方,各国之欲保护本国产业者,往往对于外国输入同种物品,课以极重之铁路运赁,以杜绝其竞争,如德之课诸外国输入谷类者,其尤著之例也。然则以同业言,得铁路者,可以排斥他不得者。有铁路之国,外国输入品为所阻,而本国产业得以发抒。则以全铁路置之外国人指挥之下者,其结果当如何。使至愚者为之,犹知轻其本国之输入品之运赁,而重中国自制品之运赁矣。今外国既竞设工厂于中国内地,以中国工业发达之迟,虽使政府特于其制品减轻运赁,犹恐不竞,况其重之以外国人支配下之铁路运赁乎(此种差别运赁尚可以他种名义行之,即如中国制品多属少额,此根于资本不充,且不敢冒险者也。彼外国公司即可借此而于多额运送者减费,中国制品自然不能浴其利益,而外观未尝有特损中国人之条件也)。是以谓铁路不兴,百业不得发展,自一方面言之也。而于他方面,外国制品欲输入吾国者,尚与吾自制品同受交通不便之艰难,且彼所受尤重也。铁路兴而权属于外人者,中国工业无丝粟之益,而有山岳之损矣。然而此固袁志也。

铁路之建设,为中国人所吝于投资,即从来以公司而建筑较长线路者,只粤汉路之广东一部耳。故政府得有借债之口实。虽然,保护不周,劝诱不至,已不能解其咎。然有国人所争欲投资而莫之许者,则矿业是也。矿业虽不如铁路之每一线路足以制数省生产业之生命,而合全国以言,殆于无业不受矿业之影响,而煤与铁为尤,此亦易知之事也。而袁政府于始一年间,未尝有保护规定。东南各省,相次催促,始草率颁布。考其内容,则同于禁遏。又于各省所许与之采矿权,悉与取销,而强之以待部认定。然而认定者,殆未有闻也。始欲集资采矿者,皆归国之华侨。热望之余,遭此苛遇,无不丧气。至于讨袁军败之日,则华侨同被内乱之嫌疑,避祸之不遑,更无由得请矣。考其所勒章程,于利益则强之以大半充税,于年限则务求短少。岂不曰国家社会主义,抑制专擅宜然。然而于华侨垂首而整归装之日,此所不许与万里归来之国民者,已相逐而为外人所擢,未闻有短年限,有重矿税也。然则此种社会政策,不行于外国资本家,而惟行于本国之资本家,其条件则为中国人更不许于劳动者以上占一位置,将来坐待鱼肉而已。矿产既去,则凡基础于矿业之诸业,亦一一受其影响。况其有关涉于矿产之业,本又不振,如陕西之石油,与广东之矿石,久为外人所窥伺,而本国未能利用之,一旦与人,更何所冀乎。然此亦袁志也。其尤酷者,东南各省,于革命以来,例有不换纸币,而市场受其影响,往往成为孤立的金融。且腾落无常,投资者各以丧失为惧,遂至各实业多半途休止。盖不良之货币制度,已发源于满清未倒以前,而祸患之显,则在民国初定之际。斯时为之挽救,非难事也。以广东论之,纸币自反正以后,实际成为不换。而战事未息以前,银行之差,不及什一,通常百三四而已。元年三、四月间,始以增发贬价,迄于五月,亦不过十分之二。自是广东政府尽种种方法以为治标之计,一年之间,常升降于什二内外,无大腾跌也。夫纸币既为不换,又已成滥发,无可挽回,则使商业不至于因是大伤者,无外使少动摇之一策,而当时实已达其目的。以地方政府论,斯极其能事矣。而当时广东政府固尝为规复兑换之计,且以少担保低息少折控借债,有成议矣。而袁故意以不交参议院议决误之,使外人不信,约不得成。此其意,不外恐广东为革命根据之地,使其金融敏活,即不啻增一大敌,故百计挠之耳。讨袁军败以后,纸币价骤减少,近乃低至半额,间阎嗟叹,百业滞壅,而求助于政府,未闻一听之也。岂特广东为然，凡各省会发行纸币者，无不在同一之状况，而苟为前此倡义之区者，今日即不可望斯须之援于中央政府，纵自有所谋画，亦必见阻挠，无由实施。嗟乎！民既困于重税，又以恶币承之。哀此惸独，将何以济乎。藉曰无以巨资，则大借款以来，所得自债外者已三万万圆以上，何以不能出其什一为兑换之准备，以苏各省之人生。纵使于讨袁军未败以前，不措信于原为革命党之各都督，不肯授之以军资，何以于今日之龙济光、陆荣廷、李开侁、张鸣岐辈，尚靳其所请。此知袁氏之于各省货币制度之不良，非特不以为忧，抑且深以为幸。不特不悔前此不救于可救之时，致有今日，抑又甚望将来币制混乱，更胜今兹。要以为此数省为反抗者出产之虚，且属其蓄意谋据之地点，故使其民无力更谈政治，且令其据之，亦无由得军资于本土，以与政府争衡。斯则其祸各省之深心有然。虽其结果，可使文化之区，膏腴之壤，忽成颓落，无可救援，居民过半，待死沟壑，而心方快然，谓将莫予毒也。噫乎！谁令有此牺牲者！吾民之供此牺牲，果何所得也。

以上所举，不过就经济上关系重要者言耳。彼之为毒吾民，岂以是为止。然就此所举者而论，则根本之农业尚有较长之历史者，既已衰落；天然之宝库之诸矿产，又次第失诸；其交通之机关，则隶属他人。乃至于其流通器具，犹不可得整齐安定之制度；此于今日经济社会，无幸能自保之理，可断言也。本实先拨，虽有哲人，将奈之何。然而吾人所忧者，袁氏所乐，吾人所欲去者，袁氏惟恐其不来也。非吾民日夕愁叹无以为活，袁氏何能枕待帝号乎。袁氏之于所谓乱党者，滥杀恣刑，天下侧目，异邦人士闻之失色，此徒一时事耳。微论以正义而讨袁者，甘死不辞，即在仓卒遭诬衔冤九地者，虽惨毒万状，犹可得以人谁不死自慰。且袁纵嗜杀，未必遽过张、李之伦。献忠屠蜀人殆尽,而今日四川反为富庶之国。信夫!杀戮者一时之牺牲,而非永久之锄抑。张氏虽恣睢于锦城,天然之富未尝受其影响,故休养生息有由也。然则袁之滥杀,吾人虽痛恶之,犹不得不置诸第二位,而首数其剿绝国民生产力之罪恶。今世言战争之害者,谓其费巨额之军资于无用之地者,其轻者也。计其参与战争之人人,本可尽力南亩者,今悉献身疆场,骗此国民最强壮之部分于不生产之地位,斯为大损失矣。抑犹未也,假令其战争而继续至国民资本殚绝,更无生产能力时,则虽或胜于阃域以外,而亡国之祸终不可逃。何则?前二者之牺牲为现在,而后者之牺牲属于将来故也。夫牺牲将来以为战争,固他国人所未有也。然而吾国民不肯牺牲现在而避战争,遂不惮牺牲将来以求无内乱,得不谓之大惑乎。

吾于是得比较内乱之日所谓牺牲,与无内乱之日所受牺牲之机会。今试设想内乱起日,其继续期间当几何。以人心趋向而言(除去势利一层),必不至坚附于此恶政府。瓦解之期不过数月一年,作战之地面积当不过方百里,战死夷伤不过万数千人,军费不过二三亿止矣,蔑以加矣(倒满之日,死伤不及千人,作战地域合之不过方数十里,军经南方裁数千万耳)。而合计此所牺牲军费与生命,不能加于无内乱之日也。何则?虽无内乱,袁固年年当杀万数千人。军费日增,即以今年增于昔三十师论,二三亿不为饶也。语其作战之地,固不免有生产力之摧残,然其所为损者,不过一时停止工作,绝非永久失其利源。而袁氏于谈笑之间,卖一矿,赠一权,所损已不知几百倍于此矣。内乱之所牺牲于现在者,虽无内乱,其牺牲固不能免也。非特不能免,抑有甚焉。以倡义之地,为袁氏之力所不及,而卖权赠矿之技无所施。内乱而息,袁乃得举全国之利而赋与外人也。则何畏于内乱而甘此亡国之政策。非徒内乱可于一年数月间已也,纵其期间延长至二三年,乃至四五年,其结果又岂有以加于年丧数千人与二三亿金钱之数,而此牺牲又岂于无内乱之日可得免者乎。要之,内乱之日所用之兵力,不过袁氏所夙养之额。彼其鹰犬与其仇雠,当无内乱时固无别也。一旦事起,扶义而来归,饷额无加乎旧,自无新增军费之可言。其战而死者,当不战之日,固难免于虎口矣。以中国论内乱之时期,不论如何长,苟其志在利民者,其牺牲现在之生产力,与长期无内乱之所牺牲恒不相远。惟是其牺牲止于现在,而期望乃在将来。若夫无内乱之时,则同有现在之牺牲,独无将来之期望。何去何从,国民当能自择之。

吾人非不知内乱之现在牺牲为甚大,不可轻试。亦非以谓但有内乱,不问如何皆有益于前途。惟欲国民知无内乱之日,犹受此恶果,不免牺牲将来,庶几于有益之改革企图,不更表其反抗,将来犹有望也。

原载于 1914 年 5 月《民国》第 1 号,署名前进。▲

暴民政治者何

自革命以来,共和之名既定,顽迷之论者颇究于诽议之途。偶有一二不肖新闻记者,造为种种不根之报道,而加以"暴民政治"之称。于是宿昔不平者,皆于此一语阴蔽之下,力攻前日造成共和政治之人,然后可以一宣其蓄愤。故从风之靡,本不关于批评之确否,亦不问其人对于此所用以批评之语,究以如何之意义用之。此亦一社会上怪状也。然在为批评者心理,为善为恶,为怪为常,我辈本可不论。但人既以此批评我辈,则我辈自审有无适合于彼所用以批评之语之行动,且考察何以致有此批评,实为内对于自己之精神,外对于同志之士众,不可缺之义务。然政洽上所有形容词名词,大抵各含多义,而诋谇之语,内容尤难。盖彼之书此语于纸上,不过视为与奴材鸡狗同供毒詈,即有下之定义者,亦不过就己所欲以谤人之事实,撮举其属性以为之,其无所当,明也。故于此欲先就"暴民政治"之来源,一为之研究。

"暴民政治"之名称,以余浅陋,固不习见,然往尝于亚里士多德所举腐败之共和政治之译文,似见有此语。而近代斯梯分斯博士,所以指美国之政治者,直译之亦当译为"暴民政治"。不知彼取以批评我辈者,果取何义以言之也。

亚里士多德之国体区分,本于柏拉图者也。柏拉图之说国体,实以统治者之数,及其统治者对于法律之关系,而区分为六种。即为法律所制限者三:(甲)其治者为一人者,王政也。(乙)其治者为少数人者,贵族政治也。(丙)其治者为多数,则立宪政治也。其不为法律所限制者亦三:(丁)治者一人,僭主政治也。(戊)治者少数者,寡头政治也。(己)治者多数者,地莫克拉底也。此中最末之地莫克拉底之名,沿至近代,认为对于独裁政治之用语,而失其不为法律所制限之意义,故中国旧译之曰民主。^(注一)然在当时则"地莫"训"民",而"克拉底"训"强",故不妨谓之"暴民"也。亚里士多德承柏拉图之说,而认适宜之地莫克拉底,与极端之地莫克拉底,为各贤于适宜之寡头政治,与极端之寡头政治者。后罗马之普利比亚斯,又承亚里士多德之说,而以为共和政治之腐败,乃成此"暴民政治"。此前一说之概略也。

方美之用共和制也,反对者颇多,即引亚里士多德之言,而目美国之政治为"暴民政治"。于是斯梯分斯出,以为此所为"暴民政治"者,不足病也。近世之共和,所以异于古者,正赖交通发达,教育普及,报纸盛行,人各有选举权,各能为政治上之主张,乃得有此美治。彼亚里士多德所论之希腊政治,万不能望及美国者,即在此,无为避之也。此后一说之概略也。

论者果从何义以决定此"暴民政治"之内容乎,吾辈固不能决之于闻此批评以后,恐论者亦未必曾经自为决定于为此批评以前也。然吾知用斯梯分斯之义,而训"暴民政治"为"莫伯克拉斯"①者,必于吾辈为无当也。夫斯梯分斯时称美政况曰"暴民政治"者,所谓求全之毁也。乃若以吾辈上比美国政治家,而亦冒同一之"暴

----

① 即英文 mobcracy。

民政治"之名,则所谓不虞之誉也。

且如以政府言之(包含总统及内阁),南京政府,才两月耳。其所设施,固以军事为重,其余举措,可论者希。试问当时善政云何,弊政云何,殆难置答也。以此为暴,其暴几何？若以军事而言,则编制、整顿、饷给、指挥,诚不无可指数之点;然实际军队行动,尚多禀承本省,不尽隶属中央,比之美国陆海军之动作,政府指挥进退不受掣肘者,相去悬绝矣。故在当时南京政府,不特无为暴之日,抑且未揽为暴之权,此无以比于美之"暴民政治",明也。

以国会论,则前有参议院,后有国会,其成形也较久,其表现者较多矣。然问其何以为暴,则殆无以加于南京政府也。试计参议院开院一年之间,其所罢置者几何？除由袁氏及其所辖内阁提案外,曾提出几案？可知其于与政治之程度矣。一度否决内阁员,便谓不顾大局,横以武力恫喝,岂复有为暴之余地哉。至于国会,则亦有半年之寿命,而其惟一之行为,则选出总统也。谓之为暴,诚哉暴矣。然而选者暴乎？被选者暴乎？

乃若地方之政府,则各省都督,大半为拥护中央者。此中如贵州之属,屠戮最多,无愧暴之本义。然在真为民党之数省,则凡百行政,昔为中央所掣肘,无由设施。故旧免苛税,旋勒以再兴;^(注二)已赦死囚,复责以捕缚;^(注三)而前清旧憝,误国巨奸,各省反以湔祓许之,未尝稍有收治也。则其为暴者果何如乎！是地方政府固不无合于"暴民政治"者,而非我辈之所与,实袁氏所假以诛锄异己者有然。如美国各省之财政法律各得任本省之意以行者,固吾辈所不敢望也。然则又何能为其暴也。

更自他方面言之,以美国百四十余年之政治经验,葆有完备之宪法,辅以周密之法律与善良之习惯,而国会有最强之势力,且以委员会之制度,一切行政,皆在国会指挥之下,其各省之权力,足以自治,而其人民实由完全无缺。于此际,而能避宪法法律习惯之所禁,出于国会众民之所不反对,不甚害各省之权与侵人民自由之保障,得以肆其志,斯则反对者之所讥者也。彼不假宪法破坏,^(注四)不别为悖谬之法律,而能如意以行,乃能不为反对党所攻,不召国民之愤。不然者,如罗斯福之欲为大统领候补,不过违反华盛顿历来之习惯耳,^(注五)且此习惯之解释,犹有论争之余地者也。然国民且不许之。由此言之,极美国之"暴民政治",安能比拟于中国今政府之万一哉。然而在美国犹召此称,则使我辈前日苟有所行得以比于美国,诚不可不谓名誉,然实际固审知其不能也。彼自其宪法言之,则参议院所定约法,庶几不让彼邦,而条目已不能如彼之密。至于后之宪法草案,已大违本意矣,抑尚不得见容而废罢。乃至今之约法,则又不可以比于日本、普鲁士,遑问其余。然在我辈,始时固望其进而日完,不意其退而每下也。使如我辈所主张以行,或者德不百年,尚可与彼贤骖靳,于此时引彼"暴民政治"相况可也。前乎此,固未有此资格也。至于法律,则吾辈固亦不敢以为后图。然其现存者既已悉等空文,而所草拟者又决不见采用。其在南京政府所颁布者,彼已视为无效,更不措意。是则吾辈方欲筑美国"暴民政治"之基础,而彼已久破坏之矣。若夫习惯,则固不存于既往,又安得现于将来。夫有此宪法法律习惯,然后彼之"暴民政治"得以生。我辈所致力者,虽为仿效彼之宪法法律习惯,而已病未逮。然则中国何能有此"暴民政治"乎。

然则以我辈革命党人所处地位言,固未尝得有如美国政治家为此"暴民政治"之权。以中国前此现状言,亦未尝具有美国今日发生"暴民政治"之基础。然则取斯梯分斯之说,以相拟议,吾人惟有敬谢不敢当而已。

将从柏拉图、亚里士多德之说以为言乎。则当知柏拉图辈虽言"暴民政治",却不以为最恶之政体。又于"暴民政治"所以发生之源,归之于人民自身之状况,不以责执政者少数人也。

故柏拉图之言曰,此六种政治(见前),蔑有一绝对善良者。然自国民而观之,则治者为一人者,最良又最恶者也。当其服从法律也,其政治最良。及其不为法律所制限,则弊害最大。其治者为少数时,则于善恶两方,均居适中之位。惟以多数人为治者,则于其等为守法律时,此为最劣。而等为不守法律时,此为最良。故从柏拉图之说者,"暴民政治"仅为下立宪政治一等者耳。抑柏拉图所谓善良之王政,与贵族政治,皆束缚于法律之中,不能自创生法律。其法律之发生,乃在社会上不成文之习惯,而假借执政者之手以整齐划一之而已。此徒于希腊可得有之。今日之国家决不能尔也。夫在古代习惯之势力至强,而暴主与骄慢之贵族,皆不敢逾越。至于近代,则专横之辈,私拟可以左右一国,出言成宪,行事为格,岂有社会众民所认之法规能束缚之。故就其所言而论,今之政治,苟非权出于多数,则祸必甚于暴民。即极今日所能为,其至于柏拉图所谓立宪政治者上也。其不能者至于所谓"暴民政治",犹其次也。(注六)若为寡头政治,则虽胜于僭主,而已不及暴民。故于我辈之所行,有不为法所规律,而任意以逞,谓之"暴民政治"可也。顾不幸而当我辈参与政治时,未有可为规律之成文法先我而存在,乃至甚少适于共和政治之习惯可得标举。吾辈不能以前清之宪法大纲、誓约十九条,引为吾共和国之根本法也。不能以前清所定之资政院、咨议局之规定为代表国民机关之组织法也。吾人不能以叩首、屈膝、拖发之习惯为共和国之仪服,不能以大人、宫保、中堂、爵相、卑职、沐恩、蚁民之习惯为共和国之称谓也，不能以捐纳为阶进，不能以荫袭代登庸也。法不能议亲贵，而用不能计阀阅也。不能使旧时污吏复横行于乡党，不能以旧日为满廷所罪者悉视等囚虏也。夫其法令习惯之不得不加更张如是，则吾辈方有破坏旧时法令习惯之任务，则安得为旧日法令所制限。而当时方忧此不祥，而急于定法。正以方邻于"暴民政治"，而急思避之。使于此而不守既定之法，则真暴民也。然无如不见有证据也。吾人惟于不合根本法之法令，如不经参议院之官制，[注七] 不顾前赦之逮捕，不经院议之借债尝为之抵抗而已。其合于本法者，不特其案出自我辈者不敢自乱其法，[注八] 即不出于我辈之所发案，亦誓不渝。此正以法治为柏拉图所以区别立宪与暴民者，吾辈已知当时纵号"暴民"，已胜于前时之寡头与僭主，又未尝不希望更进于柏拉图所谓立宪者也。然而其结局，守法者在吾辈，而吾辈以外，自有违反之人。斯则纵有当于"暴民政治"之名，而吾辈决不敢代负其责也已。

抑有当知者，不为法律所制限之"暴民政治"，非可以一二人之力为之者也。夫使其少数执政之人，破坏法规，恣睢无忌，多数之民，不以为虐，反崇而与之，此可谓之"暴民政治"也。其多数之人，非有劫于势力而不敢去此执政者，乃有爱于其纵横而不肯去之者也。换言之，则其人为奉民之意以行者也。夫然故犹得有治者为多数之实，而克副共和之名也。若如袁氏之所为，则国民多数所愤，而少数所附，徒挟兵力以威天下。虽曰为暴，罪不在民。民非有爱于其诡诈，第不敢抗其锋铓。是以得有共和之名，为僭主之实也。故使柏拉图复生于今日，即令袁氏对之借十倍于五国银行之债，而与之以百倍之权，柏拉图其将承认此中华民国乎？必曰：否也。非特柏拉图否之，亚加典迷①之末席生徒，亦将冲口应曰：否也。

此无他，违法之事，虽有行之者，必为人民所不悦。而人民虽有不悦之意，初无去此违法者之权。由前而言，则人民不能有暴民之号。由后而论，则既已失治者多数之义，更无以语于共和。故柏拉图之称"暴民政治"，则以其民不以法范此执政之人。故其所谓暴者，不指一二人之行为，而指多数人之承认此行为。暴民者，一般人民之暴，非少数人之暴也。而中国人民既无承认此暴行之心，则不特吾辈为人民所未反对之所行，不能与于"暴民政治"，即彼辈为人民所不承认者所为，亦决不能仅目以"暴民政治"也。然则于第二说之不可援引，又明也。

求之于斯梯分斯之说，而彼之立此号，颂胜于规。若求之于柏拉图之说，而彼之所责在多数之民，不在少数之执政者，则我辈自反，无自承此"暴民政治"之理。盖不欲重诹中国之国体，又不敢厚诬我国民也。然而彼之詈此"暴民政治"者，岂以中国为真有等于美国之政治，抑以中国国民为实爱暴行者乎，吾知其决不然也。

彼用此语者，意既纷歧。然有其较明了者，则以为一国之中，有良民，有暴民，而革命者皆暴民。故其所为政治，皆可谓之"暴民政治"。此一义也。又有以为中国国民程度不迳共和，故其以共和的约法为规律而施行之政治，皆为不良之共和政治。又尝闻有亚里士多德者以此"暴民政治"为不良之共和政治，因思以为凡诋排共和政治者，皆可以此名行之。正如欲坏规则者动斥人以顽固，欲葆锢蔽者务詈人以猖狂。其实此语属性，彼本不求甚解，亦且避去明了之定义，以谢人之诘难。此又一义也。从前一义者，直以为凡

———————

① 亚加典迷（Academy），柏拉图曾在该处开馆授学。

此革命者,根柢上已有非违,而旧惯之破除,一切可名为"暴"。故其为此言也,意中先有"暴民",而与以"暴徒"之称号。凡所自出之政,亦皆同冒暴民之氏姓,而无所逃。此旧日锢蔽官僚之一般思想也。由后一义者,其人亦尝涉猎法律政治之书,知专制之不可长,共和之不能已,又患己身所依附者,正反对共和。若顺于理,将失其欢;欲昌其身,必屈其说。而知穷于饰非,德吝于改过,则以厚诬人民者自解其专恣之行为。故其辞枝而遁,其倡之者亦自知其说之不能终完也。故前一说为主,而后一说为从。前一说为诚,后一说为伪。而为前一说者,必假后一说以饰门面,遂延而为一般之通说。至其承用者各以己意附益新义,则不可备举者也。

然此两种语调虽殊,根源则一。彼徒以一身之不逞,而集怨毒于共和,因推怨于造成共和之人。若谓其笃守君臣之义,因以乱臣贼子视此革命党,犹过褒之也。当满清之复也,诸受其委任者,无不为其家室之谋,而故张言革命党之势,以谢不能效死之愆。此其心固不为满室倾也。而当革命事起之秋,此曹审己身前此罪恶万端,假令追寻旧恶,将首邱之不获,故其栗惧甚,而其急于自表不反对共和也深。满室之退位,实此曹所深望者也。使其战事一延长,则满室虽胜,己产已罄,满室而亡,己尤无恃。于是共和成功之日,彼辈欣喜,不异革命党。然在恒人之情,既饱所求,必思其次,况以彼贪婪之性,何由无所觖望,于是欲望随满足而生,怨尤又随欲望而至。积此怨尤,发为诽毁,徒伸其志,不择其辞。然而始既假共和以自全其身家,继又以满廷退位为满足;前日本不倡民族之议,今日亦难更为立君之谈,故不敢攻共和而攻国民程度之不足与造成共和者之为"暴徒"。虽然,为问此共和政治之下,所与于彼之痛苦几何?且以何由而有此觖望?此固显然可见者也。当共和政治之立也,未尝有如法国之夺贵族产以授贫民,刑诛旧恶无所赦宥也。前日所指为元凶巨憝者,一旦安定,悉赦不追求,至其家财,无问所自来,一予保护。其生命财产,于或意味可谓之较往日为安。而彼辈以彼之志,度人之行为,谓必欺凌迫勒,[注九]于是事事以恶意测之。况彼平时纵横乡间,仕宦威福治所,居则以叱嗟婢仆为乐,出门则以呵殿为娱,其所晋接者仅少数之人,而一般人皆伺候颜色以取悦,居处服饰皆有品阶,亲戚交游引为光宠。其又甚者,使气凌人,使莫敢议;爱者置膝,恶者坠渊,习之既久,非此不娱。而实际此皆与共和政体绝不相容。既号共和,自然消灭。彼不计己身平昔徒以多上人为乐之谬,而反邑邑责望政治之不良。故其实际怨平等,而甚乐一己之自由。而表之于言,则曰,不反对共和而反对"暴民政治"也。

彼一面言国民程度不适共和,一面又不敢明倡君主之说,于是其表面仍称采国民之公意,而实际则只利用旧官僚及拥资畏祸者之一部分,以饰其行。于是凡不合于彼意者,皆曰"暴民"。而于全国民中除去彼所谓"暴民"者,则不过彼富贵之一团而已。然而彼辈必自称曰"国民全体",其结果遂使不得富贵之国民,竟全排出于国民范围以外,反有似于罗马被征服民族,徒为贵族供其奔走,献其衣食,待其摧残,伺其喜怒,不得议政治之短长。此则于袁之近日言行,有其明征者也。

袁氏指广东、湖南两省为"暴民专制",而谓去岁之义师[①]为"少数暴民互相煽惑"。[注十]又自言国会应有职权,为挟持党见者所蹂躏,几酿"暴民专制"之局。[注十一]而政治会议则先之曰,就国

---

① 即1913年赣宁讨袁之役。

会本体而论,其组织法发生于约法,选举法又发生于组织法,种种不良之点,既经一度试验,已属无可讳言。^(注十二)而就其所谓不良者,则袁氏又先之曰,非由国民公意而来。^(注十三)各省都督则和之曰,别有来由,多非人民公意之所推定。^(注十四)夫议会之职权,已自蹂躏之而不能行使,则虽欲专制,又将何从。且使专制者而只自蹂躏其职权,则固无与于他人之事,何故有忌于专制,而有恶于暴民。袁氏既已以议会束缚政府为忧,则正当感谢于其蹂躏,何故又以为罪。此等矛盾,触处辄显,而彼之真意,固不在是也。彼以为凡非旧官僚及其附和者流,即悉入于暴民之列。国会之组织选举既专以吾辈所谓国民为基础,而彼则以为吾侪所谓国民者,大抵皆"暴民"也。既已谓之"暴民",即不谓之国民。故自"吾辈所谓国民彼所谓暴民"而选出之议员,彼不得认为"彼所谓国民"之公意,然后诋之曰不良,文致之曰专制。此惟彼辈所能共喻。若使欧美政治家,闻有不能行其职权之议会,被人目为"暴民专制",必且苦思毕生不得其解矣。则彼之独举粤、湘两省而指为"暴民专制"者,亦同此理。革命以来,此两省以革命党多之故,受中央之忌独甚,其受牵掣独多,而省议会又皆不失其权。然而以"暴民专制"见目者,彼之言"暴民专制"也,不重专制而重暴民。暴民者,泛指非旧官僚党与之人人,而以革命党为其代表,故于称兵者亦指以暴民也。循此之言,而后废国会,设约法会议。此以为国会之组织不良,而以良组织代之者也。以为往昔之国会由暴民选举而组织之,今兹之约法会议则由国民选举而组织之者也。故观约法会议之选举人资格,即知彼所谓国民者范围如何。彼约法会议组织条例第四、第五两条,即规定此资格者也。其所认定有资格者六:(一)曾任现任高等官吏,通达治术者;(二)举人以上出身,夙著闻望者;(三)高等专门以上学校三年以上毕业研精科学者;(四)财产过万元热心公益者;(五)蒙、藏、青海在京王公世职,相当人员,通达治术者;(六)全国商会联合会在京职员,其他殷实会员,热心公益者是也。夫此六资格,即以其半论,其为阀阅富豪所专,非平民所能与,固已无疑。而彼犹恐其中不尽为彼私党或非胁从,乃于其后半各与以通达治术、夙著闻望、研精科学、热心公益之制限,而委之于选举监督之认定。而其认定之范围又极于狭隘,固无疑也。牧其第九条之规定京师各省选举人须十倍被选举人定额,蒙、藏、青海及商会则须五倍定额。而从第二条之规定,即京师选出四人,各省每省选出二人,蒙、藏、青海选出八人,商会选出四人,故其总额为六十人;而其选举人数,则有五百四十人,斯已足矣。^(注十五)抑使袁氏恣其情之所如,岂但不以五百四十人为少,抑且尚以六十人为多。然既经自标举国民公意以行,则如有不甚解事之选举监督,承迎太过,使此中华民国国民之数,骤从四万万人减至五百四十人以下,则袁氏对人欲再说国民公意亦觉太难为情。于是政治会议员为之两面张罗,而后立此界限。在彼踌躇数四,不照被选举人定为二倍,而定为五倍、十倍,已觉宽大万分。而在世界上国家,有名为国民选举而选举人之数以五百余为最少限者,当亦为前史所无之例。往者政治家举国民最少之例,必称老幼八千人之摩那哥。不图中华民国竟为政治界作此新记录,使此欧陆小邦,望尘却步也。若以持比前年选举众议院议员时之记录,当知于前国会选举时认为国民者有若干人,而袁氏今所夺去之国民资格为数若干也。夫人已夺去此国民之资格,犹强颜自命为中华民国国民,此为热心之至,流露不觉耶,抑无耻之尤,依附不休也。然吾则欲为一般人进一言曰,此次选举约法会议议员而无选举资格者,可暂勿自称国民,姑以

"暴民"自安可耳。若不承此言,当向袁氏算帐,勿假窃国民名号以自娱也。

彼征伐"暴民"之胜利,其结果为少数阀阅富豪戴一独裁总统以为国,而使此战败之"暴民"为其奴役,为之出租税、供娱乐,为之执干戈、捍牧圉,为之戮子弟、散夫妇、掷财产,而博一朝夕之欢。故为其奴者断取亚里士多德之言而诏于天下曰,人生而奴。(注十六)以为此等"暴民"既不能攀附富贵,实命不犹,便当甘就奴厮,我尚服事辛勤,幸分余沥,何苦尚慕平等自由。嗟乎! 桀犬固吠尧,当知其若见畜于尧,何尝不吠桀,虽责其犬亦不必责其吠尧也。何况雉媒象囤,乐诱其类属同供畜饲者,动物之所常有,抑又何足深责。所欲问者,大多数之人曾亦以"暴民"自居否,曾认彼之"暴民"征伐为最终胜利否,有再恢复其国民之资格之愿望否耳。

抑且彼之征伐"暴民",不外利用所谓"暴民"者为之。为其利用者,不惮落井下石。而利用之者,亦何妨藏弓烹狗。至于今日,尚有被民党之面目,而"暴民政治"、"征伐暴民"之声不绝于口者,究竟何尝有丝粟之益于一身,但贱劣根性,以辱为甘。河间妇人,既污而愈恣,何能以共姜伯姬之说与之周旋,亦惟有听其自然。俟异日代袁者有人,更听其乞怜献媚,为百兽率舞之倡。至于官禄,则袁尚有挈瓶之智,岂以假于忠奴哉。

在今日,袁所谓"暴民政治"者虽绝其踪,而袁所谓"暴民"决不能坑诛悉尽。但使"暴民"不变为忠奴,则四万万人之民国,决不终成为五百余国民与四万万奴隶之帝国。时乎,时乎! 会当有变。我辈欲承认曾为真正之"暴民政治"而不能,恐袁氏亦复欲继续彼所谓"非暴民政治"而不可久也。"暴民"勉之矣。

注一 小野冢先生译曰众民。

注二 各省革命后,大抵免去厘捐及其他苛税。袁既勒派各省协助中央经费,各省不能应,遂命各省旧有税捐一切照前征收。

注三 各省反正时例赦囚徒。前岁总检察厅,忽电广东捕反正时所释之死囚辛某处刑。广东政府以失信用,故电争,卒不诺。

注四 宪法破坏即所谓"苦的达",如袁之解散国会是也。

注五 此习惯自罗氏之反对党解释之,则为不论何时不能为三次之大统领。罗氏则解为不过不能连任三次,若中间有他人羼入,则无妨三为大统领。然国民皆不右罗氏说,故其事卒不能如意。

注六 如今之法国,其治为众民政治,而法规不基于习惯以定者,柏拉图所不豫想也(现代之制定法律固亦恃能适合于社会心理,乃可得利行,然自是别问题)。

注七 前年之各省官制是已。

注八 某君当局,尝立一省会计法规,后自违之。余尝移书诘责,中有"君有短垣而自逾之"之语。彼至今以为憾。然竟不能坚执违法之行为也。

注九 有某官僚在香港为妄人所欺,谓当出资免罪,失巨金,而某犹不悟,以为革命党实胁之也。

注十 十一月四日解散国民党令及布告。

注十一 一月十日废止国会组织布告。

注十二 同日呈复救国大计文。

注十三 取消国民党籍各项议员候补当选人令。

注十四 十二月十六日请咨询政治会议救国大计电。

注十五 现在选出者为湖北、直隶、奉天、吉林、黑龙江、江苏、安徽、江西、浙江、福建、湖南、山东、河南、山西、陕西、甘肃、新疆、四川、广东、广西、云南、贵州凡廿二省,每省二人得四十四人,加京师四人为四十八人。其选举人数最下限为四百八十人,余十二人选举人数最下限为六十人,合五百四十人,为总选举人数最下限。

注十六　《庸言报》载严复《民约平议》。

原载于 1914 年 6 月《民国》第 2 号,署名前进。▲

生存之价值

近世经济学者一般认欲望论为经济上最重要之部分,而就于欲望之分类,各说不同。然其论欲望之最重要者,必举生存之欲望。[注一]故各种欲望在经济上皆在生存欲望之下位,而充足欲望之货物,亦以充足生存欲望之部分为有无限大之效用。[注二]由是而仅有此一部分存在时,其部分为有无限大之主观价值。而此生存之欲望有如是之效果见于经济上,从而可谓之无限大之欲望。

顾此之立说,第就经济上言之而已。一般人对于此似以为更无研究之余地。然如德国学者,以经济学结合于社会他科学而研究之者,犹不能不留一"非经济事项而能使他种欲望在生存欲望之上位之事实存在否耶"之问题。况就于经济上所认之生存之内容,犹有可分析之余地耶。

经济学既为社会学之一部分,而社会现象之区分而研究之也,初不过为假定的独断的之事实,初非有天然之境界存于其间,故虽研究上假定为经济学之对象,初非全然为经济法则所支配也。既有他种法则与经济法则并行,则欲望虽为经济学之出发点,却未尝为经济上事实所束缚,则在社会上有牺牲一种生存欲望而求满足他种欲望者。即如求偶之欲望,在一般经济学者皆置之第二位,然世固不乏以男女之欲舍生命所资而从之者也。如宗教上之欲望,布连提诺所谓第四位之欲望也，然当耶教尚被迫害之时，及宗教改革之际，彼耶稣信徒，与新旧教之舍其资生之具以殉其宗者，又何可胜数。凡若是者，在经济上批判，或限局于一部分，不能得其全，而事实上生存欲望不必常为上位，其他欲望不必常为下位，事固显然，更无可疑之余地也。

然此之研究范围颇广，非今兹所欲论者。此时惟欲就第二问题为之研究，即生存自身之内容，分析之为如何之事实。而就此各生存之人，因其所有内容不同，而其生存之价值差异如何，是所欲知者也。

盖人之生存欲望，假使常在他种欲望之上位，而就其生存价值，未尝不有主观的批判之差异。故古谚有千金之子，坐不垂堂。而庄子云，胥靡登而不遗。谓其被罪轻死也。而何以于同为生存，各异批判。则正以其生存内容有异耳。构成此内容者，或为积极的快乐，或为消极的苦痛，^(注三)种种事实，随其时代与其社会，乃至其人生性遗传教育感化，以至杂多不可胜举。要其所以发生个人之差异者，归于左之数事实。

于此首当举者，为其豫期生存期间之长短，与豫期确固之程度。当人富春秋时，留恋方大。逮乎末龄，任运而已。此以其生存之期间，在少年自拟久长，所期者多，而老者知余生无几故耳。同是生存，而少者有数十年之豫期，老者欲假数年，犹恐不得，斯其生存之价值，固不得等也。然此不等之预期，又常视其人所处境遇。譬在中国，独夫方以恣睢为快，而媚吏则以良民之生命承迎之，彼其重足屏息，以徼幸一时。而又重之以浮饥，辅之以盗贼，病不必攻其内，而往往夭其天年。此其少者虽可豫期生存，其确定之程度视他国远逊矣。则其生存之欲望，宜不若人之强也。老子言之矣，曰："民不畏死,奈何以死惧之。"诗曰："苕之华,其叶菁菁,知我如此,不如无生。"

抑除此问题以外,犹多有左右生存价值之升降者。次当举者,幸福之大小也。人以生存故享乐耶,抑以享乐故生存耶?本成一问题。以纯理论,无生存不得有享乐,则以先起者为目的,后起者为手段,殆至当乎?斯不然也。于最初之生存,与最初之享乐比较,有前述之关系而已。若夫既成社会以后,则不如是之简单也。原始之人,以生存故求享乐。而享乐之所与于其人之快美,不随其生存之时间以俱尽,遂于次期之人类,生出不为生存自求享乐之一事实。循此以往,社会愈进化,则享乐之方面愈多,其性质愈高尚,其与生存之关系愈为平行的。有时以求生故谋乐,有时亦以求乐故谋生。此种状况,于文明社会,故不烦比拟而可解也。夫如是,则同是生存,其有享乐者生存因之而增重。其生无可乐者轻死逐利,是则其生存同,而其生存之内容异故也。惟然,故民有汗踵胼手草衣粝食而生者,有朝作暮息大布脱粟蔬水之供而生者,有广厦华室呼使舆行玉食珠衣而生者,其求长生之念,独于后者为切。而方术之士,乃造为屏去衣食,辞谢纷华之说以难之。此无他,其生存中享乐逾多者,其求生之念较常逾重。而黠者因承之以必不能行之条件,以塞其言之不售。夫汉武必闻黄帝与其后宫俱仙,始慨然敝屣天下。则夫长生而无享乐者,终非帝王与纨绔所慕,章章如也。故图民之生也,非特生之,将又娱之。而国家之败,必自民无以乐其生始也。乐土之咏,纥干之谣,固曰求乐,非但求生也。

而次此当论者,为将来之希望。凡前所论幸福,皆就现在所有享乐而言耳。顾所谓现在者,果为纯然的现在耶。凡言时间者,有过去,有将来,于此将来与过去之间,为之划分界限之一点,则现在也。顾时间之一点正同于几何上空间之一点,从于点者无分之一原则,此现在之一点,虽容思议,决不能指出之于当时。何者?心所感者发之于言,言时已异于感时,则所言之现在,非所感之现在也。言而有闻之者,闻之之时异于言之之时,所闻之现在,非所言之现在也。推之,由听而感于心,由感而致其思,莫不皆然。现在随时变化,不可捕捉,而感于心,发于言,听受思议之现在,皆以将来为其内容者也。譬吾手持纸烟,方燃而吸之。在一呼一吸之间,而言议烟之享乐,普通不谓之将来。然试思此一呼之后,前之吸烟之享乐,已入于过去。而今兹一吸之享乐,正在吾言之后,始得发生。于此一吸以前,指此一吸而言享乐,宁得不谓之将来乎。故幸福者,皆以将来为条件。而今所谓将来之希望者,其与幸福之距离不过程度问题,非如世人之所思议,为相去悬绝不可并谈者也。^(注四)于是所谓幸福与将来希望之区别,可暂委之常识之判断。而在蒙昧之社会,其幸福之范围固陋,其所希望于将来者尤稀。而从于社会之进步,渐次以从前属于将来希望之事实,编入幸福之范围,又渐次扩充其将来希望之限界。此即于生产财之增加见之者也。方经济之未发达也,人类所认之财产,止于直接充欲之少数物品,其供享乐之期间亦短。及后而渐次增加,且其享乐之时间亦从而比较的长,又逐次以求将来享乐之目的,投其劳力资本于生产财之上,更进而为第二次生产财之着手。如是益进,而生产之过程乃或延引及于十数年。^(注五)凡此不属现在可享之财,或不计入于现在可享之享乐以内。而就于一个人言,有此将来希望能得享乐之财,已可由之得现在之享乐,则其个人的观察,以之算入幸福之中,不为不当也。于他方面,虽未有此将来发生享乐之物质上确认其所为希望者,不过为一种依于自己之理想,望其有云云之效果而已。此于古代殆极稀,且常受社会之非矣。而社会进步之后,以此希望常能得物质上之确证,而变为实际幸福。又以各个人对于将来之价值,其批判加强,^(注六)故其数量与其品质加增。而人之生活以现在幸福为重者,不过少数之人。多数之人,以其现在幸福而惜生之心,恒不及其以将来希望故惜生之心之切。故生产财之范围,固比前为广,而未至为生产财实现于社会,徒悬一希望以待其成者,较前尤多。则生存价值之所以人各不相同者,当并计其幸福与其希望,乃得定之也。

次四当数者,为过去之回想。当人之为享乐,其结果为欲望满足。而满足之后,其事物已泊然无余,而于人之心中犹留一迹象,异日追怀,犹感快乐。反之,于以前之苦痛,虽其迹不留于肉体上,而常刻诸心中,濒死不忘。故有养之优而心不泰者,有迹虽沦而意自舒者。此种快苦之贻留,大抵从其社会之进步而益著显。又其发现多在于精神的快苦方面。即如美食鲜衣,其于异日足供追怀者尠;至于美术之作物,与属人之情愫,其入于心者深矣。其在苦痛,三旬九食,异日计之不留余痛也。至于亲友之间,存殁之感,没齿犹厉。乃至平昔误谬,事过悔兴,即或冀灭身湔其旧染。由是言之,生存者之价值,亦常为过去之回想所变动而入于计画。^(注七)

次五为名誉。名誉之事,在一般人往往误认为文明社会所独有,其实不然。名誉之念,于有社会以上,无不有之。不特此也,单就名誉而论,野蛮人往往强度在于文明社会之人上。而于名誉之念虑最薄者,乃在一度进化而退转之社会各员。如彼野蛮人,以杀敌为名誉,则悉其智力,求而杀之,彼初不加以自己之判断,惟从于社会上之习惯所诏而为之耳。故其人一切行动,无一不惧社会之批评,而避就之。一饮一食,一举手,一投足,皆以其同辈所是非者为准。故书摩拉曰：人往往张不应于自己资力之宴，以邀人之嘲；贫家寡妇之葬其夫，恐失邻人之所期，务为华美，遂使其身及其孙子，零落不复振。（注八）盖为文明幼稚之社会言之也。至于其进步渐可征，则其社会上所以为名誉者，品质自大有改良，而其见重于社会人人之度，反见浅薄。盖人智之发达，而特立独行之风盛，心所谓是，不计于名。而社会之人，或尊其旧闻，或倡所新知，本无一定之形式以为誉者，益使个人发挥其特性，从己所信而行。故在文明社会，其名誉之势力减于前。虽然，其是非好恶，犹有其公然者存。则其行动之结果，为众所同是者，常去一切以求之。若众所同非者，避之蔑有后也。道德未弛，而人有所不为。是其名誉之拘束力渐减，不得谓为恶社会也。其堕落者异是，前日所以束缚一切人纳之于轨者，不问善恶，既已一切灭去无余。而其社会方尊功利而贱道德，去远虑而即偷惰，凡众之所不善者，重其不善以求匿之（如行不义而杀其徒党以灭口）。众所乐闻者，缘饰不善以冒其名（如以振兴实业之名，而祸一国，以计私利）。逮其社会中习知其事，遂亦更以相欺为能，而不复计其本原。殆夫！其不旦夕灭亡也几何。盖在浇漓之社会，其人而不得名誉，或已有而丧失之者，其生存之价值当然见其减退。于是有捐生殉名者，有为誉忍死者，方其昌昌并生，无名者殆不自期而轻其生命也。

次六为自由。自由之于生存，殆有不可划分之意义。凡所谓生存，不过能自由发挥其力而已。故于生存之认识中，其活动力最盛者，支配人而不为人所支配者一也，不支配人而亦不支配于人者二也，支配多数人而为少数人所支配三也，支配少数人而为多数人所支配四也，不支配人而为人所支配五也。此五者，虽等级有殊，然其纯为人所支配者，犹得以己之意志，运动其身体，以从百役。

如矿山工人之属，对于人虽无支配之力，而尚支配物，往来自如，此犹有自由者存也。乃又降之，至于为囚徒，或为现代严避暗杀之中国大官，其动止不出数尺之内，划地为牢，弗敢越也，可谓酷矣。顾绗臂夺食，踞厕见将军，犹其所长。于是有风痹不仁瘖聩跛瞽者，不能自运而待养于人，然犹有其觉知之自由，假借种种动作以宣其意志。是知苟有生存，必包含多少之自由。而所谓不自由者，比较言之而已。绝对不自由而生存者，事实无有也。既人各有自由，则其生存中对于其现在所得有自由无不爱恋者。此种爱恋之情，与活动之欲望相关联。活动之欲望者，如久坐思行，久默思言，其志不在得活动之结果，而以其活动自身为快乐。反之，则不得从事于己所愿望之活动，即为苦痛。故于所举累囚废疾一辈人以外，其对于己身，本有同一之自由。而苦欲支配人，不欲为人所支配者，正此活动欲望使之然也。盖人既生存，犹有余剩之精神肉体之力，因求发抒，而基于性习。此种精神肉体之力，本只于一种或数种行动为适宜。过此以往，则苦多于乐。惟欲求其所乐之活动，而恐其罹于苦，故不欲人之支配。又以其所乐之活动性质上，须待他人之活动，始能成就，故生支配人之愿也。即如吾人长闲对奕，于此白黑百许石，岂有所求哉，而乐之不为疲，此固习性然。假令以劳苦相齐之故，无端令我为河间姹女数钱，则更何能消日，此正不乐人支配之例也。若夫欲支配人者，其志固不必在于活动。然如哥伦布之西征，方恃船人冒危共济，若各徇其欲，必中道而东还，彼哥伦布之所期，何由可达。于是乃望支配人。故活动欲望之盛也，必其社会之既进，而各个人自认识其所最适宜之活动。当是时，其支配人者，不察其所支配者意趣所向，而因应为之。则其求自由之念忽然而大盛。而在进步之社会，各个人所愿望，本至不齐，欲其因应无爽，又至难之事也。是故进步之社会，人人皆感无自由之痛苦。非真绝无自由，其现在所欲得之自由适不存故耳。故由前之说而言，生存之人皆有自由，则以有无自由而量生存价值之多少，其说固不能立。由后之说，则以适度发挥其能力满足其活动欲望之自由之存否，而论生存之价值，自判然殊。假使一人能任其意以行其所最谓快乐之活动，彼其自视此生存，真为无可复加之愿望。设其人而冒毕生服役之命运，则其生也，果何所裨乎。在实际固有身不自由，而被命服劳，适为己身所最愿望。则如供奉之画师，追陪之乐伎，其中亦复有不更他愿者。顾悬架书额，伏地图貌，古人犹或引为巨辱。他如国史总裁，今为显职，其实正昔人所谓俳优畜之耳。执简握铅，动违本意，至竟何能发抒己之所长。凡是等等，自由既丧其大部分，一旦感知其痛苦，即自厌其生存。事实上所屡见也。

次七为家族关系。于初期之人民，殆无有家族与社会之区别，于凡同社会者，皆信以为同族，故不别有家族之感。然在稍进步者，必以一家族为一经济单位，于是其心情常为家人所牵。在一己之快乐，常为家族之痛苦所掩而不得舒。亦或以家族之快乐故，忍无量之痛苦，以续其生。积此习惯，遂以成性，而无家之痛苦，乃有加于物质上所感不足数倍者。故前所述自一至六各快苦，本为己一身言之者，不得不赅及其一家。在其家人所感快苦，纵不得与己身所感同种之快苦等侪，而家人快苦之一事实，不免为一个快苦之原因也。又其人于家中，或以浓至之情愫相将，或有浇漓之恶德，则其苦快之度，亦因而殊。故有良好之家庭，而加以有愉快之生活者，其家族中人人，自贵其生；反之者，自视歉如也。

次八为人之同情。社会之进步，家族之范围，以渐而小，交际之范围以渐而大。故交游有出于国外，而人之行事为一世所许与者，其反射及于其人之生存价值，使得上进。然而世之所许与者，不必尽由道德之批判，徒以情相感。故世所许者未必是，其所不许者未必非也，所谓同情者也。(注九)

最末则其人在社会所处地位。其他社会上事情，亦各于生存价值有影响。盖人生存于社会，殆无一事不与己有关系者，持其关系有厚薄，有直接间接而已。所谓鲁酒薄而邯郸围，事殆未易一一举也。然其于生存上一般有左右其价值之力者，殆尽于上所列举之九事。

上所举九事，皆为决定生存价值之元素。而此中第一事之前半，即预期生存之期间，在或社会，于特定之时，可以数学的得其决疑率。由是而壮者豫期更生存若干年，幼者更生存若干年，老者更生存若干年，皆可指示其中数（生命保险之保险费即基于此而算定之）。故为常数。又各个人对于此九事，其批判各有不同，或轻甲重乙，或惜身贱物（如汉末啬精气，不疾视哑言，以求养生一派是）。故对于此各事之轻重之度本不同。但就特定之人言，此亦为相对的确定者。今之研究，不存于此一方面，故亦可暂视为常数。至于第一事之后半，及第二事至第八事，则皆从于社会之事实而变迁，即皆变数也。故于生存豫期期间，可表之以常数 a。其各个人对于各事所为批判可表之以常数 b b_1 b_2 b_3……b_9。其豫期之确定程度以下九事，则以 x_1 x_2 x_3…… x_9 之九变数表之。由是可得生存价值之方程式，即

$$生存 = ba+b_1x_1+b_2x_2+b_3x_3+ \cdots\cdots +b_9x_9$$

此中第一项为常数，其余皆变数也。而生存之价值既等于各项总和，故为 x_1 乃至 x_9 九变数之函数，即

$$生存 = f(x_1 x_2 \cdots\cdots x_9)$$

而此九事各自有其快乐苦痛。即其快乐增加,或痛苦减少,皆足以增加其变数之值(于此为变增之数);若减少其快乐,增加其痛苦,则又减其变数之值。故其事或痛苦等于快乐,则其价值等于零;若其快乐少于痛苦,则价值变为负矣。而此快苦两方面,皆为不一定而可变者。故 x_1 至 x_9 之绝对值,等于其所含有快乐苦痛之差。而其为正为负,又视其快苦两方孰大。此关系可表之以下之各式:

$$x_1 = y_1 - z_1$$
$$x_2 = y_2 - z_2$$
$$\cdots\cdots$$
$$y_9 = y_9 - z_9$$

即 y_1 至 y_9 表示其各事所与快乐,而 z_1 至 z_9 则表示其事所与之苦痛也。故生存价值之方程式,又可变之如下:

$$生存 = ba + b_1 y_1 + b_2 y_2 + \cdots\cdots + b_9 Y_9 - b_1 z_1$$
$$- b_2 z_2 \cdots\cdots - b_9 z_9$$

而此第二项至第十项皆正数为一群,第十一项至第十九项皆负数为一群。即

$$生存 = ba + (b_1 y_1 + b_2 y_2 + \cdots\cdots b_9 y_9)$$
$$- (b_1 z_1 + b_2 z_2 + \cdots\cdots + b_9 z_9)$$

于此命:

$$b_1 y_1 + b_2 y_2 + \cdots\cdots + b_9 y_9 = Y$$
$$b_1 z_1 + b_2 z_2 + \cdots\cdots + b_9 z_9 = Z$$

则生存之价值为 ba 加 Y 与 Z 之差,而 Z 以渐增加时,生存之价值以渐减少。至 Y 与 Z 之差为零时,生存之价值仅等于 ba。若 Z 更增至等或大于 ba 加 Y 时,生存之价值乃等于零或负,而自杀之事

起,及汝偕亡之念盛矣。

于此所称快乐苦痛,皆以及于人之感觉为标准。虽其与快乐于人之事实已存在,而人不感其事,即无关于价值。反之,而人误认快苦事实初不存在者,仍于其生存之价值有影响。即如开矿者已达丰富矿层,而矿主初未觉知,则其自视犹是一未成功之矿主而已,不自谓幸福也。若其失败而己未之知,则己亦决不自视为于此矿无希望者也。此前者之例也。又吾尝闻有以孤注博者,得胜采而以为负也,趋室自缢,同博者解视以采,始知为误。此正后者之例矣。

今就此公式中之各元素而研究之。a 为关于保险数学之问题,其大小之原因,关于其社会风土气候,其人民体质遗传及其卫生设备完全之程度,此可不要之随社会之进步而增加者也。b 则自社会初期以来,不绝见其强烈之动。然比较言之,则现代之单纯对于生存豫期期间重视之程度,实有日减之势。盖在野蛮之人,其自身为人类以前历代之竞争所锻炼,其排他而自卫,几于无较计之可言。至于近代则以社会之进步,各个人于多之场合不得不为社会屈,即以间接保存自己(社会组织之动机)之故。此直接保存自己之力为之减退,而自己视其豫期之生存期间,渐不如前之重。故 b 实为从于社会之进步而减退者。又于初期所谓自己生存者,纯一之自己生存而已。及后而渐分其念虑于家族。现代一般人之所谓自己者,当然含有并计其家族之意味。(注十)而除去此为家族所分之一部分,b 之内容,更见减少。故 ba 之价值,不拘于豫期期间之递增,而有递减之趋势。

然第二项以下,则与第一项相反,乃有日增之趋势。先就其各系数论之,自 b_1 以下,皆关于人之性质者也。然以一社会平均论之,亦可比较得其大略。即前举九事,在既进步之社会与未进步之社会间,情态互异,其不随于社会进步而增加者,独有对于现在幸福与名誉两方面,其余皆比例于社会之进步增其价值,而其中尤急激者为将来之希望,次之者则亲戚之关系与自由也。以其所认价值大小论之,则在初期之社会,惟以现实之幸福为重,而副之以名誉,此外概不入于此数。至于今日进步之国,则将来希望,常比肩于现在之幸福,而亲戚关系与自由名誉,亦参而伍之。故一般言之,其为重者增,其重重之度亦增。此第二项以下各项系数之和,实渐增者也。

次就其各变数论之,亦概为随于进步而增加其价值者。虽从其进化之径路言,与快乐者同时于他方面与人以苦痛,而究极论之,其所为苦,远不如其所与之快乐也。譬如豫期之确定程度,今为增于昔矣,而人亦因感知其豫期不确定之苦痛,此固无可如何者。然其使愈确定之为有价值,固无疑也。就现实幸福言之,享乐之加增,亦复使人更生望蜀之憾,然必胜无此享乐明矣。而所谓文化者,殆于各方面皆以加速进步,是以于将来之一方面尤有望。

故综合言之,生存之价值,实随社会之进步而增加者也。抑今日所谓社会制度者,宁有不归宿于此方程式中数变素者耶。由无意识偶然之集合而变为永久之国家,非曰有国家者胜于无国家耶。而其效果第一可见者,非现在之幸福以有国家而得保持,将来之希望以有国家而得发展耶。非以其能安其身以及其家,保其自由,发扬其名誉耶。夫如是,故初期国家之成立,虽非如卢梭所谓有社会契约者,而实际,国民以有国家,而此生存价值方程式中之各变素皆得增其价值,故其快乐愈多,苦痛愈少,而各个人一般有更高之生存价值。然后承认此国家之制度,不谋反抗。是无异于社会契约也。夫一制度之起源,与其所以存在,本为两事。起源皆为偶然之事实,而存在必招于社会之要求。譬于夫妇之源,本由掠夺,而现代所以承认夫妇制度者,决非以其有掠夺之意义故尊重之也。古人因云形鸟迹而作书,今日操翰相向,岂复含有斯须图貌云鸟之意义哉。惟国家亦然,其始纵出于一二豪杰之私图,至于禅续以还,因仍弗坠,则实其制度能为民福利然也。故卢梭社会契约之说,虽无事实之证,不可谓其纯为假想。而今世之攻击卢梭惟恐后者,其所包含之误谬,乃更大耳。何则?彼认国家所由起源之事实,而不察国家所以存立为一种之制度之理由,正如见悬崖转石,一落不反,而以为一举手能致斯也。夫国家结合之力,存于国民。国民有解散国家之力,而不用之,此即同于自为结合之契约。在此契约之目的,不外加变更于上所举之各变素,以间接增加生存之价值而已。于是国家之所施行,有直接为民福利者,有不直接为民福利者。然其不为民直接福利,若于国家之存在,有其必要,则亦间接为民福利者耳。国家之制度,为增进生存价值之一手段。军备、司法各制度,又为国家存立之一种手段。故求其民之爱国而民应之,强以奉公守法而不拒也。然习之既久,徒知言国之当爱,而不知爱国之目的何存。于是有认民生福利之政策为国家之手段者,斯则丧败之原,而其结果为人民之解体。论者徒痛憾人民之无爱国心,而不知其国家之有时使人不爱也。是大惑也。

　　近世国家之任务,比较增加,此各个人所同认者也。而其新增之任务皆接近于增进人民幸福之方面,故各个人所感国家之必要逾切,而爱国心乃借之以维持。夫人爱国之心,固起于对外之抗御,而在今日其一国之民出居外国,虽无己国家之保护,未至如往昔之见凌践之甚也。故从于世之进步,而爱国心去其盲从的恐怖的性质,有辨理的斟酌的性质,此则所谓政治家之所大不安也。故必为久远之谋,洞烛国民之所要求,而引以为国家之任务,则国民感此国家之必要,无异往时,然后其国家之基础固。人但见政治家之要求国家为种种之施设,而不知实际为国民自间接要求之也。

国家以外,如宗教者,其效果不见于与快苦之事物,而见于感快苦之一面,故为别问题。然而所以得存在者,亦正为其于生存价值方程式中右边各项系数加以变更耳。

反之,在道德,则于各个人之行为加以规律,其结果亦使其人自身并其社会之现在幸福,将来希望有所改善。盖善恶之批判,异于宗教之信仰者,其是非存于理智,而不为拟制之权威所制限耳。故仁者爱人云者,爱之必求所以利之,非徒以言爱也。而其所以利之者,不必在现实之幸福,而常参以将来之希望;又不必限于物质的利益,而常欲取家族关系、世人同情乃至自由名誉,以易无卑贱锥刀之想。然其为增加或特定人之生存价值,则一而已。即所谓爱人以德者,其德犹是前所云云。若其为德而有损于人,无益于世,斯不足尚也。

又从他一方面言之,以各个人之追求智识,而社会上乃有教育制度兴(除去少数之人以学问为娱者不计)。此教育一事,现在一般认为不可已。而问教育之效果见于何方面。则不外与以宜于生存之体格(体育),授以求得现在幸福将来希望所须之智识(智育),及授善良之人格,间接使其人自身或其社会之人增加生存价值(德育)而已。此外种种事实,如家族,如都市,其他自治团体,乃至财产制度、婚姻制度、交际、批评、文学、美术等,亦皆可以此眼光观之。

要而论之,社会上一切善良制度,皆为增加生存价值而生。其目为不良之制度而当排去之者,皆以有损于生存价值故也。

而在此情况之下,无论以何种制度,必不能臻极善之地位,即不能拒改良之事实。此改良或止于以舌之说服,或成为全国之纷扰,则如宗教改革之际,其为牺牲者已多。若夫为国家之改善而牺牲者,尤不可胜数矣。而其要改良之原因,即同归于旧制存在之有害人民生存价值而已。

于是吾人颇欲以上所研究之结果,与现在中国国民所处地位对照。今者吾人遽执途人而告之曰,若虽生存,其价值不如他国人之多,彼亦必适然自疑其见欺也。以为同是呼吸作息,何得顿殊至尔。然使其深思吾言,必知此非无根之语也。如以生存论,则岂特人能生存哉。麋鹿在山,鱼鳖在海,彼固未尝不同于呼吸息游也。彼亦自有地球以来,保有数十亿年之华胄,其先祖生存于昔日,其孙子又将生存于近之将来,未遽相让也。如以为彼辈力绌于人,将来须归淘汰,则吾辈人岂能永保其子孙不为生存竞争之牺牲。且以耳目所接,记载所存而论,则吾人之近族,如铜色人种者,已就衰微。而吾人所认为所自出之人猿,亦久矣不存于世界。若以鱼鹿之过去,卜其将来,安知其必先人类而顿尽哉。岂特鱼鸟动物为然,即至植物、霉菌、原生细胞,单以生存而言,人类对之真无丝毫自矜之价值。而人相偶语,决不肯自况于马、鹿、龟、蛇者,必于单纯"为生存"之一事以上,更加以"如何生存"之一称量,然后对于万物,自号灵长,不为过分。然后可以自命为有生存之价值,视他动物为优也。然既入如何生存之问题,则吾人生存之内容,能如他国人乎。殆无待立证而人皆觉其可疑者也。

吾人皆知此豫期生存期间之一元素,于生存之事实为最少限度之元素。假使此元素不存,则其他事实如毛去鞟,本不足论。若夫其他元素，为有为无，未足以变生存为死灭，故自有先后之别。抑又当知此最少限度之元素，同时又为人与他动植物共通之元素。故人不能同人道于牛马，即不可不于豫期自己生存以外，求所以使自己生存不为无意味之生存。由是而先计及此豫期之确定如何，即当先问现在使此豫期不确定之事实存于何方面。今如疫疠之起，水火之灾，盗贼之杀伤，山泽之颠越，虽在文明之国，不能免也，而吾国人为是死者独多，何也？其事前不如人之防之豫，方事之兴不如人之救之力，其既事又不更计将来之措施也。不惟政府不为之救死，而又自悉其力以杀之。蓄冤于覆盆之下，而续命于重足屏息之中，此其于外国人为何如哉。日本自动车之伤人屡矣，近日杀某巨室爱犬，忽有罪自动车者。龙济光纵兵于广东，张勋饮血于江宁，曾有计其伤残几许者乎。然则以生存确固之程度言，尚不及外国之狗，安能及外国之人。

抑此不保护个人，使其豫期之生存期间，往往无故夭夺，犹其轻焉者耳。人所以重其生者，首计现在之幸福与将来之希望，而于此现在幸福，不及外国人，亦为显著之事实。反对者殆无有。然其所以致此者，悉为过去国家施政之结果，非可以一朝变更。抑且此现在之富，势不永存。就令物产丰饶，岂可恃而偷惰。故所当论者，重为将来之希望。而不幸中国国民将来之所可望者，最缺乏，而其根原乃在于现政府之极力摧残。盖自清光绪之末叶，国人始觉知天然利源亡失之多。朝野贤愚，皆不敢轻以利源授人，而塞进展之路。独是二年以来，居然风变，苟有可利民于异日者，必竭力攫取授人。是以昔时虽有政治之不良，尚留发展之余地。今则虽有善者，不可为谋。夫将来所望者既次第消沦，则现在所恃以自慰其生者亦同时向尽，其为痛苦，可胜道乎。固亦知人之希望，与生俱存。苟曰能生,岂能无望。假使能于丧权未尽之秋,有廓清改造之实,则其于异日,宁不有裨。顾此种计划,本为希望。于此希望既得达之日,始有他希望可言,则何由与人絜长度短哉。

次此当论者为自由与名誉。而名誉之事,实与独夫权制不相容。故自满廷雍乾之际,已以无耻语天下之人。而近日之政府,益发挥其特性,上行下效,固不知名誉之当尊。而人既以不名誉为此国民,当然应有之境遇,斯其不有快乐,不必言矣。即其自由,于近年仅得发育者,今亦倏忽尽蠲,敛手待命于贪暴。而不肖者乃更宣言今日所急不在自由(严复是已)。夫岂衷心乐是哉。泽雉畜于樊中而神王,槛虎豹于积威摇尾向人,非惟媚以其行,更复媚以其言,其言可怒也。其使有是言可悲也。老而蓄妾媵,使誓千秋,誓者媚也,而罪在使誓者也。彼其在不得不誓之境遇而不胜至,欲可悲也。

夫生命之价值决定元素,最重为现在幸福、将来希望、自由、名誉及家族关系五者,既如前所已言。今则事实上已证前四者之皆减少,而后一者又依于前四者而决定(家庭之所与快苦仍不外物质的富及希望、自由、名誉等)。故今日中国民之生存价值,正日趋于下,断不能与彼日进者并谈。而此日下之原因,大抵基于不良之政府。则惟有于此贫弱之希望中,冀其改良政府之一事实现,乃可以次及其余。是则生存价值之一转变之机也。

吾中国人其尚未觉知此生存价值减少之痛苦者乎?

抑感知之而无意于将来者乎?

其将于亡羊补牢之计有所择也?

吾急欲得此四万万之答案!

注一　书摩拉不就欲望自身立区别,而就关联于欲望之冲动,分为自己保存

冲动、交接冲动、活动冲动、认识（名誉）冲动、竞争冲动、营利冲动六种。又布连丹诸分欲望为生命维持之欲望、性的（交接）欲望、求声闻欲望、为死后计（宗教）之欲望、保温欲望、计将来欲望、求疗养欲望、求清洁欲望、对于学问技艺之欲望、欲创造（活动）之欲望十种。就于欲望之研究，此两家为近时之冠，其所说亦略相类。

注二　此即以普通所指为效用曲线者（自耶方斯以来概用之）可显之。于食料、空气、水等之效用，从其额之少而见其最终效用之增加，此增加之轨迹，成一曲线。其曲线于接近立轴之点，急速上腾。而于此最近立轴之处，变为与立轴平行不相交，即明此一部分为无限大者也。

注三　耶方斯与书摩拉皆认快乐、痛苦为经济现象研究之重要点。而耶方斯以经济学为基于快乐、痛苦之微积分学者，而表快乐以正数，表痛苦以负数，尤便于数学之研究。本论中生存价值之方程式亦仿彼例者也。

注四　现在财（?）亦不必为绝对确实，如前所举吸烟之例，则答骤遇飓风吹烟堕地，则此一吸亦不可期。故非消费完了，不得云有确实享乐。

注五　近代言资本者，一方面言使生产迅速，一方面又言生产时期延长，而谓之迂回生产。此两者之矛盾，盖可以片言解之。即其生产一物，自始为此生产之时起计之，则甚长，而自决定供给一种物件着手制造之时计之，则甚短也。换言之，则用机械故，欲得某物而成之于瞬时，而实际造机械固需时也。如近日美国某地有一昼夜而成之巨屋，可谓神速矣。然其所以得一昼夜而成者，前此固需种种之豫备。即如造屋之铁石材，一也。造铁石材之机，二也。造机之机，三也。造机之铁，四也。得铁之矿，五也。开矿之机，六也。如是数之，不可悉穷。则虽谓此室积数十年之功成之，蔑不可也。是则始制开矿机者，至今日经数十年。而后此一部分之结果，归于享乐也。

注六　前号论将来价值篇参照（按指《未来之价值与前进之人》一文）。

注七　此多属精神上之事，故一般人对于此所感快苦较轻，而有学秉智者感之独切。

注八　书摩拉《一般的国民经济学原论·概论》第十六节。

注九　此不必为尊尚之,故不为名誉。

注十　书摩拉同书概论第十四节。

原载于 1914 年 6 月、7 月《民国》第 2、3 号,署名前进。▲

革命与心理

第一节　国民心与袁氏之恣睢

前于《生存之价值》篇中,论国家所以存立者,根于人民之不反对。而于此随之生一疑问,即今者袁氏既以帝自居,而全国之民未共排之,则亦可以人民之不反对,谓为人民所与乎。信然,则吾辈虽有至诚,安能强民去其所欲,得其所不欲。所为出生入死枯吻秃毫以事之者,不同于无益乎。于此欲就普通所谓现代国民心理者,一为之说。

今人谓中国之人民对于袁之施政,不为反对。此其说不得谓全误也。如使国民举出而于表面反对袁,则袁之倒久矣。袁既未倒,则反对之未显于表面也。虽然,如是者便可谓之有国民心理之基础乎? 不然也。对于此点,自有其当先研究者存。即:(一)国民今者其已决为不反对袁氏者乎,抑尚为所谓未完成之心理者。其不反对不过未决定反对之意思,而实际徒为试验其良否,暂不为反对者乎。又(二)其为不反对袁,为排他的性质。于袁则不反对,其他则反对乎。抑为齐物的性质,于袁且不反对,而况有愈于袁者乎。又(三)当问其不反对袁,仅为外面的举动之不反对乎,抑以为民心实然自然流露乎。此皆不可不先论之者也。夫使其国为真共和政者,其民之心理易知也。其发表心理以时,而施之于政不爽。今之政府异是,言必出一孔,而威将烈于异说。俾其言而天下莫否之也,其不腹非之者几何,未易知也。故虽满清之末季,其倡为共和革命之说以号于众,与其公然自表其所信为共和革命者,国门以内,千万人而不得一也。苟其有之,蚤矣其戮矣。然不害于其颠覆。别循迹而论,可谓满室之亡,不由民心之去。然观实际者,则以为人民心理,久厌满廷,特是专制之下,人莫能申其所志,则以天下雷同,为民心之不叛,无异掩耳而盗铃耳。故如谓今日人民表面不反对袁氏,则袁氏当立。则明日举国之人反对袁氏,袁氏自然当去。此不过有一既然之事实,而追述其情形,真不足为论难。若于此而更进一义,谓人民心理于今兹既不反对袁氏而任其专断,则自此以往,由今之道而无变,虽百世亦必推袁,则是逾越范围之论不可徇也。如使其不反对袁为民心实然,自然流露,便当以舆论付之自然,不加束缚,亦复不见有谤议之来,于此而后以不反对为其存立之根源犹之乎可也(然而犹未必其果可久而不变也。凡共和国执政者,更迭而兴,事至频繁,莫不据于人民心理。如使人民心理常趋于一党,则其异党得权之日,必为逆抗人心以行,此于理所不可得有者也)。今无此发表之自由,则谓人民之不反对袁氏者,真止于外面之举动。既为外面的举动,则今日所不反对者,明日反对之,何常之有。

　　于是可知今日论者动谓第二革命之失败,为人民心理不附革命党,不反对袁之征。又谓袁氏执政既为今日人民所不反对,则以后革命军起，亦非得人民心理之助者，故当不成功。皆包含甚大之误谬。其实第二革命之际，民心诚袒袁者固不多。而在今日民心之恶袁而匿之者，又甚于昔。特皆藏于中，不显于外。故现其迹者，必失其真。今日不得以人民之不反对袁氏为诚，正无异昔时不得以袁之尊重约法、拥护共和为实耳。

由是可溯及第二问题。问人民之不反对，有无排他的性质。使其民以为惟袁则不反对，自袁以外，皆所不承，此则真袁室之忠奴也。然此义不特不能得之于今日之民，即在三代以上，汉魏以来，一姓之兴亡，其人民诚为之效死者，亦百不一二也。既不专为袁一人，则必有择于其政，而论治政之得失，属于第一问题，当述之于次条，此可不论。但实际现在不反对袁者，其过半数之心理，亦不计其人与政，而为姑息之不反对。其姑息也，袁帝则帝之，袁王则王之；使段代帝则帝段，使孙代袁总统则总统孙而已。故曰无别。无别则无所抗。无所抗则无所与也。以此过半数之人，采坐待成败之主义，而后有对于袁不为反对之事实。则只可谓讨袁不为此一辈人民所关，不得谓讨袁为此一辈人民所拒也。夫人民之于政治视若不相关者，专制君主之所甚欲也，而势不能必得，则得之者宜若甚幸。然而实际此不特不为民利，又何尝为君主之福哉。盖使其人日有所责望于君主，则其君主可得因民之欲以施其政。其悦民也有方，则其得民可决。既得民矣，则其无别之不反对，变而为排他之趋附，于是其祚可得长而倾之不易也。民无所求于君，斯诚易治矣。而同时亦复不感如此君主存在之为必要。其主君也，庄子所谓"无所逃于天地之间"。其去国也，则屈原所谓"何所独无芳草"。其放弑也，则曰"杀老牛莫之敢尸，无为戎首，斯亦足矣"。故其为君也，不立于民之基础以上，其民易治则更迭之事繁。

故击壤之歌曰,"帝力于我何有哉"。魏文则曰,"舜禹之事吾知之矣"。

此多数国民之心理,既不足为独夫专制开万年有道之长,则论现代国民之心理者,本可暂置之不论不议之列。然此状况果可持久乎。夫政治者,人民自己之事之一部也。以不能人自为治,而后托之于一机关,则委心任命,不问其良否者,不得已之事,非本然之状态也。人智有限,而变端不齐。因应既穷,倦怠斯显。故于始革命成功之日,喁喁望治,所责者多。既不悉厌所求,然后废然思返。当其以责备贤者之口实,学小人主使人求备,意至盛也。及其求而不得,则虽蹴尔呼尔,亦安之不辞。一二雄者方以气矜之隆,为彼曹笑。今者四海无谤言,犹乎昔之四海无完人耳。语民气之销沉,此为至极。然而观前此嚣凌,知当有今兹之沉默,则又安保此沉默之不更嚣凌。人劳作则思息,久坐而求立,活动之冲动,根于生理以来。彼坐待鱼肉者,不常之象,以见于一时者,征诸永久,不可也。则必有时觉今者坐视之非,引政治之得失关己身之快苦,注意于执政者之贤否,而期有所进退。则今者无别姑息之不反对,将变而后为热烈之主张。向背之情见矣,于其时犹不反对袁氏者,袁真汝辈主也。然此果可得有之数耶。

论至此,则当入第一问题。即不反对袁者,为已决之事乎,抑尚在试验中乎之疑问也。夫今日不反对袁氏者之大部分,既为姑息无别之心理,则其残余之一部分,犹持之有故,言之有物者也。而其所持以言者,非能证明袁之所行为是,从而决定附之者为是,反对之者为非也。其实不过以共和众民之说不得行于中国,而后开明专制之名乃得跳梁于士夫之口舌间。而吾中国之好试也,知其为善而试之,知其不善而亦试之。洪水方割,怀山襄陵,帝亦知鲧方命圮族矣。四岳乃云试可乃已。九年不就，鱼鳖万姓，何啻亿秭，此之不惩，而于百事皆以试为辞，以缓其改革，惰其士气。今之言开明专制者，亦犹是试之之说也。既以共和民权之说为邪说，口不得道，则姑试其所谓开明专制者何如。于是有不欲试此者则斥之以为不当，彼其心诚疑其是，而不敢口道其非，则试之云耳。往者中日之战，李鸿章日与其兄瀚章通电言军事。其言有曰，淮军不利，看湘军如何。此吴大澂出关时语也。而此一再试验之后，地割财尽，则翻然知其试之之非，亦已晚矣。今者不知何时始悟试之之非计也。然而其意止于试者，则其觉悟虽有早晚之别，要无永迷之理。以民国而试开明专制，无异以李鸿章而试湘军。不得以吾国人民之不反对开明专制，为决于拥戴袁氏，犹不得以吴大澂之拜将，而谓李鸿章右湘左淮也。

然在此以试验政治适否之目的，而暂时不反对袁氏，徐观其效者，其心理比之前所论委心任命者，不得不谓为进一步。故于今日而希望得开明专制之良果，而姑为承认者，异日得其恶果，其恶袁氏必不让于吾人。当是时，除去引奴役为天赋之权之一辈外，皆袁敌也。吾辈但当忧代表者之无以加于专制。若夫人之终悟袁氏与开明专制之不可以得良效而弃去之，则不待虑者也。

故循其表里而论，则服于貌者不必其顺于心。以其放任而言，则迎于甲者不必其拒于乙。就其取舍而计，则疑其是者将终于悟其非。今日虽表面无反对之人，异日不忧其皆终于袁氏之忠奴也。

抑于古昔以貌服之民，试迎偶然之君主，而终于悦遂者，固有之矣。彼刘季、李渊、赵匡胤皆非自始得民者。《法言》曰，汤武逆取而顺守。夫其守之而归于顺，则虽其取之之逆，不妨姑进而与之。

然则假使袁氏而行汉唐之德政，与民更始，遂可以家天下而不谛为帝乎？此应有之疑问也。然为万世之计者可得民，偷一时之安者民不感其惠也。民有所未知者可愚，而已知者弌可使忘也。且彼文景之隆，贞观太平之治，一人专制于上，而万姓甘其卵翼，固以为无以易之也。故其所求者，不过丰衣足食，轻徭薄敛而已。外无强敌之侵凌，而内有乡间之燕豫，故习而安之也。然而此袁氏之所不欲为，且不能为者也。袁方纵其欲于天下，而窃号自娱。其视天下之创痍，犹牧人视其已卖之羊之羴膻耳。蛮夷大长，岂有继世之虑哉。且以彼迷谬之思想，以为与媚于民，宁媚于外国。载舟覆舟之论，固不及闻。抑且桎梏尧禹，而以为畜天下者不当苦形劳神，以身徇百姓。彼惜露台之费，而赎饥人之子，皆以痴顽视之。征徭日重而侈靡递增，民何由安。然而不安非袁所患也。袁之志，将以天下奉一身，安能敝一身以徇天下。故曰，不欲也。且袁之徒党，本以利合；无利而使之，则何爱于袁。将利其所使，则不能惜其所治。残民以逞，或者袁不知其若是之甚。而推其任使之意，则虽残贼人民百倍于今兹所见者，袁亦岂疾其虐民之闻，而忘其致身之功哉。故苏秦、张仪之纵横，以为曾参孝已不如己之为人主用多也。惟用之者亦以为然。魏武下令求负俗之士，则崔琰、毛玠之死戮为当然。立节于恣睢之朝，譬投冰而挟炭，其不得遂，不足讶也。既求其用，不惜其污，将悉其能，以厚于毒。其于怀柔，相去远矣。使袁诚有休息之意，为整顿之方，则大奸存于爪牙，巨憝蟠于喉舌，于寡助之际，慕虚名而锄枝叶，祸患之来，谁与俱御之者。此袁之所不敢出也。故曰不能也。

诚使袁氏而欲之且能之也，则汉唐之治，果足使吾国人满足乎？此至可疑者也。家给人足，行千里不持斗粮，此徒史家谀言耳，不可必也。虽以良吏抚循赤县，疮痍之复，未可以日月期之。而人民知治术有不必恃君上之一途，即相将而求自解决其困难问题。夫如是，则代议之制不再兴，众民之治不再现者，虽有良法美意，民且吐而弗纳之。故逆可取而顺不可守也。若求守之，必真本民之意以行。而本民之意以行，即袁之自推翻现在之政治，而受范于吾辈之所主张也。使其逆取顺守而如是也，则又何求。然如是者，袁氏先不得不退听于国民之选举，而授权于国民代表者，是顺而不守也。故逆取顺守可得有之于古昔，无由再现于今兹也。

第二节　国民心理与革命之将来

以上所言，不过证明袁氏非真得国民心理之扶助，且非特不有之于现在，亦不能有之于将来，如是而已。而其不为国民心理所许与之结果当如何，固未及论也。在袁氏之所信，方谓外假与国之援，内挟将帅之威，可以保没身之富贵。即在论世忧时之士，亦常恐民气之萎靡，而不敌暴主之淫威。以民所不戴者之犹得幸存，乃疑一国之政治迁移，不随民心以俱转，则平昔主持革命之说，以人民心理为基础者，亦将覆而不立。此不可不辩也。

所谓国民心理者，变动不居，而常有其所共是非者，又有其各为主张者。此各人所主张，常可得指出其两极端之两派，顾此两派必皆极少数人而非能独以其力动一国之政治者也，必恃此两派间之人人之助。而此两派之间常非有一定之见地，随其自己当时所

感,而党之排之。盖所谓政党政治者,不外以主张此一极端之少数
人,动居其间之多数人,而成一国民心理,于是以其所主张者见之
实行。又其主张彼一极端之少数人,不能动居间之多数人,从而不
成为国民一般心理,其主张不得见诸实行。其表现者,虽为组织政
党之少数人,而居其后而与之以力者,实多数人也。如是者其所主
张,无论属于何派,要不能出于国民所共是非之一定范围以外。譬
如在立宪国,其国会必由民选,而选举权必求扩张至或程度以上。
税不可滥增,债不可滥借,预算决算,权在下院,国务大臣,特负责
任。此等事实,人民苟措意于政治者,殆全体认以为是。而凡废去
此制度者,亦殆全体认以为非,不以政党异也。于此范围以内,选
举权当扩张至何程度,何税可增,何税当减,预算决算当如何审查,
大臣负责取如何形式,此等涉于细目之事,人民无有自始而固守之
一定见解,则听其各党所主张,而自择所从违。故从其心理形成之
径路言,则少数人为指导者,而多数人为从属者。从其实施势力所
自出言,则势力者各人所自有,而提案者特以供采择耳,非自有力
能使多数人从之也。而论一国家最近能有如何进步,抑显如何退
步,则视其少数人主张多数人采用之主义如何。然此徒一时之现
象而已。欲知其国现在已到达之地位及其将来尚有之进步,则非
可以此为止境也。必视其国民心理所共是非者之限界疏密如何,
然后可以知其国实际进步之度,又必视其反对于现在多数人所采
用容认之主义之少数人所主张者如何,而后可以知其将来能有之
进步也。

　　凡国民心理所共是非者,示其一般人之政治上知识已到达之
点。故于未进步之国家,未尝不可有甚进步之政策,其政策有时亦
为全国言政治者所采用容认;然而不能以其有进步之政策,即认以

为进步之国家。所以然者,其民之政治知识,本极卑浅,未有一定之是非,其采用容认此一政策者,不过为少数人所煽动,非真能觉知其是而行之。故其势力不由于确信而出,则于一方有人亡政息之虞;继统者改弦更张,前迹顿泯,一方又有忘德思怨之事。执政者偶有蹉跌,即并其所施之政而罪之。当其盛时,非不彬彬然可观,而其基础实未尝固也。反之,其在文明既进之国,人民已有相当之政治上知识,只于其细目辨别是非,则虽其判别或有所迷,得失不常,一升一降,要之必无大退转可言。即如中国骤从专制而至共和,其人民只知有共和,而于共和一名辞之内包(各属性),初未尝领会,则其所共是非者之范围至疏阔也。于此时政党政治之声,主权在民之义,普被于国中。以外观言,诚不得谓非进步,然此不过一时之现象。此主张政党政治主权在民之说者,一旦排斥,则神武总统总揽统治权,国会党祸之说代之而兴,未尝不喧噪胜于鼠雀也。此即其进步之未至,实基于国民心理之所共是非者,太茫漠而无限界也。夫同采政党政治、主张主权在民之美国,决不如是也。彼其于共和之内包的意义,固全国国民心中所共晓,非如异域有鸟,其名自呼,本不求其意义如何者也。

于是昔日之反对共和者振其辞曰:何如? 此非程度未足之证乎。程度未足,不能共和,自然当服从开明专制。既然人生而奴,且做一辈奴才再算,何苦尚为革命乎。则将应之曰:吾前言固未毕也,且少安无躁。吾不尝谓必观反对现在多数人所采用容认之主义之少数人所主张如何,而后可知其将来能有之进步乎。夫其国民虽现在以基础未固之故,奸谲之徒,得盗弄其权。而其民固已一度闻自由民权之义而说之矣。彼其说之也,固多从风而靡,不知所以然。然当时能于专制之下,发生此一种心理,乃至现于事实,是非偶然可得有之事也。必谓其事为起于昔者，不能复现于将来，是于理为未完也。今自由民权之义，虽为国人口所不得道，而其心中，特以与所谓开明专制者较，则袁氏之力所不得禁也。猖狂奔走之会，众说繁然并陈，国民殆厌不欲闻，其于判别宜不致力。逮于今日，辩论息矣，在袁氏之意，非特反对之说不容其传播，即赞成彼者亦复不感其必要，而不求利用之。人民外不接于纷扰之论难，乃反其本初。静坐自思，遂有比较两方所言之机会。而现存之事实，肤受而目击者，为之证据，佐其判断。牖下窃叹，陇畔辍耕，谁则能缄其口而死其心者？故其志向，如剥而复。则今日不得多数人容认采用之主义，将代彼现所容认采用者之位矣。但使有少数人不失其主张，则虽袁氏尽移治河之技师以防民口，必不能杜绝之也。

要之，国民不能进至多数人皆晓然共和真义之程度，则其所附和一派之说，无论为是为非，其附和皆属于盲从，本不据以断定其国民将来之诣极。然有所可知者，其民既能盲从于恶，则亦能盲从于善。中国国民今既甘为袁氏所统治，异日亦即可以反而入于共和。两者之间事虽相反，而其所以为可能之故正同。故曰，中国国民程度不适于共和者误也。当更其言曰，中国国民程度不足以固守共和。夫其不足以固守共和者，同时亦不足以固守专制者也。如是则又当言中国国民程度不适于专制耶，是自穷也。

盲从专制之反动，将又生第二之共和，此无疑者也。而其径路则可想象有二：其一则于讨论之结果，终至觉知共和之真义，而后为改革。当是时其出之不必有激烈之争斗，而成功之日，为真正之共和。其民心理已达于确认共和之程度，故不可动也。其二则仍是盲从之共和，不过以专制压抑之反射而想望共和。逮其既得共和,仍未有固守之力,更俟先觉者之尽力,乃得以习惯而成自然。若夫功怠于始成,则或更生第二之盲从专制,而反复蹈此陈迹,亦不可知也。此二途之所由分,即在国民讨论此两制度得失会得共和真义机会之有无。其民而犹有言论之自由,则专制共和所以得失之故,皆得贡献于凡民之前,而听其抉择。其民既知共和之所以为善,又悉闻人之所以谓共和恶者,追求其故,而判以己知。故其知共和也深,则异日虽有以专制胜于共和之说进者,彼已闻之于决心以前,而不为之动。故其共和基础为固也。其在第二场合,则必其初以暴主之淫威,共和之理,未尝得显然称道,徒知疾专制而慕共和。故其锢蔽之也愈深,其羡之也逾切。羡之切故不及闻其利害得失之详,以为捽去专制君主建立共和斯已矣。迨其欲共和既得共和矣,则必许与国中议论之自由,于是昔所虚拟共和之善未尽实现,而昔所未闻之共和之缺点已见告矣。其论不必果确当不易,其弊害不必根于共和政治而生;就令真为共和之弊害,亦未必有摇动政体之价值。惟其不闻于未决心之日,乃闻之于已采用此制之时,则翻然自觉其始采用此制为无谋矣。彼曰,"民可使由之,不可使知之"。此徒以便专制言。其实民既不知,则其于制度本无恋着之性;一旦有言其非者,不暇絜长度短,已有捐弃之势。于是时始有辩护共和之制者,民亦昏然不知溯本源而辨其是非矣。故谋而后取者固,取而后谋者疑,疑则败之机也。然而中国今日,已绝言论是非之机会矣。国民又不以此而止其自求福利之念,是不许以择其所宜之政治,必且出于不择,不择则盲从之谓也。抑以效果言,第一场合必胜于第二场合。而以时期论,则第二场合尤速。何则?既许批评,则生详慎。详慎之极,遂致蹉跎。众说纷而怀疑者,非假以岁时,不得成就。惟主义以沉默而传播者,无论为是为非,其入人必深且速,以其商榷只在寸心,不为外动也。故中国非特不忧人心不趋向共和,且不忧其不速。所忧者惟在共和以后,人民未得充分了解共和之余裕,而又为一派所煽动,复摇共和之基础而已。

乘此国民心理之变迁,革命可得起,袁可得去,外国之干涉可得避乎?此一问题也。然有不可不知者,外国之扶袁,正虑无袁不能使中国安定,而因之不得致力于经济之竞争。袁诚以利权媚外人,而于不安定之地域,虽有利权,不能为效也。且欲者无穷,而媚者易尽,利尽交绝,又何足异;而况袁氏之排阖变诈,将显于国际间耶。使其民心既去无以自振,而有赖于外人,则外人亦且倒袁以求亲于新政府矣。又何必强为其难,而益其纠纷,适以自沮其商业也。故外国干涉之问题,非革命之绝对的困难,今实无异于昔时,而其所以避此干涉者,惟在得多数人之心,而使其经过之时间短少而已。

然则其终局归于军队向背之问题。使得多数之助,则成功迅而干涉无由而至,反是者其事将败。而军队之心理,果如何乎?在前此袁氏之所以维持军队,惟贿是赖。使此后常借贿以结兵心,折民气,亦复可久乎?此一般人之所疑也。然于此有一至显之理,为常人所未注意者。即一人之所是非,常不止基于自己之利害,而受其亲族之影响是也。今袁氏之所用兵,犹是募之民间者耳。人不生于空桑,安得恝然于父母昆弟之流离颠沛。既寻其苦痛之原,知其出于虐政,则宁得以一身饷糈之厚,忘其家族之悲。夫悉袁氏之力,使革命讨袁之说不入于军,止矣。而军人之有志于倒戈,固不待闻之于行伍之内,实受其父母妻子之所感化,而油然自生,则袁氏将何由能以恩结之。夫袁氏不能如满室之得以贵族为兵也,其募之自民间，而欲其与国民思想隔绝不相关联，此殆未易事也。袁氏既不能抚循国中之民，而独欲抚循其军队，则人民必且运动袁之所恃者以攻袁。是知不以国民心理为基础而欲有所为，乃曰吾可以他力济之者，固将终于不可济也。

然则不患军队之不应于国民心理以行动，而徒患构成此心理之力不在多数人民，而在少数人民。多数人民以为政治之事与己无与，而徒任诸少数之人民。少数人民于政治虽有主张，非以为自己之事而主张之也，以为慈惠他人，利益他人而主张之。故其上者如慈善家之为人谋生活，其下如会社之理事受雇而执剧耳。此两思想可谓至矛盾，而大抵同时并存，且相比例而加减，则以其根源同在认政治为己身以外之事故也。所谓齐民，认政治为己身以外之事，则以为肉食者谋，我等何与，一任之政治家而不计其结果已受其祸福于将来也。所谓政治家，亦认政治为己身以外之事，故其为政治上运动，必曰吾非为一己之私利也，乃将为彼辈齐民计利害，故其政治上之见地终无有定，且不得进步也。而在如此景况之下，虽有所谓国民心理者存，而国民多数实无有确守之意。则虽前所述军队从于国民心理以行动者，亦将不验。然在斯时为军队者，其父母兄弟本未有所从违，则己身惟雇者使之，固无责焉耳。

第三节　对于将来吾人所要求之国民心理

然则使人民知政治为自己之事之一部者，今日中国之惟一要图，而言革命之可能与否，亦当以此为标准。屠羊说曰，大王反国，说反屠羊。彼赂王而不复者,岂特吴人以班处宫之足辱哉。虽羊屠亦不免于丧业也。漆室之女,戚园葵之不饫,而子产忧栋折榱崩。此所谓视为自己之事之一部也。今之民惟不如子产,不如屠羊说,乃至不如鲁女,故袁氏得乘之也。

今如言国会,固袁所甚恶也。然使任其存立,袁果无操纵之之术乎。夫其始承认借债,与其后之排黎举袁,固曰国会所为也。即此已足明国会非真能制袁矣。而其所以受命于袁者,善言之,则将曰其势已诎而不申,故委曲求全,冀补救于万一;恶言之,则当曰少真笃信守死之人,而利得诱之势得劫之尔。夫由前之说,则孰是使其势诎而不申者,非民之自息其事乎。夫国会本无固有之势力,皆假之于人民。而人民方委命于袁,斯固无责于国会。即曰议员可以利诱势劫者,吾人民其遂能以谓责不在己耶。方议员之初至京也,事未有见,而群指其挟妓纵博以为诟病。夫挟妓纵博,固不必皆然,亦且不必以为罪。然使其诚皆然且有罪矣,又将何所责。不责其选之,而责其所选,可乎。国会之组织法,发表迟而选举期促,斯固论者所病也。然使其选举期更延而远之,亦何由能得贤议员。初期选民,每省数十百万,纵其中不无伪冒,必有大半为诚有权者。顾此有权者之为选举也,卖其权者什九,投票于所欲举者什一而已。就此什一之真以自由意思举者而言,信其人贤而举之者百不得一,谓其人得为议员,则己得因缘而被其光宠,或更进与为奸利者,百必九十九也。夫有其权而卖之,与以其权求荣与利(不法之利),皆以为举非己所信者于己无失,而卖之结托之者所得多也。换言之,则议员之选举属于政治之事。而政治之事,在各个人初未认为自己之事,虽于政治之害恶甚畏恶之,而不知倒恶政府立良政府者,各个人有能动之力,非徒受动者也。既已以受动者自安,则于组织国家机关之事,亦似代国家为此选举而不悟其为自己为之。从而其所选者恶,亦曰国家之组织此议会恶而已,不计己之选之之恶也。故于新选之议员未有一二举动,而谤声满于国中。此其证议员之不适任者为多乎? 抑证选民之无责任者为多乎? 吾知智者不踌躇而选后之答案也。由是观之,人民以政治为非己事者,国会腐败之根源,而袁氏之势劫利诱未足算也。

更以政党言之,方元二之交,国民党势盛于各省;及讨袁事败,进步党乃取而代之。国会既散,进步党亦销沉矣。问其两党所以盛衰之故,不外以其党首领所居位置要否为断。惟戴尊显之人,斯有官位可望,然后慕膻者多耳。夫世界政党,未有能不以官位维系其党员者也,岂得独有所责于中国。顾彼之政党所以能盛者,乃恃有以取悦其民,而后得民之与,以保其位。既保其位,乃得更以爵縻人。其根源自民出也。政党媚国民,国民不媚政党也。中国乃反是。政党之盛也,未尝以民意与之之故;其衰也,亦不系于民心之去。政党不媚国民,国民中有望爵禄者,乃媚政党以求进耳。不特进步党然,则国民党之盛时亦何尝不尔。此其咎岂在政党哉。国民既以政治为非自己之事,而政党则以为政治者,吾所以仁此国民,不以为自己之事者,政党不得而媚也。以为仁慈加于国民者,虽有良政,不求其民之喻之如慈母之呴其儿而已,不为媚也。夫政党之媚于民者,不必其果皆善也。而民之能使政党媚者,其政党虽以恶人组织,而其政治不得不良,是无异于善也。不媚于民者,必将别有所媚。无所媚者,则为媚于一人者所胜,是国民党之败也。媚于一人而不得善其终者,进步党之败也。然使国民党而不败者,共和之基础可遂谓之坚固乎? 必不然也。

袁氏既废罢省会,并去前清以来存在之地方自治,此亦世人所同责也。然当其未废也，所谓地方自治者，亦徒存其形式而已，乌能为治！以吾所见各县地方自治会，大抵为少数旧日绅士所占，其一部则与县知事相结托，以为奸利；其一部则百事不理，惟与县知事争县中收入，求其定为县会经费而分有之。大抵地富庶者出于前一途，而土贫瘠者则采后策。有厚其糈俸而为利者，亦有故薄其给、严其制以便私者（广东香山县会尝议议员月给不得过十元，而日必出席。其后有诉之者，则谓此城中议员所为，使各乡之所选者势不能以薄给尽弃其业来会，城中议员因得以议会之名作奸也）。若是者，果足以为民福利乎。故罢地方自治者，县知事为丰其囊橐使利出一孔之途。君子于此有告朔去羊之惧，而于昔日自治之效，未尝可以一语右之也。然而亦不得不归其责于国民——彼固国民所选也。国民选之而安之，则何责于其被选者。夫于一县之治，尚不悟其为自己之事，又何况于一国。观于地方自治，而知国会之中犹有良士，信是偶尔得之也。

凡上所论，皆直接与国民有关者。其间接者亦尚阙诸。而所为繁征博引以称道吾民之失者，非曰既有此失，便当缄口受之，作孽莫逭也。正谓其责议员、责政党，当以为败自己之事而责之，如株主之责其理事；不当以为加害于自己而责之，如马牛之怨其圉牧，工人之怨其监工也。人民于政治，自施之而自受之。今但自觉其受政治之害，而不自觉其当然有施政之责。其有所选举也，不曰自为为之，而曰为人为之。其所选举者不当，亦不曰负我委任，而曰为我荼毒，是惑也。

然则今日吾人所当致力者，在促起人民之觉醒。而政治之改良，实恃人民之认政治为一己之事，乃能进而不止，非吾人之力能使然也。彼自有其力，此特推而动之耳。而于促人觉醒之先，有不可不先自省者,则袁之专横,吾辈固不敢悉负其责,而昔时倾覆满室,吾人尤不可稍冒其功也。以此无力固守共和之民,而尸袁以帝位,此固无如何事。力不能服,则亦已耳。反诸己身,无私咎累,不得馁也。惟既知讨袁不成,非全为己罪,则必当知覆满之成,皆以人民无固守其专制之勇气,而后成此共和也。此非徒追论昔事也。一二志士,不为张进民气之谋,而攘功以自重,则其论政不外前所谓慈惠人民之论调,以以前之成功,为出自少数人之力。即所以使人民于后此之进行,亦惟属望于少数人,希其成功,而己若无与也。夫如是,故其说之传播,益以弱其民理解政治之力,而不能使久入于人之心,甚不利者也。彼既恃少数人之能为己福利,而信服一种论议,异日又见有他少数人而迁耳。决不如使知为自己之事者,自求理解政治上之事实,且自择其最良者也(夫人能自择其最良之说,则吾说之见采固甚佳,即不见采,必其已采胜吾之说矣)。故民以为己之眼光而临政治家者,贤于政治家以为人之眼光临民,而去政治家为人之眼光之论议,始可得有人民为己之眼光。政治家为人之论,又莫甚于以前功自伐。夫政治固自己之事,非他人事也。国中有少数人倡之,而多数人和之。无论其和者出于真诚之辨别,抑徒为一时意兴所趋。要之,其得成国民心理以后,不可以谓之少数人之力。而此少数人纵令于未成为国民心理之先,有提倡之实,要不过为自己之事而有所为。正犹彼男耕女织,各尽其分,农人不以其稼德食者,而政治家独以其提倡德天下之人,此已为大惑矣。而以欲彰己功之故,尽屏遏国民心理之效果不言,独以共和之效归于己身,则其于己利益未知何如,其沮国民使不得有为己之政治之念,斯已多矣。今之所急者,固在人民自觉醒其力与其责任,而自称其功者正与此反也。

　　夫使国民自信其政治上之实力与求之于理论,不如显之以事实。而证诸既往,又胜托诸将来。以最近之例言之,当清社之未屋也,世往往以革命党人数之少,而疑其成功。识者则以为真革命党固未甚多,而真为清室死党者尤少,其间大多数为两可之人,故决革命非不可能(说见《新世纪》),今其言已验矣。当武汉之起义,未尝以兵胜也。其平日依违两可之人,皆翕然望共和之成立,于是清帝不得不弃其专制之权,而将返之国民。夫彼依违两可者,岂自信其力之足以覆清室。然使是时国民心理犹是附清室也,武汉之役,又乌能济哉。今之袁氏,其所与共奸回者只少数之人,以一时之利合,未有不可离之休戚为之关联,如往者满洲贵族之事也。其施政则酷虐数倍前清,民积怨于政府,而无一之德泽可以讴歌也。其助寡于前时,而毒深于万姓。则谓今之革命党为少于清室未覆前乎,谓袁之党与为多于昔日乎,必不然矣。然则惟待国民之一判断共和与帝制之于己为如何,不必惧实力之不充,而忧是非利害之不一致也。夫政治之为共和,为帝制,固己事,非他人事也。为己之事,用己之力,决己所从。则革命之成功,受命于国民而已,吾辈何力之有!

　　吾前尝言之矣,政治上之势力,各人所自有。少数人为提案者,供采择而已。革命党之所主张,固待国民之采择者也。各人自由用其力,竭其智而择之、而行之可也。

原载于 1914 年 8 月《民国》第 4 号,署名前进。▲

开明专制

前　论

（1）近日言开明专制者，其志固在专制不在开明也。然世自有信开明专制为不可已者，特今未得政权，未昌言之耳。而以余所信，则开明专制决非如或一辈人所想象之不可已。故为此论，初不为彼以圣文神武皇帝自拟者说也。

今于民国，有一部人每为政论，必不敢明言专制之效果良，而委曲其辞，而一方于开明专制，则又无人称言其非，此可怪也。其实以政治之往迹论，专制君主，何尝不能举甚良之成绩。但成绩之良否，乃别一问题，不能以之即证其制度为良为否。以明良而为专制，往往收效捷于共和。盖以不世出之才，与以无制限之力以致此绩，不足怪也。自柏拉图以来，学者亦概认有贤君之专制，能收最良之效果。然问其所以有此效果，以其贤乎，以其无制限乎，则不得谓之以无制限明也。贤为良效果之原因，无制限则得良效果之一条件耳。^(注一)故言专制而以为效果必不良，非也。而谓其以为政治制度不良,则是也。今之论政者耻言专制,意或以为专制之效果必不良。因是见古有效果良者,则曰是开明专制,异于其他专制也。此一种谬论而已。

开明专制义如其文,不过以专制之政体行于明之政治而已。夫其政治如何始可谓之开明,本已为不可解决之问题。开明与不开明之区划,决非显然。大抵举例必以极端之例显其义。至于批判孰为开明专制,孰为不开明专制,则除史家武断之外,殆难言之也。而就使其有界限可说,则当从其行专制者之志以决之乎?将从其功以决之乎?以功言者,事属既形,而就事为评,实有许夺之余地。曰此为开明,曰彼否,权在评者,而为专制者不与焉。乃若论志,则惟视专制者心理如何。在评论者只有认定事实有无之责。若既有志于开明之事实,则评者无与夺之余地。即在其事未行之际,亦惟有承认其人之志实然而已。然则今将就有人欲行开明专制而为之论评,既无从察其功,则惟当计其志。彼志存于心,不可知矣。所以征其志者,独赖有言而已。顾以专制分为开明专制,不开明专制,谁则愿甘不开明专制之名者?结局凡有专制者,皆自命为开明专制。而批评者,不能不从其言而与之名也。是开明专制者,与专制之内容,广狭无别。专制不无收良果之日,即自命开明专制者,实际亦不无有开明之施政之时。而其不能评以为一种善良制度,又相似也。然则简捷言之,谓之专制可矣。必取开明冠诸其首,将无与昔日天子必加文、武、大圣、大广、孝等等称号于皇帝之上,始觉惬心者同乎。明之武宗,自加威武大将军。而今之袁氏,称神武大元帅。夫将军元帅已数见不鲜,然后取其鲜者以溷乃公,意固不殊昔耳。彼见专制二字之上已加有开明之头衔,便不敢訾议。何异见威武、神武之称号,而信为非凡之将军、元帅也。公孙龙乘白马而度关,曰白马非马也。关吏不为之蠲马税也。今日开明专制非专制也,而遂容之,此为关吏且不称职,而欲为治一国之吏乎。

夫其言开明不出于诚者,固不必更道。即令诚志开明,遂可免祸乎?古之人君,其以恣睢为意而不计民祸福者,殆不过秦胡亥、宋劭等一部分极少数耳。其多数皆有聪明贤达之愿者也。是其所以为志者,何以异于今之志开明专制。然自历史言之,志为明主而得之者什一,不得者什九。则今之行专制而志开明者,其得为开明亦不过什一之数而已。夫如是者,如之何而可谓之良制度也。

(2)夫使行专制而志开明,则必谓人民不能为立宪国民之行动,故不得已而以专制临之。使其人民以此开明之故,进至能为立宪国民之行动,则将来自当废去专制,而独取开明。是即"目的是认手段"之说也。以开明为目的,以专制为手段。人不能不是认开明,则以开明之故,不得不是认为其手段之专制也。此其说有两病。

其一,则关于手段者也。及于人民最终之效果,即为政治家所达到之目的。而当其未至此最终之效果发现以前,政治家之目的皆未达到,其所可得见者皆手段耳。顾此最终之结果,可得以确定其何时始实现乎?不可也。社会者,动之社会也。社会上之事物发生,无一可以严密符合于人所豫期者。而政治上最终效果之现出,必经无数之过程。此过程中,有一不符,则次来之事实,必受其影响。此事实既受影响,则又次者亦必从而受之。由是以往,至于终局,其递嬗联延不绝,未可以数穷也。其始之不符于豫期者虽小,其传之于次也,必每传愈况,至于全反于始期而后已。其始之征候,尚只藏于微。而其继也,必至于显。其始之传播也,必止于一二事。而其卒也，必及于全部。其始之传播尚缓。其卒也必蔓而益速。如是则豫期最终结果以何时实现者，终不可能，明矣。夫此豫期既为不可能，则目的之到达不可按期而责也。纵有豫先声言若干年后必得开明者，在有识者决不以至此期尚未开明，便责其不以此为目的也。以社会变动无常故也。第既有此借口，则目的之到达不到达，初非他人所得问其期，所可见者惟有手段。而此手段，又须待其目的之达始能是非之。故以开明为目的者，不妨尽力用不开明之手段，以为专制。其专制之见于事实者，虽甚不开明，人亦不能褫其开明之虚衔。然而开明之期，将俟之百年礼乐既兴之后，抑呈之于日夕之间，举无由知。所知者，标榜开明者，亦未尝不用不开明之手段而已。是则不标榜开明时，人民已久知有此手段，而身受之矣。何取于此开明之标榜也。

目的者达否未可知，手段则一施而不可复。使其手段而果有效，斯则可得是认之耳。而犹未有效也，手段则既已加于物，不可改矣。人之智虑，安得悉周。所用手段，安能保其必生此效果。然而用此不开明之手段，以待不可知之是认，其为危险当如何。子产言之曰，"子有美锦，不使人学制焉"。今冒什不得一之危，以求是认，是岂特学制锦而已耶。一手段而不效，虽亦觉之，补之不易也。既补过于此时，又恣行于异日，斯则剜肉求瘢之比也。以人民为无能也，而将夺之权。曰此不开明者手段而已。其夺之之后之措施，果足使人民为有能乎，其不足使然，则其夺之也所失已多矣。国之安危，系于一发，非可历试各手段以求其效者也。

由此可知目的是认手段者，或可认之于目的已达之时，^(注二)而不能称之于手段初施之际。手段不能求其皆是，犹当求认为是者而施之。既知其非，不得以其仅为手段之故，敢于用之也。专制固不开明之事也,以求开明之故,而事不免流于专制。逮其既著,则急改之。不妨原其情而许为有开明之目的。虽其目的终不得达,可也。而不然者,怙终而拒善,以为既有开明之目的,虽专制,谁得而相非。则是有目的是认手段之求,而适得手段破坏目的之效也。

(3)其又一则关于专制者也。专制果可以为开明之手段者乎?所谓开明者,将以一时之繁荣为止境乎?抑必待其民有进化而无退转始可得称之乎?于此第二之意义之开明,能容专制政治乎?此今所当问者也。

手段一名辞,固函有随时可以舍置之意。然如其手段明为与目的有同一之趋向者,初不有舍置之要求也。例如为求人民程度之进,而取灌输以新智识为手段。此手段于既达人民进步之目的之日,未尝有害而须禁止之也。若其手段与目的背反者,则或偶然为用,旋必舍去,不使久而成习。此如不屑之教诲,以教诲之目的,用不屑之手段,其人既有悔改之迹,必速屏此不屑之态度以应之。又如医者以人之健康为目的,有时亦以使服用雅片为手段,而其病良已者,雅片亦同时屏绝。则以不屑与教诲,雅片与健康,事本相反,不同其趋向,偶然为用,屏之必当及时。此从手段本义而明者也。由是言之,则凡有事实与己所欲达之目的,根本相妨,而采用之有不能随时舍置之性质者,正如漏脯鸩杯,其不可取以为手段,图济一时,审矣。

而在专制之事,固与开明相反者也。如使开明仅取一时繁荣之意义,则采专制而有效,异时亦终于以专制故失之。所望者,本只在一时之休息,虽谓之无妨可也。然在主张开明专制者,所谓开明决不止于是也。乃将谓开明之成功在于立宪,而一时繁荣非足为算。即其言开明者，不徒冀文景、贞观太平之治，并奥帝约瑟第二之行亦不数之。^(注三)必如前之所言，人民既能为立宪国民之行动，始足称开明之目的得达也。

以此两不相容之事，而云可以其一为其他之手段者，必专制之事欲舍置则舍置，欲存续则存续。舍置不使其前此所期之效果归于无有，而存续亦不害异时舍置之便，始可通耳。而专制固无此性质也。当其专制之时，必力排民权自由之说。既摧折民权自由之说，则异时欲舍专制而从立宪，必又倡之。方其困遏，苦不得绝其根株，及其倡之，又患其说之已绝。故假想舍置专制之日，常恐所期之专制效果不可得，而所不期之效果不得去也。而其存续之日，所以禁遏人民者，无一不为异日舍置之阻也。此至易解者也。然论者必曰，专制之恶结果，虽不可逃，而其进人民之程度，使至于适为立宪国民，则非他制所及。故不得不忍其痛苦而采用之。夫以历史而论，除新国外，无不出于专制而入立宪共和。则谓立宪人民先经专制而后有立宪之程度，不为皆误。顾"先后即因果者"，论理上之一谬误。专制虽先立宪而存在，不过为一相反之事实，不得即谓之原因。正犹人死以前，常有动作，然而验杀人之罪迹，法医学者必不滥指其动作为死因也。如使专制之政可以致人民程度进步，则中国为四千年以上不绝专制之国，其人民程度，宜比之世界各国皆高，纵使世界各国尚未有立宪共和，中国犹当为之先进。何以至今程度未足之叹犹多。若曰地广人多，收效非易，则四千年来专制所不能进者，今遂可以专制十数年进之乎？此皆足使人发噱不止者也。

且立宪国民之程度未足，惟为专制始足以进之。此类推论，信不知其何自出也。夫以程度言，不外智识、道德。而道德之进步，全由于社会之自体,非执政所得与,但赖其无奖不道德而破社会之纲维耳。于此决不能发见专制能使道德进步之理由(惟有奖励不道德以便固其权位之恶行而已)。则所论当限于智识。智识者,有学而知,有习而得,前者所谓教育,后者所谓经验也。而在专制之下,为立宪之教育,果可得昌乎。其教育而诚以立宪之旨行之,则专制之弊,正当其时。凡教育之所称美,皆无由得之国内,而弊害之例,则不索诸国外而有余。其民将信所受教而恶政府乎?将尊政府而以其教为非欤?抑以为教育者政府所奖,而为教者又短政府,遂以怀疑而两置之也。而由前一说,专制势将自复,而其复灭之后纷扰将不可计也。^(注四)从后二说,则其智识有退而无进也。若其教育不以立宪之主旨行之,则所谓进者尤无望也。其教育若是矣,于经验尤然。经验由事物而生,未有事实,何由有经验。以经验之缺乏,而言程度不足,则正当疾蠲除专制,而取立宪,然后可得以立宪之事实,陶铸其人民。人民既得与政治,乃有经验可言。以无经验之故,而不使参政,则终古不参政可也。何言进步!故总人民智识而论,在专制之下,不能进至适于立宪之程度。则求人民有立宪国民之程度,惟有先取立宪之制以为之先。如是始有立宪之教育可施,其人民有得立宪的经验之途也。

且如草昧之世,有部落而无国家,于是而有先觉之士,知国家的结合为不可已,将遂为其结合乎,抑使其人民于部落制之下,获得国民之教育与其经验,始得组织国家乎?夫社会之事,欲于其未发生之前,造成一种适于其事实之人民,无论以何力量,必不能办。惟有人民感知一事实之必要,而要求之于社会,则其事实既显以后,人民自有适应之之道,不患其过高。彼国家之发生,决非有一部分人先学如何作国民,始为结合。而结合以后,当然为适应于国家组织之国民。依显则国家之采用立宪制度,亦必不恃有人以专制之手段,教其国民为立宪之行为。而立宪以后,其国民当然有适应于立宪之程度,不劳深虑也。

立宪国民不患其程度之不足,在其不足之日,亦惟先行立宪可养成之,非可以专制进其程度。^(注五) 则取专制之手段,不足以达开明之目的。专制既非开明所必要之手段,则虽是认开明之目的,决不能以其目的是认手段可无疑也。

(4)今之论开明专制者,取今政府所为而訾之。其言有曰:"实业借款、行政借款,政策无定,用途不明。"又曰:"城狐社鼠,揽权窃柄,包办借款,紊乱财政,挟金钱之势力为护符,恃外人之后援为武器。"复曰:"朝令夕更,总统任官之命可以取消;大权旁落,政府用人之权必经同意。元首孤立于上,百姓怨咨于下。"盖前嗤其开明之名不称,后议其专制之实不符。亦即"制且不能,专于何有。专制不存,宁分善恶。善恶不著,又何开明"之义也。然当知专制者,制度之名。社会上有国家,国家有政体,而政体以专制、立宪为分。故凡非立宪的国家,皆称专制。所谓专制者,不远其国家有一机关不为法律(社会事实之一种)之所制限。至于法律以外种种社会事实,如道德、宗教之属,乃至论者所举恶习弊风,无一不可影响于政治上,而为此机关行动之制限。此机关纵受如是之制限,亦未尝以此离去专制之域,而可以他政体称之也。又当知开明者,专制之人所选之徽号,聊用自广,不必有实,始居其名。彼既以是自名,则亦从而命之,斯名从主人之义尔。若必举袁氏之闭塞,而与争开明专制之名,则何不举满室之溷浊,而追夺其大清之号乎。亦无聊之甚者矣!且如论者所言,责其不专无制。则闻其风者,且或以能专且制自期。以为今之所失徒在专制之不至,非开明专制之果不良于行,则益求自试其所谓真开明专制而已。此不可不辩也。

吾人前所论专制不能促进国民程度使适于立宪者,就专制之全部为之证明者也。故当然包含所谓开明专制之全部。其制度既为专制,则无论其法所许为专制之机关,有完全无限之行动自由,抑于事实上受种种之拘束,皆不免有此结果,断不能于促进国民使适立宪之制度中,发见有一为专制制度。此即因明法所谓同品定有异品遍无也。故就于自诩能专且制者,径亦可以前言证其无益。然更有不可不知者,国民之能力,以干涉而愈萎缩,以应用而愈舒畅。专制所以病国民之能力者,即在其施政不认各个人之政治行动,故虽施教育,归于无意味,求其经验,终不可得也。以是之故,不专无制者,其民虽不能进,而有政治上之用,犹不至受政治上之干涉,一举一止,皆失自由。是其害能力发育者尚浅也。以此为惩,而惟专与制是求,则其结果干涉必及于人民之私生活,而旧有之自由,亦并见侵陵,其能力愈萎缩,则异日求适应于立宪制度,愈见困难。中国之数千年间专制之治,其得有良结果称开明者,汉之文景,唐、宋两太宗,治皆主放任,少涉闾阎细事。而干涉尤繁者,则新室之治也。以其目的固皆止于使人民得利而身享其荣,绝非有今论者所谓开明之期望。然其为治得失之形若是,足知中国人民实习自治而厌干涉,故数千年之专制,不足以尽萎其能力。而彼为专制之人,或身亲衡石之计,或委之将相,托之宦官,或以方镇割据天下,泰半弗属,其情各异,要皆以直接干涉人民之私生活为戒者也。今一旦而求尽反古所为,一一为之干涉,斯固新莽之续,必且败不可收。即使其不败,而如其志以行,适见民之能力愈萎衰,而将来愈不适于立宪耳。病于不专无制者则有之矣,求其所以胜彼者固不可得也。

　　且夫干涉之事,有递增而无递减,此于同为社会事实之经济事项可得取譬者也。国家有事于国民生产力之增加而行保护之政策,斯固与求增加人民政治上之智识相类者也。然而其保护仅为除去其发达之障碍者,一旦生产力进至可与外国竞争之程度,即除去其保护决不害于国民经济也。反是者,而以事事干涉为保护,则纵令其干涉得当,其国民生产力以之发达,而其人独立自营之精神,权丧而日少,永久无自立以为争竞之力。则干涉之结果,惟有长以干涉保持之。若曰干涉为手段,而产业之开发为目的,则其手段终不可舍置。而不舍置,又与目的相妨者也。且干涉之结果,又发生他种之干涉。譬如以制钢业之不发达,因重关税以禁外国钢材之输入,则国内之制钢,非不可得盛也。然而同时钢材之价腾贵,则以钢材制器者,皆有亏损之虞。以亏损故,不得不保护及于钢制品业,而课税于输入品也。既保护钢制品业矣,其影响又及于用钢制品之业,于用机械最多之业,必又次第有保护之要求。如是,保护遂有急剧之传染性,而有增无减。此无他,以不自然之干涉求一时之效故也。为一部分人之利益,而干涉他部分人之行为,不恃其自为发达而恃利诱之也。故美国今日每议行放任自由之策,辄有各业破产之忧,此实无可如何者也。[注六]惟干涉以求政治上之效果亦然。不务使以自力立身,而恃吾之专制,能及于人之隐微,势固不得及也。就令及之,其为益不敌其损,欲强使有立宪之智德,必不得入也。其所留遗者,惟有因干涉所起之反抗,其遇反抗而不干涉,则祸止于失威信而已。其将弭此反抗,又必采他之干涉手段。此所新采之手段,仍召他之反抗,而前比之反抗未悉已也。对于此而又采镇压之手段,则始之一干涉,仡为二而进于四。自此以往,其增自倍。虽然,牛毛之法令,适使人因缘为奸。民之反抗未尝止也。盖反抗者,起于不安。而干涉之来,无论如何,皆先使人抱一不安之念。纵不能以力显为反抗,而左右规避,固人人所优为。且其起也,不择地与时,不必合谋而后动。欲为之防,而不知将为反抗者谁也。其干涉又不能不遍及前所干涉之人。此所以任术不已,归于自穷也。

　　然则徒为专制之制度,而实际不专无制者,其于国虽有损,而就专制而论,尚未至甚害国民智力之发达。若袁氏果能如论者所求能专且制,抑若有代兴者,持巩固共和之旨,而信开明专制为有促进国民程度之效,尽其力以行之。其结果,将使国民之能力愈沉萎,而将来革除专制之后,民之能力尤难冀进步。问其以专制得之者几何? 则无有也。是祸在今之袁氏以上也。

　　(5)夫自历史上言,所谓开明专制之时代为专制之主,皆非有开明专制足以促进人民程度之念存于胸中而为之者也。意不外"于百姓不足,君孰与足"之计算,而图其王室之安固,先求有以自媚于民。故其所慕于明君而欲为之者,目的在王统之绵长,而以利民为手段。民既食其利矣,则治历史者追谥之曰专制而开明。若夫当专制之末期,为立宪之先河,必要有此种情况,以为过渡办法者,古人所未梦见也。盖古代之开明专制,有人民之要求,而君主应之以行者也。当时以君主之制,为无所逃于天地之间,故革命可起而君主不可废也。畏苛政过于虎,而无术以使其政不苛也。其所要求者,仁政也。仁政之结果,而得人民之幸福,则称之曰明君。其政不仁,则民不附,民不附则祚不长。人君惟以求久安故,冀其民常泰。则凡民所不悦者,不敢专欲以求成。故谓之与人民要求一致可也。不特中国历史有然,如奥之约瑟第二,所谓欧洲开明专制之君主者也。史称约瑟第二既即位,宣言独立于教皇以外,于教皇新令,付以制制,或径禁之,不许教皇干涉婚姻。国中僧正,举由君主任命,废寺院七百所,汰游僧三万六千人(当时总数七分之四也)。且布令默许新教及希腊教。此以新教徒之势力,自三十年战争以来,久不得绝,而奥领斯拉夫族又多奉希腊教,故从民所欲,拒教皇之专横。而与以一部之信教自由也。又称其废农奴之制,而削贵族之封建的权利,则以奥之封建贵族,不纳租税,不受普通裁判,而滥用其特权,以毒国中,为人民所共愤;一方农奴之惨酷,又为人民所同欲除去者。故一予一夺也。称其整理税制,则以其承七年战争之后,民力困敝之余,又三割波兰,故应人民之望而去旧税制之弊。此亦以人民之要求为基础者也。又近今之类似开明专制者,则有奥今帝当一八四九年以后,一八五九年以前十年之间,所施之治,于形式上颇有类于论者所云。当一八四八年法国二月革命之起也,奥之人民亦起而设保安委员,逐梅特涅,而强制奥帝,使承认其宪法,召集议会,一时有众民政治之实。既而奥帝藉邻国之助,以压抑国内之反抗,既占有实力,遂解散议会,废去民定宪法,而别出一钦定宪法代之。其宪法亦名有议会,有责任内阁,而国会实不召集。此空文宪法,越二年亦并废去。故一八五九年三月四日(布钦定宪法之日)之后,奥国已完全复于专制。前此梅特涅之为治,虽抑自由,其干涉尚疏阔。自解散国会以后,宰相集一切之权力于手中,而施政虽号称假设政府,其擅权实过梅特涅执政时。从来对于国内异民并立,颇多宽假;此期则悉以集权的军政行之,强以德意语为全国通语,执政权者独用德人。如是者十年,而其所标榜者则曰:"凡在君治国内者,当结合一切国、一切民族使浑然成一大国家。"此种政治,实至一八五九年奥意战争之际犹存。暨乎战败国危,始自知专制之诚无济,于是始再兴宪法。^(注七)此实与今之言开明专制者相类。其行专制，以为如是则可以统一国内，而扫去不专无制之弊。初不以人民之要求为基础，异于前之所云。然其不以此专制为过渡办法，为致人民程度进适立宪之手段，则古今人不相远。两者实无异也。

（6）故综以上所言为之结论，则专制者，一种制度也。于今日国家之政体，不为立宪，则为专制，可宣之于诏教，而著之于法典。君主之力之所及也，欲之则得之者也（其可久否自是别问题）。开明专制者，专制之一种状态也。虽为专制者可得以开明为志，而实际为开明否，须退听于后世之评议。纵曰欲之，不必得之也。专制之名，迨近世而始与立宪对举。开明专制又为学者拟定之名。在往昔之君主，亦惟以圣帝明王泰平郅治相期，然揆其语之内容则一而已。君主既家天下，其视治国无异人之齐家。而处一家者，取何制以驭其族，出何策以求其隆，固各有不齐，然其欲家之兴，则殆于一致。则君主之于其国，何独不然。然治一家者能自择其所谓最良之方法，而不能必其家之繁荣。惟家之兴衰既著，人始就而论其成绩何如。其在君主治国，称圣明者，亦不于其志而于其治。今之言开明专制者，亦当若是而已矣。顾或者以此为一种制度、一种政策而研究之，则不可解者也。人莫不自欲为良家父，而无一人能采一制度实际可称为良家父之制度者也。君主亦欲为明君，而决无一种制度适称为明君制度者也。而独于用开明专制之名则信之，何也？夫悬空而论，谓有开明专制，其结果当如何可也。此与言立宪制运行尽善之日，结果如何，正可相比。立宪与专制同为一种制度，而彼之运行尽善，与此达于开明，同为一种状态也。然谓采开明专制以为制度，则无异云采推行尽善之立宪以为制度不可通也。制度者，欲则采之，否则舍之。状态者，欲之不必能至；至而不欲，不必能舍也。为求得此状态常得施种种之手段。而此手段之效不效，本不可知。乃或指此手段，谓即为开明专制之制度，则大误矣。如轻徭、减赋、宁国而教养其民，皆为手段之一。为专制者，所以求致开明，决不得谓此即开明专制之制度也。

开明专制既非制度，则以为可采用者，结局无过专制。专制之存在，亦可想象有两场合：其一，为未尝有立宪之事，惟就向来之专制，承袭而利行之；他一，则国既立宪而推翻之，以立专制。在前一场合，不过改革迟延。在后一场合，则明为政治之退转。在弃立宪而采专制者，必曰其制运行未善，不如开明专制之时，而不知立宪之运行尽善，与专制之得开明，同为一种状态。开明之不可必致，犹运行尽善之不可必期。必持最运行不善之立宪，以较开明专制，岂无所逊。然非可以此优劣两制度，而遂舍立宪取专制者也。

专制而开明之状态，固不易得。而其得之也，于实际，于从来专制者之意思，皆不认为驯致立宪之过渡办法。欲其民适于专制者，当先以专制施之，而求民与之习。欲求其民适于立宪，则必先采立宪之制，而后使人民肄之。以两者之各不相谋，而谓以其一为他一之豫备者，反于事实，不可通也。即如前所举由立宪而反于专制之场合，于法、于奥，皆尝有之。顾在今日，谁谓其后日之立宪，实受其益者。其所得留于今日者，不过帝政之一党派犹存于现在国会中，与国中乖离之感久而益剧而已。此可谓之有助于立宪乎。

专制之结果，虽至良好，而以其促进人民程度论，尚不及立宪之最劣者。故如言专制，仅有恶结果，则实不足以折言者之所执持。而专制之结果至良者，于采用立宪制之计算，仍以为最不宜，则恐主专制者亦未必能拒而不受。则论开明专制之宜求否，归于专制、立宪可否之问题。专制之为制度，逊于立宪；则虽其最良之开明专制,固无由谓胜立宪也。此开明专制之不足尚,自一般言之者也。

注一　原因与条件所以殊者,原因为所以致然之事实,而条件则为所以得然之一事实。譬如荷铳出猎,射鸟落之。射者原因,落者结果,以射致落也。若夫铳之不锈坏,弹药之不沾湿,鸟之无遮蔽,则条件也。如其坏或湿,抑有物蔽之,则是不得落也。条件虽存在,永远不自生。结果待原因而生,故原因惟一而条件实多。徒具一条件,不可望结果。(条件有时便于己所欲,同时亦便其所不欲。如己欲攻敌,则不阻隔为良好之条件。而敌之攻我,亦以之为良好条件也。)

注二　目的既达之际在行此手段者,大抵不须更求是认。又有时目的虽达,而手段仍不可是认(如为少数之利益,取有害多数人之手段)。故目的是认手段之说,不过政治家之遁辞,非真可为普通的教训也。

注三　举开明专制之历史上之例者,先举此数君主。

注四　于此场合必生现象维持与改革二派,而后起之政府,实穷于措置。即令复灭之前,遽行立宪,教育之效果仍未遍及,而前之采专制,无论如何终归于无意味。

注五　立宪之思想于专制之下,亦未尝不见于存在,但其所以省之者为人民自然之要求。一方对于专制为反抗,即于他方对于立宪为羡慕。以有此思想,可谓之专制之反动。而反动之力在人民,不在政府,不能引此美专制也。

注六　前清之毕业奖励,亦可以此理推之。

注七　息讷斯 Charles Seignobos:《欧洲现代政治史》第十三章。

原载于 1914 年 8 月《民国》第 4 号,署名前进。▲

中国存亡问题①

一 中国何为加入协商匣

国家为战争而存在者乎？抑战争为国家而存在者乎？此一可研究之问题也。论国家之起原，大抵以侵略人之目的，或以避人侵略之目的，而为结合。其侵略人固为战争，即欲避人侵略亦决不能避去战争。战争不能以一人行之，故合群。合群不能无一定之组织，故有首宰。首宰非能一日治其群众也，故成为永久之组织而有国家。故论其本始，国家不过以为战争之一手段，无战争固无匡家也。

使国家长此不变，则国家如何始可开战之问题，殆无研究之余

---

① 本文系 1917 年春作。第三章和第七章曾刊于 4 月 6 日、30 日和 5 月的上海《民国日报》。当时由上海泰东书局刊印单行本。单行本刚出版，上海租界捕房即搜检泰东书局，并欲捕朱执信。此书初版颇难寻找。当时尚有英文和日文译本，现亦难觅。1927年 8 月 1 日，曾由胡汉民作跋重印。跋语说："此书为民国六年总理反对参加协约国对德宣战而作，全由总理命意，特使执信执笔属词而已。应……列入总理全集。"国民党所编的各种版本的孙中山全集，都录有本书。此书既由朱执信撰成，并用其名义发表，亦应收入本集。

地。以国家本已常在战争状态，无须开战故也。但在今日之国家，则与其元始时期绝异。国家自有国家之目的，不徒为战争而存立。有时国家不能不战争者，为达其国家存立发展之目的，而后以战争为手段耳。以有国家故为战争，非以欲战争故为国家也。

昔人有言："兵者凶器，战者危事。"又曰："兵者国之大事。死生之道，存亡之理，不可不察也。"①以一国而为战争，万不得已之事也。其战争而获如所期，则目的之达否未可知也。不如所期，则败战之余，动致危其国家之存在。夫以一国为孤注而求胜，则必其舍战争以外别无可以求其生存发展之途者也；必其利害为一国人公共之利害，而非一小部分之利害；故国人乐于从事战争，进战不旋踵，伤废无怨言也。今之国家，与昔殊异。往者比邻之国，相攻无时，故其和不可恃，其战不可避也。今者不然，国家之间，立约遣使，誓以永好，即无约无使之国，亦以礼相处，不复相凌。此何故哉？彼之不敢轻与我战，犹我之不敢轻与彼战。战争为不易起之事，然后国家万不得已而用之。然而强挑战于一国，果何为也？

国家既不可以长从事于战争，而对外国之关系则有日增无日减。于此关系日密之际，不能用战争以求达其存在发达之目的，则必求其他之手段。所谓外交者，由是而发生。凡国家之政策既定，必先用外交手段以求达其目的。外交手段既尽，始可及于战争。战争既毕，仍当复于外交之序。故国与国遇，用外交手段与用战争手段，均为行其政策所不可阙者。然用外交手段之时多，用战争手段之时少。用外交手段者通常之轨则，战争手段者不得已而用之。不得已云者，外交手段既尽，无可如何之谓也。今如美之对德，自

---

① 引文可参阅下书：《汉书·晁错传》有"兵凶器战危事也"句；《孙子》有"兵者，国之大事，死生之地，存亡之道，不可不察也"句。

鲁士丹尼亚号击沉（德国潜艇击沉挂美国旗之英船,乘船美人有死者）以来,对于德国所行战法屡为抗议。德人暂纳其言,旋生他故。至于今岁,为此无警告之击沉,然后决裂,中间亘两年。盖其慎也如此。今我国可谓已尽外交之手段未乎？两年以来,协商国之损及我华人者,偻指不可胜数,而不闻一问。即德国在地中海、大西洋实行其潜艇攻击,亦未闻有何等研究。一旦闻美绝交,始起抗议,未得复答,即决绝交。是为已尽外交之手段不能达其目的矣乎？德国回答,指名潜艇攻击并不损及中国船舶，仍允磋商保护华人生命财产之法,可谓周到。假如我国与德约定，华人来往尽乘来往荷兰之船,或德国所指定之船,对于此等船舶,不加攻击,如此吾人往欧,未尝无安全之道。德国既乐与吾商酌,则何不可与之磋商。德国既显示我以可用外交手段解决此问题,而我偏不与商酌,务求开战。此可谓为与美国同一乎？人以外交手段行之二年,我仅行之一月。人以外交手段既尽始宣战,我则突然于外交手段未尽之际,行此激烈手段。此可得谓之有不得已之理由耶！

中国向来闭关自守,非以人为隶属,即与人为战争。中间对于匈奴、吐蕃、回纥、契丹、女真等,虽有和好,皆以贿求安,初无所谓外交手段。惟无外交经验,故海禁初开,动辄与人冲突。冲突之后,斫丧随之。于是凡百唯随,只求留存体面。久之则又不可忍,而为第二次冲突。平时虽有外交关系,实未尝有外交手段。故自鸦片之役以来,再战于甲寅①,三战于甲申,四战于甲午,五战于庚子,每战必割地赔款,损失权利,而无功可见。中国之对外国,不知外交手段之为患,非不肯战之为患也。外交手段非必亲某国以排

① 英法联军侵略中国,中国进行抵抗,时在 1857 年到 1860 年,即丁巳年到庚申年。纪年甲寅,误。

某国者也。如日本者,前此外交失败与我相同,及其渐习知外交之道,遂能补救昔日之过误,撤去领事裁判权,改正关税。彼何尝借战争之力以致此,又何尝以加担某国为条件。如暹罗者,其与中国大小相去,可谓远矣,然随日本之后,用外交手段,亦得完全复其法权税权。两国之相遇,犹二人之相处。其间之行动,固有损己始能益人者,亦有不必损人始能益己者。择其不损人可以益己之道而行之,则外交之手段,可以毕其事。若必损人以求益己,自然陷入战争。然而战争胜时,所得尚恐不偿所失;战争而败,则尤不堪矣。中国之失,乃在不恃可得恢复利权之外交,而恃胜败难知之战争。故初之失败,与日本同,而日本以渐回复其所损,我则不能。今日乃欲于庚子之后,更续一幕。此种举动,不谓之荒谬绝伦,不可得也。

　　试问中国何以不可不战?无论何方面皆不能答以确据。如谓此役为正义而不得不战乎。则德国方面,其违反人道之处,果如英、法、俄人之甚乎?谓德之潜航艇无警告击沉船舶为不仁,谓德国虐待比利时、塞尔维人民,谓德国强行通过比利时、罗森堡为无公理,诚有之。然协商国又何以胜彼。英国之进兵希腊,与德之进兵比、罗有以异乎?英国于开战后未几,即宣言将以饥饿屈服德国,禁绝粮食入德。英国报纸得德人妇孺饿将成殍之报,则喜而相庆;闻德国粮食丰足民生不匮,则忧且斥为伪;其视德人之待比、塞人民何如。德国待比、塞纵不仁,不致于绝食以待其饿死之甚也。同是对付敌人,何以英、法用以饿死人之政策,便为甚合于人道;而德国稍稍管束征服地之人,便不可恕。英国每年取印度巨额之粮以供己用,而印度十年之间以饥死者千九百万。印度绝非不产谷米也,其所产者夺于英人,己则槁饿,此于人道为何如。其视潜艇之攻击又何如。印度人果有饿死以让英人饱暖之义务乎?英之待印人,名义上固不为掠夺。然其苛敛与虐政,使印人不得求活,实一大规模之掠夺也。最近英国强迫印人担认战费十万万磅,而美其名曰印人乐输。其出此十万万磅之战费,不外苛敛重征而已。故此议一出,印人不容反对,而英国人自反对之。兰加斯商人以此议实行,将于该地所产向销印度之棉货,加有重税,遂力言其不可。其实兰加斯商人纵稍受亏,决无大碍。而印人出此十万万磅,则必卖妻鬻子,转死沟壑,犹苦不供。此为合于何种人道。法人对付越南之人,年年加以重税;举足犯法,接耳有刑;一下圜扉,没身不出。北圻一带,安南之沃野,自来开辟。自法人治越,则科以重税,岁岁递增,其极至于有地之家收租不足以纳税,耕者亦不能复其本,乃尽弃其田,入居城市,求作小工以自活。从此北圻赤地千里,而越人饥饿困乏,死者相踵;幸得延生命,无复乐趣。法人则大招本国之人往垦荒地,免税以优之。实则所谓荒地者,即从前开垦之地,以重税逐去安南人使之就荒者也。此于人道为可如。德人所不施之征服之地者,英、法之人以施诸其属地、其顺氏,则为不悖人道矣乎。谓德国代表有强权无公理之势力,德国一胜,公理将沦。则试问英国所以并杜兰斯哇、并印度、并马拉者,据何公理。所以夺我香港,据何公理。逼我吸销鸦片,划我国土地为彼势力范围,据何公理。俄之吞我满洲,间我外蒙,又据何公理。就此数十年来之历史,无甚高论。协商国亦岂非有强权无公理者乎?数十年前,英国能用其强权以行无公理之事,则不顾公理。今日英之强权逊德,则目德为无公理,而自讳其从前之曾用强权。此科议论,奈何可轻信之。如使今日有人果为护持公理而战者,必先与英、法、俄战,不先与德、奥战也。然而吾人对于英、法、俄尚不主张宣战,自无对德、奥宣战之理由。

　　然而吾知公理人道云云，不过极少数人所误信。至于大多数主张战争者，皆不过借为门面语，并不实心信奉。所以三数语后，仍旧露出利害之辞，而段祺瑞即首言，非以谋利但求免害者也。诚使为利害而战，则苟为国家之害者，孰不乐除去之。但今者不能不先问德之如何害我国，与我国开战何以能免其害。

　　国家之生存要素，为人民、土地、主权。故苟有害于此三者，可以抗之也。抗之不足，于宣战，亦有理由。然不能不审其损害之重轻，而向其重者谋之。今自开战以来，德国曾以损害加于我人民乎？无有也。有之，则自往法工人乘船沉没始。而此诸工人者，皆被诱往法，为其兵工厂作工者也。英、法自知其船不免攻击，故迩来一切妇孺，例禁乘船，而独募华工往。及其船沉，华人则任其溺死。岂非英法人设圈，引我国人，入其术中而致之死地乎？且如今者日本报载德国假装巡舰现在南洋，乘员三百余人，中有华人苦力八十。他日又谓此舰已被击沉，可知此八十华人同归于尽。在德船上作苦力，与往法国兵工厂作苦力，有何区别。何以我国不能向协商国提出抗议，无他，德舰华人自甘冒险，其死也由于自误，与协商国无尤。惟能向德国怨其引人此危地，不能怨协商国之不稍宽容。反此而言，则往法华工遇害，只可怨法，不能怨德，已甚明矣。况英、法属地，年中冤死华人，何可胜数。俄国年前招我国人往充工作，约定所给工值既不照给，华人集众要求则以排枪御之，死者数百。吾友自西伯利亚归，亲见其残伙欲生不得，欲死不能，挥泪述其惨状。此其视德国击沉敌船以损及我华人者，罪恶奚啻百倍。何以对彼则安于缄默，对此则攻击不留余地。如谓开战可免人民受害，则必吾国海军力能扫荡德潜艇，建英、法海军所不能建之奇功，然后可保华人之生命。否则开战以后，国民不复许旅行欧土,亦曰可避其殃。今开战之结果,首须多送工人往欧工作。即无异使德国攻击商船,可以杀更多之华人。则何以言开战为防御人民之损失耶。

以土地论,德国将来之野心,诚不可知。论其过去与现在,实可谓之侵犯中国最浅、野心最小者。以割地言,则中国已割黑龙江沿岸最丰饶之地于俄,割香港于英,割台湾于日,而德无有也。以租借言,则英占九龙、威海卫,法占广州湾,俄占旅顺、大连,又转让之于日。论其前事,德之占胶州,罪无以加于他国。而今者胶州已归日占,更无德人危我领土之虞。以势力范围言之,英国占西藏、四川及扬子江流域,约占中国全国幅员百分之二十八;俄国占外蒙、新疆、北满,约占百分之四十二;法国占云南、广西,日本占南满、东内蒙、山东、福建,均在中国全国幅员百分之五以上。至于德国,前虽树势力于山东,不过中国全国幅员百分之一,以视英、俄曾不及其二三十分之一,即法与日亦数倍之。同是有侵及中国土地,而有多寡之分,又有现在继续与已经中断(将来如何尚未可知)之别。而于已中断者则追咎之,近日益加厉者不过问也。侵我较多者则助之,侵我较少者则攻之。是与其谓为防人侵我领土而战,不若谓为劝人侵我领土而战也。如使欲人侵我领土,则无宁昌言卖国之为愈也,又何必辛苦艰难以与德国战哉?

若论主权被侵,则德国诚亦随英、法之后,有碍我主权之举动,然比之俄国往者驻兵占地以起大战,与首设领事裁判权、首划势力范围之英国,当有所不如。今日开战以后,民匡再建,法国尚越界捕我巡警,强扩租界。此于主权为有益乎?抑有损乎?今日西报尚言京津运兵设炮台之制限,与使馆之驻兵,所以惩创中国,使不忘拳乱。试问中国国内不许设炮台,运兵不得自由,主权何在?各国驻兵我国京都，无异德国于战胜法人以后所以待法人者也。德行之于法，期年而撤。法人恨之至今。北京驻兵迄今近二十年矣，岂其于我国主权有所裨益，而不容置议。苟为完全自主之国，则宣战媾和之事，岂容外人之参与其间。今者美国对付德人，可谓宽大已极。彼欧洲诸国，何尝敢措一辞。我国处理德人，稍不如协商国之意，便劳诘责。然则协商国果在何处曾尊重我国主权也。

由此以观，所谓免害之说，完全不成理由，结局只是求利。中国之与德绝交，非以公道绝之，非以防卫绝之，而以贿绝之也。所谓贿者，以公言之，则关税增率，赔款停付，庚子条约改正是也；以私言之，则道路指目，自有其人，吾不暇为之证矣。

二　加入之利害

今日所谓加入条件者，关税增率，赔款延期，及庚子条约改正；更有益之者，则曰一万万借款，如是止矣。为此四者，果须倾国以从事战争乎？否！不然。凡此所谓条件者，皆可以外交手段求之，不必以战争手段求之。抑且只能以外交手段得之，不能以战争手段得之者也。

所谓改正关税者，有依马凯条约增至值百抽七半，俟战后实行裁厘增至值百抽十二半之说，与依旧约改至从实价值百抽五之说。而前说今已无人过问。所谓商酌，皆就后一说而言。今姑就此说一查其沿革，可知指此以为加入利益，可谓荒谬绝伦。查现行税则系据一九〇二年与英国所订条约。以一八九七年以降三年之间平均价格作为标准，将紧要货物，按此价格算出每件抽税若干。此项价格比现在时价为低，故现在税则名为值百抽五，实则值百抽三四而已。然此种价格变迁，订约之时，早经料及。故于中英条约中，已经订明十年期满之后，六个月内，两国均可要求改订税则。此后对于他国所订通商条约，均有此项规定。民国元年八月，我国已经向驻京各公使声明约期已满，货价有变，税则应改。此后又于民国二年再向各使声明，当时英、美、德、奥、比、西、葡诸国，均无条件承认我之提议。惟日、俄虽亦承认，而仍附有条件。附条件者，不过稍欲得他种利益以为交换（即如欲减轻一两种出口税之类），并非拒绝我之改正。盖改正之要求，订在条约，断无拒绝之理由也。故苟非遇欧洲大战，此事早经完全办妥。即以战事停议，不过属于我国之礼让。此时再提议，各国亦不能不应之。何待绝德，何待加入宣战，始有此商量。今我国自认此为加入条件，而人亦以此为加入条件，非加入之后不容议及，岂非庸人自扰。如使我不发生此加入问题，早与外人磋商，则此种改正税则，久已为各国所认，无待今兹。试观马凯条约，裁厘之协定，比之此次之要求，相去之远，何止数倍。在彼尚可以协商而得，在此岂曰必以战争求之乎？平平可以获得之件，必危一国以求之。然而因其求之，人更不与，果何苦为此耶？

赔款延期之说，在中国则求延期十年，在彼只允延至欧战终了。而一面又不允停付今年之数。夫欧战必在今年结局，在英法方面固如此言，在德奥方面亦未尝不如此言也。明知欧战结局，不过年月间事，就令和在明年，所延不过数月；若以今年罢战，则值无停付可言。此种延期之议，明为一种欺骗。就令欧战更有二三年延长，则赔款可得一二年停付，此种利益，岂为外交手段所万不能求。且如美国前此退还赔款，其额岂不甚大，何尝须中国与一国绝交、与一国宣战，始肯退还。今日金价正跌，各国所受赔款，较之年前，实价大减，其乐为暂缓收受，亦出于计算利益之常。延期云者，不过暂停，并非以后不付。现在号称延期，将其财源挪供别用，异日又须筹填，不啻剜肉补创，于我何益，于彼何损，而必出于开战之手段以求之。

庚子条约，禁止天津设垒，限制运兵，并定驻兵中国以防拳乱。今之修改，即欲去此限制，并于驻兵限度有所改更。但欲各国尽撤驻兵，早料其为不可能之事。即曰运兵筑垒，可以稍得自由，亦不过敷衍体面之法。岂有国都屯驻外兵，以监督其政府，使不敢得罪外人，尚有体面可言、主权可尊者。若徒为体面计，则战前德人何尝不倡减少驻兵。若使外交能应时顺变，此种改订，即曰无大效果，决非难办到之事。自中国认此为加入条件，遂使《字林西报》等力言："此庚子条约为惩戒华人使不忘拳匪之祸，决不可宽。即欲稍慰中国人心，亦但当于加入以后，酌量宽其末节。"其语气明示中国为彼犯罪之囚徒，此次求其宽免，无异欲求弛刑立功。彼则必先立功，乃许酌量加恩核减。中国不自求可以友谊得去束缚，偏自甘同于囚虏，听彼揶揄。此等利益，谁能认之。

借款一节，政府之所最垂涎者也。然借款真为恩惠之借款，则当不取担保，不取折扣，不待中国之困乏而豫周之；如此则数之以为利益可也。今者美国借款已将有成议，四国银行团始延美入其团中，谋共同贷与我国。是其贷款已为定局，折扣抵押，无异昔时。使无此绝交加入问题，恐此借款已先成立。偶遇此事，彼反借以延迟。其实美国自开战以来，国富骤增，投资无所，不患财少而患其多，故有黄金泛溢之虞。其投资于我国，实为稳固而有利者，岂因不加入战争便失借款之路。况此次抗德，虽由美劝，而对德宣战一节,美人殊不见乐助,加入岂能影响及于借款乎?

统而言之,所谓加入条件者,皆可以外交手段得之,并不须加入;而加入之后,反终不能达此改正关税等目的。所以然者,中国原与外国订约,利益均沾。现在纵与德国绝交,将来必有言和之日。言和之际,决不能以英、法诸国已许之故,强德、奥以从同。况于关税之改正,德、奥早经承诺。如不因绝交而中断,德、奥势难反汗。今乃断绝国交,使前诺无效,而后怨方增。再议和之日,如何可使德、奥更认前说。德、奥既翻前议,则英、法、日、俄自当援例均沾。夫中国不能强德、奥以英、法所许者许我。而英、法能强我以所以优待德、奥者均沾于英、法。则今日纵以战争而改正,异日必亦由此推翻。乃至赔款之延期,庚子条约之修改,则德、奥本不与同,异时何能拘束德、奥。德、奥不允缓收赔款,不允撤改条约,独行其是,英、法各国岂得守信不渝。夫有利益均沾之原则在,无论何种政策,各国所赞同者,一国足以梗之,欲其事之得行,全赖销除各方之怨怒。今为数国以得罪数国,而谓将来不致因利益均沾一条,破坏已成之局,其谁信之。且今之所谓加入条件者,于协商国为有利乎,有损乎? 如其有利于我,复有利于协商国,则久矣其当订定,何须作为加入之条件。若其有损也,则此时暂为承认,非所甘心;异日议和,即使德、奥无言,尚恐其暗嗾两国不与承认,以图均沾之利;尚安望仗义执言,为我尽力。且此种条件,果由要求以来,信所谓乘人于危以微小利。人纵负我,我亦何辞以责人。然则此项条件,纵能被承认,亦不旋踵而消灭。其所以消灭,即由加入战争。然则战争果何所得也。

然而所谓加入而得此条件者,今已完全失坠。关税之议,日人极力反对,赔款亦不允停交,条约修正亦以惩戒中国为理由,不肯实践。当劝诱加入之初，英人以此条件开示陆某，以为中国之非常利益，乃至报告国会，亦据此为言。至于绝交之后，确问各公使之主张，则忽诿为个人之言，不负责任。识者知其皆因日本之反对而来。英国竭力牵入中国，设此以为饵。然其所牺牲之利益，则日本之利益，非英国之利益也。日本不肯以己之利益，供英国之牺牲，英国遂深恨日本，又畏日本在远东能持其短长，不敢公然道之，乃设此遁词。而盲从者尚日言加入利益，试问利益果何在也。

反此而观，则因于加入所生之害，显然可指。宣战之后，国中回教人民以归向教主故，难免暴动。既为当世智者所力言，又已有新疆、甘肃之事为之证实。其害之大，自无待言。而此外尚有甚深而极溥之害二，则无制限招工与运粮是也。法国现在招工为政府所禁，有往赴者，不过少数。一旦加入，招工为我义务，自不能禁使勿前。今日往法国工人不过一万数千，而一船已殁数百。将来赴欧工人之况，可以意想而知，即不死于中途，而俄国之已事，可以明鉴。虽英、法真意，未必在招我工人，而往者已纷纷罹害。一面运粮出口，内地米麦价值，必见飞腾。贫民所入不加，食料骤贵，饥馑之祸，即在目前。夫饥馑者，非必全国米粮不足供全国人之食始然也；一地缺乏，而他地以交通不便，不能运来，则饥馑立见矣。试计前所列举条件，借款一万万，赔款三千万，加税五千万，不及二万万之价值，而令我全国受此灾厄，此其为得为失，何待琐言。况此不及二万万之款，结局皆须偿还，且须付息，不能以利益算。所谓益者，止于关税之五千万耳。此五千万之收入，谁负担之？固我中国人，非外国人也。外国人不过贩运稍觉困难，实际仍是我国人出钱买货纳税。然则国家取之人民，亦复多术，岂必出于此途，而使数十万人置身虎口，数千万人饥馑穷困，以易得之。反复推求，所谓利者,真不成为利,而其所生之害,则触目皆见,屡举不能尽也。

虽然,上所言之祸,犹其小焉者也。以贪此小利之故,甘为英、法之牺牲,其结果必至于亡国。虽欲隐忍自拔,亦复不能(详后数章)。国民于此尚未觉醒,异日衔索过河,悔将何及耶。

今日欧洲战争,事至惨酷。指此以为中国千载一时之会,固非仁人之言。然必欲就此战争以求利益,则亦非无道。譬如日、美两国,即以经济上之活动,乘兹战争,各博巨利者也。欧洲各国以从事战争之故,人力、资本并形缺乏。其向从工作之工人,皆移以为兵士。其向供制造之机器,皆移以为制造军需之用。日常所需不给,则求之外国。即战争所需,亦一部分赖之外国。故日、美两国制造之业,运输之业,无不获利。日本向来每年贸易皆以输入超过之故,不能维持其金融常序,必赖借入外债,始可勉强支持。自前年以来,输出骤增,现金流入;去年之杪,已储现金七万万元,迄今增加未已。而美国现金流入,又数十倍于日本。日本始战争而中道归于和平者也。美国则今始为战争者也。而以经济上言,则两国皆免于战争之害,因以遂其发达。诚如是,则虽求利益,亦何害之有。今日欧洲中立诸国,以荷兰、瑞士、西班牙、丹麦等,皆以过近战场,所有贸易,皆受妨害。其中斯堪达奈维亚诸国及荷兰等,以英法封锁之故,贸易几于全灭。惟美洲、亚洲诸国,差可乘时自谋振奋。我国若欲求利益,保持此中立态度,以经济上发展,补从前之亏损,开日后盛大之机,固至易也。何不知出此,而徒以开战规求区区必不可得之利益,遂陷国家于危亡而不自惜。此所以不能不切望吾国人民一致注意于此中国存亡问题也。

经济上之发达,自然力、人力、资本三者皆有巨效。而今日谋中国之发达者，不患自然力之不充、人力之不足，所缺者资本而已。以中国土地之大，人口之众，荒地在野，游民在邑，苟知利用，转贫使富，期月间可办也。以此无穷之富源、无穷之人力，稍有资本，不必用新机器，其效果已可使中国成为世界最富之国，因之亦得成为世界最强之国。而少许之资本，又甚易输入者也。自开战以来，欧洲诸国，尽力以产出其所需各品。其向销中国之货，来源皆形短绌，而输送之费，数倍从前。此真中国振兴农工业之机会也。如中国之农业，发达已久，所缺者，农民之新知识，与政府之善良管理耳。故苟有适宜之经理，不患其腐败销磨；而不足之地，亦不患因输出之故，致生危险。盖如由彼外国采办粮食出口，绝无限制。则彼单就运输便利之地，以高价吸收谷物，以故谷价亦腾，而饥馑无可挽救。若以一有统系之管理，加于谷物之上。则有余之地始输出，不足之地有补填，统中国所产谷物，未尝不可敷其食料而有余。然则虽输出谷物，亦不为难，贵在于有调节有统系之行动，不容彼无限制之运粮耳。粮食以外，他种农产物，亦复如是。苟能整理，使归秩序，输出之额必可骤增，即其利益已莫大矣。今之称劝业者，未尝着手于是，而反以苛税留难农业，使运转不得自由。于是收获丰者坐见腐败；其歉者无所得；设关以害人者，正此谓也。又如矿业自有矿章规定之后，请开矿者，必百计留难，始予给照。给照之后，有侵占者，又加以勒索。一矿之矿权，恒须费数万而后得。比之未有矿章以前，图办矿者，更形退缩。他国设矿律，所以保护营矿者也；而我则更害之。华侨在南洋开矿，处欧洲人势力之下，不获平等之待遇，至不幸也。然其经营矿业，尚可有利。及其归祖国，欲开发天然富源，一阅矿章，即废然返矣。是外人虐待华侨之矿章，比之我国优待华侨之矿章，尚优数倍。矿业之不发达，又何足怪。其他工商诸业，无不有类于兹。人之设部，所以卫民；我之设部，乃以阻其发达。若是者，岂能谓中国不可富强。若以欧洲已行之事为师，革去留难阻害之弊，即使学得欧人百分之一二，已足致无上之富强。试观德国开战之际，粮食百物，常苦缺乏。自施以秩序之管理，即觉裕如。彼以战争销耗其国力之大半，仅以其余力，犹能获此进步。我之天然力、人力数倍于彼，又无战争，当此世界消场正广、渴待供给之会，其能获大利，何可更言。今日为中国实业之害者，部令之烦苛，与厘金、落地、销场种种恶税之窒碍为最多，此皆可以咄嗟之间除去者也。更有当注意者，美国自开战以来，虽屡沉船舶，而其业船者无不获大利。日本最近暴富者，大抵皆以买船，即日本邮船会社一家，去年一年之间，亦获数千万之利益。此一公司之利益，虽似不足概乎一国之荣枯，而实际则此运输无滞一事，已足令国中百业蕃昌，各致巨万之富。今试反观中国，其运输状况，岂不可悲。自开战以来，上海常积三万吨之货物，待船不得。此每月三万吨之息，所损几何。三万吨之仓租，所损几何。非一年数百万之损失乎。三万吨之货，屯于上海，则内地各埠所停者当十倍于上海，此非每年数千万之损失乎。内地各埠，货尚停滞，则各原产地之货，亦无从运出，坐待腐败，此其损失，不仅在息，乃在于本，此非每年数万万之损失乎。即此一端而言，苟能改革，已可敌加入条件之全部，抑或过之矣。合彼借债、延赔款、加关税，不及二万万；此则一年之增加，已不止二万万。彼为剜肉补疮之计，所入旋即须付出；此则为真正之增富，无论如何，不生损害。苟欲求利，则何不舍彼而取此乎？今日所谓船荒之时代也，以中国之人工造船，必较他国为贱；即输入机器铁材以制新船，亦决非难。若为应急之计,则以较高之价,买既成之船,尚可及时通运。今计屯积之货三十万吨,其中多数,不过输之近地,匀计每一月半可一往还。则欲于一年之间,清此三十万吨之货,不过四万吨之船舶,足以敷用,此决非不能办到之事也。此四万吨之船,一面输出有余之农产,一面输入必需之货物,且从而为建新船之基础,则此停滞内地各埠之货,不及一年,可以悉去,而原产地之货,亦可陆续输出,无朽腐之余。即此一端,已足使经济上遂非常之发达矣。夫使用游民,开荒地,除厘金之限制,奖励航业,期年之间,不冒危险,所得必较加入条件为多。而彼则冒危险尚不可得,此乃安坐而得发展农业,开掘矿产,振兴工艺。彼日本以两年而获七万万之国富,比例计之,我国即欲年获十万万,亦复何难之有。

今之政府,惟以财政为忧。不知财政根源在于国民经济,不此之图,而求目前之利,求而得之,尚足亡国,况其不得而坐受无穷之害。此何为者也!以此千载一时之时机,而不肯于经济上奋发有为,坐失发展之路,不亦谬乎。不能有为,若能安贫,而徐补救,犹之可也。贪目前之利益,自命奋发有为,而所为者为害而非利,其危险可以亡国,而利于政府者不过借款成功而已。苟能以一国冒如此之险,则何不以此精神,改革内政,奖励农工,而利交通,险较少而利较多乎。吾人决不能信当局者为尽无此眼光,乃排一国之舆论,弃其宿昔所信,而冒此不韪。则吾不能不疑其决心之时,惟计自身之利便,不计国家之利益也。

吾国亦知此中有一部分之人,真出于救国之热诚,而欲以此改善中国之地位。即在旧官僚中,其为利而动者不必言,其非为利动而主张加入以图抵抗排斥日本者亦不少。通计主张加入者,除极少数之人以外,无不怀有一种想象,以为日本欲专握在东方之权力,此举可以争回中国国际地位,联合美国以驱逐日本之势力。无论其以此为对德宣战之动机与否,而在旧官僚一派,其心中无时不有联美排日之念存,无疑也。而前年日本禁阻中国加入一事,更足惹起此辈之怀疑,以为日本既不欲中国加入战争,必为其有损于日本,而因之信有损于日本者即为有利于中国,益以坚其亲美之决心。然今者亲美而美不亲,欲拒日本反不得不从日本之指导,此辈之目的不能达,已彰明矣。然而其排日亲美之心,未尝息也。岂特不息而已,方以为美国扩张海军之案,不久完成,至时可资以排斥日本。不知中日关系密切,决非单以同文同种云云说明之而足。国际上之真结合,必在乎共通之利害。中国惟与日本同利同害,故日本不能不代计中国之利害,而进其忠言。即如往岁英国劝我加入,而日本反对之,彼诚有其反对之理由,决非以中日利害冲突之故,而专自利损中国也。盖中国一旦加入以后,无论如何,必成为英国之牺牲。以中国供英国之牺牲,则享其利益者,非德即俄。以德、俄占中国之利权,则日本更无发展之途,且无自保之术,此日本之损也。而其所以损者,中国先受其损故也。为日本计,为中国计,其出发点虽殊,而其结论必归于一。日本为戎计其利益而进忠言,本非为我设想;而吾人决不能因之弃其忠言也。今之言联美者,何尝知东亚之势哉?

三　中国加入非美国宣战之比

今美国与德宣战矣,然而加入协商国否,未可知也。美国之宣战,伴于实力之宣战也。他姑不具论,美国之海军,于世界居第三位,一旦开战,即可负清扫大西洋之一部分责任。夫德国之潜艇,果有所惧于美国之海军否,虽不可知;然美国要可谓之有武力以为战争者。其陆军则依现在所公布者,为预备二百万之兵。此中送之战场者能有若干,虽不可知;而陆军力之存在,即为可以实行战争之证凭。况其计画,乃将自此益加扩充也。美国频年增加海军,其费动数万万元。此次开战之后,首决支出陆军费美金二十九万万余元,海军费美金五万万元,盖有此实力,然后可以言战争也。我国能望其百分之一否乎?能以一无畏级舰、一潜艇向人乎?能有完全之军队一师乎?其不能无待言也。塞尔维、门得内哥罗、罗马尼亚于协商国为无力,然其在战场之兵,多者数十万,少者十余万,败亡之余,尚能斩将搴旗。中国之对德国,能为彼所为之什一乎?中国绝交宣战之实力,不能学美国百之一,不能学比、塞、门、罗诸国什之一,不过凌辱少数在留之德人,而自称胜利;不惟可危,又甚可耻可笑者也。而妄人反相称曰:"宣战无须有实际之战争。"然则所谓战者,将徒以供戏笑而已耶?

　　夫美国不能不与德宣战之第一原因,在其国之工业状况。英、法自开战以后,自国军需品已苦不给,一面尚须供给俄国及意大利大军需品,故不得不乞助于美国。美国应协商国之求,以扩张其工业,专注于此一方面,于是输出之额骤增,全国之人惟以金满为患。去年一年运往欧洲之出口货,价值美金三十七万万五千万元,即华银七十五万万元也。其中货物有加数倍者,有数十倍者,而铜、铁、粮食、炸药为尤多。依俄国"诺窝时的诗诗"所录美国公表数目,实如左表:

美国近年重要物品出口表（单位法郎）

品　名	民国三年	民国四年及五年
牛骡马	23,500,000	494,000,000
铜	295,000,000	1,285,000,000
粮食	825,000,000	2,175,000,000
飞机及附属品	1,130,000	35,000,000
自动车	165,000,000	600,000,000
自动单车及货车	250,000,000	835,000,000
化学材料	137,000,000	620,000,000
炸药	30,000,000	2,335,000,000
铁钢亚铅	1,257,030,000	3,330,000,000
手枪	17,000,000	90,000,000
机器及车床	70,000,000	305,000,000
金属线钉等等	51,500,000	250,000,000
生熟皮革	182,000,000	400,000,000
靴鞋等	90,000,000	235,000,000
炼牛乳	6,500,000	60,000,000
精制糖	9,000,000	395,000,000
羊毛	34,000,000	225,000,000

夫美国之出口货骤增，一方面为丰富之金钱流入，一方面亦为资本之偏注于一部分。此表中多数新增之出口货，实由新增之工厂造成之。此工厂既投莫大之资本而设之，一旦出口有阻，则此诸工厂皆归无用，而恐慌立起矣。德国提出和议之时，美国市场为之震动，即以此故也。然则德国潜艇封锁之策，美国所受影响可以知矣。夫欧战以前，美国在德、奥暨丹麦、那威、瑞典等地商业至盛。自英国封锁德国海口，美国遂失其销场之一部分，幸以英、法、意、俄之需要补之有余。故但见战争之乐，不知其苦。然而德宣言封锁地带无警告击沉以后，美国及其他国中立国舣，皆有中止之惧，

于是美国之工业为大摇。美国为保护此种利益,乃欲打破德之潜艇势力,而继续其通商。此其宣战之本意也。抑此美国之加入,皆有剿绝德国潜艇之效否乎?在美国工业者亦未尝不疑之。但若使美国为宣战而备军实,则从前所欲供之外国者,今可移供本国扩张军备之用,即无资本误投生产过剩之患。即使德艇依旧跳梁,欧洲贸易杜绝,彼资本家固可高枕无忧,此所以美国全国主战不休也。今我中国果有若是之景况乎?欧战既开之后,我国除对美国贸易不变外,对于欧洲诸国出入口货,有减无增,此盖以我国政府之不留心与人民无智识使之然。然而中国所产之货,不合于彼所急需,实为最大原因。而在近年英、法之限制入口货,尤为大不利于中国者。依此限制,则中国丝、茶诸货均遭停滞,而农商俱被其祸。然则美之受祸,在德之封锁;而我之受害,在英法禁入口。各异其景况,各异其加害之国。然则若真与美一致行动,岂非先须抗议英、法之限制入口,而以绝交宣战继之乎?我国与美情形不同,中立不倚者,自谋利益之道,即自保之道也。

且美国此次之开战,固德国迫使之然而然,非美国所得已也。今日以前,美国供给无限之军需品于欧洲诸国,不见其匮者,美国自不从事于扩张军备也。德国察知其然,故挑战于美国。美国之开战,决不如中国之毫无预备也。则必辍其供给英、法、俄、意之军需品,以充实己国之海陆军。试以今次通过之美金三十四万万元,比之去岁出口往欧洲之货值,可知其相差不远。故使美国此项经费,于一年内支出完毕,则恐出口到欧洲之军需品,比之前岁不及什一;而英、俄诸国之供给,将以是竭蹶矣。论者但见美国富力军威,若足以大为德国之害。其实以海上言,即以美海军加入英、法队中,仍决不能奏扫潜艇之效果。以陆上言,则美国输送数十万兵于欧洲,殊非易事;即曰能之,其所收效亦不过如英国之稍稍增募兵队,于战局决无影响。然运此数十万兵者,其供给补充交代,又须征用巨额之船舶,即同时使英国缺乏粮食之祸益增,故其所得不偿所失。德国惟深知其如此,故百计迫美加入战团,在美国真不欲其如此也。试观美总统提议媾和,力主不待胜负而致平和,其心欲战者哉。通牒调和,认为美国之权利,且认为义务,其意气何如。而三礼拜后,忽而抗议,忽而绝交,忽而宣战,恐威尔逊博士自身,亦决不料其如此也。美国之开战为德之利,故德强迫以成之。中国无此不得已,而必欲以美为师,岂非捧心颦里之亚乎。

中国与美国此次地位完全反对,言实力则彼有而我无;论损害则彼受诸德、奥,我受诸协商诸国;论加入之不得已,又为彼之所独,我不与同,则我何为自苦若是。试观日本前此尽力建立其势力于山东及南洋,至其既得,遂谨守不进。前岁有请日本派兵至巴尔干之议,欧洲各国,翕然主张,即日本人中亦有少数为其所摇,而鉴于多数民意不悦,不敢实行。彼日本于协商诸国关系非我之比,且其实力亦优足以办之,然尚不徇一时之外论,而置举国之反对于不顾。我国政府胡不深思而遽言随美进退耶!

四　中国加入与各国之关系

中国加入战团以后,以见好于欧美诸国故,将来可望得其援助,此种思想全由中国历年远交近攻之遗传的愚策而来。中国自与外国接触,即有以夷制夷之画策从之俱生。李鸿章之外交,以联俄制日为秘钥,而卒召欧洲列强之侵入,旋致瓜分之说,势力范围之说,不割让之约,租借之约,相踵而至,此非其成效乎。然在旧官僚知有所谓外交者,无不敬奉李氏遗策,以为神奇。袁世凯之策外交也,曰:"引一国之势力,入他国之势力范围,使互相箝制。"此即以夷制夷之哲嗣,亦即远交近攻之文孙也。其姓字虽殊,其本旨无改。今之当局者,又承袁氏之遗策,乐于引入美国以排日本。故抗议,美国劝我者也;而至其加入,则美使声言任之中国自由裁夺加入,日本所尝反对者也;及中国既从美国之劝而抗议,日本又转劝我以更加入协商国中。质言之,则此次对德之交涉,实有日美之暗斗含于其中,而美国之主张遂不及日本之有力。然则中国政府亲美不如亲日乎?非也。中国旧官僚亲美之主义,而未至亲美之时机,其隐忍以从日本,不得已而欲待之他日,使他人为我复仇耳。故今日诚惶诚恐以敬献于东京政府者,意谓犹璧马之寄外府,一旦时至,辄可取而复之。其貌愈恭,其志弥苦。此种亲美思想,吾不敢谓其非发之至诚。然而其迷梦之政策,果足以益中国乎?我知其必不能也。特是以日本政治家之近眼,与英国之牵率,遂相蹙迫而生此绝交加入之议。考论其实,于加入有所主张者,协商一面虽云七国劝我,而意、比、葡三国,实可谓初不相关(如其逆计将来议和时,可借中国以减己国之负担。谓之有间接关系,亦无不可,但决不视为重要);法、俄两国求助于我国者,亦复甚易得之,即不开战,未尝不可满足法俄之欲望;故真望中国加入者,英国也;不得已而迫中国加入者,日本也;欲中国与己采同一态度者,美国也。此外皆与本问题无甚深关系者也。

彼协商诸国所认为中国加入后协商国之利益者,曰供给人工,曰供给粮食,曰扫荡德国人在中国之经济基础,如是而已。试一研察，则知此三者纯为自欺之口实，在协商国亦不能认为必要中国加入之原因也。今先就经济基础而言。德国之贸易，开战以后，已全杜绝。德人在东方惟一之商埠青岛，已归日本占领，今所余者，绝无贸易等于故墟之数十商店而已。彼数学校之解散，数卫卒之被拘，与此数十商店之闭锁，在官厅少数德人之解佣，便可谓之驱除德国之基础。而前此攻略青岛，杜绝贸易，反不足以比其功。日本费财亿万，劳师数月，死伤及千，不能扫除其基础。今乃不如三数警吏之能，此不能信者也。须知德国在中国贸易之所以盛大者，在其商品之信用，与营业之精神，对于中国人之精密之研究。以此三者为他国商人商品所不能及，故后起无根据而能以短时期内侵入英国之地盘，与之争胜，此非可以人力遏止者也。今试检德国占有青岛之后，其输入输出之状况如何，可知德国在东方之基础，并不在于青岛。

一九一一年青岛输出入价表（单位两）

国	输 出	输 入	共
德	4,665,000	1,596,000	6,261,000
日	4,309,000	1,174,000	5,483,000
法	8,000	4,329,000	4,337,000
英	199,000	1,551,000	1,750,000
美	1,282,000	124,000	1,406,000

若言除去德国根据，则虽占青岛亦不足尽其根源。将来欧战既毕，决不能禁德货之来。德货既来，则发挥吾所谓精密研究与商品信用营业精神，转瞬即可复其旧观，益加发达。是则所限制者，不过一时。而在此一时，德国本无商业可言，无须限制。故此一

说,决不能成为理由也。

至于人工之帮助,则惟俄、法两国实需要之。英国本土,人口虽不多,而在印度领土,已有三万万上之人口,决不忧劳动者之不足。况且英属华工,向来最夥,但使一令召集,即马拉半岛、婆罗、缅甸,旬月之间数十万决不难致。一面中国往南洋觅食者,后先不绝,故南洋所招华工,亦无尽藏,非如俄、法之必求之中国也。俄、法虽求人工之助,若特定条约,准华工之到法、俄,亦复甚易之事。且迄今虽无条约,招工之事,俄、法早已实行,则无事因此必强中国加入,明也。又自粮食言之,俄之缺粮,乃由转运之难,非以生产不足。在本国尚难转运,则自无由移粟就民。英国产谷固稀,而求之于美国、坎拿大,较求之中国还易;且向来输入中国之面粉甚多,今但移此以供英人之用,或更输入中国之面麦亦足供其所用,何必宣战始能行之。且闽、粤之米,向仰给于安南、缅甸,彼若需粮,则转运于其母国之英、法已足矣,又何待求之中国乎。要之,无论从何方面着想,决不因此人工、粮食两层,至要求中国之加入。此所以真与吾国加入有密切关系者,止于日、美与英三国也。

论此次之劝诱中国,美、日居其冲,而英国若退听焉。考其实际,则英国为其主动,而美、日之行动,适以为英政府所利用耳。何也?英国之运动加入,非自今始。往者袁氏称帝之日,英国曾欲以加入为条件,而承认袁之帝制。袁未及决,日本出而反对,遂中止以迄今兹,然而英国之运动未尝息也。但以英国曾对日本外交总长石井约言,此后在中国无论何种举动,必先经日本同意。英国在东方之外交,本不能自由行动,故英国欲动中国,必先动日本;欲动日本,惟有借美国势力侵入中国以挟持之。此次美国之劝告中国,以何原动而来,非吾所敢议。而英文《京报》辛博森一派之论说,则显然谓中国抗议之后，以美国之经济力与兵力为可恃，即可无虑日本之挟制中国。其论调如此，则一方面代表中国政府亲美排日之初心，一方面又表明英国在东洋对于日本之甚深之恶感者也。吾闻亲美论者动谓日本年前阻止中国加入，志在使中国外交受日本支配；此次抗议，即图独立之外交。不知在东洋外交受日本支配者，乃在英国；而加入之后，英国可回复其外交之独立耳。中国之外交何由得独立乎？

　　中国之旧官僚，有其习性，只有与营私利之人，或被其认为好意；此外无论何事，彼必以不肖之心度人。日本之不愿中国加入，固曰大隈内阁不欲助成袁皇帝，然决不得谓为主要之原因。主要之原因，乃在中国加入自身之不利。从公平之观察，以批评日本当时之态度，可谓第一为中国谋其利害，而后计日本之利害（此时中日利害相同，自不待言）。以此友情，救中国之危，而措诸安定。中国之论者，不知感谢，反以是为失我外交独立，欲挥刃而复仇，诚不能谓此辈官僚之思想为尚有理性存者也。日本诚见中国加入绝不能为协商国摧败德国之助，而一旦加入，无论孰胜孰败，中国必不免为牺牲。以中国为牺牲，中国之不利，亦日本之不利也。为避此不利而不惜得罪于同盟国，亦可以谓之无负于中国矣。而论者则谓之挟制中国，谓之不使中国有外交，此所以动失东亚联合发展之机会，而为白人所利用，抑亦以彼辈洪宪遗臣，对于袁氏加入称帝，实有无穷之属望，故一旦失之，惭忿交并，转而致其深怨于日本也。论者动谓日本要求廿一条款，即为独占中国利益之征，侵略之实行。然当知廿一条款初非日本之意，而日后袁氏称帝事急之际，曾以有过于第五项之权利供于日本，而日本不受也。始袁氏既解散国会、改约法，第二借款将成矣，而败于欧战之突发，乃改其昔者排

日之态度为亲日,因求日之承认帝制,而诺以利权为报酬。所谓廿
一条项要求者,袁自使日本提出其所欲,以易其帝位,非日本自以
逼袁也。袁之排日,夙昔已著,日人惟知事定以后必为反噬,故重
索其权,以求免未来之患。顾此条件无端而泄漏,无端而有国民之
反对,各国之责言。袁尚欲贯彻其主张,乃暗请日人派兵来华,致
最后通牒,以镇压国中反对者,而便于承认日本所主张,然终不敢
诺第五项。如是者又半年,帝制起而云南倡义。袁忽使周自齐东
为特使,不顾国中反对,诺允日之第五项,且益以他种利权。尔时
日本欲助袁平定民党博取利权,易于反掌;然而举国反对,不为利
动,袁策遂不得行。以此二者比较而观,可以知日本于中国不必以
侵略为目的,其行动常为中国计利而非以为害。论者不察于是,徒
以日本为有野心,非笃论也。日本之不赞成中国加入,与不受周自
齐所赍之贿,同为纯粹之正义所驱。吾人于大隈之举动,固不尽赞
同,而公论要不容没。即在此次日本虽翻然劝我加入,而吾尚深信
彼中不无审察利害,不乐促我堕此漩涡者,故于所谓加入条件者,
日本不遽与赞同。即其心中以为日本对于英国,既有同盟关系,势
不能永拒英国之求,而亦不欲负诱我以入协商之责任,故但劝以言
而不肯供其贿(关税改正、赔款延期以为加入条件,则皆贿也)。彼
岂不知利益均沾之约尚存,将来不难追补;今兹所失,朝四暮三,本
于名实无损;而必坚持之者,其心诚亦不欲中国以此而自决堕入危
途,将以自慰其良心而已。况乎以终局利害论,中国之不保,同时
即为日本之衰亡也。日本之劝我,非本意也(以上所引外交秘密,
皆有最确之来源。徒以责任所在,不能明指。要之,此中事实,当
局自知其不虚;而吾之操笔,亦绝不以私意稍有所损益以就吾论
据,此则可以吾之良心与名誉誓之者也)。

中国之加入,于美国为有利乎否乎？则将答之曰:美国欲中国随彼一致行动,无异欲他中立国随之。美国不以他中立国加入为己之私利,即亦不以中国加入为己之私利。须知美国劝我抗议之通牒,对于诸中立国一概发出,与前此劝和之通牒同。论者但见美国劝我抗议,谓中国加入协商,亦为美国所乐闻。不知美国为向来最大之中立国,常欲使他中立国行动与彼行动一致,以保中立国之利权。故前此提出调停通牒,则亦劝我为调停,所劝者非止我国也。一旦提出抗议通牒,则又劝我为抗议,所劝者亦非止我国也。此为美国外交当然可采之手段。而论者先有成心,乃于美国之意思,加以曲解。故前次调和之通牒,忽然集矢;今日抗议之劝诱,又忽焉以为抵排日本之机。吾信美国之通牒,必不存此心。中国官僚日思排日,因美之来劝,遂自扇其感情,发为虚想。此种举动,适投合于英国人之需要,而其波益扬,此亦美人所不及料者也。中国苟但随美行动,则美国可以各中立国之一致为基础,而谋中立国之利益,此其所愿也。过此以往,本非所求,虽有抗议劝诱之一事,美国不负引入中国之责矣。

统以上所言,则知劝我抗议之美国,劝我加入之日本,均未尝因我之加入能受何种利益;即在协商欧洲诸国中,亦决无非中国加入不可之理由。然则何以七国公使不惮再三干涉我国对德之所谓"独立外交乎"？则以其主动者有英国,故不惜百方以求引入之机会。袁氏之称帝,一机会也,不幸而挫于日本之干涉。故又利用此美国之劝而扇起中国排日之感情,即以此耸日本之听,而促其决心。此年来英人所经营者,其迹历历可睹。此中摩理逊、辛博森等于种种方面皆当自白其尽力于中国加入协商一事,可见中国加入而得利益者,非意、比、葡,非俄,非法,亦非美,非日也,惟有一英国而已。则有问者曰：英国于招工、运粮、破坏德人基础以外，更有何等甚深之理由乎？曰：有之。英国自数百年以前，迄于今兹，有一不变之政策焉，曰：求可以为牺牲者，以为友邦。中国适入其选，则英国之欲我宣战也固宜。

五　大英帝国之基础

除去印度，大英帝国不过世界之三等国，此英人所自认者也（《中央公论》引喀逊语）。英国之帝国，以何者为基础乎？伦敦之市场，何所资而能为世界市场之中心乎？英国之外交，何以常能使人尊敬为第一有力者乎？以偏在欧洲西北三岛之地，而其所领土地周绕地球，自诩国旗不逢日没，其操纵之，操何术乎？非巴力门政治之力也，非二强国海军标准政策之力也，非条顿种绅士精神之力也，所恃者印度而已。惟有印度，始能控御此周绕地球之殖民地。惟有印度，伦敦市场始得为世界中心。亦惟有印度，英国始得至今执欧洲之牛耳，横行于世界。英国之君，称为大不列颠合众王国王，兼印度皇帝，英之所以为帝国者，在印度不在英伦也。

往者英相张伯伦，以其所领之统一党，倡帝国主义，而以殖民地互惠关税为入手办法，即说明此意义者也。英之殖民地徧于五洲，自英本国而南，占有非洲之大部分，而握埃及以为交通之枢纽，且取直布罗陀、摩尔泰、亚丁以联之，而以好望角副之。出红海而东，萃于印度，展而及马拉半岛，则星架坡为之枢，锡兰、香港以副之。其东南则有澳洲，越海而为坎拿大。盖其领地统治之法，随地而殊。坎拿大、澳洲皆有自治政府,英国之主权仅于对外认之。而澳、坎对外所以姑认英之主权,非以为母国利也,以其若离英独立,则海陆军之费较现在必且大增。现在可以轻税薄敛支持,将更而为重税,故宁依附英国,以保对外之安宁。其用心如此,故英国欲求国家所需要之资源,不能仰之澳洲、坎拿大也。今日母国布征兵之制,强制劳役之令,不敢望之澳、坎也(去年十一月澳洲之国民投票即反对强制征兵之案)。非洲之地虽亦巨大,而人口较疏,地势分散,必不可用以为发展之基。只有印度、马拉比较地位适当,而向来统治,惟英人意所欲为,初无扞格,故以为联合之基础最适。而马拉半岛消费生产之力,均远在印度之下,所以不能不舍马拉而取印度也。张伯伦之策,乃在改高英国之税率,对于外国输入之货加以重税,而于本国及属地来往之货物,则特免其税以励之,所谓特惠也。以此特惠之结果,澳洲之农产及印度、马拉所产各原料,可以专擅英伦之市场,不容他国货侵入。而英伦二业制品,亦可专占坎拿大与澳、非等大市场,而拒绝外国货之流入。使此政策完全实行,则经济上英国全国农工商业皆能自给,以其余力操纵世界市场;论其根本所需,不必求之国外而已足。所谓农工商三位一体主义者,即此之谓。而英国之帝国主义,亦于此计划实行之后,始可望其进展也。从前欧洲之取殖民地,无异蜂之取蜜。所志者在吸其精华,以益本国,绝不存一联为一体之念。故其所谓殖民地者,单以能使本国得益若干为算计之基础;以经济之利害,决经营之方针。然在二十世纪,此种中古之政策,不适于用,自不待言。张伯伦之帝国主义,乃由是倡。彼以殖民地与母国,当视为一体,痛痒相关;母国之工业,即借殖民地以为销场,而农产则由殖民地供给。然而此所谓销场者,专视人口之多寡。英国全国人口,不过四万万内外,其中三万五千万为印度人,本国人及印度人外,所余人口仅数千万耳。足以证明英国若无印度,即不能成为帝国矣。

抑英国之获得殖民地,非有一计划以整然之组织行之者也。始得领地于美洲,旋夺法之坎拿大。未几而合众国独立。值拿破仑战争之后,乃以种种手段,继受荷、葡两国所领,且占有澳洲。于此参差错落之殖民地中,谋其联络,然后占有苏彝士河、好望角、星架坡等地以为根据。印度之经营,乃自一公司始,资本才七万磅耳。中间有葡萄牙之先进,复遇法、荷之东印度公司与为竞争。适印度小国互相攻击,而皆借助于外人。克雷夫,印度公司中一书记也,凭其智力,扇构印度诸王,假以资粮器械,己则乘之收其实权。自十七世纪以来,迄于一八五七年之叛乱,印度统治皆委之于公司,英国政府初不过问也。暨乎叛乱戡定,一八五八年英国始声言并合印度。一八七七年英国始以维多利女王兼印度皇后。其时公司所以付与母国者,面积一百七十六万方英里,人口三万万余。自兹以降,英人复尽力谋其扩张,且保护维持其殖民地。然而作始非有计划,故当然为大英帝国之基础者,至于二十世纪之初,犹以偏隅待之,所有政治上之施设,往往背驰。此则凡属逐渐长成者所同有之弊害。小之如一都市,当其始未有计划,任意以延长之,则其形必成为不规则之状,其交通配列必不如意,其天然应有之中心与实际现存之中心乖离,统治改良,种种阻碍,皆由斯起。论世者试以中国之南京、北京、广州、汉口,日本之东京,比之美国之华盛顿,可以知其差异矣。彼南京、广州、东京诸市,非故意为此不规则也,任其自然发达,以变田园为市街,由田园进而任意附益于都市,不由都市自立计划以取用田园,则其糅乱无纪,必不可免。英之殖民地,亦正类此,本来既无秩序,则一旦求整其统系,自属非易。然无论如何,英国经济之基础,即其国家之命脉,在于印度,事至了然。若此基础失去,则大英帝国亦惟有瓦解而已。除去印度,虽以澳洲、坎拿大,亦不足以为英伦工业品之销场,不足以完农工商三位一体之实;既不免求销场于外国,则国内自给之策完全破坏,母国与殖民地浸益疏远,终至各相离异,不复有为。故无印度者,澳洲、坎拿大皆成为无意味,而非洲与马拉半岛更不足数矣。故英国所以能保有国旗不遇日落之殖民地,以印度也。

英国之所以得握世界商业上之实权,以世界市场置之己国之支配下者,以其国之出产力与消费力,俱优越于他国。而其生产消费各在一地,即在国内营通商转运之业,已臻极盛。挟此基础,以为商业,以为航业,他国不能与争也。夫世界之货物,有其生产地与消费地之距离,视其两地之距伦敦更近者,其价反待决于伦敦之市场。此非以经济社会关联较多,他物集于伦敦,一物不能独异之故乎。凡世界市场买卖,虽以货币计数,而买者之资源,必由于卖一种货物;卖者又常以其资金购取他种货物。故有一地为多数货物贸易之所者,其他货物当然趋而附之。英国以其对国内之贸易,集中于伦敦,随之对国外之贸易,亦集中于伦敦。此贸易之额,既已甚巨,故此二者以外之贸易,亦为其所吸引。而伦敦自然成为商业之中心。除去印度,则英国之商业已去大半。其根本既伤,自无吸引之力,而雄制世界市场之资格,从此失矣。印度之存亡,即英之存亡也。无印度即无殖民地,无商业,无航业,内不能自给,外不能取足于他人,虽欲苟存,安可得乎?

不观乎西班牙、葡萄牙之历史乎?彼二国当十六七世纪间,中分地球各取其半,以为势力范围,其所领殖民地,势驾于并时诸国上。徒以不能谋其统一协合,母国与殖民地,两不相亲,稍有不利,即离而独立,或他属焉。今之非洲海岸诸地,暨南洋英、荷领土,往者非皆葡领乎?葡萄牙惟不能占有好望角与埃及诸殖民地,遂无由联络。西班牙亦坐不能收联结中美、南美诸地之效,所以入十九世纪,纷纷变为独立之国。盖其对于母国,本皆无经济之关联,其离叛固事势之所使然,不足怪也。荷兰承葡萄牙之敝而起,一时雄视东方,亦以不得经济上之联结,一失好望角、麻六甲于英,其地位遂大低落。使葡萄牙与荷兰得英之印度,则东方岂容英国为霸。使英不得印度,则不特马拉半岛无由经营,即坎拿大、澳洲亦久已师美国而独立矣。英国惟得印度以繁荣其商业,因以担任此巨额军费,以保持其海权,使澳、坎托其庇而安焉,此所以不蹈西、葡、荷之覆辙而强盛百年也。

事固有始行之甚易而莫之行者,亦有偶然行之不知其关系之大如是,而幸收其良果者。英之设印度公司,在他国之后,侵略全由公司划策,母国初不之知。即克雷夫当时,岂知其经营印度,关于英国之荣枯若是哉。事后推论,归功尸名,亦适有运会焉。嗟乎!使中国而遇有若印度公司者存,恐当英国并合印度之际,中国已相随俱尽。尔时英国欲吞中国,易与吞印度同耳。当一八六〇年之交,中国方南北争持,未有所定。清帝北走道死,举国无以抗拒外人为意者。使戈登袭克雷夫之策,以中国之兵征服中国,决非难事也,况益以国家之助乎。当是时葡、荷已衰,法、德未起,在东方无与英争殖民地者。自克列迷阿半岛一役,英法联合助土敌俄以来,英常以法、普之交恶为利,乘其间隙以图利于东方。当时虽以英法联军攻陷北京,论东方之根据,法实无有。英国当时如不但以通商贸易为满足,而求并吞中国,实无一国可以牵制英国者也。假令英国以十年之功,收中国于掌握之中,则法国正败于普,德意志帝国新成,而亚洲已全入英国统治之下矣。使其然也,则今日之大英帝国,非特保有印度莫能摇动,且可以并中国、印度为一团,取世界最大之市场,纳诸囊中,而莫敢窥伺之。非特无此次之战争,即在将来,苟非英国内讧,恐亦无人能问鼎轻重。使吾人为英国人,必不能不痛惜当时英国无人,坐失此万劫不可复得之机会。而吾中国人则又不能不深幸英国之无人,使吾人今日犹有研究中国存亡问题之余地也。

吾不云乎:事有始行之甚易而莫之行者,亦有偶然行之不知其关系之大若是,而幸收其良果者。故吾人追论英之偶然而得印度,偶然不得中国,为英国计者,惜其未收全功;为中国计者,幸其不早覆没,皆从其已事而征其效。然而英国有帝国主义之实行,有互惠关税等等政策,所以保持其偶然所得者,使不以偶然失之也。而我中国则何如,幸不见并于英,且不知戒,而轻心以掉之乎。英国虽失并吞中国之机会,心未尝忘中国也。值法国于战后专力经营殖民地,与英角力,德国寻又起而乘之,英国犹欲以瓜分之结果,占有中国之大部分,以为印度之东藩,补往日之失策。而计划未遂,忽有日本起于东方。日本一出,战胜中国,虽曰从此中国败征益无可隐,而实际瓜分之局,转以日本之突起与俄国之远略而中破。俄国既与土战胜,势可突出地中海矣,而英嗾德以挠之,使不得伸,易志而东图我新疆与彼印度。英国为自保计,不能任俄国之发展,而于东方陆上之力不能制俄,值日本之新兴,遂利用之以为敌俄之具。东方既有此角逐,利益更难平均,因之瓜分说破而均势之说代之。日俄战后,日之地位更固。而英国亦无法使瓜分之际日本满意。日本亦知瓜分之后己国地位无由巩固,力主保全中国。盖法、德之着手东方,为英国并吞中国之障碍,其政策遂变为瓜分。而日本之勃兴,又为欧洲瓜分中国之障碍,再转而为均势保全,于是英国不得不以保守印度为满足矣。虽然,英之帝国,保守印度,固曰足矣。为他国计,亦能容英国之保守印度以为满足乎?人皆知其不可能也。以英国之帝国主义,恃印度以为基础,故英人必百计求保印度,不惜以万事为牺牲也。

六 英国百年来之外交政策

欲论英人之用何术以维持此帝国,不可不先溯之于英国向来对外之政策。

英国自战胜西班牙之无敌舰队以来,其对外有一定之国是,即联合较弱之国,以摧抑当时最强之国是也。当十八世纪之后半期,英国以法为标的,对于法之战争,以路易十四、十五之强盛为欧洲最故也,非修百年战争以来之宿怨,亦非属望于欧洲之领土。惟英国欲维持自国之利益,则不许欧洲大陆有一最强国发生,苟其有之,必合诸国倒之而后已。此对法之战争,结穴于滑铁庐一役。自此以后,至于今兹,百年之间,英国霸权,未尝衰歇。虽然,其间保存维持之业,亦复非一。自法国摧败以后,英国不复忌法。而俄国逐渐发展,势将南吞土耳其,既并土耳其,必据埃及、制红海,而地中海之权失,印度之门户亦不固。故于十九世纪之中期,英国舍法而敌俄;举土耳其而御俄罗斯,动则曰扶弱锄强。当是时,土耳其之奉回教,无异今兹,其苛待基督教徒,或又甚焉;然而不惜悬军远征以助之。今日则曰土耳其之文明已不适于欧洲,须逐之使复归亚洲之故土。狐埋狐掘，翻云覆雨，曾不知愧也。实则前之保土耳其，所以保印度。今恐德因土耳其以取印度，则不能不合俄以攻土耳其也。既一败俄于一八五三年之战，又于一八七七年俄战胜土结约之际，强结德以抑俄。盖自拿破仑败后，英富亲法而敌俄，则以法已失势、俄方日强也。

　　然一方法国自见败于普之后，思有所取偿。而俾斯麦亦欲斗英、法使自敝，因嗾法国致力于殖民地之扩张。于是法国占突尼斯，占阿遮利，占安南，占马达加斯加，而伸张其势力于摩洛哥，于是乎得罪于意大利，又得罪于英。俾斯麦因是收意大利以入于三国同盟，而激英使敌俄、法。英于斯时，实远俄、法而亲德，至其极，遂生东方之冲突。英人自度在东方力不能胜俄，乃乘日本怨俄之干涉辽东割让一事，耸日以拒俄。日本之与俄战，在日人言之，则为取朝鲜也，为保全东三省不使俄人驻兵占据也。自英人言之，则不过日人为英人守卫印度，驱除其东方之敌人而已。方俄之盛，日饴日人以攻俄；及俄蹶日强，则又百方窘日。此即英国百年不易之国是，以为忘恩负义、以怨报德而讶之者，未知英国之历史者也。

　　一方得日本以制俄，一方德国之势又日隆，于是英国又弃法、俄不以为敌，而转搂诸国以敌德，然后造成此次之战争。盖俾斯麦之为德国划策也，曰让法取海外之殖民地，而德匡自以全力修治内政；内政整理既毕，始可外图。于时法果以扩张殖民地与英大冲突，英国欲专埃及之权，而法挠之；法国欲固其力于摩洛哥，而英国又以直布罗佗之关系，不欲法国占此非洲北岸突出点：两不相下。既而威廉第二黜罢俾斯麦，而图扩张势力于国外，以是经营非洲东西海岸之地，在在与英冲突。英国不得已始与法国协商。法国承认英国在埃及之权利，英国亦承认法国在摩洛哥之优越权。于时

俄犹未败于东方也，及俄国既败，英法益亲，法遂实行前约，以兵力
干涉摩洛哥，德国乃出而抗议。是时法之外务总长笛卡西与英为
约，一旦法、德决裂，英当以二十万兵助法，经由丹麦进攻基尔运
（此种计划正与德之强行通过比利时同。英国不过偶未逢此实现
之机会而已。何人道公理之可言）。后卒以调停终局，而英之义华
第七与法外交总长笛卡西遂始终成就英法联结。统此以观，百年
之间，英与法再为敌，再为友；于俄一为友，一为敌；于德一为友，一
为敌。要之，当其最强之际，英国必联他国以敌之；及其有他国更
强，则又联之以共敌他国。二世纪间，英国之外交政策，未尝变也。
其以一国为友也，非有诚意之结合，不过利用之以攻击他国，以友
国军队为己之佣兵，敌其所忾而已。及乎强敌既挫，惟有友强，则
又转而以友为敌。而英国始终居于使嗾之地位，战则他国任其劳，
胜则英国取其利，此则数百年来未尝变者也。故论英国之外交，断
不能谓某国必可为英国之友，亦不能谓某国必为英国之敌。抑且
除印度及与印度有关之数地外，虽为英国向蓄有势力之地，亦不惮
移以赠人。如摩洛哥，固英国宿昔所经营者也，为搂法以伐德，不
惜以让诸法。从可知英国向来为破灭欧洲最强之国，不惜以种种
为牺牲。而其所以必破坏欧洲最强之国者，不外以保存其帝国。
换言之，即不外以保全印度耳。自道德上言之，必损己以害人，信
为罪恶。然以利害而论，为英国谋者又何以加于兹。英国之结日、
结法、结俄，均以其强不逮德国，故纠合而为之首领，使从于己之支
配也。其于土耳其，亦思用此策，以绝德国东出之途，同时又不使
俄国得志。然而英人有恒言曰："血浓于水。"故又常助土耳其支配
下之白人，使离土独立而收以为己党，自希腊之独立而已然。而于
塞尔维、门得内哥罗与罗马尼亚、勃牙利，又以对俄国之关系，英亦

阴祖之。故土卒不甘为英之牺牲而合于德。藉不然者,英国已以土为俄国之饵,而君士但丁久在俄国统治之下矣。不观夫土未与英、俄决裂之前,英国之所以诱土助己者乎。英国上下无不以为土国厚受英之保护,以有今兹。而不计其对俄之宿愤,以为一旦揽致土国,即可乘势满足俄之欲望也。夫英国之利用他国也,方其得势,则牺牲他同盟国以满其欲望;及其势不足以为助,则又取以为他国之牺牲:此其历史已彰彰然明矣。论者以为土苟维持中立,尚可免俄、英之攻击。不知为英之与国者,方其有力,英必乐与以种种之利益,使与俱敌其敌;及其无力,英亦必重苦之以快他国之意。无他,英之求友邦,贵能为英尽力。今既无力,自然应以其国为英之牺牲。譬如饲蚕者,三眠以前,束藁伐桑,昕夕觊候,惟恐不逮;孝子之养父母,无以过也。茧抽丝尽,则命镬鼎镬,骸饱鱼鳖。今日英之友邦,皆蚕也。其犹得英之承迎者,丝未尽耳。故如塞尔维受俄之命以图奥,即间接受英之指挥以图德者也。首发巨难,亡其宗祐,亦可谓忠于其事矣,而英人之待之固何如?方勃牙利之未附德也,英人不尝与勃牙利议,割塞之地以饱勃之欲,使参战乎?当时议固未成,而英国亦以此借口,谓巴尔干外交失败,非己之罪。夫英国欲饱勃之欲,何不牺牲己之利益以求之,何不牺牲俄之利益以求之,而必以塞为牺牲者,塞之力已尽,勃之力方可恃也。亚巴尼亚非塞尔维日夕所想望者乎,以人种言,以地理言,皆近于塞,塞以外无通海之途,迫而与土战,倾国以争此地,卒为奥所抑,不能遂志。今者塞既为奥所败,若以英、法之援而得亚巴尼亚,固曰义当尔也。然而英、法为联意计,不惜以亚巴尼亚为意之势力范围。观其所以待塞尔维者如此,则知假令土耳其附英、我而敌德、奥,英国亦必不保护土耳其以令俄、英触望。此无他,土之力先尽于俄,故其利益不免为俄之牺牲也。今试观察此全战役,英之得与国,有不以利益饵之者乎?如其于意大利,于罗马尼,所谓参战条件者,非土地之豫约乎?其于日本,非以山东与南洋诸岛为饵乎?其以利诱勃牙利,诱希腊,而不成者,更不可悉举。而问其所以许与人之利益,有一为英国自所捐出者乎?无有也。非约取之于敌,则使友邦忍苦痛以与之。英国之利益不伤,而有力之国,皆用命焉。此真蚕人抽茧、豆人煮豆之术也。刍狗之未陈也,袄而祭之。既其陈也,驱车以轹之。夫英国不仁,以万国为刍狗。塞尔维罹其网而丧其邦。土耳其幸不从英而已,其从之也,欲俄国之进兵,必以亚美尼亚、君士但丁与俄;欲勃牙利之从,必又割其西偏以与勃;欲希腊起,又将割其西南以与希。夫巴尔干诸邦,皆为可左可右之国,而无国不有领土之野心,故土耳其苟为英友者,巴尔干诸邦必悉袒英。非土耳其之声号足以来之也,其膏沃形胜之领土,足使诸国奔走熙攘;而来者逾多,土境逾蹙;英收其利,土蒙其害。故苟无其力,慎勿为英之友。苟无其力而为英之友,必不免为英之牺牲。若其无力而欲免于牺牲,中立上策也。不然者,与其为英之友,无宁为英之敌。此无论英之终局为胜为败,必无疑义者也。塞尔维与土耳其,其最良之标本也。南洋之矿山主,买人以开矿,其未至也,优之百方,虑其不至也;一旦入工所,计无所逃,则畜类遇之矣。英之所以待友邦者若是而已。为国者其将师塞尔维乎,抑将师土耳其也。

则有问者曰:英之不欲牺牲自国利益,固也。均是以他国利益为牺牲,何必友邦?虽中立,英国亦何所爱惜,而不害其利益?曰:是非不欲也,不能也。英之友邦,得友之名而已,其举动皆惟英之命是听。故英国用其力,则为之保护其利益;不用其力,则求善价

以沾其利益,有保护之权,故亦有赠与之权。譬如摩洛哥与埃及之
交换,英苟无力于摩洛哥,法岂肯以埃及与为交换;法苟无力于埃
及,英亦岂允以摩洛哥与之交换。故微生高乞醯其邻,以与乞者,
邻既以醯与高,则醯固高之醯也,不必问其所从来,乞者终戴微生
之德。若微生使乞者自乞诸邻,则邻犹中立国也,虽所与不止于
醯,人惟感邻之惠,而微生不与焉。此犹中立国之利益不足以为
饵,而英国之急于求友邦,若不暇择者,非以其力足恃,乃以其利益
可以为英国牺牲也。中立,于此乃可见其真价矣。

英以此政策行之二百年,以致今日之盛大。每于战胜一强国
之后,英国若无所利于欧洲之土地者,于是以义侠自鸣。试以英国
政治家之心理,置之检镜之下,知其言之必不由衷也。英国之领地
徧于世界,无论何国,苟于欧洲有优越之权力,即于英国对于殖民
地之利益生冲突,从而英国为保其殖民地计,不得不与之战。使其
强国所志,在于他所,如法与意,目的只在非洲北岸,犹易妥协也。
然既在欧洲为最强之国,则必不以是为满足,其目的必在于印度,
而无印度是无英帝国也,故英国尤不得不合他国而与之战。惟其
谋之于未事,制之于未形,故人但见为仗义锄强;而不知其举措无
一非为印度之保全计也。

虽然,自有此空前之战争,而英国地位已大变。平和而后,将
仍持此策不变乎,抑且改弦更张乎?此现在所须研究者也。吾人
以最上之智慧,绝对之忠诚,为英国谋将来保全印度维持帝国之
策,则有其必变者,有其必不变者。以最强之国为敌,此必变者也;
以较弱之友邦供牺牲,此必不变者也。英于此战争以前,每摧抑一
强国,必得数十年之苟安,于此从容以备他国之兴。其所破者,创
巨痛深,数十年间,未得复起也;其所防者,数十年未及长成,已逢

英之摧败矣:故其政策可以无变。自德之兴,而英国之步骤乃乱。方欲遏法,法未衰也;又以防德之故,不得不助法。方欲遏俄,俄未全败也;又恐日之一盛而不可复制,于万不得已之中,巧收俄、法以敌德,而劫日本使从之。辛苦十年而后得今日合纵攻德之结果,平心而论,从英国者为祸为福,故不与计;英之外交,终不可不谓之大成功。然而其成功同时有为英所深不愿者。何则?假令战而胜德,德未成死灰,复燃未可知也。法纵不加强,俄必坐大。自从战后,俄、日知互角之不利,故两国各相亲而疏英。德国覆没之日,即俄、日鼎盛之期,英欲与俄为敌,则无与制俄者。且前此使日敌俄,英之元气,未尝伤也。今与德战,虽幸而胜,国富民力已殚矣。是不惟不能自与俄战,即欲他人与俄战,亦莫为用。何则?土、塞之教训,已深入欧洲诸国政治家之心,英欲再求忠诚之仆如塞尔维者,终不可得也。往者英为盟主以攻一国,丰功伟绩,英人尸其大部,故其敌固畏英,其友亦畏英。至于此战,则群知英之易与,无复尊崇之心,其于战后无复宰制欧洲之望,明矣。更假令英国于此役不能战胜,则俄国已晓然于英之不亲己,将来必不尽力;即日本亦必深悔从前之误,舍去不援。当时之国,仍以德为最强(现在德国胜利之势已可推,即成为美总统所谓无胜败之媾和,德已居最强之位)。英欲以德为敌,在今日尚不能有成,何况今后。此又事至明白,无可讳言者也。然则英国为将来百年立计,不得以最强之邦为敌,必以最强之邦为友,相与中分世界之利益而俱享之。自己国以外皆可以为牺牲,而其选择牺牲,由亲者始;此即英国所以报其倾国以保卫印度之友邦之厚惠者也。

七　协商国胜后之英国外交

主加入协商国者,辄言协商国必胜;反之者,多言协商国必败。夫以为胜而附之,与以为败而去之,本为一国之道德上绝不能容许者。而主张之者必计较利害。若曰,苟有利焉.无恤乎道德,此亦一说也。今姑无与争协商国之胜败,试与设想,协商国全胜之后,英国之地位如何。今日英国所恃以敌德国者,非英国之力也。英国以几及二倍之海军,不能封锁德之海港,而肆德国潜艇之跳梁,拥五百万之大兵,而其战功略不可纪;于海、于茫,皆失其威信,其犹得执协商国之牛耳者,能为经济之援助耳。暨乎战后,英国更无可以制人死命之武器,则代德而雄于欧洲大陆者,必有其国。法之为国旧矣,且于此一战,实已殚其精力,不能于戕后骤望发展。意虽旧邦新命,而其海陆军两无可恃,在今日以最有利之状况进战,尚不能得志于奥国;至于战后,意已成孤立之况,在英、法尚视为疏远,在德、奥则积有深仇,其不能为英患亦明。其在东方,则英国可袭十余年以日制俄之策,引美国以敌日本。所不可如何者,俄国而已。俄国自十八世纪之初,彼得改革以来,无时不有并吞世界之计划,所谓彼得遗训者,久已为世人所公认,而俄国之地势,实又足以成之。盖俄之为国,在欧洲为受敌最少者,其北则北极之下冰雪之区,其东与南皆为荒野之国,力不足为俄害,而其土地则足以满俄国之欲。其向来有战争,皆从其西面或西南面而起,其胜则略地增长势力,不胜则退婴其天然之险,人莫能屈之。征之于历史,彼得与瑞典王加罗十二战,尝一败矣,而不为之屈;休兵八年,卒复其仇,获波罗的海之地。此后,又参与七年战争,遂乘波兰之弱而分割之。及拿破仑战争之兴,屡为法国所败,而拿破仑终无如俄何。一八一二年,法人悬军远征,以破竹之势,大胜于哥罗提诺,遂占莫斯科;然终不得不退兵,以自致来布芝之覆没。俄国虽败,不为法屈,而反以屈法者,其地利使然也。十九世纪之中叶,俄得伸志于土耳其,会英法之抗拒,君死军败,地削垒陷,乃至黑海舰队之出入,亦不得自由。然而俄国之力,毫不以是摧败,又东而出于波斯湾。俄之经营中亚细亚也,自十九世纪之始而已然,至一八七三年,占有里海之要港加斯福斯克,遂进而吞高羌,又窥阿富汗斯坦,以与英人利益冲突,波斯遂为英俄两国之争点。迄一九〇七年,英俄始为协商,波斯北部为俄国势力范围,其中间为中立地带,其南则为英国势力范围;以是三十年间之努力,终不能达占有波斯湾之希望。其在东方,又遭日本之打击,并其所已有之地盘而失之。若是者,在他国有一于此,必为败亡,而俄罗斯自如也。其胜则威瑞典,收芬兰、割波兰,取中亚细亚;其不幸,亦不过莫斯科之退军,斯巴斯图堡之城陷,柏林条约之改订,旅顺南满之退却,波斯湾之让步而已。故俄国挟此自然之地位,先为不可胜以待人之可胜,英国固无如俄何也。

英国之外交微妙而敏迅,吾人不惮称为世界之最,且尤不能不佩敬其主持者有远识而不摇。即如今兹之战争,英国本为间接之利害关系,直接有关者固法、俄也。德国之压迫法、俄,以其优越之陆军力也。使法俄而退让者,德亦未即侵及英国之封。然英国知苟德国得志于法与俄,即为世界最强之国,至尔时英始与德为敌,则无所及,故豫料德国之必为己害,而先联法、俄以攻之。夫法与俄诚有恶于德而结同盟,而于德外交固向无冲突;至摩洛哥问题与波、洽二州合并问题起,始成葛藤,渐演成以战争解决之局。而此二事皆有英国居于法、俄之背后,励其决心抗德;此英国外交之用心,固远非凡人所测也。此次战役,英国本尽有中立之余地,而英不顾也,不惟不顾中立,且其正为商议调停之际,忽以曾向德使警告德国须豫定甘与英国开战之言,告法使。此真强硬,固不得不谓之有计算有斟酌之行动。抑且对于德国之提议保全法国本国及殖民地以求英国中立,及问英国如德能尊重比国中立,英国亦能中立否,英国概以行动自由不受束缚,不能豫约中立复之(故英国谓为比利时而战绝不可信)。此皆足证英国苦心孤诣,不欲法俄独与德战,而勉加入焉,正以其深忌德国故也。其忌德国,非有他恶感,亦畏其强耳。然去德国而得俄,其足为英患无异。且往日德之祸法、俄为直接,而祸英为间接,故俄、法为英用;异日俄起,则直接受祸者惟英国,此英国所甚无如何者也。俄人方为英攻德以获利,而英又联他国以攻俄,则人将尽以俄为戒,不敢为英尽力,此又英国政治家所逆见者也。且德既败,则必弃其东进之策,而与俄无利害冲突。法、意本与俄近,美国本不干涉东欧、中亚之事,日本又已先事亲俄,英国欲求俱与敌俄者,必不可得。无已,惟有改其故步,因利乘便以联俄。虽然,联俄非可以口舌毕其效也。英国欲收俄国不侵印度之利,必先有以利俄国,而所以利俄国者,又须为英国势力所及,不徒以口为惠。故如以非洲饵俄国乎,则非洲之领有,不过稍增其面积,毫不足以为发展之资。且如媵以埃及,则英国与印度之联络,不得不复于好望角之旧途,此为制英国之死命,英所不能容许;即俄国占有此非洲北岸,亦终无由满足其野心明也。将在亚洲方面为让步乎,则收波斯、阿富汗斯坦于俄国域内,益以危印度之边藩；而俄之野心，亦断不能满足。故结局欲与俄联，须捐印度；英不捐印度，则须求与印度相当者以赠俄，则在今日有为第二印度之资格，而为俄所满足，无逾中国者矣。故英、俄交好之日，中国必不免为同于印度之牺牲。

　　盖凡所需乎殖民地者，以本国生齿日繁，富源已尽，借之以免人口过剩之患也。然其所求以为殖民地者，如为荒寒待辟之区，则必费多额之金钱，始可望其发达；而发达之后，又恐其羽毛丰足，背弃母国。故英之殖民也，已失合众国，又将失澳洲、坎拿大。此无他，新领地之生产力，一由移住之人成之，其本有之人民稀少，无生产力，因之亦无消费力；及其培植成功，则其生产者又足自给其消费，而无以益其母国。夫人民乐故土，多亲族友朋之牵率，利不什不徙其居。得殖民地之国所最希望者，其殖民地能供给己国原料，同时为工业制品之销场；因之，使本国之人，可不出国门而得丰足之给养。惟然，故需其殖民地本有多数之人口，且为勤于工作者，则其原料丰富，而其消费力亦大加。彼全由本国人开辟者，始则无此消费力，终则成为自给之组织，不可得而压抑也。惟对于异种之人民，可以不公平之待遇，使常安于低级农夫之位置，而永收贸易之利，以为己国工业品之销场。故今日之世界，求得新领土者，必以此为最上之标准，而中国与印度其首选也。

　　为俄国计，均可以资己国之发展，则亦未尝不乐舍印度而取中国。盖俄国于西伯利亚铁道复线之输送力之下，久有北满、外蒙、新疆之布置，成一包围之况。苟英国助俄以抑日，则其南下犹行所无事耳。是故，英国于战后苟欲与俄更为协商，俄必乐为承认。于是英国可收阿剌伯、波斯、阿富汗斯坦诸地以及西藏，而北以高加索、昆仑两山脉，及里海为天然之境界。此局既成，则法、意及巴尔干诸邦,均立于英、俄之下位,而地中海两岸之地,悉成英之势力范围。英之指麾欧洲大陆,无异今日指麾西、葡;而英与俄一为海王,一为陆帝,两不相妨,百年之安,可坐而致也。比英国战胜以后之态度,不难豫想。如使英之政治家,于此战后千载一时之机会,尚不知出此为英国谋此上策,吾不信其为真爱英国者矣。

八 协商国战败或无胜败讲和后之英国外交

今更豫想战败后之景况,则英国为此次战役之首领,同时握有媾和之权,故常能于有利之时机为媾和;若欧战以无胜负终,媾和之时期,亦惟英国决之。所以然者,英国及协商诸国,始料以数倍之力加于德、奥,则战争可不期月而决。既而事与愿违,寖成持久之战,于是俄国屡有媾和之说,法国凯约一派亦有平和运动。英国察而先制之,遂成所谓非单独媾和条约,日、意后亦加入焉。以此约故,各国非得英国之同意,不能媾和;而英国欲媾和时,自然能得各国之同意。盖于财政上英国对于法、俄,实有操纵之力;而对法之煤,对俄之武器,一旦断其供给,皆可以制其死命,虽欲不同意而不能。故非单独媾和条约者,不啻以媾和全权委之英国者也。挟此媾和之全权,以与德遇,无论胜负,英必能使德国对于英国之提议,乐为承诺,以为日后之亲交地步。故虽在战争中,英国常握有可得与德接近之地位,而其实行则视左之二条件:

一、英国有联德之必要否,此本章所当论者也。

二、各协商国守约之能力如何? 今日俄国已屡有单独媾和之传言,意国亦公表德、奥若加兵,而英、法不能为助,则势恐不能支之意。俄、意能甘居比、塞、门、罗四国之惨境与否,不失为一问题。若竟单独媾和,则英失其巨利。

英国既握此全权,则于协商国不得胜时(包以无胜负和之场合在内),英国必思所以利用此者。而英国之地位如前第五章所述,不能用百年来旧策,以最强之国为敌,即当以最强之国为友。协商国如不得战胜之结果,德之军国主义决无打破之期,罢战之后,最强之国仍是德意志。则豫言英国之亲德,决非妄测也。

德之形势与俄反对,故其立国基础,其历史,各不相同。俄为负嵎之国,受攻击者只有西南方面。复有沼泽之阻,与严寒冰雪之困难。德则不然,其地四战接境之国,旧不相能。故俄以退婴持久立国,而德则不能不猛进。征之近世之史,俄虽屡败,不见其损;而普鲁士自有国以来,非战功煊赫,即国势衰颓,决无能暂时保守之理。而其军制,经三度之改革,即三树功名。始以非烈特力大王之力,发挥其军国精神,遂一跃伍于强国。拿破仑战争时,一旦败衄,即全国失所倚恃。王后路易沙以为法所侮,其倡复仇之议。当时以法国之限制,常备军额极稀,商何斯德乃采用续备兵役之制,豫养成多数之军队。于是在拿破仑战争末期,普之兵威,在大陆诸国上。暨乎威廉第一再改革兵制,扩充军备,即破奥,破法,建造德意志帝国。盖以其地形无自然扩张之余地,一出而图发达,则有战争;一不利于战争,则阻其发达。其为国如是,故协商国一不得胜,必且见德国之伸张其势力于世界。而无论何国,苟新伸张其势力,必不免与英国利害冲突者。又英国挟有若许殖民地之自然结果,前所已述者也。

英国对于此德国之发展,将何道以御之乎? 以力,既一试而知其不可矣,则惟有与之均分利益,一如战胜时之亲俄。盖非然者,德国之发展,必先见于地中海而埃及危,又见于波斯湾而印度危。亡印度则失其本根,此英国所不能堪者也。英国非不欲长为欧洲之雄,不使一国与之比肩称霸。然以事实言,则战胜亦万不能达此目的,乃不得已而有与德提携之事,此则所谓必要生出可能者也。

英国为达此目的故,于德国不愿与英接近之际,常尽力打消和议。使德人知其然,而复以适当之条件满足英之愿望,则由英国可以主宰媾和。盖当英国订此非单独媾和条约之时,固已决定能梗和议,又能促成之者惟有英国。则德之于英,特与以便宜,持为不破坏和议之条件者,虽使协商国战败,亦不难想象其然也。

英国既有联德之必要,又非不能联之者,则亦不能不筹画所以满德之欲望者矣。德于非洲,虽亦有领地,然横贯非洲之策,今已不能实行,而实际但以非洲沿岸为殖民地,于德人更为觖望;即在波斯方面,德人之经营,不过以为进取印度之准备,亦决不以但取中亚细亚为满足也。于是英国为图满德国之欲望,必当以中国为饵,与其联俄同。夫两国之联盟,匪以其条约而有效者也;真正原因,乃在其利害之共同。英国本无急切与德冲突之必要,业如前章所已言。此次交战,既不能达摧抑最强国之目的,英国为保其存在,不得不弃其所欲得之利益,以保其所已得之利益。而德国苟以英国之助,得其所欲得之利益,即为利害共同,而联盟之事自生。譬诸意大利,本与法为近属,且得法之助以立国;而一旦争非洲北岸之地,与德、奥有共同利害,则加入三国同盟以敌法;及其战士以后,利害与奥冲突,而对法缓和,则又复活其同种之感情,与建国之旧恩。故知国际恩怨要约,两不可恃;同种云者,亦不过使利害易共同之一条件。其他感情上之事实,随时而变更,非可规律久远之政策也。欲两国之真正利害共同,必能有割舍之决心。所谓协调者,各着眼于永久之计画,于将来两国发展所必须者以交让行之。若是则德人可抛其窥取印度之心,并抛弃其经营非洲之计画,而专意经营远东。于是乎,可以仍为帝国,而德亦可快其东向之心。故战后之英、德同盟,为自然之事实。

又自历史言之,自非烈特力大王以来,英国非与普为攻守同盟,即守严正中立;除此数年间短期之冲突外,英、德之间,本未有葛藤。言其种族,则盎格鲁撒逊,固亦条顿之一分枝,而其交通往来无间,德人之血与英人之血,递为灌输,其亲密乃在法、比之上,英、美、德、奥相去真不远耳。一旦释兵解仇,则条顿同盟成立,比之德、奥之同盟尤为易易。故闻英、德同盟而惊者,殆未知历史者耳。世人有疑此者,请视日、俄。日、俄以倾国之力相搏,事才十载;日、德之宣战,距朴资贸斯条约,不过八年有余。当日、俄媾和之际,吾在东京,亲见市民热狂,攻小村和议特使为卖国,以桂总理为无能,焚警舍,击吏人,卒倒内阁,舆论未闻有赞成和议者。曾几何时,而人人以狂热欢迎俄人之捷报。夫感情随事而逝,亦随事而生,一国当时之外交,必决诸恒久之利害,决不能以暂时之感情判之。以日、俄之前事,可以判英、德之将来矣。不宁惟是,英之于德,自俾斯麦退,始肇失和之端;自英王义华第七访法,始定拒德之计。然在三数年间,奥国并吞其委任统治之波、洺二州之后,德国即向英国提出亲交之议;及一九一一年摩洛哥事件结束后,英国又派其陆军总长哈尔田秘密赴德,共议协合之法。其条件之详,虽不可知;而其主要之点,为两国减少其海军扩张竞争,及有事时两国互守中立,已显然共喻。后其交涉卒归不调,要之,两国皆非无意。此事在英人言之,以为无伤于法、俄之好。然其实际果如是乎?一九一一年英国外交总长葛雷在议院演说之言曰:"新友虽佳,若云得此须失旧友,则所甚厌。吾等尽所有之手段以求新友,然决不为是而绝旧友。"其言则善矣。然当哈尔田赴德之翌日,法、俄驻英大使急趋英国外交部,人皆知为质问哈氏赴德之事件,则葛雷之演说,果能不爽乎? 此交涉不过终于不调而已。设其成立,则英、德之联合,早已实现;或者并今日之大战亦不发生,未可知也。而谓英国战后不能与德同盟乎,英国以通殖民地事有名之约翰斯顿,于大战开始前一年,著《常识外交政略》一书,谓:"英国上下正注意于意、土战争一问题,以中欧之军国主义、征服主义、武力主义为忧。其实英、德妥协至易,而英、俄调和至难。英欲与德接近,则容德国之出亚特力海及君士坦丁,则在大西洋英国可以避与德冲突。"此即代表战前英人不愿与德开战之一部分人之心理者也。此种思想,于战后最易传播,又无疑也。

故战后英、德之接近,在英国有其必要,有其可能,而以非单独媾和条约故,又能收德国之好感;则战后之以中国为交换目的,又必不可逃之数也。

是故英国无论为败为胜,英国国运皆有中坠之虞。惟有改从前之政策,结合强者,与同其利,始可自计百年之安。与人同利而不自损,则必于向属己所支配、有可借口视为己从属之国,掬其利益,以饱贪狼。此无间于为德为俄,中国必先受其痛苦。而以其人之性质,及其智识之差等而言,俄人之待遇中国人,又较德人为酷,征之前史,无可讳言。彼主张协商国之必胜,而欲加入者,以为协商国胜后可得若许之利益,增若许之光荣;不知俄人之在其后,其惨状乃恐较协商国之不胜,为尤甚也。无论协商国之胜否,中国加入,必为英之牺牲。故无论胜否,日本必受中国加入之恶影响。假令英国以中国属俄，必复其前日南趋之故步。南满、朝鲜，先不容日人之鼾睡，此可无疑者也。日俄近虽结协约，不外利益之调和，俄以此一心对德。至于强敌既挫，俄国与英亲善，自然可择取东方膏腴之地，以快其心。英既欲俄不取印度，则将于中国助俄以抑日本，此皆理之所宜有者也。然则日本将何以自处乎？南进则与英冲突，北进则与俄冲突，自守则不足，求助则莫应。故英、俄之结合，即日本国运之衰亡，亦即黄人势力之全灭，亚洲之永久隶属欧人。事至显明，无劳思议。反之，英国不胜而联德，则德亦将继俄之位，抑日本以自张。故中国加入之前途，不特中国存亡所系，亦为日本兴衰所关，此亚洲同人所当注意者也。

九　中国之存亡——其一

综以上四章所述，可见英国离去印度必成为三等国。而向来保印度之法，恒有压抑欧洲最强之国，使居己下。至此战后，势不能不改其策，非联俄，则联德，而必以中国为牺牲，始可以保全印度。英国人之外交眼光之远，其计划必不出于吾人以下，则于此战未了结以前，豫储其战后之资料，以便与俄或德开妥协之途。此其事实，殆为公然之秘密，无事掩饰。特是为此种材料者，自甘投入英国之支配下，而待刀俎之施，为可伤耳。英人所以百计劝中国加入协商者，为此故也。

论者必曰，我今不加入，祸在目前；加入协商，祸在日后。我国既无防卫之力，即使仍旧维持中立，何能保英国不以我为牺牲；不如及此时机亲美国,以图公道之援助。此说非无一理,然不可不知者,在今日我国决不能以无端之胁吓而畏缩。故目前之害可以不言,在他日美国决不能为我利害无干之国,与世界至强之国为敌,故不可恃。欧美之人,言公道,言正谊者,皆以白种为范围,未尝及我黄人也。美为平等自由之国,亦即为最先倡言排斥黄种之国。今日美国与我和好,或有同情之语调;若在将来英、俄、德合力图我,美国又岂能与彼抗争,倾一国以为异种人正义公道出力乎?不观之高丽乎。英、日既合,高丽合并将成,首撤公使不应高丽之求援者,亦美国也。高丽识者衔日本之并吞,尤恨美国之始为耸动,中间坐视。昔人所谓:"上人着百尺楼,掇将梯子去。"美之于高丽,势有若是。虽然,此岂可以咎美国哉?高丽存,则日本有不能发展之患。高丽亡,美国无过商业上间接受极微之损失。以彼美国暂时之同情,敌此日本人存亡得失所关之决心,其孰能胜固无惑。然则高丽之亡,恃其所不可恃之为殃,而非美国之咎也。今者中国又将为高丽,而使美国再冒此坐视不救之恶迹;及其事过境迁,始追论今兹之所画,悔其谋始之不臧,抑何及矣。且美国苟能助我,本无间于我国加入协商与否。今日即无加入之事,美国之好感初无所伤也。

论者或谓中国之破中立,不自今始,自龙口许与日人上岸以后,已不得德人之好感;至于绝交以后,即不宣战,中立亦决不可恃。为此言者,可谓大愚。中国之中立与否,论其人之所以自处者何如,不可徒以形迹判。且过失非不可挽回者,无取文过逐非。龙口登岸一事,日本以势相驱,实即间接为英国所迫,非我政府之本意,人所共知。《易》曰:"不远复,无祗悔。"不亦可乎。受人迫胁而破中立,不可也。然其破中立仅以受人迫胁之故,则一旦能守其正义，不受迫胁，即可以湔洗前过，自保其尊严。故使有龙口之上陆，而无过激抗议之提出，中立可维持也。有此抗议，不至绝交，可维持也。绝交后之今日，假令能不加入，犹为最后之补救时机。绝交之后，仍不受迫胁以加入协商国中，则虽已绝交，未尝不可补过。过贵不惮改，罪莫大于遂非。使中国于此时机，示其决然不可强迫之态度，则人将益服其勇决，不敢以协商国之从属英国所指挥者相视，即欲牺牲我，亦有所不能。善乎始以善乎终，固所愿也；不善乎始而善乎终，亦所难也。以能人所难示天下，即自免牺牲之一手段。彼以为前此已破中立，故今日无审慎之余地。吾以为惟往日已被迫胁而破中立，乃至绝交，今日尤不可不立一矫然不屈之态度以补往昔之过，而来日可恃以自存。彼龙口之进兵，以至绝交之通牒，视以为今后之警鉴，可也；以为遂非之理由，大不可也。

至于仍守中立，不保无以我为牺牲之事，此固智者之所当虑也。但不可不知者，加入协商国，则牺牲中国为二国之利，而仍守中立，则牺牲中国仅为一国之利。加入协商，则此后必以中国之利益，补强而未有充足领土者之缺憾；仍守中立，则向可希冀他国不争我而争印度，徐谋补救。是故加入协商国，则中国终不免于亡；而仍守中立。尚有可以存之理由。故加入问题，即中国存亡问题也。

今且离战争而论，所谓欧洲强国者，有不具侵吞中国之能力者乎。侵吞中国之力既具，而不侵吞之者，一以均势之结果，一以经营之便利也。均势之说，人所共知，不烦多说。至言其经营，在各国亦常觉中国于未被侵略之际，所以利列强者已属不赀，无事急于侵吞；于是常思尽解决其他问题之后，始着手以并吞一完全之中国，不欲于时机未熟之际，强起纷争，己既不能专享其利，又使人疾其为天下先，故分割之议一变而为保全之说。夫中国苟守中立，始终不变,则其状能亦复与前无异。即使德国全胜,英不能以中国为饵,而得德之欢心。又使俄国独强。英以中国示恩于俄,俄人亦不感谢英人。何则?在东方英国商业虽盛,不能自诩有独力指挥中国之权能,此事实自开战后而益显。英国如不能以中国置之协商国中,则他人侵略中国,英认许之,不过一寻常之友谊,非可以示恩也。英国认许既非恩惠,则将来之最强者,亦不匹是提议而有与英联络之必要。抑如上所历言,协商国胜,英不得不联俄;协商国不胜,英不得不联德;从英国一方面言之耳。而既胜之后,俄若德者果有联英之必要乎,此当视英国所以与彼之利益如何耳。英国未能以中国作为自己所领有之一种利益赠诸德、俄,则德、俄本无所得于英,何必合其近而远是谋。如使和平以后,德、俄不以联英为务,则其所争之地,将先印度而后中国。何则?彼若先得印度,而破坏大英帝国,则其余力以领中国,尚犹可及。抑且但得印度,已可达其目的,又不必汲汲图取中国也。而察俄、德数年之经营,与此次战争之发起,苟非中国自投旋涡,惹起乱调,则战乱结后,俄、德之所求,必为东欧、中亚之势力,即以埃及、印度为目标。俄国自败于东方,即与日本为协约,抛弃远东之经营,而致力于东欧。英国既许以君士坦丁之占领,又与划分势力范围于波斯,乃有此战。俄人于此战而胜,必且合罗、勃、塞、门隶其麾下,而据有君府,降土耳其以为附庸,埃及即在掌握之中;又必从高加索伸其权力于波斯,此两方之交通设备,均已于此次战役,陆续准备完全,俄国将因而用之,进窥印度。夫英国有联俄之不得已,而俄国无联英之不得已。等是以强力取之耳,图中国则英为之助,日本为之敌;图印度则日为之助,而英为之敌。其势相亚,而俄国既得中国之后,欲还取印度,则英国生聚教训之能事已毕,得否未可知也;先取印度,则日本尚未能取中国，中国之利益依然存在。为俄国计者，未尝不以取印度为较有利也。即在德国亦然，德国所谓柏林、伯达铁路政策者，本将取波斯以通印度。战胜而后，必翕合勃牙利、土耳其，吞塞、门、罗三国入于联邦之中，故其东境已接波斯。取波斯所以取印度也，其准备既久，骤更而东取中国，必更为甚大之经营，此亦非德之所利也。故苟非以中国置之协商国中，从于英国之支配，则人将各择其简易者，必先印度。

抑犹有不可不知者，中国今为世界所同享利乐之市场，未尝于一国有所偏袒。故从经济上言，即不占领中国，未尝不可以享中国之大利。开放门户而领土可以保全者，以其开放之结果，所以利各国者不亚于占领也。惟然，故各国能于商业上有优越之势力，当然享中国较多之利益。从此一点而论，中国即依然独立，占有印度者已可握有中国利益之大部分。虽然，若反之而占有中国，毫不能因是于印度占何种之便益，此即中国向来所以幸得自存者也。中国惟不袒于一国以害他国之利益，任之各国自由竞争，各国皆有享其利益之机会，而不必致力于占有。如能中立不变，各国皆觉瓜分中国不如存置之利为多，必至中国自示其偏趋一方之意，然后他人有亡我之心。由此而论，假令英保印度，而俄若得占中国，则占有中国者永无占有印度之机会，且并不得分其利益。若德、俄夺英之印度以为己有，中国之利益犹在，日本决不能独占之。是得印度同时能享中国之利益，而得中国不能同时享印度之利益。此所以为德与俄计，联英非计之至上者也，取中国非利之至大者也。惟中国自进而乱此局，使英国借以示恩，英之计划始能如意。故曰中国加入，惟英国有利。中国既加入，则英国可以中国为牺牲。故加入者，召亡之道；中立者，求存之术也。

加入之后，英国可认中国以为己所引率之国，故当然有杜绝他国并吞之地位；而其容许并吞即为一种之惠与。得其惠与以占中国者，有利益矣；而以中国与人者，亦得自保其利。故曰，加入之后，牺牲中国，为两国利。夫为两国之利，而以一国为牺牲，其视以一国之利，而使为牺牲者，尤易成事实，不待言也。

凡论一国之事，当各就其利害之端不可移易者，以为基础，而各为之想象其所取之策，孰为最宜，因之可以决己国之趋避，决不能徒诉诸感情。今人动谓协商国战胜有朕，故欲加入，以博同情，而收列席讲和之利益。不知战胜者分配利益，以各国利害为衡，非以一时感情所能动。试观拿破仑败后，维也纳之处分，可以知之矣。当时荷兰王以背大陆条例忤拿破仑废，各国即举此以罪拿破仑（奥帝于莫斯科败后出为调停，尚以复荷兰为请）。顾拿破仑败后，所取以酬英国之功者，非法之属土，亦非罚助拿破仑者而夺其封也，乃择荷兰之属地，取其最要枢机之好望角与锡兰以为之报。世以为但得依附胜者末光，亦能收遗秉滞穗之利；岂知其同盟虽战胜，而已不免削地，有若此乎。维也纳之会议，奥、法、英、普、俄议定处分之案，而使列席诸邦承认之。是知强者虽败，犹有宰割之能。弱国而图依附强国以佳兵，即令得胜列席议和，犹是听人宰割。胜败皆蒙其祸，惟有中立，可免无因之灾。勿谓协商国胜算既明，遂以国供一掷。须知此际中国欲免危亡，惟恃中立，无他道也。

夫治国有必亡之道，而无必存之术。凡所谓亡国之原因者，有一发生，即足亡国，而单防止一亡国原因者，未得谓国基已固不忧亡也。故不中立必亡，此可证明者也。中立必存，则所不敢言也。然而在此时代，外交之主旨，亦略有可言者，顾非若今人之必倚某国而拒某国。今之论者，或主亲美以排日，或主亲日而排美，皆非也。日与美皆有可亲之道，而亲一排一之策，则万非中国所宜行。今以日本论，其关系可谓亲矣。而中国之亲日，必使日本不与美冲突，然后可完全遂行其扶助中国之任务。中国官僚好引美国之势力以拒日，此大误也。若但以兵力论，日本固不如美国。美国前十年海陆军之力，几于无有，虽欲远骛，势所不及。十年以来，翻然改变，岁造超无畏舰二艘，海军力逐渐凌驾日本。去岁更提新案，于向来制舰之外另加十万万元，以之制成超无畏级战舰十，巡洋战舰六，期以五年成之，今岁改促其期为三年。及与德绝交，更通过十万万元之制舰费；宣战之日，又决定战费六十八万万元，其中亦有十万万元属于海军。不特此也，依最近所发表制舰计划，更有空前无敌之设计，即在战舰排水量加至八万吨，速率二十五海里，而备炮则为十八寸十五门。此类之舰，一艘费一万万，而其炮力比之现代之超无畏舰不止三倍。其舰数以五艘以上为率，其长及深可以通过巴拿马河而无阻。反观日本之海军，则数年之后，才得完成八战舰、四巡洋战舰之一队而已。两者相比，其不敌较然。故曰引美以排日误者，非美不胜日之谓也。使美国战而胜日，于中国无所补，而于美国、日本皆有所损。日本而败，大者国破，小者地削，其损无俟言矣。为美国者，果有利乎？倾国家之财以张军备，即能胜日本，元气已伤，所冀者不过获中国之利权而已。美国固向来于中国之利权最少野心，此世界所共知，抑其地势宜然也。今使摧抑日本，亦不能有最上之权力于中国。今日欧洲战局，虽难豫料，而和议定后为最强者非德即俄，业于前数章详为论述。此二国者，若中国加入吞并无余，则美人无希冀之余地，固不待言矣。即令中国以中立故，犹得俨然成国者，彼俄与德，果能任美国于中国取特别之利益乎？必不能也。既胜日本之后，利害即与德俄冲突，因之更须与一最强国战,而以美国今日状况推之,美国尚未有此制胜之能力。然则美国之倒日本,适自召强敌之接触,终于两败俱伤,非日本之利,亦非美国之利,尤非中国之利,明矣。中国今日欲求友邦,不可求之于美、日以外。日本与中国之关系,实为存亡安危两相关联者,无日本即无中国,无中国亦无日本;为两国谋百年之安,必不可于其间稍设芥蒂。次之则为美国,美国之地虽与我隔,而以其地势,当然不侵我而友我;况两国皆民国,义尤可以相扶。中国而无发展之望则已,苟有其机会,必当借资于美国与日本,无论人材、资本、材料,皆当求之于此两友邦;而日本以同种同文之故,其能助我开发之力尤多。必使两国能相调和,中国始蒙其福,两国亦赖其安,即世界之文化亦将因以大昌。中国于日本,以种族论为弟兄之国;于美国,以政治论又为师弟之邦;故中国实有调和日、美之地位,且有其义务者也。妄人乖忤之计,讵可信耶?夫中国与日本,以亚洲主义,开发太平洋以西之富源;而美国亦以其门罗主义,统合太平洋以东之势力;各遂其生长,百岁无冲突之虞。而于将来,更可以此三国之协力,销兵解仇,谋世界永久之和平,不特中国蒙其福也。中国若循此道以为外交,庶乎外交上召亡之因,可悉绝云也。

十　中国之存亡——其二

存者,不亡之谓也。从无有而使之有,则为兴。不使从有而之无有,则存。故不可亡而后能存。一国所以兴、所以亡者,或以一种手段,为其直接原因,可以指数。至于存在之根源,无不在于国家及其国民不挠独立之精神,其国不可以利诱,不可以势劫,而后可以自存于世界;即令摧败,旋可复立。不然者,虽号独立,其亡可指日而待也。此非徒肆理论也,凡其国民有独立不挠之精神者,人以尊重其独立为有利;即从国际利害打算,亦必不敢轻犯其独立。此可从历史证明之,亦可从现代事实归纳得之。

比利时之敌德国,可谓不支矣。今之比利时政府,乃在哈佛。比之国土,仅余弹丸黑子之域,然而非特协商诸国尊重比国之存在,无人敢谓比国可亡,即中立国亦无不对于比国有特殊之尊敬。所以然者,比国独立不挠之精神,先已证明比国为不可亡之国。即使今日比境全失,比军悉数成擒,吾等亦可决中立诸国不以此致疑于此国之存在。何则? 比之人民、领土、主权,立于此独立不挠之精神之下,其断绝者形式,其不断绝者在精神,比境虽亡犹不亡,其民虽虏犹不虏也。盖比利时尝一被人强迫,并入荷兰矣,而其国民能具坚确不挠之志,故卒得恢复其自由而成一独立之国。夫其民性如此,故人终不能服之;虽一时屈于兵力,不足以使其国亡也;即使有国欲永占之,其利少,其害多,不如不占之之为愈也。

同于比利时者则有希腊。希腊于国覆数千年之后,崛起成为新邦。谓其所恃以存者,但在诸国国民之同情,与正义之念,不可也。希腊之兴,亦以其民族精神历久不稍消磨,且益振发,终非土耳其所能屈,故人从而助之。希腊既以此精神兴,即亦可恃此以存。今之希腊,其受协商国之迫胁,可谓至矣,然卒不能摇之。夫希腊之对协商国,与比国之对德无殊。德人能以兵力灭比之国,而人之视比如未尝灭者。英、法能以联军上陆于撒伦尼加,侵希腊之中立,而人至今视希腊不以为英、法之党也。英、法奖希腊之革命,欲以变希腊之政策。而希腊王则曰:"吾不忍为罗马尼亚。"遂不屈。此希腊所以能复活于国灭二千余年之后，而以至弱抗至强也。今者英、法联军未与希腊宣战，未至尽占希腊之土地也。然即使英、法人之覆灭希腊，无异比利时，吾知中立国人不敢视希腊为亡国，与今之不敢视比利时为亡国同耳。比利时以其不屈不变之精神而存在，希腊亦以其不屈不挠之精神而存在。国于天地，必有与立，彼不能保其自主之精神，何取乎有此国家乎？

　　须知国家之受损害，有时而可以回复。若国家之行动为人所迫胁，不谋抵抗，则其立国之精神既失矣；虽得大利，亦何以为。昔人有言："匹夫不可夺志。"士有志也，国亦有之。以国家之志，而见夺于人，则其视宋姬待姆，齐女泛舟，不尤有愧乎。夫战不可必其胜，守不可必其完，然于不胜不完之余，使彼胜于兵而工略地者，不能夺其志；则人将亦逆知其志之不可夺，而不以无理凌之；故不胜于战而兵不折，不坚于守而地不夺。不然者，英、法非不能以较多之兵力，侵希腊之土地也，而不为之者，知其志之不可夺也。故以中国比之比利时、希腊，其宜守中立为同，其守中立之难，则彼百倍于我。希腊，英、法进攻巴尔干之途也，英、法之欲得之以展其力于巴尔干也久矣，而德亦欲得之以拒英、法，此非可以口舌争也。中国非希腊比也，中国之租借于德国地域，已为日本所占，中国之撒伦尼加，已供日军之用；中国之于协商国，固已受其迫而为偏袒之事矣。虽然，龙口登陆，非由我之所愿，德人知之，中立国亦知之也。龙口登陆以后，我国依旧维持中立，德人信之，中立国人亦信之也。于此时，英、法、日、俄之迫我，决不如其迫希腊之甚也。且以英、日人之所主张，则彼固未尝强迫中国也，则何故不以希腊为师乎？同盟国迫比利时，比利时以兵抗之；协商国迫希腊，希腊亦不听也。我国之受迫，不如人之甚也。则何为自弃其当采之态度乎,国家之精神果何在乎?

夫中国之力不能抗协商国,此无如何者也。而中国之力不能为协商国用,则不可隐者也。中国财力不若人,海陆军力不若人,人材智计不若人。平素对于德国,惟事联络,以得其欢心。论吾国军队教育学术,随在皆依德国之助。一旦失势,则为落井下石之谋,非特不知是非,乃至不知利害,不知恩怨。夫背友而希利者,就令得其所欲,其所益于物质者,决不足以偿其精神上之丧失。为一国之政府,而以趋利忘恩号召国中,人既知我为惟利是视之国矣,可以利动者必可以不利劫之,不知报恩者人将莫施之以恩;今后有外侮来,吾知其必烈于昔日,而莫为中国助矣,抑又何以令夫民。中国民德,纵曰偷坏,负恩趋利之辈,尚为乡曲之所羞称。以齐民之所不屑为者,政府腼然为之,是则民之视政府为无足重轻、不关痛痒者,正义之当然耳。政府尚有何颜发号施令,以奖人赴国家之急,报国家之恩。爱山水者不爱粪壤浊流,嗜酒者不嗜败醨,好饰者不衣污染之服,故乐从政治之事为国家尽力者,望见此背恩趋利之行为,皆避而去之;其能同此背恩趋利之污者,将又以此背恩趋利之术,危其国家。

中国将欲于此危疑之交,免灭亡之患,亦惟有自存其独立不屈之精神而已。弱国使皆可亡,则二十世纪当无弱国。弱国既有自存于今世之理由,而独我中国有亡国之忧,则可知亡国之责任,不能一以积弱卸之。夫国民有独立不挠之精神,则亡者可以复兴,断者可以复续。不惟希腊足为其证,又可征之波兰。波兰之分割,至今百余年,德已吞俄领,忽复建立波兰王国,而俄人亦许波兰战后自治。是此战结束以后,波兰之复国可期也。夫德之复波兰国,与俄之许自治,皆不外欲得波兰人之欢心,初无关于义侠之念。然波兰于亡国之余,尚能使人欲得其欢心,则岂非其民独立不挠有以致之耶?夫彼百年亡国之胤裔,能使人畏而思媚之。我国犹是国也,而畏人之相迫胁乎?以俨然一国而使不如此利时,不如希腊,乃至不如波兰,此谁之罪欤?

中国国民皆知加入之不可,宣战之无理,为商者言之,为士者言之,乃至为军人、为官吏者亦言之;而三数政客倡之于前,政府国会从之于后;亡国之责任,谁则负之?中国者,四国人之中国也。最终之决定,当在国民。今不闻稍顾虑民意之向背,而独断行之,中国之前途,谁则能任其危险者乎?政府勿以为国民无能问政府国会之责也。使人民蒙昧莫省其祸之所从来,则虽国家已亡,亦无人能纠其责。今人民已晓然于无端加入背德招尤之故,则社稷未墟,将先有问责而起者。内失群众之心,外无正义之助,恐其败裂,不待国亡。夫国强而民弱者,力不周于物,将有偾事之忧;民强而国弱者,必以颠覆泄其愤懑之气。夫民之不可狎易也如是矣。

以四万万人而成一国,同其利害,故托治于千数百人。此千数百人者,负至重之责任,而为当前之决断,固曰不能无误,亦当自视其良心何如。若曰前既赞成,今不能以人民反对之故,改其前论。则是以中国四万万生死存亡之大事,为自己三数吾之颜面牺牲之,尚曰有人心者,吾望其不出此也。

中国今日,如乘奔骥而赴峻坂,其安全之途,惟一无二。而由此惟一无二之途,不特可以避现时之厄,且可以为永久不败之基。吾不惮千百反复言之曰:以独立不挠之精神,维持严正之中立。

据大东书局1929年版重印本刊印,以《民国日报》所载第3章至第7章及胡汉民编《总理全集》校。

死者已矣

今日为民国国庆日，吾辈不敢谓民国全无可庆之事，然甚惜引以为庆之人之不可多觏也。民国之生七年，不但于未生之先，费若干人之生命以浇培灌溉之；且于既生以后，犹日以至高贵清纯之血供其养育；此殆亦无可奈何之事耶。而乐为民国死者，虽其既死以后，犹不敢信民国之果能生也。民国之罪欤？死者之罪欤？抑未死者之罪欤？然而，死者已矣！

间尝与友论人生死之际，以为形体之死一事也，而人之所以能称其形体之生存者又是一事。则如我者，虽块然犹是人也，吾犹死骸耳。何则？向者为我冒艰险忍困苦为人所不欲为者，今方次第物化；而所不欲与交游晋接者，方日来分我精神之一部，以置诸无用之地。仅有一二尚能与我勠力者，又往往远隔不复可亲，虽欲有所言而不得言，欲有所尽而不能尽。内疚宿心，外负良朋，此犹墟墓游魂，待时而化，则复何生之可言也。然则子之不生也，将遂失其所事乎，则又何事于言？曰：否！吾生其躯而失其所以生，亦或死其躯而未尝死。未尝死者，是其精神将托吾以生也。以若人之死而吾丧其所以行，亦以若人之不死而吾将又不能不有所行。彼其揸胸断脰而不悔者，非徒以一瞑为足，以为此之不成，将有他人起为我继，犹之乎其成之自我也。然则吾虽无所能，安能不进而求

友,使我死且复生乎。来者有作,死者固未尝已也。是所以望于知
民国国庆之可庆者也。

载于 1918 年 10 月 10 日《民国日报》,署名蛰伸。

睡的人醒了

（一）

"睡狮醒了！"这句说话，十多年来，常常听见人说，并且拿着很高兴很有希望的意气来说。我想这句说话，本来不是中国人自己做出来的；却是欧洲里头要压迫中国的一部分人，拿来恐吓其余的人的，同"黄祸"这句说话，是一样的意思。不过中国人向来怕惯人了，忽然听见人家怕起他来，便高兴得了不得，睡梦里也想着做狮子。此种思想，于中国人的自觉帮助不少，这是好处。不过在第二方面着想，这种论调，坏中国的事，也不为不多。

醒了！这是最好没有的事。不过为什么醒了不去做人，却去做狮子。他们要侵略中国的，像俾斯麦、威廉一辈子的人，自然提起中国来，便说，这是狮子，他醒了可怕，将来一定有"黄祸"，我们赶快抵御他。中国人为什么要自己承认是一个可怕的狮子，我且从根本上来说。"人生"是不是要拿"使人怕"做目的？一个民族生存下去，是不是要拿"使人怕"做目的？一个国家建立起来，是不是要拿"使人怕"做目的？如果你答应说是，我们可以预备着做狮子去。横竖做狮子比做人不见得难，至于结果好不好又另是一件事。不过我看"是"的一个字，不能这么容易答应出来。

人生目的，不是许我有便不许你有的，不是我有这个目的，你便不能有这个目的的。并且你能达你目的的时候，我还是可以达我目的，他也能达他目的，才行得去。比方你拿一个"使人怕"来做目的，一定要有一个人怕你。那怕你的人，你自然不怕他（如果还怕他，你也不是狮子）。然则这一个人便已不能达他目的了。可见得人人都拿"使人怕"来做目的的时候，一定弄到大多数人不能达目的，万万推行不去的。

再拿民族上实例来讲。从前蒙古民族便是一群大狮子，大食民族也是一群大狮子。蒙古吞完了亚洲，又到欧洲北部去，大发狮子的脾气。弄来弄去，还是内面自己打自己，外面人家打他，现在倒还是天天怕人家吞了他去。大食族吞了非洲，又到现在西班牙、葡萄牙的地方舞牙弄爪，在当时果然人家怕他，不过不久却是吃醉了塌下来，现在连影也没有。这便是做狮子的好结果。再讲几年前一个俄罗斯倡起大斯拉夫主义，一个德意志倡起大日耳曼主义，也是好好的人，无端去学起狮子来了。一个站在北边，便要朝南吞过去，一个站在西边，便要朝东吞过来，巴尔干半岛便做了两个狮子抢的绣球。一打起来，便东拉西扯，搅到全世界都蒙着他的福荫，死了的已经算到六七百万人，那受着伤没有死的，还多着哩。后来结局还是这两个民族受苦受得多了，赶快把狮子的招牌收下来，换上一面民族自决的招牌了。为什么要讲民族自决？就是不愿意有人家来做他的狮子，他自己也不去做人家的狮子。就这么一看，一个民族不应该拿"使人怕"做目的，是很清楚的，不消再说。

民族是这个情形,国家便可以想得出,差不多不要另外去说。不过现在另外讲一个较平和的狮子来做个例。这个狮子,额头上凿着字,叫做"武装平和"。武装平和的意思,就是我不要做吃人的狮子,不过如果有人来吃我,我可不能不去吃他了。所以"武装平和"的国家,并不想做狮子,不过狮子的牙爪,总得摆出去。这一来,如果是人人相信他,也没有事情了,然而已经把狮子的牙爪,摆了出来,还要人相信他不做狮子,那是万做不到的。所以一个国说,我"武装平和";第二国也说,我也要"武装平和";第三国又说,我更不能不"武装平和"。到后来,武装是真的,平和是假的,东方把火烧起,全世界都保不住要相杀。所以现在威尔逊提倡国际同盟,减除军备,也不过求免了"武装平和"这一个悲剧再演出来。论他不学狮子吃人,只学狮子使人怕,这一种心思,是很可尊敬的。不过世界的国家,做过吃人的狮子的不少。这种国家,虽然自信还不至忘了人性,人家却是相信他不过,所以乱子就闹出来。《西游记》上头说的,虽然不吃人,日前坏了名,便是"武装平和"不能通行的缘故。那国家不应该拿"使人怕"做目的,更显然了。

使人怕总比不上使人爱。动物里头,也有拿争斗出名的,也有拿互助来出名的。狮子便是拿争斗出名的一种。这一种喜欢争斗的兽类,除了动物之肉,他是找不出东西养活他,难怪他天天寻人厮杀。人却是从猴属发达来的。人之祖先,固不曾磨牙吮血的争斗。就是人类的近亲猿猴、猩猩之类,也是吃果子度日。到人类更把互助的精神发挥出来,成立人类社会,所以人自己说是万物之灵。试问万物之灵,好处在那里?不过多了一点智识,晓得互助。如果论手足有力,那狮子、老虎、牛、马总比人强多了。如果说眼睛、耳朵好,那狗同鼠的感觉,总比人灵敏得多。这个万物之灵的招牌,就要让给别种动物了。惟其论智不论力,斫以贵互助不贵争斗。一个人晓得争斗不如互助,就是论智的结果。人人相互扶助,就是好争斗的狮子、虎豹,也敌不过人。人为万物之灵,把别的动物不放在眼里。为什么做了人类,已经几百万年,倒转去仰慕起狮子来了,不把自家当人,却把自家当做狮子,岂不是大上其当。

人能够互助,故能够组织社会。组织社会第一要紧的事,就是爱人,且使人爱己。这使人爱一节,便是人胜于他种动物的地方,比起使人怕来,差远了。自己使人怕,人又使自己怕,是个冲突的事情,万万没有人又能使这个人怕,又能怕这个人的。至于自己使这个人爱,自己又去爱这个人,却是很容易,很合理的事情,人人可以做得来的。所以人生目的里头,或者单止相爱一件事。然而相爱这一件事,总算是人生一件要紧的事。不特一个人对一个人是如此,就是一个民族对一个民族,也可以用相爱的精神,行互助的手段,免了民族间的恶感。一个国家对一个国家,也可以用相爱的精神,行互助的手段,免了国家间的轧轹。所以拿人与人相处的办法,推行于民族与国家间,尽可以说,一个国家,从前没有觉醒,就像睡了的人。现在醒了,就把人待朋友的方法,来待友邦。我爱我的国家,也愿意别国的人爱我的国家,我也可以爱他的国家,像他爱我一样。这个相爱的精神,就是国家间的人道主义,这是觉醒了的人应该做的事情,比着说睡狮醒了强多了。

(二)

有人说——个人爱别一个人,像自己一样,可以行得去,至于爱别一个国家,像爱自己国家一样,可是行不去的,因为一个国家,同别一个国家,利益是有冲突的,如果爱了别一个国家,就不能爱自己的国家了。这一个见解是很多人会有的。不过要晓得,如果人碰着狮子,要是把自己肉身布施了他,算做爱狮子,那是行不去,不过如果有方法,变他做人,那就用不着耽心爱狮子错了。然而因为狮子本是狮子,不是人,人也没有方法去改变狮子的性质,所以要爱狮子也无从爱起。至到国家,虽然还有学狮子去侵略人的,不过这个国家还是人组织的,只消得把他国民唤醒了,晓得做狮子是不对的,除了狮道以外,还可以人道相处,那所谓利害冲突的地方,就消灭了,两个国家,仍旧是好朋友。所以爱别的国家,同爱自己国家一样,并不是拿自己国家做牺牲,去满足别一个国家兽性的野心;只是开一条路子,给别一个国家走,自然不会冲突。论起一个国家,尽他的力量,去开发他自己的天然利源,本来不会不够用,犯不着去侵略别人。那侵略别人的,口里说是为国民经济的必要,为国中大多数的幸福,国里头人太多了,不去侵略,没有法子养他。其实去侵略人的时候,大多数的痛苦是有的,等到侵略到手,就算是少数人的幸福罢咧,还要骗人做什么。就如这次战争,人人都说因为人口过盛,所以发生侵略政策,大势所趋,无可如何。我只问一问他,这个无可如何,是不是情愿的。比如法国,不是人口渐趋减少的么?何以他又奖励生育想把人口增加起来?既然以为人口多就会发生侵略政策,那奖励生育的,岂不是自己情愿逼自己采用侵略政策!其实照理而论,人口减少,不一定是坏事。就是人口增多,也不见得没有法子去调剂他。这都是另外一件事,同国家的利害冲突,是不相干的。所以爱自己的国家,同爱别的国家一样,不是难做的事情。如果爱别一国,就把这一国的国民弄清醒了,让他把侵略的政府推倒，换一个不侵略的来，那就是爱他，也就是爱己，就是拿人道来感化狮子了。所以前几个礼拜，余世昌褒扬一班卖国贼公忠体国的时候，我说他体国是体日本，不是体中国。后来一想，这是错的。我也有个把朋友是真爱日本的（同我一样），并不想日本去侵略人（不止中国），只想他变成一个人道的国家。像这班公忠体国的人，何止不爱中国！何尝能爱日本！要看透人类社会互助的道理，我要把地球上国家统笼爱起来，也没有冲突的。或者像墨子说的，爱无差等，施由亲始便了。晓得这个道理，更应该高调喊起来，说睡人要醒了。

（三）

你如果说中国睡了几百年，我是承认的。说中国现在醒了，我是很希望的。说中国没有睡以前，是一个狮子，所以醒了之后，也是个狮子，我就不敢附合了。因为人类当野蛮的时代，或者有时学过狮子的办法，到了开化以后，改变过来，便不能拿他当狮子看待。中国有史以来，很少自动的对外战争，却是受动的多。从周朝猃狁算起来，二千多年，到了明末，总是防御北方，没有去征服他的。除了北狄以外，东边的高丽，西北的西域各国，有时把来当做属国，也不过羁縻着他，没有侵犯他自己的行政。就算打仗擒来的俘虏，也养起他来，同汉人一样待遇。比起欧洲罗马时代，捉来的俘虏，就当他做鹌鹑、蟋蟀，逐对儿放在大圈子里要他对打，打死为止。两下里那一个文明，那一个野蛮，可以看得出了。就像蒙古、满洲，把中国打平了当做奴隶,过了一两百年,中国人起来了,还是把他请回老窝就算了结,没有叫人家还过什么账,倒贴了优待经费去。这种狮子在什么地方看见过？他们欧洲人拿蒙古来代表中国,因为蒙古侵略过欧洲,所以讲起中国,就想起蒙古,凭空想出"黄祸"这一个名词,就是未曾了解中国的凭据。他们叫我"睡狮",也是这个意思,我们晓得自己的历史清楚,何必随声附合。

不特历史上如此,就是向来论政治的及理学家,也是主张做人,不主张做狮子的。疲惫中国,以事四夷,算做皇帝一件罪恶。开边拓地,与求仙封禅,在史家看去,不见得相差甚远。汉武帝把历年经营的西域丢了,却博得悔过之名。隋炀帝弄到突厥可汗稽颡,却要挨骂。此种论调,已是千篇一律。至宋儒推广孟子行一不义,杀一不辜,得天下不为,这种理论,简直没有征服的事可以承认的。只有拿着文化去开导人,柔远怀迩,舞干苗格,便算做守在四夷。这种理论,到明末还没有改。所以中国未睡以前,学说上全然反对侵略,没有恭维过狮子。

惟有满洲统治中国之时代,人民不能自由批评政府所用之政策,只可竭力巴结,政府做狮子便说狮子好,政府做人便说人好,然而已经说是睡了的时代,不必管他。到近年来,欧洲学说输入中国,半面的物竞天择,与自暴自弃的有强权无公理,流行起来,比鼠疫还快。仕宦不已的杨度,便倡起金铁主义,似乎一手拿把刀,一手拿个元宝,便可不必做人了。热昏昏闹做一团,究竟还是他们几个人要中国做狮子。中国的传统学说,同这少数人不是一样的。

现在中国思想,是顶混乱的。旧日学说,也有有价值的,却因为没有权威了,人家不大安心去信他(没有权威不算学说的不幸,不过中国人信学说只要他有权威,或是思想自由的一种障碍)。新的学说,没有完全输进,而且人家用过的废料,试过不行的毒药,也夹在新鲜食料里头输进来了。这就是军国主义,侵略政策,狮子榜样了!如果是这种乱吃一起,一定是中毒无疑的!要晓得近来中国祸乱,都是强有力政府的主张种出来的。那一班主张组织强有力政府的人,多数还不是有私心的,却是听信谣言,以为惟有强有力政府,可以做狮子。就是真心相信杨度筹安的人,所望的也不过如此。办法固然不对,不过就用对的方法,做起一个狮子来,岂不更为中国人之不幸。总之,恶念不除,无有是处。求福得祸,求安得危,不是无缘无故来的。

临了总说几句。一个国对一个国,一个人对一个人,要互助,要相爱;不要侵略,不要使人怕;要做人,不要做狮子。既然从苔藓起进化成一个人,便有人的知识,有两不相侵两不相畏的坦途。在这个时代,还要说我是狮子,那就同变老虎去吃亲哥的公牛哀一样。好说,也是梦还没有醒。自己以为醒,大吐气焰,就合着庄子"梦之中又占其梦"一句话,太可笑了。我只可再说一声:睡的人,要醒了!

原载于 1919 年 6 月 28 日—7 月 3 日《民国日报》副刊《觉悟》。

论军官之改业①

中国今日患兵多矣。兵为督军而设,则去督军,意者可以免增兵乎？是未尽然也。督军之外尚有使督军设兵者存,则军官是也。非减少军官,决不能达成裁兵之目的。盖今日所以有造成无数军队之结果,实基于昔日有造成无数军官之原因。自民国以来,军官之粗制滥造,可谓速且多矣。如仆者,亦曾经此粗制之一人也,故习知其不祥之状,且信中国今日非设法消灭此种投效军官,决无宁日。

从来非不讲消纳军官之法。但向日所谓消纳者,消纳之于军官之中,而非消纳之于军官以外,所以愈消纳而愈多。消纳之于军官之中者,去其直接领兵之职,姑假以将来可得领兵之希望,复处之以有所资挟以交游煽动之地位,助之以不事事之薪俸,而又暗示以此局并不长久,此投效人员所以必结党钻营也。此中国之兵所以不能裁且益多之由,又致乱之原也。

以政府向来所用之方法言之:于将官尤优异者与以将军,次者顾问咨议,其校尉则差遣委员。犹不足以容之也,则各省督军、护军、镇守使,各司令之参谋、副官多设之额以容之。又不足,则多设

---

① 本文发表的报刊与日期不知,据《著论存查》所载提纲,知为 1919 年 6 月 30 日写。

局所于中央及地方以容之。又不足，则多设学堂、多派留学生以容之。将军咨议以降，至于顾问、差遣、局所委员之属，固明为一时的制度，不能永不裁撤，立法用人者知之，为其所用者亦未尝不知之也。既不能立一计画，何时可以有若干之缺额以用尽此一辈人。则纵使将来有补缺之时，亦不过别免去一人而已。然则消纳之用，固不行也。至于设学堂派学生，则更有甚者。在浅见者，以向日军官无学故，谓施之以教育，则于军事上当有所裨也。其实不然。中尉入学堂毕业，则望上尉。中校出外国回国，则望少将。在前述将军、咨议、参谋、副官之属，不过望以原官补用而已。此辈又益上之以升官，自然不能餍其所求矣。

今各省设兵，各为自厚其势力。而欲自厚势力之人，必不能无倚赖也。于是投闲置散之军官，闻风而合，攘臂自献。将军则望督军、省长。问其如何求督军、省长，则运动总理、总统使己招兵也。咨议则求镇守使、师长、司令。问其何以求之，则运动陆军部、各督军准己招兵也。参谋、副官、差遣、局所人员不能自运动，则运动其为将军、咨议者，使出而争督军、省长、镇守使、司令，然后人招其兵，我补其官也。总观向来军人构祸，无不由于欲得自己之地位。而凡构祸之将军、咨议，亦必先有逢恶之投效人员。逢恶者不得作恶之人，无所恃也。作恶者不得逢恶之人日夜耳提面命，或者其兴会亦不至若是之淋漓也。以欲得复其军职之故，则虽帝制、复辟、卖国、扰乱各省、涂炭生民之事，皆不惜为之。则以有投效人员，推之、挽之、激之、厉之，甘言以导之，危辞以悚之也。投效人员之不祥也若是，其人之罪欤？非也。使其为投效，则自然迫使直接间接构成祸乱。

吾固言之矣，去其直接领兵之职，而又许以将来仍用为军官，则其投效者,招之使来者也。既来投效,而授以有名义而无责任之官,则彼日无所事而思生事。又聚之于一所,以同为军官故,有名义以集合谋议,则必互相允以将来之利益而立共同密谋位置之契约。且其人又不必自携费用以来为构扇也,政府实给薪俸以养之。如此,安得不成祸乱之原。况彼已知为养此多数之人,政府所费,固自不鲜,长此继续,断非所堪。则其密谋之迫切,又可知也。

既有如此之军官,日夕以借名招兵为事。无论在南在北,为战为和,谁能使招兵之事不见。既有招兵之人,则安有肯裁兵之人乎。不肯裁而强裁之,必恃一部分人之力。而裁人一营者,自必添招一营以上。又成例所已证明者也。

总括近日造乱情形,大抵先由此种投效人员各构成小团体,而奉一咨议、顾问级者为之魁。又由此咨议、顾问级者三数人,共推一将军级者为代表,以求总司令,以企为督军。甚者则先就地方招集无赖,然后请委任以成军。此其例,吾于南方见之尤多,而北方亦正不乏此曹也。

非特此也。此等投效人员,苟得为营长,连长必择其所谓心腹者为之,必择其不反抗己者为之。连长于排长亦然。然则同在团体之中,未必悉如其所需之人也。于是凡择部下,先求之于亲戚腹心,而不求之同为投效者。故如有一师官长为投效,非有新招两师不能消纳此投效人员。异日再裁兵,则此投效官长之数,增加为两师矣。是故愈消纳则军官愈多,无可如何者也。

此种投效军官,大部分未经相当之教育,而以从军之故,习于不耕不织,不复耐劳作,惟军职是求。长此不问,除槁饿以死,岂更有他途可出。则其构祸之结果虽可悲,而其迫使至然一层,未尝不可悯也。故惟有消纳之军官以外,即改业之说也。如上所论,军官所以必须改业者,不外以其仍保军官地位,即能搅乱和平。故其改业,亦必以远离政治为必要。譬如现在广东以军官充警长,欲使其所习相近,功用相侔,不致废其所学。而其流弊,遂使警察复化为军队,警察长官即为借机会以扩张军队之人。盖以聚此变相之咨议、差遣为一团之故,时时促膝,追论宿昔,拊髀兴叹,事有必然,无足深责。广东一例也。而北军所至,无不移兵作警。及其有急,又复抽警为兵。故如汉口、厦门其警察皆已化为军队矣。警察如此,其他官吏亦莫不然。高之各部总长,特任官吏,次之道尹、厅长,又次之则知事,无一不以军官杂入其间。即无往不见日夕经营,作招兵植势之预备者。以寓军官于吏为策者,其失败必且与前述消纳之策无异。

欲使军官改业有始有卒、不致中途而废,则第一要点,为置之使彼平昔所受军事教育毫无所用之地位。今日之军官,实际有几人曾学其所应学之军事学者。不过强自标号曰:已学军事学,不能转营他业耳。试将今日军官来源,一一分析论之:其一为学生。学生之中,首为留学欧美者。此其研究,大抵较久,虽其中亦多有燥进之徒,要其知识学术,概为首出,然其数极稀。次则日本学生,此自始派以来,已毕业者不止十期,其课程则除少数人外,皆以振武学校十一个月之豫备,约一年之士官学校教程,益之以联队实习数月。而振武本教日语及普通科学,为军事所费教育时间,不外约二年耳,不可谓多。其次为正规学生,经小学中学以入军官学校者。此中青年有为之士较多,前后毕业者概算当有数千人,而其中往往为政府所疾视,止于见习。论其学术,宜于军事方面较为优长。然中学毕业,其程度高于普通中学,而稍低于高等学校,非军事专门方面,素养亦不弱。又次则为速成学生,有教授二年以上者,有仅六个月之教授者,有自江南、北洋、陆师学堂出者,亦有随营讲武学堂等等各司令、镇守使随意自立者。要之,其大多数于军事上一下士之知识尚未完全获得,而少数者之智识,不让留日学生,不能一概以论。然而所谓学生之中,速成而实未成者,十人而九也。第二种为行伍。此种多为北洋及前清各镇目兵,有所藉而升转,所学本不过一棚之指挥而已。第三种为盗贼。此种人只学杀人放火,其军旅未学,则与孔圣人无异,其不能以军事学弃掷可惜为调剂安置之理由,明也。第四种为恩泽军官。此种或出狗屠,或本刀笔吏,或黔面为氏,或吹箫给丧事,攀龙附凤是其所长,坐作进退是其所短。一人掌兵,戚友带剑。品类不齐,惟有以汉恩泽侯比拟之耳,于学非所问也。故统论以上诸人,真有校尉官相当军事学者,百人中不得三四人,无疑也。

由此言之,则立消纳军官之策,而曰因其所学以为之利用,则百中之九十几惟可以上士棚长之资格,使尽其所学。过此以往,非所堪也。下者以盗贼恩泽得官,则并此亦不胜任,然则非置诸永不适用军事学说之地位,如何能望其称职。既不称职,则不能久于其位,终必又循前所说明之轨道,以入搅乱之途而已。故为消纳校官以下多数军事学本不充足者计,吾首欲提议别授之以初级工作之教育,使为将来土木工头。盖以中国开发言,将来筑港路所需苦工,至少每省亦有数万人,则为监督者亦不可少。此等军官虽无他学识,点名排队,编册散饷,尚所习为,故于非专门之土木工头,优能胜任。合中国全国计之,如使五十人而一头目,此所收容者已二万人矣。而不止此也,今铁路、船澳、仓库、工厂,一切有利生产机关,均须于短时期内同时建立。除技术上人员及苦工外,大抵可以一年以内养成之人材为之。比诸事业所须用者数亦不少。譬如铁路之监守者、发信号者、管车者、管票者等等,每千里之路,必不止用二百人也。船澳、仓库、工场之监守巡察者,大者须数十人,小者亦须一二人。将来此种工业上雇人,必可改造军官以充其选。又次则开矿为不久当大发达之事业,而矿工亦必须工头。故如大规模之矿数十,各用工头五六十人,小规模者数百,各用工头十人而外,则亦可以略另施适宜教育之军官充其选,所消纳者亦近万人矣。更次,则垦辟之业,亦必同时举行。而初时垦荒或须用大农制,则其管理监督又必须人。凡此皆可以消纳未成学之军官者也。

或以为上所举诸职业,薪俸太薄,中少尉官或能忍此,上尉以暨诸中级官决不愿就。夫今日陆军部差遣,所给亦不过数十元,势不可长也,而犹争求之。则安能谓中级官不甘薄俸。以彼学无所成,智识不及他国一排长,而授以高位,不过从前滥赏之结果,决不能引以为正当之权利,而以为非此不可也。

在真有相当于中下级官之军事学者,实不过百分之三四,此中大部为军官学生,小部为速成长期生。此种军官消纳,比之前者,大为易行。盖其人国文必略通顺,普通学已有相当之教授,理解之力较强,更有大部分已略解一国外国文。故于今日需用各种技师正急之候,采用此种人,施以速成之工业上教育,不久可以成材,为主任技师之助手。邮电路矿在在须人,不忧其无投足之地。况今日纵裁留二三十师,官长尚多未学,则现时需用此种军官正多,苟有志于澄清,实无所事于消纳也。

凡上所述,均就中下级官言,至于上级官,实无消纳之必要。盖今日之将官,非早经改业,则已混入政客一途,虽不收容之,固无害也。中下级军官已去,投效无人,则所谓将者,贵而无位,高而无兵,小小亢龙,终于有悔而已。悔则改,改则通矣。

原载于《朱执信集》。

学生今后之态度[①]

此次学生关于青岛问题罢课一事，虽博举国之同情，而在校长方面，有一部分主张学生宜待学成始干与社会国家之事者。其说以为：学生求学，即为救国危难，改良社会而来；求学即为救国之豫备手段，所谓七年之病，三年之艾。似乎现在国家危急，痛不可忍，而实际非待学成，无从救国。则忍疼以就学，决非不爱国之谓，亦决非忘其本分之谓。此其说未尝无一面之理由 然而不可谓为绝对正当也。盖第一，求学固可以为救国之手段，而非必为惟一之手段。第二，求学固为救国，而各校是否能即授以救国之学。第三，发为此种议论者，固各以学成自居矣，试问其能否救国。此三层不能自解，而姑以求学所以救国之名，以阻其真正救国之行动，则断不可许者也。

学生，本一国民也，以求学之故，而得一学生之资格；未尝以为学生之故，而丧其国民资格；则凡国民之所当为者，学生无不当为。其事或不至于必要罢课，则行之于受课之余，可也。必无日力以兼此，则罢课亦无可如何者也。至于日力足以治学，而同时能致力于社会，则为校长者，尤当奖借之。此以学生、校长同为国民，以国民

① 朱执信《著论存查》稿本中有："学生今后之态度　晨报廿一　廿二"等字样。故本文当为1919年7月21、22日刊于《上海晨报》。

对于国民,固当望其尽力于有益国家社会之事也。抑且国家之有学校,学校之设校长,固亦有一部分目的,在使其就学者有所资借,以尽其为国民之义务也。则处今日之社会,而以学生为在学校中不宜与国家之事者,非也。学生之资格,可以牺牲,国民之资格,不可以牺牲也。

凡上所言,为校长言也,而亦可以推之以及于学生方面。学生之应否参与救国是一事,而学生取何种手段以救国,又一事也。以学生过去之行动,能博一国之同情,生绝大之效果。故对于今后学生之行动,如何始可得一最有效最近于理想之用途,实今日所当竭力研究者也。在学生方面,亦万不可忘其出为救国之行动,只以国民之资格,非以学生之资格。故从校长中一部人所说,则学生应受教,不应教人。而从学生之所说,则国民应指导政府,而不应受政府指导。彼以学生资格言之,此以国民资格言之也。以当世国民不勇于发表其意见,不决于实行其主张,故为之唤起言论,为之率先实行,不得已之事也。使国民中已有多数能言学生之所言,能行学生之所行,则不待学生而目的已可达,此学生之所甚愿者也。不幸而言者既少,行者尤希,乃有待于学生罢课以为之,则学生于此,不可不觉悟其职任所存。学生之所以贵者,不在其为永久指导,而在其为一时提倡。风雨如晦,鸡鸣不已,此学生之苦心也。日月出矣,爝火不息,则非所以喻于学生者也。学生以其国民之资格,故于人之未醒觉,当负其唤醒之责任。若其人既醒,其事既明,学生则亦当反其本初,而不久居于越俎代庖之位。前者之来,为其为国民故也。今者之止,则为其犹为学生故也。以其犹有所缺于学,故从其自己判断,亦不可居于师导之地位。所谓恢复教育原状者,蔡鹤卿①先生暨北京大学诸生,亦既持以相号召矣。夫恢复原状者,不外求学以救国,即亦蔡先生所谓:"一时之唤醒,技止此矣,无可复加。若令为永久之觉悟,则非有以扩充其知识,高尚其志趣,纯洁其品性,必难幸致。"盖永久指导者,正要求学生之更从事学问,待其学生变为学者,然后有指导之能。此其任务,在于唤醒以上,其所要求之能力,亦非徒唤醒者所能比也。

然而学生今后虽为指导之人,而仍不可不为监督之人。盖国民之觉悟已起,则根于觉悟所生之动作,皆为各个人自己之事,不特无须学生代谋,抑亦无从由学生代谋。然而学生今日犹若有所未能安心者,何以哉?学生之不能为指导,以为知识未充也。然而在社会中,学生为智识阶级,学生之爱国运动,基于知识之运动也。虽亦含有感情作用,而其感情亦由新知识以来者也。至于一般人之爱国运动,除极少数一部分人以外,皆由于感情而来者也。既由于感情以来,则其兴起固有轶出应取之态度以外者,亦或一时而起,一时而落,今日激越,明日沉衰,从其情之所往,遂失理之所中,即在近日,已不无其迹象。夫感情而不根于新智识,则对于现世事实,不能了解。一般黠者,遂乘机以为破坏民众运动之谋。一方则取他种可注目之事实,以移一般人之感情,俟其感情既集注于他方,则国民之爱国运动,将无形消灭。他方彼又于同为爱国者之间,加以挑拨,使之互相冲突。结局国民所有精力,均消磨于爱国者互相攻击之中。此二者皆为向来破坏国民运动者常用之手段。而此种手段之所以能奏效者,正以一般社会之思想,无完全之智识为之基础,故易因外界之主张而有转向也。夫其中心几微之转向,

① 蔡元培,字鹤卿,时任北京大学校长。

不为异也。转向以后无智识以辨别其所趋，则愈趋愈歧，凡在社会上者，皆不能无过。是以随时监督，不使其变为他种运动者，学生当负其责。而在此次学生以至真挚之情，博社会上空前之信用，尤不能不善用其所长也。且如此之监督，决不碍于教育原状之恢复。何者？五四运动以前，学生固不无干与社会之事，特不至于罢学而已。今者所要求于学生者，不过不与社会绝缘，对于社会上运动，不绝注意，不绝批评，非有碍于其受课修业也。此学生今后之责任也。

学生之监督责任，从此益重。则学生信用，亦当更求其上进。今日学生之信用，已著明矣。而经历既久，将来更当望其益进不止。盖今日之认识学生真正价值者，仅在都市少数之人。将来当使农村僻野之人民，亦崇仰学生不已。然后其监督之效果大，而学生之信用著矣。现在旦然无可以自行破坏之理由，至于因缘假借欲利用学生以营其私者，实所在多有，而尤以宿昔主张贤人政治排斥暴民者为甚。此至可忧者也。学生本以不党为宗，彼不能遽改之以为党也。然而古人有言，有党必有雠。彼辈将必为学生造雠，然后引学生入党。一度为所利用，则信用既失，真价亦亡。故学生今后之态度，必当主论事之是非，而不轻信人身之攻击。但以主张为监督，不以责备为能事。则既无对人之雠，自不发生党派之嫌疑。信用自然可以永保，且益章大矣。或以为前此要求罢免国贼，即为对人攻击。如以后此为是，则当以前此为非。不知前者罢免之要求，不过以为唤醒人民警告政府之一手段，目的本在废除密约，回复主权。不然，则去一曹汝霖，来一曾毓隽，于国家之事，果何所裨。而订军事协约者段祺瑞、冯国璋，延长之者徐世昌，承诺二十一条款者陆征祥，拥参战军者徐树铮，此外卖国之人，正不可悉举,岂独曹章能为国贼哉。故今后学生之责任,本在监督。则其所以实行之者,必为主张采用某政策某手段,尤当注重于商民自己力所能及之事。至于个人之事,苟不能以其力去元凶,不必以空言招反感也。学生永为无色透明之学生,无一党派可以利用。然后对当前之事实,为具体之主张,则其监督社会之功,庶几可以完成矣。

据《朱执信集》刊印。

民意战胜金钱武力

今日欧洲大战终结，世界人皆认为普鲁士武力主义之失败矣。溯开战之初，人皆以为此次战争，即英国金钱与德国武力之战争。又推言武力决非金钱之敌，以为不及一年，德国必降伏。然而事竟反所预期，德国绝不因金钱缺乏而战败，英国方面反不得不效法其征兵，以求武力之充足。一方英国又于海上振其武力，复加以美国二百万之新兵，然后战争终结。则今日虽人人口称正义战胜强权，心中未尝不认制武力者仍须武力也。其不然者，则移其迷信武力，以迷信金钱。参战军参战借款，即暗中表明此一种趋向者也。编南方国防军，南方分润大借款，即欲以武力对武力，以金钱胜武力者也。其头脑顽固正相同耳。

须知此次欧洲战胜武力者，非金钱，非武力，而为民意。非敌国之民意，乃用武力之国自身之民意。俄国政府有武力，人民不满足之，则排去之。德国政府有武力，人民不满足之，亦排去之。当俄国之与德国讲和，俄国自言虽于武力上为德国所败，而于主义上必征服德国。不及一年，德国人民果受俄国之影响，不数日而推翻德皇四年来百战不挠之武力，则俄人之言不诬矣。试问主义如何而能有力乎？人民之意志受其感化故也。而人民意志何以能发扬其力乎？则又当曰：有主义以指导之故也。故倒德国武力之力，即犹之倒俄国武力之力。固非武力,亦非金钱,乃有主义之人民意志也,即所谓民意也。

无论现在吾人赞成俄国过激主义与否,亦不问德国人之为革命应否与以同情,而以有主义之民意推倒武力,已成为不可隐之事实。其理由亦极简单,一言可以蔽之曰:武力之为容,为意志所支配,故其武力之崩坏,乃由其内部之崩坏,无论如何强之武力,不能抵抗之也。且其武力愈强,则以民意打破之愈易,此特须注意者也。

何故不能以他种武力打破此种武力乎?武力之根于感情者,愈加压迫而愈强。故敌人虽有优势之军人、器械、食物、材料,不过使我军益加奋勉而已。既拥有相当之人民,而其武力为人民意志所援助,非使之全灭,不能屈伏之也。

何故金钱不能打破武力乎?金钱之结果,可以使作战一时容易,供给一时丰足,然而止于此而已。应于民意而行之武力,可以坚忍胜缺乏,可以努力除障碍,以精神之有余,补物质之不足。金钱之丰裕,效果仅见于暂时;及其持久,同归不足。金钱生于人工之积贮,非有不涸之源,故无能打破武力之理也。

武力何故强?以其军人精练欤?勇敢欤?智识充足欤?军械新利且有余欤?由前三者,则其发挥之须人民有欲战之意志。由后一说,则须人民有为之制造之意志。人民意志之所存,或可以威迫使之暂不实现。而人民意志所已无者,不能以威力强之使有也。故民意之变更,不复以其所能,支持此武力,则武力自倒。非特倒也,武力自身,即为武力之敌。武力愈强,则自身受窘愈多。故如百万人之市,驻兵千人,其兵虽变,不足以动大局也。若驻兵一师而变者,不可收拾矣。然而未有可以悉反民意而军心不变者也。

使其军队为乌合,不胜战阵,虽多犹不足论。若其军队为精练,有勇且智者,则其所恃于意志者多,而其各个人了解之力亦多,则其倒尤易矣。

人民未有无意志者也。然而民意之发现,或极显著,或极隐晦,或极有力,或极无效,则以其自觉否与方向如何定之。人民不自觉其意志之所向,而各个人之意志不必同方向,甚至一个人而随时变易其方向,则民意之力隐晦而无效,无主义故也。有一主义以定其行动之所趋,则一确定之意志,可以吸集无数未确定之意志,引起其自觉,授与以方向,于是成为有主义之人民意志,其出之也显著,其用之也有力也。

以民意战胜金钱武力,须其发意者有更高级之感情,蔑视金钱与武力。金钱者代表货财,使人得之以生。武力者使人得之以死者也。而民意之所趋,不欲生,不避死,故于精神上先已战胜金钱与武力矣。所谓更高级之感情者,果何所求乎?曰:自由活动之生,与心安理得之死。

徒然而生,无所益也,必有生之内容。人生所以异于死者何哉?但以其有气息能行动欤?则狂人、白痴、中风麻木者,皆生也。然而吾不欲如是之生。且曰,若是者生不如死。则以缺生之内容故也,不能自由活动故也。物理的、生理的自由活动尚如此,而政治的、社会的自由活动又过之。终身监禁之囚人,与社会上所屏绝之人,人亦相率目之曰生不如死。亦以缺乏生之内容故也,不能自由活动故也。故一种生活与他种生活之内容,不可以其生活资料多少分别之。贫者之生,有时胜于富者之生也。又不可以其生活时期多少分别之,十余龄之国殇,其生活之意义,固已胜于顽钝无耻之老臣也。童汪踦①为是耶，长乐老②为非耶。贫贱之骄人乎，富贵之畏人乎，论未有定也。而一则以为是而自由为之，一则知其非而逡巡不敢避也。是贫者、夭者之生之内容，已过于富者、寿者之生之内容矣。其人所自感者如是，人之所以批评者亦如是。无他，能自以其意志决定其行动而已。

论其寿命虽短，其享乐虽缺，而其自由之程度，过富贵寿考者，其活动之成绩，多于富贵寿考者，则其生之所以为生者贵矣。是故世有贫于财货而富于意志，绌于年命而丰于功绩者，古今所同认也。比较人之生存而计其价值，则以活动为单位而计之，不以其贫富寿夭。又只取其活动之自由而计算之，其受胁迫束缚而不关于其自由意志者不计也。故自由活动之生，有内容之生也，吾人所求之生。非自由活动之生，犹不生也。

人生而能活动，活动又得自由，此谓之生之内容丰富。然其自由同时为一种主义所支配，使其活动有一定之方向，其人虽可以自由活动，而遇某情形，为某种活动，可以理测度得之，则以有主义故也。例如后汉赵苞守郡遇寇，敌缚其母，以劫持苞。苞遂不顾进战，兵胜母死，苞亦哭母而卒。后之论者，或以苞为不当立功而亏孝，或以为苞不能不重职而轻其母。此种争论，永无决定之日。何则？一以国家之利害为首，一以家族之利害为首也。王阳过九折坂而去职，王尊则曰，阳为孝子，尊为忠臣，驱车过之。此各有所主

---

① 汪踦（踦亦作锜），春秋时鲁国童子。鲁哀公十一年，齐伐鲁，汪踦与齐师战于郎而死。孔子特称赞其"能执干戈以卫社稷"。

② 即冯道，五代时人。后梁时为刘守光（据卢龙，称大燕皇帝）部下。后唐灭刘守光，冯道为后唐户部侍郎，又升端明殿学士。后晋灭后唐，又事后晋为司徒，封燕国公。契丹灭后晋，又事契丹为太傅。后汉驱逐契丹，又事后汉为太师。后周灭后汉，又事后周为太师兼中书令。晚年自号长乐老。为历史上反复无耻的典型人物。

张,必不能相折服。犹之论赵苞者,一以为当,一以为否也。然而至少赵苞有苞之主义,以苞之所主张,可以推知其行为。王阳、王尊各有主义,可以推知王阳必不叱驭,王尊必不回车。此所以赵苞、王阳、王尊各自得有丰富之生之内容,而其行动决不入于非理也。即其平生行动,皆由所信而决定之故也。以其为一主义所支配,故虽常得生,亦常不避死。合于其主义而不得生,于其生之价值无所损也。以一死而贯澈其主义,则死之前,死之际,所有活动,皆足以增加其生之价值。以其死而能使他人感动奋发,从其主义益为活动,则即死之一事,亦可视为活动之一种。是故为主义而生者,亦为主义而死。为主义而死者,无所恋,无所惜,视死如生,所谓心安理得者也。

人生不求其寿考富贵,而求其生之自由活动,与心安理得。故金钱不可以诱之也,武力不可以劫之也。意志既居于不可诱劫之地位,则他社会、他国家之金钱武力,不能征服一国之民意,明也。即一国之政府所有金钱与武力,尤不能征服自国之民意,更明也。民意既不可征服,则反于民意之行动,虽挟有金钱武力,无所施之。同时民意有所主张,政府所挟之金钱武力,即转而变为遂行民意之利器。故政府不能以兵力、金钱征服民意,即民意必能征服政府之兵力与金钱。

以北京、上海最近之学生、商人爱国运动观之,亦可以为民意战胜金钱武力之一证。政府固未尝割所爱之金钱以防沮人民之行动,又未尝能运用其武力以压抑国民也。然人人皆知此运动非金钱武力所能抑?何则?以其为真正之民意,非由单纯之煽动可致,亦非少数人所能利用也。政府即用金钱亦无从买收,即用武力亦无从压服,即借外国之金钱武力亦无所施其技。此其成效显然可见者也。染丝者染色黄则黄，染色红则红，随其所染而丝色变，此以能染者言也。既染于黄，又染于红，红色薄黄色浓则见为黄，黄色薄红色浓则见为红，此以能染故能相胜。若以玻璃之丝染，则虽百染而无所变，不能染故也。既为不能染，则无相胜之问题。以金钱武力敌少数治者阶级之野心，则犹染丝也。彼自有所求、有所恃于彼自己之金钱武力，故亦不能不有所畏、有所屈服于敌人之金钱武力，是则犹所染色之有浓薄足以相胜也。至于民意，非有所恃于金钱武力，亦不求获得金钱武力，而非金钱武力之所能胜也，是则不能染之类也。欲恃金钱武力以胜民意，犹之欲染玻璃者，但求浓其染色，不知其根本上为不可能也。

误谬之思想，常致最大之损失。彼批评国际战争以武力、金钱为判别胜负所资者，皆与俄、德前皇同其观察。如使其人乘权借势，或者不免陷于同一之过失也。在昔国际战争，常有止因于少数治者阶级之意志以动者，两国人民均无自觉，故其较胜负以末节决之。此犹人在空气中，不觉空气压力，而东西南北可以随意所之，一推一挽，皆足令之易位也。若使人身有一方面接触真空，则空气压力立见，挽之不来，推之不去。惟战亦然，人民既有自觉，不以治者阶级之意志为其意志，而自有其意志。则其意志所附者加强，所拒者不复能自支持。于是前所视为决定胜负者，如金钱，如武力，皆毫不足恃，以为民意所弃而覆灭者相继。然而论事者犹挈其金钱、武力以相较，且以为削弱一国之金钱、武力，即足以永绝其国民自立之基，此种误谬，真与挑战之俄、德二皇无异匕已。

夫俄、德两国今日之全失败于战争者，专以民意反对战争之故。而人民反对战争之意志，则由主义而生。此种有主义之民意，有优越于金钱、武力之力，则无所恃于金钱、武力，亦不以夺去金钱武力为忧。如此而欲以军备制限、经济绝交为制御其敌国之方，是犹视电灯为桦烛，而欲吹气以灭之也。

中国人民知金钱、武力之可畏矣，而未知所以胜之之具。故对于国内神奸大憝，非不知恶之，而以为武力不足以倒之也，金钱绌而不能有所营以抗之也。对于国外侵略之相加，非不知畏之也，以为金钱武力不若人，虽举国战犹不胜也。是不自觉其力也。自觉其意志之力，则政府所以对国民之金钱、武力，可以有主义之民意转移之，使不为用。外国所以来相压迫者，亦可以主义动其人民意志而消去之。夫使有金钱、武力而莫为用，是则所谓不战而屈人之兵也。弱于物质者可以精神强之，此现代弱者最有力之武器也。

原载于 1919 年 8 月《建设》第 1 卷第 1 号。▲

神圣不可侵与偶像打破

今日偶像打破之声四起。然如何是偶像,如何始非偶像,本属各人观察之不同。故甲以西洋学说攻击在来之谬论,自命为偶像打破。乙又以其悬想攻击甲之攻击,亦自命为西洋偶像打破。究竟谁能打破谁,自是实力问题。决非但以偶像二字加之他人,即可推倒其说者。吾今所欲论者,自称打破偶像者之态度而已。

偶像者,过去之事物而借以名现在论者对于一种事实所采之态度。故言某种事实为偶像,非偶像,无定者也。而某学者对于一种事实,是否以崇拜偶像之态度出之——甚者对于自身——则有定者也。故偶像打破者,不使人以一种事实为偶像,即对于一切事实,皆以一时的、对人的为评价,而不容为永久的、绝对的评价。而崇拜偶像者则反之,神圣不可侵,即偶像之标帜也。

以宗教为神圣不可侵,非也。而非宗教亦不容其为神圣不可侵。以君主为神圣不可侵,非也。而国会亦非神圣不可侵。以信条为神圣不可侵,非也。而科学亦非神圣不可侵。何则?以人类为进化的生物,一切事实,皆应于人生进化之道程以为评价。故昨日所是者,今日不免以为非,无所谓永远。于彼是者,于此为非,无所谓绝对。其有非之时,有非之处,即为可侵。故神圣不可侵之幻想,决不容其出现。苟其出现,即使事实成为偶像。而主张之者,亦成为不合于人生之用益者矣。

以上所举,最近于神圣不可侵,宜莫如科学。科学之效用,可以垂之久远,可以普适于现所知之世界。然而谓为绝对的、永久的,不可也。吾人能安心以信科学,而不能安心以信宗教信条。何以故?以信条不容人讨议,而科学随时容人讨议故也。故于科学去其容人讨议之精神,即等于信条,即亦一种之偶像也。然则偶像打破者,对于社会上各种已成事实,无一可认为神圣不可侵者。然于其中自不可不分别次第,以定其置信之程度。而其置信之度,每种适与其神圣不可侵之度为反比例,其反抗所应用之力,则与为正比例。列举之如下:

第一种　规约之结果　此如二加二为四,为数学上原则。凡过一点,只能引一与他直线平行之直线,为几何学上公理。大小前提中,须有一为肯定,为论理学上规定。并非观察而得,乃由规约而成。故人亦可随时改定之。譬如用三进数则二加二为一一而非四(包尔氏数学游戏参照)。用非欧几里得几何学,则可认过一点之无数平行直线(林鹤一译几何学原理)。而二重否定之前提,实际等于肯定,亦无所碍于采用。故凡所谓规约之结果者,随时得变更之,其本身绝不含有意义。吾辈亦可安然信任之,永远不劳心于其改革可也。以其另有更便利者出,自然采用也。

第二种　研究之成果　此占科学之大部分,凡今所认为定论者,如物质不灭、势力不灭之属,本为一种任人攻击之说,而至今未能倒之(镭质出后已有疑此原则者)。以其任人攻击之故,吾人可以信其不倒为绝有理由者。进化理论,亦正与此同。而吾人对之,亦非经极端审慎之后,不能轻为排斥。

第三种　道德　道德于中国本离宗教而独立。道德上规律所要求者,皆随时代地方而逐渐变更。但其变更常缓,而不应于社会之急激变化。故有不适合之道德,即要求其革新,为当然之事。而社会上既以道德为神圣不可侵,故其对于道德规律,尤不可以无条件信奉之。然于他一方面,对于道德上规律,认为不适当者,惟不要求他人对己负此义务耳;己对于他人,决不轻弃此义务也。此即蔡先生所谓一事不苟,乃可言自由恋爱也。

第四种　规制　法律其他政治经济上规定,本亦随社会以改变。然在其实际上能梗阻之者,本属于一特别阶级,此阶级即因于制规之停滞腐败以受特别利益者也。故欲排除此种梗阻,彼必主张其神圣不可侵,拒绝一切改革。于是小者争之以口舌,大者诉之于武力。则如英法之革命,如俄德前此之农奴解放,如美国之南北战争,皆其实例。而现行之种种政治经济改革,无非对于昔日所命为神圣不可侵者之反抗也。盖此种社会事实,本以社会之保护,故打破之常须诉于越轨之举动。即如吾人往昔反对满洲,对其君主权,事事反抗,虽至微末,亦不愿让步。盖其强要人民服从,根本上不可许容,与道德上之规制不以强力随其后者,殊绝也。但在近代,立法及其改正,可依于代议政治,及直接民权制,以达其所主张之一部,故于此制度既行之国家,可以平和之手段,达所主张,则于其所反抗者,态度可稍缓和,而准用前项之说明,不蔑视其义务。

第五种　宗教信条　此种信条,有设立与废弃,而无改良者也。他种事实除却认为神圣不可侵之外,尚有存立之余地,即虽不神圣,不害为道德;虽不神圣,不害为规制也。惟信条,则自其本身性质言,非有神圣不可侵之一要素,不能成立。抑且以神圣不可侵为惟一要件,苟备此性质,则虽处女清净受胎,亦可成为信条。故对于信条,除绝对排斥以外,不能再认有他种办法。

凡上所述,明社会上事物神圣不可侵之性质愈重者,其可信性愈薄,而吾人对之反抗当尤烈。虽然,苟其观察之人,舍去神圣不可侵一种态度,以凡百事实,置于均等价值之下研究之,则吾人不能遽指为偶像,而豫蔑视之也。故如指某人为偶像崇拜者:第一,先问其所信者可成为偶像否(假如其事属于规约的,则本不能成为偶像也)。次,问其崇拜之之人,是否视为神圣不可侵。第三,打破者是否别立一神圣不可侵者,以破此神圣不可侵者。前二层已由上所历述,可以显明。今欲就第三一层更有所述。

偶像打破,非必有益。若以较良之偶像,打破较不良之偶像。则正如萧伯讷所云,将革命之责任,转置于第二代人之肩上。亦即夷齐所谓以暴易暴,不知其非,于社会上总皆谓之不澈底。若以较不良之偶像,打破较良之偶像(如果可能),则为社会进化之逆转,不容其借打破偶像之名目以自庇。故打破偶像之人,是否自奉一偶像,与其所奉偶像之比较,亦复为一重要之事实。即如从前教徒攻击中国之伦理说,以不信上帝为大罚所由来。吾人据中国之科学思想与伦理学说,以反攻之,则可谓之西洋偶像打破也。就使其人视其科学思想与伦理学说,有神圣不可侵之性质,要不能斥其逆转而归咎焉。然而吾人甚望其论者,并此神圣不可侵之思想而去之。若夫有一部分人,以对于西洋科学之迷信,而打破中国伦理规制上之偶像,而论者乃反欲以宗教上或规制上之偶像对抗之,而自号西洋偶像打破,则是万不可许容者也。此则逆转,且贻害于社会故也。近日所见自命西洋偶像打破者,吾甚望其不蹈此病,抑又甚惜其已有陷于此病者也。

以吾之意,打破科学上偶像者,惟以科学之研究可以得之,此外皆不能成功。打破道德的打破,可以科学的研究,道德上改新为之，而不容规制信条，施其权力。如欲以信条规定为根据，以破道德科学之理论者，则其自身已为僭妄，不必问其内容如何。如使世尚未有能仆我此论者，则破除邪说纷扰，此亦一直截了当之区分法也。

原载于 1919 年 8 月《建设》第 1 卷第 1 号。▲

舆论与煽动

天下有不由煽动而起之舆论乎？如使人民不须煽动，同时自起一种感觉，同时有一种办法，虽使其国民众庶如我中华民国者，亦将四万万众不约而同其主张，则舆论诚可以不由煽动而成立矣。试问此为可得实现之事否乎？如其不能实现，则欲有舆论而无煽动，则犹之乎不认舆论之价值而已。

鼓吹与煽动，其范围常不得明了。主张其说者则曰鼓吹。反对者则目之为煽动。其实皆是也。煽动者，主就感情而言之。而鼓吹者，则自认为根于理论。其实人民苟无热烈之感情，舆论何从成立？但当问其所煽起者为正当之感情，抑为偏颇之感情，为合于理性之感情，抑为悖于理性之感情耳。苟其感情正当，无悖理性，则安能以其为煽动之结果而蔑视之哉？

今试一研究舆论成立之经过，即可以知煽动之不能免也。凡一国之国民，对于国家之事务，能一一察知其详细之内容乎，否也？政府亦肯以其详细之内容，一一示诸国民乎，否也？就令政府肯示之，国民能了解之，国民之大多数，果能舍其日日之正业，割其时间，以阅览批评其事实之详细报告乎？抑又必不可得者也。惟然，故国民多数心目中之政事，皆极简单之事实，非至繁复之条件也。所认识者止于大体，则其所是非者亦涉于粗略。于此有为详细之研究，一一抉其所以是、所以非之点，则国民固以为于己所见不相悖，益加详焉，然则随其理论而感情动矣。此善言之谓之鼓吹，恶言之则谓之煽动无疑也。又假其人已能涉猎得事件之纲要，知其当有所主张矣，而未知当如何主张，此又一般常有之现象也。于此而有人，以笔以舌，宣其所见，不特于事件观察已得要领，又揭出生出此项事件之原因，提出对于此项事件之办法，则国民因无条理、无办法而扰攘者，一旦得所归依，则不特于理性上信服之，又于感情上觉其非如此办法不可。然则此以笔舌为宣传者，善言之固可谓之鼓吹，恶言之又必谓之煽动无疑也。又对于一事之办法，在知识未充之国民，惟知此为办法而已。至于有知识者，则必不以此为一种办法而已足也，必求其办法所根据之主义。若此之主义，决非多数人同时思而得之者矣，必有始倡此主义之人。则主义之宣传，无时不由少数人以及多数人。而多数人对于事实上之办法，常以不统一缺系统而起烦闷者，得此一贯之主义，以为意志所依，以立行为之标准，则冰释涣解，其感情奋兴，必有过于寻常单纯得一办法之时数倍矣。此授与以一主义者，善言则谓之鼓吹，恶言之则又不得不称煽动无疑也。由此观之，舆论之成立，先必有其事实之观察，又须有其所主张之办法，更进而求其所根据之主义。而凡供给以事实，为之定办法，导之以主义者，皆可以煽动目之。然则人言此种舆论为由煽动而起者，不啻言此舆论由造成舆论之方法而起者耳，于舆论之真价决无所增减也。现在世界除此种舆论以外，更不能有他种舆论故也。

即以今日对日本之交涉言之，二十一条之约文，军事协定正附各件，高徐、胶顺铁路其他种种契约，欧洲和会交涉之经过，无一曾经政府以真相告国民，国民惟有暗中猜度。而于此有人，据外国所传,耳目所接,联属编缀,使成为一系统,以待国民之研究者,必不可少之事也。然此为煽动乎否乎?既已不免为煽动矣,则除政府以其真相普告国民以外,国民有何方法,不信此所传者,而他有所信乎。政府既不发表矣,假此少数人复不本其所知编缀以显其事实,舆论将从何而起乎。次则国民虽知政府曾立丧失国权驯致危害之密约,曾有人争之于和会而失败,国民当求如何之手段,以挽救既往而防止其将来之再发乎。国民之中,固各极其心思,而未必有一定之办法也。且如甲主张与日本开战,乙主张不认北京政府,丙主张排日货,丁主张惩国贼,戊主张不签字,己主张速成和议,凡若此者,其办法可数之千百不穷也。然而终必惟采一种或数种办法而已,不能悉采用之也。盖其观察事实同,而主张办法各异者,必且以辩论相胜。而归极采此舍彼者,即亦可目主张一种办法者为煽动之人矣。不止此也,现代国人对于日本有侵略野心之事实,久经确认,而其如何对付,则自问而自不能答者,十人中有九人也。至于倡抵制货物,驱除国贼,废止约定,然后各人翕然从之,盖本无主张,专待办法者,多数人之常态。而能与以主张者,必为少数人而已。此亦可谓之煽动者也。而无此煽动,舆论又将何由而成乎。又此次国民之起而有所主张之根源,一方为爱国主义,一方为民权主义,此两主义合而有所决定,始能采适当之办法,不致为无定见之主张。且办法者,因时而变。而主义进化变迁之度,远不如办法变迁之急激。即如同以爱国、民权主义而起,而有时采用平和手段,有时不免激烈,各有其适当之时期。然而无论平和、激烈之手段,不能与其主义相背无疑也。假令有与此主义相背者,必不能容纳也。故假设极端之例言之,如采用无政府党之手段以反对日本,此未尝不可谓之一种办法也。而无人欲采之者,以背于爱国主义故也。又如使张勋为复辟,联德国以敌日本,亦可谓之一种办法也。此虽国民明知其无益,然令其有益,国民甘为之乎,否也? 以其背于民权主义之主张故也。此知舆论之所去所从,皆以主义而决。而谁则以此主义与国民者? 三十年前,国民曾有爱国之表示乎? 十五年前,国民曾要求民权乎? 爱国民权之主义,为少数人所提倡,而浸入于多数人之心,今者遂为舆论决定之准据。凡三十年来革命党所以号召于国民者,皆此爱国主义、民权主义也。凡其宣传,皆敌人所指为煽动者也。无此煽动,舆论又何自而成乎? 今者无人敢以此次对日外交之舆论为无价值者也,则煽动不足以为舆论之缺点,明矣。

煽动者,以其结果得名。立一说而人感受之,以起热狂的感情,皆可目之以煽动。然煽动之为有益有害,则当视其所立说如何。吾固非谓凡煽动皆为正当,亦犹之舆论之不必为合理。然须知煽动之有害,只限于以虚伪之事实为基础,与以不适合之办法为手段时。使其所据事实为虚伪,国民因之采用不适合之手段;或虽根于实事,而相率采用不适当之方法;则其煽动为害于国家,岂特他人排之,吾人亦必反对之。不特反对之而已,必且尽其力以谋绝去此种煽动之根源。然而不可即以此为煽动罪已。

今试举例明之。则如数十年前,盛传耶教神父收集小孩,皆以供烹啖,以是人民仇教日盛,致屡酿事端。此以虚伪事实煽动之害也。又如十余年前拳匪之祸,以为毁教堂、灭租界、破使馆,即足以扶清灭洋。此以不适当办法煽动之害也。凡此煽动,不外基于人民之无知识,与无适当之主义。惟无知识,故不能认别事实之真伪,办法之有效否。惟无适当之主义,故以同情而生仇教,以爱国而成拳匪。然则救治无知之法,惟有以知识与之。既已以知识与之，又以真实之事告之。国民已知政府所处景况如何，措置如何，则虚伪之煽动自无从而入。救治无主义之法，惟有以主义与之。不惟一主义而已，并其主义之内容，应用之范围方面，而一一告之。则不适当之办法，终不为国民所采取矣。然试问此二方法，其自体如何乎？授与知识，告知事实，宣传主义，其自身亦一种煽动也。吾人欲除去有害之煽动，惟有有益之煽动能为之而已。

更有不可不知者，中国自来处于治者地位之人，未有不恶人民之参知国家政治者也，未有不恶人民之言政治上办法者也，未有不恶人民之有主义者也。何则？专制之治，国君各以恣睢为极致，其自身向不愿有主义支配之，何况国民以一主义而欲为之决定国政。而办法既欲出于专制，更不容以国民而有胜于君主之办法。复以议政之根源，由于人民之知国事，遂并禁遏其知。此其情固有相关而至者，抑且为世界专制君主之通病，非独中国然也。惟其如此，故煽动之性质，本为有利者，彼亦以有害目之。抑且以其秘密独断愚民之政治，实足使有利之煽动亦变为有害。所谓天下之危险无有过于无知者，正为此辈设也。

今日政府对于人民之举动，无论合理与否，皆以被煽动排之。于是凡有舆论之起，不问其内容如何，而惟探索其煽动之人。始于内政暨及外交，有反对北廷者，则曰南方之煽动也。有反对日本者，则曰英美之煽动也。相惊相戒以煽动，则煽动者亦相与讳言之而已。彼知舆论之不可明攻也，而攻其煽动，可谓巧于立言矣。而为人民者，岂可以避煽动之名，而使舆论坐萎乎？国民之自觉，岂可遂以畏被煽动之名而中绝乎？当仁不让，是在不舍其主义而已。

原载于 1919 年 8 月《建设》第 1 卷第 1 号。▲

侵害主权与人道主义①

当和会之议山东问题也,日人主占有,中国人主交还,而欧洲诸强国则有主张委任统治者。今此问题既照日本所主张在和会决定,则委任统治自不成问题。然因对德宣战而增进国际地位欲列为头等国之中国,何以须委任人统治?山东之委任虽不成问题,异时异处能保其无委任统治问题发生乎?统治而委任他人,则其损失国家主权,何异割让!

委任统治与民族自决,根本上不能相容者也。此次欧洲和会先已抛弃民族自决之主义,然后有非洲南洋及小亚细亚阿剌伯各地委任统治。假使山东问题不如日本之所主张归其占有,而决定在国际联盟委任统治之下,日本受其委任以行其权,中国人又将谓之何?认其可忍乎?抑不能复忍乎?夫以胶州本为中国之领土,本对德国约定不能转租,则无论如何,不能强中国以允从委任统治,犹之不能强中国以允从日本领有耳。山东应归何国,胶州当受何国统治,在法理上,当问之缔约之中德二国。在主义上当问之山东胶州之人民,何处有委任统治之余地。但须知委任统治之例,固不自今日始。当时认委任统治与租借均为割让之变形,未尝有人

① 朱执信《著论存查》稿本中有本文提纲。下有"晨报八月一日至五日"等字样,此文当发表于 8 月 1 日至 5 日《上海晨报》。

谓之不当也。即以此次条约论，德国殖民地及土耳其领土之大部分，皆以委任统治之名，归于各国管理。此中德国殖民地，殆全数为以德国与前土人酋长结保护条约而获得之者。论德国之条约上权原，与事实土人意思，均可以与山东问题比拟。法理上各国之不得容喙于德国与非洲酋长间之条约，犹之其不能容喙于中德间之条约。主义上非洲、南洋土人之不应束缚，犹之山东人民不应束缚也。此种委任统治之理论上不圆满甚明。而各国犹公然主张之不已者，至少必有口实。而当时各国所以仍主张中国土地应归国际联盟监督下之委任统治者，亦至少不可不有一种口实，谓山东之情况不能比于法之阿尔萨斯、罗林，丹麦之修列斯维，然后可以中国与彼花面裸体南洋土番、非洲黑人同科，故可于法理及主义以外倡委任统治之说也，而中国主权遂有时不暇计及也。

中国人论及此层，往往以为有强权无公理，不复追究其所以然。其迷者不过仍欲蓄其武力，俟有机会以我强权，代彼强权。而怠惰者则又以为人道终必战胜强权，我辈惟当诉之于人道，此皆悖也。民族自决之主义，根于人道。侵害主权之口实，亦未尝不在人道。患在授人以人道上之口实耳，患人之不以人道相待也。果使在人道无许人侵害主权之口实，则无论早晚，必有回复其当然应享之利益之日。以武力得之可也，不以武力得之亦可也。否则虽有武力，虽倡人道，固无益也。欲讥人有强权无公理，自己先须无强权有公理。

须知人道主义并非将各人现所占有之天然恩惠，悉视为正当。同时亦不以从前曾经占有过此种自然恩惠者，为必正当。如使但计现占有者，则胶州正在日本势力之下，吾中国尚何辞以与之争。如追求其权原，则日本夺之德国，德国夺之中国，疑若可以为真正

之主人矣。但试一思晏子对齐景公,古而无死,非君之乐一语,能
不憬然。地球上有人类之迹,已数十万年。中华民族之入中国,才
数千年耳。若谓曾经占过此片土地,即为真正有权之人,则中华民
族之对德人日人,不过以五十步笑百步;均之,非原始占有之民族
也。而必争其当与此,不当与彼,则是毫无动人之理由。人道云
云,适足自证其无占有之权而已。故于人道之意义,常不可以此种
轻率之解释为满足也。

真正之人道主义,以世界之自然恩惠,供世界人类发展之用。
故凡独占一土地之自然恩惠,而使其地方住居之民族,反不能享自
然之赐者,为反于人道主义。因其反于人道主义之故,以民族自决
之手段,免一地方住居之民族,为住居他地方之民族之牺牲,此从
其积极方面言之也。一地方之天然恩惠,即为全人类应享之一部
分,不使一民族独占之故也。又有与此相反者,一地方之自然恩
惠,为住居其地方之人所锢闭,不得自由开发,则全世界人类之享
乐,又为此一部分人所牺牲,则又不得不别为其开发之计。此自其
消极方面言之也。前者于其民族所不居住之地,要求土人让其生
活所资,归彼专占,固不可矣。而究竟享其利者,尚有一部分之人。
后者则虽不被人夺占,仍不自求开发,则是货弃于地,全世界人类
中,竟无一人能享其利者矣。如从其土人之眼光以为观察,则与其
以利权与人,不如彼我两无所得,尚可留待异日土著之民族进化至
若干程度,便可以纯为自己利益。其赞成后一层,自不待言。但自
全人类眼光观之,则以土著民族之不进化,天然恩惠委之泥沙,比
之开发之以供一部分人类之用,更不及矣。所谓人道主义者,本就
全人类而言。若其民族行动,有违反于全人类利益之处,则从人道
主义言,有时不能纯任民族自决主义者,所谓侵害主权之口实即在

此也。

今人民之于国家，利害不必其悉相同也，然而国家有事，忘己身以赴之者，何哉？以其身为一个人以外，尚有为国家分子之一资格，故有时害其个人以利国家也。然除却国家一分子之资格，尚有为全人类社会一分子之资格，故有时又以全人类利益之故，以一国家之利益为牺牲，此于理论上全然无可非难者也。然则一承认此原则，其结果当如何。如使世界人类进步相亚，则此原则将为国家互助之起源。使世界民族进步相差至远，则此原则适为进步人种侵略之口实矣。

从来侵略者未有肯自承其为侵略者也。必曰：某地为未开人种所据，某种利源藏于地中，无由开发，其民因之穷困，而世界亦不得共享其益。使归于文明国之统治而开发之，则为世界全人类之益，为文明国人益，亦为其民族益。此种议论，欧洲人时时倡之，时时实行之，至其结果，世界人类有益几何，未可知也。其土著民族有益乎，抑有损乎，亦不可知也。所可知者，苟强国不行侵略，其土著人种安固守常，世界人类亦必不能受其益而已。故一国持此论调以辩护其侵略政策，他国决不肯从根本上尽排倒此说。近日虽有承认民族自决之原则者，亦仅少数国家而已。即如德国向来主张以德国为世界领袖，主张德人优于他人种，故对于他国之开发，常负责任，当以强力代他国民谋幸福，其所以自居者如此。其敌国之英国，则又常以天之选民自居，以开发非洲、印度、马来、澳洲、埃及等等，为其生来之任务者也。其于人道，固未尝视以为敌，且又引以为盾。诽之者则曰，欧洲人之人道主义，不为有色人种而设。彼将应之曰，人道主义，亦为未开化之一部分人所未尝实践而已。侵略非侵略，谁其知之。然于此得一教训焉，则凡不为全人类尽

力,徒以自私之心,要求领土保全,民族自决者,不能得人道主义之
援助是也。

吾知我国人民,于其本意,未尝不希望以其全力为全人类谋幸
福,未尝有私心存于其间。虽然,孟子食志食功之说,吾国人当熟
闻之。吾国人自与全世界交通以来,所以为世界全人类谋幸福者,
果有几何乎。直接谋全人类幸福之事,固不易觏。若夫利用他国
人所已发见之科学原理技术,开发天然富源,以为国民经济发展之
具,同时亦间接为世界全人类之益,此所谓人己交利者也,顾何所
苦而不为,而必待外国之强迫要求,遂让其占领经济权,而有今日
委任统治之问题乎。经济上之权为他人所握,政治上之领土为他
人所占,于是始呼号以求援于人道,此片务之人道主义,未免授人
口实矣。中国虽非不愿为全人类尽力者,要已为未为全人类尽其
力者矣。

今日之最显然之中国不利者,外人在中国所有之领事裁判权、
警察权、路矿权也。然试一思此诸种权之被人要求,责果全不在中
国乎? 抑他国有其九分之责,中国犹有其一分之责乎? 领事裁判
权,非以立法、司法之不良而诱起者乎? 警察权非以自己行政之不
良而被侵者乎? 路矿权非以官吏顽锢、绅民迷信而丧失者乎? 凡
此种种,无无因而至者。外患之亟,实清代数十年迷妄之罪恶,有
以致之(此非专罪满人,汉人大多数亦当同负其责)。而至今日,中
国人犹不能谓无罪也。

试观北京政府,以约法言论出版自由规定之下,而以演说刊印
之罪名,捕辱学生拘禁大学学长,至今未释。以谋叛民国之帝制复
辟罪犯,反蒙特赦。军人日日掠杀,而不敢问。商民一举一动,皆
吹毛求疵。假使外国人立弃其领事权,而使其国人悉听中国法官

之裁决,受笞杖条例之适用,随时遇有戒严,可以自由枪毙。于是使第三者加之批判,则谓此放弃领事裁判权者,为合于人道主义耶?抑不合于人道主义耶?又如外人立以租界悉返还于中国,听彼不敢过问军队之警察,为之维持秩序。各租界中华洋数百万人,将皆任彼驻防军队所欲为,则上海日日有宽城子之案件,汉口亦不难变为徐州,人民惟有希望刺刀枪弹之偶不命中而已。则此为合于人道主义乎?抑不合于人道主义乎?岂特北方而已,南方以护法军政府所在之地,而司法完全隶属于蟠踞山穴之寇贼手中。国民以爱国开会,而警察向人丛放枪。凡有忤逆广西人一语者,立随之以枪毙。广东人箝口结舌,无所告诉,至于罢市,而贼寇出身之辈,遂取无罪之工学界代表拘禁,而将随之以死刑。问其孰为领袖,则曾吃陆阿发心肝之岑氏也。问其孰事巡阅,则跳梁越南交界杀越得名之陆氏也。无时不杀,无杀不冤,此种司法,此种警察,比之北方,罪大十倍。然则从人道主义上言,南方可得被人信任以撤消领事裁判权及警察权乎?中国人之政治上,受不平等待遇,果绝无理由乎?

从经济上论,中国国家所经营之铁路,其为腐败,久已周知。即以商民所办者论,如湖南之粤汉铁路,如川汉铁路,当时百死以争者,今又何如?使粤汉铁路仍从美国原约,继续筑成,则今日鄂湘粤三省所食之利当如何?使川汉之路,如其初计划以进行,则八年来之进步可想而知也,今又何如?中国人保留其铁路权之结果如此。在中国固曰,不利为所自招矣。而反思如中国得交通便利,利源浚发者,世界人类将以为大益,而中国必自沮之,能告无罪于人类乎。假使今日外国所有管理之铁路,已筑者悉还付中国,未筑者悉放弃权利,则二十年后中国铁路能增几百里乎?则为人道主义计,为全人类利益计,以公平之眼光观之,各国应放弃其路矿权否乎?所谓经济上之势力范围者,第一为满足一国之野心,第二为增进全人类之利益,故副作用遂成为其主作用之口实。嗟乎!谁则使其有此口实乎。

以深锐之眼光观察之,则所谓经济的优越者,常为助长一国内少数人独占利益之手段。故中国牺牲其路矿权,不特无益于彼外国之贫民,且令其贫富不均之事实,更为显著。此亦于人道主义相违反者也。使其长此不变,则人道主义之口实,亦将自亡。顾世界之经济组织,于战后亦将大为改革。此种不合人道之资本万能主义,必有取而代之者。彼等既经改革之后,对于中国之政治上、经济上利权,可以一切放弃乎?必不可也。世界皆开发其天然之利益,以为人类之用,而中国独封锁之。世界皆平等正义为司法行政之标准,而中国独立于此范围以外,则他人真有不容我自决之必要矣。

吾于此欲请读者再注意于土地上主权之由来。夫一国对于其领土,决无自开辟以来有其权利者也。国民生活于千百民族死灭无余之废墟之上,而曰有权以领有此土地,他国不应侵害我主权,此何以哉?不过曰,我国民对于全人类尽相当之义务,则世界人类,当我之生存权,而我生存所资之领土,亦不能不认其可以占领也。然至怠其对于全人类之义务,有如上所云者,则其权原先不可容,而对于人不能主张之矣。

故无论为占领、为租借、为委任统治、为一国所专、为万国所共,其侵害中国主权则同。中国苟不能尽革去此向日所行之迷谬不合理政治经济上之行为,则无论外国人为侵略主义,抑为人道主义,为资本万能主义,抑为劳动本位主义,中国领土主权,及经济上权利,必被人侵害亦同。民族自决之主义,须待国民之自觉而后实现。吾今日之反复致论者,非证明中国之当被侵略,乃研究如何始有权利以主张不被侵略也。

从来言收回领事裁判权者,皆知须先改良法律及司法制度,然后可以有收回之理由。然至今日所谓改良者,固未实现。所谓收回者,亦未见其端倪也。至于近日,则惟见日以权利与人而已。一般国民皆曰,是政府之罪,非人民之不欲之也。吾未敢以此答为满足。何则?中华民国固以人民为主权者,人民对于政府之犯罪,不能不负其责。彼卖国者固有罪,而酿成其卖国之罪者,独非中国之人民乎。人民早对于此不法之政府,不能代表之议会,默认而深恃之,不待论矣。于此以外,尚有根本理由存焉。曰:国民不视国家之事为己事。从而就于国家之事,太无知识,因之无有判断国家事务之能力。故北方人现在服从北方政府,南方人服从南方政府,一也。北方不服北方政府者,其心目中之良政府,犹之今日之北方政府也。南方之不服从南方政府者,其心目中之良政府,亦犹之今日之南方政府也。其无效果亦一也。即许国民自择政府而建之,自择政策而施之,犹不免为野心政客所诱惑。袁世凯死矣,而其欺骗国民之术未尝死也。国民之可以欺骗,即其国民自觉之缺乏,亦即向来主权被侵害之根源也。

所谓国民之自觉者,即自觉其生存之目的,自觉其对于全人类之任务,自觉其遂行此任务之力是也。孰为国民生存之目的乎?曰:人类之保持及进化,以一个人自身论,则生固有涯也,其活动有停止之时,凡人之所为,无足以永久抗自然者。然以人全体论,则死者既去,生者方来,相续不绝,今人所成就,胜于古人,将来人所成就,又必胜于今人也。即人类永远能支配自然也。使人类进而为超人,此人生之目的也。

孰为国民对于全人类之义务乎?曰:于不损他人之限度内,以求自己及其同社会者之生活向上,于保持自己之余,以其力谋全人类之进步,于必要之际,牺牲自己以图全人类之进步是也。人之生活向上,通常同时为全人类之进步。故其为自己而行者,同时有益于社会,有益于全人类。然而有时非为自己之利益,有时且为自己之害,而不可避也,则基于其生存目的以使然者也。人不但为自己一个人而生存,故牺牲有时非为己也。

然而认识此两者,正赖国民知识之进步。如使其知识不具,则并此目的与此义务,亦不能了解,抑且就知其当尽力当牺牲矣,而以何手段可以达目的尽义务,仍属其所不解,则固无益也。

国民既有知识而生自觉,则非特进其对世界之道德而已。即其对于国家之真正了解,真正之爱国,亦于是始发生。盖国民既自觉其生存之目的,而就于达其目的之方法论之,在今日必不能不恃国家。故人之生存,但为一个人,绝无意味;必为国家之一分子,始有意味可言。国民方生方死,而国家不绝进步,其终局即为全人类谋幸福。知此而生爱国心,是真正之爱国心,毫无弊害者也。既知爱国矣,又自觉其义务,而以人类进化须经国家之一阶级,故对于国家,亦愿尽力,亦愿牺牲。如此然后觉国家之事,值其研究,然后有兴味以受纳先觉者之所陈议,判断其是非。故其所自觉之对人类之义务,又先现而为对国家之义务。而廓清政治之机,即在于是。以此自觉之国民,选择其所赞同之政府,推到其所不赞同之政府,于事固不生后悔,于力又不患不足矣。夫然后以其进步之政治,主张人道主义,在他国固无对抗之口实,抑且易得同情者之援助也。

于近日日本人批评我国人之说,亦有足促吾人之反省者。彼谓吾国之对彼极力主张国权,至于被欧美人主张干涉,侵及主权,则熟视无睹,且有欢迎之之趋向。此盖指铁道共同管理一件各国之态度,及诸政客之奔走而言。吾人不欲以人废言,亦不必因噎废食。凡外国以公道而为中国谋幸福者,皆所赞成。凡以其私利而来损中国主权者,皆所反对。但其事有损主权,而其举动不无口实者,吾人尤当注意于其对付。铁路管理,即其一端。此外欧美人倡中国行政应委外人代办之说者,不知凡几。吾人不能不反对其主张,而遂不能发见反对之之充足理由,则除却唤醒国民之自觉,更有何法哉!

今日国民一般之观念,以为推倒不良政府甚难,而反以选择政策求其实行,为不须多费心力。实则不良政府驱除甚易,人民惟不自觉其力,故视以为难。选定国家政策,本属甚不易,而人民以乏自觉故,反不用心于此。然则日以主权为言,亦复何益,又岂能禁人之为侵害乎。

是以吾得一简单之结论曰:尽其对世界人类之义务,然后可以主张人道主义。使其国家随于世界之进步以为改良,然后可以禁人侵害我之主权。而改良内治,即为对人类义务之一种。主张人道主义,亦为防卫主权之一法。两者交相依倚,在于现世之社会,未有能取一而舍一者也。而其实施之手段,则为唤起国民之自觉,勿恃政府,勿恃国会,勿恃政客,勿恃军人。

据《朱执信集》刊印。

中国古代之纸币

为多忙者告　如不暇阅全论，则请阙云历史的叙述，专阅第二、八、九、十、十二各节。

第一节　绪　论

自欧洲战争以来，世界用金本位之国，无论其现存有兑换制否，均受不换纸币之影响。而中国恰亦与之相先后，以袁世凯帝制之结果，成为中、交两行之不兑现，各省相继陷入纸币不换之状态，至湖南与鄂西而极矣。今日但以中国论，似纸币以不换而跌价，即恢复兑换，为惟一救济之方法。但若思及欧美现在状况，则有刚足与中国现在过去之事实互相印合，证明不换不必跌价，兑换亦能跌价者。由此可以阐明货币价值之基础，及其对于物价之关系，即现在制度之真正缺点，及其救治着手之处，亦可由之发见。吾人以此目的，将取九百年来中国纸币之历史，加以近代学术上之批评比较，窃信其非无益之业也（宋太祖建隆元年至今年刚九百年）。

第二节　货币之原始职分

中国之纸币,盖起于唐之飞钱,然真正具纸币之形式,为法律上所允许保证者,自宋初之交子始。自九府圜法以降,迄于宋初,二千年间,皆可名之钱币时代。然当时钱之地位,决不如近代之银币之巩固也。自秦以前,钱之用于交易,不过为间歇的,而主要贸易,时时用粟帛。此可于《周官》、《国语》征之(《周官》固是伪书,然惟其伪,益见伪之之时,尚知钱非专用之物)。《周官·司市》曰:"国凶荒札丧则市无征而作布。"注言:凶年物贵置钱以饶民。夫凶年所缺者粟帛,非有不足于钱也,作布何以能饶民。且以今日学理衡之,断无增加钱币可救物价腾贵之理。然则作布者,所以代谷帛买他物而已。以谷帛平时兼货币之用,凶年谷帛既贵,惟有多作布以代之,则轻赍便于交易,而谷帛之价亦不至有增长的腾贵(至其原始缺乏之贵,自非可以钱救)。即《国语》单穆公对周景王所云"古者天降灾戾,于是乎量资币,权轻重,以振救民"也。在此种状况之下,交易用钱,决不如用粟帛之多。惟管子盐策之计算,皆以钱为准尔。而管子亦认禹汤以历山、庄山之金,于凶年作币以救民饥。故吕祖谦谓:"古人论财货但计九年之积,初未尝论所藏者数万千缗。何故? 所论农桑,衣食之本。钱布流通,不过权一时之宜而已。先有所谓谷粟,泉布之权方有所施。"要之,钱之通用,自战国而盛。如李悝所计算,农民卖谷得钱千三百,则其购售皆以钱为准。而同时行金或以斤计,或以镒计。故秦制上币为黄金,而铜钱次之。汉以来始通用钱耳,而其间尚有废钱用谷帛之时(三国之魏,南朝梁初之州郡一部,北齐神武时),且俸禄、赋税、赠遗仍以粟帛为主也。推钱之所以能通流,学者大抵归之于其价值少变,人共爱重,易于分合,历久不坏之诸性质。然于此性质以外,更不可不知其有约定将来可易他货之作用。原古人所谓救荒作币者,皆出于此意。即代表尚未作成之货物之作用也。阙此作用者,终不能成为货币也。

第三节　纸币之起源一

货币既为代表尚未到手之货物者,即纸币又为代表尚未到手之货币者,此一般人所容易推测者也。但在历史上实际代表货币之纸币,与直接代表货物之纸币,同时并有,不特并存而已。即论纸币之起源,亦为分两路以发达,后乃汇合而成一统一之钞制。其间转变之迹。历然可寻,今先就代表货币者言之:

唐宪宗时,诸商贾至京师,委钱诸路进奏院及诸军诸使富家,以轻装趋四方,合券乃取之,号曰飞钱。此犹今之汇单。以当时商贾不能自携钱出京,故托官吏有势者为之转送耳。当时尝被禁止。后又许就三司飞钱,而商人亦不至。盖唐时贸易,仍多挟缣绢,足抵钱缗。飞钱之必要,尚不甚盛。但以其合券取钱,故后代推原交子、会子之所自出,归之于飞钱而已。

五代时,各镇多铸铁钱,钱重不可以致远。宋初,各路略皆禁绝,独蜀地行用如故。张咏守蜀,以为不便,为之设质剂之法。使富人十六户主之，一交一缗，以三年为一界而换之，六十五年为二十二界，谓之交子。故交子为钱券之一种，而其额面为一缗，即后世所谓一贯（额面千钱，实七百七十钱）。其券有效期限为三年，三年以后，即须换取新券，即有使用期限之纸币也。

其后富民赀稍衰，不能偿所负，争讼不息，于是官设交子务以榷其出入，而禁私造。此所谓交子务，即国立之地方银行，有发行纸币之权者也。当时定额，每界一百二十五万六千三百四十缗，而有本钱三十六万缗贮备兑换。故其初制，兑换准备已不及三分之一，而民乐行用之。其后书放（即发行）溢于原额，又用之于四川以外陕西诸路，至徽宗大观元年，遂改为钱引。凡交子前后行四十三界。

交子既以铁钱不便运输而起，其性质当然为代表可以入手之货币。虽然，就其本制而论，预备本钱只有三十六万，而出一百二十余万之券。则虽自其要约言，代表货币；自其实质论，决非但以有钱三十六万之故，而有价值。犹之今日三十六万元资本之银行，若发行一百二十余万之钞票，而毫无增加准备，断不能有价值也。然而交子在绍圣以前，价值毫不贬减，可知其所以能行之故，不特在有支兑之现钱，尤有国家之信用在其后。而国家之信用，更分析之，即亦不过可得征收粟帛金银及钱之确信耳。故交子者，制度上虽为代表铁钱，而实际上仍代表货物明也。

第四节　纸币之起源二

纸币之不专代表货币者，最初有宋开宝之便钱。便钱者，许民入钱京师,于诸州支付现钱。其后诸州钱皆输送京师,当给钱者,或给以他物。至道末年,商人便钱一百七十余万缗。天禧末年,又增一百一十三万缗。此后不见其结末。此制度虽本以代输运现钱,而后期以物折付,则便钱非专代表货币,已为制度上之一事实。便钱与交子异,交子由官发行,以充政费,故其末流有增额迟支之弊,皆以政府之意向决之。至于便钱,乃由商人入钱,请在某地受领,而末期转见增加。则可见使用便钱之人,纯以其自由意思,承认以货物代铜钱为支付,而乐用之。此最可注目之一事实也。

其他方面,则有入中刍粟金银钱货,给与茶盐钞引之制。入中者,谓输纳货物于特定地方,求政府付之以专卖物品也。此种制度,本与货币无关,亦不成其为初期纸币。然其后变迁,遂亦成后代交钞之导源。宋太宗雍熙间,以用兵乏饷,始令人输刍粟塞下,令江淮荆湖给以颗盐末盐。其后仁宗天圣间,以与西夏战,用兵西边,所有羽毛、筋漆、钱炭、瓦木之属,亦皆许人入中,偿以解池之盐。其时始有盐钞之法。解池之盐,每一钞在边郡当钱四贯八百(三千七百九十六文),至池请盐二百斤,任其私卖得钱,以实塞下。盖宋初盐制,除特定地方外,皆归州县给卖,以其所得,申报中央政府,各有管辖,不能相越。惟此由他处纳刍粟来领盐者,随地可与官盐竞价。而入中者又可得请茶及杂物。其制入中刍粟于边界,给券以茶偿之。后又益之以就南东收现钱,与香药、象齿,通谓之三说,随商人所欲得与之。而入中者多塞下人,不知茶利厚薄,且急于售钱,得券即转卖于茶商,或卖之京师坐贾 号交引铺者。商贾以之博厚利,此茶券称为茶引,与盐钞并行。

茶之引、盐之钞,皆易货之券,非贸易之媒介,与交子不同者也。而自神宗熙宁七年改制盐钞,遂有流通之性质。是时陕西用兵,取刍粟多,盐钞因之滥发。中书省议请用西蜀交子法,使其数与钱相当,可济缓急。诏给内藏钱二百万缗,假与三司(宋之财政机关),使市易吏行四路请买盐引。故钞价有贱,则以钱买钞,钞滞则毁之。《文献通考》云:"祖宗以来,行盐钞以实西边。其法积盐于解池,积钱于在京榷货务(专卖局),积钞于陕西沿边诸郡。商贾以物解至边入中,请钞以归。物解至边,有数倍之息,惟患无回货,故极利于得钞,径请盐于解池。旧制,通行解盐池甚宽,或请钱于京师,每钞六千二百,登时给与,但输头子等钱数十而已。"故当时盐钞之法,变代表盐为代表盐及钱。商人持钞,可以易盐,亦可以易钱。官备数百万之钱,以为准备。一方以其价额,定为钱若干,即所谓用交子法者。盐钞遂展转流通,占有货币之位置。熙宁初年,以西蜀交子推行于陕西,有司即以有妨入中粮草为言。非交子之不利也,以行交子则市面上流通之货币增多,从而向为货币代用品之盐钞,遂失其流通之效。因之入中粮草者不愿受盐钞,故曰妨入中也。其后数年间,交子与盐钞互行,卒至熙宁七年,始定前记之法。可见其时不特政府以盐钞买物,有货币之性质,而在人民,亦以盐钞代货币流通矣。

当时虽名为发钱收买,而实际所买不及所出之多。三司买钞缺钱,又还以钞卖之人民。于是钞价日落,六缗之钞,只卖二缗有余。同时四川之交子,亦以发行逾额跌价。蔡京始改盐法,别依交子之体,作为钱引,以代盐钞,行于陕西。而四川交子,亦改为钱引。于是初期纸币分两源而来者,遂合流而为钱引矣。其后钱引推行偏全国,不用者惟闽浙、湖广而已。盖至崇宁、大观间,钱引已成为真正之纸币。始交子仅通行于四川,盐钞仅沿用于陕西,今则公然为全国法律上之支付正货矣。而西北习用盐钞,故金人入中国即沿用钞子,兼取交子之交字,名为交钞。元明清之纸币。^(注一)皆以钞为名,今日中国人一般尚称钞票,皆足以示纸币发达之途径,兼由两方而来。盐钞、茶引皆为中国钞制所自出,不可忘也。

第五节　南宋之关子会子

中国纸币成形以后,复分二系:其一则所谓关子、会子,从交子之形式以分界偿还为名,而实际则逐界抵换者,行于南宋。他一则所谓交钞、宝钞,以永远行使为名,而实际亦仍随时收回旧钞,另发新钞者,行于金、元、明。会子以限年兑换,发行有额(关子比较行用时间较短),为其特色。交钞、宝钞则以杜绝用钱,独以钞与银相权为特色。前者继承交子之特质多,后者则较少。

关子者,宋高宗绍兴元年所造,谓之现钱关子。其时屯驻婺州,有司请储备应用之钱,而以舟楫不通,钱重难运,始造关子,付婺州,召客人(行商)入之,执关子赴榷货务请钱,有愿得茶钱香货钞(盐钞)引者听。然此特制度上然耳,实际榷货务所有钱,货只拨三分一以偿关子,故关子之性质上本为一种支付命令,而事实变为限制兑换之纸币,不复可行。及绍兴三十年造会子,遂不更用关子。

会子者,以关子末年不见信用乃造之。其法,贮现钱于城内外流转,其有合发官钱,则赴左藏库纳之,兑取会子以付。其时会子务隶都茶场,以为客旅请买茶、盐、香、矾等,岁以一千万贯,此等皆收会子。则会子不独以所贮现钱为本,又非全仰会子以助国用也。

然其后以各州县征收,均须现钱,不用会子,所以会子价低。各路商贾以低价买取,就官支取钱物。自绍兴三十年,至孝宗乾道二年、六年之间,会子发行数二千八百余万贯,支取过一千五百六十余万贯,另有官中存储预备者,实在流通之额九百八十万贯而已。是年复设法继续收换,迄乾道三年六月,民间仅余四百九十万贯。此为会子之第一期未立偿还定限(所谓界),而许支取钱物,以税课征收,未能通用,故致跌价也。

于是第二期之会子,立定每界额为一千万贯,以三年为一界,逐界造新收旧,尽收旧会子,以新者代之。自乾道四年,始印新会子一千万贯,令请算盐、茶、香、矾钞引者,许收第一界会子。(注二)以后每界收换如之。其州县诸色纲钱(纲指解京运载而言,此所谓纲钱,即解京之钱),七分收钱,三分收会。故第二期之会子比第一期为进步,以其各州县解钱用会子,故外郡通行。盐、茶两项为南宋岁入大宗,占国家收入总数过半,故其收入会子之机会较多,不待以金银收换,亦有收回之路。即此乾道四年以降,迄于宁宗庆元元年,三十年间,为会子通行最少弊病之时。其初以三年为界,及淳熙三年,令第三、第四两界各展限三年,则六年为界矣(其后尝欲再展三年,三界并行未果)。论其每界之额,始为一千万贯。至淳熙三年,始令以第四界续印会子二百万贯。自后更有增加。庆元元年,诏会子界以三千万为额。当时立定之额,尚有三千万贯。则绍熙以来,每界不止三千万贯可知。而其时会子既已展期,新界发出之后,旧界仍不收回。二界会子,同时行用,其发出之额,须不止六千万贯矣。原其初定制,每界以四月造新会子,至岁终造一千万贯,自十二月一日始,置局收换旧会子,至明年三月十日终尽绝。每界只有一种会子行用,其额不过一千万,与此更不相侔矣。然而第一期发出才二千余万贯,实际流通者不足一千万贯,而已苦价低不行。此期之末,会子发出计有六千万贯,而仍能支持,则以其外郡税入盐茶市易通用会子,会子已夺钱之位置,民间需求货币之额日多,官铸铜钱太少,不能不用会子,会子之流通力,较第一期为强故也。

自庆元元年起,入于第三期,迄于理宗淳祐七年,凡六十七年。其间各界会子,既不依期,又不依额,惟于会子价值低落之际,讲所谓称提之术而已。称提云者,谓设种种法令,压种种手段,使会子价值增加也。而此期初年,以用兵伐金之故,军费诸支出浩繁,发出会子益多。嘉定二年,发出未经收回之会子,三界有一亿一千五百余万贯,其中十一界较少,十二、十三两界较多。以此推算,每界发行实在六千万以上,于是会子价大减,现钱既皆藏匿,则惟见物价腾贵而已。其时称提之术既穷,始以封桩库(特别储积所),金银度牒、官绫、纸、乳香凑成三千万贯^(注三)付与临安府官局,收回旧会子,而以旧会子二准新会子一,即当时会子之价,约跌至半额也。自嘉定二年至绍定五年,廿四年间,递次加增,皆为十四、十五两界之会子,至有三亿二千九百余万贯。绍定六年以后,则所行者为十六、十七两界,^(注四)其逾额亦同前例。及端平二年则十六、十七两界之价仅得五分之一矣。以史考之,嘉定初年,会子价尚值钱七百二三十文(足额七百七十),袁说友之疏可证。廿余年间,价跌为五分之一,则以废年限与贯限,出之无制,收之无垠故也。其时虽屡设收换之法,而旋收旋发,卒不能减其额。而旧法,凡收到旧会,或毁抹重造,或竟行销毁,不复收存。自端平二年,定以所收旧会子,付封桩库藏贮,以备缓急,故会子更壅积。嘉熙四年,袁甫疏言十六、十七两界会子五十千万,则视绍定五年之数为尤多。盖八年之间,又增一亿七千余万贯。据张端义《贵耳集》所记,当时十七界会子,价不及六十七文,即跌至十分之一以下也。当时会子既不可通行,乃令以十七界之五贯,准十八界之一贯,收回十六界,不复行用。其时计画,本造十八界一万万贯,收回十六、十七两界五万万贯,既而不能实行,仅换去十六界,而十七、十八两界相并行使。是后会子价稍定,而官印之数虽损,私造之币转多。十八界会子定价五倍于前,更易诱致伪造。淳祐初年复修伪造改造之令,而伪造初未止,会子价复日落。总之,此期会子行用之额既多,收换复不依期,价值缘之日落,然实通行之币。

第四期会子,为不立界不限额之会子,起于淳祐七年二月十七八界更不立限永远行使之令,至咸淳之末,凡二十九年。此期前半以新行十八界会子,且屡诏减造会子,故价虽不能比于现钱,尚能暂免变动。景定四年,以收买逾限田之故,每日增印会子十五万贯,次年另发所谓现钱关子者,而币法更坏矣。盖所谓现钱关子者,兑换为名,不换为实,发行既无限制,尽侵会子流通之领域,于是会子更贱。咸淳四年,定制关于一贯作现钱七百七十文,十八界会子三贯,当关子一贯。然其时关子实价已经低落,会子实价更在三分之一以下矣。盖不限额不限期之结果,必至于此也。

现钱关子,盖拟高宗时之关子而发行之,始造于景定四年十二月,凡二千万贯。以后续造之额未详。然咸淳七年命四川造纸岁二千万,则其发行之额,亦可推想而知。其始虽称为现钱,其后不闻兑换。十一年间,所发出者当不下二亿贯矣。元灭宋后,暂仍用交、会,后遂行中统钞,关子、会子俱废。

川之钱引,自蔡京改称后,仍继续行用。南宋初期,西北用兵,川陕之军,皆恃川引以行。绍兴末年,三界积至四千余万。宁宗嘉泰末,则至五千余万。于是钱引价半减,每贯值铁钱四百以下。嘉泰间励行收换,其价始复。又别有湖会,为会子之别种,行于湖广(今两湖);有淮交,行于两淮;各皆数百万。川引与淮交均代表铁钱者也。综观南宋货币,实以会子为主,虽时铸有铜钱,不过以供零碎贸易。盖北宋尚以河北、京东西诸路为经济中心,陆路交通便于载钱市易。至南宋之国境,则除水路所通者外,皆山地,不便载运现钱。又以铜矿多废,旧额七百余万斤者,乾道间仅入二十余万斤而已。铜缺则铸钱难,钱不足则非以纸代之不可。故向来言南宋会子之病者,谓废楮币然后现钱出(叶水心论其一例也)。不知惟钱不能出,而后纸币不得不行。一方国家苦铜缺不能铸钱,一方面商贾乐轻赍喜用纸币。会子之兴,实非得已也。而会子之额面,一贯之外,尚有五百、二百、三百数种,而无百文以下者。关子亦止于百文。故百文以下之交易,仍须用钱。因之,纸币对铜钱之价额,随时变动,随时须政府为之称提。政府发行收换,一不得宜,效果立见,则以不另设补助币之过也。晚年滥发,自毁其信用,则又不足言矣。

会子自第二界以后,皆以新易旧,无有兑换之事。其所谓称提者,皆由征收会子以减其额,其拨现钱兑使者,亦不过以一定期内日出数千缗而已,比之每年所出数千万缗,不足比数甚明(恰似今日中国银行之限制兑现)。收回会子之方法,仍以赋税、盐、茶诸项为主。至临时收换,则率用金银,当时金银固亦货物也。惟端平二年以前,收到会子,即行毁坏,而官司收纳诸税,平均现钱会子各半。故一方发出以当现钱,支付政府所负之债。一方以金钱盐物等货物收回之,或以征税收回之。是会子虽以现钱为额面,而实际不外代表政府所有之盐、茶、金银等物而已。

第六节　金之交钞

金之初起,只用南方铜钱,未自铸钱也。及炀王亮贞元二年,效中国楮币而作交钞。盖以西北向行交子与盐钞,故合之以为名也。其时定制,交钞额面十贯至一百共十种,七年为限,作现钱流转。限满纳换,限内亦许赴库支钱,仅付工墨钱而已。故此项交钞,仍为袭交子之旧法者,而以现钱为准备,同时亦铸铜钱。世宗亦沿用其制。

章宗即位于大定二十九年,即罢七年一换之制,改为不限年月行用。惟于字文故暗,钞纸磨擦之际,许于所属库司,纳旧换新。此为金之交钞制确定之始。同时罢铸钱之制,其时交钞尚不滥发也。明昌三年,制令民间流转交钞,不许多于现钱。盖金人作交钞实以苦流通之钱不足故。而正隆以后,虽屡铸钱,其费实大。据丁用楫复奏所言,则当时岁费八十余万贯,始铸出十四万余贯之钱。检之宋志,则北宋治平中冶铜之所四十六,分在十一州一军,皆在今赣、闽、粤三省之中。故金虽得宋地弱半,而不得其产铜一冶,宜其铜缺钱稀,不得不借助于交钞也。然至交钞发出后,转用低折,于是以银辅钞而行。承安三年,始以银铸承安宝货,自一两至十两分五等,每两折钱二贯,以代钞本。另有先经行用之大锭,重五十两,值一百贯(金之贯初为千钱,后为八百钱,与宋异),均与交钞相兼而行,同时并禁铜钱输出。泰和以后,乃并禁一贯以上之交易用钱,而钞仍滞。自明昌元年以至宣宗贞祐二年,二十六年之间,钞价日低,于是更造大钞。始造自二十贯以至千贯者，复屡易其名，而竟不行，千钱之券，值数钱而已。迄于金亡，未尝有名实相应之通货也。

夫实际交易须用货币，而钱不足以应其求，宜钞出可免低折，而竟不得其效者。金之行钞以一贯至十贯五等为大钞，一百至七百五等为小钞，凡持大钞求兑易现钱者，官仅与小钞及银而已。惟以小钞求兑者始付现钱。故初行之际，人皆趋用小钞，而官不欲。靳不造小钞，惟出大钞。《金史》志谓在官利用大钞，大钞出多，人益见轻。在私利得小钞，小钞入多，国亦无补。故实际所要求者，小额交易之货币也，而不可得，则钱独行，其价益贵。政府所增发者，大贸易之所资也，而不能兑易为小额所用之币，则钞日壅，价益贱。泰和之末，始以高汝砺言收大钞，行小钞，而已晚矣。未几，遂行二十贯以上之钞。故金之钞法，仅贞元、正隆、大定间，限年收换，同时铸钱，可以通行。明昌、承安之间，钞未滥发，犹可支持。泰和以后，不复可以制度言，民间既苦钱少，又苦钞多；不惟苦其多，又苦其数变；末年民间但用银以市易而已。

第七节　元之宝钞

元之制钞，从金故法而变之。其初有银钞，以钞代表银，其发行额，大约不过五十万贯。[注五]又有丝钞，以丝为本，每银五十两，易丝一千两。此两种纸币，皆无甚大之影响。盖以承金之敝，力戒用钞过多。而银为当时通用之币，丝又诸货物中较为轻便者，故暂用以代表价值。然至中统、至元钞行以后，则真成为不换纸币本位制矣。实际以纸币为本位货币,兼为补助货币,而纸币所代表之银锭,徒有虚名而已。自中统元年,迄至正十年(是年以后钞不复行,郡县以物相贸易),九十一年之间,无有他种货币并存,此钞制之极盛也。

中统元年,始造中统元宝交钞。其制,自一十文至二贯凡十等。以二贯准白银一两。别铸元宝,以银五十两为一锭,当中统元宝交钞一百贯。而元宝实不行用,用元宝交钞而已。其后省称中统钞,仍以五十贯为一锭(与白银一锭不同),收支大数,均称钞若干锭。其发钞之法,先须诸路以金银解京为钞本,本至然后钞出。诸赋税皆令纳钞,各路均设有平准库,给钞以为之本,主平物价,使不至低昂。而私市金银应支钱物皆止以钞为准,即官民收支交易均令用钞。其始最低额为一十文。至元十二年,始添设厘钞,有二文、三文、五文三种,然未几即废。自中统元年迄至元十二年,钞仅行于北部,其额不多。元既灭宋,始行钞法于江南,废宋铜钱不用,而钞出益多,价益贱。至元二十一年,用卢世荣以整治中统钞法,无效。至元二十四年,改用至元钞,依《元史食货志》所载,则:

中统元年至至元十二年十六年间共印造

  中统钞   一六九七二七三锭

最少至元六年印造   二二八九六锭

最多至元十二年印造   三九八一九四锭

平均印造   一〇六〇七九锭

至元十三年至至元廿四年十二年间共印造

  中统钞   一三〇〇七七七八锭

最少至元廿四年印造   八三二〇〇锭

最多至元廿三年印造　　　　　二一八一六〇〇锭

平均每年印造　　　　　　　　一〇八三九八一锭

二十八年间统共印造　　　　　一四七〇五〇五一锭

平均每年印造　　　　　　　　五二五一八〇锭

从于右列数字,可略知其纸币发行数目,又可知其初行后壅之故矣。

至元廿四年,改造至元钞,自二贯至五文凡十一等。以至元宝钞之一贯,准中统钞五贯。而凡收支仍皆以中统钞。计至元钞以二十文为一钱,二百文为一贯(当两),一贯为五两,二贯钞五张为一锭。故至元钞虽名五倍中统钞,而元代所称收支钞若干锭、若干两者,仍与中统钞无异,单位未尝变更也。^(注六)始行至元钞,本欲逐渐收尽中统钞。而实际中统钞有补助货币之用,未能猝废,乃始以之相权而行耳。其时至元钞定值每二贯当白银一两,每二十贯当赤金一两,则中统钞一贯仅当白银一钱,而前之一十文钞仅当一厘,故市肆贸易,不感其不便。而至元钞制,亦优中统,设立官库,收金银发钞,复收钞给金银。然日久发行既多,其价亦转低。自至元廿四年,至武宗至大二年,价值约减至五分之二。^(注七)而其发行之额略如左:

二十三年共印造　　　　　　　一七五六六六三锭

最多大德六年印造　　　　　　二〇〇〇〇〇〇锭

最少至元三十一年印造　　　　一九三七〇六锭

平均每年印造　　　　　　　　七六三七六七锭

前三年平均每年印造	一二三四二四一锭
中十二年平均每年印造	三五七五九六锭
后八年平均每年印造	一〇六二五〇〇锭

即其初期以欲收回中统钞,故印造较多。中间十余年,平均一岁印造仅三十余万,而钞价亦赖以维持。后期则印造过多,故钞亦不得保其原价也。

武宗至大三年,以物重钞轻,改造至大银钞,自二两至五厘凡十三等,每两准白银一两,至元钞五贯。是年造钞一百四十五万余锭。盖以当时欲收中统钞不用,且减至元钞流通之钞,又以武宗赏赐营缮所费至多,故一年所出多至如此(当时赏赐一人动至万锭,即以中统钞计,亦当银四万两矣)。其时兼铸铜钱,将以为补助币,而罢中统钞。次年而武宗死,仁宗乃罢至大钞及钱,仍用中统至元钞。

至大四年,复至元中统钞法,仍印造至元钞,兼印造小额之中统钞(中统钞自至元廿四年以来未印),复循旧法。迄于至正十年之改制,其间惟至大四年天历二年,十九年间有记录而已。其至顺元年至至正十年,二十一年所印造,盖不可详。

自至大四年至天历二年,十九年共印造	
至元钞	一九四一五二五六锭
首四年平均印造	二一九三〇八四锭
后十五年平均印造	七三六一九五锭
统共平均印造	一〇二一八五六锭

自至大四年至天历二年,十九年间共印造

中统钞 一四七〇五〇〇锭

平均每年印造 七七三九五锭

盖初期印造至元钞所以多者,以废至大钞,须发行多数之至元钞以收回之也。其后各年平均不过七十余万锭。而天历为元代财政最裕之时,当时发行与回收之额,当尚相去不远。此后史仅记至顺二年及至正元年印造之额,一为至元钞八十九万余锭,一为至元钞九十九万余锭,则此不详之二十一年间印造数目,亦可推知矣。

顺帝至正十年,始制至正交钞,以每贯准铜钱一千文,当至元钞二贯。同时复铸铜钱,与钞并用,而钞实不兑钱。又其时天下已乱,军费方多,每日印造,不可胜计,钞价大跌,而民间亦不复用钱钞,惟用货物相贸易而已。

元代用钞,虽不能维持其对银之法定价格,而其结果不过为缓徐的物价腾贵,绝不因之而呈经济的变调,诱起恐慌。外国之久行不换纸币者,未尝见其比也。以宋、金积弊之后,而能收此良好之结果者,盖由其:(一)发行回收略有一定之比例;(二)回收以盐茶诸税课即等于实物准备;(三)尽废铜钱。故即有低折,亦行于无形之间,不致摇动市面,不如钱钞差异之显著急激。此下当分节论之。

第八节　纸币之流通额与财政经济状况之关系

依上数节所述,南宋会子乾道二年初额一千万贯,继额三千万,两界并行为六千万。嘉定间三界一亿一千余万。绍定两界三亿余万贯。嘉熙乃至五亿万贯。二十五年之间,印造发行之额,相去悬绝如此。而其价值则乾道三年至嘉定二年四十五年之间,减为半额。故嘉定之收旧会子也,以新会子一贯,易旧会子二贯。嘉定新会子初发之额,虽不可详知,而计其数必在五千万贯以下。(注八)至端平二年廿七年间,发行额至三亿余贯,即约六倍之数,而其价则跌为五分之一。端平二年至嘉熙四年八年之间,会子数增为五亿万,视嘉定时数目约十倍,而其价适亦跌为十一分之一(每贯六十七文),十八界会子以一当五。其初尚见信用,及滥发以买公田,每日增造十五万,而价又落,咸淳间仅当三之一矣。此显货币之价值,与其流通额,为反比例者也。今列为表以明其变迁:

	十八界会子	十四至十七界会子	第二至第十界会子
流通额	?	五亿贯	一亿余
低折数	三分之一	十一分之一	二分之一
收回价值	三当关子一	五当十八界一	二当新会一
累积低折	三分之一	十五分之一	三十分之一

金之行钞,初以不逾现钱为限,后遂无制,其额不可悉考。而元耶律楚材称:"金有司以出钞为利,收钞为讳,谓之老钞,至以万钱惟易一饼。"可知金钞法之弊,在于滥发大钞,不肯收回,流通之额既多,而社会用货币之力不足。其末年更制,一贯仅值数钱,亦以钞多之故也。

元代之中统钞,行廿八年而价值减为五分之一,可谓急矣。然实以其后期十二年发行过多之故。盖元之行钞，专恃茶盐杂税等以收回之。而至元间此诸税入不过钞五十万锭内外，^(注九)故钞少归还之路。而是时每年平均发行一百零八万余锭，就令收回之钞不复支用，每年已有新钞五十余万锭流通矣。故积至改钞之际，竟不知在外流通总数。然自此以后，以至元钞权中统钞而行，则其价值不甚跌落。盖至元廿四年以后，发行之数渐减，而国家收入之数渐增，钞之回收既便，则社会上之流通额，自当有定。迄于至大，增加发行钞数，而支出复浮于收入，两者相形，而钞价贬。至大钞代表白银一两，易至元钞五贯，则至元钞价廿三年间减为五分之二。然至大四年以后，收缩发行额而岁入有增，钞价仍持续不变，迄至正改制，不见其价之跌。盖元之本制，钞出钞入，常使相当。其法日造万锭，道官吏俸给、内府供用、各王岁赐、出支若干，天下约收税课若干，各银场窑冶日该课程若干，计民间所存贮者万无一焉（范济语）。所谓钞法岁会其数，以故易新，不出其数者也（天历元年御史所言）。故元代钞价与其流通额，亦为反比例，而至元、至大两例尤明显也。

更于他一方面，则每一时期钞之流通额，与当时人口、产业情况，政府收入额之比例，均有影响及于货币之价值。宋南渡后，绍兴末年人口仅一千九百余万，宁宗嘉定时人口二千八百余万，及蒙古灭宋所籍人口，则一千九百余万而已。其诸路商工农业，亦随于太平而见增长。自绍兴末，产业始稍复。乾道、淳熙间，民得休养，宁宗末年为极盛矣。理宗初年，淮有李全之乱。是后伐金拒元，川鄂淮各方用兵，民不聊生。故绍兴、乾道之间，一千万贯之会子，犹厌其多。而嘉定初年，一亿一千余万贯之会子，价仅半减耳。盖初定之民，虽平均二人一贯，而未见其用。产业既盛，则一人平均四贯,而可行也。

　　金之大定人口四千四百余万,明昌人口四千八百余万,其极盛也。卫王既败于蒙古,失东北、西北之地。李全兵起,南边复削。宣宗迁汴之际,人民数当不得明昌之半,而滥发千贯之纸币。夫民方苦于兵,无工商可言。是故通用货币之人半减,各人之事业大衰,则交易之额数自然减少。而一面所用以交易之币方增多数十倍,是其所以跌价也。于宋、于金,皆依于同一之原理可以得其真解者也。

　　元初所得金故地,人口仅数百万而已。灭宋而后,人口五千九百八十余万。^(注十)而初行中统钞,流通额在一千万锭以上,平均每一人行钞十贯(中统钞流通额不可详,然在收回一部后,犹有拨借中统钞本一千余万锭之事,则始行时流通额不止一千万锭可知)。故其价之低落,亦与之有比例。至元钞行以后,所谓至元、大德之治世,产业既盛,纸币需用自多。至于至正十年以后,江淮兵起,以人口论,去其大半。而政府收入愈少,发钞愈多,即不改制,钞价亦不免于减落矣。

　　从政府收支之比例言之,南宋孝宗乾道间,岁出入五千五百余万贯。宁宗时岁入六千余万贯(赋税纳本色者不计),故以之为流通会子之法,常令半纳现钱,半纳会子。据《宋志》当时第四界会子发出一千二百万。"淳熙三年,户部岁入一千二百万(外郡收支不计故),其半为会子。而南库以金银换收者四百万,其流行界外者仅二百万。"可见当时岁入之数,与纸币之收回,实有比例。而回收速,则其循环时间减少,流通机会增加。即令其收回会子以后,旋复有新会子发行,亦已为会子开一循环之路矣。元之收支,至元中叶仅数十万锭,至元末年则二百九十余万锭,盖以盐茶增课为多

（盐由每引九贯增至五十贯,茶税总额由千余锭增至四万锭）。大德间增至三百六十万锭,天历二年则增至九百二十余万锭矣(其中盐税占七百七十余万锭)。故范济言日造万锭,民间存贮,万无一也。元之收支既巨大若是,故其钞更有流通之机会也。

从近代学者之所研究,则凡货币之价值,当以货币流通额,流通速率,及其流通区域内之交易额参定以流通额与速率相乘得数,除交易额,则得货币之价。[注十一]而流通额,则决于政府之操纵收发。交易额与流通速,则视其国民经济状况。在南宋及元,交通未发达,则货币流通速率,不得骤增,此为当时可以容纳多额纸币之理由。而当时国民经济状况,除少数之都市外,不免仍为自足经济,故交易额亦同时不能甚大。此则不能多迺用纸币之理由也。且其时贸易之品,主在谷帛以外。故每遇兵燹军兴之际,商旅不行,交易额面减少之数,非今日开明国家之比。而此交易额减少之际,同时常又为纸币增发之时,所以其纸币价值低落之效果,变为二倍,亦非平日滥发之比。若金之末年所行,虽使发行不过少额,仍不免为低折者,国民经济之状况为之也。

依非沙尔氏所计算,美国一九一二年市上流通货币美金十七亿元,其流通速率为每年二十二回。个人在银行来往数(代货币之用者)美金八十一亿元,流通速率一年五十三回。而是年交易额为美金四千七百四十亿元,每人平均贸易额四千七百余元。持以比宋代之每人平均十贯,元代之平均十贯,其流通速率又远不如今日者,真不相伴矣。以彼时交通贸易实况论,流通速率当不过每年三次。可知当时钞虽多发而壅,实则全因国民经济之不发达,无消化此会钞之能力。即一年每人三十贯至四十五贯之贸易额,尚不能及,然后有钞滞之现象,因之生钞低之结果。故根本上国民经济之缺憾,非可以人为掩之。纸币价值亦国民经济之一现象,不能蔑视其关系诸条件而下批评也。

　　然元之钞法,终为胜前人一筹。且单以钞法论,实为不可埋没之伟绩。其初期中统钞之跌价,固由收发机关之不灵。而至元钞行以后,发出收回,遂有定额。非遇至正改制,钞法即坏,亦必不至若斯之甚也。自宋代铜缺以后,钱易而为会钞,会钞复易为银。银之行用,迄今才数百年。始但以金钞之弊而见采用,元代所征银课,岁亦不过千五百锭,则银产出额,岁亦不过五千余锭耳(银课每百取三十),民间不见行使也。银之真流行,乃在明代,非甚久之货币,尤非一成不易之制也。但明钞既失败,世莫敢复以钞为言者,故使银能久据货币之位置,而货币价值之根本理论,乃无推阐之机会矣。

第九节　纸币价值存在之真正原因

　　考从前回收会钞之法,不外四种:一为兑换;二为买回;三为赋税收纳;四为另发新钞换取旧钞。由前一法为兑换纸币,由后三策为不换货币也。而中国历史,不换纸币为多。

　　宋初行交子、会子,与金初行交钞,宋末之现钱关子,元末之至正交钞,皆兑换制也。前二者以限制其流通额,而繁数其兑换手续之故,久而变为不换纸币。后二者以并不限其流通额,继且并兑换而不行,遂至失其为纸币之资格,直等于废纸。然则中国兑换纸币之历史,失败之历史也。中国之纸币制度,依于兑换以外之手段以生成、以发达、以巩固者也。

　既为不换纸币，则惟有由政府之意思以收回，不能由人民自由请换，故缺乏弹性，而有与当时社会所需要之额不相应之虞。此排斥不换纸币者之通说也。然征之此次欧战，则如英、法、俄、意诸国，变其兑换纸币为不换纸币者，诚哉其缺弹性，而与社会所需要者不相应矣。故其结果货币价值低落——物价腾贵。然而在维持兑换制之美、日诸国，其货币又何尝有弹性，何尝能防止货币价值低落乎。盖兑换制之弹性，非对一国货币流通额之弹性，乃对于同本位国之弹性（或谓之求平均性，更为确当）。如使一国货币过多，则以兑换之故，可输出货币于本位相同之国，而他国货币数增，自国货币数减，因之可得调剂，如是而已。至如世界货币额俱增加，逾于需要之数，则绝不能因兑换以为调剂。观斐沙所计，一八九六年及一九一二年之美国货币数及物价，更参以全世界（金本位国）之金产出额与物价之关系，^{（注十二）}可知此期间中金货增加，货币价值低落，决无何等弹性可言。故此次欧战，欧洲悉化为不换纸币区之结果，依于格拉沁法则，恶货驱逐良货，现金悉来美日。美所得者盖百余亿元，日亦得十数亿，从而纸币星许兑换，现货亦见膨涨，物价腾贵，生活困难。然后知货币价值，决非兑换制可以维持，而世界的金货过多，反于不换纸币之异本位国有利。中国今日不兑现之中交票，其跌价尚不如美日人民持现金者之甚，此正足以破数百年来迷信兑换制者之迷梦者也。而中国古代之行纸币也，实以当时经济上之交通限界以内，为其流通区域，故兑换制不足以为调整之助，反生货币过多之效。在其平时，不换券之流通，驱逐现金，与兑换券同。一旦有事，兑换券不能吸收现金，亦与不换纸币同。惟不换纸币之推行，尚有他种回收方法，而兑换纸币则或无之。当初既以兑换为惟一方法,则异日必以兑换之不给而即崩解矣。此中国古代兑换所以失败,而元钞所以成功也。

收回不换纸币之三手段,结局归于两种手段而已。盖以新易旧者,无论为宋代交、会之三年一界定期交换,抑为金、元交钞之昏烂方换,或为会子及金钞法之敝,以新之一贯,易旧之数贯,将来新者均仍须收回也。故归结必为赋税收回、货物收回两种。

赋税收回者,于非由国家专卖之货物所收税,及商税等为之。今日关税虽占收入之大部分,而古代殊不然也。宋、金、元之田税、人口税,均纳谷帛、草绵本色。与专卖之盐、茶、酒、矿产,均为收入大宗。其余收课不过十分之一强,而牙税、关市诸征,皆在其中。此诸税在宋听纳半现钱、半会子,在元俱听纳钞。南宋又有经总制钱、月桩钱、板账钱之征收(其中有一部与专卖有关),其解京者,亦听收半现钱、半会子。此赋税收回之额,本亦不少,然不及货物。

货物收回,有用专卖货物者,亦有临时由内库拨支者。前者属于每岁经常之额,后者则为临时救济之策。今先以其常者言之,则第一项为盐。盐利为南宋立国根本,而民得以半现钱、半会子买盐。其次则茶、香、矾、酒、醋、药物,皆归政府专卖,其纳入之法亦同。宋制会子既经收回,即不再用。故淳熙间,户部岁入一千余万,半为会子,即其回收之额,为六百万缗也。然宋之收会子,不如元人之收钞。元至元中叶,岁入略得五十万锭内外。至于天历,为九百余万锭,其中七百六十六万余锭为盐引之收入,占全额十分之八。次之则酒醋四十九万余锭,茶二十八万锭,皆官卖之货物也。此外尚有所谓杂课者,凡三十二类,其中大半亦为专卖之物,小半为征收苇塘房地租之类,可以赋税目之,共十六万余锭。其余惟有商税九十一万余锭,矿产杂税数万锭而已。故元之收回宝钞,以卖出专卖货物为主要手段也。

宋代于经常回收会子以外，更有所谓称提之法，自乾道以降行之。即以金银随时买回纸币者也。称提虽无定额，而据淳熙三年之记录，户部收入会子六百万，另以金银买回匹百万。则其额有时极巨，至不能以称提维持价额，则又出金、银、度牒、官告（此二件亦作货物卖出如前清之捐纳），绫、纸、乳香等，以买旧会子。此又乾道、嘉定、端平所尝行者也。

故宋之会子收回之法，主为政府以货物买回，与元无异。特宋之平时，仍须钱、会中半。惟称提收换，始全用会子。且惟解京之会子为真正收回，余则仍在各地支使行用。元之收回，则亘于收入之全部（除田赋、丁税）。故元之钞制，尤觉划一耳。抑通观上文所述，可知一切纸币，无论所代表者为钱币，抑为货物，其收回之际，必为以易货物，而非易钱币。故实际代表钱币之纸币，仍为代表货物，此最可注意之事实。即吾今兹所欲论者也。

更进一步言之，则即作为赋税而收回之一部分，实际亦与买取货物无殊。盖此项所征，皆为制造贩卖业者（除极少例外）。当其始征税时，本应就其所有之货物，取其若干分之一，既而不征本色，而折纳现钱。则其现钱，犹之以买回所应纳之货物耳。由现钱而变为会钞，亦犹之以会钞买回其应纳之货物耳。则谓不换纸币回收悉以货物可也。

尤有不可不知者，凡人之信用其纸币，只问其购买力如何，不必问其兑换之确实如何。故一般纸币，不论其兑换不换，皆以其购买力定价。即货币之根本性质，为代表货物，故可得换相当价值之货物者，即可以其价值流通，纵不兑换，完全于其纸币之价值无碍，于其流通之力亦无碍也。若使其纸币但能兑换，不许易取官物，则其流通之力,反不及前者。观于金之钞制可以知之矣。

今以欧洲历史言之,纸币起于二百年前之约翰罗。发行四年,而现金悉被驱逐,兑换停止,纸币价低至十分之一,此一例也。法兰西革命,发行亚西尼纸币,以土地为担保,而发行四亿法郎。其后滥发,六年之间,至三百六十亿法郎,其价降至约三百分之一,此二例也。美国革命战起,发行大陆纸币,未几而降为四十分之一,此三例也。英国于拿破仑战争中,停止英兰银行之兑换,于是英兰银行之纸币成为不换纸币。自一七九七年以至一八二一年二十余年之间,完全为纸币本位。其时物价亦见腾贵,然以调节得宜,不至大病,此四例也。其时奥国亦发行巨额之不换纸币,一八〇〇年其数为二亿孤丁,千八百六年至四亿四千九百万孤丁,及一九一〇年而价降至十一分之一。次年以新币一易回旧币五,而新币二年之间,又降为三百三十八分之一,旧币反得以约十七分一之价通用,发行之额至六亿余孤丁。于是设奥大利银行以谋收回纸币,维持价值。然实际奥之纸币,仍为欧洲之最不见信用者。直至战前,殆越百年,而奥之纸币尚不能以其额面价值流通也,此五例也。美南北战争时,发行绿背纸币,以七亿余元之纸币,行于二千万人口之间,而其价落至六成以下。北政府既统一全国,乃消却绿背纸币,而建今之国立银行,此六例也。此中惟英、美两例,以政府能举相当之公债,免纸币之膨胀,得收较良之效果。其余四例,皆失败至无可挽回。夫同为不换纸币,而其结果相悬绝若是,则完全为对政府或银行信用之问题,亦即其纸币最后效用之问题也。

凡货币之得为货币,不外以其有购买力。而其货币如为自身可供消费者,如金银铜铁之类,其货币自体之价,即其最后之效用购买力所自出也。盖至人民不复欲用其物为货币,则货币失其为货币之用,而得其自体物质之用,亦犹之以贷币购此物质也。至于纸币,则不能以此例推之。故兑换纸币,则以其所代表之货币之最后效用,为其最后效用。而不换纸币,则以其所预期回收时与之交易之一种物品之推定价值,为其最后效用。故如法国之亚西尼纸币,其收回以土地为担保,则人民信用之,以其土地可卖得金银,以偿其纸币。则由土地所卖得金银之物质价值,即亚西尼纸币之最后效用也。而土地既卖,金银不供回收纸币之用,纸币之价始跌。则以政府失信用,而人疑其纸币之最后效用存否足否之故也。其他不指定收回之手段,而不换纸币可以行用者,则人相信其政府每年有若干之收入,能消却此纸币;或银行有若干之资产,足以收回其纸币也。而当其回收之,或以他人偿还其所负政府或银行之债(税亦在其中),或以他人持以买取官有财产、银行财产,实际皆止于代表货物而已。何则?如使其为偿债,则偿债之人必因卖其货物(或因他人卖其货物)而得此纸币。则当其交易时,偿债者所卖之货物价值若干,即表明纸币之最后效用若干。消去纸币者,实际为货物,与政府银行直接以货物买回纸币无异也。

更进而观之,则金币银币之最后效用,固亦货物之一种也。但其种类,金则止于金,银则止于银,故其价值随于经济状况之变迁,而有大涨落。金银之用,既以货币为大宗,则当货币过剩之际,正亦金银块过剩之时。故其实际最后效用,往往在豫期之最后效用以下。若在不换纸币,其所交换者为他种无数之货物,其效用各有不同,决不至因人以纸币易之而生过剩之结果。即其交易后之价值,不因纸币消却而有低落(非指其交换价格言)。故以不换纸币,较之普通金币其最后效用转多。然而不换纸币所缺者,其回收之时期不确实,与回收之货物价额不确实也。以金银币论,随时可以铸为金银块锭。纵使金银实价不高,而至少随时可以得若干额之金银。至于不换纸币,则不知何年可以回收货物,又不知货物价值如何。假使如金末之钞,万贯仅易一饼,其最后效用无足恃者,则以其不确实对彼确实,人自趋于用金钱等现币矣。此正如今日美金一元,比之战前其最后效用,以银价表之,不过得十分之四耳。今日之中交钞,犹有六七成之价,然人以美金为可信,而不欲留存中交两行钞票。则以前者为确实,而后者不确实也。前者之最后效用,最少每元总有纯金四分之价值,而此两行钞票则恐至于不能易一丝一粟故也。

然则假令有一确实之保证,令人信其不换纸币经过一定期间,可以换取一定之货物,则其纸币虽为不换,固无伤其价值也。此观于商业上实际以货物傲单发生信用,可以明之。即如有一商人,其提货之单已到,而货未可得卖,则以之付银行为抵当而借款。其所借款,非现钱也,特银行之贮金账目而已。及其货销售而还所借,则亦划消一笔账目而已。然人皆信之,乐与交易,则以银行为之负责也。银行信之,任其划账,则亦以其货物可供抵偿也。故此种贷借交易,可不借现币丝毫之助,惟以货物为基础,而商人之支票,银行之记账,其价值与现币无殊也。宋之盐钞流行,正此例也。

又使其纸币不特可以换各种之有用货物,且不限其时期,随时可以换取货物。即政府豫存若干之货物,然后发行若干纸币以代表之。货物具而后纸币出,货物销则纸币毁,无无货之纸币可以流通,则其价值必又比于现币有加。何也?金银不能行用,不过得非必要品之金银块耳。此种证券不流通时,仍可变为必要之货物。彼金银一时不流通,则金银块之价亦落。此种证券即不能通,其所易之物自在也。于是归结入于信用之问题,即所谓保证者果可信乎。如其谓一定时期，可以得货，而竟有过期不能支给者（如南宋初之关子）；或虽定为随时取相当价值之货物，而实际交付货物价并不相当者（如宋之旧钞折支）；则其价值不能保持。而虽在政府之发行此种纸币，尚不能保其必践言，私人更无论矣。虽然，此信用之问题，不特在不换券为然，即兑换之银行，其准备金皆不足发行之额。如法兰西银行，则只限定为至少三分之一。美之国立银行，只规定其纳公债券为担保。英伦银行、柏林银行、日本银行，则许其于一定额内不用现金为准备。故对于兑换纸币，亦只以信用为基础。而论其价值，若不信其必贮货物与纸币之价相当，独信其能随时收集现币与所发行纸币之额相当，无是理也。则信用为不换纸币与兑换纸币之共通条件，不必以独责不换纸币也。

由此以观元代之纸币，则当时实保证其能易国家专卖之盐、茶、酒、醋等件。当元天历间，每岁收入有九百余万锭，则全国流通纸币，可于数年间得一循环。人民须要此专卖品一日，即纸币有一日之价，无事于称提兑换，而自然流通。此足证明前说有余。证以近代欧洲之纸币历史，又合若符节也。

彼宋末、元末所谓兑换者，对于所发行之纸币，实不储兑换之货币。而对于南宋之会子与元之中统、至元钞，国家实已储有与之相易之货物。此兑换制所以失败，不换制所以成功也。从来中国论钞制者，眼光不出称提以外，以为国家视钞有价值，则人民随之。故其观察，往往远于实际。在元代之行钞，固亦以为如此钞乃可通，未必真知其究竟之义也。但在中国论钞者，仍有一特长，即对于兑换制尚无迷信是也。此实中国宋、元、明行交、会、钞五百年之归纳的结果，至可宝贵者也。

第十节　为补助币之钱

　　纸币价值须以其最后效用决之,有如上述。则其同时以名义上本位货币之钱,当实际上补助货币之用,如南宋会子。抑尽去现钱,并补助货币亦用纸币,如元之中统钞,皆于纸币所以长价、跌价之故无大关系。然而以元之尽行钞票为胜于南宋兼用铜钱者,亦有故。如使纸币之价值始终不变,现钱之价值亦始终不变。则本位币与补助币之间,不生冲突。但南宋时,已在中国产铜日减之时代,据《宋志》所载,乾道二年调查之数,全国每岁产铜仅二十六万余斤,比之旧额七百零五万余斤,即约得二十七分之一。金之采铜须求之天山界外。元代既不用钱,铜矿更不见开采,仅见云南、辽东三数处,其额亦不详。要之自唐之末年以后,中国产铜,大抵不足供用,五代以之多行铁钱。北宋仅以竭蹶支持。南宋及金,遂大受钱荒之苦。顾铜不独用于货币,普通应用之场合实多。既以缺少增其限界效用矣,则一般乐销镕钱以铸器,盖其法定之价值低,而最后购买力高,无如何也。故南宋之交、会,即使能始终维持其实际价值,而钱则实际价值已高,以之平价交换必不可得。若纸币偶有滥发,其所准备以收回之货物,骤不能充足,则纸币实际价值更跌,而钱与纸相差更多,市场大乱矣。元既废去钱币,而中统钞本有一十文之钞,及后与至元钞相权,至元钞二贯等于白银一两,则中统钞十文仅等于白银一厘,与铜未贵前一钱之价正略相等。故实际可以通行。吕思诚谓:"中统至元自有母子,上料为母,下料为子。"上料者至元钞,下料者中统钞。母者本位货币,子者补助货币也。既纯然用纸币,故不受铜价涨落之影响,而即货币价值自身有低落,人亦但见其为物价腾贵而已。与美今日之货币价值低落之景况正同。而至元、中统钞所以能不见低折之形者,不用钱为补助货一事,实其主要原因也。

第十一节　明　钞

　　元之不换纸币史,为成功之历史。而明之不换纸币史,则失败之历史也。而其失败之原因,则正在其不能换取货物,又兼用铜钱。

　　明太祖洪武元年,铸铜钱,将以行之天下,而苦铜之不给,遂以洪武八年复立钞法。其制,钞自一贯至一百文六等,以钞与铜钱并用。然未几而信用大失。初制,每贯准米一石。至洪武十八年,定官俸折钞,已以二贯五百文准一石矣。三十五年(即建文四年),则令每石更增五贯矣。成祖永乐五年,则米每石三十贯矣。宣宗宣德元年,则每石四五十贯至六七十贯矣。成化以后,千贯之钞,仅值银四五钱而已。其时发行钞额,既不可考,而其用途则本限于官俸禄米赏赐。其回收之法,则有数种:其一以代纳税粮。然据洪武二十六年税额,天下夏税秋粮纳米麦二千九百余万石,纳钞仅四万五千余锭耳,是其无回收之力明也。其次为盐钞(与宋之盐钞不同),永乐二年,令天下军民计口纳钞食盐,大口月给盐一斤,小口半之。然其后并不颁盐于人民,而钞复折银(每贯折银三厘而已),

至清末年地税中尚有盐钞摊入之项也。其三为中盐及卖积薪竹木。中盐制起永乐二十二年九月,至宣宗宣德元年六月而罢,不及二年。积薪竹木则一时之政而已。其四为赃罚,虽令纳钞,数实不多。其五为关税,自来纳钞,而官随时定其准银之价,其价常追随市价,故其末年每千贯仅准税三两。其六为门摊钞(营业税)、塌房钞(塌房即货仓)等。专为钞而设者,起于洪熙至正统之间,然皆无救于钞法。盖当时宗室世爵禄米,及百官俸米,岁时赏赐皆给钞,每岁出入亦常相当。钞无减少之期,亦无他途可用。王公侯尉得钞,则低价卖之。民当纳钞则买之王公而献之帝,帝又还以赐之王公,殆等于儿戏而已。

　　夫以上所论列,则明人非不设法收钞,而终不能如宋人称提奏效者,即以其钞之缺乏最后效用也。以上述诸回收法论之,惟中盐之法差可令持钞者得实际之货物,其余皆以文面相欺而已。而中盐之法实行不及二年,是明之钞法,始终不代表货物。惟不代表货物,则民始终不以币视之,虽随以严刑,莫之听也。而当时所以终不能使元制复行者,实始于用钱之故。当洪武之初立钞法,未尝不暂行也。使其依元旧制,盐、茶、酒、醋一切专卖之品,悉许用钞,则固无不行之理。然而有司者之,以为国家收入必求其多,收逐渐低折之钞,不如收价较一定之银。而不知钞价之逐渐低折,正以其无货物易之之过也,然则使洪武之初,即用钞而废钱,纵使暂时发行过额,未讲回收之道,其弊不过如中统钞止矣(洪武十八年之价尚有十分之四,视中统之跌价为少)。既已全收钞不收钱,则量入为出,必可致一常久不摇之价值。国有一日之专卖,即纸币有一日之价值,固无伤也。诚然,则明之不换纸币制,视元制更善,传至于今,未可知也。乃昧于钞实代表货物之原理,遂至有此失败。天下之危险,岂有过于无知者乎。

明人惟不知此义,故洪武则尝禁用钱交易,而宣德间又禁用金银。不知虽禁绝钱与金银不用,民犹别求一种有相当最后效用者,为实际之货币,而不代表货物之钞,终不能夺其席也。至于惩其弊者则至归狱于钞。顾亭林至谓:"废坚刚可久之货,而行软熟易败之物。宜其弗顺于人情,而卒至于滞阁,后世奥利之臣,幸无言此可矣。"实可以代表明人对于钞法之观察,而极之指为罔民之一事,皆以不明其本原,徒感其结果之不良,而深恶痛绝之耳。钞法之中衰,明人不得不尸其咎也。(惟夏原吉建议许民中盐以通钞,可谓卓识。)

第十二节　结　论

中国纸币,起于宋初,迄明弘治、正德之际,略五百年。其所以与吾人之教训,归于四点:

第一　兑换不必为利,不换不必为害。

第二　纸币起源,不专代表货币。

第三　政府发行纸币,有货物以回收之,则能保其价值;否则不能保其价值。

第四　社会受容纸币之量,视其国民经济之状况而定。

故救今日纸币之穷,惟有置纸币之基础于所代表之货物,而于其兑现一层,可以置之不问。国家有若干之货物,以回收若干之纸币。则当其纸币流通量过于当时所需之际,纸币自然来归于国库,而物价决无腾贵之虞。此则所谓钱币革命,如本志别篇所述者,正待国民共同之研究主张实行者也。

注一　清顺治初年尝行钞,未几即罢,于经济上影响较少。

注二　此所谓第一界会子,当指新会子而言。绍兴中所发行,不入界内。观淳熙三年命展第三界之限三年可知。其时为第三界满限之日,推之上至乾道四年,适得九年也。

注三　据《宋史》志称,凑成三千,而《文献通考》则为凑成二十万,各不相同,而皆不合理。《宋志》载所拨有金一百五万两,每两作钱四十贯,而无银。《通考》则称金银,而无细数。疑《宋志》当有所根据,既有金一百余万两,已可准旧会子四千二百万贯,即为新会子二千万,加以他物合成三千万,于理为合。《文献通考》讹三千为二十。而《宋史》则脱万字,故不可通耳。然要不外推定之数,不可确定矣。

注四　史无换十六、十七两界明文。但据绍定四年。尚造十四、十五两界会子二十万缗,而端平二年已以度牒官资广收十六、十七两界会子。同年又有人言两界会子远者曾未数载,近者甫及期年。知其收换必在绍定四年至端平元年之四年间矣。

注五　《元史·刘肃传》废银钞时,肃为真定采访使。真定以钞交通于外者八千余贯。乃陈三策,中书采其以新钞如数易旧钞之议,降钞五十万贯。此知全国之额,当不过五十万贯也。

注六　元代岁入岁出,不特言某钞者,均以中统钞计。孙承泽言,元世祖造中统钞,名银钞。后造至元钞,名金钞子。然据史志,则当时官设之平准库,每花银一两入库,价至元钞二贯。赤金一两入库二十贯。是至元钞兼以金银为准,非专代表金。中统钞初制,则两贯同白银一两,无易金之规定。然两者虽均名二贯易银一两,实际相差五倍,亦无金银与为兑换也。

注七　至大三年,定至大银钞一两,准至元钞五贯,白银一两,赤金一钱。以此推知当时钞价。

注八　嘉定二年，以金银等物凑成三千万贯，收回旧会，则可收旧会六千万贯。余五千余万贯以新会收之，不当在三千万贯以上。此外因财政上理由而发行者，当不过二千万贯，故推定为五千万贯以下。

注九　《元史·志》云：世称元之治，以至元、大德为首。厥后国用寖广，除税粮，科差（按此二者除极少数外均不纳钞）二者之外，凡课之入，日增月益。至于天历之际，视至元、大德之数盖增二十倍矣。计历二年收入钞九百二十九万余锭，则至二十余年之数当为五十万锭内外。又以其主要收入考之，至元十三年盐课每引九贯，延祐间增至百五十贯，是盐课仅得后世五十分之三。即令盐引数同，亦仅四十三万贯而已。茶则至元十八年始二万余锭，次年又增二万锭。商税仅以四万五千锭为额，其余杂税课更少。故《元史》言天历廿倍至元，决非夸大之辞也。（大德收入已有三百余万贯，天历仅得其三倍弱耳。）

注十　此仅据《元史·地理志》所载言之。依纪载平宋得户九百余万口一千九百余万，而志则言平宋后至元二十七年籍得一千一百八十余万户，金故地户仅一百三十余万，已不相伦。而初期北方人口仅数百万，南方亦不足二千万者，十数年何能成为五千八百余万人，实不可解。姑举以资参考。

注十一　非沙原式为货币乘货币流通速率，加信用乘信用之流通速率，以贸易额除之，得货币价值。但中国古代信用之数量与形式不可考（其额当不多），故略之。

注十二　非沙著《货币与物价》第十二章第四节第五节所计算：

一八九六年	美国通货数	八七〇〇〇〇〇〇〇元
同　　　年	同物价指数	六十三
一九一二年	同通货数	一七一〇〇〇〇〇〇元
同　　　年	同物价指数	一百零五

即货币约增一倍弱，而物价则增六成有余也（不能照增者，以同时货

物买卖量及流通速率均有增加故也）。更据同书第十一章第二节则：

一七八九年至一八〇九年　　金银增加　　　　　　　　物价腾贵

一八〇九年至一八四九年　　货物买卖额增加　　　　　物价减为五分之二

一八四九年至一八七二年　　旧金山、新金山产金大增　物价腾贵二分之一

一八七三年至一八九六年　　世界多数国不用银币　　　物价低落

一八九六年至一九〇九年　　南非及落机山等处产金多　物价腾贵

即显金产出额与物价之影响最大。而物价之高者，即指示货币价值之低；物价之低，即指示货币价值之高者也。

八年九月一日稿。

原载于 1919 年 10 月《建设》第 1 卷第 3 号。▲

不可分的公理①

《新中国》第四期里头有一篇文章,叫做《新国民的新觉悟》②。

他说的是,从前人家总相信:

"强力就是公理。"

到了欧战结束下来,便把来倒转了,认做:

"公理就是强力。"

然而后来:

"威尔逊提出军备制限问题。英相乔治首先反对,不肯抛弃海上优越权。法总理克里曼索氏且扩充陆军,比较大战争以前还要增加两个军团,意大利对阜姆港又提出无礼要求,真是愈闹愈糟。至于我山东问题结的果呢。唉!把公理一笔抹杀,不消说了!……强力和公理本来是你死我活势不两立的雠敌。今在巴黎和平会里头,竟握手言欢,左拥右抱起来,连威尔逊也赞成起来。……"

---

① 朱执信《著论存查》稿本中有本文提纲,标题《思想破产之征兆》。
② 《新中国》月刊第 1 卷第 4 期系 1919 年 8 月 15 日出版。该文为程天放所作,结论声称:"强力"为"公理"的"破坏",有"强力"就无"公理";"强力"为"公理"的"保障",无"强力"就无"公理"。

所以做这篇文字的天放先生,下了一个结论,就是:

"强力拥护公理。"

说这是彻底的新觉悟,结局他主张的是:

"我们不能不用克鲁泡特金的互助主义。但必先崇拜尼采的强力惟我主义。这就是拥护公理的法宝,发扬国光的利器,为将来奉行互助主义的张本。"

他这些议论,都是打破障壁树立新理的话。不过在我看来,他这新觉悟还有不完全的地方,最少也可以讲得有说明不大透澈,容易引起误会的地方。所以我想再提出几层来,把他这个新觉悟,多发挥一点,磨洗他更鲜明一点。

第一层,是公理与权利是不同的。天放先生以为国家生活在权利生活里头,所以要竞争,所以要靠强力。这个说话,从国家本位上头看起来,是不错的。如果从公理上头看,就不尽然了。因为权利要拿强力竞争来保存的,不一定合于公理。权利是人同人不得已相与承认的,是一个社会里头的力量表现出来的。但是有个时候,公理不许他行使权利。比方我们跑到一个很野蛮的地方,这个地方的人,自己同自己打仗,偏要请我们外国人帮助。结局就是他们本地人都打不赢仗了,欠下我们的钱,就拿他的国家来抵偿。我们也没有抢他,也没有逼他,他们自己情愿把国家献了出来。这种是不是权利呢? 在历史上已经屡次认他是权利了。在我们心理上,却是不愿意承认他是公理。所以我们碰到这个时候,应该不主张权利,应该主张公理,应该解去他这地方人的束缚,应该不用强力去竞争。

如果不承认这一层,就领事裁判权也是权利,租借权也是权利,铁路敷设、矿山采掘也是权利,就是到打死人不偿命、欠债不还钱也是权利。因为权利就是无可奈何允许了的一件东西。我们如果拿公理说,是要反对他的。如果从权利说,却是无奈他何,只有同他商量,无从将他勉强。所以拿强力去拥护权利,就会同公理冲突,就会翻身转到"强力就是公理"的地位,新觉悟又新了一层。这个危险,万万不可以不知道。

第二层,是公理没有国界的。天放先生一面说拥护公理,一面说发扬国光。虽然他的真意不是要蔑视公理来发扬国光。他的说话说出去了,就是发扬国光的才去拥护。所以拥护公理的范围,就窄了许多。实在公理只有一个,我们的公理是他们的公理。他们拥护了他们的公理,就是拥护了我们的公理。不是美国用美国的强力来拥护美国的公理,就于中国的公理无干。中国用中国的强力来拥护中国的公理,就于日本的公理有碍。至如国光是怎么一回子事呢? 本来仁者见仁,智者见智,还没有一定的界限。大概从来主张侵略的,没有一个说是发扬一人的光,发扬一家的光的。不过在我看来,要是世界具有所谓"国光",也只有一国的文化,可以当得起。除此以外,是算不得国光。不过这个国光,如果用强力去发扬他,就差不多要学秦始皇焚书坑儒,要学回教徒用刀传教,会学欧洲的宗教战争,是有害无益的,是违反公理的。如果把这个国光解做战胜攻取,就更不消说了。尼采劝人超越人间,还要超越自己。他对于国光的主张,未必同天放先生一样。

第三层,拥护了合于公理的一件事实,不一定是拥护公理。比方美国这一次参战,本来就是声明拥护公理的。但是到底他所得结果,不特希望以公理解决的他国人不满足,就他国里自己的人民,也觉得不满足;不特对于过去的事件不满足,就是对于将来他全神注定的国际联盟,也不满足。这是什么缘故呢?就是各人所看见的,都只有于他有利的公理,于他没有利那一方面,就不看见了。所以各人都要用自己的强力,去拥护他所认为合于公理那一件事实,并且要人家也跟着去拥护他。他这个题目,还是拥护公理。这一来,各人有各人所主张的事实,各人都叫人去拥护他。然而拥护了这一个,就拥护不了那一个。结果解决下来,失望的多,占便宜的少,所以不满足的声音就四面俱起了。既然都是不满足,那自然解决的时候,有强力拥护那一个事实的,就如法国主张复阿尔撒斯、罗林就成功了;没有强力去拥护那个事实的,就如中国主张山东权利,就失败了。于是似乎恍然大悟,说法国有强力拥护法国的公理,中国没有强力拥护中国的公理。实在何尝是呢?如果法国的强力,果是拥护公理,就应并中国所要求,也一律看待。如果说他的强力不拥护别国的,那就还是叫他拥护法国的主张,何必用公理这么一个大题目来栽诬人家呢?这且不提他。究竟现在世界的强力,还是各自拥护各自本国的主张。他主张的不合公理,固然不算是拥护公理;他所主张的合了公理,也还不算是拥护公理;是很明白的事情。同张良打破了秦始皇的副车,不算打死秦始皇,一样明白。

第四层,是我们的强力可以用去拥护公理,决不可以说这个公理是我的,我去拥护他。所以提起尼采的惟我主义(照天放先生的译法),就要晓得我们只可以取尼采的向上的奋斗的精神,万不可以取他贵族的不平等的精神。尼采希望从少数人里头产出超人来,是大错的。如果把这民众的精神去了,把这同情去了,就是一个僵死的贵族。同清初乾隆不许满人学汉字、汉文,想永远得一个优越的地位也差不多。我们如果适用起尼采的话来,把"我"的界限推广到中国全部,那时候有了强力,才去讲互助,行不行呢?当然不行的。因为他已经把同情的要素,民众的精神抛去了。他那个时候讲互助,就是尼采所讲的侮蔑,就是弄到人家强不过你,才说我还用公理来待你罢。人家就算相信你是真心,也万不能就受你的侮蔑的怜悯。所以互助是究竟办不到的,公理的生命也从此呜呼哀哉尚飨去了。我们如果不把公理关禁起来放在中国强力保护之下,那公理本来是会生出力量来,拥护自家的。国家这个形式,不过是几千年里头作兴出来的东西。没有国家以前,公理原是在的。国家废了以后,公理还不会废。国家替国家自己耽心就够了,用不着耽公理的心。我们有力拥护公理,就不必把国家不国家放在眼里,便做了超国家的世界的人。这个公理我们是拥护定了,我们是替世界人类拥护他的,不是为我、为我的家族、国家拥护他的,不是因为有利来拥护他的。就是拥护了他于我有害,也是拥护他的。

第五层,我们对于公理同主权冲突的地方,要早一点自己醒觉。中国的主权,理论上应该是在本部及满、蒙、新疆、西藏都完全无缺的。但是这个主权,不过历史的结果,没有合乎公理的保证。他国要来侵中国的主权,固然不合公理。中国要主张主权,也不见得尽合于公理。这个地方,第一不可不认民族自决的精神。第二不能不认生人对于土地之义务。一部人民居住在一个土地,拿主权的名义,逼他合为一国,以多数民族的主张,强迫少数民族绝对服从,这是违反民族自决精神的,就是违反公理的。所以满、蒙、回、藏的人民意思,我们万不可不尊重他。然而他们所占的土地,本来是他的么?那清清楚楚不是的。从前在这几个地方的民族,有点在历史以前就灭亡了,有点是在历史里头还见他的踪影的。

不但如此，就中国民族所占的地方，也没有一块是我们开辟以来相传的，不过是占了人家的地方来应用罢了。那我们要把所占的地方通抛弃了，做一群世界流民么？不是的。我们能对土地尽我们的力量去开发他，就能享用这个土地的利益。如果我们怠惰对于土地的义务，就没有在这土地上生存的权。如果我们把能够养多数人的地方，用少数人独占了，就犯了幽闭土地的罪恶。所以不管你主权不主权，对于土地，总要开发，才能保持；总要不专利，才能安享。这是公理所要求。如果我们要拥护公理，就要从自己能力做得到的下手，这才是真的新觉悟。

总而言之，公理不是保护一国权利的，不是可以要一部不要一部的，不是喜欢就要不喜欢就丢的。拥护公理，就要拥护全世界人类的公理，伤了他一节，就是伤了公理的全部。简括来讲，就是"公理是不可分的"。

原载于 1919 年 9 月 21 日《星期评论》第 16 号。▲

教训王揖唐[①]

我想教训王揖唐几句,我讲的说话,是我朱执信一个人负责任的,同旁的人丝毫没有相干。

我讲的话,你得耸起两个耳朵来听一听。

你不肯牺牲新国会,是你的好处呢? 是你的坏处呢? 听你自己说罢,我且不管。你不能够牺牲新国会一层,你是要承认的。你既然不能牺牲新国会,你想人家能牺牲旧国会么? 那你讲什么法律问题呢? 所以第一你应该承认这回来错了。

你在上海尽等,你以为人家不同你开议,是等着讲价,所以总有一天交易成功么? 你们北方的内容,是早已看穿了的。人家非但不要向你面前讨总长督军做,并且明晓得你自己要做总长督军尚做不来,何况你许诺人家的东西! 如果你做得来,你还来讲和么? 他们要做总长督军,自己封自己,也未尝不可,又何必要你御口亲封的,才能够生填履历、死刻讣文! 所以你发出的银票,是不

① 南方护法政府与北京政府,于 1919 年 2 月在上海议和。因北京政府并无议和诚意,5 月中旬双方会议终于停顿,北京政府代表朱启钤辞职。8 月,北京政府又派王揖唐为代表继续与南方护法政府议和。当时北京政府总统为徐世昌,而实权操在皖系军阀段祺瑞手里。王揖唐是皖系所操纵的国会众议院的议长,又是皖系集团安福俱乐部的首领。孙中山主张恢复民初国会,王揖唐表示"北方不能办到"。因此,王揖唐到达上海之后,受到各界人士的反对和斥责,南方代表也拒绝和他谈判。

通用的。那能够收买点什么货色，可想而知了。所以你来想同那一个人交易也错了。

上海骂你的人越多，你越高兴，以为人看得起你了。但是你这个荣光，不是自己有的，是无数的污秽不堪的事情，结晶在一个名义上。刚刚你背了这个名义，人家可怜你所受的骂一大半是替人受过，你也用不着高兴了。

你要想做好人，一定要把这个头脑搬过了才行。你要做坏人，你的本领也还不够。白耽了坏人的虚名，总是名过其实，算是一种罪恶，你还是回避一些为妙。社会上的好人，是人人都可以做的，至于社会上的坏人，是要社会做成他，也要他自己有些本领。如果象你这样本领，社会也不能造成你做一个恶人。流芳百世，遗臭万年，都轮不到你，你不要妄想。

拿起一张表，颠倒填上几个字，就铺张做吉林的遗爱。吃了饭看见水果，便吓了一跳当做毒药。这种头脑，要来上海充在行，总得先学习两三年说话、吃饭再讲。世界人类中长到蠢人出来，算是人类的晦气。不过如果稍为替人类藏一点拙，还是躲在你自己的同类里头倡和起来，不至于笑断人家的肚肠，也算积一点阴德，何苦一定来丢人类的架子。

以前如果告诉你，世界中有一种人，恭维是不受的，利益骗不来的，祸害他不怕的，只有一个主义，你从了他就有商量，不从他永无调和之日。你心里大概总不相信的。现在看见了，你以为你的本事不够骗不来么？让你再有三千倍的本领，还是不行。为什么呢？这一种人的主张，是多数人民的主张，是自然的合理的主张，是不会三翻四复的主张。你不能把世界人心变了，总变不了这一种人。所以妄想趁早打破了，于你总还有点益处。

你这回来,于国家人民,是花了钱财、花了工夫,有损无益的。不过你如果稍为有点知觉,就应晓得这回给你一个看出自己原形的机会,趁早收了妄想,打叠回去,再拜明师,不算迟的。这就是你最大的益处。你如果晓得这回来错了,想骗人不中用,想买人买不到。中用的人,晓得你自己也没有做恶人的本领,以后不再出来露丑,总算是有了好处。但是我恐怕你还把这种重要的"赐与"遗失了,所以教训你一下子,你应该拜谢我的恩惠。

原载于 1919 年 9 月 28 日《星期评论》第 17 号。

中国米的生产及消费①

长江的米生产及全国米的集散

中国人大半是吃米的人，所以中国地方，大半也是产米的地方。黄河流域一带的人都是吃麦，生产也多是麦子，不用去讲他了。长江流域和西江流域，多是吃米，可以说这两大流域，都是米的消费地。但是西江流域一带，米的生产不敷消费，所以他们吃的米，许多都是靠外来的。除了长江一带的米输入而外，还有暹罗米、仰光米、东京（安南）米、西贡米，都是进口的大宗。单说长江一带，是中国产米的主要地，也是米消费的主要地。米既然是我们生活必需的东西，这米的生产消费，我们也就不能不留心了。中国向来没有专门调查食粮的机关——不但是食粮，甚么调查机关都没有的——所以关于米的生产和消费，也就没有的确可靠的报告可以作根据。如果说新规的调查，这就不是几个人的力量，几个月的工夫，可以做得来的。我这一篇文字，是参考外国人所著的书，采其较为可靠的写出来，供大家的参考，作大家研究调查的根据资料。

长江一带主要产米的省分，大约有七省，就是江苏、浙江、安徽、江西、湖北、湖南、四川，现在先把七省里面产米的主要区域写出来。

---

① 原标题下有"（一）"字。故本文仅为全文之一部分。但后未见续文。

（一）江苏省　　苏州　昆山　黎里　同里　常熟　平望
　　　　　　　　无锡　莘裕　金潭　芦炉
（二）浙江省　　钱塘江一带　绍兴　嘉兴　湖州　杭州
（三）安徽省　　安庆　宁国　太平　南陵　襄安　青阳
　　　　　　　　大西　西河　巢县　庐州　和州　永家
　　　　　　　　镇　松皋　庐江　孔城　三河　无为州
（四）江西省　　九江　抚河一带　赣江一带　鄱阳湖一
　　　　　　　　带　修水一带
（五）湖北省　　长江一带　汉水一带　黄盍湖一带　斧
　　　　　　　　头湖一带　梁子湖一带
（六）湖南省　　长沙　宁乡　辰州　常德　安乡　衡州
　　　　　　　　桃源　靖港　南州　关山　连水一带
　　　　　　　　湘江一带　洞庭湖岸一带　澧江一带
　　　　　　　　沅江一带
（七）四川省　　成都平原　重庆　万县　泸州　渠河一
　　　　　　　　带　涪江一带　嘉陵江一带

这七省里面,米种最好的,要算江苏;生产最多的,就是湖南。总共有多少熟地,多少米田,据较为可靠的调查,列表如下。

省名	既垦地（单位亩）	米田
江苏	58,480,000	10,184,944
浙江	56,670,000	22,891,905
安徽	74,810,000	22,443,000
江西	87,940,000	13,191,000
湖北	91,430,000	22,857,500
湖南	87,940,000	26,356,631

| 四川 | 156,653,000 | 41,885,398 |
| 共计 | 既垦地 622,923,000① | 米田 149,310,277② |

以上各省耕作的方法,都是用旧法子的。据日本的调查,东三省地方照旧式法子耕种的,上田不过每年收两石谷,下等田只收得到一石两斗。但是用新法的耕作,上等可收四石八斗,下等田可以收四石二斗(每石百五十斤)。长江省分的米田,通常是比满洲的田好。比方江苏的田,上等可以收五石;浙江的田,上等可以收四石五斗。四川的田,虽然各地不齐,但是成都平原的上等田,可以收六石(上海石)多。所以改良起来,应该比现在的收获,最少可以加多三分一以上。据中国政府所调查的米生产数目,七省的产米额大约如左。

江苏	20,596,374
浙江	25,951,500
安徽	33,664,500
江西	37,444,836
湖北	31,286,250
湖南	44,223,946
四川	33,351,662
共计	232,519,069③

这个数目,虽是不能说一定的确,但是照上列另一外人调查之亩数推算,亦不至于十分错误。所以可以用奉天改良耕作成绩推定,改良耕作法的结果,七省地方的生产额,可以增至四万万石。

---

① 按七省数目计算,共计应为 613,923,000。不知是此共计误,抑某省数字误。
② 按七省数目计算,共计应为 159,810,378。不知是此共计误,抑某省数字误。
③ 按七省数目计算,共计应为 226,519,068。不知是此共计误,抑某省数字误。

不但如此,妨害稻米生产的事,除耕作法不良而外,尚有他的原因,最大的大约有三:

    (1)水害　水害最多的地方,湖南、湖北、江西、江苏,广东也是水害最有名的地方,不过不是长江流域罢了。

    (2)旱魃　江西、四川两省一部分的地方,常受旱魃的祸。都是因为水源系山溪的水流,一旦雨水缺乏,山溪水流枯渴,便成旱象。不过比起下流各省水害来,昰小得多的。

    (3)害虫　长江一带,常有蝗虫的害。

以上三个大害,都不是绝对不能除的,这些就是农田改良问题上的重要事项了。至于中国米的缺点在甚么地方呢?据专门家所指摘的有下列几件:

    (1)不到黄熟的时候便割稻。

    (2)碎米和半截头太多。

    (3)白线多。

    (4)土砂混杂,稗子、赤米等混杂亦不少。

    (5)干燥不充分。

    (6)煮成饭没有粘性,胶质缺乏。

    (7)旧式的足捣、手捣、牛捣,那样的捣米法做出的米不白。新式的机器米,用石糕粉的装饰太过。

这七种毛病,分出来说,原因的所在有三:(一)耕作法不良。(二)碾米捣米法不良。(三)器械不精。这些都是器械技术、知识上的问题了。所以要改良中国的农业,图农事知识的普及,也是最要紧的。至上记七省当中,米的优劣,大概如下:

    江苏　米种不同,最好的粳粒圆而又大,粘质很多,食起来很经饿。但是比日本米,仍旧不如,不过和他们的三等米一样。

浙江　和江苏米大概相同，但是近山地方所产，粿粒小质粗，并且有红米混杂在内。

安徽　粿粒细长，粘性少，吃在口里很粗燥，比起江苏米来差得多了，大致可以和西贡米相比。

江西　无粘性，比安徽米还要不如。

湖北　在江西伯仲之间。

湖南　湖南米好的比安徽头等米还强，次等的也一般和安徽差不多。

四川　品质好的很少，在安徽、湖南米之下，半截头、碎米很多，但成都平原一带的好田好种却在湖南之上。

照此看来，长江七省的米，只有江苏的米算最好，也不过抵日本的三等米，其他就可以想见了。但是米不好并不是应该如此，乃是没有人研究改良的方法，没有专门农事试验场。如果产米各省，能够设一个大大的农事试验场，把各处的米种，切实的比较研究，试验种植，取顶好的种，去求普及，米种的改良，并不是很难的，奉天就是顶好的证据了。奉天地方，从前所用耕作法固然不好，米种也很坏，粿粒小，碎米半截头又很多。但是改良耕作法和米种地方所产的米，居然和日本的上等米差不多，而且每亩的生产额，比从前加多一倍。就可以晓得耕作法的改良是必要的，米种的改良，尤其是必要的，而且并不是很难的事。只要去做，一定年年可以看见效果的。

此外要改良的事件，就是米的保存贮藏方法。乡间的农民，收来的谷子，有就地用草叠成圆形的无顶库贮藏谷的。仓库的设备，是幼稚极了，这也是最要改良的必要事件。

全国最最大的米场和市场的性质，大略如下：

（1）天津　中国米的移入　朝鲜米及外国米的输入

（2）烟台　中国米的移入　外国米的输入

（3）青岛　与天津同

（4）大连　同天津

（5）营口　同天津

（6）安东　中国米的移入　朝鲜米的输入

（7）宁波　中国米的移入　外国米的输入

（8）上海　中国米的移出入　外国米的输出入

（9）无锡　地方的集散

（10）移出①

（11）九江　移出

（12）汉口　移出入

（13）长沙　移出

（14）岳州　移出

（15）靖港　地方的集散

（16）易俗河　地方的集散

（17）汕头　中国米的移入，台湾、东京（安南）、暹罗、仰光、西贡米的输入

（18）广东　同上

（19）九龙　台湾、东京、暹罗、仰光、西贡米的输入

（20）重庆　地方的集散

（21）成都　地方的集散

（22）梧州　移出

各地方米的量器都不同的，每石的斤数大概如左：

---

① 原文如此，疑前有脱漏。

天津	一六〇斤	汉口	一四〇斤
杭州	一四〇斤	长沙	一四八斤
上海	一五〇斤	重庆	三六〇斤
芜湖	一四〇斤	成都	三二〇斤
九江	一四八斤	广东	一五〇斤

米价各地的差异很大的,最要注意的事实如下:

(1)生产地、消费地的价格相差很大。

(2)同一市场的米,没有标准价格。

(3)没有米价的统计。

米价变动的主要原因,大约如下:

(1)供给的增减

(2)禁输及解禁

(3)货币价值的变动

至于米价除了上海一个地方而外,都没有可以根据的统计。

试把上海最近二十年来米和他种食品的比价表列出来:

品表 年度	米 (石)	牛肉 (十二两)	鸡卵 (12个)	大麦 (百斤)	煤炭 (吨)
1900年	3.50	0.13	0.12	—	12.50
1905年	4.80	0.17	0.14	2.40	9.00
1910年	7.50	0.19	0.15	3.00	9.70
1915年	0.18①	0.18	0.17	3.00	9.75

原载于1919年9月1日《建设》第1卷第2号,署名民意。

---

① 原文如此,疑有误。

国家主义之发生及其变态①

第一节　吾人得为国家主义者乎

　　问吾人是否主张国家主义？则将答之曰：然。问吾人是否主张超国家主义？亦将答之曰：然。国家主义，非吾人所绝对主张者。于国家之上，更认有一种生活形式视国家为重要，且以彼为目的，而认国家为之手段。以认其为手段之结果，而主张国家主义者也。此所谓更重要之生活形式者，即近日渐次为人所认之"全人类社会"。而所谓超国家主义者，即亦不外社会主义。

　　于此制限之下，以认国家主义，则有左列之数点，为吾人所特注意者：

　　一、以国家主义但为手段，故只对于个人主义，认国家主义之优越，而对于全人类社会之事实，国家主义当有所退让。

　　① 朱执信《著论存查》稿本中有一提纲，内容与本文相同。提纲无标题，也无日期。据前一篇 7 月 12 日写的《非叛逆也》和后一篇 7 月 21 日发表的《学生今后之态度》，似可推断本文写于 1919 年 7 月中旬。

二、以国家不为人类之最终生活形式，故对于本国以外之人民，以同在人类社会之故，不能不认其有同等之权。因之，于以此种人民为分子而组成之国家，亦不能不认其有与我国家同等之权。因之，不能认排他的优越的国家主义，只能认絜矩的共存的国家主义。

三、以上项主义之故，强国之与他国共存之保障，已完全具有；惟弱国之保障不完全。故于弱国，特须主张弱国之国家主义。

四、国家非最后之生活形式，则国家主义亦不能为永久之生活标准。故世界国家发达至一定之程度，当然不必要国家主义之提倡。

五、国家主义有时为病的发达，则不特无益于国，抑且有害于人类社会。以人类社会之害，将还为国家自身倒坏之原因，故不可不防其变态流弊。

以于弱国认国家主义为必要，故吾人认今日中国为当提倡国家主义者。但一种主义不能忽焉而发生，必有其所以然之原因，所以能然之缘由，与所以得然之条件。此种原因、缘由、条件，均须由历史研究以得之。

又以第二、第五之故，须求其排他优越与病的发达之来由，而除去之，从而亦须于历史上探究其发达之过程，然后有对应之术。即第一、第四之制限，亦与此二者相关联，要求具体的研究。

故于下文将分节以论国家主义自身之意味及其变态，其发生之条件、缘由、原因，他国国家主义之发生径路，及其趋入变态之情形，中国现在能否具备此各缘由、条件，及现在致力之方面，将来不陷于病的发达之手段，以为吾中国人民参考。且望因此种研究，而开促进世界人类幸福之途也。

第二节　国家主义与军国主义帝国主义

　　国家主义、军国主义、帝国主义，三者完全不同。国家主义者，但认国家为绝对的或相对的必要制度。故于谋其国家自身生存，抵抗其危险，主张以国民之全力，供国家之用。其为国家主义可与他国人之国家主义共存者也。军国主义者，以维持国家生存抵抗危险之目的，而采用武力以为手段，从而不避侵略。其国家基础，立于武力上。其他文化上、经济上之发达，完全遗弃不顾。此乃国家主义之病的发达。然尚非必以征服为目的也。帝国主义，则为以一国民为基础，推其权力及于他国民之上。以一国民统一无数国民。故其主义为不容并立之主义，为必然侵略之主义。譬如希腊人抗土耳其而起，爱尔兰人抗英国而起，此皆国家主义之运动也。而不必有军国主义、帝国主义存乎其间。斯巴达之建国，可谓军国主义的国家矣，而绝不含有帝国主义之内容。必如罗马在欧亚非三洲之行其支配权，而后可以有帝国主义之实质。亦惟如英国前在南非所采政策，然后有帝国主义之定名。探其本言，则纯粹之国家主义，未有不由反抗他民族之帝国主义而起者也。

　　盖凡所谓国家主义者，类以民族为基础，以同一民族之不能结合，于是各个受他民族之压迫，因之其民族间起一求心运动，而倡国家主义。即十九世纪初期日耳曼之国家主义是也。亦或一民族为他民族所支配，因不满意于其支配，而起一离心运动，以倡国家主义。则意大利独立时代之国家主义也。此两种虽有结合与分离之殊，而其所认之国家主义，均以民族为单位，或豫防其将来之被征服，或矫正其现在之被征服，皆对于他种人之支配权之反抗，亦即由另有一帝国主义，始逼此国家主义发生也。然此国家主义发生之后，稍误其适用，则将偏重于武力。以他民族之压迫，必以武力为基，故非有武力，不能反抗。从而高调提倡武备，遂以其他一切文化上、经济上事实，悉供牺牲，惟务武力之强，即军国主义之发生，常难幸免者也。既已采用军国主义，则国民之精力，大部分销耗于军备，使其军备一无所用，则无以引起国民之热心。故设军备之目的，本在抵抗强者，而实际军备之用，反在压迫弱者。吸收无力民族之膏血，以为扩张军备之资源。而国中文化上、经济上向受压迫不能发展者，得此宣泄武力之涂，亦形发达。如此，然后军国主义可以永久支持。否则偏重军备之结果，将令国家负担过重，驯致破产而后已。故帝国主义者，以军国主义之彻底，不能不采用之者也，所以维持军国主义之生命者也。无征服则无以奖励军备，无以唤起国民之从军兴味，且无以供给其军备之资源。故国家主义虽不必为军国主义，而军国主义往往非依帝国主义不能久存，此其变迁径路最当注意者也。

更从他方面言，则凡提倡国家主义，必使其民族自信其为优越，自觉其力，从而生当然在他民族上位之确信。一步逾越，则以一民族支配全世界之念，自然发生。故帝国主义之根源，亦有在于国家主义中者。

第三节　国家主义发生之原因缘由与条件

国家主义之发生条件,为有他种民族压迫之。而条件者,非原因也。盖"发生"与"得发生"为两事,使之发生与使之得发生,亦为两事。使之发生者,原因也。使之得发生者,条件也。外来压迫仅使国家主义得发生而已。真使国家主义发生者,国民之自觉也。认国家主义之必要,欲其发生于一国家,惟有唤起国民之自觉而已。

国民自觉,不可由命令而发生者也。必根据于历史之事实,现在之努力。

民族的国民,对于其国家过去之历史,感觉其伟大,而认为有追怀之价值者,国民结合不可少之事也。民族者,部落所合成,而非部落之谓也。同文化、同历史、同其繁荣、同其衰落,则忘其人种学上之差别同异,而专以历史上已成事实为根荄,自信为一民族。故其结合,必有历史传说,而后可能。譬如中国人民,自称"黄帝之胄"。举此四字,即觉历史上中国人民,有若许尤越之文化。一方面崇尚古人,一方面即以为前者惟能结合,故能致若此之盛。现在惟结合不如古人,故见衰落,实则国民非无此力量也。持此心以读历史,则国民确信其过去之事实,即引起将来之希望。以为昔人既可以如此,吾辈何不可以如此。现代所受物质上压迫,不能沮及其精神之奋起矣。如其民族既得自由,不受压迫,则自然不感国家主义之必要矣。若其既受压迫,则往往以现代实力之缺乏,物质上被人超越,驯至有颓丧之气,几以奋发恢复为不可能。夫惟于此时需要国家主义最切,亦惟于此时令人笃信国家主义尤不易。欲救其病,则惟有以历史为根据,取已然之迹,以破其现在之无远见。彼如穷日以研求现代压迫之情况,则几谓全国民绝无生路矣。若回其耳目以注于已往之事实,则视听一新,其绝望复变而为有望,理之必然也。

然单恃历史,决不足以致国民之自觉也。历史所示之繁荣,往往令颓败之国民,徒知尊古非今,则害多而益少。故必待有进步之知识,以培养其消化民族历史之力;必待有文化上贡献,以实证其民族精神之存在。得此两者合力,以形成一种事实,即为国民自觉。历史者,民族各有之。而对于其民族,历史有若干效果者,专视其民族之智识何如。其智识进步者,研究历史,而得其所以兴废盛衰之故,其批判中理,则其根据之以为推论,自不入于误谬之途。否则,如中国往代非无光荣之历史,非无文化上之贡献,而研究者拘守故方,不求新知,所注重者,不过君臣父子纲常之迹,战攻权谋得失之故,而于人类生存,国民发展上所必要之文化上、经济上事情,付之疏略,乃至以其研究之不足,以古人为不可及,致有鄙夷现代之结果。不知苟解放知识上之束缚,今人必胜古人也。于此时代,以束缚而缺知识,则其研究历史,徒见其害,不见其利,此不能消化历史之过也。

若其既有知识以理解历史矣。倘"民族内在之力至今尚存"之一观念,不溥及于人心,则其结果,或为仅少之抵抗力所摧残,遂以薄志弱行之习惯,为听天由命之主张,其自觉仍不可冀。故如现代文化上之贡献,至少有一种之天才,为外力压迫所不能及者,兴起于此民族之间。即使其所贡献直接与国家无关,而实足以影响于国民之精神,增其确信。彼以为我民族之力,虽无路以自显于政治上,而即此文化上之贡献,已足令人不敢轻视。而后以此现代事实,证民族奋起之可能。即如德之历史家,以一八零八年格第①之《阜斯特》②第一编发表,为日耳曼民族奋兴一大动因。非以格第之艺术为有国家主义寓其中也。但以当时人人心中,常怀一旧德意志是否已全无望之疑问,于此衰颓苦痛之中,见此冠绝当时之创作,遂生一惟德人能为此诗,诗中人物与德人血脉相通之确信,于是欣喜继之。通当时诸创作家中,能大有变化于德人之情绪者,首推格第。凡以证明文化上之努力,决不可轻视。而于过去历史,有正当了解之外,复使于现代创作,得民族精神未漓之实证,而后能使国民对于其所希望,保有确固之信念也。

由此而论,则研求知识、革新思想、努力创作,三者为国民自觉发生之缘由。即以文化上之有余,补物质上所不足,使深知其民族之力,又深信之者也。

第四节　德意志之国家主义

近代以国家主义著者,德国为首。其国民自觉与国家主义发生之径路,可借以为研究之模型。故下文将略述德国十九世纪初期思想变迁之概略。

甲　超国家主义

---

① 格第,今译歌德。
② 《阜斯特》,今译《浮士德》。

德意志人之思想，以一八零六年烟拿①战败，画一时期。此后之思想，主从于国家主义。然前乎此之思想，概受法国启蒙哲学及卢梭学说之影响，以知识文化自由为宗，虽未尝不受普鲁士军国主义之激刺，一般思想家尚保守其旧学说，以指导一般人民。故当时德人之理想为超国家主义所支配者也。

当时学者何以采用超国家主义乎？第一，则以启蒙哲学重知识，轻感情，所求者为永久不变之真理，所蔑视者为历史上变转无常之事实。其视社会上事实，犹自然科学上现象也。故欲求人类全般之本性，及其归趣，不以时处为之制限。而历史恰与之反对。国家之存在，又与历史相关联而为特定之事实，不能通于人类全部，且随时随处而有变异。则国家者，启蒙哲学者所不求也。不特不求而已，且有以为妨害人类发展本领之趋势。此即以世界主义反对国家主义者也。第二，则卢梭一派之学说，排历史的文明，而以纯粹的自然为宗。其尊崇感情，与启蒙哲学相反，而其蔑视历史则相同。又卢梭以为一切权利自个人起，复止于个人。所谓天赋之人权，遥出于历史的权利之上。国家之事，惟由个人意志联合作一集合体，委之以权力而已。故重自由，重个性发达，而归于个人主义。因之，反对国家主义也。此两种思潮，同时流布于德人中，恰与其当时事势相应。一面奥大利之统治，蔑视个性，压抑沮害知识之传布，使国民对于当时日耳曼帝国不发生一种爱国之感。一面为日耳曼帝国之敌者，即法兰西，又启蒙哲学及卢梭之所自出也。彼以思想上之师，为政治上之敌，与以思想之敌，为政治上归向中心，皆于人之感情有不安，于理性有不协。故无论主知抑主情

---

① 烟拿之战，指 1806 年拿破仑与普鲁士——撒克逊联军在耶拿和奥尔施培特附近的会战。这次会战，拿破仑取得胜利。

之学者,同归于超国家主义也。

故当法兰西之初侵略及于德意志也,南德意志首当其冲。在烟拿大战之前,已成立来因同盟,仰拿破仑以为首领。北德意志之学者,亦有主张北德意志与法兰西结同盟者,其论以为"法国本爱平和,而以英之重商利己主义,与普军官之倨傲,强法国使为战争,以腓力特力大王之国家,而与野蛮之俄国结同盟,世之可厌,孰甚于是"。此种论调,偏布于伯林学者之间。殆无敢主张国家主义者。

康德之政治论,以国家为基于人民契约而成者。治者,当尊重人民之意志,以拥护其自由为义务,且希望国民间永远之平和,反对战争。故以其思想全体言,虽不得指为超国家主义,而与日后以国家主义者之理论相去悬绝。一方人文派哲学者之格第,乃至倡言"毋干与诸王之争",即以政治为欧洲诸王之事,而以隔岸观火者自居也。格第为人文派首出之思想家,而对于当时之爱国运动,至为冷淡。当十八世纪末年,德意志有一诗人,名轩利克来斯特,以其所作,颂扬普鲁士之军国主义,推奖武勇与复雠。晚年见祖国之无望,遂至自杀。格第对于克来斯特,反视为狂暴之兴奋,以恐怖迎之。以为德意志之有大乱破坏,为命运所定。且以普鲁士为不可复救者。而转以拿破仑为伟大,信其幸运。其自身则执世界主义,于此毫不容心。盖亦受前两思潮之影响而来者也。

乙　佛特[①]

于德人之思想上,生一大转向,以哲学上基础与国家主义者,佛特也。然佛特决非生来之国家主义者也。当烟拿败战之前二年,即一八零四年五月,佛特在伯林为演讲,尚主张欧洲为不可分

----

① 佛特,今译费希特。

之一体。其言曰："欧洲人而为基督教徒者,本为惟一之人民。彼等以此共同之欧洲,为彼等之真祖国。于是通于欧洲全体,常追随于同一目的,常为同一动机所动。"又曰："广言之,则有教养之欧洲人,以欧洲为祖国。若以特殊之意味言之,则不论何时,凡在文明顶上之国家,即欧洲人之祖国也。"又加之曰："如此之世界人心,可以安然不问诸国之运命。"当是时,佛特之非爱国,正与格第相等耳。然至烟拿战后,佛特之思想陡变。盖佛特于烟拿败战以后,受聘入伯林大学。是时法军驻伯林,荷枪鸣鼓,日过校舍之前。其在普国中,则丧领土过半,负一亿三千万之偿金义务,与被军队不过四万二千之限制,内政每事皆为法国所干涉。而普鲁士以外德意志各国,无不屈服于法国支配之下。以此佛特一改其平日之所持论,其在伯林所为演说,题曰《告德意志国民》,其中力言："德人今日有此惨境,皆由其各怀利己主义使然。此际万不容不内自省察,自觉其为德意志民族,自考察其不可不为之义务。"且引宗教改革,以明德意志人于过去曾建如此伟大之业。又示之以德人今日之使命,较昔时更大。而励之曰："必使德意志之名,为世界之恢复者、刷新者,且为万国中最有光荣者。"于他所又曰："惟有自原始时代而来之国民,惟有理解其自身之精神之渊奥,理解自身言语之国民,得为自由,得为世界之解放者。德意志国民者,真此种国民也。"于斯时,佛特之思想,撼动全德意志。盖佛特初年之思想,注重个人,主张统治以"使民无须统治"为目的。有类于恭己南面、烹鲜治国之中国学说。其所想象者,为自由国家。此思想更进一步,则为前所述之欧洲祖国论,其所想像者为文化国家。及此时,则急转而为国民的国家矣。

佛特于其哲学上,以国民性为人生爱与力之源泉。其意以为凡人所以真能爱一事一物者,必心中以此事此物为永久者,以此事此物溶合于自己情意之永久性中。若其不然,决无真爱。是故在生人现世之生活,与其活动,所以有真爱有真力者,亦由其人之得有一种结合。其结合之确为相承不绝,须由人之所为。时之所历,足以信其非虚。而谁能使人有此结合乎,则国民也。国民者,由生人社会之特殊精神性而出,且由之养成,以有今日者也。此精神性,则又人之自身,及其一切思想行动,与其对于自己永久之信念所由来也。此国民特质,实为永久之物,人人以其一身,及其发展之永久性托之,即为永久之事物次序,其中藏有各人自身永久之事物者也。凡人不能不望此特质之继续。何则?人生有涯,于此人间世,欲扩张其永续之生活,惟有此特质继续为解缚之手段而已。佛特所持论略如此。故其结果,当然引起黑智儿[1]之历史哲学也。佛特所谓永久者,固信念上之永久,非物理上之永久也。物理上惟无始者可以无终。至于国民,明明有其始期,则于永久之意义,当然不能适合。然在人人心中之所期望,则异于是。于其国家将来有无穷之希望,不作种必灭、国必亡之想。佛特所谓以之溶合于情意之永久性者也。此情意上之永久性,全恃过云未来之想象,与先民之努力,以维系之。以过去、未来为同于现在,望子孙之努力,等于先祖,所谓后之视今,犹今视昔,亦所谓"薪尽火传"、"逝者如斯,不舍昼夜",皆情意上之事也。而由此相承之一点,所有一社会之特殊精神性,一国民之特质,无不有历史之基础。国民特质,每国不同,因其历史不同故也。则反言之,同历史者,当然同其特质。古人死矣,今人之情意即代表古人。则后人之情意,又将代表此今

---

[1]　黑智儿,今译黑格尔。

人。其身虽异,其性常存,此所以为永久。而人人心中有此永久,所以能致其爱能用其力也。

丙　黑智儿之历史哲学及国家论

黑智儿之少时,专心于思辨之学。当烟拿大战之际,亲见拿破仑乘马以为侦察,尚只赏叹其"马上之世界精神",惟觉好奇,初无爱国之热情也。然至其大战败后,遂以宿昔所感德意志政治上不统一,与军备上不整顿,为一切惨状所由起,而以其全力为国家主义奋斗。

黑智儿之论国家也,以为近代国家之本质,存于以特殊之完全自由,及个人安宁,与普遍之自由安宁结合。其普遍者,即国家也。故视国家为优越,而反对前此偏重个人之理论。又以为国家无一为完成者,然每一时代,必有一国民为其运动之主代表。一切文明国民,皆有其宣威世界之时代,然其时代不过至有他国民取而代之为止。各国民各时代之一切成果,只供精神发展之用而已。而此所谓精神者,即指艺术、宗教、哲学等,所谓绝对精神而言。黑智儿谓犹太国亡,而民族所造出之一神教为不朽。希腊国亡,而希腊所造出之科学、哲学、艺术为不朽。方其国家自图优胜,自保生存,不绝努力,而不知无意之间,已为宇宙理性所利用,成为发现绝对精神之具矣。而依黑智儿之评定,则精神之发展,在当时惟以德意志人,可以为欧洲历史之中心。此黑智儿历史哲学之概要也。

黑智儿分精神为主观精神、客观精神、绝对精神三种。凡宇宙理性,始现于自然,继现为人类个人之精神,即所谓主观精神也。又次现为家族、社会、国家,此则谓之客观精神。终极现为宗教、艺术、哲学等,则为绝对精神。绝对精神,不随国家而迁变,而非有国家,亦无以发展此绝对精神。故国家立于文化之下位,同时立于个人之上位,由是引入彼之国家论。

黑智儿以国家与社会家族对举。黑智儿所谓社会者,指多数个人为其利益而设法律规约,立行政机关之团体而言。而如瑞士者,黑智儿亦以入之社会之中。至黑智儿所谓国家者,则为由国民精神而统一之有机浑合体。故反对民约之说,以为由契约而成立,只可谓之社会而已。当时英法学者,以为国家目的在于保护个人生命财产幸福,黑智儿则以为个人有为国家而牺牲其生命与幸福之时,正以国家全体为目的,而个人不过为之手段故也。然则个人非先存在而后为国家之一分子者也。乃先为国家一分子,乃得真为个人耳。故家族为以分子之个人目的委之全体目的之小团体,社会为以分子个人目的为基础之大团体,国家则为此两者之总合,以分子之利害举而委之于全体目的之大团体也。故支配家族者,爱也。支配社会者,利也。而支配国家者,国民精神也。黑智儿之说如是,故其于国家对个人之权力,认为无限。凡国家之制度,皆认为当由历史的发展,经过长久之时间而成者。至于纯然人所作为之制度,均以为不可用。彼取例于法兰西革命后之制度改革,及拿破仑在西班牙所建设,以明制度不能纯然为人所作为者。又于佛里厮(康德之徒)之主张:"处理一切公务之亡命,当由国民之中出现,当由下级出现。"则对之痛驳。以为如此则伦纪之世界,将为臆见与乘兴之主观的偶然性所左右,理性之事业为感情所支配。及其论官僚政治,反推奖之以为国家之真代表。是以黑智儿之国家论及法律哲学,概偏于保守主义,不认人权也。

一方认个人对于国家之无限服从,一方又以国家为发展绝对精神之具,即以"拥护文明"为国家无意中之一目的。前者提倡国民精神,后者崇尚文化,即合佛特之文明国家与国民国家为一途而主张之者也。黑智儿以为世界历史虽为破坏之记录,与冲突斗争新陈代谢之连续,而其所破坏之旧者,即入于更高等之新者中,而永久保存。故有植物,而矿物仍存。有国家,而个人不消灭。不特仍存不灭而已,且非有人民,国家无以立。非有国家,文化亦无所托庇也。实则黑智儿之主张国家优越,专从历史而来。而所以谓德意志人为欧洲历史中心者,亦以深信德意志国民精神之优越,有大贡献于文化也。而其所认之历史,本为一种实在。于此实在之中,见有不绝之发展,复欲从不绝发展之中,指出终局之归结。于是在黑智儿思想之中,一方尊崇实在,暗示精神之进化。一方又尊崇现在,而局限于德意志中心说,与保守的君主立宪论之内。其矛盾有不可掩者。然论其政治上之影响,则后者为大。凡保守党、军国主义者、有神论者,皆托黑智儿以求庇。

丁　其后之国家主义

佛特、黑智儿之学说,于德意志国家主义之生成,影响至大,无事更言。同时则诗列尔、些陵①等亦于提倡国家主义,有所贡献。

诗列尔之思想,本以自由独立为宗。一八零四年,以其所作史剧《维廉梯尔》一出,高倡国民之自由独立,实为佛特与黑智儿之先河。而些陵亦于其极端崇尚艺术之结果,以国家之境地,为人之省察所不能及,推之以为自有潜在之生命,自有其必然性。于是以全体居于一切物之先,以无意识之生成长进,居于有意识之行为之上,愈重经验,愈重直观。其对于德意志人精神上之指导力,决不可轻视者也。

黑智儿以后,德意志国民中心说,得一般学者之绍述,而变本加厉。乃至机西布列,遂谓:"德意志之使命,在支配世界。德人如

---

① 诗列尔,今译席勒;些陵,今译谢林。

不能居于统御众民族之地位,则必沉沦于劣等地位。然而德人本为天之选民,本为可贵人种,故其运命,必为统御。凡天赋之精神强力较优者,其个人权利义务尚较大,则以德意志民族,支配其四围禀性较弱较低者,可谓德意志人之任务矣。"蒙仙又谓德人优于他人种,故对于他国之发达,当负责任,当以强力代他民族谋幸福。次则特来齐克主张遇有好机,即征服邻国,以扩张领土,为德意志之神圣使命。此皆从国民优越之说来,而并黑智儿精神发展更高目的,亦束缚之于国家之内者也。

　　于他方面继承黑智儿之保守的国家论,而主张人民当为国家牺牲者,亦不可胜数。而其极则为特来齐克之国家权力论,与柏伦知理之国家有机体说。从其理论,则国家之目的,要求国民之盲从。而决定目的者,止为独断之政府。故凡以国家之名行之者,实际皆属于政府之决定。此政府之所决定,即为绝对不容拟议者,人民止能服从而已。即政府等于有机体之精神故也。又柏氏虽以主权归属于国家,同时言人民主权不可容,君主主权可容。是以不特流于军国主义,并陷入"朕即国家"之危险也。

　　自此以后,军国主义、帝国主义,皆依倚于国家主义之名之下,次第发张,至最近战争而止。此则在耳目中,不烦复论者也。

第五节　古代及近古之国家观

　　通观上节所论,可见德国之国家主义发生及其盛长,全恃思想之变迁,非外力所可强致。而其各家共有之点,则为文化中心之哲学。即在英法哲学者,凡有标举多归宿于自由。而德人则多标举文化。自由主义延而近于个人主义。文化主义则结合于国家主义,此近代思想之一特征也。然在古代,则反以世界主义为重。

祖国之说,自罗马而来,迄于中世之末,未尝于实际上惹人注目。盖罗马以其征服而倡世界主义者也。交通所及,皆以为领土,凡有民族,皆欲置之支配之下。罗马公民以世界为其国境,不认有他国与之齐,自不须言祖国。至其属地,则更不欲其言祖国也。中古在封建制度之下,国家之意义,惟有采地之贵族与知之;至于人民,知有地主而不知有国家。更以教会高唱其教权,蔑视人间之组织,从而不许思想上以国家为界限。故于古代,伊壁鸠鲁派,已表示无论何种支配皆所欢迎之态度。而斯多逸学派,则明倡“一切人皆为理性世界之国民,世界为一切人共通祖国”。且有自言“以余为安东尼,则以罗马为故乡,为祖国。以余为人,则以宇宙为故乡,为祖国”者(罗马皇帝马克欧黎安东尼之语)。此明与罗马之世界主义相应者也。至于中世,基督教哲学者奥古斯丁(四、五世纪间),惟认基督教为祖国,对于当代之国家,绝不认政治上之爱国,惟以世上平和为务,凡能致世上之平和,不为宗教之害者,听其自然而已。次之,则十三世纪之妥玛斯,亦以祖国呼“彼岸”,要求以教会支配世界,以法王为基督教国王所当服从者,皆可以推见当时基督教神学者之思想趋向矣。而封建制度,使国家人民关系薄,益使基督教之世界主义可以发扬也。

意大利于文艺复兴期,先见国家学之发生。次又于改善国内政治之外,以苦心及熟练处理对外关系,所谓外国政策,乃于是导其源。威尼斯与佛罗连斯,实当时政治外交理论技术发生之乡土也。意大利之思想,直接承继亚里士多德而来。当希腊之末期,亚里士多德主张国家为个人之扩大,以个人为绝对当服从国家。同时以国家为当限于区域小、人民少之程度,力排扩张领土侵略战争之事。盖受希腊市府政治之影响,在意大利当时,恰与希腊早期情形相近,故对于前所述世界主义之反动,先见于意大利。当时所谓国家权力握于少数人之手,而其行政功业实多,志望尤高,以欲达此甚高之目的,故凡国家之行为,一切至无理者亦皆为学者所赞同。马奇发利①之学说即应时而出。是时欧洲大陆法兰西王、西班牙王及神圣罗马皇帝各振其王权,近世国家之模型已具。而意大利诸小邦,日受四围之迫压,自然不能容认一般所崇之世界主义,而别倡新说矣。马奇发利之学说,最足注意者有三点。

第一,为各教国平等论。向来基督教徒所谓世界主义者,非全世界也。仅指奉基督教之一小部分而已。马奇发利始从历史以为政治研究,因之主张国家无论奉基督教否,无有差别。一方扩大所谓世界之范围,一方即不能不认各国自己保存之必要,又进一步而并认扩张领土之必要也。

第二,为国家存在必要论。即"目的神圣手段"之第二面也。其说以为方国家之有危机,人惟当取必要之手段,以救助国家生命,维持国家独立。至于孰为正,孰为否,孰为慈,孰为酷,孰为荣,孰为辱,何暇复顾。如此以国家存在必要为第一义,一切道德宗教,皆只认为国家所用手段而已。乃更进而言曰:"人不能兼众善,为君主者,行恶以维持国家可也。"又曰:"信用虽可尚,若为维持政权,虽诡计伪善,亦不容已。"所以马奇发利,至今以主权术知名。

第三,则为领土扩张论。马氏见西班牙与法兰西皆并吞数国,

---

① 马奇发利,在《论社会革命当与政治革命并行》一文中作马奇斐利亚。

以致隆盛。而意大利则以分立衰沉，故常醉心统一，而主张并合。其言曰："在言语习惯相同者，征服者只须断绝旧君血统，守其遗矩可矣。若其言语制度有异者，则征服者处之甚难，而以君主统御旧共和国之人民为尤难。"盖以同民族之统一为主旨者也。马氏又以此论推及共和国，谓："君主嗜权无餍，自然采用扩张领土之策。即共和国，即基于必要，不得已而用之。苟共和国宪法有不适合扩张政策者，遇有必要，则国家基础破坏，宪法亦被蹂躏矣。"

马氏之论，不过当代政局之反映，以其奉职二十余年之经验，使成为非宗教、非道德之政治家。论史以罗马为宗，从而不止主张国家主义，实并主张帝国主义。但其实际所热望者，不外意大利各邦之统一，初非以征服全世界为梦想。观上所述，可略知其故矣。

反观意大利当时之社会状态，则一方面十四世纪以来文艺复兴之思潮，流布于全意大利；而十五世纪哥仑布之美洲发见，尤足以摇动一时之人心；然后马氏生此统一同民族之思想。其著《君主论》也，以之历干意之诸王，终不见用。且其时国民之自觉，与马氏之国家主义，尚不能相应。故马氏所论，实际暗中为普鲁士乃至全德意志所采用。前述之特来齐克，亦自少以马氏为宗，而于意大利反不见其效果。卒之国家主义在意大利中，仍待玛志尼始能昌明也。

以马氏之学说，与德国之十九世纪国家主义思潮，比较而观之。可见英法启蒙哲学，及卢梭之学说，影响之大。德人之国家主义，认个人之对国家为绝对服从无可抵抗者，与意大利马奇发利之说相同，皆与上古、中古世界主义背反。顾马氏之书，数百年间，不能感动唤起意大利人民，而德人则于佛特、黑智儿之说，有桴鼓之应，此盖有显著之两差别存于其间。第一，马氏只以国家非结合兼并不能自存,主张国家主义。然于国家何以必要一点,未见其著明之主张。反之则佛特以来,德人所见之国家,皆为"为一目的"而存在者,即文化之拥护,为国家所由必要。无论从何种方面说去,归结皆为文化之推进。夫人民何以要为国家牺牲之问题,必当以国家为何存在答之。若如马氏之说,则单以国民不牺牲国家不能存在答之。即遇以国家存在为不必要者,不复能有所开悟矣,此自穷之道也。惟如佛特之说,从主观上要求永久之结合,然后爱与力有所借以发生,则与以永久结合者,自然有要求牺牲之权利。如黑智儿之说,从历史上认个人之主观精神,应经国家、社会、家族等客观精神之阶,以达成文化之绝对精神之目的。从人生盲动不知何所为而存在之中,授与以一种目的,然后以国家为其过渡之手段。凡对于文化、对于永久结合,为赞成者,当亦赞成其国家存立必要之说矣,即于目的动机方面较进一步者也。第二,则马氏之发挥其主义,单向君主立说(马氏虽亦认共和国,但仍主执政官制)。其《君主论》一书,惟以欺侮取服残贼立威为本位,当然亦不能向民众宣传。虽马氏亦知同民族易于结合,知民心为国家存立之本原,而绝不注意于人民之自觉,反以愚民虐民为正当。所谓目的神圣手段者,不过当时迷谬之想。其实彼时马氏目中之国家,只马氏谓之为神圣。照之于近代国家之理论,其目的尚无神圣可言。至其手段,不待更论矣。反之,则德意志人之宣传国家主义,不向君主立说,而向人民。自佛特之演说起,以暨一切历史家哲学家,所注力皆在向人民唤起其自觉,而同时以其所主张之国家发展,为国民自由之涂径,以国民为国家分子,与前之以为机械者远绝。又其提倡民族精神,归于一国之历史,事实具在,不难得各国民之信仰。故前者失败,后者成功,非偶然也。

然而德人所以就于国家目的有如是之深切说明,就于人民自觉感其必要者。正以启蒙哲学主知之结果,于国家存在之一事实,尚不以为满足,而洛克等国家为人民存在之说,先入于各人意念之中,求自由之结果,仍觉最终解决未易得,其反动乃以文化为依归。在他方,又认国民真正之力量,排斥其视为机械之见解。复经法国革命之激刺,深知民众势力之伟大。故各国无不诉之人民,使自觉其责任,高其自信,其结局有如首节所言之思想变迁。此二者之比较,足明非经过启蒙哲学及卢梭学说,德之国家主义亦不发生也。

第六节　中国如何可以见国家主义发生乎

于此尤有趣味者,则德人主张国家主义最有力之二人,本皆为非国家主义者,皆以烟拿战败之后,变更其思想。而意大利之烧炭党,亦发生于法国占领意大利之期间。可知在人民之思想,非至种种条件、种种理由俱已备具之后,不能使有国家主义发生。即在主唱者之数人,亦非至此社会上必要国家主义之时,其思想不能成熟。则从他一面言,可知苟无此烟拿大战之刺激,则佛特、黑智儿,或竟维持其世界主义,与康德、格第同其趋向。苟此局面早现二十年,则国家主义之倡导,或变而为康德、格第之功绩亦不可知,所谓易地皆然者也。

从上所历述,则知国家主义发生内在之缘由,与外具的条件,略可归于左之数点:

一、非有同历史之民族,国家主义不能发生。

二、非其民族过去历史，有以引着各个人之心情，起其向慕者，国家主义不能发生。

三、非其国民知识进步，已识国家之目的所存，不自视为国家之机械者，国家主义不能发生。

四、非其国民对于政治上、经济上或文化上，于现代或近世，有相当之伟业，国家主义不能发生。

五、非由他国之侵略主义帝国主义之胁迫，国家主义不得发生。

前四者所谓缘由，后一者所谓条件也。缘由条件具备，然后学说一倡，众人自和。否则学说自身，固难成立，即其成立，影响亦复无有，此于意大利显然可征者也。

以上所归纳，应用之于中国，则外逼之条件，久已具备；第一、第二两缘由，亦殆已完成（同历史民族自以汉人为限）；所不可知者，则知识与功业二事耳。

试观德意志国家主义发生以前，德人智识之进步为何如乎？当十七八世纪，以文艺复兴期诸国王奖励教育之结果，暨非力特力大王之倡导，国中大学林立，各遂其自由之研究，学者辈出，其所研究既广及于各方面。故当国危民奋之际，有一适合于当时实态之学说出，即所谓愤悱启发者，人同此心，心同此理，传播至迅，亦绝无犹疑迷惑之说杂于其间。故德人当日知识所以为优者，非但能出此有名之佛特、黑智儿三数人之谓也。乃在其尚有普通无数无名之人，能了解此二人之学说，而与之共鸣。今问中国三百年来，数学上有能如来布尼①之发明微分理论者乎，论理学上有能如来布尼之发现充足理由之原理者乎。而来布尼之历史上位置，尚不以

————

① 来布尼，今译莱布尼兹。

其数学、论理学而传,乃以其哲学。是人之出其绪余者,我已望尘不能及也,而况康德、黑智儿之哲学乎。而况格第、诗列尔、佛特、些陵之文学乎。而况其余无数有名无名之学者,无数不为学者而有深造者乎。中国尚无传播启蒙哲学之和尔夫与列星,又安望有佛特与黑智儿也。中国今日而患国家主义之不兴,正当于人民之智识求之耳。夫国家之目的,在马奇发利辈,则置之不问者也。在古代基督教,则国家为宗教设者也。在启蒙哲学,则国家遂成为为人民设,故国家之目的在人民自由。此其说虽于后日为德人所不采,若无此递嬗之研究,则人民岂复注意于国家人民之关系乎。其关系若为无意识、无目的、不可抗者,则有何方法能唤起人民之兴味乎。人民于国家既缺兴味,则更无从有国家主义发生传播矣。惟启蒙哲学,认各个人之人格个性发达为重要,追求自由,一洗从前国家以个人为机械之思想。然后更转而进一步设想,不但求一个人之自由,乃当求一民族全体之自由,然后国家目的,入于人之注意。又进一步,而所求之国家目的,不限于自由,而后文化主义代兴。英法人之雅言自由,与德人之雅言文化,实与其人生观、国家观相应,有阶级可寻。中国之政治上学说,仅见三数不完译本,未有真正系统的研究提倡,是则启蒙时期之豫备,尚未完全,一般向不知真爱自由,则进而言国家主义,非易事也。

就一般知识上既如彼,就一部分之政治论,亦尚如此。彼既不知人何所为而生,国何所为而存,而日聒以爱国,是则拳匪之爱国而已。

更就功业一方面观之,中国以近年革命之成功,使人民增加自信不少。然政治上功业,不过功业之一种。而以民权之实不举,致人民对于革命之结果,不表感谢之意,故其影响于思想之力不强。

他一方面,则民国成立以来,贸易日衰,经济困难,重以兵燹,益窒塞其奋发之趣向;而文化上尤缺乏鼓舞人民自信之成绩,故其效果不显著也。

然要以此数十年间极不完全之学说输入,与民国以来名义上之国民主权存在,所以鼓舞人民者,效果已异常之大。观于近日有所谓爱国运动,已可概见。顾在中国人之举动,他国恒以五分钟热度相诮。而在今日运动者,亦时时持此以勉国民。当知此五分钟之弱点,非中国人所特有,亦非中国人所不能离之弱点。实在所以爱国运动缺持久力者,因其感情方面较多,认识之力实少,既不认识事实,则感情之一涨一落,遂使事态不常,人徒从而利用之,以施其术。真正国家主义之发生,则有智识以为感情之根据。人人恃其智识之不误,得于感情衰退之日,尚保持其一贯之态度。更以他方面之功业,增益其自信,以此战胜艰辛,欲避五分钟之消,惟有从智识功业方面着力,徒恃激厉不足以致永久之感情也。凡根源于智识功业之感情,可以激刺而愈奋。苟其不然,则久且感觉益钝,非理性所能制也。忧中国国家主义之不兴者,于此尤当注意也。

第七节　防止帝国主义发生之手段

德意志之国家主义渐变而为军国主义、帝国主义,略如第四节所已陈。乃至共酿此次大战,召全世界之反对,今日则以革命而涮洗之矣。然在所谓协约国者,帝国主义犹存在也。民族自决主义,犹未承认也。彼自始以侵略立国者,吾不欲论之。如意大利者,固主张民族主义而起者也。固以未回复之意大利悬为国耻者也。所谓未回复者,仅得回复,而其要求遂及于民族范围以外,终至以非姆问题暴露其帝国主义之真相。更进而对于中国,仿效日本之成例,要求承继奥国权利。以玛志尼之故乡,有此大反于民族自由之举动,闻者皆为惋惜。然一思意大利为马奇发利之故乡,远察其对小拿破仑之关系,近观其加入协商之过程,可知意大利之要求领土扩张,绝无足异。盖意大利之统一,虽与德意志同时完成,而其国民内有之力,与其自觉之度,现代智识文化上之满足,均远在德人之后。故其国家主义发现效力之过程较缓。且以周围之情形,与德殊绝,迄于今日,仅乃可比普国夺取丹麦两省之时耳。则今后之发展如何,正足深味者也。假使世界思想无变,则德意志所经之迹,实足为意大利之前车。其始受外国之激刺、高倡国家主义。以国家主义适用之故,一切思想上之成果,无不有排他的自尊的意味,存乎其间。所谓扶醉人扶得东来又倒向西者,正此之谓。始求不为人所支配,继遂欲支配人。始只为民族自由而战,继遂为民族优越而战。求其恰如分量,决不可能。对付此种帝国主义,自然又唤起他种国家主义历史循环,殆若有不可避者存焉。苟非同时豫于思想上有以救其流失,则今日以国家主义为能为国民谋自由幸福者,异日反当推原以为祸始。抑亦非计也已。

由被胁迫而见有国家主义发生,从国家主义而变为军国主义,从军国主义而流入帝国主义,复胁迫他国家使生国家主义,而帝国主义自身即因之而倒。此种历史循环,思之令人於邑。使知军国主义之必倒,何如自始不为国家主义之主张。然社会上之事,不能如是简单决也。始感外国之压迫,不期于推倒持帝国主义之他国,而不能不推倒之。既已推倒他国,则当然以可承继其权利自居。

其病皆在于只知国家有目的,不知人类有目的;只知国民要为国家牺牲,不知国家要为人类牺牲故也。则欲以国家主义为抵抗帝国主义之具,而又不使其尤而效之,蹈覆辙不悔者,必当于国家主义以外求其救济矣。在英美之学说,以最大多数最大幸福为国家目的,即国家为国民自由幸福而存在者也。政治上之个人主义,洛克、休蒙、卢梭之学说,至今犹存其外形。与功利主义之边沁、弥勒相应,以支配国民之思想。顾于实际,所谓最大幸福者,果最大多数之幸福乎,抑最大少数之幸福乎。所谓国家为个人自由幸福而存在者,为国中全体之个人乎,抑为其一部分乎。个人主义之国家,一方面对于国内要求大部分国民之牺牲,无异于国家主义之国家。一方面对于国外,仍以统治异民族为根本政策,实行帝国主义,亦无异国家主义之国家。故对于国家主义末流之弊,决不可以个人主义图其救济。即在近代,英国采用国家主义于战时,以救个人主义之无力,以完成其帝国主义之功业,亦显其已有由个人主义仍趋向国家主义之势矣。故对于个人主义主张国家主义者,思想上易占胜利。实际上国民之力亦以主张国家主义者为较强。事至显然者也。

反之,则以国家主义对社会主义而言,则国家主义不能不让一步。所有人类全体经济上,及经济外之发展,为社会主义目的者,非特超出于各个人以上,亦且超出于各国家以上。为社会之目的,当然不可不以国家为牺牲。故于帝国主义之压迫,固所不容许,而对于曾行帝国主义者为报复,亦所不容许也。以抵抗而倡国家主义,或为所暂容许。以侵略而倡国家主义,则决不容许也。认国民不受他一种民族压迫之权,同时不认其压迫他民族之权,此社会主义所以能补足国家主义,正犹之国家主义足以补足个人主义也。

　　人以为国家主义与个人主义相反，则似国家主义不利个人。然实际各个人之人格内容，非因国家主义而有损其价值也。既有各个人自由幸福之目的，更进而有保护发展文化传之人类永久之目的，反所以使个人人格内容益丰富也。惟社会主义之对国家主义亦然。于国家主义所有发扬一民族之精神，以贡献于文化以外，更加一发扬他民族之精神，与之共贡献于文化之美德，则使国家目的内容益加丰富，而无害于国家之存在，亦不必与个人之自由幸福为两立。然而对于国家主义之病的发达，则有匡正救治之功，即永使其止于国家主义之一步，不进入军国主义之一步者也。

　　如此，则可以为絜矩的相容的国家主义。此种思想之型，殆可于相当之期间，不加变革，待至全世界之国家，皆采用此主义之日为止。自此以后，则国家成为可有可无之生活形式，所谓大同者，庶几见之于是时。既无国家之必要，亦无国家主义之必要矣。

　　　　　　　　　　原载于 1919 年 9 月《建设》第 2 卷第 2 号。▲

吗啡之毒

去年中国买取税关仓库内所存烟土,值价千余万两,悉焚弃之。在当时虽有种种不正当之飞语,流布于国中,要之,从此法律上、条约上,运烟入口为不可许,则中国人民无端担负此千余万两之重罚,以为鸦片战争以来久未偿清之债,尚须于账簿上加此一笔,作为文明国一种商业之欢送,未尝不值。

然而事实殊不如此,条约上虽无禁烟入口之许可,而实际上中国并无禁烟入口之权能,尤不能查禁比烟更毒之吗啡、鹄肩等物。故事实上中国烟害有加无已,而又有鸦片以外之新嗜好附益之。往在漳州,闻厦门一埠,以密输入阿片、吗啡为业者数百人,皆所谓"东方英国"之绅士也。吸鸦片者,面目灰败,精神衰萎,众所共知。而打吗啡针者,抑又加甚。吸鸦片者,不吸则洟泪俱下,手足无力止矣。至于吗啡,一不注射,则立僵死,并手足亦不得动。鸦片之吸食,数十年如其始吸。至于吗啡,每注射一次,即留一黑点,终身不退。注射至三四年,则全身斑点,无复容下针处,其人亦垂死矣。喜罗英①之毒,又甚于吗啡、鹄肩,向为印人所用,近亦有输入中国者。此外尚有别种鸦片之支派毒物,相继输进,通于全中国,无地

---

① 喜罗英,下文又作"喜罗因"、"希罗因"。后来多有人译为"海洛英"。俗称"白面"。

不有此诸毒物之踪迹,其挟之俱来者,则又皆我之亲善国民也。

日本自占领台湾以后,以鸦片归政府专卖,凡吸烟者皆给牌照,其数始本不多。既而调查以为吸烟者有避匿,复广发行之。此后每调查一次必增加一次,忆其中有一次增至万余牌者,详载于台湾医学校校友月报中,(惜此书不在手中不能转载其统计表)。此吸烟之人,果因受日本开发之政治,而见增加者乎?必不然矣。大抵初发牌照时,领牌者必为真吸食者。至近十五年内,则中国鸦片愈贵,私运之利愈大,而台湾私运鸦片之业始盛,牌照之发行亦愈多。近年来台湾真吸鸦片之人,略已死尽,而凡领照之人,皆以运入中国为目的。即政府之发照,亦非解为默许其输出不可矣。台湾之收入,鸦片专卖居其大宗。凡其不平等政治之财源,殆非台湾人为之供给,实中国吸烟者共负担之耳。中国之人民,尚不觉醒乎?

上所述者,不过概略之观察。至其实证,随在有之,不能一一举。举最近者数事以见其余:

第一,东三省进口之吗啡 《大陆报》载辛博森所论,谓中国海关民国六年计算,在旅大租借地输入吗啡,声言作为医药用者,有二吨半,可供一万万又三千万次之注射。而除此地以外,全国进口作医药用之吗啡,不过四十安士而已。又谓私运之数,较公然输入者为巨,每年由大连或安东铁路桥或海参威输入东三省者,约有十吨。总计全年全国运入中国之吗啡及喜罗因,不下二十吨。其毒物制造本厂,则在大不列颠之爱丁堡,而运至日本转运来中国者也。又据辛博森征引一九一七年英国会议员哥林斯质问吗啡贸易一件,西悉尔卿所答复,谓英国非见日本内务省执照或关东日官执照,即不准吗啡、鸦肩二物出口。辛氏并谓四年之内,输入日本者有五十吨云云。照前推算,此数可供注射二十六万万次之用。日本人民,只有五千余万,即每人平均须注射五一次也,天下有此理乎。实则除此以外,日本自制之吗啡,亦尚有甚多,均由大连等埠,输入中国。二十吨之数,本依据伍连德所计算,而伍氏所注目,主在北方,故谓此所输入吗啡,专销东三省内蒙北省。考其实际,则中部南部,未尝不有此同一之毒药销流,征之下列各件,可以明矣。

第二,高江吗啡片案　近日在上海有日人西田等七名,以私运吗啡、希罗因来中国贩卖,被控于日本领事署。其输入方法,据《上海日日新闻》所载被告之陈述,则西田等先以货箱二箱,满藏毒药,另以二货箱,盛洋磁货。而两种各用一相近之英字母作号,编列号码,由日本邮船运到上海,贮入汇山仓库之中。携带者高江,乃另托工部局之通译中井,串同汇山码头买办王某(据王某自供,则谓未诺其请),将毒药箱上记号铲去一部分,令与洋磁箱号码相同。一面将此洋磁二箱,经普通报关手续,得有出仓凭照,即以其凭照往起出毒药二箱,分次发卖。即高江所认之额,已值二十五万圆,卒被发觉。以上海论,则税关检验只及此洋磁二箱,作弊在仓库中人,自可无论。至于日本方面,西田公然在大坂买得六十八磅之吗啡,与三千五百安士之喜罗因,果说明何种事实者乎。

第三,泷喜代治之吗啡、喜罗因事件　与高江事件相次俱见公判者,泷喜代治一案也。泷以正月在上海与茂木洋行之山口共谋,得大坂茂木洋行主任白地之助,分四次买入吗啡值十万圆,另喜罗因六百安士,值五万圆。藏入鲜鱼之中,径由日本运至上海,税关亦绝不觉察。运到之物,悉卖与洋泾浜之兴隆号。所有资本,均由兴隆豫付,经三井汇交大坂。其买货于白地也,白地以其非营业,不肯赊与,亦由茂木洋行员证明之。泷等始营此事,均不费一钱之资本也。

第四,森鼻事件 森鼻五郎以鸦片烟丸四磅,藏衣箧底到上海,被税关搜出,亦以前月杪见公判。当时日领事署检察官,声明被告为专门学校出身,有药剂师之头衔,而公然为此,明为意图贩卖。盖前后不过半月,而上海有鸦片、吗啡之案三件,在日署审判,则其他略可知矣。

以上均止于一二十日之内所见者举之,然即此而论,已为可惊之数,况乎其不止此也。辛博森据伍连德所算,谓每年二十吨。在日本人或以为诬捏,然伍连德固非轻为推论之人。但就海关所记录言,只吗啡一宗,已有二吨半之数,则其以不正之目的输入,谁不知之。日本政府于此,岂可以痴聋自解乎。况东三省之吗啡贸易,已为公然之秘密乎。

高江正庸一案,起于案中之西田茂一。以事至大坂,遇卖药店之山元岛田两人,受其耸动,然后电上海以求买主。泷喜代治一案,则先由泷氏发意,在上海觅得买主,然后往大坂买药。此两事实似甚寻常,然因之可见在日本之所谓卖药店,随在皆觅贩吗啡入中国之路。遇有在华营业者,即与商量,毫不忧其货之不售。在上海之日本人,先觅定商人以卖其药,然后归国以求买药,毫不忧其药之不可得也。此二事更进一步言之,则惟因卖药者运吗啡入中国获利之多,(以至秘密之行为而不能使同业者不羡,则其每月运吗啡至上海未被发觉者,有百数十倍于此两件者可知)。故大坂商人觌面,即问毒药销场也。又惟因大坂药商已积存无数毒药待售,为在上海二万日人及他所无数日人所周知。但得买主,即无论何人,皆可成约。故先索买主之钱,然后归而觅货也。计高江、泷喜两件,所输入喜罗因已有四千一百安士。泷所输入二百磅,据日本报称为鸦片，实则据其所记商标与高江同，当亦为吗啡，非特鸦片而已。合之高江之六十八磅，亦约有四千三百安士，即合计有四分吨之一以上也。以二件而有如此之巨额，则其未及发见者，可想而知。通常此种秘密贸易，十件中无一件发露。则一月之输入，假定为此二件之十倍，已抵旅大二埠一年所输入之数有余。而一年上海输入吗啡、喜罗因之数，乃在三十吨以上也。夫以一年而输入注射一万万三千万次之毒药，已足令人舌挢不下。况以上海一埠，一月所输入之数，已又过之乎。而此未发见之犯罪，以十倍算，已作为至少计算，实际有增无减，又可断言者也。

论森鼻五郎事件者，往往谓其额非多，不足深责。然吾以为此正见日人携带鸦片一事，已习为故常，不论何人，随力所及，各思携带，少者自少，多者自多，而少者之合体，正恐不让多者也。同时尚有一水夫携带鸦片被获，自认为受中国人贿嘱，代为携带者，其言实否，读者当自知之。但即照其所述，中国人亦自日本买得此毒药，而携归中国者耳，又安能为此"东方英国"恕乎。

总之，现在吾人日夕忧虑惊讶之间，正有无数卖药商在大坂等地，准备无尽藏之毒药，以待买药者之光顾。亦有数万之亲善国民，时时遇有我国要求买药者，即可相勾成议。事实具在，无可讳言。尤可痛者，则不患无人允售，并不患无法觅此欲买之人，可见物腐虫生，罪不止在外人也。

辛博森之言曰："英国卖药商在法律上，每有吗啡等毒药出入，均须列册报告。而在中国，则外人随意卖药，领事既不干涉，令其造册，税关亦不检查之，但有执照，即惟所欲为。今欲除去罪孽根苗，必由中国要求英、美、日三国政府，派人检查吗啡制造所，限于药用之范围内，准其运出。在中国卖药者，必备册籍，记录吗啡等物售出多寡。凡吗啡运出运入,均应经由税关,税关并有权以检查其册籍。其有擅自买卖吗啡者,均驱逐回国。"此所言之病根,征之前述上海之三案,已显然可见。至其办法,亦非难行,惟待日政府之决心耳。

然而吾人不当徒责人之来卖,正当自责中国人何以往买。在七十年前之鸦片贸易,可曰强为输入,亦可曰未知其害之深。至于今日之注射吗啡,则知其亡身祸国而甘为之,则使外国真能禁绝吗啡入口,中国人民,又岂不能于国内自制之。若内地之烟禁能澈底,则决不至吗啡之禁独疏。外国即能输入通商口岸,其毒决不能流布若斯之广。故中国之人民与政府所负之责,比之外国政府人民尤大。吾欲警告国人者,非欲其对外为言,乃欲其自省而已。

原载于 1919 年 9 月《建设》第 1 卷第 2 号,署名琴生。▲

危险之塞耳政策①

言论出版自由，为中国国民约法上之权利。顾吾人对于租界之检束报馆，则虽能以正理求其反省，不能主张权利，以指为不合法也。谁使汝不自于中国内地设报，而必择中国法律所不及之地，以营此生活。封汝禁汝，谁能代鸣其冤。

至于中国内地，本有法律上之言论出版自由，而杀主笔、封报馆之事，层见叠出，又有租界所不及者。而最近则有更时髦之"过激"二字，可以随意指命。凡所疾恶，皆可以此名目摧抑之。《每周评论》今又被禁矣②。在内地之以文字鼓吹新思想者，必叹曰：我亦不知命在何时！

天下之危险，无有过于不知者。清初采用西洋历数之学，杨光先等失其衣食根据，于是著书名《不得已》，力诋当时言西土学问者。迄于鸦片战役，中国读书仕宦者，皆不知欧罗巴为何如地，英吉利为何如人。非不欲知，不敢知也。苟有求知西方事物者，皆为杨光先一流人，以非圣无法视之矣。即徐光启、梅文鼎之徒，在当

<hr>

① 本文写作与发表时间均不知。据《每周评论》被封的时间推算，当为 1919 年 9 月所写。

② 《每周评论》1918 年 12 月 22 日创刊于北京。为宣传新文化运动的重要刊物之一。1919 年 8 月 31 日，第 37 期尚未印成，即被北京政府查封。

日皆过激主义也。非有鸦片之败，《海国图志》尚不得出也。

清之末年，刚毅、徐桐辈力主拳匪，举凡识外国事物者，皆指以为二毛子而杀戮之。幸其势力不能及于直隶、山东以外，而期间复至短耳。否则虽张之洞、袁世凯辈且不免也。而袁昶辈则固以当时之过激派死矣。北京不破，则谁敢更言使馆以外尚有洋人者。

后唐潞王云："勿言石郎，使我心胆俱碎。"天下固有以为无而禁人之知者，亦有以为可厌而不愿知之者，更有深知其有而不敢闻之者。杨光先之《不得已》，其第一例也。刚毅、徐桐之杀二毛子，其第二例也。今日之禁《每周评论》，则犹之潞王之畏石郎愿人不言，是第三例也。

夫此三者，其所以不愿知有殊，而其不知者，其将来终于失败，亦必均耳。天下岂有不知其物而能抵御之者。往尝佣老妪，不识用电灯，欲息灯则吹之。广东甲午、乙未间，比岁之疫，市人祷神，佩符襟肘间，以为可不药愈。闻香港行消毒，则大惊以为殷纣斩胫剖心之类。告之欲使明其所以然，终不信也。故轻者不能息一灯，重者失数万人生命，而又重者则一以致割香港，亦以失主权之大部，今又将事其三矣。过激主义为何如物，而可以毫无研究者防之者乎。此无知之结果，将导中国人至于如何危险之地乎。

"盲人骑瞎马，夜半临深池"。古以为险语，以之比今日政府所为则何险之有。人马虽盲，尚不自塞其耳。闻人言深池如何可畏，如何可避，尚能了解其所言也。今之政府，既毫不了解如何谓之过激主义，如何可以防止过激主义。乃至并人研究如何认识，如何防止，而亦禁之。殆以为眼中不见过激之字，耳中不闻过激之言，便能防止过激主义耶？是正犹并其可以听人呼使勿临深池之耳，而自塞之也。天下危险，尚有过此者乎。

　　杨光先辈之不知，真以为世无有学术胜于我者也。拳匪之无知，真以为杀尽使馆人及二毛子即可太平也。至于现代之政府，则决非能谓禁二三杂志，便可无过激主义入中国；不过暂图耳根清净，偷安一时。在前二者，尚可称为无知之勇，如螳螂举臂自豪。在后一种，则直可谓怯之无知，如畏鬼者掩耳怕人说鬼耳。

　　天下之塞耳者多矣，未有能以塞耳免者也。吾愿中国人民早知此半夜深池之瞎马，即无明眼人驾驶之，尚望有不痴聋者受人指导也。

据《朱执信集》刊印。

求学与办事^①

从来的人，往往拿办事来做不求学问的口实。从他入社会的时候，已经是一个知识不足的人。到了他灯尽油干，半死不活的时候，他还是一个没有知识的人，他却说他办了许多事。

反一转来，我又看见许多人，拿学问做不办事的口实。他从在学校在试验室的时候，已经是不替社会做一点事。等到他自命有学问的时候，他却以为我拿学问来指导鼓吹就够了，我自己可以不用去出力担责任的做一件事。如果社会上有了什么好的结果，他自然就是指导有功；如果是坏了，学问家总可以不负责任。

这两种人，是社会上常有的。大概不止中国人有这个性质，不过现在中国人犯这种毛病的尤其多。这是什么缘故呢？就因为中国这几十年来，社会情况的变迁太急激了，中国人吸收真正知识的机会比较少；所以应于社会的要求，就发生两种不负责任的人出来。

第一，因为社会变迁急激，所以今天怕俄国，明天怕日本；今天要改革内政，明天要改革外交。主张越出愈多，头绪愈弄愈烦，办事的人也一天增加一天，不能等到人有学问才出来办事，所以就有无学的办事人。当其初出来的时候，决不是自认有知识的，但是也要

<hr/>

① 本文写作和发表日期均不知。文中说到马良杀害山东爱国民众，北京有请愿惩办马良事，据此推断，当为1919年9月间所写。

有多少一点的知识，才能够晓得要办事。这个原始时代的办事人，的确是牺牲了学问来的。到了后来，办事的人有几个得志起来，就弄到要办事的人蜂拥而至，这个局面就变了。最初是拼着没有学问去办事，心里头总还是以为办完事还要学的。到这个时候，就有许多是办了事不想再学的了，成了一团，就有这办事不必学问的话头了。

第二，因为有新学问的人本来不多，自然有一部只讲求学不讲办事的人。而且他所学的东西，拿他的眼光来判断，是不合用于办事的，所以讲起办事来，他早已存了一个不是我的事务的念头。再看看这些办事的人，没有学问的多，有学问的少，更看轻了，不愿意插在里头，所以又成功了求学不办事的一派。

平心来论，没有学问的人办出来的事，不见得通有效果，更不能说成功多。却是他起头这一班人，总算是晓得自己不行的，不过没有人做，只可自己去做。然而到后来，成了这无知妄作的风气，就为中国的扰乱原因。这一班人不得意的时候，一定是在各地方扰乱。反转来，那只讲求学的，也成了一个讲风凉话袖手旁观的风气，到了不得意的时候，就要怨恨社会上养不起这班有学问的人，于是乎什么卖国、什么殃民的政府，他都不管，总要钻进去找碗【饭】吃。论起结果来令人厌弃，如果叫他自己说，他还说有不得已的苦衷呢。

这两种人，都是可以有益于社会的人，却弄到如此结果，这是一个对于求学和办事的误解生出来的。求学为什么？就是为办事，不是学了之后，就像从前的翰林进士，坐在那里，叫人养他。所以有一部分完全以学问为目的的人，他做学问，就算办事。大多数的人，只管有学问，仍旧不能不办他自己应办的事。本来人生的有益于社会的活动，通算办事。所以凡有求学，都是为办事求的。如果拿着学问不办事，就是对不住自己的学问。

办事的人,参一点没有学问的人进去,是一时的变例,不是应该的事情。但是办事的人,决其不能说没有时间去求学。大概所谓办事的人,除了认真紧急的时候,三五年间,碰着一回,非昼夜不息办事不可的场合以外,大概都是闲谈妄作过日子。上一点的就是围棋、象棋,下一点的就是扑克、麻雀,再差一点就是吸大烟、吃花酒。大概所有热心救国的人里头,每天为着这种无聊的事情,丢了大半的日子的,总有七八成。这个工夫,如果不拿来白花了,几年之间,没有学问的办事人,都成功了有学问的了;然而事实绝少做得到的。

这两个毛病,有一个共通的地方,就是认了在学校里头听讲考试的,才算求学。除此以外,都不容人算做有学问。所以一边把学问当做专利的东西,一边把学问当做我本无缘的东西,就隔断了。其实学问是人人都要求的,事是人人都要办的。既然求学的时间没有办事,那学成以后非加倍出力办事不可。如果没有求到学,先出来办事,那更非并力补习不可了。

然而这两层,我都可以暂时放下,我想把一面求学,一面办事的例先举出来。

这个例:第一先举出来的一定是学生的办事了。学生完全是为求学的,但是这半年来,就只见学生办事。旁的从来自称办事的人,都把办事的责任卸了,转给学生。所以现在的学生,就和十多年前的志士一样,明知自己还要求学,却是不能不暂时办事。赞成的人,都说他牺牲学业的精神可敬。反对他的,都说他抛弃学业的失策可怜。但是如果晓得不光是在学校里头听讲考试,才算做学问;就一定可以晓得,他抛荒了几天的学校里头的学课,却增益他自己将来理解学问、应用学问的力量不少。所以论将来的成绩,我敢相信出来办几个礼拜事的学生,一定比没有出来还听几个礼拜讲的好得多。

第二个我就想举办事的人求学的例。我本来是一个革命党，当然所晓得的是办革命事的人最少〔多〕。但是我举出革命党里头的吴稚晖先生来，大概无论是否革命党，都不会有什么异议的。吴先生是从二十年前就办事，他对于中国思想的开发，和革命的实行，两方面的功绩，都是绝伦的。然而这二十年里头，他先在日本，后在英国，他尽管做学界的泰山北斗，他的学问，还是一天增加一天。他并不靠着那一间大学的博士，那一个专门的赏金，来做他的招牌。究竟他的学问增加，是一个没有争议余地的。可以见得办事的人，断不至于没有工夫做学问。

无论你怎么忙做学问，不能说没有像此次学生所抽出的几礼拜的工夫来办事；无论你办事怎么样出力，总不能够说没有吴先生这么多的机会来求学。学问不是学校的专利，求学不是只靠听讲考试，这是要记着的。

照以上所说，我所求于办事的人的求学，自然不是念几句教科书，铺排一点外国掌故，来做大典筹备的资料。我所要求于办事的人的：第一，先是要他就于所办的事情，晓得是一件什么性质。比方你一个办请愿于徐世昌的事的人，他请愿罢免马良①，或者是赎回铁路②，或者是其他种种事情，都可以的。他总要先把以

---

① 马良当时为参战军第二师师长、济南镇守使。1919年7月25日济南戒严后又兼戒严司令。马良充当日本帝国主义的走狗，7月22日率部揭毁济南回教救国后援会，并捕去会长马云亭等三人。8月3日济南爱国学生向督军署请愿，马良率部打伤学生，并逮捕学生17人。8月5日，竟杀害了马云亭。因此，激起全国人民的愤怒。8月23日，直隶、山东和北京代表联合向徐世昌请愿，要求撤换马良。徐拒不见，拘捕代表38人。26—28日，天津、北京代表、学生继续请愿，人数增至一千余人，与军警发生冲突。

② "五四"运动之后，各地人民不断请愿要求收回济顺、高徐等铁路建筑权。

何原因要请愿这件事，和请愿得了允许有什么结果，如果得不到允许又有什么别的方法，这是一定要的。所以请愿赎路的人，一定要晓得济顺、高徐两条铁路，为什么失去了，和失去了有什么毛病两层。先讲失去的毛病，自然是经济政策上，一条路对于一个地方盛衰的关系要研究的。研究政策，自然不能不研究纯理经济学；要研究一般经济学，自然不能不学与经济学相关连的学问，都一起来了。再讲政治学和政治经济史，也是要研究的，如果不研究，就不晓得铁路属于他国经营的不妥当了。既然研究到政治学和政治史、经济史，那有关联的种种科学，也要研究了。再讲为什么失去了一层，自然归咎政府卖国，伪国会附和。但是伪国会和卖国政府，为什么能够成立存在呢，他这权力是那一个默认他服从他呢。自然也要讲到宪法问题、民主政治问题。既然知道原因，那又推想政府答应他，如何可以废约呢。不能只叫人做，不叫人如何做。如何做这个问题答应不来，还不是白讲了。所以人家答应，你也要用学问来达你办事的目的。至于请愿不能得准许，或者像现在随口答应、随手拉倒的情形，你自己还有什么把握呢？这就要取第二种正当的手段，要从根本解决的了。所以社会学等等又不能不研究的了。碰了一个问题，就关联着这许多学问，虽然不能每一次办事，立刻就把这许多学问一时间都修习完了，然而把这相关的部分，于事前事后用过一回心，自然学问就增加了。

本来人做学问，是有两个办法的。一个是在学校里头，一定是顺的，教了一教二，教了二教三。然而别一个办法，在社会中间求学问，就一定是倒的，知道了三才找二，知道了二才找一。这种倒叙的研究法，虽然不如顺着教的井井有条，却是一定比他亲切有味。比方从青岛问题的中日关系，就会研究到中德关系。中德关系，就要推到三国干涉还辽，又可推到清政腐败，专制政府的弊害，更加可以联想到袁世凯帝制心急，弄到日本起野心。这几层差不多是全部政治学的注脚。研究的人，是用很少的力，可以了解很深的学理的。惟其办事，所以有这了解的机会。而且一度记忆以后，永远不忘。那么办事的人，如果不能同时求学，我可以断定他没有真心去办事，只是拿办事来做自己偷懒的护符。

因为不研究清楚一件事情，便去办，办得好不好，都算是不负责任的举动，万不能容许的。既然是没有学问的人，办事的时候，应该更加注意学问一点。

现在多数办事的人，都可以有照我上头所讲一面办事，一面求学的机会。但是很少人能够照我的说话来做。这是我所觉得最可惜的。然则转一方面来看，这些有学问的人，因为自己高自位置，不肯同人办事的缘故，弄出来的弊病，还要比前一项更大。

人的学问是断没有止境的。求学问的人，如果不是夸诞自欺的人，断没有能够自己说我的学问已经做完了。然而时于一个现实的社会，论断他所需要的知识，就有许多人的学问，是尽可以出来办事的资格了。这一部分人，对于社会也不能不负这个出来办事的责任。但是他不特自己不办事，还要干涉学问不如他的人，叫他不要办事，这已经是不合理的了。而听他的理由，尤其奇怪，他叫人不办事的理由，是要先行求学，得了学问再出来办事。我很想问他，他自己承认是有学问的呢，是没有学问的呢？如果是已有学问，还是不办事，那真不如不求学问的人，还肯去办事了。因为没有学问去办事，还有办得好的时候。得有学问不去办事，没有学问的又不准办事，那就永远没有办事的时候了。如果他自己承认还没有学问,那他如何有判断人应该办事不应办事的力量,他不是自己打消自己议论的价值么。学问家这种态度,是令人以后对于学问永远不再信用,永远把有学问的人当做坐着等饭吃的人,于学问没有一毫的益处,只有无穷的损处,不消说得的了。而因为他这一种态度,办事的人更以为学问不能够帮助办事,只能够阻碍办事,这办事的人不求学,也是自命有学问的一班人激成他的。所以我责备有学问的人,更要加重一点。

我们如果把现在所谓有学问而不办事的人撇开,只留极少数肯求学又肯办事的人,这个社会一定变一个样子。诚然少了许多叫做有学问的人,但是社会上看见有学问的人,都是肯牺牲自己来办事的,肯把自己的特别义务认定了,担在身上的,自然有许多办事的人,肯来求学。还有许多不曾办事的人,晓得办事先要求学,那社会所受的益处,就多了许多了。所以为社会计,我很望这般倚着有学问不肯办事的人,和军人、政客一齐绝迹。实在我最恨的,是拿着文凭学位当做学问的人。有学问的人,固然有有文凭、有学位的,也有没有文凭、没有学位的,但是总不靠他的文凭、不靠他的学位的。某大学的学士、某大学的博士,只可以骗没有知识的人,和从前拿举人、进士骗乡里人一样。真正的学问,是要同社会有脉络贯通的,同实际生活联为一气的。没有办事,他这学问就悬空了。所以这些在内国外国毕了业的人,不去尽他社会上应有的职务,那就是把所有学了的学问,都变做死的学问。真正学过的,也不能算数,何况文凭、学位,不一定代表学过学问的。

我所望于从前学过学问和现在正求学问的人,都晓得除了在学堂以外,还有求学问的方法。有了学校里的学问,不能就当做免除办事的护符。不然,就赶紧把学问的招牌收起来,钻进官僚政客当中,同受淘汰。至于有心在社会上办事的人,我对他实在有无穷的希望,然而还是请从一面办事,一面求学办起。

据《朱执信集》刊印。

请愿与民权①

请愿团近日已渐归沉寂矣。吾人所望者,请愿以上之活动,并非请愿为止。而现在之请愿者,因其请愿不得行,遂并其"固所愿"者不敢请。伤哉!虽然,吾不敢以责请愿诸人。何则?苟有一种请愿以外之办法,提示于公众,公众以为合理而不敢行,则责其勇气不足可也。今日尚未有一种办法提出,而先责人之不能为请愿以上之事,是则责其无知,又不使之知,不可也。且此次请愿之行为,虽出于爱国之热诚,而所请愿之事实,殊非根本解决之方法。故如不变更其请愿之目的,虽用他种手段固无效也。

即如请愿者解严,解严不过一时之事实,非永久之办法也。今日政府下令解严,明日又下令戒严。如此反复,人民不能日日请愿,而政府可以日日宣布戒严。此种请愿,就使有效,仍非根本解决方法也。则请愿不效之时,不可株守于此一事,明也。

又所请愿者为免马良之职。马良不过段氏爪牙之一人,初无所轻重。但以此次杀人祸鲁而论,自是罪魁。顾杀人多于马良数千百倍,祸国甚于马良数十百倍者,比比皆是。预备作此马良更恶辣荒谬数百倍之事者,亦正盈朝盈野,钻刺不休。免一马良,用一同于马良

---

① 本文写作和发表日期均不知。据内容推断,似在《求学与办事》一文写作之后不久。

之人，或用一比马良更恶之人，实事势所必至。杀一马良，不能止鲁之祸，正无异杀上海数抢劫者，不能止上海之抢劫。故请愿不效之后，须寻别种手段，亦并不可不寻别一种更普遍之目的。

吾为此言，绝非反对请愿团，谓其不应如此请愿。实际向徐世昌之类请愿，提到此等事件，已为绝顶。但强人既主张用请愿以外之手段，用请愿以上之手段，则其目的当然亦要在前两项以外，前两项以上，不能单以解山东戒严、免马良职为满足。必当求一方法可以使人民对于全国将来时时之戒严，处处之戒严，均可有方法抵抗之、解除之。可以使人民对于全国将来时时之马良、处处之马良，均可有方法免黜之、惩罚之。不止此也，凡类于戒严之事实，即一切之政务，皆当由人民意志以行动。凡类于马良之人，即一切官公吏，皆当从于人民之意志以任免。如此然后有全国人用请愿以上手段力争之之价值，如此然后可以一次之成功，抵千次万次之请愿成功。

请愿者，人民表示其政治上意见最平和、最合理之方法也。虽然，如何之请愿，始有效乎？彼徐世昌之代表，不肯令请愿者见徐世昌，即谓约法上无对总统请愿之规定。此种荒谬推拒之理由，世上无人能为之辩护。但若从法律上论，请愿者不能强受请愿者之绝对服从，自然徐世昌有自由裁量之余地。若任彼自由裁量，则即见矣、受矣，而不实行，仍然不能谓徐世昌违法。何则？法律上并未以必须遵从之规定与之也。即如前次之公民请愿团，何尝不带请愿之头衔，而吾人必以其强议员通过宣战案为一种不合法之举动，正以请愿纯然为不定是非之表示，不能以其只是请愿而诋为非民意，犹之其不能以只为请愿而指为民意。请愿团代表指戒严为骚扰，徐世昌代表即可指戒严为保全秩序。有公民团殴议员，亦可有各省团体力请勿战。此一是非，彼一是非，本无定着。如使徐世昌仿人民之办法,何难又组织戒严请愿团,挽留马良请愿团,于是乎是非混淆,一无可解决。至于不得已,则请愿否属请愿者自由,而执行否亦属于政府自由。究竟请愿之效力,微乎其微。人民真意,遂被蒙混。试思今日请愿不受,固属大悖民治原理。但若请愿必受必行,则袁世凯亦可使人民请愿帝制,又何以待之?是法律上定为请愿无强制效力者,未始无理由也。

然则必有辩者曰:民意有真有伪,以帝制请愿公民团围殴之伪民意,与真民意较,实最不伦,吾人但当主张服从真民意。此于理论,可谓完全矣。然而请愿者自命为真,自认为代表多数,仍是一面之主张,并无实证。究竟谁真谁伪,必待有判断之之人。则试问谁能判断之?委之于总统乎?委之于内阁乎?固不可矣。委之于国会,亦岂可恃乎?委之于袁世凯之参政代行立法院,安福部之新国会乎?固不可矣。委之于旧国会,亦岂可恃乎?即以最显著之事言之,毁弃廿一条款之惟一希望,在于旧国会之否认袁世凯时代不经国会之一切条约,此已为人民公意,而国会诸人至今不肯提议废约。试问若于紧要关头,委托之以判断孰为真民意,孰为伪民意,则将谓其可恃乎,不可恃乎?故从前约法及国会惯例,虽有国会受理请愿之规定,尚须经其议决。即经议决采用,效果仍不充分。则所谓判断真伪者,结局法律上不能解决,又甚明也。又若更进一步,以为中国之事,非此辈军人政客所能解决,而求人民自身实行其所主张。即凡真为民意所不容者,人民以自力排去之。人民所欲建立者,以自力建立之。此其理论,诚为贯彻矣。然而实行之将奈何?其结果仍为无组织之动乱,无常久性之爆发。而我用此手段以达我之主张,彼亦用此手段以达彼之主张,因此复起内乱,因之复有恃于武力之拥护,复有待于政客之牵率,堕入八年来之旧轨道,不可以复挽。是则所谓根本解决者,仍未尝解决也。即如此次之各界联合会国民大会之属,可以罢工、罢市为最后之手段。则人民之所真赞成者,自有多数人之附和,多数人反对者,决不能多数人与共进退。本为一种民意之真正表示,决无人敢于其为真诚,加一字疑问。虽然,此真一时的爆发,无组织之动乱,可用之于是非著明已久单简之事,而不可以决事态复杂之事;可用以为举一例百之举动,不能用为百试百验之方法。如曹、章之罢免,固是一种好结果。试问曾毓隽①庄景珂②又何以异于曹、章?此次警厅捕辱代表③,有甚于前,何以人民未能一致行动。如其以罢工罢市否,判断其民意之真伪者,岂不使人疑此次请愿之非真正民意也耶。盖此等手段,牺牲既大,效力未多,而政府之听否未可必,正与请愿相去无几。上海罢市而国贼去④,广州罢市而军阀自若⑤,一成一败,即或勉或缩,所以人民不能常采此手段,即亦不能以罢市与否决断请愿之真为民意与否也。

由此观之,主张凡请愿悉当照行,则有伪冒之弊矣。主张惟真民意始能适用,则判断之者难选其人。即最近于民治之国会尚不可恃,又如前所述矣。即欲事事以人民罢市、罢工之非常手段验

---

① 曾毓隽,安福系分子,"五四"运动时期任北京政府交通部次长。交通部长曹汝霖在全国人民声讨下下台后,曾毓隽一度代理部务。

② 庄景珂,"五四"运动时期任北京政府的代理驻日公使。曾与日方勾结,破坏中国留日学生的爱国活动。

③ 参见《求学与办事》的相关注释。

④ "六三"运动以后,6月5日,上海罢市,同时各大城市都罢市、罢工。10日北京政府被迫将曹汝霖、章宗祥、陆宗舆免职。

⑤ 桂系军阀莫荣新(时为广东督军)进一步控制广东、排斥异己,倒行逆施,激起人民的义愤,广州人民于1919年6月12日以罢市、罢工、罢课来反抗桂系军阀,但未能驱逐桂系。

之，固不可得也。然则试问若今日人民采一种最有效之手段，能使政府必允许吾所要求者，人民果将何所要求，始能谓之根本解决，始能望其一劳永逸，抵抗解除一切类于此次戒严之种种不良政治，罢黜一切类于马良之不合民志之官吏乎？不自先求一解决之方法，则其手段有效犹之无效，允许犹不允许也。

吾人今所主张者，即有强制力之请愿，不待罢市、罢工而可证明之真正民意表示，不由国会之多数决，即所谓直接民权是也。此种直接民权，为解决一切政治争论之最终形式，为人民自设法律以防止政府不良政治之手段，为人民取消不正当之法律，以免政府用恶法以毒害人民之手段，为排除一切不合民意之官吏之手段。人民能有此直接民权，始可以政府归之人民支配之下，复回国民原本应有之主权。故吾望人民以此直接民权为目的，以用其请愿以上之手段，不得此权，则虽万死犹不休也。

所谓解决一切政治争论之最终形式者，即如民国元、二年间民党之责袁世凯，则曰无视国民代表。袁世凯之罪国会，则曰暴民专制。国会议员自以为人民代表，而袁世凯则谓之不代表人民。究竟代表不代表，不过以选举为断。而选举制度已属不尽可恃。至于袁世凯既事买收之后，则自民党言，代表者忽成不代表；而袁世凯向不认为代表者，居然又为代表以选出总统矣。口头人人皆奉民意，实际人人不顾民意，正由人民自无吐露意见之机关。托报纸代表，则报纸不可恃；托议员代表，则议员不可恃；托官吏代表，官吏更不可恃。彼对于人民而言民意，而人民竟不能知其是民意否。则除诉之武力外，尚有何种方法。八年来战乱不已者，民意之无从证实使之然也。故根本之解决，即为直接民权之国民投票办法。认一切成年之人有选举权，即同时有投票决定法律、任免官吏之权。凡有疑其为真民意否者,均可以此方法决之。投票之结果,是者即是,非者即非,丝毫无可假借。而于投票结果为少数寡助之人,即欲诉之武力,亦明归于失败。妄想可消,无谓之牺牲可免。故曰最终形式。

所谓自设法律以防政府者,向来共和国立法,除极少数之外,皆恃立法院。立法院虽选自人民,而立法院所立之法,固不必为人民所欲立;人民所欲立之法,亦不必为立法院所肯立。即如英国之爱尔兰自治案,已得国民多数之同情,而屡为上院所格,即立法院不必与人民一致之一例。而美、法国会立法不满人民之意者,亦非罕例。人民对于所选代表者,本无指挥之之权,其代表在院中发言,又可标明代表全国选民,不代表一地方选民之门面语。实则全国人民意思如何,本无标准,各人自以其意决定,则无异言代表个人不代表选民而已。人民虽切齿痛恨,惟有于次期不再选出此人而已,无他法也。顾不选此人,总须选他人,政客始终同性质,则民所欲者终无采用之时。故直接民权者,即为救治此病。凡人民所欲立之法,只须人民自行起草,觅得选民百分之几签名提出,政府即须以付选民投票。选民既经投票多数赞成,则不待他种机关裁可,自然成为法律。故但得人民多数赞成,更不须他种机关帮助。事之易举,同于请愿。而能强制政府以必行,非今日空言受理者可比。若非民意所向者,则无论如何设法掩蔽,终不能有实现之结果。所谓创制权者,此也。

所谓取消不正当之法律者,人民虽能以自己之意思设立法律,不能以自己之意思废止法律,则于制止立法府之专横,犹未足也。今使人民能设有益之法律,以保护公安。而立法府意不欲之,则无须以力打消人民创制之案也。惟须于其施行细则,别设一种规定制限之,则最善之法律,可变为最恶之法律矣。况立法府尚可于人民未及注意之前,定一不合民意之法律,即如今日之戒严令,惟便专制,无益民主。故行直接民权,则一切法律既经议定之后,在若干个月之内,选民可以全数百分之几署名,要求将全案再交国民重新投票,决定可否。如选民多数投票指为不可行,则此律当然废弃,而人民免恶法之害矣。所谓复决权者,此也。

所谓排除不合民意之官吏者,立法人员全部及行政官一部,在共和国皆由国民选举之。然选之之时,虽不必不良,而被选以后,不保其始终如一也。故人民不可不自有其排除之之手段,而行直接民权,则亦同前例,可以得百分之几赞成,提出弹劾之案。若经多数选民投票指为当罢,则不容更有留恋。通于人民所选政府所任之官吏,均受此种罢免,不能抵抗。是则所谓罢官权也。

假使中国宪法规定此项直接民权,则于山东戒严一事,人民直可以适用其创制权,以改正不适当之戒严法。使戒严不惟听命于彼三数军官,而须得人民之赞成,则山东之戒严无由更施矣。于罢免马良一事,不须请命于徐世昌,而人民可以自由提出弹劾之投票案,以地方多数选民驱逐之矣。不特戒严一事,不特马良一人,凡不合民意之法律与官吏,一切可以此防制黜去之矣。此一劳永逸之计,根本解决之法也。

然则吾人今日惟当致力使中国有一有效之宪法,而其中包含有直接民权之规定而已。此其目的,简单明了普遍,而一旦达之,不患其复有流弊。愿今之志愿者,进之为此目的奋斗也。

据《朱执信集》刊印。

我们不攻击王揖唐个人①

有人劝我不必攻击王揖唐个人。但是我没有觉得我们攻击王揖唐是攻击个人。你们不信,只管看满街贴的,只见有"卖国代表,耻与相见"的话头。他贴空头贴子的人,尚且晓得因为王揖唐代表了国民所痛恨的,叫做卖国的,那一部分的势力来上海讲话,所以耻与相见。难道我们堂堂正正说话负责任的人,就不晓得他是代表么。我们责备是要责备贤者的。如果看得起这个人,我们可以指出他不满的地方来攻击他,希望他的改正。这个时候,才会攻击个人。王揖唐不是我的朋友,我们何必责善。不是贤者,我们何必责备。所以攻击个人的话,不是我们说的。

但是我们仍旧不免要攻击代表的王揖唐,因为他做了这个代表,就当然预期我们的攻击。安福部同徐树铮一派在那里促成各种误国殃民的密约借款,是全国人民所共反对的,是我们从始初以来就宣明了没有调和的余地的。除非学古人尽去故方,重新来受持我的主张,我们可以有既往不咎的度量。但是国民能否同我一样宽恕不能,还是问题。如果还是代表着这一种势力,那当然代表他受骂,有什么可以推挡的呢。

---

① 本文据朱秩如抄本《朱执信兄文稿》刊印,不知曾否发表。抄本未记写作日期。据内容推断,当与《教训王揖唐》大致同时写作。

　　王揖唐和他所【代】表的安福部一派根本上的误谬，就是不懂得人民的意力。本来人民的意力是【不】容易认识的，就是有常识的人，还往往看错了，怪不得那吃了饭看见水果也当有毒这种人物。然而这几个人民的举动，要说完全不看见，他是不可能的。只管说不看见不看见，他曹、陆、章的好好肥缺到底丢了。事到头来，总要醒悟一点。却是我说他还是不懂得。不懂得人民的意力是怎样生成的，不懂得人民的意力在那一方面势力最大，不懂得人民的意力在什么时候会显现出来，所以他根本上免不了误谬。

　　人民的意力，是由人民的自觉生出来的。所以不是一两个人可以煽动得起；尤其不能由一二人不讲，可以止得住他；更不能用一个方法，带他向别一方面走了，便于某种坏人无碍。人民的意力，是在消极一方面效果最大。政府做了某一件事，于公安有损的，只要他给一般人民晓得了，要取消他、惩戒他，就没有方法压搁得下、抵挡得住。却是到他做一种积极的事情，就很无能、很迟慢的样子。人民的意力，却又要碰着同他对敌的势，或是想压服他，或是想收买他的时候，他的力量才显出来。如果没有人来压他、买他，只管顺从他、受他指导，那个时候常人只能看见政府顺从民意，决不晓得政府还是屈于民力。这几层的根本知识没有了，就一定要受人攻击的，没有那一个人可以埋怨。

　　王揖唐一辈人（不单是王揖唐如此），他总以为反对的气焰是几个【人】鼓动起来的，于是以为这几个人不讲便没有事体。又以为只要人民热心去研究公表密约，裁减军队，便不去闹，"卖国代表，耻与相见"这种顽意了。这是一个根本大错。人民这种意力，既然成就，总会表现出来。表现有先有后，就象先讲的是煽动，后讲的是服从，其实人民完全是自觉了。这个意力，没有这个人先讲，还有那个人先讲。

几个人去了,不见得没有讲的人。并且布约、裁兵等等事情,人民虽然赞成,却是他第一个要紧的,还是对于以前卖国行为,来问他的责任。所以人民的气,也没有方法可以令他转湾的。所有向这一方面用的工夫,都只可以算做白用。人民的意力既然是在那消极那一方面效果最强,所以做了坏事的人,受人民攻击,是没有躲避的地方。只有一条路,就是改悔。除了改悔之外,就是同人民战斗。不过同人民战斗一层,不特我们很反对,就是你们也没有这宗力量。千万不要看不起人民,以为乌合之众没有真正势力才好。

如果用压制的方法,来禁止人的反对,那是象租界这宗地方,是很容易。人民也没有愿意在租界来同你倒蛋的。但是租界上的口头反对,也听不见的时候,恐怕内地的拳头反对,就要被你迫出来了。这是我绝对不愿意的事情,难道你愿意么。

你要人民不反对,只有正正堂堂的一条路,就是声明改悔,声明受纳人民的主张。这攻击的声音,自然没有了,也可以证明人家不是攻击个人了。临末另外声明一句:我做我的文字,我负我的责任。就是同我认得很久,谈话谈过很多次的,也用不着因为我做了这篇文字的缘故,就到哈同花园①负荆请罪。医为一熏一莸,只有熏染了我,不得舒服,我总不能变化了你,稍变面皮。他们也晓得你这样聪明的人,不拿一个的几百块钱(或者不止)换区区一个古板朋友的交情的,请你只管放心罢。

据朱秩如抄本《朱执信兄文稿》刊印。

---

① 王揖唐在上海时,住在哈同花园。

运动民党①

我几天病了，没有工夫写东西，却是常常有人来看我，说起外头有人议论，民党中某人不可以运动，某人还要运动的话。觉得很有点不快活。他这运动是什么呢？不消说是运动赞成王揖唐了。不过是那个人运动呢？我却没有碰见过来运动过我的人，也没有人告诉我运动者的姓名；几乎和伯有的鬼一般，只见人说他，没有人看见他的尊容。所以有人真来运动没有，也是问题。再讲是那一个人叫他来运动呢？是那个人给钱他来做这运动的工夫呢？更没有人晓得了。我们不能凭空说你来运动我，你出钱叫人运动我。这有什么方法呢？只有随着外头讲讲，等到真有人来运动我的时候，我才抓住他，到法庭告他，要他赔偿我这几天精神上不快活的损失，没有别的法子。

然而这个问题，不能这么就放下了。假如你来运动，你的钱从那里来的？你不会自己拿把锄头在地下掘出黄金来，也不会自己发明一个新机器，可以立刻把穷人变富。究竟你的钱财总有一个来源。所以如果真是要拿钱来运动我们的时候，这运动的人，无胆有识，把钱向四马路一丢，我们也不会晓得，出钱的人心事也完了。

---

① 本文据朱秩如抄本《朱执信兄文稿》刊印，抄本未记写作日期，据内容推断，约与前文同时写作。

却是这个钱,终久是人民出汗出力撑来的,是国家卖路卖矿卖来的。我们尽管没有晓得人家要运动我,这人民膏血早已飞了去清和坊边去了,这叫做民困国危,我没有责任,可以说是;叫做于我无干,还说不到。所以有了这个风说,我还是忠告这班要收买我们的人一声为妙。虽然现在人家运动我不运动我,是不可知;并有运动别人没有,也是不可知的。但我是忠告,不是骂,并且横竖没有运动我们的人,也与我现在所讲无干,所以大奔走家也尽可以放心听。

第一,我们不可以运动的缘故,大概要来运动的人,是不会明白的。我犯不着多讲,只告诉你一句:就是我们所以能有主张,能反对人,就因为不受运动。如果可以受运动,就从当初没有力量主张一件事,反对人一个主张了。你要运动我们,还是要我们主张第二件事,和不反对这一个人。其实如果我们是可以运动去的,那我们的主张有什么价值,我们的反对又有什么可怕呢?所以运动是无用。

第二,运动我们的大概总要讲代表不是人的问题。但是我们始终没有认代表是个人,只认代表是有机体里头一个组织罢了。那你们没有可以话说的了,还要运动,就会运动出不好的话来了。你晓得人家反对个人是因为说你有过去的罪恶,我们还没有指摘你的罪恶,却是因为我们主张的,比你个人的好坏,关系得大多了,没有多闲工夫去管个人的事。然而如果就事论事,现在有不合理的金钱运动发现出来,这同个人过去的罪恶不同,是同个人我们所议论的事有关涉的,我们也不会客气不讲公道话了。岂不是弄巧反拙。

第三,你以为民党总有可以运动的,这个运动不到,还有那个可以运动。自然,你是有根据的,且看袁世凯做筹安会,也可以找出四个同盟会中人来帮忙,何况现在。但是这种招罗,不过弄到他受运动的人倒运,于运动他的人实在毫无益处。现在比方真相有几个骗了去了,我们也只得望他叹一句:"世上无如人欲险,几人到此误平生。"却毫不发生别种感想。因为他自己是不要这种人格,我们更觉得非加倍用力把应做的那一部分一起做完不可。那我们的主张,自然更要多加说明,更没有因此迁就的道理。再一方面,你纵然能谷带①把我们赶尽【杀】绝了,我们的道理不是我们几个人带来的,所以也不是几个人能够带去的。道理在这里,总有人主张只有越激越出,那能够越压越平。所以你就运动了几个叫做民党的人,也断不能帮你的手。

第四,你想运动的人,你能直接见他么。他肯见你,你恐怕还要不见呢。横竖找人去说,说了什么不晓得一点。这种办法,叫做无论什么事情都不行的,只白花了钱便了,你还是少向百姓找几个钱。我们也可以当作侏儒一节来论,多少好呢。

究竟说,我们主张是有一定的,是那个人来赞成我们的主张,没有不欢迎的。要我们丢了主张来欢迎人,是万不能的。运动是无益有害的,愿讲运动人晓得。

据朱秩如抄本《朱执信兄文稿》刊印。

---

① 广州方言"夹带",意为连带,香山县一带方言则读为"谷带"。

所谓实力派之和平①

近日王揖唐充总代表而来,南方复有逼走唐少川②使岑春煊自当代表之计画。使其互相承认实力,互牺牲其统一与合法之招牌,悍然成其和议,则所谓实力派之和平,某国军阀与一般政客之所最仰望者也。

实力二字,作何解释? 所谓实力派,有何内容? 实力派是否能结平和之约? 与此约成后结果当如何? 吾国人民都未研究。惟以政客之倡言,谓非得实力派同意,和议不能实行。遂亦有信此次和议代表更易,反为有望者。不可不有以解其惑。

如何是实力? 今之所谓实力者,不过拥兵据地之谓。南方之岑、陆、唐,北方之段系,皆所谓有实力也。即殷纣有臣亿万之实力也,即苻坚投鞭断流之实力也,公孙瓒易京筑垒之实力也,秦始皇销兵徙豪之实力也。倒败在乎眉睫之上,而实力尚在齿颊之间,此种实力,虽可以引诱政客之奔走,何能决国家之命运。今日于南北和议,国人所希望者,岂非永久之和平乎。谋一国永久和平,而以旦夕倒坏之实力为根据,岂不大谬乎。天下又岂有立于民意之敌

---

① 本文写作和发表日期均不知。据内容推断,可能与《教训王揖唐》一文同时或略早刊印。

② 唐绍仪,字少川,原为南方军政府的代表。

之地位,而可有实力者乎。国家之中最有力者为人民。人民所归向者,始谓之实力。若今之所谓有实力者,皆千人所指,无疾将死者也,何实力之足言。今不察者,以为拥兵者皆有恣睢凌虐之一时,当其乘势,顺之则生,逆之则死,媚之则通显,诟之则放逐,于是以为其人虽反公理,犹有实力。所谓实力,若作如是解法,则天下之至变转无常者耳。试思昔日满洲二十四旗,何尝非彼所谓实力。袁世凯拥十余省之督军,亦何尝非彼所谓实力。张勋拥四十营之定武军以复辟,亦何尝非彼所谓实力。何以一遇抗拒,立见覆亡乎。若曰覆彼实力者,仍恃实力。则:(一)当问何故有实力者,反向有实力者为抵抗?(二)当问覆彼之实力,是否即彼实力之一部分?夫有实力者反招有实力者之抵抗,则不如无力之为愈也。覆彼之实力,即所谓彼之实力之一部分,则是实力愈多者,其溃灭之机会更多也,毫不足以说明实力当见尊重之理由者也。

凡以实力为门面而横行者,虽完全无支配之力,灭亡已届,而非至此无实力完全暴露之一瞬间,人人皆但见其为实力,不见其为败灭也。及其败灭之后,人人以既败灭者视之,又不忆其曾以实力为人所尊奉,而不旋踵已败灭也。袁世凯握兵六镇,则群归之;及其去职,送者一人,再出掌兵,则项城声满天下;身死旬日,而其人已奔走于段氏之门。凡此皆实力之现形,事至平常,惜乎人之不悟耳。

今之论者,但知拥兵者为实力。则试问兵之实力何在?必曰,在大炮、机关枪、子弹耳。则何不请大炮、机关枪、子弹派代表议和,何必王揖唐与岑春煊?如曰,枪炮、子弹固无自己意思。则试问今之所谓有实力者,果有自由之意思乎?军中士卒从其将校之命令否乎?司令统领从其总理督军之命令乎?如使充此论据,只应由下级士卒中选派代表议和,尚可谓之实力。若由所谓有实力之人,选出代表,则与令枪炮、子弹选出代表,有何分别,将来不能拘束横行之军人,亦有何分别哉。

所谓实力派者谁乎?今日彼辈所谓实力者,非真实力也。而所谓实力派者,又非以彼所谓有实力之人组成之者也。实力派实在不过为官僚政客之一结团,常假借彼所谓有实力之人以活动,及其将败,又舍去之。在满清时,倚官威以横行乡里,干谒取利,重令人民致怨清室者,此辈也。及清室既将崩溃,卖清室而自居开国有勋绩者,亦此辈也。当袁世凯时,交通把持,毁宪借债,缔约丧权,荼毒天下者,此辈也。及袁氏失势,宣言护国,宣言不赞帝制者,亦此辈也。段氏始出,联合多人,以卖唐少川而巩固段之地位,密嗾督军通电拥护段氏,以易其省长之地位者,此辈也。及府院争起,宣战案出,人心去段,首先离畔者,亦此辈也。凡此官僚政客纠结而成之团体,不待要约,不事教导,熙熙俱来,攘攘偕往,其于所谓有实力者,岂复有德有雠;不过今日奉此有力者,则有如许利益,即相率为之;明日此实力已变为败灭,则又落井下石焉。设使无此种实力派,天下事之坏,当不至于今日之甚;其不可救药,亦不至于今日之极也。彼实力派者,非特人民之仇敌,即亦彼所谓有实力者身中之寄生虫,吮其膏血,俟其倒毙,又求他人而寄生焉者也。是则今日某某俱乐部、某学会,蝇营狗苟者之通性也。

彼实力派口中之所谓和平,则拥兵者分配利益之和平也。公言不讳者也。其心中之和平,则依附拥兵者之诸政客,以其奔走煽动,沾丐余沥之和平也。卖某人以长某人之势力,而己取其回扣之和平也,心心相印者也。如是之和平,国民何苦仰望之,何苦促成之。彼拥兵者如真各就其势力所及,各为割据,名为统一,实自瓜分,则平和亦未尝不可以暂求,小民亦未尝不可少息。为彼拥兵横行者计,各保现状,以待国民之裁判,未尝非计之得者。自有实力派,而此种平和,亦不可求。何则?苟使拥兵者各据其地,各养其兵,不相侵扰,则所谓参谋顾问之辈,可以一扫空之;造法救民之假面,可以一齐撕脱。所谓实力派者,不特无利益可分,必且饔飧不给。今日四马路花天酒地之政客官僚,未必不反其吹箫给丧扫门待问之故态。此则人民之所甚愿,而实力派之所必不安者也。盖尝论之,罪莫大于负恩,行莫丑于卖友,此官僚政客,则必以此二者相矜相诏。何则?不负恩不能媚拥兵者使之欢。不卖友无以随拥兵者分其利。使今日之拥兵者,人人皆不以其现有之位置为满足,而思吞并其邻。今日握手,明日抽戈,今日同死生,明日争斗尺者,皆所谓实力者鼓舞之、挑扇之也。惟如此,然后彼官僚与政客,有献媚之机会,而负恩卖友之事可得而行。故南北而战,实力派亦以战之名,分其利益,卖其友,无南无北一也。南北而和,实力派亦因之于和平条件之中,分其利益,卖其友,无南无北又一也。惟因其必扇起一二武人、山贼之欲望,使进至惟我独尊之地位,始能满足,而他人复扇动余人。故拥兵者无不望得一省地盘,既得一省地盘,必望数省巡阅经略,由是而副总统、大总统。其欲望必无满足之日,即互相攻击,终无已时,而其需用官僚政客,以联某人、逼某人、抑某人,遂亦无已时。一拥兵者倒,众人争趋之,或为之友,或为之雠。为之雠者,则宰割其遗产,如孙秀利石崇之财。为之友者,则吸取其余资,欺以联络恢复,如鄙人然董卓之脐。平日拥兵所致之脂膏,皆待此曹慕膻俱至耳。彼拥兵者既时时可倒,则官僚政客时时欲出其阴谋。所以中国永无安宁之日也。则实力派之和平,复何可望。

实力派能成和议乎？世人所想象者，以为非实力派之人来为代表，则不问有实力者之意见，不负实行之责任，其所议决之件，不可得实行。故惟实力派能成和议。又以为前此非完全实力派之议和，为法理所拘牵，国家利害所束缚，故南方主张复国会、改密约、废督军、治祸首，因之不见容于北方。今既完全剥弃护法假面，惟以实力为言，则但能各据一方，问题立即解决。解散国会，承认密约，皆非所难。盖日本人尝有以此为论者，而中国无识者，不知其说之何自而来，贸贸然而信奉之、愿望之。实则天下之愚，无有过于此者。彼所谓实力派者，非即所谓有实力之人，不过构扇利用之而已。故一人拥兵，从而利用之者可数百人，各有所谋，互不相容。其一人成功，则余人复更起他事，以为竞美，如不能两成，则必两败之。于是其拥兵者，今日动于甲之所陈，明日必复从乙所说。昧者以为负实行责任之人所发表意见，实施不至扞格。而不知彼所谓负责任者，意见本无一定，今日所欲，明日不欲。今日所以为满足者，明日又以为不满足，虽使其自发言，自决定，尚不可恃，何况其代表乎。须知实力派之人数至多，而皆以互相挤排为生命。取其中一人为代表，则必只计此一人之利益，其余皆不愿其有成。破坏实力派之计画者，即实力派中人，不待他求也。故实力派之议和，必较非实力派更难，更少结果，可断言也。至于法律问题，及外交、裁兵诸事，以为和议之阻者，不过表面云然。实则彼所谓实力派，何时不信使来往，要约频繁。使其作梗者仅为国会密约等问题，则彼等岂不能自行订约，单独媾和。彼如充为代表，尚敢于牺牲国会承认密约，岂有不敢推倒和会，另派代表。是知今日以前，和议不成之故，不在南方代表主张强硬，乃在所谓实力派者曰事一人之利益，诱起同派嫉妒，自相乖谬；各方所欲俱奢，所允者均非实在；尔诈我虞,以成此局,而借和会停顿,以为和议不成之表面原因。论其实际,殊不如此也。今日以实力派充任代表,犹不过互派秘密代表之变形,其效果即亦相去不远。

如令实力派能成和议结果如何？依上所论列,实力派决不能一致,且挑起各武人之野心,造成纠纷,吾人无从属望之矣。即使万一真能成立和议,其结果亦可想而知。盖如此之议和,不外于现拥兵者之中各卖其一二人,以为他十数人之利。而其甘汁,则实力派各磨牙鼓颊以待之耳。此种被牺牲之人,必以不甘而生反动。牺牲他人之人,稍得所欲,其望更奢,其局面恰有似于民国五年军务院解散之日,名为和平,实则不定期之休战耳。而此不定期之休战,即在今日,岂非事实,何待和会媒合哉。北代表中,亦有倡言不和则不合,不合则不战者,可谓得其情矣。抑何其言之不讳也。使此辈作成和议,悬和平之名,博目前之利,待人民之不胜痛苦,起而改革,彼又将改头换面,自居优秀分子,复连结所谓有实力者,而劝其乘时吞并以得地位,分其利益矣。夫今日之拥兵者,有国家为附骨之疽。而在疽之自身,不过今日剟去,明日复生腐肉。方其长成,已有腐败坏灭之命运随之。若遇此等疣痈之辈,与之相随,则腐坏尤速。而历年之祸,无一不由此等拥兵者之坏灭以来。则由所谓实力派者造成之和议,能得几何时之和平,可想而知。决疣溃痈,自须真实民众之力,此种官僚政客,岂有一人可托者乎。

真正之实力,凡可得坏灭者,皆以其所拥之散卒为强,决非真正之实力。而其卒士,本非有附随若辈之必要,不过偶缘利害,暂时结合,绝无恩情可言。反之,则真正有实力者,乃以其主义主张,结合其徒众,但使其不以利益牺牲主义,不以私见诬真理,则与国民之觉醒同时,其主义必见光大,其实力则一主义之实力也,其人

则一主义之人也。不以主义为一人之主义，不以实力为一人之实
力，此则第一革命所以能成功之实力，又今后改革中国可恃之实力
也。此固今日之实力派所深恶痛疾，而不肯认其力者也。

据《朱执信集》刊印。

拥护南方军阀之荒谬①

《中华新报》既揭开其护法之假面,而露其拥护南方军阀之真面目,尚力辩不必尊重两院联合会决议一层,而此层恰于同日为《逐日评论》记者所揭破,足征公论,不待吾更言。

尊重国会意思,必待其为法律之后乎?于未成为法律之先,设法破坏国会,以买收威胁等等使不足法定人数,军政府便可长据护法之名,而行其独裁政治之实乎?此真《中华新报》记者之迷梦也。吾以为《中华新报》中,当尚有明白事理之人,未必尽如此君。惜乎其匿名以答,使我亦惟有统以记者称之。军政府从何成立?即在国会。总裁从何选举?即在未足普通法定人数之非常国会。现在军政府代行大总统职权,亦由不足法定数之集会议决。军政府主张其受有正当委任,正以国会意思,虽不能履法定手续以宣布,犹当尊重之故。若以国会意思未经成为法律之形式,即不必尊重,则军政府自身已无存立之余地。

现在护法,明明欲恢复国会,使实行其约法上职权。而《中华新报》记者偏云:"拥护约法之事,断难维持长久,护法前途惟一之希望,只在此正统之宪法,宪法不成,则护法之业终必零败。"究竟

---

① 本文写作与发表日期均不知。据内容推断,可能与《所谓实力派之和平》一文大致同时写作。

是否现在约法，不必拥护？如应拥护，则此等故意停搁国会所议决法案之军政府，是否为约法所不容？国会本于此种约法上义务，提议改组，即为护法事业中最重要之点。若纵其所委任之军政府，以蹂躏约法上所与国会之权，则尚有何法可护？除此现存之约法，另求未可得成之宪法，未得宪法，先宣言难长久维持约法，此种暧昧之论调，将欲欺谁？究竟《中华新报》记者以为若宪法久未议成，军政府当自何时起，不维持约法？

《中华新报》又责议员纯讲理论，径情直行，而谓其须因势利导，曲折以求达其目的。请问议员代表民意，责任伊何？而可以因人民以外之势，以忘其本来之天职乎？今日所求于国会者，即在直白代表国民之意思，不许稍为曲折。如其不然，则只有因势曲折，何尝有利导，有达目的。试看向来利用某人，依附某人者，何尝能有一事为国利民福哉！

今日国会之缺点最大者，即在不能完全代表真正之民意。至于政争，岂有可避。既避政争，便当惟军阀之命是听，尚何须于国会乎？今者，国会议员基于民意，本其天职，以扫荡南方军阀。问其责任，正足以补年来缄默之过。何物记者，敢以瓦解诅国会乎？要之，国会为军政府之所自出，国会问军政府之责，而军政府敢于不尊重之，则显为背叛。主张军政府背叛国会者，皆为荒谬。《中华新报》记者或者向为军阀所豢养，不惜讴歌，国民尚有耳目，未可欺也。彼谓："谓改组为对人乎？则西南衮衮，尽此数人。"不知我西南各省人民，肯承认堪任组织政府者，只有此三数军阀否？如使改组所求，仍不出岑、陆等脍肝越货杀人刳心之军阀以外，则尚有何价值？除《中华新报》记者外，又岂有尚欲以政权付托此残民以逞之军阀者哉！即议论改组军政府，眼光尚不出于军阀以外，可知彼报记者眼中，只有兵力，绝无民意。此种拥护军阀之论调，在今日上海报界中，实不数见，虽欲不谓之荒谬，不可得也。

该报曰：谁荒谬？吾则答之曰：拥护军阀，无视国会者，荒谬！

该报又谓吾言王揖唐类于国会为荒谬，不知伪国会之假冒国会，正无异猴之类人，亦无异该记者之类似主张平民政治。惟其不相同，故曰类耳。伪国会欲冒充国会，故言类。若国会本不冒充伪国会，何类可言？该报谓："所谓真国会、真议员者，岂非亦相类于此。"则并类之所以为类而不解矣。张昌宗尚识莲花似六郎，异于六郎似莲花，该报记者之知识，又在此男妾下耶！

据《朱执信集》刊印。

谁为重要当局①

南方尊重国会之人,吾知其为不背民国立国精神者也。北方尊重新国会之人,尚有少数仍为误解新国会之性质,而以尊重真国会之心,用之于伪国会也。究竟中国是民国,不能不认国会代表人民。所以只问国会合法不合法,断无有可以号称当局者,而不尊重其认为合法之国会之理。抑且民国立国精神,即在以国会为当局者,且由国会生出其他当局者。当局者于约法之下,不尊重国会,即为谋叛,即为失其法律上存立之根据。

《中华新报》之言曰:"南方各省当局,以事实上有共同维持军政府之必要,利害密切,故始终拥护。议员态度如何,与此无干。……南方重要当局,已决计对国会局面暂置不理。……一以知两院联合会之决议,南方当局无尊重之必要。"可见《中华新报》不特历数重要当局,不及国会,兼且以为南方当局,原可与议员无干,此其居心为何。

护法者,不外拥护约法国会,国会之存在,不在其能开议,而在其意见之被尊重。自去年军政府改组以来,国会名存实亡久矣。国会所议决之案,最重要者无不搁置,故讨伐令、护法政府改称及

---

① 本文写作与发表日期均不知。据内容推断,可能与《拥护南方军阀之荒谬》一文同时或略晚写作。

上海和会条例诸案,无不为军政府所抑压不申。国会议员意思不必尊重一语,久已为南方军阀所默相传授,而《中华新报》记者,乃膺此丝纶之任耳。

吾人力攻北方军阀,深恶伪国会,原不外以其蔑视民意,敢行卖国,只知有一己利害,不知有国家利害。今《中华新报》既明认南方各省当局利害密切,始终拥护军政府,所以不必尊重国会。质言之,即南方军阀正谋牺牲国会,以得分赃和议之利益,所以不容国会议员改组成一能救国之军政府耳。其知有一己利害,不知有国家利害,与北方军阀有何分别乎。

军政府在今日,已为国民所反对,当然不能存在。护法为约法国会而兴,蔑视约法,不尊重国会,更无可以自立之余地。国会此次提议,实代表国民之公意而为之,断不容吠尧之犬,颠倒是非,甘带之蛆,移易香秽。《中华新报》记者,既不甘于国会政治,而讴歌南方军阀,吾等只可视为化外,不容其僭称约法政治下之中华民国人民而已。

废国会而别立新国会者,段祺瑞也。挟国会以令西南,而又不尊重国会之意思者,岑春煊也。皆军阀也,皆有对于民国约法为谋叛之罪者也。凡一切卖国行动,皆自此不尊重法律之军阀始之。吾望国民对于北方已卖国之军阀,斩钉截铁,不容其狡逞。尤望国民对于此南方已坏法而危及国家根本之军阀,履霜坚冰,勿悠忽视之。而逢军阀之恶,有此非人,亦上海报界之羞,不可无社会之制裁也。

据《朱执信集》刊印。

权利与事实①

我看现在一般的论者,有一个共通的毛病,是拿权利来否认事实,就把代表事实的名称来嫌忌排斥。这个错误,是由中国人顾面子的几千年积习传下来的惰性。却是因这一个惰性,妨害国民了解真理的力量,弊病真是不少。

举一个例来讲:比方前两个月,外埠有两间报馆,因为争论劳动神圣的问题冲突起来了。一间报馆说劳动是神圣的,又说劳动者现在是奴隶。第二间报馆就攻他,说神圣就不是奴隶,既然是奴隶,怎么能够神圣? 这是弄错了的,劳动的人,有受人尊敬的权利(于认权利的范围里头说),勉强说是神圣,未尝不可。但是他虽然有要求人尊敬的权利,人家尊敬他不尊敬他却是事实。事实上并没有尊敬劳动者,并且当他奴隶看待,所以能够说劳动者是在奴隶的境遇。权利同事实不相符合的时候,只有拿着应该的权利,来批评他现在不应该有的事实。如何能够说有了这个权利,便没有这个事实呢? 这是那做批评的错了。

现在上海还有一种议论,就是说国会是法律上不能解散的,所以解散的命令是无效,现在不应该讲恢复。这个法理上是不错的。

---

① 本文写作与发表时间均不知。文中内容主要是争论国会问题,当为 1919 年秋季所写。

但是恢复国会四个字,是一个简称。本来恢复国会的意义,是使国会得自由完全行使职权。如何叫做自由?就是外面的违抗国会、压迫国会、有碍国会行动、不遵国会议决的一概行动,通要停止,等国会行使职权不要顾虑。如何叫做完全?就是全国地方各阶级,没有不受约法上所给国会的权力支配的,等国会职权不受侵削。所以现在拿北方来论,两年多没有合法国会行使职权的余地了,不特是不能自由完全行使职权,并且是完全不能行使职权,这一种事实,是无可争论的。讲南方呢,国会所议决的案,没有一件照行的,不过一个月拿几万块钱养起议员们来做面子罢了,国会在南方也可以叫做完全不能行使职权。至到自由,更不消说了。这一种事实,又是无可争论的。然而偏要鼓起脸皮,说国会解散是无效的,不要恢复的,这就是只顾面子的话,蔑视了事实、嫌忌了指示事实的名称,替西南军阀做了辩护。这个受病的原因,也和上面所讲的敝同业相同的。

还有妇人问题里头,因为"解放"一个名字,便起了争端,也是一个顶显著的例。女子被社会束缚,是无可讳言的。既然指明他是束缚,就应该叫打破束缚的行动做解放了。偏偏要在这里头来争论,也是中国的"顾面子"的余毒传下来的。

因为有许多这种误解,弄到本来很简单的问题,都变成很复杂了。所以要把这种不合论理的地方豫先打破,才能够使人家的脑力,不冤枉花在不要紧的地方。我们先要认识我们所受的苦痛压迫,找到他真确的原因,才能讲救济的话。如果是这样讳疾忌医,就没有翻身的日子了。

据《朱执信集》刊印。

总商会长的世界知识

十月二号中午 ABC 联合俱乐部开幕,上海总商会的老会长朱葆三先生,在席间演说,发了许多淹通中外的议论。他说:

> 从前三国人士好尚不同,所以不能联合。现在一切渐归融洽,一方中国商人欢喜吃西菜喝洋酒,一方西商欢喜吃鱼翅燕窝;一方华商欢喜打扑克,一方西商又渐懂下中国棋;所以便可以联合了。

你们且莫笑,上海的老商人,他们除了打扑克、喝洋酒而外,还有什么别的新知识呢! 哼! 只是太污辱 ABC 俱乐部了。

原载于 1919 年 10 月 5 日《民国日报》(时评三),署名前进。

所有权的心理上基础①

　　前几天我看见英国煤矿调查委员会讯问贵族矿坑所有者的问答，里头有土地绝对所有权一层的论辩。大概英国人总是世界里头最尊重所有权的了。英国工人的代表，能够在调查会席上，公然把否认绝对所有权的见解，当做既定之事实主张起来。那世界的趋势，可想而知了（廿八日《星期评论》所载）②。不过"所有权不是从古以来有的"这一件事实，是早已由学者证明清楚的。现在社会经济虽然托根在所有权制度上面，到将来进步到一定的程度的时候，自然会把这个不必要的躯壳除去。这个也是无论急激、平和的人都要承认的。所有英国工人代表的主张，除了吃着贵族领地的好处这少数人以外，多数都是根本上赞成的。

　　但是赞成这个理论的人，是不是个个都已经觉得所有的事实，看做不合理，不去拥护他呢？多数不是的。他所相信的，是否认所有权的道理。他所实行的，就是承认所有权的行为。这一来，他的知识，转移不得他的感情，他的信服，支配不来他的行事。在主张

---

　　①　本文写作与发表时间均不知。据文中谈到《星期评论》17 号的文章，可以判断约为 1919 年 10 月上旬所写。

　　②　1919 年 9 月 28 日《星期评论》第 17 号载《矿山主的口供》一文。内记英国煤矿调查委员会开会时，煤矿工人同盟会会长斯米里和大矿山主达兰爵士的问答词。

所有权那一班人看见了，就说你这种主张，都是不彻底，有口无心，不能自践其言的。一回骂倒了，永远爬不起来。从此就归入人格破产那一类去了。

实在他一班人，都是冤枉的多。他对所有权的物质上历史上的基础，是研究过了。他对于所有的心理上基础，还是没有分别完全，最少总有一部分是不注意的。就从这不注意里头，给所有权支配去了，这是很不由自主的一件事情。

比方一个否认所有权人，碰着人家把一件在他支配底下的东西拿去（姑且不叫做所有），他心里头怎么样呢？他的情绪中间，你敢道他没有不愿意的分子夹在里头么？不过别种的感情，大过这种感情，所以就盖住了他，不现出来。再者纵然感情上盖不过来，他的理性弹压他下去，这就可以没有问题了。再如果他压不住，爆发出来，那就自然生出言行不符的现象了。

从这一层看起来，所有这一件事实，实在是心理上有一个很深的基础在那里。如果是没有把这个问题解决了，就没有方法可以否认所有权。

很小很小的小孩子，别的说话还不会讲，人家要把他的玩具取去，他就会说这是我的。难道这所有欲从父母遗传下来，这么小年纪，就会发现么？决不是的。这个不过是一个别种人主张所有权的反射。因为有别一个人主张过所有权，拿"我的"两个字来拒绝过他的侵犯，他怀着一股气，无可如何。所以他也摹仿着，拿"我的"两个字，来防守他的现在利益。这平常人喜欢所有一件东西的感情，差不多就由这里做成的。因为有许多东西，他不能得用益，所以对于这一部可以得用益的东西，就想独占起来。凡人的理性是有方向的，有适宜的对付的。至到感情这件东西，就像压榨在一个橡皮球里头的空气,只要在一方面碰着他,就向那一方面发生反抗。本来因为平常受人家所有权的压迫多了,所以如果有人触犯着他的别一方面,他这个感情就移向那一方面来了。感情是盲目的,是没有方向的,你不把酿成了他的根源除去,就没有可以绝灭他的日子。

所以所有欲虽是在人的心理上另有基础,不是拿两句理论上的说话,可以打得破的。却是他这个基础,还是因为有不正当的"所有"事实刺激出来的。所以把这个事实去了,这个感情将来也可以跟着消灭的。这些被人冤枉做言行不符的人,到那个时候,也可以恍然大悟,自己原没有错处。

据《朱执信集》刊印。

我们要一种什么样的宪法

中国自从第二次革命起,到现在整整过了六年有多。讲来讲去,都是立宪政治、民权政治。做出来的,到底没有民权政治一丝一毫的气味。就要一本宪法看看,摆摆样也没有。却是今天也说宪政,明天也说宪政,究竟那一个人在宪法上用的工夫? 那一个想过中华民国应该要那一种的宪法? 拿什么方去来运用宪法? 跟什么主义去制定宪法? 现在北京新国会也在那里商量制宪,南边旧国会也在那里商量制宪,他制的什么宪,总是没有人家看得着的。将来就想拿他几百人自己制定的宪法,勉强全国人去行么?

拉萨列说得好:"宪法就是威力!"国民现在已经完全自觉他有威力了,那就宪法应该把人民的威力,表现出来。除了能够把国里人民和他种势力的关系完全表现出来的,永远不能够成为有实用的宪法。你几百个人,关了门自己做的宪法,只配自己用,不要拿出来污蔑国民。

你以为你们议的宪法秘密到了不得,议论高远到了不得,所以只有你能了解,没有别一个了解。你们定了之后,就成了从前皇帝钦赐福字寿字的样子,四万万人每人赐他一份,要他摆个香案,写个公民某某恭承,供养在大堂中间,便算了事的么? 或者以为你们的宪法,像龙虎山真人的符箓一样,只要挂在那里,便可保得过风调雨顺,国泰民安的么?北边捧着袁氏的改正约法,南边拿着汤氏的天坛草案,便当着除了你没有人晓得这行买卖。算算从民国二年到现在,你们明的暗的,领的赚的,花了中华民国几多千万银子?算起来,汉冶萍煤铁厂不晓得卖掉了几个,胶徐、济顺铁路,不晓得去了几条了。卖国的钱,军费去了十分之八,政客也分了十分之二。殃民的钱,不经过政客的什一而税,还不让军阀去花那十分之九,还是天天拿着宪法来骗我们小百姓。我们小百姓要这宪法来做什么?为什么养了强盗还不够,还要养你这一辈的姨太太、马夫、戏子的蜜蜂?

北京的议员们!你们看看欧美留学生回来最出名的王博士,就创出侵犯总统的特别规定。你们北京立法界的空气,可想而知。自然从前做宪法刍议那时候的意气,一定销归无何有之乡,却是恐怕不久还要恢复了打屁股的刑罚,不怕人请君入瓮。所以北京新国会,定不出好宪法来,是人人意料中的事。不过我不提你好不好,只问你行不行。你想拿着金钱买的议员,选出总统,便可以全知全能,全国受他支配么?人民一天一天觉醒了,你买了一回,他会后悔的。你想买他第二回,他会不上当的。你想他一次过承认了你国会同总统的权利,将来就算做打死狗讲价,人民无奈你何,你就错了。宪法是一个照相,一个缩图,你把人民的威力,表现在宪法上头,那就是按着宪法可以做得通,就同拿着一个照相,去找一个人,拿着一个缩图,去走一条路,没有找不着,去不通的。如果你自己描一个相,自己画一个图,硬说这是上海道台的相貌,上海街道的缩图,要人跟着相找人,跟着图找路,是不会成功。民主国家限制行政府的职权,破除优秀阶级的特等位置,不是因为宪法上定了出来才有效果。只是因为人民威力已经发达到这个程度,你不承认他，不遵照他，不把他这个威力缩写在宪法上，就是没有实行力的宪法，不可以羁束人民，而且还要闹出乱子，结局还是行政官政客受其不利。所以拉萨列这句"宪法就是威力"的话，不止指示真理，并且可救出许多无聊的牺牲。你们并这一句说话的益处也领不到，真是可怜。

南方的议员们，你们自信总比北方的智识进步一点了，营私利的行为少一点了。你这天坛草案，虽然拿着极旧的书来做蓝本，加上离奇鬼怪的孔教咧、解散权咧，种种规定，究竟还算是不遇明师，可以原谅你一点。不过是一层，我们如果原谅你无知，却不能不揭发你的差谬。他这宪法案上的根本错误，就是只有国会的最高权，没有人民的最高权。从前许多官僚袁党，拼命骂这宪法，说是暴民专制，话是错了一点。你们专制的并不是民，也不能暴，然而专制的思想却是有的，不过有袁世凯压在上面，发泄不来，才做出这种去势的国会万能宪法，面上挂着许多不清不楚的旧社会遗迹，承认自己没有主张。到得国民党解散的时候，还像是抱器奔周的样子，算做去国议员一件宝贝。至于一般小百姓，只晓得你是吃饭太多，消化不下，到东洋医胃肠病去了。那个晓得你是替他争什么民权，定什么宪法。却是假如完全随你们的意思，定出来一种你们理想的宪法，把那什么将就时局牺牲党见的条文删去，用你们一党所提出最进步的法案规定下来，这种宪法是否可以免了中国将来的祸乱，替人民造福呢？不能的。万万不能的。你们的宪法在政治史上，比北方的虽然进步了二千年，比方他们是想模仿纪元前的罗马政治，你们总可以算做十九世纪初期的宪法。但是不能表现人民威力的缺点，是同他一个样子。他们专制的办法，是要有一个开明首出的终身总统。你们专制的理想，就是八百个优秀分子的国会。

口中是人民主权，法律上却是国会支配。人民选举议员，就像败家子弟卖田不过户。田是卖了的，租是不能收了，催粮的差役到了，还要把地丁两税尽数奉纳。他们举出了议员，所谓国民权利，是通通委任给人家了。却是国民的义务——当兵、纳税、守法、尊敬奴仆、供养游民等等。凡是国会讲了他有义务的事情，他没有一句话可以反抗，只有咬着牙根忍一下子，等第二回选举再算。你想中国人民现在是不是甘心这样的宪法？如果他甘心这个样子，他也可以放过满洲政府，可以放过洪宪皇帝，不管是民国国民，还是做外国顺民，只要一忍百忍，就可以一了百了，谁还来问你国会不国会。已经到了现在的地位，人民的力量是自己晓得的不，你想抢政权回来的时候，就不能不靠他。等到得了政权之后，还可以叫他回去睡着，听你的摆布么？自然不能。不能的结果，怎么样呢？就是国会成功那一天，人民立刻想法子倒你国会，把你当做仇敌！

你的本意，想同人民做仇敌么？不是的。你的力量能同人民做仇敌么？不能的。那就何不趁现在人家没有当你做仇敌的时候，想一个完全的方法，免得到那时候弄成吃力不讨好，叫一句没来由白花工夫呢！你们曾经想过这一层么？我不敢说没有人想过。然而可以断定那想过的人，自己总没有解决的方法提出来，就无济于事。而所以到没有方法提出来的缘故，还是因为你们没有看出你们代表制度的弊病，没有看出你们信条的错误地方。

你们总有一部分人，明白代议制不是理想的最善制度，却是没有人能够提出一个根本解决的案子。怕多数党专横，就用行政官箝制他。怕行政官跋扈，又用国会遏止他。究竟将来宪法定了之后，能够有什么方法运用他，比现在的约法更顺适、更少冲突？无论那一个，不敢答应说能够的。然而没有一人不说："这是不得已。

比较取较良的制度就是了。代表政治没有长处，就只能够拿不再选举给国民做武器。"这就是十九世纪初期的眼光，是现在不能制出表现人民威力的宪法的根源。我们就要打破这一个关头。

为什么不许人民直接参与政治呢？为什么要这代表制度呢？不过说四万万人不能在一个地方开会议事，所以请人代表。然则为什么不把别种方法使人民可以分别发表他的意思呢？这阻碍就在统一集权的迷想，同优秀分子的谬说上头。中国这几年来的灾祸，都是这两种谬说做成的。

为什么要集权？因为要统一。为什么要统一？因为要想外交军事便利。然则试问这回战争集权的效果在那里？统一效果在那里？集权集到俄国，总算极了。俄国并没有统一。统一到德国极了，还是没有集权。那集权和统一的不可分关系在那里呢？俄国军事上是失败了，德国外交上也没有成功，统一集权和外交军事有什么关系呢？你们一听见地方分权，便怕到要死。听见联邦政治，便几乎要洗耳逃尧。大概总以为没有集权政治，便不成其为国家。所以如果中国四万万人，只可以聚在一个地方，万不能各画为一区，各管各的政治。什么事情，都只要将到中央去办，就是好的，归到各省去办，就算危险，归到各县各乡自己去办，就以为会中国自己瓜分起来。这都是错的。中国人民除了分到各县的小区域以外，他的民权政治，无由发生。中国人民除了分县各自改良之外，也没有进步的机会。为什么呢？一县的事情，应该如何办法，一县的人很容易晓得清楚的。一县的议员官吏，某一个好，某一个坏，很容易晓得的。你找了乡里头一个人，问他本县的情形，和全国的情形。那一项懂得多，一定是本县情形懂得多。问他县里头【那】个官坏，那个官好。他总讲得出的。问他全国的官那一个坏，那一个好，就回答不来了。这一个乡里头的人，他批评事情也许错的，批评人物也许错的，不过他总是自己有意见，能够批评。至于全国的事情，全国的官吏，他就没有意见了。所以无论用代表制度，不用代表制度，总要人民晓得是怎么一回子的事，才可以有选择、有主张。你叫他选举一个人，算是代表全国的，走到他眼睛看不见，耳朵听不着的地方去议事，去选定行政首长，去增课赋税，去强迫兵役，他代表成怎么样，始终都不晓得，那有方法去选择这个人，主张这一件事。弄到国民无用武之地，自然是优秀分子，把政治一门当做专制。人民选举，不过像一个把戏罢了。所以要选举不腐败，人民注意政事，非把地方的事情分开，各就各县办起来不可。不要讲集权到中央政府，就是集权到一省、一道，都不行的。从前讲宪法、讲政治的，把这个地方，通埋没了不讲，光是讲统一，讲集权。既然是统一到中央政府，集权到中央政府，那就人民权利，无从承认。就拿代表制度，当做无以复加了。如果不要统一，不要集权，那各县的事情，各县都拿人民的意思来决定。就可以于代表制以外，想一种方法，不必经议员议会，人民可以直接指挥政治。人民的威力，就可以表现在宪法里头了。那宪法就不是不适用的宪法了。各县人民，决定一地方的事情以外，关于国家大计，真是非全国一致不可的时候，那各县人民行使权利决定一县事情的机关制度方法，就可以移来决定国家的事情了。那个时候，何尝没有统一的机会，何尝不可以为全国谋福利。你去担忧他分裂做什么。

什么叫做优秀分子？社会上的优秀分子是不是选举选得出来？这种话大概略为有点政治知识，都可以明白的。不过世界上下流的人，偏欢喜自命是优秀分子。弄到一般老实的人，也去强充优秀分子，优秀分子从此便成了贻毒社会的一个名词。本来这一种无耻的优秀分子,在东西洋是不少的。他那个谬种,是很长远种下的。他还要骂民众的运动做众愚政治,他运要在国民里头凭空生出阶级。所以到今日,不把他尽情驱除了不可。本来如果社会上优秀分子,可以分得出来的时候,我们何尝不愿意把他分别了。不过这种分别,是万不能有的。大抵社会里头,真是天才,出类拔萃的,一两个是会有的,其余总是相差不远。拿社会的环境,弄成他某一部分有特长,某一部分有缺点,就不能笼统说某一个人优秀,某一个人不优秀,只可以说某人于这一事优秀,某人于这一事不优秀。并且还有人这一个时候优秀,那一个时候不优秀。所以要分别谁是优秀,先已不能决定。再讲你拿选举来决定一个人是否优秀。我试问一个人,自己弄到优秀容易呢?还是辨别这一个人优秀这一个人不优秀容易呢?自然是自己尽力较易,知人善任较难。所以辨别优秀分子的人,要比优秀分子更为优秀。不然,还是碰机会而决定,不是凭优秀来决定他。所以如果由不优秀人民选出来的,一定不是优秀分子。比方有人说:“一般人民智识未进,程度不足,不能由他直接参与国政,只有代表制度,决定于优秀分子,较为稳健。”就是他的自己不晓得社会上优秀分子是怎么的,又不晓得选出来的人是不是优秀分子的凭据。因为有一部人自称优秀分子,一般人又承认他是优秀分子,似乎国家的事情,非托他不可,所以人民自己不许有意见发表,发表出来也说他不稳健。只有所谓优秀分子,就可以舞文弄法,无所不为。实在如果讲起来,你国会里头的人,不过代表人民说话,就算你真是优秀,你不能代表人民的意思,想拿几个人的意见,来专行独断,在今日社会,还是万行不去的。人民的意思要这样做,你总得随顺他。只有想法子把民意转移,断不能硬把民意抹杀。所以国会里头的运动,没有一件不应该国民负责,受国民指导。断不能拿优秀分子来拒绝人民的监督。既然人民可以选举人来议政,又承认他应该受人民监督,就没有方法可以说人民不可以直接投票决定他自己的事情。

所以人民对于政治,直接指挥的权能,是万万不可以不承认的。人民虽然不能够事事躬亲来讨论议决,但是如果他自己想起要讨论议决的时候,总要使他有一个机会议论他自己的,决定他自己的事情。就像买货一样,买货的主人,可不能一件一件通拆开了来验过。不过如果他要看的时候,卖的人万不能说你不可以看的。人民可以选代表去国会议事,不是因为要统一,不许各地方人民多嘴。也不是因为要服从优秀分子,把身家性命交给他。不过因为人民没有多工夫做这琐细的事情,所以交给国会做去。所以有重大的事情,当然人民不出声的时候,你国会议决了,还要问过人民究竟同意不同意的。就算国会没有认为重大的事情,如果有相当人数,去要求政府再付人民票决,政府也不能不问的。投票的结果,说这事可行,自然没有话说。如果说这事不行,就国会议决一千次,也不中用,这叫做复决权。再如有重大的事情,国会老没有议决,人民只管希望他,他还不理会。那就人民当然可以提出一个案,得了若干人附议之后,政府便要把他付之表决。如果多数不赞成,自然没有说话。若是多数赞成了,就不问政府国会意见如何,当然应该认做法律。这叫做创制权。再如行政官、司法官以及议员有不合民意,不称职的,在他管辖区域选举区内的选民,有了相当人数之附议,便可以提出弹劾案,请求人民投票决定去留。只要人民多数说他该去,便没有方法可以蟠踞。这叫做罢官权。这三种权,都是人民直接参与政事,不靠代表的矫正代表的方法。故此通叫做直接民权。采用了这个直接民权,宪法上就没有冲突,没有专制，真能表现人民的威力。

为什么呢？宪法上如果立法府有立法的全权，行政府有行政的全权，你管不着我，我管不着你，那就一定生冲突。如果立法府说的话，行政府不能不听，行政府做的事，立法府无法阻止，那就一定是专制。因为怕他专制，所以有弹劾权来监督行政府，有解散权来监督立法府，结果又弄到他冲突。这就是只从人民所选的立法人员、行政首长里头打算，所以顾得这一头，落了那一头，到底没有妥当的方法。如果再进一步，从人民的威力着想，就可以晓得，把行政官、立法官的罢免权，都归在人民手里头，作最后决定，就没有解散的问题，没有弹劾的效果，也不会冲突了。把国会同行政官所决定的事项，再由人民有权更动，就不怕专制了。好好一条正当解决的路，就在面前，你不朝他走，却另外找路，岂不冤枉费力！

要晓得，你如果怕国民投票的结果，同国会政府的主张不同，来避去人民干涉，就是不顾民意，以现在人民的威力，对于此种不顾民意的立法，万不能容。始终要酿成革命，弄出惨酷的结果。你的优秀主张，还没有人原谅。如果你的主张，本来同人民一致，又何必怕人民有权来参与政治呢？你们制造宪法的如何，我不晓得。我所晓得的，就是人民要求制定一种包含直接民权规定的宪法，以人民为最高机关来运用的宪法。因为满洲是人民的威力推倒他，民国是人民的威力建立的。这几年的动乱，是因为没有认人民威力来的。所以你们如果不造出这种表现人民威力的宪法，就是辜负人民负托，引起国家危难，中国的祸乱还要不止。北方的议员，南方的议员，都有这罪恶负在背上，总要快一点洗去了才好。

原载于 1919 年 10 月 10 日《星期评论》纪念号，署名民意。▲

不合时宜之调和论^①

　　近来反对调和的声音渐渐高起来了。章行严演说了一回调和，凡是有主张的人，都反对他。这个现象，是证明社会里头懒惰苟且之风气，渐渐要去，奋斗的精神，渐渐长大起来。在有民国以来，到现在，总要算这个时候最有光明，最能够鼓舞作事的人的兴会。

　　我对于这一个现象，有两个感想：一个是国民觉悟得太迟了；一个是国民这回觉悟，恐怕还不能彻底。所以我想对于过去的事情，同将来注意的地方，再说几句。

　　国民希望调和之心事，大概以为："你们主张急进的，没有推翻旧势力的力量。你们主张保守的，也没有灭尽急进派的力量。两下如果争个不了，是我们受苦，我们也是不愿意的。但是要我帮一个打一个，我们先是分别不来谁是谁非，就算晓得谁是谁非，我们也不愿意牺牲了自己来替别人分别黑白。惟有调和的人，如果成功了，可以不用我们去做牺牲，并且可以安安乐乐来过我们的日子。"至于他们为什么争，调和的是否可以免了争，就不晓得了。

---

　　① 本文写作和发表时间均不知。据《学者的良心》一文中说："章行严九月间在上海寰球中学学生会演说过一次调和，跟着就受四面八方的攻击。"据此推算，本文当作于1919 年 10 月间。

因为国民有这一种苟且的性质，所以"调和"两个字，成了骗人的秘诀。有一帮狗彘不如的政客，想去巴结官僚，又怕被国民攻击，免不得要敷衍一下子革新派，又恐旧派犯疑。横竖这"调和"两个字的旗帜，是随时随地可以打得出的，就把'好同恶异'四个字，轻加上有主张的人一个罪名。自己整日骂着暴民，希冀人家还他一个调和派的好处。这种人本来是应人民的需要来发生的，人民求调和，得调和是物常聚于所好的道理，不能专怪这一班人的了。

我讲到这里，我想起一件故事。二次革命失败以后，我亡命到日本东京，一天看见新闻上说：某区——恍惚是本乡区记不清楚了——从前有一个外国人很喜欢猫儿叫，附近的猫儿到那里叫一会，他总给猫吃一顿大菜，奖励他几句。附近的猫，都晓得他的脾气，没有一天不到他家里叫几声的。后来这外国人搬走了，别一个人搬进来。这猫不晓得屋里换了主人，脾气不同了，还成群逐队围着叫。这天晚上，新房主刚要休息一下子，忽然听得东边一个猫叫着调，西边一个猫也应声叫一声调，南边叫一声和，北边也跟着应一声和，推开这半洋式的窗一看，只见十对放暗蓝光的眼睛，在那里乱动。他究竟莫名其妙，赶也赶不动，打也打不去，没有法子，受他吵了一晚，明天赶快退了房子，不敢再领教了。然而每天晚上房子附近的猫，还在那里调和调和的叫（这段新闻我还记得是日本大正三年春间《万朝报》上所载，不过现在没有地方可查）。我想国民爱听这两字，自然有这种人来主张他，就同这外国人的有猫癖一样。所以主张调和的，也就源源而来，没有什么稀奇的。猫尚能够投合时代的要求。何况人类，何况有逻辑头脑的优秀分子呢。

但是这个调和的结果，曾经令人民达到希望没有呢？人民希望的是新派同旧派没有冲突，令他过安乐的日子。不过这个不争，是永远没有的。旧的势力终归要失败,反动的现象总不能长久。而且我们现在似乎很急激,恐怕不久也变了陈腐了,另外还有一班新的来。一去一来,这个争斗,是永远没有了期的。不过争的人变换了,争的目的变换了,争的方法变换了就是了。世界的人类,没有可以坐享其成的道理。如果自己不出来力争上游,也是没有安乐日子过的。希望调和,没有不失望的。那一班标榜调和的人,不过是在新派、旧派两边,都挂一个号,将来那一边得胜就附在那一边,向着那失败一边再踢两脚,口里还说道可怜你总没有听我的话。回来这一边势力大起来,他又来说我本来主张调和的,你失败的时候我也很有同情,你不可以忘记了我。到得两头落空的时候,他还要自明不得已的苦衷。所以这班调和的人物,不是因为要把两边的争息了来主张调和,实在是明晓得新的是,旧的非,新的可以适应,旧的终归淘汰,然而不愿意帮着正当的去冒危险,所以不能不依附在旧的势力底下,等他倒灭了再钻过来又怕路封断了,所以把调和两字做一个引线。他的讲调和,现在攻击章行严的,如东荪、曲江两位先生,大概对于这一种调和议论,是久怀不满,不过到今日发表出来。他从来何以不发表呢? 就是因为社会上对于调和的迷信太深了,讲了出去,就会被人家疑心是过激,结果就不免受人迫害。而且觉悟的人太少,讲了也没有好几个人晓得。这种苦衷与我们虽然不尽相同,却是总可以想象得到。然而现在居然四面响应,这就可见社会的潜移默化的势力,我们万万不可以无视他。国民醒悟了调和的不行,才有这种现象。以后的社会,不是可以拿调和骗他的,这是定了。我们想起来,不由得不喜欢。但是我想如果国民早日没有希望调和了局的心事,袁世凯没有定二十一条款以前,已经把革新的主张实现起来,人民自己拿着自己权力,来决定这件事,那二十一条款有什么方法可以成立?就是这一回内乱,也就无从发生,卖国密约也没有方法定了。人民自己不努力,去希望调和,就会得这种结果,现在后悔也来不及,所以我说觉悟太迟。

不过觉悟是要有失败才能够发生。以前的过失,虽然无可挽回,如果以后所有事情,都由国民自己出力去做,拿着采荇采菲的例,还可以要章行严自决的下半截,来供国民公用一下子,所谓收之桑榆。从前的失败,就算买这个觉悟的代价,虽然代价贵了一点,也很甘心的。不过现在看这个局面,恐怕没有到这个程度。自决的精神,平等的组织,自由合意的运动,把所有好名词都拢在一起,他的实行机会,究竟在那一天,我还没有敢决定。他要达这个目的,从那里做起,大多数还没有想到。我想胡适之教授所讲"少谈些主义多研究些问题"差不多,就针对现在一般思想界的毛病来发的。因为逐个问题没有一定的主张,那所谓自决的怎样决法,也是空洞洞的。你不能告诉人家某件事情应该怎样做,那旧的终久不会自己让位,等你来临渴掘井。况且这空漠三张,没有具体的逐件问题的解决方法,一时间人心虽然摇动了,终久人民要厌怠下来,还是回复了几年前的状态,把这无聊的牺牲,再演一回,那就真真不值了。所以反对调和,主张自决,最要紧的还是把新的旧的逐件问题同他解释清楚,利弊所在,如何才能够着手改良。有了这一步工夫,这个觉悟才有内容,这个自决才有把握。如果把这一截工夫通忘记了,那不坚固,不明晰的主张,一碰了挫折,一回试验没有成功,就是根本上动摇起来,免不得还再有希望周和感谢调和的日子。这一层或者是我的过虑,但是我不能以为或者是过虑就不说出来。至于主张调和的,现在有什么目的,本不在这范围里头。关于新旧进化的理论,别的人讲了也不少了,我可以不必再说。我的目的也不在乎这一层,只望国民能够离了等别人调和的理想,进入自己活动的门路。

据《朱执信集》刊印。

国会之非代表性及其救济方法

第一节　国会非代表性之暴露

"代议制中之国会,不能代表民意。"此种批评,至近年而渐盛。盖一方为守旧派之反动,一方为急进派之不满,两者合力,遂使"国会代表人民"一语之价值,渐受减削,往往至为其价以下之评价。

盖代表一语,本为一不清晰之词。所谓代表者,究竟应为人民豫先授与意思,而选出之议员,代表之以发言耶? 抑为人民对于每一事件,本无意思,但于委任此一人时,以代决定其意思,兼代表之以发言之权与之耶? 尚有未明划之处。又于所谓代表全国不代表一区之格言,更见其所谓代表者之茫漠。故代衷人民者,一种之拟制,一种之想象,而非如普通团体与其代表者间,时时有意思之联络,可得保其相去不远者矣。而此之一般的弊病以外,更有制度上之弊病,即多数选举制之弊病,与比例选举制之弊病是也。

多数选举制,以一党在一区所得投票多数,而代表其区。故即从最忠实之代表者言之,亦仅代表其多数,而非代表其全部者也。

故约翰弥勒攻之曰："多数者出多数代表固当,少数者并一人之代表者不能出何也。何故多数者当占代表者全体,而少数者当全不有代表者耶。少数者之意见,并求人听之亦不可得,果必要耶。此非有他也,实以习惯与旧式结合,于此不必要之不正义,勉强自抑其理而不伸耳。在真正之平等民治,每一部分,任一部分,皆当受代表,应用比例制,不当用非比例制。"(注一)此实一最公允之议论也。盖多数代表制虽代表国中之多数,而在此多数代表之议会取决时,乃于其代表多数者中又从其出席之多数,此时议会中之过半数,常不能代表人民之过半数。有常识者,易知之也。而在现代之多数选举制,所谓多数者,为相对多数,即不必得投票额之过半数,但得全区中之最多票者,即可当选。是则议会不特不能代表全数,并恐不能代表多数;而在议会出席之多数人,则尤为少数中之少数而已。所以其弊病决不可免。

更于弥勒等所倡之比例代表说,又可发见其弊病。盖比例代表之本意,以为"国会之于国民,当如地图之如地面,虽有大小之差,必与原物之各部同其比例"。故其设计,欲令多数党固得多数当选,少数党亦可有少数参与。此制首先采用于比利时(一八九九年十月),其他各国主张之者甚多。然其分配之法,不易令人满足。而虽免于少数者全无代表之弊病,反生少数者之代表,比于多数者之代表,多于其选民实际比例之结果。即占半分以上票者,在前时可得议员之全数,在此时则所得者又不及半分亦不可知。其不适于代表人民均耳。所以如白芝浩者,即为反对比例代表制度之一人。其他最有名之学者,如米耶、耶陵涅等,均不认比例代表为良法。(注二)

比例代表之理想,既不得良法以实现之,则今日多数选举比例

代表制,均不足以使人民全体各得其相当之代表于议会中,明矣。而其所选以为代表之人,又如上所述,所以生二种之显著之缺憾:

第一,议会中之表决,与人民多数意向相反。人民所不反对之事,议会力反对之;人民所不赞成之事,议会以全力通过之;此常见之事,又不能免之事也。以议员任期长故,前此数年,国民信任此一议员,与之同意见,而继则国民自改其意见,一也。以议员不认代表一区故,凡前此对于一区所为言质,一一无效,议员可自由变更其意见,二也。以议员多数本不代表多数故,纵令其与选民意思始终联络,究竟是少数意思,尚有多数意思不可知,三也。议员自己,因外界原因,放弃其平昔之意见,四也。故议决之结果,非代表民众。

第二,人民所欲提议及废止之事,不列入议题。以议会所决议,反对于人民之意见,固常有之事,而议员犹多不以故意行之也。至于人民所欲议之事,而议院故避其责任,不肯议及者,实为国民无可如何之事,又议会中恒常之态也。盖以希望再选之结果,议员积极的与人民冲突,或所不敢为;至于怠惰,则事属全院,无可指摘。故立法府之腐败,尤以此种风习为多。

所以自卢梭已不认代表政治,而俄斯德洛哥斯奇 Ostrogorski 之著书而言国会与政党之关系也,亦以为"代议政治惹起事实上之专权,而民意毫不见代表"。罗威尔之《公意与民治》一书,亦特设一章以言代表制之信望失坠。此盖以上述之代表制自身缺点,加以政党之助长而益甚,所以信用全失,责备滋多也。

第二节　国会主权论与民治

以上节所述代表制益见弊害，而同时世界上之民治主义，日进不止，故其间必有一调和之余地，乃可以长久，此人所共想象也。然而所谓国会主权者，已实现于英国过百年，其他现代主要国家，悉已成为民国，其行政立法事业，均置基础于代表制之上，未闻以议会之不代表而排斥之也。盖议会之不代表，政党之专横，固为事实，而民国不得不采代表制者，实基于左之原因：

第一，君主独裁，与国民集会之政治，已不可得实行。在十九世纪中，君主国逐渐放弃其独裁政治之制度，此全因于人民参政之要求，逼之让步。而此人民参政之目的，虽不能以代表制全达之，而其不能完全达到，终胜于独裁制之完全不能达到，此不可掩之事实也。而欲其完全达到，非用卢梭所想象之人民总意，由国民全体集会，决定一切政治上问题不可。此制虽于瑞士各邦中现代仍有采用之者（参照《瑞士之直接民权篇》①），而稍大之市已见其困苦，更大之国家无论矣。此未能实现之制度，与既经废弃之独裁制，均不可用，则在民国固托

---

① 瑞士威廉辣白教授（William E.Rappard，Instructor in Economics at Harvard University）著《瑞士之创制复决罢官权》，朱执信译其第二节，取名《瑞士之直接民权》。并介绍说："其内容为解释创制权、复决权、罢官权三种，而前二者尤为救正代议制之弊害所必要者。与此项制度相近者，自罗马时已存在，即所谓普列必失 Plebisite 者，以民众投票决事者也。然其制度之成形，仍有待于瑞士。"译文刊载于 1919 年 10 月 1 日出版的《建设》第 1 卷第 3 号，署名民意。

民选议员以运用主权,即在君主立宪国,亦次第以国会为代表人民意见之一机关,而实权渐集中焉。国会主权一语,自英国显,以此故也。

第二,国会之非代表性,从他种方面言,有自为制限之性质。从上所言,国会虽仅代表少数。而此所谓少数之外,并非必与此一部分反对。实际虽投票于他人,或放弃选举权者,其意见仍入议员考量之中。故其代表少数之责难,可以减轻数度。凡用普通选举制之国,专倚少数人之帮助,以得当选,实非易事。其选举权既偏及于利害冲突之各阶级,则各阶级中,纵各居少数,而仍可谓有力之少数。其少数之人之意见,亦受其同阶级利害之多数人意见而成立。故但使真能代表者,仅为少数人,而其所不能代表之多数人,亦必略有同一之比例之意见,于其代表制之成立,毫无所妨。而数年一选之制,实又以刺激其人民,使常有以变更其所选者,以适合自己之意见。故谓国会常不完全代表,可也。谓其常反背民意亦属不能。代表少数者,不必为反对多数也。

第三,国会专横,易寻救济之法。国会专横,初非必须救济者,如使国会真能代表人民意见,则专制固其所也。所病者即在其不能代表,而强代表之,以少数之意见专制一国,而无救济之道耳。然在以国会为运用主权之最高机关,不过从其法律上最终决定权所在言之。实际行政部虽由国会产出,往往仍有扼制国会之一二种权,而司法方面亦可为制止其专横之行动,以此行政部与司法部之扼制,减少国会违反民意以为专制之危险,固共认之理论,又已行之方法也。以国会集合多数之人,而多数之人亦各受民意之影响,故比之君主独裁政治,当然易于获得忠告,了解社会现状,从而不致对于救济之方法,为盲目之反抗。盖制度上所生之弊害,以缺少自认识其弊害之机会为最大,而国会恰比较能有此认识之机会,是其所以不能舍弃也。

第四,从国会政治,以达人民直接支配之域,径路为顺。当历史之初期,人民不能干与政治。及君主既失其独裁之权威,而寄之少数人所选代表之国会,自然引起一般人民之政治兴味。因之有其研究,有其主张,乃有普通选举、妇人选举之要求。则实现此要求后,将有人民直接支配之事实,继起于将来否,虽不可知,而总可决定将来政治必循此一方面以进展。有此一趋向,加以现代之可能,以代表政治为极,故非别觅得一更良而又更近于人民直接支配之一方法,国会仍为当采之一制度。

故国会主权之原则,代表之制度,实为今代民治基础,更恐于近之将来不免继续。故于国会专制之事实,如何救济,实为今日当面之问题。与其攻击国会如何为非代表,不如研究国会不能代表人民之一事实,使谁决定之,如何救济之也。

第三节　行政首长之拒否权 Veto

拒否权本起于英。英王对于国会之法案不同意时,可有此权。然至女王安之世而止。佐治第三虽尝声言,必不得已须用此权,而实际固未尝行用也。其后嗣王更不敢用,以迄于今,所谓无形中之废止者也。(注三)顾此制虽废于英,而行于美。北美合众国当其在英国殖民政治之下,当时之总督,已有拒否法律之权。至独立后议宪法时,遂采用此制,令于两院所已通过之法律移交总统,须总统赞同签字,始成法律。如总统不加赞同,不肯签字,则可于十日之内,申明拒否之理由,并其原案,交回始提此法案之院。此院接受拒否之通知以后,再行开议,须得三分二以上之多数赞成,始能再送他院(并总统反对之理由同送)。若此又一院仍得三分二以上之多数,则此案成为法律。若法案已送总统过十日,不被拒否,亦未签名,则此案仍成立为法律(但除下文所述留中拒否之例,参照美宪法第一条第七节)。而美国总统大抵为多数党首领,欲得两院各有三分之二以上反对总统之投票,殆等于不可能。然则以此拒否权归于行政首长,以判决国会是否能代表人民一事,托之于人民所选出之总统,使之为其救济,不可谓非一有力之救济方法也。

方美国制定宪法之时,其所豫期之拒否权,固不如今日之拒否权有如是广泛之适用也。韩弥顿尝言:"其时所以有此种权与总统者,因立法部之性质,倾于乱用其权,侵及他部之势力,而仅以纸上所划之界限,力未足以称此部所需。如使不于绝对的,或制限的,以一种打消之权,授与行政部,则行政部全不能自防卫,而拒止立法一枝之侵削其权矣。所以以此种权授行政部者,一以使之有以自卫,次又使人民多一机会,以反对彼因疏忽熀急或因故意所立之恶法也。"观此所言,可知美国宪法中规定拒否权之本意,在于防止国会越权之行动。

然在美国宪政运用之实际,则与其初立法所豫期者不必相符。当十八世纪之末,与十九世纪之前三十年,美国总统惟于显然在宪法有一定理由之际,始干涉及国会;平时则国会既决定政策,总统即奉行之。故华盛顿为总统两任,所拒否之法案惟两件耳。华盛顿以后,迄于一八三〇年,其后任各总统所拒否者,亦仅七件而已。暨宅克孙 Jackson 就总统任,乃尽反前人之说,以为总统必须与国会分担立法责任,所以能自由拒否其所疑为不智之法案。于是宅克孙随意用其拒否权,凡与其个人观察,及与其所认为己党意见有不相符者,一一打消之。此种行动,痛为彼政敌之所攻击。然而自此以后,为大总统者,莫不循用宅克孙之说。故迄于克理夫兰 Cleveland 总统第二任止,已有拒否案近五百件。而继克里夫兰者,如麦坚尼、罗斯福等,亦均尝行用此权。

此中最可注目者,即合众国舆论不特不反对总统之自由使用此拒否权,反助成之也。人民于宪法理论如何,非所措意,但注视总统,以为直接于大法案负立法政策之责任者,其举而置之高位也,固欲使人民意思生效力耳。所以国会立法,若与民意相反,或压迫及之,则用其拒否权,以使其所议者不成法律,实总统之任务也。在人民心中,固以总统为造法机关中,下决定、分死活之一部分,为全民之直接代表。而其视拒否权也,不过实行民意之一工具耳。

拒否权使用之时,有一种名为留中拒否 Pocket-veto 者。此种拒否,起于国会交付法案与总统后,不满十日而闭会时。在通常,总统对于一法案,不加拒否,过十日外,即不签名,其法案亦成为法律。惟于将闭会送交总统之案,总统若抑其案,留中不发,过十日后,国会已闭,其案不依常例成法律,而反为失效。当此之时,总统惟以法律留中不署名,即已足矣,不必附以拒否之理由也。盖以宪法本定十日以为总统考察其法案之时间,今国会未以此时间与总统,即亦不能讥弹之。所以留中拒否一事,于总统之打消法案最为便利。故遇移送后会期不满十日之案，有违其意者，每喜用此法，而法案以此废弃者尤多。(注四)拒否权不特厓于美国也，诸仿效美国宪法者，皆有同一之规定。即南美所谓ABC三国者，皆从美国之例。亚兰然丁①规定于其宪法第七十二条。巴西规定于其宪法第三十七条。智利规定于其宪法第三十四条至三十六条（但智利改十日之规定为两礼拜）。其与之稍异者，澳洲联邦宪法及坎拿大宪法（前者规定于五八至七〇条，后者规定于五五至五七条），总督可以拒否一法案，或请求修改，无时日之制限。即总督同意而用英王之名以批准之之后，英王后此二年之内，仍有取消其批准之权。此种制度，实等于二重之拒否权矣。而法兰西则反之，一八七五年之《公共权力关系之宪法》第七条，亦规定总统之拒否权，但其内容与美国大异。依此宪法，常法案须于一个月内公布，急法案须于三日内公布。在公布期内，总统可以附述理由，将原案交回两院，请其再议。然其再议，并不须如美国之要三分二多数也。墨西哥亦然，其一八五七年宪法第七十一条乙、丙两项，规定总统于十日内可请求再议（若十日内已闭会，则于次期开会第一日）。然若得两院绝对多数（过半数）通过，则其案已成法律。所以法、墨两国，拒否权实等于无有而已。至留中拒否一层，则惟巴西之宪法，规定总统于闭会后拒否法案，应公告其理由，显其可有留口拒否一事。其余亚尔然丁绝无规定。智利宪法更有"闭会在十四日满期前时拒否之案，当于次年通常会首六日提交提案之院"之规定（第四十条）。所以此制可认为不甚流行于共和国者（君主立宪国不批准即为不成立，故概为留中拒否。但君主国之制度，大抵不入此处之研

---

① "亚兰然丁"下文又作"亚尔然丁"，今译阿根廷。

究)。^(注五)以民国而容拒否权,即为使代表人民之总统,有权阻止代表人民之国会之立法,虽曰认为不合民意之时始行此权,而在法国已不敢仿行,盖亦群认为危险之制度矣。虽曰有力,不能谓之安全。

第四节　法官之废弃权 Nullification

美国之司法一部,有与他国完全不同主权,即所谓废弃权者是也。此种权利,惟美国司法官有之。遇有法官意思,谓其法律违宪者,不论其为合众国法律,抑各州法律均可宣言其为无效。此欧美往日法官所未尝有者也。所以研究美国宪法者,于此一件,特有兴昧。

在欧洲民权国家,法庭为国会所限制,法官不能问国会之有权无权。若使英国法官解释法律,与国会所豫期所愿欲者不同,则国会可以屈其法律,使从己意,法院惟有听之而已。而美国则国会有何种权利,悉视高等法院所决定。各种法律如何制定,固非法院所干与,但其适宪性 Constitutionality 则须经法院之审查。遇有事件,则其法律是否无效,固由法院宣告之也。

当美国制定宪法时,以议论分歧之故,法文中关于司法一部分,未免茫漠(第三条第二节)。然其起草者中,有一部分人,豫期此废弃法律之权,不可诬也。例如韩弥顿即谓:"宪法上若于立法权设之界限,惟能由法院保持之,故如有法律规定,显然与宪法真意违反者,彼必有宣告其无效之义务。盖以代表之势力所为,若与派遣其代表者之真意相反,固当无效,无有容疑之余地也。在法官必以宪法为基础之法,所以宪法与法律冲突时,必选宪法。非司法之驾立法之上也,乃人民之力,驾乎二者之上耳。"凡此韩弥顿之理论,即为后年法院主张此权者之所宗。至一八〇三年有一事件,牵及法律之适宪性问题。判事马沙尔 Marshal 所持之论,亦与韩弥顿同。略谓:"民意既成为宪法之后,政府各部皆因于宪法而各有其特别权力。立法部之权力,于此当受宪法上明文之限制,无可遗忘错误之理。所以有一法律与宪法冲突,而有一特别事件之际,法院须于宪法、法律二者择用其一,此乃法院义务之神髓也。所以两有规定之际,宪法当然胜于法律。且法官曾誓拥护宪法,如使令不合宪法之法律有其效力,是自破其对于国民之信誓也。"然而驳之者亦众,其反对论之主要论点,则谓:"法官曾誓拥护宪法固也,而行政官吏何独不然。且今日之问题,并非宪法应否保持其最上位之问题,乃是否只有法官,实受天命,而有此检定法律之适宪性之问题耳。"盖于政府中若有一机关,或一团体而有解释宪法之最终权力者,则为有权力以决定其意义何如,于是乎超出其他一切政府机关之上矣。除非其团体本为能以其力量授与宪法者(即制定宪法之会议),每遇有宪法疑议即行集会乃可耳。否则惟有出于以最高权委任于政府内一永久机关之一途,虽然,此亦不必为法院也。实际除美国外,此权皆属于立法府,故马沙尔所论,与其反对派所持理由,殆未可以相胜。惟美国宪法规定法官权限,实有"在此宪法下所起一切法律及平衡法之事件"一项在内,所以马沙尔以后,法院至今持此理由,未尝变更也。(注六)

美国舆论对于此项废弃法律之权,不甚热心主张;对于各州之法,受此废弃权之适用,尤多不满。然美总统威尔逊则力称此种制度,以为宪政上之均动轮。其言曰:"惟有国中之一个人,且各一个人在其处理国民生活,均为政府之一分子,然后立宪政治完全存在,且真实也。公民其自身一个人,不为代表于国会,又不为政府自身之恒常构成分子,除极少数困难之际,无由以其个人私事,求国会、州立政府或总统及州行政官注意及之。然则设有法律以其列举之权力行动,实施及于彼身者,彼亦无由得其救济。惟有在于法庭,各人各有其个人之权利。惟在法庭,个人之公民,可以其私权私益抗彼政府,而诉之于政府所依托之根本约定(宪法)耳。以一人而能抗政府者,合众国而外未之闻也。在他国之人,于被他一个人侵其权利,或强迫之之际,可以反抗之,惟于政府则不能抗。他国之立宪制度人民主权惟能以舆论通于立法院而束缚政府,不能假法院以为之。惟吾人得有法院以束缚政府。然则此为政治有深意之一主义,而此一种特权,可以斥拒一切政府各部分有侵及于宪法所认个人自由不可侵之范围者,合众国人民所独享者也。法院之废弃法律,未尝因其告发者为一个人,抑一团体,而有区别,但使其权利已经确认,则一律看待,此最可注目者也。"

美国以外,英国诸自治领(例如纽丝兰)法院亦有此种废罢权。此种权利,行于其地方议会所议决之法律之上。凡地方议会所议决之法律,如与英国议院所立法冲突,依一八六五年之《植民地法律效力规程》第二条,应为无效。而此地方议会所立法律,是否有效,有无适宪性,则由法庭决之。但地方法院之决定,未为终局决定。终局决定之权,属于英国之枢密院。^(注七)

然则在英属虽有仿效美国之规定,而不能为最终之决定,故现在以废罢权言,仍当就美国以论其可否。依威尔逊之说,则此为人民权利被害直接求救济之一途,以其善者言也。而实际人民权利,未尝无因此受害者。盖假定国会为有不当之立法,不外以其燥急疏略,或以党派竞争;而法院之可以有此弊病,正亦与同。法院解释宪法,既不保无疏略燥急,在政争之摇动及于司法界,较之国会机会虽少,而一旦有关涉,则其救济更难。所以然者,国会议员四年一选,而其在职之际,尚须顾念将来再选,于显拂民意之举动,终有所忌惮。至于法官,既与以终身之保障,苟有所偏袒,无须顾虑人言。故司法官不加入党争,固可以为人民之救济。若其加入党争,必且有以公平之法律为无效,而令人民失所保护。一得一失,未见为利也。而政党之争,既已见于国会,则不得志于国会者,必且反而求诸法院。故法院无此废罢权时,尚少牵入党争之机会;一旦握有此权,即难免涉及党争。此其弊害,或于美国尚浅,而将来尚难豫料。至于仿效之者,则更不可不慎矣。

第五节　行政首长之解散权

以拒否权言,则有而不用者,英国也;屡用之者,美国也;实际等于无者,法国也。而解散权则反之,法国有而不用;英国有而屡用;美国则自始无有;此一有趣味之对照也。

法国以《公共权力组织宪法》第五条,认总统得上院同意后,有解散下院之权。然此权实际殆不行用。盖法国上院之选举法,略与我国参议院相近,代表地方而不代表阶级,故与下院冲突之机会较少。而法国实际政治为政党内阁,以议会占多数而能组织,亦以受不信任投票而倒。行政之实在运用既在内阁,则解散一事,自不易行。法国之内阁制,与国会主权之事实相关联,固无由救济国会专横之病也。且法国于国会不法被解散时,认各州会选出代表,选定地方，自行开"非常国会"之制度。故行政官无论如何，终无自由行其所见之余地。宪法上之解散权，与事实上解散之效力，均不可期之于法国也。

美国之宪法，本从三权分立之基础以制定者也。故美之行政部，无解散国会之权。而总统实际运用其拒否权，随时可以翻国会之主张，使不阻格行政部。故美之制限国会专横，当然无待乎解散矣。

英国之行政党内阁，高唱国会主权，与法国同，而国王无拒否权，法院复居于不能废弃法律之地位，故其不能如美国之完全不必要解散权，人所易知也。而其所以能实行其解散之权，不如法国之虚设者，则一以贵族院常有与下院冲突之趋向。下院解散，往往因两院冲突而来，与他君主国之因行政、立法两部冲突者不同。次又以解散再选之结果，即决定内阁之命运，有一政策，政府与议会异见解者，以为诉于国民之手段，其作用与创制权及复决权相似。三则于政府议会未有意见冲突之际，亦以更加一次选举为决定政府基础之手段。最末，又以惯例，国会将近满期，即行解散再选。故英国为国会主权政党内阁之国，其极至谓国会除转女为男外，无不能为，而解散国会，反至频繁。近数十年，国会能终了其七年之任期者，实为罕见。至一九一一年选举之下院，依新国会法当于一九一六年满期，而为战事所阻，选举不能实行，始有过任期之事实，近世罕有之例也。

白芝浩以英国之下院解散权为宪法上之制动机。以为"美国宪法学英国而失其制动机，所以适得其反"。此实说明英、美两国政治上差异者也。而英国此种制动机，在理论上似专为避政府与国会冲突之用，实际转以两院异意见时诉诸国民，为其主要作用。

盖英之主权,初本操之国王之手,次则移于国会之贵族院,又次乃移于国会之下院,而上院遂有修正院之名。英之交议之案,大抵先提出下院,而上院对于财政案,惟能示可否,不能有变动。其他法案,则有修正可决之权。而至前世纪之后期,上院对于此种不平之权力分配,时时吐其不满,因之生出"以下院决议诉于人民"之熟语。于凡下院通过之重大法案有不满者,即否决之,或为根本上之改正。于是时,政府所可采之手段,或为撤回其案,或改组内阁,以为一时妥协之计。不然,则须解散国会,以俟新选举之结果。以此故而解散者,其各党候补者之演说,均以其对于此两院所争之问题主张何如,为最要之事。则人民既闻两方议论之后,投票选出之下院,即表明其全国民意所趋向何如。假令其新选下院议员多数仍赞成原案,则认为人民之意向,与政府及下院相同,而与上院反对,大抵上院终于让步。若其新选下院议员,赞上院之主张,则认为内阁之政策,已显为国民所反对,而不得不辞职。所以有诉于国民之称也。然而英国自一八三二年之改革以后,自由党相继执政,五十年间,日以增加贵族中自由党分子为事,而其目的终不能达,贵族院始终以保守为其性质,每遇自由党执政,则与力争,及保守党执政,则默不加议。故贵族院虽有修正院之名,实际不过畸形的修正院,保守党对于自由党之一武器而已。所以二院对下院之冲突,最大者为爱尔兰问题,而上院在十九世纪末二十世纪沮止爱尔兰自治之案,发生效力者二十余年(一八八八———一九一四),皆恃此解散再选之武器也。[注八]

　　贵族院既屡用此手段,而于一八九五年之解散下院,告大成功。是时正在两院意见冲突之际,上院逼自由党内阁解散国会,其选举结果,保守党在国会占多数,此后十一年间,绝无两院冲突之问题。至一九〇六年,自由党再得多数执政,而冲突又起。上院先已否决通过下院之两政府案,而政府亦强硬不肯让步,遂有"非废除上院则修改之"之通语。既而一九〇八年否决特别酒店法,而政府尚不动,遂至一九〇九年否决预算,开数十年未有之例(英国财政法案皆以下院决定之,上院于一八六〇年之纸税废止法案,结局亦让步于下院,此后争论不息,然一九〇九年以前,未尝有此激越之举)。于是首相阿斯葵一面于下院提出"上院违宪侵下院权"之决议,一面请英王解散国会。然此次解散结果,自由党及其与党仍占多数,上院遂不得不为政府屈,通过前所述之预算案矣。然英国人对于此上院要求解散下院之事实,均认为不可不改革。所以此年政府再提出限制上院权力之法案,既通过下院而又为上院所拒。上院复自提出一案,以为改造上院之基础。其所主张,与政府意见既不相容,政府不得已,又解散下院。解散结果,再选仍为政府党多数,又提出制限上院之法案,即所谓一九一一年之国会法也。上院既不能以解散得其所欲,遂终屈服于下院之主张。英国两院之争,于此始告一段落。而此后因两院意见冲突而解散国会之事,不至复见。将来英国解散权之适用减少,可断言也。(注九)

英国内阁亦有以与议会冲突而解散国会者,如一八八六年格兰斯顿以爱尔兰自治法案否决解散国会,即其一例也。又以少数党承多数党之后而组织内阁之时,必先解散下院以求得政府之基础,如一九〇五年十二月,班拿门继统一党而组织内阁,次年一月即解散国会再行选举,其最近之例也。此两者,在政党内阁制度中,皆为变例。而其用之,恒以议会将近满期,或反对赞成票数相去不远为前提。惟遇此等场合,其再选获胜,始有希望。亦惟有再选获胜之希望,乃敢为此解散也。此种解散,先有国会容许其组织内阁一事在前,故其为防制国会专擅之力实弱。

其第四种习惯上将满期之解散,本以七年任期过长之事实而来。故一九一一年之国会法,改为五年之后,已见满期之惯例。将来此项习惯,当不复存。

所以英国解散权之存在,及其应用频繁,主要原因实在乎有不由民选之第二院存在。而此种制限国会专擅之机关,全然缺人民之基础,又专代表保守的势力,理论上之不通,与实际上之窒碍,兼而有之。所以英国一百年之国会史所记述,不外下院逐渐夺取上院权限之记录。而一九〇九年之否决预算,实为上院掉尾之奋斗;一九一一年之国会法,则决定上院之命运者也。在上院以修正院著于一时,其所标榜者,不外能救正下院之专擅不合民意之行动。即其甚者,逼政府以解散,或使之辞职(如一八九三年之倒格兰斯顿内阁),次者亦否决其法案。故于民主国家及国会主权制度之下,此种解散,果有相当之效果耶,抑但应认其修正之效果而止耶?实不失为一问题。而英国之新制,则并此修正权而去之,仅与以二次之复议权而已。上院之能力,仅能抵抗下院二次之决议,比之美国行政部之拒否权,尚有所不及。于此可见不基于民选之上院,使为调节政治防止专擅之机关,固曰不可能;非徒制度上为之也,实以其力之不足也。白芝浩于此盖有先见,彼批评英国贵族院之缺点,即为无腕力与舆论之后援,贵族不热心于政治,偏代表一阶级等事,而终结谓,"贵族院恐将失其否认权,犹之英国君主之失其否认权也"(时为一八六七年,实国会法成立前四十四年也)。此英国贵族院不能为修正院,不能限制下院之真正原因也。

非民选之上院,则结果将为英国之失败;而民选之上院,又不容易同意于解散。若不待上院同意,单以行政部之意见解散国会,则危险实甚，与民主国家之精神不相容。故解散之手段，在于既往虽为重要，在于将来必不可存立，即存立亦必无实效，以为救济手段，固不适也。

第六节　前三项救济方法之批评

以上三种方法：第一种拒否权，以认识国会某种行为非代表民意之权，付之行政首长，而其救济方法，则在国会之再为讨论，要更多之多数以决行其事。故认识之为一机关，救济之又为一机关，其方法不可谓不周密。比之法院之废罢权，单以大理院解释为准据，指出其不合宪法者为此机关，以不合宪法之理由，宣告其法律为无效者，亦属同一机关，固为远胜。比之直任行政首长解散国会者，更为慎重。故以美国宪法上规定言，今日之行拒否者，已越出宪法范围之外，而美国民对于此行政首长之扩张权限，反对之声较少者，即以两院中如各有三分之二主张其原案，总统即不得不屈从。总统欲其拒否权生效果，至少须于两院中得一院有三分之一以上与己同意，然后可以贯彻其主张。所以其危险较少，人人安心信任之。美国人所以反对法院废罢权，亦以此也。

而反之，则解散权亦有一长处，即各国对于解散，皆于成文宪法定有限制。普通为上院同意，与一会期不容两次解散二事。故不特内阁不经上院同意，不能行其权利，抑且须预期新选议员，若反对党得一名之多数，内阁即当辞职。故其始时用之，固不敢不慎。即用之过当，选举之结果，亦有自然之救济，不忧政府之擅行无忌。而拒否权一度施行,则必须两院皆有出席三分二之赞成,始能维持原案,事既非易。又即原案既得两院大多数维持之后,行政官对此亦毫不发生引责辞职之问题。以较解散,则解散反为近于平民主义之精神也。英国之解散,宪法上无一会期不越一次之成文的制限,故其适用尤多。然前次议国会法时,一年而两解散,已大为人所非议,非有国民之真正同情,决无敢冒此险而为之者也。

第二种之法院废罢法律之权,以其决定言,则涉于专断,以其结果言,又对于人民不负责任。实兼有两者之短,而失其所长。此后非有他种自为救济之方法,辅之以行(如对法官之罢官权归于人民,其一例也),恐终不免于废止。至于解散与拒否,一则从其事件逐一谋其救济,一则于其组织要求其更新,各有其特殊之作用,亦各应于其政治组织以见采择,英与美其代表者也。

美国及其他联邦制之国家,宪法上采三权分立主义者,其总统或内阁总理不负对国会之责任,故其重要法案不通过,不必辞职。国会之对行政部使用否决权,亦不视为信任政府与否之一种表示,故其性质上,适宜于以拒否权为救济方法。又此种国家既认三权分立,自然不能认解散权。反之,则英国等以国会主权为其宪法精神,故其重要之主张,见拒于国会时,内阁当然不能继续以国会为基础,而实行其计划,非辞职则解散。而又益以有一非民选之上院,梗在其间。如上所述,故其乞灵于解散者尤多。至拒否权一节,则以国会主权制之结果,国会多数之主张,无容其拒否之余地。故虽本有之制,亦自然竟不用而消灭也。

但美国既以三权分立为主义,而令总统有此拒否特权,已自违其本旨。至总统之拒否交院再议,乃要求出席人三分之二多数,始能通过原案,如前所述,事实殆不可能。故此种制度,在少数党虽为合于人民公意之主张，未必能动政府以得助；多数党主张虽不合人民公意，而总统属彼同党，未必因而为之拒否。拒否之权实用，乃在总统与政府党异意见时。而多数之主张未必非，总统主张未必是也。是欲救国会多数党之专横，而转致行政部之专横也，是不容较为众多之多数党专横，而独容只有一个人之行政首长专横也。此不条理之甚者也，非真正之救济也。

英国既以解散为诉于人民之一手段，于是以一法案之不通过而解散议会时，若其新选赞成者多，反对者少，因之通过此法案，则以为人民果赞成之矣。若其反对者多，赞成者少，此法案终不通过，则以为人民实反对之矣。虽然，实未必然也。以解散国会再选为诉于人民，又以其新选国会之决定，为民意所决定，此真政论上之一种拟制，又止于拟制，而不能认为事实者也。盖当选举之际，以所谓多数代表制之结果，选出之人，固已不必代表国民之全体；而以其中之多数论，更不与人民主多数同符。此为制度上之缺憾，不待言。即以其投票而论，选举人于其法案为赞成者，结局或选出反对此法案之人。何则？一次选举，非单倚之以决一法案，选举人之选择，必不能全如意料中之所期。假如其候补者主张十事，而七事为与选举人同者，较之主张十事而仅三事与民同者，人民必舍三而取七矣。顾其成为问题之法案，此七事相同之人，或刚于此点与人民异，而仅同三事者，此法案或刚在其内未可知也。然则虽解散再选，未必赞成者多数，即为民意之所赞成。反之，则虽反对者多数，仍未必人民反对也。此正如英国下院恐上院否决其法案，则以之编入预算中，使之不能修正，又不肯否决。语其实际，上院之意，固在反对；而以其全体论，不能不勉为赞成。故以解散诉于人民者，若每一重要法案，解散一次，则不胜其繁。若要求人民委任以决定各法案之权,而不许其分别赞否,则虽与以选举权,犹之英国上院之议财政法案耳,决无真确之表示,可以由此种选举得之。此解散之所以为诉于人民者,尚不充足之点也。

且解散固曰其组成分子不能代表人民也,然未有全下院之议员,皆不为人民所信者。观于每次选举结果,旧议员再选人数,及其另行选出之人数比例,可以见之。既有一部分为仍能代表人民,则何不求一方法,使得逐一议员,审查其合于民意者,使继续满其任期;不合于民意者,随时可以更换;不待解散,不待更选,岂不完全达其救济之目的乎?更进言之,则如使有一方法,每遇重要法案,恐国会之主张,不合民意之时,可以使人民直接对其法案表示赞否之意,由之以定从违,岂不更较拒否权为彻底且安全,又较解散为明确且合理乎?质言之,则凡拒否法案,或强求通过一法案时,不再求国会之决定,而逐事询之人民,则无所用于拒否权也。凡罢免不称职之议员,不以政府为之,而以人民为之,则无所用于解散权也。以认识国会之不代表民意之权,及决定之之权,归诸本来之选民,是其错误可以极少,而运用可以无滞,凡虚心之研究者,对于此必不反对之矣。

第七节　根本之救济方法——直接民权

于前节末所举理想的救济国会不代表人民之弊害之方法,主在于逐事求救济,逐人求救济,且由选民自为改济者,根本的救济,现在可得想象之最良救济方法也。即所谓直接民权者也。如使有人民所欲提出制定之法,国会不提出或否决之,则为不代表人民意思矣。于是立一制度,使人民得法定之提案人数以后,可将其法案提出,付选民票决其采否。既得采用,即成法律。是所谓创制权也。如使有人民所不欲立之法,而国会强立之,斯其不为代表与前同耳。则立一制度,使重要之法案,以法律规定为当付国民重行投票。普通法案,遇有相当人数要求,亦付选民重行投票表决。必待得选民多数赞同,始为有效。是所谓复决权也。国会组织分子中,有溺职者,得由国民投票免其职而另选,即一部分之解散也。是所谓罢官权也。此三种制度,在欧美已有相当之经验,以之救济国会专横,固胜于他枝枝节节之办法矣。

此三种权中,行之尤广者,为复决权。而一般之人亦认以为救济国会专横最有效之手段,故于此欲更稍详论之。

复决权自罗马之普列必失(民众票决)转化而来。美国之各州宪法初定时,"马沙朱色"等州已以复决权与人民,关于制定及修改宪法,须受人民票决。此制既沿用于美国,又入于法国。法兰西大革命后,一七九三年之宪法,以明文认复决权。法国宪法寿命不长,旋成帝政,而其宪法实为瑞士所仿效。复决制度,既入瑞士,乃大发达,不特用于宪法,又移及于普通法律。且于复决以外,更变生人民创制法律之制度。至于今日,瑞士遂认为直接民权之祖国矣。十九世纪末二十年间,英美学者渐认国会中之弊害,一八八四年始有著书说绍介瑞士之复决权者,称之曰瑞士之民众拒否权,以与美国行政部所拥之权相比。其后自一八九七年以降,美国诸州相继实施此直接民权。一九〇〇年澳洲联邦宪法,亦认此复决权。故此制度之再入世人注意,以迄于欧战之始,中间经过仅三十年,而成绩已极昭著。其可以为救济国会专横手段,已经公认。而尤引起世人注目者,则一九一〇年英国国会法争议正烈时,统一党采用复决权之提案也。

当一八九〇年,爱尔兰自治案论争正盛时,戴西氏已主张英国当采用复决制度。其后一九〇四年,英国之张伯伦,复于国会称复决制度为甚良之制度,其意以英之解散比复决制度也。及一九一〇年,下院制定国会法,以限上院之权,统一党则于上院自提出改革上院之案。依当时下院之国会法案,规定为"不关于金钱之法案(其关于金钱者,不须待上院可决而有效),经下院可决三次,均被上院否决时,仍可经国王裁可而成法律"。统一党所提之改革案,则为"此种法案,两院意见抵触,亘于连续两会期,不能于他方法解决时,以两院议员组织之联合会议决定之。佀若其所争者关于重大事项,且未尝诉之国民判定时,则不以该件付联合会,而依复决制度以决定之"。此其所主张,实较自由党所主张者为进步,然而终不见容,遂又生解散之结果。解散后之选举,统一党形势本极恶(以主张保护关税为一般人所厌),乃举复决权以为号召,其结果虽统一党仍不得多数,而政府党亦不得其所预期之自由党绝对多数。即统一党标举复决权之效也。^(注十)

墨西干那威合著之《比较自由政府》,就此事为论曰:"如使复决权见采用,则将成为一新方法,以防止人民所不赞成之法案之通过。在贵族院,本司防制一党,常拒否法律,或逼使以党之所主张诉诸人民,即一种之间接复决制也。既夺去贵族之拒否权,则直接复决权出现。此种民主的方案,将又有创制权随之以来。……相争之党将不能独占政治的研究,结局将作成一种更满意之民主的政治,然而固非以内阁政治为其全意义也。既采用复决权,则内阁解散国会权性质上当然剥去。……而国会既有定任期,人民又参与立法,则政党政治当然舍置矣。"盖当时复决权虽未决定采用,而战后必将有实施之日,固当时学者所共知也。

采用复决权之利益,固非一事,而此防止国会专制一节,已足赏用。而在罢官权之适用于议员,尤足以救一般渎职之趋向。法国为对于国会最缺乏救济手段者,近日一面谋采用比例代表制度,以免多数党之专横;一面又有多人唱用罢官权,皆足觇近日之趋向也。

直接民权之条理及诸作用,已于《建设》第一卷第三号次第有所述,今所不详。要之此为应于需要而发生者,吾对于中国将来宪政制定上,不惮为采用之献议也。

注一　弥勒著《代议政治论》第七章(New Universal Library 版一二七页)。

注二　据上杉慎吉所著《议会政党及政府》(一五六页以下)。

注三　墨西干那威合著之《比较自由政府》七六页及高田早苗译斯葛多《英国国会》第十五章。

注四　《比较自由政府》七三页至七七页。

注五　据铎氏《现代宪法》Dodd's Modern Constitution 及戴西氏《宪法导论》一一○页以下,末冈精一氏《比较国法学》六四页以下。

注六　据《此较自由政府》第二十一章。

注七　戴西氏《宪法导论》一○一至一○五页。

注八　吉田世民译白芝浩《英国宪法论》第四章第七章。

注九　本师小野冢喜平次博士《现代欧洲之宪政》第一章。

注十　同上第二章,并上杉慎吉博士《议会政党及政府》二九四页以下。

注十一　《比较自由政府》,五○三至五○五页。

原载于 1919 年 11 月 1 日《建设》第 1 卷第 4 号,署名民意。

朱执信文存

下 册

广东省人民政府文史研究馆 编

张 磊 主编

中华书局

男子解放就是女子解放

　　我的朋友光佛先生做了一篇《女子解放当从男子解放做起》，先给我看。我看了之后，心里很像有许多话，却说不出什么话。后来便给季陶先生看见了，赞成的了不得，就拿去了。我也没有工夫再去想想。但是我相信光佛先生是完全不为过闲日子、闹派头来讲解放的。我也很想再研究这个问题。后来又见苍园先生的《女子神圣观》，又起了一种说不出的感想。好容易这几天把这几个感想融会下来，将他的一部分，变做几个具体的问题。这个问题，我现在也不能解决，所以写出来大家研究。

　　第一，解放是由什么解放呢？这个由什么，就是现在要破坏的对象。比方我们破坏了满洲政府，就可以说得由满清解放了。我们自己破坏了神同上帝的迷信，也可以说是由神解放了，由上帝解放了。然而这两种解放，的确有不同的地方。在前一种，是社会上一个人或一个继续的团体，所以几个人破坏了他，全国的人都不受他束缚。他这个力量，是依托几个人来存在，所以几个人也可以打破他，可以解放全国。至于后来这一种，他不是依托一两个人来维持的，他是社会上一种过去遗留的凝成产物，混入了人民日常生活里头，做了生活内容的一部。他同我们日常生活，一时分别不出来。我们只管能够自己打破了，不能令人人都晓得。所以我由神权解放了下来，与你无干。你从神权解放了下来，也于他无涉。好说罢，就是各行其是。不好说罢，就是不相为谋了。所以这两种解放，我很想同他分别各起一个名字。前一个，叫做解放了人的束缚，后一个叫做解放了社会特种秩序义务等的束缚（解放了社会的束缚）。这两种解放，不是一样的。解放人的束缚，是很容易的。解放社会的束缚，就不容易了，因为不是几个人做得了的事情。然而要说解放社会束缚最易，也可以的。因为这个束缚，是全社会大家维持他的，最少自己总有一分力量。所以自己不去维持他，自己却是先解放了。就比方我要不信上帝，立刻就可以办得到，并不像推倒满清这种烦难。所以就一个人说，解放了社会这种束缚，是很容易的。照全体来说，解放了社会束缚，是艰难的。由特定的解放，抑或是由特定的社会解放，的确不同。现在我看许多人的讲女子解放，很像是只有对人的意义，似乎只有男人把束缚除了就完了。就是光佛先生讲的男子解放，也是很像把女子的束缚除了就完了。我却疑心这个解放，是不充足的。因为这种人对人的解放，解放了人的束缚之后，还有许多社会上的事情，赶了他找出第二个束缚来束缚自己。所以这个解放，似乎应该作由社会解放解的。

　　第二，解放是要自己个人解放呢，还是要全社会解放呢？照先前所说，一个人由社会束缚里头解放下来，本没有十分艰难。然而只是自己解放了下来，并不见得十分有价值。要解放有价值，只有望全社会的人先后尽数除这个束缚。所以着手的方法，虽然由自己做起，不能做到自己解放为止。并且从自己不用社会束缚来束缚他人做起，却不能做到不束缚他人便止。所以说，我解放了某人，同某人解放了我，是不相宜的。只可说某人同某人，都由社会束缚解放了，而且要真成一个男人不要特定的女人，女人不要特定的男人的生活,才可以算解放。如果只是把所谓夫权、同居权、扶养权、义务取消了,也不过是治标的办法。一定要把平日的生活和婚姻制度相连的——性欲、孕育、家事(包含炊爨等)——诸男女分功问题,一一能下解决,始能算做解放。不然,总是一时的,不健全的现象,是不可以长久的。要这个条件具备,就是对社会的问题,不是对人的问题了。社会如果是一般的束缚不去,你这一两个解放了的人,断断不会被人欢迎的,一定还要受许多精神上、肉体上的迫害。解放了的人,还是要忍耐特别的痛苦。如果只是为自己打算,还是不解放的好了。至于因为某人不便当,就想离了某人,等到有别人便当的,又去束缚起来了,那只可以叫做自己背叛自己的良心,更说不上解放的话了。

第三,男子解放与女子解放是不是两件事?如果以为男子解放女子,女子解放男子,那当然是两件事了。如果社会解放男女,那就不见得是两回事体。光佛先生说,男子紧紧束缚女子,女子也紧紧的缠住男子,两下死不放手。这一层似乎都是表面的事情。再进一层看,就是社会生活,弄到这个人只可望一条路上走,男的不束缚这个女子,也要束缚别一个女子;女子不缠这个男子,也要缠别个男子;结局还是不解放。所以要解放,必要把同这种束缚有关的许多分工的问题,替自己重新立一个秩序,才可以解放。这个新秩序立定了,就是把男女的束缚,同男女的分工离开了,把社会的一般生活,同附着在那里的男女束缚分开了,那就似男子解放同女子解放是一样的事情。如果男子解放完了,女子的解放也就完了。女子没有解放完的时候,男子断不能算是解放完。

第四,解放是不是傲慢呢?如果是从一个人对一个人说,或者擅称解放,未免太过荒唐。但是我的意见,似乎解放完全是由社会的束缚解放下来,男人女人,说的听的,都是被解放者,尽可以不必客气,也用不着生气,不是能解放人的算有本领,受人解放的就不中用。所以从前我看见有许多力争打破同解放的两个名词,我以为很可以不必。就是苍园先生讲的女子神圣,我以为也并不比解放高了。因为我所看见的解放,是男女都受解放的。说神圣,就两边都神圣。不然,便大家都不神圣也可以的。我们还是不分阶级的好。

原载于 1919 年 11 月 9 日《星期评论》第 23 号。▲

伯达铁路之过去及将来

第一节 导 论

伯达铁路者,自土耳其之君士但丁堡对岸之一点起,以迄于的格里河岸之伯达 Bagdad①,又延长以及于同河下游近海之巴士拉 Basra,暨其他枝线之总称也。此铁路自身既已横于最富历史之小亚细亚之上,而又益之以自伯林至君士但丁堡(巴山丁)之铁路,与相连续,因之生所谓德国之三 B 政策者。而此次欧战虽不以此铁路为构成之直接原因,而其日前驱使英、德、俄、法、奥各国感情日恶之效果,与其不绝对于英国制伏波斯保存印度独占利益之计划,加以威吓,皆使战争为不可免。英国帝国主义之实现,与俄国南下,德奥东渐之三政策,于此一铁路生不可避之冲突。故此铁路实为使英、俄、德、奥终不得不战之事实,而其祸抬则土耳其人自召之也。

---

① 伯达,今译巴格达。

　　自土耳其占领君士但丁堡以后，欧洲人与东方交通之路骤绝，于是始有多数人民热心求达印度之航路，因之引起新大陆之发现，驯至为世界的大变动。此数百年间，小亚细亚之情况，殆与文明国人隔绝，不相关涉。虽然，当君士但丁堡未陷落以前，小亚细亚固为历史上最重要之地，世界一切文明之所自出。凡所谓巴比伦、西里亚、亚西里亚、埃及等古代文明国，昔发祥此地。降而为波斯、阿拉伯等。一方其支流遍于全世界，即吾中国民族，人亦认为自小亚细亚来者也。古代亚历山大之东征，其所经由之路线，即为此伯达铁路计划师导。此铁路所经地区，大半为亚历山大所曾经者。而中国古代与欧亚交通，常以波斯为中介，其所经之路，当亦即与此铁路同符，否亦必为平行相近之线也。总之，自君士但丁堡以至波斯，为欧亚交通之孔道，而塞于四百六十余年以前，欧亚之交通，始由陆而移于海。其在当日，交通海迟而陆速，海难而陆易，不得已而求通路于海者，土耳其人使之然也。此四百余年之间，海上交通日益加速且易，而在土耳其丸泥所塞关门之内，往日通衢，今乃几为世人念虑所不及。盖自小亚细亚入土耳其人之手，而其进步完全停滞。六百年前最繁盛之区，今不复留其影。是则土耳其对于世界之一大过误，为人类之一大损失。而吾中国所以数百年间不能与欧洲共进步，亦有由土耳其闭塞此关门致使然者。使印度及中国与欧洲交通不绝，文明可以互换，则东方之衰落或可免，而世界为公道而战之力，亦可大为节省。盖凡罪无大于以独占阻碍世界进步者。土耳其所占之地尤要，故其影响弥多，而其自身受祸亦弥惨也。

　　自此一点而言，则伯达铁路可谓为世界通路之再开，可谓之今后小亚细亚文明反老还童之机会，可谓之土耳其之补过，不特无害而有大益者矣。

　　然而凡公之而以为世界之大利者，一加以独占之性质，遂成为世界之大害。德、奥两国以其生齿之繁，四境之蹙，强邻四逼，惟有巴尔干半岛在土耳其及其他小国势力之下，有日耳曼人发展之余地，故"向东走"一语，为德、奥人共同标揭之训条，实其经济状况迫使之然也。同时俄国又以其一亿有余之人口，需得一通公海不结冰之港，以为其输出入之咽管。故其始则求得制达达尼海峡，继欲出于波斯湾，又欲伸之于黄海。及失败于日俄之战，遂又反求之于君士但丁堡与波斯湾。要之，南进之计划，为寒地人民所必有；通公海之港，又为大陆国所必须。俄国之南出小亚细亚，兼窥波斯者，又必不可免之数也。英之帝国主义托根于印度，于英国而除去印度，则等于去势。故英国为保护印度计，无微不至。在印度之东北，则为中国西藏诸地，正北则为阿富汗斯坦等，西北则为波斯。英国既得握有缅甸，而圈西藏入其势力范围，东北可以无忧矣。而帕米尔高原以西，则英国势不能不为印度设为门户。而此种门户固又引起他国竞争，在波斯湾附近则为尤要。何则？英国之帝国主义，以其所谓三 C 政策者表现之。三 ℂ 者，一加里吉打 Calcutta①，二开罗 Cairo 三吉当 Cape Town（即好望角）也。英国既决以直贯非洲之铁路联结吉当与开罗，又拟引长之而保开罗与加里吉打之联络，此联络当然跨有苏彝士运河、阿拉伯及幼发拉底斯河流域，以及波斯湾。故英国兰斯当公然演说（一九〇三年时为外交总长）谓："波斯湾当视为印度国境之一部，无论何国，有欲在波斯湾设海军根据地及要港者，即为无视英国之重大利益，英国不得

---

　　①　加里吉打，今译加尔各答。

不断然反对之。"不特此也,土耳其对于近波斯湾之幼发拉底斯、的格里斯两河下游诸地,久失其支配能力。印度总督乘之以与其土酋结约,而为之保护。凡此诸地区,皆为英国遂行其帝国主义所不可缺者。故三 C 政策与三 B 政策为性质上不能不冲突者。俄国之南下,又为此两政策所惧与不相容者。论其引起世界纷扰之罪,三种政策,当均尸之。而伯达铁路问题为最后起,又其经营此路,实有绝大之陆海军力在其后,所以尤易引起人之注目,而为众谤所归。重开世界通路之功,遂不能敌其独占世界通路之怨,故知专欲为难成也。

伯达铁路既有如是之性质,故自土耳其视之,所谓含珠怀璧,无益有损。而自德人言之,亦不无罪均而祸独之感。但当知凡独占地球上之利益者,皆有其必至之殃。而独占之后,又不能尽其力,使稍有以为人类益者,其殃弥重。即以伯达铁路为鉴,足以深儆中国主张囚锢天然利源一辈,及欲以其智力巧诈占取中国利源而独享之之人矣。况此问题之经过,与其将来之趋势,均与东亚有大关系,而为中国人民所不留意者,则详述而论评之,非无益也已。

第二节　开战前之伯达铁路问题

战前伯达铁路之历史,略可分为三期。即:

第一期　自安那多利鈇路公司之组织,至伯达铁路契约之公布;

第二期　自契约公布至俄德间妥协之成立;

第三期　自俄德妥协成立至开战

是也。第一期主由英、俄冲突之结果,而使伯达铁路增加政治的意味。第二期由英、法协商已成而合力以防制德国,使伯达铁路进行中止。第三期主由英、俄各有亲德之计划,而德国亦允让,故铁路之建筑得迅速进行。各时期皆有特色,犁然不相混杂。

第一期起于一八八八年,是安那多利 Anatolia 铁路公司,得土耳其政府许可,建筑自喜打巴沙 Haidar Pasha(君士但丁堡对岸)以迄安哥拉 Angora(土耳其前首府)之铁路。此路共长五百七十六基罗米突,由土耳其政府担保其每年每基罗米突获利一万五千法郎。此铁路公司之资本,初有属英人所出者,而其后亦为德国银团所买收,于是全为德国公司矣。其路以一八八九年始建,至一八九三年而完成。次又由此路之一点依士基雪 Eskisehir 引一枝线至康尼亚 Konia,其担保为每年每基罗米突一万三千八百余法郎,以一八九三年结约,而以一八九六年竣工。是时土政府又许此公司,将安哥拉线延长,经开沙里 Caesarea 至地亚碧 Dearbekr 及伯达。而未几德皇自访土耳其之苏丹,乃改择自康尼亚,横绝太劳斯 Taurus 山脉,经有名之西力先隘口 Cilician Gate 再过阿马奴斯 Amanus 山脉,东至摩色而 Mosul,又折而南,以达伯达。此线几经踏查之后,遂于一八九九年订立草约,至一九〇二年更正式订约公布。而安那多利公司以资本未充故,另组织一伯达铁路公司,而悉以所有权利付之。据约,伯达铁路公司不仅有权筑至伯达,且可展筑至伯达下游五百余基罗米突之巴士拉 Basra 地方。此外另有重要之枝路三条:一条与通波斯之铁路相接,直达达希兰 Teheran①(波斯京城);一条

---

① 达希兰,今译德黑兰。

至打马斯加斯、麦地拿、麦加等地；一条通波斯湾海边之一点。此铁路全长三千基罗米突，另有八百基罗米突枝线。故其铁路虽仅以伯达为名，而实为自君士但丁堡对海，直达波斯湾。又与波斯之铁路相联之，将来可由中亚细亚铁路系统与东亚铁路相联接，其重要已可见矣。

当时德国之经营此铁路，本拟采迤北一线，即自安哥拉延长者。此线于经济上减少穿两重峻岭之困难工事，固当采用。即以政治论，以北边一线归德人手中，而留南方一线，起自地中海岸之亚历山大湾，经亚利宝 Aleppo，沿幼发拉底斯河，以达伯达者，以待英国，则争端可息。而伯达铁路将有大益而无小害。然而卒至变更者，则英俄两国，各不能辞其责也。

英国在德国未着手以前，久有经营横贯幼发拉底斯流域铁路之计划，一八七二年已在国会委员会中审查此计划矣。以是时苏彝士运河权为法人所握，好望角之航路已不能继续，乃思自地中海设一铁路达波斯湾，以为英国商业之通路。计划既已略定矣，而苏彝士运河忽离法而入英国之手，铁路之迫切需要既已消灭，则其计划亦束之高阁。以为既有支配此苏彝士运河欧亚捷径之全权，已为安堵无虞矣。所以德国经营小亚细亚铁路之际，英国仅能主张的格里斯、幼发拉底斯两河之优越权，而于铁路自身，英国本无所谓既得权也。

在他一方面，俄国以其欲得海口于波斯湾之故，先须于小亚细亚之东部北部，立一根据。故德国公司所计划延长安哥拉之线，即侵入此种地带。更恐有事之时，土国利用铁路以运输军队，威胁及于俄人，俄之在亚美尼势力范围将见摇动，故竭力反对此案。使不经由地亚碧，而采延长康尼拉之迤南一线。明知此线在德权力更增,必招英之反对,顾斯时俄人憎英过于憎德,而又思驱德敌英,己能坐收其利,故力破坏其北线也。

在当时英人亦非无引入德人以敌俄国之意,一八九五年六月,英之沙土布雷首相向德帝谋瓜分土耳其。次年又向俄国协商,拟允俄占君士但丁堡,而使俄承认英国在埃及之主张。此即以君士但丁堡为饵,而斗俄、德之策也。而此两提议俱不见容,德国遭俄反对,不与之争,反徇俄之意,改其铁路,侵入幼发拉底斯流域,此固英国豫计之所不及者也。即草约未定时,英国人视之,犹以为不过一普通铁路,不逾伯达而南下,则一日不达汝斯湾,终不能摇动英国之地位。何则?以铁路载货至伯达,易船运至波斯湾,又换大船出海,换装两次之烦难,及水程之不利,可使印度贸易不经此路,英国独占之权自在,政治上、经济上皆无忧也。及夫草约发表,始知所谓伯达铁路者,不特延长至于巴土拉,且有一路线直至波斯湾海边,则英国地位之危险立见,而举国反对之。然而晚矣。

以英俄互角之结果,各思以德国为制御他人之具。而结局使本为以经济理由而建筑之伯达铁路,今变为政治的意味。彼土耳其自身之思料,又以为德人可信,英人可疑,于是益使德国之计划易于遂行。盖是时,英国已以沿海酋长置之英国势力之下,而迫土认其自治权。所以土人心目中,以为英国地中海波斯湾间铁路若成,不啻尽划自西里亚以至米梭波打迷①之区域,离土耳其之手中,因之不愿其实现。益以英国沙士布雷两次对德、俄提议处置土耳其,更害土人之感情,而德帝因之自诩为三万万回回教徒之良友矣。故伯达铁路之有此结果,由于土耳其对英感情之恶,与主权丧

———————

① 米梭波打迷,今译美索不达米亚。

失之实例,逼迫而成。至一九〇二年正约发表,而英国始悟,乃着手于其沮止之运动。

自正约公布伯达铁路公司成立以后,入于此问题之第二期,而其显然使工事进步迟延者,则归于伯达公司建筑所需之资金问题,与土政府担保财源之加税问题。

自康尼亚至巴士拉之干线,分为十二段,每段约二百基罗米突。当时伯达铁路公司资本,定额为一千五百万法郎,而只交半股,所有建造资金,皆取之债券。其初德国豫计全路须用三万五千万法郎,决非德国财力之所能独支,故声言以为国际的事业,请求英、法资本家共成其事。然德国本已以此公司为不容外人操纵者,依其所规定,德国常能占董事局中多数,然则英、法之资本虽参加,而实权自在德人之手。所以英、法两国皆不满意,而两国之下院,直以此攻击政府。其时英相巴科已有应德国请加入该企业之意,而议会反对,迫使不敢有所为。法国下院更提议禁止以伯达铁路债券在法兰西交易所定价。当初德国提议,英、法、德各出十分之三,其余十分之一则求之他国。及英国不就,又与法国议各出十分之四,而留十分之二以待他国。意盖期之俄国也,然其计划亦不见容。其后久之,法国人民始自由投资占有资本十分之三,其时德人占十分之四,其余则瑞士、奥大利资本家及银行共出之。盖伯达铁路之顿挫,直接受英、法反对者在于资金调达一点,明也。

而此铁路之建筑,更有其他资金上之困难存在。盖当时约中所定,每段二百基罗米突,限发行五千四百万法郎债券,而每次只能发行一段之债。所以第一段虽能如期竣功,而第二段即生困难。盖第二、第三两段,为穿过太劳斯山脉之工事,第二段需费七千五百万法郎,第三段需费四千万法郎。故以第二段论,实不敷二千一百万法郎之巨额。即加以第一段盈余之额,所欠尚多。而债券发行,又不能得等于额面之数。所以无从着手建筑,乃要求土政府更改分段计划。除已成二百基罗米突一段以外,从距康尼亚二百基罗米突之布尔孤利 Bulgurlu 起,至距摩色而不远之依而希里夫 Al-Hillah 全长约八百四十基罗米突为一段;又自依而希里夫至伯达约六百基罗米突为一段;如是则可以一时卖出多额之债券,以应所需。土政府卒至一九〇八年六月,始允伯达铁路公司之请。而工事仍未进行,则以土政府担保之财源,求诸国债监理(外国投资者所要求监督土耳其财政、保护债权者利益而设之制度)之拨支者未至也。至一九一一年始以此八百四十基罗米突一段,与六百基罗米突一段,同时建筑。而是时俄德妥协已成,入于第三期矣。

在土耳其一方面,既担保此每年每基罗米突一万余法郎之获利,则不可不有豫备之财源。土耳其乃求之于关税与国债监理二方面。其在国债监理所管收入,已由德国之尽力,得割取其一部,然而不敷尚多。铁路所经地方虽本丰饶,而自归土耳其管理以来,已成荒废。改良发达,要有其时。而在铁路经营之初年,必然亏折。所以土耳其政府之担保债额,实属非常之重。主要之财源,仍须求之于关税。于是土耳其以一九〇五年提出将值百抽八之关税,改为值百抽十一。英国力为反对,俄国亦助英国。至一九〇七年始允土政府之议,而仍加以制限,令只得用于改良马其顿地方之目的。土耳其政府始终不能得关税一钱以助其担保财源也。所以第二回之债券,仍以国际监理所生收入移为豫备金。

是时英俄两国合力以助长马其顿之独立自治,且有再谋分割土耳其之风传,而又有此干涉财政之举,更加以一九〇一年英国强迫土耳其使认古惠 Kuwait 等地实际之独立,令土耳其有不可终日之势。此种外患益使土耳其人民急于改革，遂有土耳其革命之一事实。土耳其革命为少年土耳其党所主持，而德人说以改良军队，布设铁路之必要，适与少年土耳其党之主旨相符。故革命之后，德国在土耳其之位置，尤为有利，而伯达铁路之诸难问，自此渐解。此即第二、三段铁路债券所由得发行也。

当此前后约十年之间，英国联俄、法以制德国，其手段一见于妨害铁路公司之募集资金，一见于妨害土耳其之增加关税，其效果皆极显著。在英、俄各为其立国之根本政策，事有不得不然者。至于法国，则实为事势所驱而已。法国在地中海沿岸西里亚一带，久已握有铁路建设之权，其投资之额在二万万法郎以上，故对于伯达铁路落入德人手中，自生不满。然为法国根本利益计，决不必出全力以争之。其激于一时意气之行为，终不能为适当不可免之事。故第二期之尽力反对德人者，仍是英、俄两国。

自土耳其革命后，德国在土外交地位已极稳固，而摩洛哥问题，则为英国所屈，乃交欢于俄。一九一○年德帝与俄帝会见于扑兹担 Potsdam 地方，即以和解之目的来者也。其结果为一九一一年之协定，俄认德之伯达铁路计划，德则认俄在波斯北部设铁路，并与伯达铁路相联络。于是伯达铁路问题急转而入于第三期。在英、俄协定，已认北波斯为俄势力范围。即俄、德有此协约，对英本亦不为无信。但此计划实现之际，俄国交通既便，侵入波斯及阿富汗斯坦，比英国容易数倍，而英国在小亚细亚、波斯湾方面乃成为孤立矣。

不特此也，法国之反对德国，本为欲得小亚细亚及西利亚之利权而来，所以德国不肯退让之际，尽可以使土耳其更奉纳其他利权补之。当时土耳其欲将关税再加至值百抽十五，以为担保财源。

法国即要求若干条之铁路，以为交换，而成一九一三年之协定。更于次年，法、德再为协定，法国承认德国之铁路政策，且让出其伯达铁路之资本以与德国；德亦承认法国自西利亚东行达幼发拉底斯河城之一铁路，暨其他铁路之敷设权。于是俄、法之沮害均止，而伯达铁路之进行日迅。

当是时，英已处于孤立地位，而一面土耳其允英之要求，确认其在波斯湾沿岸之势力，且放弃沿海地方之三权，或统治实权；又以米梭波打迷灌溉工事，委之英人之手。一方伯达以上之线路，德人虽并力此工；而伯达以下至于波斯湾一节，始终不动，亦为德人豫期和解之一证。于是英国以完全保有波斯湾之势力为条件，而与德国妥协，以成所谓伯达协定。

作伯达协定，以一九一四年六月十五日成立，其去英、德宣战，不过四十余日而已。故其现实之效力，殊不足言，然其所包含条项，皆为历年争论之归宿。故举其要项六事于左方，以结束战前之争议。

此协定第一规定选任两英人为伯达铁路董事，以监视关税之配分平等。而英国放弃参加伯达、巴士拉间铁路投资之要求。此为英国对于德国之让步者。其初本有以伯达、巴士拉间归国际共同经营之说，德不允也。

次规定以巴士拉为伯达铁路终点，而以萨依阿拉布 Shat-el-Arab（幼发拉底斯及的格里斯两河合流）河口之浚渫，与巴士拉以南之自由航行为之条件。此为德国对英之让步，即不复主张延至波斯湾边之枝线之权利也。

又次规定巴士拉、古惠间之铁路，当以为国际铁路经英国之承认而布设之。此与前项均为德国之让步。盖古惠实为德国所豫先选定之铁路枝线终点,而此地为英国所必争者,故仅以浚渫河口、航行自由及铁路国际经营为条件,而放弃此最必要之海口终点。

第四规定巴士拉筑港资本之分担,为英四、德六。

第五规定的格里斯河航行资本分担,为英占二分一,德、土各四分一。

第六规定美梭波打迷油业资本分担,为英占二分一,德、荷各四分一。

当此协定进行之际,土国增税财源,既有把握;各国反对,逐渐缓和;而铁路工作,遂得兼程而进。当一九一四年开战之际,布尔孤里至亚丹拿 Adana 之间,最难之凿通太劳斯山工事,仅余四十二基罗米突未通;而自伯达以北至沙马拉 Samarra 之一百二十基罗米突,亦已竣工。盖第一段告竣至第二段起工之间,相距七年,皆为英、俄、法之阻挠而坐耗时日。及其开始妥协以后,工事始得锐进也。顾此种妥协,在一部分往往深惜其适订立于最不幸之时,无由缓和列强感情,使战争可避。然以上所推论观之,可知英国之让步,出于不得已。而一面于近东不反抗俄之君士但丁堡侵略政策,使俄、德始终为一南一东两线相交,其冲突之旦晚可见,事本易知。一面又于波斯方面,引德敌俄,以免印度之北顾。此种牵制政策,只可敷衍一时,决非恒久之计。在土耳其,则热心于国内统一,故欲沿此铁路线以配备其新练之兵,以为镇压内乱巩固国防之计。在德国,则以为其过剩人口,必须移民之地,惟小亚细亚地旷人稀,当然可以为之尾闾。此铁路即不啻其移民之脉管,因此对于土耳其境内之优越权,必日见长大,而仍为招忌之根源。然则前之妥协,不过一时休战之形,不可以为长治久安计甚明。即其订立不迟,亦殊不足恃也。

第三节　开战后之伯达铁路及其现况

　　英国伯达协定以六月十四日成立,而英、德以八月四日宣战。前此种种协定,至此一切推翻。开战未久,土国已加入中欧方面,布加利又继之,故德、奥以伯达铁路为其东进之要道,日夜以其全力加急展筑。至于材料不足,则毁他既成之铁路用之。此铁路中,布尔孤里至亚丹拿中间,通过太劳斯山脉最难之工事,已于一九一五年末有完成之报告。且第二段工程继续进步,筑至尼诗宾Nisibis东南三十英里之处。自该处至摩色而,不及一百英里。而摩色而至沙马拉,亦仅二百六十五英里。统计伯达铁路未成之部分,不过三百余英里而已(美国小宅斯多罗博士所著:《战争与伯达铁路》,一〇九页)。

　　虽然,一国所恃铁路之用,固在其全部之开通,苟其不能全部开通,则其效用已大减杀。开战之初,英军即于米梭波打迷地方进攻,曾有一次深入,被土军包围,以致全队降伏。然自一九一六年末以来,再得优势,占领伯达,将以为根据,略定米梭波打迷全境。自是以后,土军于此一方面,绝少进出。而英国兵力,亦不能上溯以及于两河上游。此役结果,遂使德国不能不抛弃其利用伯达铁路以规波斯、印度之宿望。盖使伯达铁路全线,能于伯达未陷落以前开通,则德国可以利用之,以发挥其内线作战之特长,移欧洲战场一时不甚必要之兵,于短时期之间,送之于伯达,以优势之兵力,击破英之上陆军。然后可以其全力,略定波斯,进规印度,即英国之根本已危,而大局必立见转变。今日之讴歌协商国者中,安知其无化为军国主义之崇拜者耶。故使开战之时,德国此路已全通者,印度、波斯之回教徒,必与土耳其之回教徒,归于同一之支配之下。乃以德国资本之不能如意,土国担保力之不充,助成英、法、俄反对伯达铁路之运动,使全线工程停滞七年,真协商国之大幸也。

以此一铁路之成否,生此全球大战胜败不同之结果,可谓重要矣。然在一般观察者,固以为此仅德国握之为有益。则德国不成功之日,即伯达铁路之政治的性质,从此消灭矣。顾吾以为问题方自此始,未有已期,未遽可以斥而不论也。德国之所以利用伯达铁路,而行其所谓三 B 政策者,固以伯林为起点,而藉君士坦丁堡之助,以达伯达也。今日之伯林与君士坦丁堡,已非昔时,伯达铁路,又已离土耳其与德国之手,则德国之问题,可以止矣。但此贯通小亚细亚孔道之铁路,则犹是也。在甲国之手,能威吓于乙国者,归乙国之手,亦未尝不可以威吓于丙国。伯达铁路之为重要,固无异昔日,抑恐加甚焉。

此次和约中,关于铁路之规定全文,尚未得见,所可见者,仅零碎之报告耳。掇拾整齐之,则大略为对于德国,要求其承认协商对土、布两国所协定关于德国及德国人之权利、特权及所有权各项。对于土耳其,则要求伯达铁路归国际管理。然所谓铁路国际管理者,究竟仍归于委任统治国之实际支配而已。故研究此一节,又不得不入于亚细亚土耳其如何分割之问题矣。

依现在所知者,则于亚拉伯方面,英国保卫之下,有希查士 Hedjaz 王国成立。其次,则巴列斯丁 Palestine 之统治,委任于英国。叙利亚 Syria 之统治,委任于法国。米梭波打迷,委任于英国。土耳其则仅留安哥拉以为其首都,统辖其附近之地,余地分别委任合众国、希腊、意大利统治。故伯达铁路全线所经之地,已分归数国统治,疑若不复能发生问题者。但须知自伯达铁路与德国绝缘以来,其重要之部,移而在东南一节,而亚历山大湾与亚列宝两处为尤要。前者为西泊拉斯岛 Cyprus 对岸之地,后者则经由法国所经营之铁路,过叙利亚,以入巴列斯丁,可与英国统治内之铁路系统联络。夫西泊拉斯岛既久为英海军根据地,其对岸之伯达铁路支线终点,即不啻英国着手经营之根据地。而此巴列斯丁铁路者,又英国三 C 政策中之一段。英国既统治巴列斯丁,则开罗至巴列斯丁之铁路,当然不久可成,而仍借法国所经营之铁路为之助,以接于伯达铁路,然后开罗、加里吉打之线可以完成也。则易主后之伯达铁路之为重要,可知矣。

第四节　伯达铁路之将来

夫叙利亚之铁路既属法国,而伯达铁路现亦有一部归法国人管理(十一月中旬电报所言),则所以增伯达铁路之国际性质无疑。但以今日英法间之关系言,法国必不愿为沮塞三 C 政策之当门芳兰,自生纠葛。所以伯达铁路东南一截,吾人当然可以认为英国东方政策之基线。而波斯与英国之间,亦既成立协约,以铁路归英、波合办。然则前此德国与土耳其所约,直通达希兰之枝线,当然可以由英国经营。不特此也,俄国从前与德国协定,自汉尼巾 Khanaqin(波斯边界)与伯达铁路接线之权,及俄人自汉尼巾至达希兰旧有铁路之权,今后亦必无从主张。故波斯一段,英国已得独占之权。自波斯而东,其南枝则必通俾路芝斯坦或阿富汗斯坦,以达印度。此所以庆三 C 政策之成功也。其北枝则可由俄领土耳其斯坦,以达中国之新疆矣。

吾人未尝不认加里吉打线之重要,然以为万不如此北线在世界将来关系之巨。且以中国论,尤为当冲之中国存亡问题之中心。虽此线将来是否如吾所豫期以实现,尚不可知。而其可能且必要,可得而言也。

就伯达铁路本身言,其困难之工事,既经完成,独余此三百余英里沿的格里斯河边最易之工程,当然可于一二年内完成。波斯界内,自汉尼巾至达希兰,自达希兰至灭歇 Meshed 两路,本俄国所经营,又无难工事,其易于着手,无待更言。自灭歇以至阿富汗斯坦之希拉 Herat,不过二百英里。希拉至康打哈尔 Kandahar,则阿富汗斯坦原有之孔道,自康打哈尔起,现在既有通印度之铁路。所以此一线,为无论如何必于短时期间成就者。盖单以通印度完成三 C 政策而论,此已必为其正当便宜之路线矣。

如想象其更经营北出一线,则可推定其必于灭歇地方分枝。自此以至俄领土耳其斯坦边界,距离极近(约在百英里以下)。而俄领里海铁路,则接近波斯边界筑之。联络此两处之工程,不过一百英里,又在极易施工之地,此决非英国所难者也。俄国之外里海铁路,则以离喀什噶尔约二百英里之安的删 Andizhan 为终点。故欲由中国赴新疆之西北部者,以经大连乘南满、东清、西伯利铁路,再由中央亚细亚铁路(俄国领内)转乘此外里海铁路至安的删,再逾葱岭入喀什噶尔为最便。比之由中国内地旅行,省时十倍。可知卧榻之侧,他人早已鼾睡矣。而英国以防遏俄国过激派之故,已出兵于土耳其斯坦(日前曾有俘过激派数万人之电报)。则此后英国即无侵略之意,亦须保波斯、阿富汗斯坦之安全。过激派而败者,他政府代立,亦不能不应英国之要求也。若其犹存立也,英国更不能不致力于此路矣。故外里海铁路不能不认为将来英国所欲支配者。然则英国欲自地中海海军根据地之对岸,筑铁路以达中国新疆之喀什噶尔者,不过于应筑之线外,加筑三百英里而已。中国人之于伯达铁路,尚可以隔岸之火视之乎?

凡上所述,皆证其可能而已。此铁路不特为可能,抑且于中国,于英国,于世界,皆为有益且必要者。所当注意者,不使其蹈伯达铁路之覆辙,使有益者变为大害而已。

盖依中国实业发展所要求,将来决不能但以海上交通为满足。而依吾人所主张,发展西北方,开辟蒙古、新疆之处女地,以为农园之计划。将来此新开发地方之交通,必要求一能与中亚细亚、小亚细亚脉络贯通之铁路。此吾人所以豫期将来中国西北铁路系统完成以后,仍须与此伯达铁路接轨也(见孙先生发展实业计划)。从来顽固者,对于铁路,深闭固拒,非无丝毫理由,要不免因噎废食。对于国中铁路建筑之恐怖,此二十年间,略已消灭。而对于国外,国人尚多未释然者。实则苟使中国能获适度之发展,不受一国之羁轭,完成此西北建设之大业,则决不患此伯达铁路之将来,能与中国以恶果也。

更从英国方面而论,则此铁路既有经济上之意义,复有政治上之意义。自经济上言之,此路固使英国新得管理权,及所保护诸地之经济的发展,容易使米梭波打迷诸地与中国腹地接近,互发挥其经济上之优点以相辅。其在东亚贸易之地位,因此更形巩固。其铁路所经之地,统计起于地中海岸,横贯亚洲大陆,以迄中国北方新港,所经之地,均为温带。除极短距离以外,皆在北纬三十度至四十度之间,远非西伯利铁路全在北纬五十度以上者可比。则其开发之结果,为所经诸国之益者,结局还以为英国之益。直接间接,其归宿不殊,事至明显。由此而论,则即使外里海铁路仍在俄人手中,为相互利益计,英国亦有经营此线之必要矣。从政治上论,则英国既收波斯铁路之权,以完成其三 C 政策,则于此横贯全亚铁路之握有,遇如此易于着手之机会,若犹以悠忽之态度出之,万一落他人手,即无异昔日得运河而忘铁路,覆辙不堪再蹈,前事具在,英国人必不忘之也。故当此易为之时,单以政治上之理由言,亦不得不谓英国有经营此路之必要。

更离一国之观察点,从世界方面着想,则此铁路实亚洲地的复活之第一要着。夫以三千年前论,欧洲之都市,农工业远在亚洲之下,其时仅地中海沿岸稍有可观,而亚洲则东有中国,西有小亚细亚诸国。以其地论,亚洲固先辈也。而自希腊兴后,欧洲得相当之开发。文艺复兴以后,更见长足之进步。亚洲则中国方面,固无进步之可言。小亚细亚,亦日就消亡矣。此无他,交通之杜绝,即为土地之窒息。窒息之土地,必归于枯槁。虽以文明之所自出者,不能免也。土耳其惟使小亚细亚窒息,故自致衰亡。中国亦惟自窒其息,故终无进步。而自汉通西域以来,二千年间,强者则以征服相尚,弱者则闭关尚虞不能救死,绝无经济的联络之设计。中国之文明,不能为西域诸邦得丝粟之益,此真亚洲之大不幸也。如使自汉时已开小亚细亚经济的通路,则此二千年间,亚洲全体,恃以为动脉,以灌输文明,以交换物产,必成一密切之自然的结合无疑。夫中亚细亚诸国之进步不速,固自不能无罪,而中国之但有侵略的领有,无开发的设施,实不能辞其咎。坐此失发奋之机会,遂为欧洲所先。此虽曰悔无可追,要亦当悬以为戒矣。而欧亚一兴一衰,即明在于通路一开一闭。苟使此铁路而完成者,此数千年陈死之土地,立可复得其活力,以贡其能力于全世界,岂非至幸。夫世界之偏枯的发达,固非吾人之利,亦非全人类之利也。以此铁路为亚洲之开发先导,其效果必远过于美国所赖于横贯大陆铁路者矣。虽以欧亚联络言,亦既有西伯利铁路,而不幸其建筑乃在苦寒荒瘠之地,绝不能于经济上有所裨。若比铁路而遹者,固远非西伯利铁路所能比也。

言其可能也如彼,言其必要又若此。故不论中国人之赞成与反对,将来伯达铁路展筑,必至中国边界。不特至边界而已,中国西北铁路,而不以次建就者,必复发生政治上之问题矣。夫此铁路之通,诚足以为中国与世界之利,抑又易使列国陷入于争此铁路敷设权之状态。苟其结果,使中国为今日之土耳其,而又牵欧洲一国或数国以为德、奥,斯岂非最可痛者乎,能不思所以豫防之者乎?

第五节 结 论

由上节所论,则伯达铁路之展筑至中国边界,中国西北铁路之成为问题,事有必至,无可讳言。所未知者,其将以此为中国福欤,抑为中国祸也?其将以此助世界之平和欤,抑以之召世界之大纷争也?择途于歧,端在智者。

吾固尝言之矣,罪无有大于以独占阻碍世界进步者。如土耳其者,于其闭塞之状态,而独占之,则必遇地之复雠。如德国者,于交通之途,而独占之,亦必遇人之复雠。创既甚深,鉴亦不远。为中国者,将奈之何? 中国之领有蒙古、新疆,远者数千年,近者数百年。其锢塞之,有以异于土耳其之锢塞小亚细亚乎? 将来假使有一国而独占贯通东亚之惟一要路者,其召世界之疑,以专欲犯众怒,其能免于德国之祸乎? 吾人不能禁人为东亚之德意志,尚可自奋不学西亚之土耳其。抑无土耳其者,固无德意志,虽有百伯达铁路,多多益善耳,岂能为世界之祸如是其酷哉! 故吾人今日第一当不使东方有土耳其。

土地者,人类(最少亦当以此为限)所共同享有者也。不可以为一特权阶级利益,而拒闭不纳其余。亦不可以为一先占种族之利益,而拒他族。此其为义,吾人当铭之心胸。中国向来论者,往往自身本无侵略之恶意,而不免受侵略学说之影响,以先占为正当,忘开发之义务。故其呼号,使人疑为不喻于真理,而亦不足以杜他人侵略之主张。盖认先占为正当者,未有能绝对排除侵略者也。即以中国论,汉族之侵入中国,虑不过四五千年,而人类之存在,则以百数十万年计。汉族未至中国之前,独无先占中国者乎。如认先占者为正当,以夺先占者所有为侵略,则汉族之得中国,固非以先占得之者也,以侵略得之者也。悖而入者,当悖而出,有何权利可言。如曰中国驱除苗、戎、夷、蛮诸族,而有此中国,与以文明,开发其利源,以为人类之益,有往昔民族所不知为者。平水土,驱龙蛇猛兽,有往昔民族所不及为者。是则逆取而顺守,可以告无罪。则吾亦尝闻欧洲人之言矣,彼谓非洲、美洲土人,不能开发其土地,以贡献于世界。凡欧洲诸国,所以求领有殖民地者,固以求开发其地,为土人所不知为、不肯为之努力,以为世界人类(全体?)之益,非有所贪于土地,非有恶意于土人也。然则吾之立论,无异欧人。而今日我所设施,又实不如彼。假其真置中国于分瓜之刀下,各取一环,然后以文化被诸东土,平心而论,得不谓之逆取而顺守乎! 若犹略其对于地之功,而独诉其对于人之罪,又何以解于自身逆取顺守之说也耶!

论至于此,则汉族几无容足于世界之理曰。吾人欲主张有生存活动于中国之权,不可不有除去此矛盾。试细察前论之缺点,则知其受病,在只知对于土地可以独占,不知对于土地人类应有共同享有之权。故一方面高倡国权,一丝一粟之利益,皆不欲授诸人。一面高谈公理,以禁人取一丝一粟于我。而此两者实不相容者也。今日欲脱离此矛盾,则应放弃此独占利益之思想,而自问其对于土地所尽力者何如。计功而食其报,不使贪得者攫中国自然恩惠,以为一族一国之私肥。亦不使坐贪天功者,锢蔽自然,为全人类进步之障碍。如此则吾人主张生存于中国,可以无愧。对于一国欲来侵略者,亦可以有拒之之理由矣。所以欲保有生存于此土地之权,惟有尽其对于土地之义务。土地以其自然之力,使人得所资以生。人亦为土地益求发展其力,以为世界人类之福。人地相须,人始可以主张生存活动之权也。独占无权可言,而拒绝侵略,则有权可言。

既明此义,则知一国拥有如许领土,任其广大,荒而不治,此其罪正与贵族画地为囿,以供射猎,而使人民无地可耕相等。国中有此贵族,则必以法律禁其弃地无用,甚者当没收之,以为民食作计。世界中有此国,亦必为天下所共注视,苟有一隙,必夺其地而开发之。侵略之事,虽发于人,其所以招致侵略之原因,固在自国。夫土耳其之治,则有然矣。故欧洲诸国必欲代为开发其地,始有此惨剧。夫土耳其之为国,果须此小亚细亚诸地乎,未可知也。而以有此地而未开发之故,适以招人之窥伺。所谓怀璧其罪,象齿焚身。

彼其地不为土耳其人之益，乃反为其害矣。土耳其人正以领有此地域之故，不免于为此战役之牺牲，此乃向所谓地之复雠者也。

因土耳其之以闭锢为独占而生问题，又因德意志之以交通为独占，更使此问题恶化。且如伯达铁路，初组织时不出于握有过半董事之策。公开其经营，则英国于伯达至巴士拉一段铁路，尚肯让德国经营，单以巴士拉至古惠一段国际经营为满足。岂有自初德国之经营此铁路，完全以经济的眼光，定其计划，而至召一般之反对，酿成此大战争者乎？德国纵不握有伯达铁路之权，同时此路亦不为英法所专占，则德国与东方之平和的接近，何尝不可以为中欧之利。必出于独占之策，则德国之为计左也。夫土耳其之开发，能为世界之益，而沾丐德国尤多。虽无独占之事实，德国固已有利矣。必欲绝流取鱼，自然黄雀在后。从前世界以开发土耳其自任者，均将起而攻此开发土耳其之人，岂有理之可喻哉。于斯时也，人之复雠，真无可逃。今后欲为德国者，必将食德国所食之报。自然之法，固无亲也。

宅斯多罗之论伯达铁路，最为公允。其言曰：

> 如使于德皇泛日耳曼野心未起，此企业之政治的目的未盖过商工的情况以前，此事项之"国际化"真能遂行，则欧洲各国在此历史的通衢之竞斗，可免也。则此通衢或已全为西方人开放，而拿破仑所创之功绩，于是可以完成。为世界之利——东方之所得利，不亚西方。一切国民，皆有其分矣。夫所谓国际化者，指欧美各国之组合而言。而其组合，非以统治东方，乃以与东方合力耳。盖全球重要企业之国际化，即为相互善良信赖之一保证。以凡分有其结果者，又皆觉其责任也。国际化所以使人省悟一国之利益，于他有关系之各利益相连

属,而不可分者也。……

　　新问题必起,而国际恐慌,必见于将来,与已往不殊。惟有取东方西方组合之精神,以弋彼征服统治之野心,可有安度此恐慌时期,不致牵率入于世界相杀之战争之合理的希望耳。

准此而谈,则此人的复雠之危险征兆,既为美国人二年前所暗示。即其解决之方法,亦非可但恃西方各国之联合,而望东方之奋发协力。吾国人于此,真不能不以真挚公平之研究答之也已。

吾不忍中国之为土耳其也,又深恐世界之尚有人欲继德国之后,而免其祸者也。历史甚长,胜败之形甚暂。欲为生活,而以无人能阻我独占为荣,以效尤为无伤,是自绝于世界互助之途也。谁能知其失败之不速且烈于德国也。

　　原载于 1919 年 11 月《建设》第 1 卷第 4 号、1920 年 1 月第 1 卷第 6 号。▲

朝鲜代表在和会之请愿

此次朝鲜代表金奎植氏,在巴黎和会,提出请愿书,请求离日本之束缚,改造朝鲜为一独立国家。其事不特耸动世界耳目,兼与东方受侮民族,以最大之刺激教训,实为一重要事实。我国研究者不可忽略者也。朝鲜之亡国,在中国几视为既定事实,而一朝突受世界潮流之感动,乃演此空前之悲剧。人种苟存,其力量可得麻醉,而不可得消亡,于此益可证之。而对于此请愿,欧洲人之态度,正亦在可研究之列。日本国民对于此之应付如何,为朝鲜人计,当采如何之方针,均属吾人所应知者。故略述其事实,加以论评。

其请愿书(由英文译出)全文如下:

敬启

(一)高丽民族有一定之国民生活及文化者,四千二百余年,为亚洲历史的一国家。此四十二世纪之中,大部分之时期,高丽享有国家独立(案高丽历史推源于檀君兄弟,谓其建国在中国古代唐尧之二十六年)。

经承认之高丽独立

(二)以日本、英国、美国、其他国家与高丽政府所定修好通商条约中,已经承认高丽之继续存在,为一独立主权国。在一八八二年五月二十二日,高丽与美国在汉城所订条约,切实声明有云："万一两国中有一国受别国不平或压迫,则以通知于缔约他一国,其国当以其尽力,使该事项解决有利,以示友谊。"又在一八九五年四月十七日之马关条约,日本要求中国确认:"高丽之完全独立自治。"在第一次英日同盟(一九○二年正月订定)协定,日、英两国承认且允保护高丽之独立。最后高丽、日本间一九○四年之攻守同盟条约,日本特别保证高丽之独立与保全。

高丽独立为国际的信认

(三)此等条约,不仅承认保证高丽之独立存在为一主权国也。实依于国际之权威与公认以为基础,而有一国家欲凌蔑之者,实难逃他国之干涉矫正之也。

日本侵犯高丽独立

(四)而日本实侵犯高丽之独立。当时日本政府——依于欺诈与胁迫——强逼缔结一九一○年八月二十二日之条约。以此条约,当时高丽皇帝称言以高丽全国主权并当时一千五百余万人民,完全永远让与"日本皇帝陛下"。

高丽人之反抗

(五)以其侵犯高丽主权,而以此一国并为日本之一省,故高丽人民曾经极力反抗,现尚不休。

(六)此种反对,日增日烈,以日本统治高丽所用方法使之然也。此其方法,实仿效普国之治东边诸省,及修列斯维、何伦斯坦(案此为德国前夺自丹麦者)暨珂尔萨斯、鹿林者而行之,无所宽容,不遗余力。日本于名义、于实际,均决定变高丽为日本之一省。其达此目的,则以惨酷之待遇,图灭绝爱国主义之根柢——爱国心、国语、国史。又独揽教育及财富二事,而资之以扑灭高丽人爱国心。

日本之独揽高丽教育及财富

(七)不论何种现代教育,苟超过一定程度,足以鼓舞寺内伯
爵——合并高丽之日本统监——所谓"危险思想"者,或则
全被禁止,或则于日本政府监理之下,为糟粕之教授。而
高丽学生即以自费欲求往学于欧美者,亦概被禁止。

(八)一切高丽富人,殆皆被逼用一日本支配人在其家中,理其
财产及其收支。而高丽人存款于银行者(其银行皆日本所
设),设非将用钱目的报告银行,则一时不能提回存款中之
巨额。

日本与基督教

(九)日本当局设种种方法,使基督教会在高丽之传道事业失
败断望,以为此实反对日本在此半岛之根本利益者也。而
用警察力以为之者尤多。即此岂不足见日本人在高丽所
为,实际视基督教为一大力,能阻日本在此邦政治系统之
成功乎?

日本人之高丽

(十)日本当局自称已加改良于高丽。然当记忆"改良之大多
数,以其价值论,可以于改良流刑殖民地见之"(纽约"高丽
迫害事件")。而其全数,固皆以高丽人工,及高丽纳税人
之财力,为日本人之利益,及日本之便利为之。而日当局
则为此辈,囊括高丽,以为消容此辈之殖民地也。

(十一)日本之统治管理高丽,全为宗主国的统治,如谓为私利
的国民统治则尤明切矣。除却以畜牧者主人视其奴隶、家
畜为其财产而爱护之之感情以外,高丽之公安,未尝入日

本政治之计划也。

反对全世界之日本

（十二）在高丽人民之困厄，固为要求高丽分离，解除日本对其
人民之束缚之直接理由。而又以世界重要利益有关（此中
法国亚洲之利益，与英、美两国在亚洲及太平洋之利为
尤），益使其有理由矣。

（十三）关于商业贸易，日本排斥西人在高丽之商贾。收从来
高丽与外国订立修好通商条约所与之利益，尽归日本商人
手中。其排斥西方竞争商人也，日本实继续甚久。而在昔
时，彼固僵守孤立。在今日，彼犹以此劫威，将排除西人在
东亚之势力，而以污渎之远东门罗主义适用焉。

日本之大陆政策

（十四）此固为日本甚长远之政治计画，而触及法国及英美重
要利益者也（而其继续并合高丽实为之显示）。日本以外
之国家之危险（英美法均在其内），无不在于日本之无际限
大陆政策实行一事。此种政策计画：第一，在统辖管理中
国之人力富源，以攫取亚洲霸权（以日本之保有高丽为大
陆上根据地使之可能）。第二，则支配太平洋以为惟一手
段，以求日本移民入澳洲、美国无限之门户。

实现之政策

（十五）日本之大陆政策，已于事实现出如下：

（甲）以其两次战争成功，使彼成为亚洲最大陆军国，恰似普
国再战再胜，而为欧洲最大陆军国。

（乙）以其并合高丽。

（丙）以其在南满、东内蒙，以日本代中国施其威权。

（丁）以其企图在和会中，求得承继德国所有及特权在中国
山东省中者，青岛亦包在其内。

（戊）以其逐渐支配中国，并其未开发之人力富源，归于日本
管辖。一切循用从前所施于高丽之方法，其名则曰"政
治必要"。

（己）又以其赤道北南洋诸岛归日本领有，使日本离澳洲更
近二千里，而以根据地与海军，实际统辖太平洋全地区
者也。

高丽之革命

（十六）以高丽人民对于日本之合并其国，及其天皇所委官吏
政治压制进行，为抗拒与反对，遂有此次高丽革命出现。
三月一日午后一时，高丽人民及国家宣言独立。此种独
立，以国民独立协会之形行之。此协会含有高丽人三百
万，而代表一千八百七十万在高丽本土暨中国、西伯利、夏
威彝及美国之高丽人，达其愿望与意志。宣言中有曰："求
得自由权，与吾人自身国民性格之不绝进展。以吾人置诸
改造世界之主义之下，求吾人之独立，拭去污损，驱除现在
为患者。贻吾人子孙以永久自由，而勿予以苦痛及羞辱之
遗产。此吾人之神圣义务也。"

革命之进行

（十七）高丽代表——以高丽国民独立协会及其他为高丽独立
而组织之各团联合而成之"新高丽青年结合"所派遣
者——屡接海电通知，报告革命之进行，与国民独立运动。
在巴黎于去七日，接经上海来之高丽国民独立协会通知，
其中一部如下："吾人以三月念六日开大示威运动于京城，

吾人国旗悬于城中山上。日本政府拓引参加者二百人。两方各有死伤。三南（即京城以南各省）逐日奋起。于东西伯利及满洲，亦行高丽人示威运动。"

高丽民国

（十八）同电又报告高丽临时政府之组织，其中包有总统、副总统、国务卿、内务、财政、司法、军务各总长。政府中有朴泳孝公及李承晚、安昌浩、李东晖各氏。朴泳孝者，高丽史中一八八四年急进党运动五领袖中之一也。一八八四年之急进党，推彼为首，以促进高丽现代之改革。合并以前，曾一为内务大臣。李承晚者，美国哈华大学之学士，布令斯顿大学之哲学博士也。自一八九四年，彼已为旧高丽独立俱乐部（独立协会）之首领。其为政治上工作也，已曾入狱，且被械系。安昌浩为新人会之创设者，自一九〇五年，已为青年高丽国民党（青年爱国党）之魁首，现为国民会中央总会长。李东晖为故高丽陆军参领，为满洲及西伯利高丽国民党公认之首领，亦曾被日本政府械系者也。

日本之压迫

（十九）四月十日，高丽代表复接一通知，内言："自三月一日起，以至该日，主动的独立运动之示威运动，偏于各地，指挥如意。代表者（案指高丽本土之代表）以演说及宣言为之，采受动的革命，女孩尤为剧烈。敌人（日本）之工场仓库等皆见罢工。吾人之教堂、学校、仓库，所至皆被闭锁。男女被囚者三万二千人，重伤者十万人，其中有老人及妇稚。内地运输杜绝，敌人（日本）采残虐之行动。教会现正以真相布告天下。"四月十一日，高丽代表续接通知，备述日本人之残酷云："日本三月廿八日开始大虐杀于高丽。在京城三时间之示威运动之际，人民无武装而被杀者过千人。鞭打、枪击、钩刺之施诸人民者，通于全高丽，惨不忍言。教堂、学校首领之家屋，均被破坏。妇人被裸鞭打于群众之间，而首领家族之妇女尤甚。其囚者皆加桎梏。医生视察伤者，亦被禁止。吾人求外国红十字会急来相助。吾人已决心战至高丽人尽死而后已。吾人信上帝之能相佑也。"关于此项一切消息，已见欧美各报，吾人惟引最近伦敦泰晤士之东京通信，即已足矣。此通信载于去四月十七日纸上，其题目为《高丽之权利》。内言："当人认高丽骚动为仅能出于同一根源之时，日本政府之决定增加驻高丽陆军定员，诱起新闻之批评。在一般议论，均谓遇有机会，以文官总督易武官总督一事，必不能免。《日日新闻》以此骚动归于民族自决主义之误用，及宣教师之煽动。《时事新报》则证言高丽须改良之处甚多。又有其他新闻杂志，论高丽人决非劣等民族。……"

取消条约合并

（二十）高丽人民要求宣布一九一〇年八月二十二日所缔结合并条约无效，不复行用。或由和议以此请愿书及附属说明书之所述理由，宣告取消之。其理由之尤重要者如左：

（第一）该合并条约以诈欺胁迫缔结之，在其为法律与为国际记录之有效性，已经灭失。不待计当时高丽皇帝有无权利，可将一千五百万之人民，与为独立主权国四千二百年之国土，让与"日本皇帝陛下"也。

（第二）高丽人民及国家，否认傀儡高丽皇帝有权缔该约。

关涉及于彼等,人非畜类,其允诺始终为该条约有效之贵重条件。而此种允诺,固从来未尝与之也。

(第三)该合并条约为日本直接侵犯国际的保证。此保证由日本政府与高丽及他国订约,认高丽人独立自主而来。

(第四)在高丽与日本其他各国所定多数条约,及日本与中、英、俄所订关于高丽各约,高丽之为独立主权国,已经于每一约中明晰承认。而其政治上独立,及领土保全,亦有多数明白保证。其条项实根据于元有一国能侵害人,而不受列席于今日和会等之万国会议之各国所干涉之国际公法基础者,而日本尤不能免。

(第五)和会开会,所以求依威尔逊总统所提十四条之主义,以决定会中各国事项也。而此主义根据于一种见地,即一九一八年一月八日,总统在国会所朗诵之教书所陈也。该教书谓:"不问强弱,对于一切人民国民及其权利,以公道使相与生存于自由安全之均等条件中。"夫日本在战时,以为联军之一员计,已经姿受此根于公道主义之十四条项矣。而此公道主义,已为日本天皇继续试其"所有高丽全国主权",不待高丽人民国家允诺,且反对其抵抗一事,蹂躏无余。所以宣言废弃,或布告取消此合并条约一层,成为和会权利,且应为义务矣。

(第六)以国际法上权利,与救正各国误谬之"新公道"之功效,高丽人民正当主张其改造高丽为一独立国家。除非此种已经实施以改造分割并合经一世纪半之波兰,及分离普鲁西统治下经五十年之阿尔萨斯、罗林之一主义之范围,并不包含高丽在内耳。日本实行并合高丽以来,至今日不及十年。而当欧战初起,未发露日本与中欧一国结同盟之一事(曾受德国训练之各天皇顾问所常显露之一种政治联合),不足以为高丽人民应受损害于和会,仍在于彼打消一切法境喋血而争之主义之武人政治之下为生活之理由也。

此请愿书以高丽临时民国政府,并住居高丽本土、中国、西伯利、夏威彝、美国及世界各地,其中有五千余人在"布列斯特力多斯夫克"条约前,在东方战场为协约国效力者,合计一千八百七十余万之高丽人(统称高丽人民及国家)之名义及责任。经下面签名之"新高丽青年结合"等等所选任高丽代表适当人员金奎植提出之。

新高丽青年结合代表

高丽国民协会代表

高丽民国临时政府其他代表

　　　　　金奎植

一九一九年四月于巴黎

此请愿书之不能发生直接效果,固为人所豫期。然此请愿书之得出现于巴黎,已使高丽人增加无数之勇气,希冀将来更有诉于国际联盟之机会也。

对于高丽之同情,自以英美为多,然其所拟议之解决,恐未必能如高丽人之所预期。当六月间,《字林西报》有《今日高丽》一篇,正足以窥英人之意向,且资事实之参考,故并录诸左方(此篇由蔡君慕真译,寄建设社,并于此表感谢之意。原文见《字林西报》六月十一日):

日本向自称待高丽平允,今欲以诚意实行之,非择以下所述三种办法之一行之不可:

一　完全独立。

二　内政自治。

三　有参议立法、行法、司法之权。

如能用第一条，乃最豪之举。将来历史上，为日本添无限光荣。若日本政治家之眼光见不及此，不以此宽大之政策为然，则亦须给高丽人内政自治，此高丽人应有之权利也。若恐高丽现在之程度不足以自治，则归日本监督亦无伤。但日本能实行此法，则可步今日最大、最有成效英国殖民政策之后尘。若日政府即以此策为不足取，必欲实行其同化政策。此策已行之数年而无效。吾敢言之，以后亦万无可行之理，则惟有试吾所举最下之一策耳。即高丽应有实行参与立法、司法、行政之权也。日本政治家，须知"有纳税权而无参政权，是为虐政"一言，已成今日之公理。若反背之，日本虽强，不能使高丽人有效忠之心也。

吾今试举日本人及高丽人对此问题之眼光如左：

当日本未成世界强权时，以习知西方各强国所行之帝国主义所最令人可怖者，则吸取未开化国之利源，及奴隶其人民，而美其名曰："轻白人之担负。"日本人既欲扶东方之牛耳，不得不防此可惧之白祸。欲防此白祸，非强大不能为力。日本今日生产之速率，每年加增八十万。此速率惟德国与此战前差堪比伦。但日本人民既有此非常之增加，则推广其土地，成一最急之问题。南北美洲为门罗主义所阻，不得染指。非、澳两洲又为欧罗巴人之势力范围。亚洲之各小国，亦为白人蚕食殆尽。所余者，则为高丽与中国耳。故日本不得不以全力经营此二处，以为彼之殖民地。

自俄罗斯称雄东亚，高丽即成一附庸国。其所以不急就灭亡者，得中、日、俄三国之均势耳。但不久，中、俄先后为日所败，而均势遂失。当时最欢迎日本称霸高丽者，莫若彼之同盟国英吉利，因欲利用日本以抵制俄、德之势焰也。美国虽与高丽有互相协助之条约，然当时亦承认日本之并吞高丽。

日本战胜中、俄而吞高丽，为彼有史以来莫大之荣。自以为彼之占朝鲜，乃战胜国应享之权利，与当时欧洲所持主义相同。但今日则不然，美总统威尔逊之宣言曰：当今之世，譬一棋局。不能以棋中之兵卒，待今日之弱国，可以自由割让。又曰：一国之民族，若不愿归他国管理，不能以武力压服之。此种论调，与从前之主义大相径庭，而为国际法开一新纪元。

日本之治高丽，颇有可称者，如治河、修路、推广邮政、电报及研究卫生等是也。但作工之人，皆逼高丽人为之。所用之地，则夺之于民。钱则加重税而取之。韩人之意，以为日本之尽力于以上所述之善政，非为高丽也，为日本军事上行动计耳。然吾人不论日人有无别种用意，要之皆有益于社会，故不得不赞美之。然有一问题，吾人须研究者，即如韩人所得以上之利益，能偿所失数千年来一国之政治经济文化及历史乎？今日高丽之情形，乃一最可怜者，虽自归日管后，一国之财政，较前为优，然百姓则较前更苦矣。高丽归并后，一百五十余万人迁至中国及西比利亚一带，非避日本之强暴，盖无可聊生耳。高丽有地八万方英里，人民一千七百万。所有之地，向分四种：

一　私家之田地。

二　皇室之田地，时有租与平民耕种者，可自由转租，或传之子孙。

三　地方公地,然亦多名为公有,实为私人之地者。

四　庙宇之地。

私家之地,年须纳税于政府。皇室田地所入则归皇室。私人之地出地方之名者,则纳税于该地方官。僧人之地,则免税。至高丽归日后,日政府将皇室之田地、地方之田地及庙宇所有者,皆充公。彼之理由,以该田地既非私产,应归政府。此法一行,无数高丽中等人家,皆流于沟壑矣。而所充公之地,皆分卖或租之于日人,高丽人不与焉。

东京之政策,欲诱多数日人往高丽,以补军力之不足。以为若一旦有事,则日人尽兵也,韩人何能为? 今日已有三十万日人在韩,现尚日有加增。此政策乃毕土麦欲同化波兰,而未收实效者。今日本再加改良,而行之于朝鲜。日政府既欲实行此毒计,遂设一东方殖民公司,政府每年津贴五十万元。其宗旨以鼓励高丽殖民,每一日人之愿往者,给以盘费;到韩后,则给以田产、粮食及耕种所需之器械。三四年后,再偿还该公司。

前篇已述日人将高丽之公产充公。今更述日人夺取私产之法。高丽以农立国,向来习惯,谷田所须之水,皆由一发源之处流入田中,然后转注他田。源源不绝,以滋灌溉。日本农民则将水所必经之田,出重价购而塞之,则他田皆枯槁,不能不一并卖之于东方殖民公司或日本农民,其价则由日人定之,而高丽农民无奈何也。若诉之于公堂,则日人置之不理。因此,高丽三分之一之私产,已入日人手矣。

日人及祖日人之著作家,常赞扬日人改良高丽之币制,不遗余力。吾对此不得不一言之。自一千九百一十年,朝鲜银行起而替日本第一国家银行代理高丽国库。高丽财政部,成一有名无实之机关。朝鲜银行对日所处之地位,即如伦敦银行对英政府所处之地位也。日本国家第一银行与朝鲜银行前后发出纸币数百万,而原有之铜币、银币,则运至日本镕化之,至今未有再运金银往高丽,以代从前运出之货,而作纸币之准备金。今日高丽无一现金币,即银币亦少见。最可异者,高丽通行之纸币,尚不能通行于日本。此可证明高丽之纸币,实不能兑现之纸币矣。日政府每发表其对韩之宽厚,谓高丽百姓所缴之税,较日本人在本国所纳之税为轻。殊不知高丽人今日所纳之税,已四倍于高丽政府时代。当时只征田地税,今则无物不税,即畜一猪,亦须缴税。高丽政府时代,买卖自由。今则不然,无论物之多少,卖主须交税,然后可将物件出卖。例如农夫携鸡蛋十枚入市,亦须领一牌照及纳税后,始可出卖,其他可知。

此不过对于高丽之财政权而言,至若其对待私产,更有可怖之处。例如每富室须雇一日本支配人,该日人有全权管理一切出入款项,虽高丽雇主不能自由使用一钱。若不听彼约束,该日人可告之于日官,则为祸不浅。故前王李氏,虽名为得日政府年俸一百五十万元,实则彼之财力,犹不及高丽一工人。一千九百十五年,有一高丽富室曹(译音)中佐,设一学校于北京,以培植高丽青年。日政府将其一切财产充公。其理由,则谓高丽中佐谋叛政府。中政府因领事裁判权故,不能助焉。再有一法,可以缚束韩人私产者,则无论何人,虽得日支配人之许可,每次亦不得支过五百元。盖恐高丽人作非法行为,谋叛政府。此举最足摧残韩人商务,因既不能支取巨款,则不能经营大商业,而至微之商业,亦难与日人抗衡矣。故高丽富人至经济窘迫时，不得不将田地售之于东方殖民公司，以应其急。惟此一法，幸可免日本支配人之干涉耳。

当高丽独立时，各国商民受同等待遇。高丽第一条铁道，汉城至仁川，为美国所有。第一电灯厂及自来水厂，皆属于美商。关税则归一英人管理。今则不然，种种商务，均为日人所夺。其势力雄厚，如英美烟公司者，亦为日公司排挤而去之。从前高丽，尚有发达之希望，今则全国无生机矣。一千九百〇八年，高丽被吞之前二年，有一高丽富商，欲与一意大利公司订立合同，办出入口货。该意公司派一经理来韩，调查情形。日人告以种种苛例，该意人竟为骇走，因此商务不能与日商争衡。即最下等者，均给日人优先权。高丽人则小贩亦须领照抽税以剥之。若高丽人欲向日人押款或借款，则须年息七分。此不过略举日人抢夺高丽人财产之法而已。

朝鲜为亚洲古国之一，其四千年之历史，足以证明之。日本一切之文学、陶器制造法、宗教等，皆传自高丽，至今高丽人犹自信其文化高出日本。高丽人今日虽受日本政治及经济之窘迫，然其心则始终不变。日人亦知历史、文字、言语三者，足以唤起韩人爱国之心，乃集高丽文章、历史而毁之，以愚其民。较之中国秦始皇之焚书坑儒，同一比例耳。此种野蛮举动，不知损失多少高丽最可宝贵之物，国可复，而此国粹不可复得矣。吁！可慨也夫！

日本既将高丽文字、历史焚毁殆尽后，乃又封禁一切报纸杂志。欲博西人之美誉，政府乃出一种英文汉城报，所载者皆政府许可之新闻。每年复出一朝鲜维新及进步报告书，此报告书专载高丽人对日政府如何满意，及地方兴旺。此书分送于各国图书馆及有名人物。殊不知高丽今日并无所谓言论自由、出版自由、集会自由。耶教会每星期三集会一次，亦须警厅许可。赞美诗中之"向前进，我基督教之军人"，亦不准唱，恐唤起爱国尚武之精神也。各地侦探密布，高丽游人到一城，必须注册。邮信亦严查不息。

日人既欲同化高丽，不得不从禁止高丽言语着手。虽教会学堂素用高丽语言，现在亦须用英文，由高丽总督派一翻译员译成日语，以教授生徒，其不便可知。又日人恶耶教会在高丽有碍一切进行，思有以伤之而未发。寺内总督乃于一千九百十二年，实行其摧残手段，羁各高丽有名之耶教徒及学问家于狱，诬以欲行刺高丽总督。即美国教士，亦不能免。其证据，或捏造之于日人，或买韩之无赖者以实之，或暗用酷刑使各教士承认之。种种不法行为，令人发指。有奇耳（译音）牧师在平壤，劝其生徒勿吃卷烟，亦为执去，而定以大逆之罪。谓烟为国家专卖之品，反对吸烟，即反对国家。日本之苛政，于此可见一斑。日本破坏高丽教育，尤不遗余力。名为统一及改良，实则严加防范。历史、地理及高丽语言，不得教授。惟日皇像及国旗须敬礼之。高丽学生之求学日本者，亦只令其学工艺，而法律、历史、政治、经济等，不得学焉。游学欧美，更无论矣。此与日本在欧和会所求之黄白平等之宗旨，正相反矣。高丽今日所处之地位，乃一被征服国之地位也。与欧战前之波兰希米同。而其所受之苦况，则非世人所得知。日本知世界舆论之可贵也，乃思出种种方法，发表其对待高丽手段之和平，及抚治之得法，且厚颜以其对待高丽、中国，比美之治小吕宋、古巴。美其名曰东方之门罗主义。日本既自比如美国之宽厚,吾请将二国对待殖民地之特点,一比较之。

高丽被灭后,即归日本军阀所管辖。自总督以至于下等官吏,皆以武人任之,高丽人不得置身其间。美国之待小吕宋则不然。除总督、副总督、正副查帐员为总统所派外,六部总长(即小吕宋内阁)皆选之于菲列滨人之得议会许可者。议会分参众两院,亦由菲列滨人选举,并有驳回总督之否认权。高丽人则议院亦无之,欲置镇中之小吏,亦须得该地方日武官许可。至菲列滨人所享之选举权、内政自治权,更为高丽人所未闻矣。间或亦有派高丽人为各省长官者,然不过作傀儡以掩他人之耳目,其实权皆在日本顾问手中,稍不听命,即可革换。日人尚自赞其治绩精善,如但由日人一方面观之,诚无愧也。高丽人素爱和平,在专制时代,虽治不得法,然较之今日,已有天壤之差别。朝鲜人今日所受之苦,乃世界有史以来所未有,此皆素号文明国所赐也。世人不察,反赞美之,岂天下真无公理耶?高丽人真忍无可忍,受不能受,自知手无寸铁,何能抗一世界称强之国。然义旗一举,四方响应,可见人心未死,尚可为也。今日虽败,然有一可喜者,则令世人知高丽人之不服日本也。由此观之,日本之治高丽,可称完全失败。其失败理由,则日本自私自利心使之也。世界不乏明理之强国,岂任日人之鱼肉,而置高丽于不顾耶?

今日英美之同情,固集于高丽。然英国自不能解决爱兰问题,又何以能使日本解决朝鲜问题。美国不能助一独立国以抗一独立国,又岂能助一被征服国以抗一征服国。斯固理之显著者,不俟多证。即如前举之第三办法,英可以主张日本施之朝鲜者,日本未尝不可主张英国施之印度。即此一节,已为朝鲜之独立运动外交上之致命伤,岂待多言。故今日对于朝鲜代表在和会之请愿,豫决其无效者必中。既定之事实,无可挽回矣。前数日(十月初)报载欧电拒绝朝鲜请愿,其详情虽不可知,要无可容疑之余地也。

朝鲜此次请愿,不过独立运动中之一部分。然其独立运动进行中,有大属望于外交,固无可疑。则此独立运动,将因外交之失败而遂中止乎,抑将继续为一东方未解决之问题,以待日本国中之根本改革乎,大有研究之余地者也。以现在朝鲜代表之所陈述,分别言之:则一为证明日本合并朝鲜之不合法,二为日本对于朝鲜人之迫害。三为日本并合朝鲜之不利益于世界各国。此殆其外交上立论不得不然。以余观之,则其所陈说,虽皆有其事实,毫无过溢之词。而朝鲜人所以要求解放之真因,决不止此。故即令合并朝鲜全为合法,对于朝鲜人未见迫害,且使世界各国并不受损,高丽人仍可有其主张独立分离之理由。

此种理由,固包含所谓民族自决,与资本阶级压制对抗二事实而言。强加压迫以合并,苛政以穷其民者,固有分离之理由。即以合意而成为一国,对于人民本无歧视者,以两民族理想之殊,亦常使生不得不分离之理由。此固无可如何者也。欧洲、美洲之利害,非即黄人之利害,尤其非即世界人类之利害。欧美经营商业于东方之少数资本家利害,又非欧美人民之利害。在朝鲜人举事,岂但计欧美在东亚之特权如何。但使于自己民族有益,于世界人类无损(因之即为有益),则当尽其力以为之耳。故吾人眼光,当注于使朝鲜独立为必要之原因。苟其原因存在,则独立运动无从销灭。朝鲜问题遂将为解决日本自身问题之钥,有如波兰、芬兰等人种种在俄罗斯所已见者,可豫言也。

对于朝鲜人之攻击,日本先后发表多数辩解之文。即如对于朝鲜人之失业流亡一层,即摘举日本移住人民数目之少,以证其非压迫朝鲜。据其所述,则"朝鲜面积略与日本本岛相等,而人口仅一千七百万人,皆觉其土旷人稀。而并合以来,内地(日本)人移住朝鲜者,仅十五万人,不过沧海一粟"(匿名一官吏,在四月《中外公论》投稿)。于此一点,日本人以为可以解免侵略之恶名。而自吾人观之,此尤足为朝鲜应独立之最大理由。盖以朝鲜全国国权之牺牲,人民百余万之流出,日俄战役以来十五年间之苦痛,仅易此日本十五万人之利益,则日本统治之为朝鲜大祸,为东亚不靖之根源,已甚明矣。朝鲜独立之第一理由,为其民族之自由意志,不待言。而其第二理由,则明为对抗日本之资本的帝国主义。此项理由,在朝鲜虽为后起,在世界实为最重要。而吾人所以赞成朝鲜独立者,宁以此为尤深切之理由。彼日本之十五万移住人,能使朝鲜全国茹此无穷惨痛者,正足以说明日本之资本的略夺而有余也。

如使日本来住朝鲜之人,仅有与朝鲜人均等之权利,为均等之生活,以开发朝鲜天然利源,为其衣食所资,绝无掠夺他人劳动结果之事,则岂特十五万人不为多,虽千五百万人可也。试观中国对于来住之五十万朝鲜人,何尝有丝粟之不平哉。今所患者,即在竭朝鲜八十八万方里之天然力,与一千五百万人工之余剩价值,仅足以养此十五万人,且富此十五万人中之少数人耳。以吾所知日本平常之农工,对于乡土,眷恋至深,不肯轻为移住。所谓台湾移民、朝鲜移民者,皆希望以征服者之资格,一攫万金归而为安闲怠惰之生活。持此不良之野心以出国门,而所谓"亲方"者,则结托军阀以得知政治上趋向;勾连诸大会社,以得资助。而所谓"子方"者,则供其敲髓吸血之耳目爪牙,为产业征服之侦探,为奴隶工作之监督。故十五万人者,什九为此懒怠乖谬,不容于乡里,被迫"出稼"

之不良人民。其什一则不能置身于本国之会社员、投机师、欺诈者、卖淫附属业者也。若而人者,惟以不能于本国自力求食之故,而出为移民,则岂有能于朝鲜产业增丝粟之益!惟有压榨取得朝鲜人向来所有之利益,以入私囊。于是朝鲜所损者十,日本人所得者不过一。而朝鲜人口千七百万,养此十五万寄食之人,犹日苦其不足。此无他,来住之十五万人,以侵略论,亦非健者,特倚此五千余万人之势力,以强取其所欲得。既满所欲,即任意狼籍其余。所以移民止于十五万人也。

为日本资本家计,今后对于朝鲜,必更选精于掠取劳动余剩价值之人,以代今之不良移民。一面尽朝鲜半岛天然利源而枯竭之;一面使用朝鲜工人于较有利之途,增其体力与生产力,而余剩价值亦由之可以增大。当是时,日本之移民必愈少,各会社之利益必愈多,而阶级斗争自此始入于正常之轨。若今日者,尚未进步至此也。惟尚未进步,故朝鲜已甚困,而日本之资本家所得尚甚少。亦惟未进步,故其掠夺余剩价值之证迹,尤为显著。

顾为朝鲜计,今日如此之资本家压制,已不可不反对。则异日更进步之组织的掠夺,尤不可不反对。如使日本一日不放弃其政治上、经济上之优越,则朝鲜一日不能不为日本少数资本家所牺牲。朝鲜独立,于此固有打破亚东资本阶级统治之意味,同时为世界社会革命之一部。朝鲜独立,亦至少含有此种意味,始能成就也。

日本自为辩解之词曰:"攻击日本之专为日本人利益开拓朝鲜,不顾对朝鲜人责务之辈,不外表示其为缺现代殖民政策知识之一种不平者。彼等若研究欧美诸国之殖民政策向来施行如何,则不难知日本对朝鲜殖民政策,有较之甚优之处"(桑原册次郎在十月《中外新论》著论)。此言以之对抗欧美人,决非无理。日本之殖民政策,较之一世纪以前英、法、西、葡、荷等所施者,孰优孰劣,吾亦信其为一问题。然即较英、法、西、葡、荷等国昔日之殖民为优,初无以自解其在东亚为劣,而亦不能以人之曾劣,遂可禁人不言。即如人类生息以来,已百数十万年。吾人仅有四千余年之历史,又何能保吾之先祖非食人种族?然吾人决不以此是认食人之习惯。即在今日,亚洲民族有与朝鲜等其苦痛者,吾亦认之。然而此可以谓之日本与欧人同其罪,未可主张其特邀宽典也。然在日本自计,此等论议,初不期人谓为叶理。但使英美自悟其曾为两印度人之日本,则对于此现为朝鲜之英美者,常有有瑕不可戮人之心事。即日本之外交无所惧,而朝鲜人巴黎和会之请愿自归无效。日本之政策既在此,则于巴黎和会中之所持以抗英美者,亦可由此而决定之。人种差别废止之提案,世以为日本持以胁英美,使容其东方优越权主张,实为豫定之交换退让条件。其实所谓交换退让者,仍是名义上之事。论其实际,所谓交换者,固非仅移民美、澳之制限而已,又有亚洲、非洲殖民地、欧洲新割地之问题 在于其中。两国相互了然于其所持武器之力量,遂不显出而终矣。

　　然则此为英美之失败乎?非也。英美人之热心于朝鲜问题者,不过在东亚之少数人。其他之谈朝鲜问题者,自始以为一种手段而已。大战将近结末之际,日德已有交通,甚者至言其有密约。密约既无所征,姑置不论。其在媾和席上,日本若不能独占南洋群岛,若受联盟束缚,即可引德为重,以抗英美,此则无复容疑者也。日本非为德国计也,将以德之利益为牺牲,而易取其在南洋群岛较多之权利。而英美亦即逆用此术,先以山东问题、朝鲜问题挟持日人,使自就调和不为阻碍。此五强会议中,日本发言之事,所以限于东亚;而结局一切决定,所以卒由三强定之,不由五强定之也。故朝鲜问题,亦与日本之人种差别废止问题相同,亦为豫定之牺牲。即中国问题,又何独不然。英美有此朝鲜问题,已可使日本所要求消减于无形,此英美之大成功也。

然而为朝鲜请愿代表者何如?彼其挟持千七百余万人代表之名义,往巴黎一为请愿,以待日人之见其拒绝,而拊掌快心也,果谁为为之乎?朝鲜之请愿,果以今兹见拒之故,而成为全无效果者乎?如在彼朝鲜之独立政府中,热心希望于友邦之赞助者,必以失望而视此行为毫无结果无疑。即如去年王、顾在和议发言之际,中国之最大多数人,何尝不信青岛可由对德宣战参与和会而得;及其闻英法以中国对德宣战之故,许日本占领青岛,其失望后悔之情何如?以己度人,可知朝鲜代表之伤心矣。然若平心论之,则此次之请愿决不能谓之失败。

顾此请愿,非徒请愿也。有十余年之死丧流离,以为之前导。有三月之役千余人之血,以为之背景。虽不战斗,效且与战斗等。以如此之请愿,英美始得挟以制日本于和会中,使不能有所发舒。然则此一请愿,于朝鲜所求者,虽无丝粟之益;于日本所望者,已有邱山之损。此固朝鲜人所不能以武力得之者也。夫传有之:"时日盍丧,予及女偕亡。"夫今日之朝鲜,则立于无可覆亡之境者也。请愿而不得,则朝鲜所失者,一希望而已。除希望以外,朝鲜人民更无可失者矣。而使朝鲜请愿不接受之一事实,竟成为日本四年苦心作成之和会位置之代价之一部,是则朝鲜以其所希望者,易日本所已握有者,视"及汝偕亡"为尤胜也。夫今日朝鲜人之心理,但求其为日本之害,不必其为朝鲜之益也。且视日本之害,犹朝鲜之益也。今日朝鲜之人凡为国民所当有者,悉献之日本宪兵长剑绹绳之下。所有者惟有希望,而其希望则待日本人之害而实现。然则请愿之失败,请愿之成功也。朝鲜人可以无馁。计朝鲜之力,如欲独当日本,则不能敌,甚明。欲倚外国,则英美既已若是矣。将忍之耶,则日本人今日之所事于高丽者,犹之合众国及南美诸国未独立前,英、西所以待美洲土人者也,其灭亡可待也。夫此无可奈何之况,为日本人所认。故日人敢于鱼肉朝鲜。岛田三郎之言曰:"朝鲜人自称有四千年之历史……不论何代,皆纯然之专制政治也。朝鲜人常于专制治下保屈从之生活。……半岛之民,内苦于苛敛诛求,外胁于大陆之强国,皆不免于苦患。有时为蒙古向导而与日本争,有时为日本所侵而为中日战场,朝鲜遂不能保持纯然独立之体面。挟于中日之间,为防一方强压,而至不得已为他方附庸国。事实朝鲜者,以为国则无为纯然独立国之自信;以为民,则不能养毅然之独立气象。"此以为朝鲜向来无反抗强权之历史与能力也。又曰:"计画此事变(三月一日之事)者,当亦非真知世界形势、察大局、有确信而企之者。乃不满绝望之极,自暴自弃,乘机为此无谋之举耳。……朝鲜人自从暗杀寺内之大疑狱以来,一切武器,均被收没,更无可以为暴举者。又缺组织的抵抗力,所谓暴动者,不过男女老幼狂跃之示威运动耳。为日本官者,拱手待之,自无如此之惨事。乃徒周章狼狈,诱起【激】烈之冲突,冀直压伏之而用武力,感情所激,使朝鲜人出于投石抵抗之举。我又以平生视同无物之朝鲜人骤为此抵抗,而发铳击之。……如是一朝之失策,至通半岛出千五百乃至二千之死伤者,烧失数多家屋。"此日本人眼中朝鲜独立运动之效力也。其卒曰:"暴力不可以得幸福,是吾等告朝鲜人民之警告也。"则明示于朝鲜独立运动绝无畏缩让步者也(十一月《大观》杂志所载,岛田者,前国会议长,宪政党一首领也)。又桑原册次郎论在美朝鲜人曰："彼等依美国移民法欲归故国娶妇，殆不可能。是故彼等现有之妻女，皆白种妇人也。……在美国热心独立运动之朝鲜人，其后继者必杂种儿也。不然，则将失其血嗣。彼既不能得纯血之朝鲜人为后继者矣，则不出二三十年，彼等独立党有殆不能不一切死灭之命运。……其独立运动，亦不得无废灭。"盖以为独立思想所以流传，只倚此国外少数人之手。此少数人若死，则日本人可以安枕而卧也。大抵非亡国人民，决不能知亡国人民政治运动之真相。而日本之号称研究中国、研究朝鲜者，皆以武断为出发点。近年来日本人漫游中国，归而著书者多矣。其未能著书，而发为言论宣之报纸者尤多。然大抵到中国不过会晤数人，转徙数旅馆，多者两月，少一礼拜耳。此其人皆先有断案，而后至中国、朝鲜觅证据以实之。其武断，非武断于观察之后，乃武断于未观察之先。其于朝鲜之独立运动，无从了解，固无足怪。

顾在朝鲜人视此无可如何之状况，将何所感乎？朝鲜人于日本之统治，果无幸免之期，而此独立运动，果如岛田所言，为不满绝望之结果乎？日本遂可以拱手对付此朝鲜独立运动乎？决不然也。朝鲜于历史上不示其反抗侵略之能力，固也。而同时朝鲜历史上亦无有如今兹之资本的略夺之行，亦无有如今兹世界的阶级斗争之剧烈。今兹惟日本以其资本的略夺，施之朝鲜，而后朝鲜人之反抗力，有其根源，朝鲜人之结合力，亦从此而大矣。往昔之朝鲜，无论其为独立国、为附庸、为郡县，尝有以中国之民，往夺其业而以为己业，用其势力，而使其衣食不给者乎？固无有也。惟然，故朝鲜之人，初无反抗之必要也。今之日本，既使朝鲜人不得安其业，不特置之于政治的隶属之地位，且强迫置之于经济的隶属地位，使其有同受侵略之感觉，自能使其生同为反抗之意志。日人以为当并合之时，尚不见有丝毫之反抗，十年以外，岂复有此反抗之可能。及今兹之事变，世界人人以为意中事者，日人乃以为出之意外。实则政治的侵略，感其痛苦者，尚是少数向来与闻国政之人。必待经济的侵略，而后人民一般有深刻之感动。然则日本统治之日愈长，朝鲜人反抗之心必愈盛，团结之力必愈强。

在日本人固曰，朝鲜人初无可以暴动之武器，又无组织的能力，示威运动可以拱手待之。然而事实固在。今次之独方宣言，已令日本在和会发言，有所顾虑。将来朝鲜人狍不能继续行如此之示威运动，为如此无武力之宣言乎？日本人不用铳弹毙之，而投之于监狱，毙之以绞绳，任其意可也。朝鲜人固当知其不可而为之。虽然，经一度之压服，则朝鲜人反对之心愈强，而世界上日本之敌人，利用之以为日本不利之机会愈多。夫日本对待朝鲜之能事，尽于压服。而朝鲜之起革命，即望其压服，望其失败。以其失败，以其死亡，为日本之不利。如是者，无组织将终于有组织，而无武器转胜于有武器也。夫日本固不能得侵略主义之国家为友者也。日本之所已占有者，与所将占有者，皆为此余各国所共欲故也。而非侵略主义之国，固已不愿日本为之友，抑且每有朝鲜问题起，则攻击集而外交又随之有所丧矣。朝鲜之独立运动，独患其无嗣响耳。不然者，日本固不能使之失败也。朝鲜独立，以被压服为成功者也。

日本人之见事，通常太迟。俄国革命已在目前，而负责任之外务大臣，尚力证俄国地位之巩固。中国张勋复辟之际，公使馆某电东京曰："支那复辟，帝国万岁。"夫其旁观尚不能清，则当局之迷，亦何足怪。今日朝鲜独立之原动力，已由日本之资本家，逐日以压榨形成之。而日本所恃以为经济的侵略之武力，固由无产阶级组织而成，其旦晚了解自身位置，与行为结果，而不复受人利用，可坐而待也。而日本尚欲以此终古，其愚又安可及也。

夫朝鲜人固无暴动之武器，而朝鲜人之革命，既由今日之日本资本家，赋与以经济的革命之性质，则亦无须乎暴动之武器。朝鲜人之不具反抗之武器，犹之俄国之犹太人、波兰人，犹之英国治下之印度人。日本所谓通晓俄事者，于俄国革命已起之日，尚不信波斯、犹太人有解放之日者也。而今则何如？凡此种不持武器之民族的运动，固豫期其不得胜利，不惟不得胜利，又有无数惨剧随之。然而此失败与惨剧，即所以使朝鲜人永远不忘朝鲜，所以使他国人认识朝鲜人之团结之能力，与不挠之意志，认识日本人无制驭朝鲜、同化朝鲜之能力，认识日本之统治朝鲜、拥有朝鲜，反为日本之一弱点，而时时利用之。夫日本已为朝鲜再为倾国之战矣，其死者、伤者数十万，负十数万万之债。而全国人呻吟于此重税之下，以求偿其本息，今廿余年而未能清也。所以自慰者，不过曰，领有朝鲜。而领有朝鲜之后，方复劳国民守之。守之不已，又分担其因朝鲜而起之不利。则将来之日本一般国民，不得与其经济的略夺之利益者，必皆废然思反。然则失败与惨剧，不为朝鲜之不利，而为日本资本阶级政府之不利，明也。于此二十世纪，一民族中之少数人，尚欲倚其与之反对之劳农所组成之武力为后授，以拥护其握有他民族奴隶使之之特权，真犹燕巢幕上，决无长久理矣。

朝鲜人不患其无抵抗之武力，而患其无抵抗之意志。不患其无联结之许可，而患其不感联结之必要。夫其意志感觉，既不能以言论宣传得之，则惟有以血得之。吾以为巴黎请愿之成功，非向红髯绿眼人七日夜哭之为有力也，乃恃有此千万人之敢于牺牲生命也。朝鲜之将来所能为者，皆此等儿戏的示威，可怜之呼吁，无谋之反抗耳。朝鲜独立前途尚辽远,然而惟有遵此无谋可怜儿戏,可以达之。惟有恃此因无谋可怜儿戏而发生之惨痛历史,以培养之。抵抗之意志,必要联结之感觉,非可以成功奖励之,而只可以失败激起之者也。朝鲜独立,多一次之失败,则近于成功一步。日本人梦想,以为在美朝鲜人老死无后,而朝鲜革命之种绝,日本可以长治久安。但今试想象日本人能逐次使美国弓渡此诸人于日本,一一快心诛戮之。只见朝鲜之革命党骤增,决不见其减少,可断言也。

朝鲜之革命,世界革命之一部也。今日朝鲜人尚揭民族自决之名义以呼号,然吾知其使有此革命者,固经齐上之理由也。且晚朝鲜农人尽丧失其土地,则往昔之自作农,皆变而为受雇之工人,得奴隶之生活,则此感觉必日激烈。夫以有四千年历史之民族之全部,置之于奴隶的位置而欲得安,固无其理也。以今日世界之资本劳动对抗,而尚容此奴隶的工作,介在其间,不蒙影响,亦无其理也。世界革命,既在进行之途中,日本将何由避之?日本自身尚不保,何以保高丽。

如使朝鲜之状态,永远消沉,则朝鲜之不幸,亦日本人民之不幸也。世界革命是一事,朝鲜独立又是一事。即无朝鲜独立运动,世界革命犹当进行。而朝鲜独立运动之缺乏,同时为日本人民觉悟机会之减少。将来日本与朝鲜将俱为此世界革命之牺牲,受更多之痛苦艰危,虽欲避之,无由避矣。

朝鲜之有日本,犹印度之有英国。英国之待印度,尚容其自设名义上之代表院,约定逐渐还其本有之权。日本则并此无有。然日本人犹时时议印度之革命。观其议论,若忘其为何国人所言。未尝不可击节叹赏。吾今姑介绍鹿子木员信之一文(《东方时论》

八年十二月号）。

鹿子木之言曰：

在印度之英国权力，有如不倒翁。苟大英帝国而存者，无论如何推倒之，必以其广大无边之武力富力，粉碎革命的权力，依然确立此旧英国权力，毫无所难。在印度言革命，非革命也。国民的战争也。非一国内新旧二势力之冲突与交替，而印度国民与英帝国民之战争也。而印度国民于种种方面，绝对缺少此国际的战争之准备，则愈言之愈觉无聊。如此，就新旧之二势力言，就印度之革命主义者，与在印度之英国权力之关系言，印度之革命为无谋矣。不止无谋，又无意味也。

虽然，一切希望之中，含有失望，固也。而一切之失望，又各于其暗云之中，含有希望之曙光。夫印度之革命，若单就英印二国之关系见之，则无论如何，无意味也。但世界上成为国者，不止英与印，此二国以外，自有若干之权力中心对立存在。夫一国中可有革命，世界内何独不然。吾人以与一国之革命对比而言，则可称之为世界革命。世界革命者，对于私有过大之领土富源权力之旧大国，与横暴擅越之新国勃兴冲突与战争也。彼新条顿尼（德）对旧不列丹尼（英）之世界革命战，以其新者太为旧者习惯感情所拘，而徒梦想大英帝国霸权之空位，有意取而代之。又以彼等之自觉其战争所藏意义过薄，而终于失败。然条顿尼之世界革命战虽败，世界革命战，不自此终也，只见其日日发展而已。吾人当以深甚感兴之注意，注视于此雄浑无比之世界革命之经过（此所谓世界革命，与吾人所用异义，当注意）。

如是，印度革命必待与此世界革命相结合。而此革命即为在印英国权力后援之大英帝国霸权胁威者,夫然后有微渺之曙光可见。即世界革命者,印度革命实现之外的条件也。……

印度革命,待世界的革命而始可能。世界革命,实印度革命之外的条件也。然而此固外的条件也。将使世界革命,得为印度革命之外的条件,必先具备其内的条件。印度革命之内的条件者何耶?印度固无有遂行革命所必要之资金,亦无武器与弹药,乃并不识用一切武器。顾余不以此为印度革命之内的条件。印度革命之内的条件,真内的条件也,内的精神的条件也。……至少勇敢诚实之德,为革命遂行所不可缺者,不待言。如欲以怯懦不信之精神,变为勇敢诚实之精神,先须有魂之内的革命,乃可能也。印度当面之革命,非炸弹短刀暴动之革命也,深藏于精魂之中之性格精神之革命也。……世界革命,于其根本性质上,以人类之中所生最新之思想感情信仰,为其精神,撤废人种差别,打破阶级精神,黜去宗教僻见者,其所最致力也。……印度革命,若欲真有意义,则不可不自其内的革命始。……若其不可能,则彼等之革命希望为虚。革命之希望为虚,则彼等惟有与英国共其玻灭之命运。不然,则必于英国统治之下,渐次堕落衰亡以往,彻底沉沦于国民的奴隶之渊。无论如何,彼等之前途待之者,殆皆悲惨之末路矣。印度革命者,于一切革命之中,最深又最难之精神革命也。印度之民果能招其祖考之勇敢诚实高贵之魂,而复之以成就此有光荣之使命否乎?真一大问题也。不特印度之问题,又世界之问题也。

鹿子木之为其同盟国之反叛者谋,可谓忠矣,然而真理也。顾吾惜其言之不以朝鲜代印度,日本代英国。夫朝鲜之无战争准备,犹印度之无准备也。朝鲜独立之无谋无意味,犹印度革命之无谋无意味也。然而世有为印度设之世界革命,独无有为朝鲜设之东亚革命乎? 朝鲜人之精神革命,今正在其进程之中。日本之经济上侵略,已使全朝鲜人民化为不识政权之无产阶级者,正所以隐括朝鲜人民,使具有革命之精神耳。夫革命精神之故乡,在于面包缺乏之所。冬暖号寒,年丰啼饥,即朝鲜人革命授课之钟声也。朝鲜独立之内的条件,既以日本财阀之力成就之矣。其外的条件,将于何时以何如人力之成就之乎,非吾所敢知也。其必有此朝鲜复活之一日,则易知也。日本其奈此同文同种之朝鲜何哉!

原载于 1919 年 11 月《建设》第 1 卷第 4 号、1920 年 3 月第 2 卷第 2 号,署名民意。▲

革兵革警滋事的问题

近来报上见得最多的,就是革兵革警的滋事。既然是革了的兵,革了的警,我们自然不能够责备兵官警长。兵官警长把这闹事的人惩办递解,也算是一种办法。

但是我想世人注意的,就在这革兵革警作恶的性质,从什么地方得来的一层。

革兵革警,是不是革了出来就坏的呢?在现在做兵官警长的人,都可以应声答我一声:是的。如果大家相信这句说话,这问题就完了,从此我们万不可以再议裁兵退伍整顿的话。只有现在几多兵,将来就照养几多兵;有几多警,就永远养着许多警;只有添多,没有减少。如果是要裁的话,就要同他另找一件事情做。再不然,就要出了营盘,就进营仓;出了警局,就进警监。这个情形,我们还希望有轻一点负担的日子么?但是大家且莫性急。就是我也带过一万几千兵来的,我却不敢说兵是革了出来才坏。我当时带的兵,自然不及现在这样有横行天下的机会,但是也因为他做坏事,办了不少的人数。至于革了出去才坏的证据,我却不曾拿到一个在手里。

还有一个相识的人,在一个地方做什么镇守使,他的兵解散了,就勒令出境,不许逗留。他也是提防着象上海一样的事情,于地方有碍。却是散了的兵，不一定走。不走的碰着就拿，拿了就杀，冤枉死的不晓得几多。这残酷荒谬的办法，就从这兵警革了就坏生出来的。我们如果承认了这个前提，这当兵的生命，也就危险了。

所以一定要推前说做兵的时候，已经坏了。这一推论，兵官和警长也可以说，惟其不好，所以革他。因为革的是不好，所以没有革的都是好人。这个说话，是军纪万能的意思。但是我从实验上，觉得这种理论，完全靠不住。军纪在一个时候，果然有一种效力。但是兵的素质，决不能靠军纪更变。所以到了精神招呼不到的时候，就出乱子了。况且现在所谓军纪，在什么地方还有点影响呢？只看内外的新闻上所登的通信就够了。那可见得现在军纪是毫无效力。革出的人，和在营盘里头、警局里头的，原没有大分别。被革的不过是运气不好，没有革的不过是暂时沾光，决不能信他不革不坏的话。

在军队警班里头的人，是不是没有进军队以前就坏的呢？我可以说有一部分是的。从前湘军里头，有串粮子的名目。他把军队叫做粮子，在军队里头混的就叫串粮子。串粮子的人，常常被革，却是这边革出，那边招去，他总不会脱空。到了近来，招兵越招得凶，串粮子的生活越好做。无论那一枝军队，他补上的兵，总有大半是别处革出来的。如果说坏了才革，那自然有许多是坏了才招进军队的了。

却是总有一部分是好人招进去当兵当警的。如果没有作恶的机会和诱惑，就不至于作恶。就象前头所讲串粮子的人，所以坏的原故，还是因为他从前在营盘里头习成不好的习惯，所以虽然不是这回做兵才坏，到底也是因为有一次做兵成功坏人。统算起来，这做兵的,总可以把营盘当做一个污泥,纵然有少数不受污染的,已经是凤毛麟角。这大多数的人,总免不了诱惑陶镕,是无可辩护的。我对于我从前的部下,也不敢袒护他。

现在做兵做警的第一碰见的诱惑,就是行贿求免。因为从满清时代以来,已经是有了这行贿图脱的习惯。人民不管他是有意勒诈没有,先是推度他要钱。那做兵警的,也以为一件当然的事情。在没有用钱的,就算终归清白,已经受累不少,后悔当时的悭吝。在已经用钱的,就算终不免罪,他却死心塌地,没有后悔了。所以好好的兵警,碰了这个诱惑,也是逐渐会变坏的。说到驻防的军队,就更不得了。地方上有什么私烟、私赌,总先来孝敬驻防的军警。你不答应他、拿他,他也没有后悔的。如果没有给钱的时候,被他拿着,就自悔了。这种情形,我都由实验得来,要举再多的例,随时都可以的。一枝军队里头,只要有几个兵犯了这个毛病,立刻就蔓延了。因为一个人行贿有效,就一月半月之间,各地通知道,各个人都晓得利用的。这个时候,带兵的无论怎么严,一下子决其不能查清楚。等到寻出凭据,办他几个以后,外面是谨慎了许多,骨子里还是变了方法去弄钱的。照这样说,似乎专归罪在行贿的去引诱士卒,其实就应该怪以前的人,逼勒人行贿,弄到人有行贿求免的习惯。但是做了兵警就会受诱惑,所以好人马上就会变成坏人,是无可疑的。

平时是这个样子,一到戒严行军的时候,那掠夺和奸淫的机会,就更多了。现在带兵的人,据我所碰见的 大抵是只有他的兵意思想到那里,就跟着到那里。平时成了敲诈的习惯,戒严行军的时候,当然是拿来推广了。平时只有有罪的人家,有嫌疑的人家,才许他入门,许他搜查盘问。到这个时候,就是家家许他进去,人人许他搜查盘问,自然跟着就有奸淫掳掠发生,这是必然的事情。所以经过行军、经过戒严的军警,诱惑愈多,好人愈少。

第三种弄到兵警坏的,就是赏格。凭空出了一个赏格,实在这个人有罪无罪,固然没有清楚。这个人怎么样的面貌,实在也没有人晓得。凭着一两个报告,就拿名字出赏格拿人。所以做兵警的人,就生出随便拿一个人可以算做这个人的念头。因之无辜的人,就会无端做了牺牲。营盘里头只要做过一两次这种买卖,就成了风气了。

以上三种,第一种,不全是带兵的人的责任。第二、第三两种,就完全是带兵的人自己弄出来的。然而光是这三种,决不能令多数兵丁变坏,因为这都是处分不当,稽查不周的问题。到底是军纪警律认真适用起来的时候,还可以把中等的人维持住。所以现在兵警的坏,要归到这第四个最后的原因,就是最重的原因。这个原因,就是长官要兵警庇护他的不法举动。

一个长官,管辖部下,如果自己清清楚楚,兵警没有不怕他的。却是有了一回自己不守法律,兵警就不相信他,就没有管辖的能力了。却是这个不法,不一定是自己做的原因。做营长的只管做得好好,如果团长有了不法的事情,或者敲诈,或者奸淫,正要兵丁帮他的忙,做营长的没有方法去制止他。警官做了不法的事情,警长没有方法去制止他。那营长警长的威令,从此也不行了。却是现在的军官,不拿着兵丁做他护符,去干不法的事情的,有几多个呢!所以这就成了"法之不行自上始",又合着一句"以身教者从"了。所以做兵警的有了作恶的模型,在营盘里一个个人放进这个大熔炉里头去,都要变了坏人出来。

固然现在看见革兵革警滋事受罚,没有看见现在服役的兵警的滋事受罚。但是这个事实,只可证明没有受罚,并不能证明没有滋事。兵警的滋事,不要我说的,只看中外报纸的通信,随时可以见的。我只举今年六月,英国某教授在北边旅行,被兵丁殴抢一件就够了。

英国教授不肯要求中国政府赔偿,说是军阀的罪恶。我也不责备兵警作恶,只问他弄成兵警坏到这个地步那一班人的责任。

原载于 1919 年 12 月 7 日《星期评论》第 27 号。▲

耶稣是什么东西①

耶稣是什么一个东西,这不能一概答复,先要把他分疏一下子。

一　历史的耶稣

历史的耶稣,是由现在所传的圣经以外,可信的纪载,和想象得来的事实里头表现出来的。这个耶稣不过是一个私生子,反抗当时的祭司,被人拿去杀了的一个人。属性很简单,人格也不一定是卓越的。如果单是一个耶稣死了,恐怕还比不上宋子贤、唐赛儿、徐鸿儒、团匪的大师兄、湖北的九龙大王,左右不过是三十几岁一个少年,哄动几个人,在村乡里乌乱一场罢了。所以如果单讲历史的耶稣,我们用不着多费气力。

圣经里头的清净受胎,是第一个人不相信的东西,所有非耶教的书简,都在那里证明基督是私生子。按他圣经所讲,耶稣是由一

---

① 本文各书转载很多,只有 1927 年出版的《国内近十年来之宗教思潮》转载时注明出处是:"《民国日报》'耶稣号'1919 年 12 月 25 日。"但编者所见的《民国日报》并无此文,不知是报纸残缺抑所注有误。推测此文为 1919 年 12 月发表。

个女孩子，许配了人，还没有嫁，就怀起天胎生出来的。因为有天使告诉那女子的丈夫，所以娶了回来的时候，早已大肚皮了，他还不敢责备他。然而照海凯尔《宇宙之谜》所引证，就明明是罗马当时的一个军官跑到犹太，爱上了耶稣母亲玛利，同他如此如此，这般那般，肚子就大起来了（如此的记载很多，这《宇宙之谜》是马君武博士已经译出的，所以我引他）。想象那个时候的犹太，就差不多是现在的广东。罗马的军官，就差不多新济军、旧济军的连排长。他要你被征服地的女人多生几个外江仔，你这未婚夫，那里敢说一句话。就算养了下来，万一惊风锁喉，三朝两日死了，还要防着外江人来要儿子呢。所以耶稣的父亲，就把耶稣保护养成，是一件很在情理中的事（《马可传》那撒列人叫耶稣做玛利的儿子，很有意思）。

耶稣养大以后，他在本地不能得人信服，所以就到别的地方走江湖。他受洗于高僧约翰，同受诱惑的传说，大概是他游方的靠山，衣食的饭碗。那个时候，犹太已在罗马的征服底下，那些祭司就帮助罗马官吏，狼狈为奸，来保全他的衣食，所以人民自然不满足的。耶稣就投着人民的意思，去倡反对。所以耶稣当时所说，是反抗权力的教理，是无可疑的。至于怎么样说法，是不可考了。

耶稣的弟子十二个，差不多是一对一对来的，这个也是人最难相信的记载。据幸德秋水的议论（《基督抹杀论》）就说，向来所有宗教教祖，大概都有十二大弟子的，这是相传的衣钵。因为想上应天的十二宫（十二宫小亚细亚那边自古有的），所以教祖不能没有十二个大弟子。我想就是中国的无稽小说，也有这么一个习惯。试看《封神传》的十二大弟子一下子凑不来，就要连佛教的普贤、文殊都借来充数，总非凑够十二人不可。想来这同一天分做十二个辰时之类,都是自然模仿做来的。耶稣当时决不是没有门徒,但是这十二使徒就完全是一个拟制无疑的。

耶稣已经跑到耶路撒冷同祭司公然作对,自然会被人陷害,弄到死刑,这是当然的顺序。耶稣并不是秘密行动,自然手到拿来。征服者对于被征服者里头有意反抗的人杀几个,真是平常的事,就是冤枉,就是人民的反对,也不放在心里。至于讲犹大卖耶稣的话,大概也是假设,因为向来传说英雄的失败,没有不归罪于内奸的。试看中国的小说,千篇一律,都是如此。就是三点会唱戏,也有斩七一出。因为在秘密结社,最怕内奸,所以造出这种谣言,就是托往事以警戒将来的意思。基督教的犹大卖基督,也是如此。

耶稣死在十字架上头,相传都是古代常有的刑具。幸德秋水却说是生殖器崇拜的结果。他所举的例很多,结论就是大概原始民族没有不崇拜生殖器的,十字架就是男性生殖器的变形。但是这个推定,还不能作为十分真确。然而确与不确,都没有紧要,横竖历史的耶稣,在宗教家已经相信的。

从上头所讲,可以晓得耶稣自身没有多大的力量。

二　圣经中之耶稣

基督教《新约》中所谓最可靠者,就是共观福音书,《马太》、《马可》、《路加》三种。这三种福音书,据赞成宗教一边的人说,就是纪元一百年以内编的。照反对的人说,就是纪元二百年光景才有的。但是无论那一个时代有这福音书,总和现在不同。何以呢?

因为古代的福音书，只有抄本，不完不全的。那些僧侣，占住一个教堂，就随意可以增删经典。所以当时每有一件事要做，僧侣总有一条圣经可以做护符。却是这一个寺院出来的，那个寺院就不承认。等到热心的皇帝看不过眼了，就召集各院的僧侣，开一个会议，把所有的圣经一部一部、一条一条用多数来决定他的真伪，这已经是可笑极的了。却是这种会议，正是僧侣赚钱的机会。为什么呢？当时成为问题的圣经，一定是和某富贵人家有利害关系的，所以也有人想某条通过，也有想某条不通过的，就用钱来买票了。现在责备议员卖票，他们一定说欧美有前例。如果责备这前例，他们饮水思源，也一定会感激当时议决圣经的僧侣，替他开这条路。当时买票的结果，自然成功的得意，失败的不平。没有通电督军，也有嘴可以相骂；没有墨匣打人，也有拳头可以奉敬。所以圣经的会议，大抵都是闹到不得开交，然后皇帝派兵，吆喝着赶散了完事，那所议决的就遵行了。过得几年，别派有了好机会，又可以再开会，再卖，再打，再解散。四五世纪的时候，这事是很平常的。

我们读中国历史，看见汉朝的人讲谶纬，个个都晓得做假的，却是一面自己做假，一面信所见是真，都觉得这个心理最难解的。后来看了欧洲的圣经前例，就觉得无独有偶。如果晓得谶纬是完全不可信的，就可以晓得这种福音书的价值。但是我们不能说他假造就不理他，因为能够在社会上生影响的，不是历史的耶稣，却是圣经上的耶稣。

圣经上的耶稣是讲平等的，讲博爱的，有许多爱人如己，索袴与衣的话头，并且这山上垂训的几条，确是很有价值的。但是当时的基督教会，实在是自私自利的，偏狭善怒的，复雠的，把基督教的真正好处都灭失了（上头所讲的好处，也是自古相传的训戒，与基督教无关)。所以他只管扳着脸孔讲道德,他的排他狂谬的性质,不知不觉就流露出来。举他两个例来讲:一个是《马太传》第二十五节里头的比喻。他说:

> 那个时候,天国就和十个童女带灯去接新郎的一样,十个人里头五个蠢的,五个聪明的。蠢的带灯不带油,聪明的就另外挽一瓶油。新郎来得晚,个个都睡了。到了半夜,听见喊说:"新郎到了,快接快接。"他们就起床弄他的灯。蠢的告诉聪明的说:"分点油给我罢,我们灯快要息了。"聪明的答他说:"我们同你们分,万一不够呢。你们去找卖油的买罢。"五个人去了,新郎就来,有准备的就接他一同去吃梅酌去了,门就关起来了。剩下几个童女来的时候,拼命叫门,说:"主人啊、主人啊,替我开门啊。"他就答说:"实在告诉你,我并不认得你。"所以要记着,你是不晓得那个时候那点钟的。

他这教训本来是教人要时时准备,却是无心之中露出马脚,把他这个自私自利到不堪的地位的五个人,都算做入天国的人。可以见得其他所说,都是口不对心的话。要是我们凭空想象一个能够入天国的人,大概决不会联想到这种卑劣的行径去的。同来做一件事情,到了人家为难的时候,只拿万一分不够的话来推挡。这种道德,到是中国人所想象的好人所没有。只拿着小说上死权的夸夫、羊角哀、左伯桃来同他比一比就够了。同是不能两全的事实,中国的传说,就刚刚在他的一个反面,牺牲自己,成全朋友。这种无形流露,真可以把他所谓爱人如己的底卸出来了。

还有一个纪载,在《马可传》的十一章(《马太传》也有):

> ……到早上,他们由别丹尼走出来,他(耶稣)饿了。远远

看见有棵无花果树,带着树叶。他走前去,以为碰巧可以在那里找得一点。等到走到前面,就晓得只有树叶,没有别的了。因为那个时候不是无花果的季节。他于是乎向着树说:"以后永远再没有人吃你的果了。"他们弟子都听见的。……每天晚上,他都出城。早上他们经过,这无花果树已经从根起通枯了去了。……

你没有方法学《聊斋》的偷桃,倒乱四时的工夫,反转恨这个树没有东西给你吃,就要以后没有人能够吃得着无花果。这个同《西游记》大闹五庄观的孙行者比起来,就远不如了。究竟为什么你想吃就要有东西给你吃,你这个权利从那里来的呢?照耶稣替他摘别人田上的禾的弟子辩护,那种说话(《马可》二章),就说大辟的从者,也可以在必要和饿的时候,吃神吃的东西。可见人饿了就有吃东西的权利,是他承认的。但是愤怒起来,就想叫以后的人没有这棵树的果子吃,来报自己多走几步空欢喜一场的雠。这种利己残贼荒谬的人格,真是亏他写得出。

自利同复雠,这两种倾向,是基督教会自来有的。前头两个,不过是在圣经上举一点例,其实欧洲千多年旧教的历史,早已证明他的了。

基督教在耶路撒冷一个偏僻残败地方尚且行不通,偏要在罗马当时文化哲学的中心来传布,就是我们反对宗教的人,也不能不尊崇这保罗的勇气。然而要在这种地方讲话,当然是要采纳罗马当年新柏拉图派的学说,来做他的基础(从前我看过一卷课卷,他把姚姬传的《李斯论》直抄下来当做自己文章。保罗比这个人还客气一点,把姓名、地点、配景都换了)。所以圣经里头的道德人生观各方面尽有很好的,不过是都是门面上的话(倭铿的大思想家之人生观讲这个脉络很详细）。他自己是对于排他复雠的兴味很浓的，况有了外头的迫害，自然仇视教外之心日日增加，渐渐弄到各派之中都有冲突了。这时候，本来已经有偏狭利己的趋向，加上复雠的心，一旦得志，纵不学宋公明的血染浔阳江口来报冤仇，也要左刀右经的逼人入教。当时罗马异教徒所用来处置基督教徒的毒刑，就一件件归基督教受持永远奉行了。当时的教会堂，就做了法王争夺的地方。有一回因为争教王的缘故，弄到教堂上躺了一百三十七个死尸。因为教务会议争论的缘故，就弄到在会场杀人，并且把尸体来凌迟。非洲方面，因为宗派的争议，至于有屠杀二十万人的命令。又于一个时候，两个宗派因为争论"耶稣在十字架上头的时候是人是神"一个问题，闹到不得开交。后来两下调和了，想做一个纪念，就大家合力去杀一回异教徒。这都是四五世纪里头，基督教初盛的时候（君士坦丁帝是一百十二年改宗的），做出来的事情。后头扑灭异教徒的各种残忍手段，更讲不胜讲了。总之，基督教的对付异派异教的人，根本上是复雠排他的宗旨，断不能专骂以后的教会变本加厉。（此段通据哥韩的《基督教与文明》的日本人译本）

三　新教徒的耶稣

路德改革宗教的时候，确是有一种勇气的人，但是到后来便颓唐下来，没有精神了。新教摘发旧教徒酷虐的刑罚，固然不错。但是新教徒对付旧教徒，何尝不用这种方法。并且在新教兴起以后，女魔的迷信才高起来,拿着无辜的妇女,用口不忍言的方法弄死他(法国有名的贞德,也在这个题目底下死的)。新教、旧教,一样的用这种手段。可见新教的偏隘复雠残虐的性质,与从前没有差别。就是同时反对旧教的加温一派,路德方面也不容他。这个也是基督教始终一贯的精神。所以费拉说:"在君士但丁帝治下所得之基督教胜利,不过是从世界中把自古相传的顶好的博爱精神全然灭了,另外拿一种极偏爱的、执拗的、不宽容的精神来替代他。这种精神,到近代才缓和一点。"这个说话,不止应用于旧教,就应用于新教也可以的。但是这种精神,也不是基督教的创作,犹太旧来的教,本来已经有这个精神;罗马的凶淫,更促进这个趋向。然而当基督教没有独霸欧洲,还有许多异教是很宽容的。到基督教统一以后,异教的人降的降,不降就杀,才把这种精神统一了。他自己拿着残酷、妒忌、偏狭、报雠的内容,披上博爱的外套,千多年来总没有改变,决不是偶然的事情。

旧教的法律,凡有奴隶告主人的,除了犯大逆罪以外,通不要审问,把这个奴隶先拿来用火活烧了再讲。后来路德改革的时候,碰着人民起来反抗他的王公,那些王公信了新教,路德就告诉他说:"这等蠢人,是不晓得身分的。"那些王公也就放手残杀人民了。可见新教、旧教里头,自由平等都是好看的话,做奴隶就该烧,做人民就该杀,有什么道德可以讲的呢。

所以新教里的耶稣,也同旧教里的一样,是自利的、残忍的、复雠的一件东西。那欧洲的野心家,对于我们东方非基督教民族,完全不认我们的人格,是从基督教固有的属性来的。我们拿着自由、平等、博爱和他讲,真是无聊。

四　新理想主义哲学者的耶稣

海凯尔等一派出后，基督教已经是西堕余日，到了黄昏的时候了。然而还有两派人拥护他，第一派就是新理想主义者，要利用他来做手段。我想中国从前讲修仙的，要把自己的灵魂放进别人的躯壳里，利用他的体魂叫做夺舍。如果再去投胎的，就叫做借胎。照新理想主义的人说："替宗教打仗，想回复宗教的势力的人，同时要替再生的宗教奋斗，替那种有说动的、进步的形态，很宽辟自由伟大的新基督教健斗。"（倭铿的《宗教哲学主要问题》）照这样说，新理想主义的人，是想叫基督教借胎的，不过实在去研究一点，就知道他并不真要基督教另去投胎，实在只是把新理想主义的灵魂，放在基督教的躯壳里头，借他一点光。好来传播，完全是夺舍的办法。他所讲的基督教，就完全是一种精神生活斗争的一个保证（同书第四章第二节）。他所认的耶稣，就是全然自立自尊和世界战争能打胜仗，同时又有心灵内界生活的存在支持着他，所以又不至于自夸傲慢的一个人。所以教会从前所讲的耶稣，被人攻击到身无完肤的。到了倭铿手里头，就变了活泼自由俯仰无愧的人格了。不是倭铿解围的本领高，实在是倭铿夺舍的手段妙。到了后来，宗教家只管欢迎倭铿，总是觉得他所讲的心灵的生命和基督教的神，中间实在有分别，不能满足，却又不敢攻击他，这真是一件苦事。东方现在还没有人介绍倭铿的学说。自然倭铿的耶稣是什么东西，一时间没有理会。但是不久这种学说一定会来到中国的，如果晓得夺胎的巧法子，就不会给他瞒过了。

五　托尔斯泰的耶稣

第二个拥护耶稣和基督教，是托尔斯泰。托尔斯泰做了三十五年的虚无主义者（他自家所讲的话），忽然间又讲起耶稣，讲起基督教来。所以在反对宗教的人，觉得很诧异的。然而一看他的著书，就晓得他这拥护基督教，拥护耶稣，不但比不上柳仲礼的勤王，鬻拳的兵谏，就是夺舍的手段，他也嫌太过小心，他简直否认了现代的圣经，却把他自己的主张叫耶稣来承认了。然后挟耶稣以令教徒，恐怕袁世凯的强奸民意，也没有托尔斯泰这般辣手。

托尔斯泰所认的耶稣，只有山上垂训哀头，把摩西的五诫来更变解释的几句。而且这几句，也不是一概承认的，通是金圣叹改《西厢》的办法，说不通的就是俗本错了。

总而言之，耶稣的主张完全是他的无抵抗主义。所有奇迹，都是寓言。所有永远生命字样，都不是讲个人的生命。故托尔斯泰的耶稣，不过是一个无抵抗主义的工具。如果凭空听说托尔斯泰是崇拜耶稣，信基督教的，不研究他的内容，就大错了。

六　结　论

照上头所讲，历史的耶稣，是无足重轻的。新理想主义的耶稣和托尔斯泰的耶稣,都是一时利用的。所以我们议论的归结点,当然是在圣经里头新旧教徒所讲的耶稣人格来下论断。我们很抱歉,是不能不下一个结论说:

耶稣是口是心非、偏狭、利己、善怒、好复雠的一个偶象。

据《朱执信文钞》刊印。

我所见的孙少侯忏悔

前回孙少侯先生的忏悔告白里头，所讲的因为有人说要看他将来的一句说话，他很有点激动①，如果能够因为这一句说话，令他的改过更决心一点，做事更沉着一点，那真是说话的非常好的结果了。我却担着讲这一句说话的光荣，所以我也不能不表白我的说话的动机，和我所希望的这句说话侥幸可得的效果。我发这个议论，本是冲口而出的，当日支配我的只有两个感情：一件是我十几年前崇仰少侯先生的反动，生出来的厌恶感情（我自白那一瞬间实在是厌恶他，不是希望他，我不愿意说假话）。一个是对于现在的虚伪忏悔的人，所生恶感的迁怒。这两层都是我的短处（但幸而是我的真处），我也不讳言的。但是到了季陶先生发表我的说话的时候，我却是完全拿冷静的理性，来赞成他，我希望发表这话，有好影

---

① 孙毓筠，字少侯。原为同盟会会员，辛亥革命时任安徽省都督，后投靠袁世凯。袁世凯帝制自为，他充当筹安会副会长，为鼓吹帝制罪魁之一。1919 年 12 月 21 日，孙毓筠在《星期评论》第 29 号上发表《我对于一切人类的供状》一文，对于过去的罪行表示忏悔。在全文的最后一段说："前天有一个人向我的朋友说：'少侯近来有了觉悟，固然很好。但是还要看他将来怎么样？'这位朋友，把他的话写在信里告诉我。我觉得他这两句批评，对我的意思，是很热诚、很恳挚的。我心里又是感激，又是悚惶。我的过去，全是罪恶，不必回顾了。我的生命，只有将来。再过三年五年，我究竟怎样？请他在旁边冷眼瞧着罢。"

响,没有坏影响。

我向来最反对匿名公表骂人的话。我骂人、讥讽人、劝告人,都要留他对我辩解的余地,指证我的误解的机会。所以发表这句说话的时候,本应该出名的,况且不是不认得没有关系的人,尤其不可以不署名了。但是当发表的时候,本是一概不用姓名,所以我也没有再提。然而到现在,少侯先生已经公然忏悔了,我万不可以再藏着不讲。

我认识少侯先生,是在十四年前东京同盟会本部里头。当时他是内务部长,代理庶务部长(黄克强那个时候已经离了东京),我是本部评议员,编辑《民报》,所以有见几次面的机会。当时他以一个少年公子,普通文学已经不错,佛学又很湛深,负着一时众望,来代理这全党执行总机关的首领,自然没有人敢轻视他。我是对于佛学很有趣味,却还没有门径的人,时时对于他更为崇仰。但我却是衣服褴褛,辫子盘在顶上,一个二十多岁的少年,自然他没有看我在眼里。然而我的归向他的心事,是很强的。后来几个月间,他也进内地了,我也回广东了。再过几时,他是运动事泄,给端方拿去了,又一下子得了保释了。我们那个时候,得了他释放出来的消息,还是欢喜到了不得的。等到他做了都督的时候,就是他所讲要走下山路的时候了。他和黎宗岳争斗起来,我们还是拿着平日相信他的心事,没有研究事情,就主张帮他。等到他进了北京,和国民党作对,也还原谅他,说他一定另有作用。

到后来,他真有种种不好的态度表出来了,我们就由非常崇敬的感情,转到极端厌恶来了。我们所相信的人,一旦变了,这厌恶的感情,决不是我们平素看不起的人做坏事的时候,可以比得上的。我们于杨度、严复①，决没有这种厌恶。对于早已以做侦探不齿于人类的刘光汉，和本来是竖子成名的李燮和，也没有什么特别的感情。对于胡经武就不同了，对于孙少侯就更不同了。他的变节，能够使我们痛心，所以我们的厌恶，也可以比于创巨痛深，不是时间可以消磨得去的。讲到这里，我们常忍不住要念那句"死无他恨惜公迟"的歪诗，以为若是端方拿了他去，不念寿阳相国②的交情，一下子砍了头，我们岂不是得一个顶好的实行家么？然而向为身死而不受，今为还古董债而为之。到底我们是没有了解的。然而我们念那句诗，毕竟错了。如果当时死了，固然是一个很好的孙少侯。如果是象他现在讲的话，鼓着勇向荆棘丛中走去，死了给后来的人垫脚③，令人想起华周、杞梁的故事，越发猛进，那不特完成了一个很好的孙少侯，还要做成无数后来居上的牺牲者，那岂不是惟恐其死之不迟么？然而他这忏悔的机会，却真是靠命。假使不幸，在袁世凯死的前后几个月死了去，那就真是社会的大损失，他也没有忏悔的机会了，真是惜公迟了。

然而要晓得他自白里头所指为下山堕落的时候，那种行径，我们当时还拿他过去的人格来替他辩护，替他解释；和现在他在那里忏悔自新的时候，我们还拿他过去的罪恶，来担忧他，怕他不澈底，都是同一的理由支配着的。我们没有看见他的坏处的时候，拼命

---

① 筹安会的罪魁六人，即杨度、严复、刘师培（又名刘光汉）、李燮和、胡瑛和孙毓筠。后四人均曾为同盟会员。

② 孙毓筠为孙家鼐之侄。1906年末，孙毓筠在南京被捕。当时两江总督端方，因为和孙家鼐素有交情，判孙毓筠五年监禁。孙家鼐系安徽寿州人，自1902年至1909年为清廷大学士。

③ 孙毓筠在《我对于一切人类的供状》中说："我的年纪虽过半百，志气还同少年一样。我现在正鼓着精神、大着胆子，在荆棘堆子里，一步一步向前走着。一天死了，也好让后来的兄弟们，走我的尸首上踹过去，做他们的一条垫脚石。"

信他,所以现在没有看见实在奋斗的情形,自然祛不去这厌恶的感情了。

况且现在忏悔的人不止一个,往往有一面忏悔,一面还受诱惑,还不受人家的忠告,更有拿着忏悔来骗人的人。这一宗人,我最嫌恶的。所以忏悔的恶影响,留在脑里,碰着忏悔的人,一下子便联想起这种坏人来了。象这种忏悔,我们论理断不敢轻易拿来加在没有什么坏事情的人身上,然而我所讲的是感情问题,我们就没有方法抑制他了。

平心说,我们一天都劝人改悔。等到人家改悔的时候,又要疑心人家口不对心,这是不好的。因为这个人如果没有错处,你为什么要他忏悔,忏悔是拿有错处做前提的。所以万不能说人家从前错了,不相信他。再者,好人变坏,你格外恨他,是你自己的感情,不是他的罪恶重一点,所以不应该拿主观的批判来决定他。这两层都是我感情的偏宥的地方,所以我承认是短处。

现在既然他感动了,并且要我冷眼看他,我就断不肯拿冷眼看他为止境了。我现在不相信他、厌恶他的感情,是从从前崇敬他的感情变相出来的,不过这个极端的厌恶背后,还藏着一母共生的另外一种感情,就是盼他旧日人格的复活的热情,这是不可讳的。现在我如果还是只有冷眼的观察,没有热诚的忠告,那就是把这双生孩子两个中间,闷死他一个,所以我也决不做的。

我的忠告,是劝他拿事实的忏悔,帮助口头的忏悔;研究具体的挽回方法,来替这抽象的改悔名目。本来忏悔是心理上的改变,不是要说出来才算的。但是由光在心里忏悔,变做言语上的忏悔,总是比较确定一点。由言语上忏悔,再变做行事上的忏悔,尤其增加他心理上的确定性。所以光从主观来讲,用事实来忏悔,也算是

进一步的，不可少的。从客观来讲，社会上要有一个忏悔的人，不
但希望他以后不做坏事，还要希望他更做好事。不但是拿他忏悔
恶事来做摘释，并且要他把忏悔了后做好事，来再邀这未忏悔的
人，策励这还用不着忏悔的人。比方我讲过这句说话以后，我的行
止，对于少侯先生也要负责任。假使以后少侯先生已经是在社会
上奋斗，我却是变了丧心病狂的人，几乎要做第二种筹安会员的时
候（我还申明说筹安会并不是惟一的大罪，假使我明天向王揖唐敲
一笔竹杠做报馆津贴，这罪恶便可和筹安会相当），我同他两个人
地位，便转倒了，他也可以批评我了。我要顾着他批评，自然不敢
做坏事了。那岂不是多了一个防止我做坏人的机会么？我不要感
激他么？然而如果他的忏悔，徒托空言，就永远不能有这个效果
了。所以社会上所需要的，是事实上的忏悔，他就应该从这一路做
去，我还是热心的盼望他，并不时冷眼的觇察他。

原载于 1919 年 12 月 28 日《星期评论》第 30 号。

惜伊吹山德司①之死②

上海市参事会董伊吹山德司，是前天早上死的。我们只看见上海租界下半旗，检直不晓得什么事。昨天才晓得死了一个东洋人。

我虽然同伊吹山只见过一面，却是替上海的人民很感激他的。为什么呢？上海这一次的爱国举动，真是从心里头发出来的。但是如果没有去年虹口日本人大杀中国巡警的故事，总怕上海的人心，有九成九的奋发，还怕有百分之一的怠惰。自从有了那一回的事件，就功德完满了。所以日本人说，去年七月虹口事件，很感激伊吹山。我们也要说，去年七月虹口事件，很感激伊吹山。

日本人常说兄弟之邦。大概伊吹山对于兄弟的中国人，非激到他大怒特怒，大恨特恨，没有奋发的时候了。所以不特是去年的虹口事件，不曾放过；就是今年五六月间，也是尽力激起中国人爱国运动的一个人。他这对于中国人"不断的刺激"，中国人真是受益不少。

伊吹山做了这许多"有益于中国"的事情，他们自己的生意，一

① 伊吹山德司，是日本在上海的"居留民团行政委员会"议长，并任上海市参事会董等职务。

② 本文写作与发表时间，均不知。据 1919 年 12 月 6 日《民国日报》刊载上海租界工部局 12 月 1 日公报，宣布 1920 年 2 月工部局将选举新董事。《字林报》评论称，现任董事七人，均将辞职，独伊吹山可望留任。可知此文写在 12 月 6 日之后。

天一天就坏了。等到今年中国人爱国运动起来，日本人在上海生意，更大受其损。由这一点看来，伊吹山真是能够实行的中日亲善论者，不是纸上空谈的。因为亲善一定要能够牺牲自己的利益，激刺别人，使他发奋自立。伊吹山这一年多的举动，真是有牺牲的精神。日本方面的人，牺牲了利益，还要感【激】伊吹山。中国人方面，自然应该"更加感激"的了。

我想上海人永远不会忘记去年七月虹口的惨剧，尤其不会忘记今年六月爱国运动中间伊吹山的举动。所以上海人应该永远不会忘记伊吹山的。

伊吹山死在这个中国人爱国运动正在进行中间，是可惜的。我们并不是说他死了，再不来"刺激"中国人民起来爱国。我相信继任的日本人，一定是比伊吹山还要进一步，令中国人更加晓得非自强不可的。但是我总可惜伊吹山死得太早了。

我以为中国人这种爱国举动，虽然于日本现在生意有损，将来日本政府也会变了，晓得中国人已经如此，日本非把他向来所崇拜的偶像推翻，来学法国、美国的政治不可，结局也是日本的利益。那个时候，日本人民一定说："哦！原来中国人的爱国举动有这么一个效果。"伊吹山如果有命，看得到这种结果，也一定恍然大悟说："哦！原来激起中国人的爱国运动，有这么一个意外的效果。"然而现在伊吹山死了，他没有看见他这几年"努力"的反响，这是我所以说伊吹山死了可惜的缘故。

伊吹山的"德政"，在上海的人真是如鱼饮水，冷暖自知，用不着我说。我愿上海人时时自己问一下自己，你忘了伊吹山德司么？

据《朱执信集》刊印。

英国与波斯之新协约

英国自与俄协商,划分势力范围之后,在波斯南部,已可自由行动。及战争中俄国势力颓败,英国遂以全波斯置之手腕之下。波斯本为对于欧战中立之国,但其中立乃由英国派兵维持之,波斯尚不能不向英国口称感其维持波斯之中立。以此而论,则日人之在龙口登岸,以答中国中立之好意;占领胶济铁路,以完全其尊重中国中立之手续;信不能专美于亚洲矣。休战以后,英国急于解决波斯问题,而波斯正亦不乏深信和会可以主持公道者,而英、波新协约不能待也。德约甫签,而波斯政府已与驻达希兰英使确斯 P. Cox 订立协约及借债契约。英、波之交涉,前后经九个月,而卒归于英之成功。据前数日(十月十二日)巴黎电载,波斯外交总长对和会宣言:"有致疑于英、波协约者,殊属不当。波斯非改革不能生存,又非得欧洲一大友邦之助,无能改革。而能助波斯之惟一邦国,则英国也。此协定绝不伤及波斯独立,亦未尝使英国得一永久权独占权。"可见英、波之订协约,由于波斯政府欣然同意,恰与中日军事密约一例。旁观者纵欲为之扼腕借箸,将奈之何。

协定正文共六条,以八月九日在达希兰签定。其文曰:

今以两政府间友谊连带向来密切,而为将来两方真正相互利益计,有将此连带更加巩固之必要。兼以波斯之进步繁

荣,应受促进,至于极上。故一方波斯政府,一方不列颠公使阁下代表其政府,相与协定如下:

一　英国政府重新以明白之态度,保证向来所屡声明之波斯绝对独立,及领土保全。

二　英国政府愿于两国政府妥商之后,以波斯政府之费用,供给所认为波斯行政各部所需要之熟练顾问官。此种顾问官,当由契约佣聘,而赋与以充足之权力。此权力之性质当依波斯政府与顾问官协商而定。

三　英国政府愿于经过,以按波斯政府提议组织统一之军队以建立保持国内及边境秩序之目的,将来另行以英、波两国熟谙军事者组织之联合委员会之决定之后,以波斯政府之费用供给新式军官及武器、服装。

四　为供给本协约第二、第三两条所陈改革之财政,英国政府愿代波斯政府筹备策划一项确实借款。而为求得充足收入之故,将由波斯政府所择,取之于关税收入,或其他财源,而以英、波两国商定之。当此项借款未经议妥之前,英国政府允供给开始前项改革所需款项之数。

五　英国政府完全承认在扩张商务与防止饥馑两点着眼,急须改良波斯之交通。现在准备与波斯政府联同奖励英、波合办事业,无论其为建筑铁路,抑其他输运,均括在内。而每件必先经专门家检查其问题,再经两政府协定,务使每一特别计划,必为最需要、最有实用、又最获利者。

六　两国政府互允另行选派专门联合委员会,基于改造之眼光,以该地实在利益及促进其繁荣为基础,以审查改正现行之海关税率。

此约以 1919 年 8 月 9 日在达希兰签定。

与此协约同时订定者,则有借款契约。此借款以二十年为期,总额为二百万镑。其契约全文如下:

一　英国政府允诺波斯政府二百万镑借款。将来照波斯政府于按照前述协定英国财政顾问已在达希兰执务之后,指定分期办法及时日,即行照所要求交付。

二　波斯政府设法,按月以年息七分之率,清付按第一条所付借款之利息。迄 1921 年 3 月 20 日而止,自此以后,须筹足款项按月付年息七分,并逐次偿本。以二十年为限,本息清偿。

三　所有海关收入税款,依于 1911 年 5 月 8 日契约之效力,应以付还一百二十五万镑之借款者,经指定为本借款之偿还之用。承继该契约所设一切条件,且除 1911 年借款外,对其他债项有优先权。即英国政府垫款,亦有优先权。若前项税项有不足时,波斯政府须设法由他项财源拨足。为此项目的,于时波斯政府以充现借款及其他垫款如上文所述者之用,指定其他一切地域关税收入(案其他谓波斯湾以外之地)。随时此种收入,可以议用,并有优先权,且承继该契约所设一切条件。

四　波斯政府有权随时以其将来所订英国借款所收金额,偿还此项借款。

此项借款主要之担保,为波斯湾海关收入,即此契约中第三条所谓付还一百二十五万镑借款者。原担保额为一百余万镑之借款,此次借款,则以之为第二担保者也。

通观此协约及契约,觉其内容无处不与朝鲜从前与日本所订协约相似。尤于其注重内政改革之点相同。此亦东方英国与西方英国所以为相似者之一欤。

协约第二、第三两条,一面指明改革内政,一面指明保持国内秩序需用兵力,而借助于外国军官。夫国家改革,军事固其一端,而决非其重要之一端也。既注重于军事改革,则其他改革,必将为之牺牲。且波斯将以其兵力防何国之侵入也,将对英国乎,对法国乎,对俄国乎,抑对新建之乞治士乎,败残之土耳其乎。波斯之假想敌人,早已不存在。所谓改革军政者,于国防上完全无意义,而其用途,必在对内可知也。故波斯之改革军队,正可比于中国之国防军,其利用借款以成立同,其用外国军官武器服装同,其名目为国防同。然则其下此相同之点,不待吾言,而国人当悉知之矣。

波斯之不靖,其根本原因,自在其向来之不热心改革故。其对内之策,非倡言改革不为功。但须知今日之国氓,非畴昔之比。岂有顾问制之改革,而可以欺人民者。国家之立,自当有其本根。今波斯言改革,而首重军队,是果为波斯人民所为之改革乎?如波斯外交总长所言,波斯诚非改革不能生存。则第一当改革者,为今日以前世界多数国家所陷入之重视兵力之主义。第二当改革者,为依赖一欧洲强力以改革之主义。然则波斯之改革内容,可以满足人民否,直可测知,无事检其详案矣。

以如此之改革内容,而易得顾问制。以不可知之改革,而易得永不能脱束缚之顾问制。此即波斯协约之成绩也。夫泛言顾问,则何足奇。所当知者,此协约中所谓顾问官,须有充足之权力也。按诸协约,则何部需要顾问官,不由波斯自定,乃由两国协商而定。故波斯所自欲者,英人固无不欲其设;英国所欲设者,波斯又有何法不设乎？而此顾问官之权力，乃由波斯政府与顾问官之契约而定，不规定于条约，似英国之尊重波斯主权，赖有此一节而显矣。其实何尝如是。夫聘顾问官者，波斯政府对于英国既经商定之一种义务也。非波斯政府允其所要求之权力，不肯受聘者，为顾问官者当然应有之权利也。为顾问者，可以不就，而波斯政府不能不聘，波斯政府将以何法拒绝其所求。即其求以一部行政总揽之权，归诸顾问官一人之手，波斯政府又将何以拒之。然则一部有顾问，一部无行政之权。各部同时皆有顾问，而波斯政府退归无有矣。况各部之事，原为互相关连者，此部有一顾问，他部之事亦可入其势力范围。事理显然，无从讳饰者也。

　　与顾问制相关联者，则为借款。波斯前次借款额为一百二十五万镑。此次借款为二百万镑。以时值计，不过约大洋一千五百万元，而折扣尚未计也。问其担保，则前者为波斯湾海关收入及电报收入，后者又益之以全国关税。夫所谓担保者，非特空名而已。所有税关收入，皆付银行，而除税关行政费用外，全部先充偿还本息之用，每礼拜一交。至于波斯政府，则惟能一月一见其结帐而已。必待支出有羡，然后波斯政府可以取用。其制恰与银团之对于中国关盐无异。故波斯之财政，既有顾问官以揽取其作用，复有此债主以堰截其源流。所谓改革者，曾不知有何价值。但见一国财政，从此不能以国家自主之意思决定而使用之耳。且波斯既以重要财源，供借款偿还之用，自然更生改革费用不足之问题。因之必有第三之借款，必有第三之担保财源，又从而重增波斯人之负担。至于疲荼之极，则又归咎于其改革之有未至，更起新计划，更起新债，更重其诛求。此甚明之事实，势无可逃者也。

　　尤可注意者，借款契约规定，波斯于由英国借款随时有权偿还此项借款。换言之,则二十年内,波斯非向英国借债,即无法免此借款契约之束缚。而再向英国借债,则其束缚又必比此有加无减,可以豫知。然则所谓英国非得永久权者,正无异九十九年租借之非割让耳。读者试以一比中国之国债痛史,当知其故矣。

于此尤当注目者,则波斯铁路问题也。依此协约,当由英波合办,而又须经专门家检查。此所谓专门家者,必为与顾问异形一气之团体无疑。故此项交通计划,当然以英国之利益为主眼,而不计及其余。今试观英国在波斯西方米梭波打迷地区之势力,则知从前德国所握有伯达铁路之利益,已大半归于英国所领有(别篇详之)。一面俄国从前所握波斯北部利益,完全不能继续主张。所以英国可自地中海之亚历山大利亚湾起,开一铁路,直通波斯以达印度。而波斯之纵贯动脉,成为大英帝国联系之一环。将来英国如何能主张无合并波斯之必要耶。此真有兴味之问题也。

读者慎无以为此波斯一国之问题也。今日虽波斯实当其冲,而将来必为世界之大问题,其最终影响,即在吾国。盖此不仅为铁路自地中海通及印度,同时又为自地中海通至新疆之一前提。故英国经营之铁路,将来延长至中国边界时,中国始知其与我有关,则已晚矣。伯达铁路问题,暂以此次战争而解决,而横贯中国之铁路问题,方将代兴。夫伯达铁路局中之德国,固不可学。即伯达铁路局中之土耳其,又恶可为也。奈之何其不知虑也。

虽然,此铁路于英国固有扩张商业,便利行政之益矣。而同时又使印度与米梭波打迷及小亚细亚诸地交通便利,于回教徒之结合奋兴,实不无影响。夫不能以耶教易回教,又不能使回教徒不与外界交通,则此铁路之完成,于大英帝国之将灭,正不知当与以若何之效果耳。波斯不得为智矣,英国之智又何如哉?

波斯虽名为亚洲一独立国,而久矣但以英俄之争,暂得小康。暨英俄协商成后,犹得保有中部一线,为中立地带。故波斯向来之独立,非以其能独立故独立也,但以其独立于欧洲列强为便,故人使之独立耳。然则俄国势力绌之日,即均势破,而波斯独立之意义消亡矣。自今以往,波斯之独立与保全,恐终不免有变更其本来意义之一日。虽然,此果足为最终之决定乎?波斯之兴衰,非一度也。有此长期历史以鼓励其民族,使生其统一自由之念。交通之开发,外力之压迫,自然力之展开,皆使其国民得新元气、开新活路而已。波斯国家之形式如何,未可知也。波斯之民族,必为不可磨灭之亚洲一民族,则吾所敢信也。

波斯之反对现行政策者,多欲乞怜于法国,以对抗英国之势力。法国固不无势力于西利亚一带,而于波斯,势尚未可以及。且就使法国有与英争衡之意,于波斯曾有何裨益。不倚赖一国,而欲倚赖他国,其害正复相亚耳。法之于波斯,又岂能较英国为亲哉。要之,外交只有利害之同异,决无感情之向背。而所谓利害者,又往往昨同而今异,昨异而今同。不特乞助于法为无益,即依赖他国,亦同为不可。何则?我所依赖之国,即为能吞并我之国。其始为友而终为敌者,特外形耳。语其实,则自始不能向现代之国家求一国而倚赖之也。至于亲疏,固因时势而异。吾不自振,又岂可以责人。言爱国而专以亲某国为是,亲某国为非,其甚者乃以为亲某国者皆卖国,亲某国者皆爱国。此亦今世论者之一蔽也。已形之侵略,固当力拒。未形之侵略,亦当预防。不知其所以施于我国者何如。视其于亚洲属地之政治,及其待中国劳工何如,可以知之矣。中国人当知亡国之忧,非独波斯有之。而能亡人国者,固亦非止一二国也。

　　附记　此文成后,见报载烟酒借款要求顾问一人,不足之额以
盐余为第二担保。信然,则何责于民国二年之五国银团。

　　原载于 1919 年 12 月《建设》第 1 卷第 5 号。▲

容人悔过与劝人赎罪[①]

《时事新报》记者,对于孙先生致徐树铮的电报[②],下了一个批评。大意说:有觉悟的人不应该靠别个,不应该利用别个。孙先生的电报是靠徐树铮转圜大局,是利用徐树铮,所以还是没有觉悟。这个批评,我以为是不大与事实相符。

我们从革命党的立场来讲,主张是不能迁就的,悔过却是很欢迎的。因为确见得非如此不可,所以没有迁就。因为晓得要达到如此的目的,是要先加帮手的人,减少反对的人,所以欢迎人家的赞同,希望人家的赞同,决不拿过去罪恶来拒绝人家的赞成。我们从同盟会以来,到现在是一贯的。孙先生的电报,要徐树铮自拔解罪,并不是靠他,只是许他悔过白新。比方从前革命、保皇,势不两立。却是民国以来,梁任公赞成民主政治,革命党也没有说,你从前主张保皇,实行保皇,现在不容任你再讲民主了,你去美洲梦俄

———

① 本文写作与发表时间均不知。文章内容系讨论孙中山覆徐树铮电,推算可能为 1919 年 11、12 月间所写。

② 1919 年 11 月 26 日孙中山覆徐树铮电称:"故文以为今日转危为安,拨乱反治,无过于依照约法,使国会恢复其自由之职权……执事能立功于国境,何必不能解罪于国民。大局转圜,事在俄顷耳。不然,内忧未宁,外患方亟,卧榻之侧,可为寒心。执事虽劳,能保不为他人作嫁衣者,而谁敢为执事贺。"载《孙中山全集》第 5 卷,中华书局 1985 年版,第 169—170 页。

罗斯罢,这种褊狭的话头,是什么缘故呢?就是我们的主义,是平民政治。凡是认做国民的,都可以有权帮助民政。所以主义上不能拒绝梁任公,不承认他讲共和,这是显然一个前例。此外就我们辛亥在广东的前事来论,李准是杀许多革命党的人,革命党宣布他死刑的。到了武昌起义后,九月初七晚上,李准派人来,愿进同盟会,我们就欢迎他,许他补过。到了九月十八,他果然逼走张鸣岐,免了一省的涂炭。假使广东那个时候,我们不许容他补过,李准的态度同张勋一样,那广东的陆军不要和南京第九镇的溃败相同么。这样争持下来,广东的人民苦到那个地步呢,全国的局面正不晓得怎么样呢。所以只要一个人肯悔过,革命党没有不欢迎他的。他真拿事实来补过,于社会上也一定有益的。《时事新报》诸君,纵不晓李准的事情,总会记得八年前梁任公在什么地位。

我们的态度向来如此,我们到底没有靠人。至如利用的话,我想这里完全用不着。现在所谓利用某人,利用某人的手段,是跟着他做坏事,口里头还说我要他做好事。现在劝徐树铮回头解罪自拔,先认定他所做过的是坏事,劝他不要再做,并且要他另外做过一场好事,把从前的坏事救正过来,自己却没有帮他。这种利用,是向来没有的。凡有利用,都是自己有目的,叫他人做他的手段,无论利用好人坏人,都不可许的。现在护法救国的事,大家都是国民,一面目的是大家共同的,一面大家都做了手段,表里如一的,有什么利用呢?

救国虽然要有一个主张,但是人人跟了这个主张,都可以去做,我们决其没有专利的意思。我以为《时事新报》记者,也应该同我们一样。

张东荪先生曾经说过,忏悔从前的好人,是很难得的(大意如此我记不清楚了）。现在忏悔从前的人，我们都认他做朋友。却是劝人忏悔从前，便要避嫌；这个道理，似乎不很充足罢。罪恶有大有小，但是如果容人忏悔，又说大罪不行，就太不澈底了。我并不说前头所举的几个例，罪恶和徐树铮大小相等，但是以为解罪自拔，总是可以容许的。故此孙先生的电报，不算不觉悟。

据《朱执信集》刊印。

取销外蒙自治的功罪和对付方法^①

外蒙取销自治,如果没有办法,还是免不了日本的侵略,这一层是人人都想得到的。孙先生电里头说的为他人作嫁,就是这个话。不过我们用什么方法对付他,是不可以不研究的。

我们先要明白,不是外蒙取消自治,才有这个问题。这柯尔恰克^②政府同日本的默契,已经是一个公然之秘密。我们如果说外蒙随你自治,中俄协定只管有效,也只可以做个不负责任的口实,不是可以免得日本的侵略。所以外蒙取消自治以后,如果没有办法,或者还要加上把来当做礼物送人,那我们当然绝对反对他。但是光拿取消自治一段说,还不到这个地位。

蒙古是应该和汉人平等的,这是不错一句说话。但是现在政府待汉人的好处在那里?比如说朝鲜、台湾的话,日本人自己说的,就是将来要给他和日本人同样的权利。因为日本人有许多权利,朝鲜、台湾人没有得的。如果把选举权给了他们,他们总认是一个好处。现在我们汉人是同蒙古人一样,完全没有法律保护,完

---

① 本文写作与发表时间均不知。据内容推断,可能与《夸人悔过与劝人赎罪》一文同时。

② 柯尔恰克,今译高尔察克。俄国十月社会主义革命之后,自卫匪帮头子高尔察克盘踞在西伯利亚反抗苏维埃政权。

全没有参政权利的啊！所以说平等待遇,五族共和的话头,决其不能骗蒙古人。你要人家愿意进你的门,总要你先待家里的人好。你待汉人已经如此,蒙古人如何会满足呢。

　　所以要蒙古肯同我们汉人一起生活,一定要把他们和我们的国民主权承认了,约法上的自由权承认了,参政权承认了。归结一句,就是没有法律不能收回蒙古的人心。你说蒙古这一回取消自治,是为势所逼也好,是甘心情愿也好,现在这种不良政治,总会把他逼到趋向别国去。所以拥护约法,销除一切不合法的机关,才是根本维持外蒙的办法,才能够不算为人作嫁。

　　我们的将来是要同蒙古一起的呢？还是要分离呢？是一个问题。蒙古人自他的历史,也许暂时不愿意把界限破除的。将来我们可以尊重他的自决。但是如果被侵略家野心家拿去,那就完了。所以我们愿意外蒙古取消自治,是这个意思。什么国威,什么光荣,都不在我们心上。

　　我们的主张,是恢复国会,励行约法。本来是豫期北方那一个军阀官僚都反对的,但是总不能说绝对不容北方人回转过来。就是今年的和议,要求恢复国会,也是这个道理。我们已经是宣明豫备反抗不合法的事情到底的,但是和议还是开了。南方没有丧心的人,也还是准备和战两样。所以教训徐树铮几句,固然不是靠他,然而究竟所教训的是一个办法。徐树铮不肯听,别个人听了,也是有益于中国,并且有益于蒙古这件事情的,不至于把我们改造中国的功夫妨碍了。

据《朱执信集》刊印。

干预纠正[①]

　　救国同盟的内容,这两天被联合通信社发表出来了。他组织这同盟的目的是怎么样,我们无从晓得。不过根本上这种同盟,不拿人民做基础,不根据法律,完全是不应该有的。所以我们不管他这同盟的背后,有没有地盘分配,权力均衡,种种卑劣的动机,不堪的条件,我们只就他无视人民,无视法律一层,已经不能不绝对反对他。

　　这同盟草约里头第三条甲项二款讲:"和局成功,如扫除内奸、废弃密约、选举良善国会、组织不党内阁等条件,均取一致之态度。至必要时,得干预而纠正之。"看起来,很像没有毛病似的。但是他的暧昧语句里头藏着的危险,我们万不能放过。他这里头举出四个条件,还加上一个"等"字。这"等"字里头包含着几多条件呢?我们暂时不能够决定他怎么样。光是就他所标出的四条来论,除了废弃密约一层以外,都是没有界限的说话,不是他们可以随便说的。民国立国精神上,人民万不能容他决定;民国的法律,决不许他们有决定这几件事的权力。

　　他们讲扫除内奸。内奸是当然应该扫除的;但是那一个是内

---

　　① 本文和以下五文写作与发表的确切日期均不知。据内容推断,约为 1919 年与 1920 年之间所写。

奸，并不是他们可以决定的。他们讲选举良善国会。良善国会当
然是人民所希望的；但是那一个国会才叫做良善，那个人可以决定
他呢？除了人民自身以外，没有别个人可以有决定他的权利。这
同盟的军阀有怎么权力，敢讲国会是不是善良的话？他们讲组织
不党内阁，我们也不一定和他争政党内阁的是非（因为这个问题，
他们本来不懂得）。但是组织内阁，是那一个的责任？做督军、做
总司令的人，可以有权讲说话么？他们没有权利决定的事情，只有
听候法律上规定有权决定这事情的机关所指挥来做事。比方内奸
的决定，是司法机关的事情。国会的决定，是人民全体投票的事
情。内阁的决定，是国会的事情。督军、司令除了服从以外，还有
怎么一致态度是合法的呢？那这同盟的规约，只应该讲一句服从
奉行合法机关的裁决指挥。再讲多一句，都是无视法律，无视人民
的。照条文上解释，就是内奸要听他们认定，才来扫除；国会等他
们认为良善，才能够选举；内阁要等他们认为不党，才能够组织。
所以人民只管认做内奸，司法机关只管要扫除，他们不认做内奸，
就要不许扫除，这就叫做干预纠正。一个人拗不过人民，便拿几个
人合几十个人力来压制他，这就叫做一致态度。如果人民拿自由
投票选出来的国会议员，他以为不善良，就要把来赶走了、解散了，
他们另外指出他们所认为善良的，叫人民非选举他不可，这就叫做
干预纠正。一个人拗不过人民，便合几个人、几十个人合力来压制
他，这就叫做一致态度。国会组织出来的内阁，他们如果不合意，
便说他不是不党内阁，便可以做督军倒阁的把戏，这就叫做干预纠
正。如果一个人做不来，更约起几十个人来威吓国会，这就叫做一
致态度。照这样的一致干预纠正的态度，所得来国会，就是督军司
令的善良国会，不是国民的善良国会。所得来的内阁，就是军阀的

不党内阁,不是平民政治的内阁。就讲除内奸,也只是扫除他们所谓内奸,这国家的立法、行政、司法的权,就被这几个武人破毁完了。救国是这么样救的么?

这个解释,是极清晰,是没有丝毫冤枉的。如果不信,只看他"一致态度"和有"必要时"这几个字。如果甘受合法机关的指挥,就算个人不同意,自己也要服从,有什么"一致态度"。如果要有这种指挥在前,那纠正干预,完全是合法机关所指挥,你没有受指挥,你就认为必要,也不能干预。如果受了指挥,你就不认为必要的时候,你能够不干预么。把这许多事情条件说了,再不提合法机关一句,他们眼睛里头还有法律,还有人民么?

不认人民势力,不服从合法机关,就是现在军阀官僚弄得中国危亡的惟一手段。这种无视法律人民的同盟,还要自称救国。难道国民现在还是可以骗的么,我劝督军司令们及早觉悟罢!

据《朱执信集》刊印。

恢复秩序与创造秩序

前天《时事新报》上有张东荪先生的论文,极力主张革命,并且说革命不是扰乱秩序、破坏公安的。张先生这一种进步的论调,我们真是从心坎底下发出一种欢迎来。我们想单拿几句敷衍话来恭维他,不如拿深透的说话来补足他。

革命是不是单为扰乱秩序来的呢? 我也敢说不是的。实在革命的目的,就是建立一个秩序。不过建立这个秩序的时候,有时这个秩序是从前没有成立过的,这就叫做创造秩序。如果是从前已经有过,现在灭失,到后来又因革命而再现,这一种就可以叫做恢复秩序。这创造的同恢复的,虽然不同,但是总因为所恢复所创造的秩序,同现有的秩序有冲突的地方,在以要革命才能达他目的。所以革命虽然不是不要秩序,却不能不推倒现在所有的秩序的一部。要是连这个秩序都保存起来,不许扰乱,这就没有革命,没有改造。张先生所谋的秩序,不晓得他想下一个怎么的定义。不过照我想,下一粗略的定义,或者于讨论上稍为有点益处。我所认识的秩序,是"关于位置秩序价值范围之人为的制限"这个定义。限于可以扰乱的一方面就是本篇所依据的(不可以扰乱的秩序,属于自然秩序。自从柏拉图以来,关于这个问题,争论太多了,现在用不着去考究他)。

凡有一个革命,都是破坏一种不合用的制度。如果不是破坏制度,另行筑设,就不是革命,也不是改造。制度是一个什么东西呢？也是限制一部分人的行动,容许一部分人的行动罢了。所以改了制度,当然就有被破坏的秩序,是不可避的。既然破坏他,就他没有承认这新秩序的人,一定说是扰乱了。

我们所最仰慕的革命里头,法国大革命就要算一个。那个时候的现存秩序是什么呢？就是一个王,支配许多人民,人民要行使他心目中的天赋自由权,就碰着秩序的制限。所以就起了革命,来打破这个秩序。这个情形,在法兰西宪法里头,有许多条。做后代的蓝本的,都是从那里来的。比方所有权绝对的规定,就是打破当时贵族制限普通农民的秩序,另外建立一个所有者制限非所有者的秩序。居处自由的规定,就是打破政府制限人民居住的位置的秩序,另外建立一个人民制限别人不许束缚他的秩序。思想自由、集会结社自由、参政权利等等,都是一个样子。又从别一方面讲,拿国会做最高机关,就是破坏君主限制别一种机关的秩序,建立一个国会限制别机关的秩序。法兰西大革命,没有人敢说他没有秩序,然而他已经把现行秩序破坏了。如果在现在民主政府下,讲路易十六时代的秩序,就是破坏秩序,同把现在的秩序放在路易十六时代,他们叫他做大逆不道一样。这个不同从什么地方来的呢？就是那个已经破坏了的秩序,不能拿来迷惑人家；还没有设立的秩序,非经一次革命改造,不能通用。法国的革命,是这个样子了。英国的名誉革命①又怎么样呢？一六八八年的革命,也没有多杀

---

① 名誉革命,今译"光荣革命",系指 1688 年英国的政治变革。

人，也没有多动兵力，然而以前惹迷斯第二①的专制政治的秩序就倒了，新设立出一个议院政治的规模来。所以在惹迷斯那边讲，这改革诸人，通是破坏秩序的，同路易十六时候看法国改革家一样。然而现在的英国，如果有惹迷斯第二出现，那英国人肯说他不是破坏秩序么。况且人为的秩序，终久是被人破坏的。就是现在的话，英国八年前制定的国会法，不就是一种破坏秩序么。那从前贵族院的立法上权利，不是已经由这法律去了大半么。他从前可以拿贵族院的否决权，来制限众民院的立法，这个秩序不是已经破坏了么。所以一九一一年的国会法，是一种革命的规定，英国人都承认的（克孙氏在演说就有这话）。国会制定了一个法律，算是革命。无论那一个听了，都觉得很奇怪。其实这种革命，是顶平常的，他没有动兵，没有杀人，没有换官吏、倒政府，就只把一个制限（立法不能不经上院认可的制限）打破了，用一个别种方法来替代他，做得很急激，改在很要紧的地方，所以就算革命的了。

　　不特政治上是这个样子，就经济上来说，机器发明的时候，经济组织生大变动，就叫做产业革命。产业革命的内容，就是打破从前工人会馆的秩序，新建立一个资本家对劳动者的秩序。从前是在行里先做徒弟，慢慢升到散工，后头资格够了，才能够做东主。到机器出了之后，无论有学过没有学过，在行里在行外，只要有本钱，就可以做东主。你如果没有钱，凭你本领多大，只可以做散工。所以在从前看起来，一个平常行外的人，做起一种事业的东主，就是乱了秩序。同现在没有出本钱，硬想做一个工厂的东主一样的，不过这个秩序破坏了，有资本家劳动者相对的秩序来替代他。现

----

　　① 惹迷斯第二，今译詹姆士第二。曾继查理士第二为英王，在 1688 年的光荣革命中被推翻。

在这个阶级战争的状况，资本制度也不能长久了，还有别种秩序要起来了。却是破坏了一个秩序，总要另外建立的。建立了一个秩序，将来总要从新破坏的。换一句说，秩序是永远有的，永远的秩序是没有的。永远有秩序，所以革命是改造，不是毁灭。没有永远秩序，所以世界有进化，有革命，有改造。

墨坚西说得好："扰乱一个秩序，创造别个秩序，是人性的最高作用。"（墨坚西：《构成哲学初步》，四七九页）并不是为扰乱一个秩序，才来创造秩序。就是因创造秩序之故，非破坏了现存秩序的一部不可。你叫他做改造，叫他做革命，都可以的。叫他做不扰乱秩序，未免失辞。

本来秩序是不过为便宜设的。比方几百个人开会，如果人人争着说话，就不方便了，所以举出议长或长席来，由他指挥，各人发表意见，就受了一个听主席指挥的制限。这个秩序，就是为开会的便宜设的。如果有人不等主席许可，硬要发他的议论，或者做一种举动，不受议长制止，会场里头的人，就会喊着秩序！秩序！来制止他了。究竟一定要受主席指挥，也没有别的理由。所以如果是有更妥当的方法来替代他，那就扰乱了这个秩序，另外设立一个秩序，没有什么不可以的。

寻常的人看见"秩序"两字，就象他自己生命财产很安全是的。如果说秩序扰乱了，就象他的财产生命都没有倚靠。大概靠着一种秩序，来得不当利益的人，往往拿着这种话来恐吓小百姓，叫小百姓来帮助他抵抗革新的潮流，是不能免的事。但是生命财产虽然是由秩序来保护的，而革命所破坏的、所扰乱的，并不是保护人民生命财产那一部分秩序。革命的普通目的，都是建立一个更好的秩序，令人民一般的生存和享乐，更有内容，夏加向上。这个作用,就是墨坚西所谓人性的最高作用。在一般人民应该欢迎他,不应该畏忌他。在主张革命改造的人,应该鲜明自己的主张,说明所以无害有益的缘故,不应该藏匿不讲。所以我的意思,与其说革命不是扰乱秩序,不如说革命破坏有害的秩序,建立有益的秩序,革命能够给人民一个更好的秩序,人民就不会无端怕起来了。

题目讲明白了,我们现在主张的创造秩序,同恢复秩序,也要一一具体的说出来。

我们所主张的,多半是恢复秩序,少数是创造秩序。本来中华民国这个名义,是包函着许多制度,包含着许多改革。里头有一部分,曾经实现的。也有一部分,还没有实现的。到后来,一齐抹倒了,就剩了一个中华民国的虚名在那里。所以我们所主张,并不止于恢复秩序,不过我们要实行这个主张,还是要从恢复秩序起。

我们想恢复的:第一个,就是民尊官卑的秩序。这个秩序在辛亥革命的时候,的确是已经有了的。当时所谓优秀分子一流,对于这一类现象,很觉得有点不满足;但是事实是无可讳的。当南京政府同各省起义的省政府,没有受"威信"两个字传染的时候,的确是国民自己相信是主人翁,官吏自问没有什么威光。一到袁世凯手里头,就坏下来。到第二革命以后,所谓民气,不晓得走到那里去了。所以民尊官卑这个秩序,就是袁世凯扰乱了的。把中华主权属于人民的规定,改做本于人民,便是袁世凯扰乱秩序的形式。袁世凯约法,虽然说没有用,他这不好的官尊民卑的秩序,到底还没有破坏。所以国民要用他正当约法上应有的权利,他通认做扰乱秩序,一概禁止。我们所要的就是恢复民尊官卑的秩序,就是扰乱现在官尊民卑的秩序。秩序是为一个人设的,不是为几个人设的。官吏也是为人民服务的,所以官尊民卑秩序,不外想用强有力的开明专制手段,来达他个人的目的,所以万万不能长久。那继袁世凯任的人,也是想拿少数优秀分子,来抵御民主政治的世界潮流,所以也想利用这个秩序,这是和我们所主张根本上不相同的。要建立真正民主政治,这些官尊民卑的秩序,没有法子不去破坏他。

第二个想恢复的,就是言论自由的秩序。这个秩序,也是约法设定的。袁世凯没有接受南京政府以前,各地容许言论自由,是不用说。就在袁世凯的时代,各地方都容许很进步的议论,公然宣布。在那一班做惯满洲奴隶的,自然是敢怒而不敢言。到了二次革命以后,这些要实行言论自由的人,在北京就要请到军政执法处,在外省就要送到戒严的将军衙门,死的死了,逃的逃了,除了主张帝制这一种言论以外,命令上没有认过言论自由的秩序。到了现在,还是有人说起革新改造的话,就要封他、禁他、监禁他,如果力量封禁拿杀不到的地方,就要想法子告他、提他、检没收他。这是怎么一回的事呢?天天做人都说要争言论自由,他们现在的秩序,只有言论束缚,那有言论自由。你想主张言论自由,如果不扰乱了他这个言论束缚的秩序,怎么可以达到目的呢。

实在说起,言论束缚就是官吏少数人的便宜。言论自由就是多数平民的便宜。我们已经晓得一个社会的秩序,是为全社会便宜设的,既然束缚言论是少数官吏的便宜,于一般人民毫无益处,这一种秩序,我们还去仰望他,有什么益处。我们只有向我们所希望的有益的方面进行,求我们的言论自由的秩序。什么阻碍,我们都要打破他。

第三个一定要恢复的,就是集会结社自由的秩序。凡中华国民都应该有权集会结社的。他集会起来,做一件不好的事,可以有制止他的法律。然而断不能说他这个集会犯了禁。这个集会将来还可以继续做去。结社以后，做出不好的事情，也只能责备他不好，不能把结社当做罪案。这个秩序，就是人民限制官厅干涉的一种秩序。在民国初年，也承认过的，到现在就没有了。所以没有的缘故，就是袁世凯想做专制皇帝，袁世凯以后的人想做袁世凯，因此把人民限制官厅这个秩序打破了，另外换一个官厅限制人民的秩序上来。所以现在学生联合会也解散了，女界联合会也要查禁，图书馆联合会也不许注册。这要改良政治的，要请愿政府的，集会结社更不消说了。这一种秩序，如果不扰乱他，不打破他，那有再做改造事业的余地。

要恢复的秩序多着呢，将来还要慢慢的讲。不过现在所讲这三件秩序，是基本的秩序，是起首要用得着的秩序，是一切改革所以能够成了一般的信仰，所以能够发出改革的势力，表明改革的主脑同方法的秩序，我们先要恢复他，所以不能不扰乱"妨害他的秩序"。

如果没有一般的民尊官卑的观念，就一切合理的主张都算做不合理，很平常的道理都算做很奇怪。就举一个例来讲，总统要拜一个偶象，来表示他竭立〔力〕提倡军国主义，并且主张分割中国成两三个国家，那是他自私窝里的事情，同人民有什么关系。为什么要所有的官吏跟着他去拜关羽、岳飞的偶象呢。这就是他的一个秩序，因为人民是贱的，官吏是贵的，小官是贱的，大官是贵的，所以承接一个总统的头衔以后，就要显一显尊卑的式样。尊贵的人信了这个偶象，卑贱的人不管你信不信，总不能不拜这个偶象。但是只管要他跟着拜偶象，他这衣服同礼节，又万万不许卑贱的人学着他。这就是前几天上海县闹一个不了的祀关岳筹备手续了。如果照我们的头脑，只有各人从各人的信仰，是一个完全的秩序。除此之外,还有一国人民命令他的代表,不能劝人信仰别教,还算近于道理。再不然,不愿意人奉别教的人民,不许总统不跟人民信教,宁可你不做总统,这是很没有道理的话。然而总算有个尊卑,他不能拿代表人民的资格,去替一部分宗教帮忙。这是尊的对于卑的一种不合理的迫害。至到徐世昌提倡军国主义的办法,就可谓倒行逆施了。再举一个例,就是前天《星期评论》上讲过的,李纯看见了近似平民主义的东西,就要禁了。他所以禁的原因,不晓得是因为这个女界联合会有主义,就该禁呢,还是因为他这个主义,是平民的,才去禁他呢。官样文章,向来含糊,不去管他。照我推测起来,恐怕两样都有的。因为有主义,所以就犯了思想不自由的秩序了。因为是平民的,所以更犯了他的官尊民卑的秩序了。我们看见都觉得可笑出奇,他那边却是把禁止平民主义当做天经地义,他支配底下的人看见禁止平民主义,也只落得一声无可奈何。本来中华民国应该有这种事情。不应该,就没有人提起来了。那再进一步的主张,从那里发生出来呢。

要恢复这三种秩序,不是拿口头可以说得来的。张先生说的各界各自革命,是最合宜的话。但是各界各自革命,从那里做起呢? 就要从不认他的秩序,认我的秩序做起。他只管不许言论自由,我只管自由言论。他不许我有集会结社自由,我就自由集会结社。我的言论出版,在他的干涉的能力以上,我的结社集会的进行,在他压迫的能力以上,就可以破坏他的秩序。这是最具体的最基本的改造方法。所有革命改造,都要从这里做出发点,才能够有合理有益的结果,才不至于白白的扰乱秩序。

本来民国元年的时候,别的事情还没有弄清楚,这三种秩序立定了,总算有了基础的。不过这种日子,中国还过不惯,所以晓得这个秩序对于自己主张,能够有公平的机会,是很有利益的这一层的人,总还不多。然而看到反对自己的人,利用言论集会结社的自由,就恨的了不得。所以当时肯出来主张的一件事的人,大部分自命优秀分子,都很愿意只有自己的言论自由,不愿意一般有言论自由;只愿意自己有集会结社的自由,不愿意一般有结社集会的自由。这个论调,不约而同的出现,那结果自然各人有各人的主张,各人有各人的反对,反对同主张大概都相消了,一点影响没有。那个禁止一般言论、集会、结社自由的议论,就成一个有声有色的主张,刚刚被袁世凯利用去了。所以言论自由,集会结社自由,是为袁世凯牺牲的;而把这牺牲牵去的,就是优秀分子。我们保存这几种必要的秩序,就要创造一种非优秀分子的秩序。

本来社会的静态,是没有可以经历时间的。《天方夜谈》里头一个国王,生下公主,着了魔,就令到全国的人睡一百年。现在如果是想永远保存着一个秩序,就是想叫一个社会永远睡着。把一个时间的社会静态,变了化石,令他永远没有进步,那是不特无益,并且不可能。况且大地还有冷下去的时候,太阳还有消减变灭的时候,那有不变的化石,那有不变的社会。我们现在想创造的秩序,也不过是预期改造的一种秩序,使将来改造容易的一种秩序。

我们想创造的秩序很多,现在先提出两个来:一个是直接民权的政治上秩序;一个是平均地权的经济上秩序。这两种秩序,于中国古代很可以寻一点相象的古迹来比拟他,不过这是没有相干的。在中国建立这种秩序,总还是创造的东西。

民权这个主义,是革命党二十年来没有变更的。然而对于民权内容的解释,就有许多不相同的地方。当辛亥革命的时候,革命党人对于外国正在试验中之直接民权制度,还有多数是不大敢下断语的,所以当初起草约法的人,也还没有把这一层放在眼里。到后来临时参议院的选举法制定,同国会的天坛草案起草的时候,更多迁就的痕迹,更少创造的本领。要想得一个直接普通选举的权利,还得不来,还讲什么进步。所以这一种革命党里头少数的人的理想,自然没有采用的余地。在以前三层,怪得着袁世凯,这一层,还是要怪革命党主张不力。他主张不力的原故,是因为外国试验没有完结。事有适然,无可如何。但是现在不特这直接民权的可以实行,是有外国实例可以证明,而且国会的专横,是无论用什么制度,不能救济,已经清楚。如果救济国会专横的制度,真能有效,又会生出开明专制的结果来。那在国会里面改良的,什么比例选举制度,优秀代表制度,上院修正习惯,都不是救济的方法。用这种方法的,不是增加弊害,就是结局被民众推翻。在外面来扼止他的,什么行政首长拒否法律的权利,法院宣布法律违宪的权利,行政首长解散国会的权利,也只有招着国民的反感,得不到什么救济。所以以前所谓民主主义的潮流,是拿代表人民的国会来做内容的。有了国会,便算民权。国会的权利增多 就算是民权发达。现在看来,这种主张,是很不完全的,很危险的。如果国会设立以后,所有的权利,交到国会里头,于民权的实际,仍旧相差很远。并且国民要翻转他,也是以暴易暴,不能根本解决。所以现在的社会,是要求一种真正的民权政治,是要求人民直接参与制止法律、废止法律、任免官吏议员的民权政治。这种直接民权政治,如果能够建立,现在的种种政治问题,都可以解决。要不能实现这种直接民权的秩序,不但是新国会同安福部能够生出危祸人民的结果,就认真恢复起旧国会来,还是假的,没有什么中用。并不是光说新旧国会议员不好,就是通好了,也不能造福于社会。因为国会所以好的，是在制度上，所以坏的，也在制度上。不是优秀分子可以永远保证国会将来不腐败的。

平均地权，是社会主义实行之第一步。真正的社会革命，同那虚伪的国家社会政策分界，大概总可以就此看得出。本来有钱的人，是由社会掠夺来的，不应该放过他。这个道理，什么人听见，都很愿意的。不过有一种人，拿来做敲竹杠的资料，敲到几个臭钱，进了政府的国库，就敷衍着过去了。他不愿意根本改革，而偏自认为能够解决社会问题。现在一般看见的，真是不少。但是如果讲到平均地权，他们一定做不来的。何以呢？社会的改造，从破除独占做起。自然生产要素里头，土地的独占性是最大，他所以帮助掠夺本领最多。现在的经济组织，固然是因为私有财产制度不好，所以生出缺陷。但是若果把土地的问题解决了，其余的问题，都很容易解决，然而不是敲竹杠的手段。所以虚伪的民生主义者，一定不来。惟有真正社会革命家，才去的主张他。我们主张的平均地权，是人人都可以应他能力，来用土地，决不能拿土地占起来不用。用土地的结果，是社会共有的。用人功的结果，是做工的人得的（按着当时的秩序）。用地的权，是人人有的。占地位的权，是人人没有的。这个事情，决不是容易做的，但是一定可以做的。这个平均地权的研究，从亨利佐治以来，已经过不少的日子，在各国已经有多数试用他于新地，并且用渐近的土地增价税政策，来求实现他。在我们决不要怕他是一个理想，不敢去研究他了。

要恢复的秩序，不止一件。要创造的秩序，也不止一件。所以要扰乱的秩序，更不止一件。不过将来还有研究的机会，现在我只得学吴稚晖先生说，不要等别人家要求简单发言，就让不做声半天的朋友讲讲。

　　（公特）说："政治上理论,常有袒秩序和袒进步两种。这两种都是要使国家存在和巩固所必要的。那社会学,非设立起来而且令人家承认他不可。前一种主张秩序的,是一种天赋世传王权论,代表智识长成的神学的一步。后一种主张社会契约的,代表形而上的一步。这一个实用起来的结果,就是法国大革命的时候。努力去进步之后,秩序完全消灭了。所以秩序同进步的调和,还是要用工夫的。……政府的改革,目的在秩序和进步的有相当比例的联合,就要靠政治的智识,所以一定要等创造一个社会学的实证的科学。"我们想把公特的"秩序属于社会静态,进步属于社会动态"的一个基础定理,来结本篇的论。我们的社会,不能放他没有进步,所以就要叫秩序将就一点,让步一点,不要把神学的遗产,应用到现在社会去。临终更表明一句,我是一个主张革命的人,很欢喜主张革命的朋友,希望我的朋友,更尽力向"各自革命"这一句话实际上做去。

据《朱执信集》刊印。

为督军画策

　　吾人为人画策,必从其人自己利害着想。如使此一关头打通,则一切浮语,均置不道,亦复无妨。故昔人云,与尔相杀事,何必作书语。想以吾辈向来议论入诸督军眼中,皆所谓书语耳。不特不能替彼愈头风,并且不能令彼向秋风一笁耳。故前次徐季龙先生《劝督军自废》一文,不特为国家人民着想,亦复为督军——现在及将来之督军细细打算,指出其非自废不可之处,可谓妙尽人情。但吾恐督军中有大部分,见此文后,或有感动,必无决心。何则?季龙先生所说,不过废则能保有现存之利,不废则难免将来之害耳。而彼平素亦另有一种利害之见,时时来往于其心胸间,即魏武所谓势如骑虎,不得中下也。

　　督军既积如是之财,一旦退职,果能保有之乎?此彼辈心中所起第一之疑问也。譬如有法律之国,人人财产,均有安全之保障,决不以曾为督军之故,独被侵害。故吾人设想督军退、法治成之一日,督军财产安然可以享用。在彼则不然也。在彼今日,除军阀官僚当局少数人之财产以外,决无保障可言。掠夺之事,有彼意所欲为者,亦或有为己所不欲者。而要之自癸丑以来,"所有权"三字,不能与刺刀枪弹对抗,则彼辈心目中所认为不可疑之公理者也。然则舍督军者,不啻舍其财产之全部也。为督军则可以骑虎,虎之噬人与否，虽非所问，终不能噬我。若不为督军，则是谁乘之者不可知，虎之择肥而噬，必不可免，故不敢下也。

督军既结如是之雠，一日退职，果能复保其优游之岁月乎？不被逼胁乎？此第二又起之疑问也。如在督军制未成立时，有人疑退职之军官，不安于室者，群皆以为过虑。今则不然，出杀人之地位，即入被人杀之地位，决无隙地可容其回旋自如。是以不为督军，故未易言也。杀人既不必依法律，而此退职者自问，亦不敢谓无罪可杀。则再三算度，仍以高踞督军，拥兵保命为妙。吾度凡所谓骑虎难下者，必有此念亘乎其中。

虽然，骑虎不下，如曹氏所为，固以称帝为归结者也。今诸督军将欲归结于何种事物？将骑虎以终身耶？则虽在督军之位，固不免时时有生命财产之危险，趋势显然。如陆建章者，即其殷鉴。非特不为督军，始有此忧也。故始终不得一条活路，则始终不免有生命财产之虞，吾正欲为此辈人开一线生天而已。

彼辈之根本错处，在于设想继彼之后者，为比其自身更恶、更无理、更横恣之人。其退职以后所处之社会，为不顾法律，不问是非，不恤人民之社会。故处此社会者，惟有手握兵权，始可自保。正似昔日欧洲大国之主张武装和平，实际只有武装能充足恰如所期；至于平和，早已灭绝。武装之下，只有胜负可言。而个日督军之政策，即欲为欧洲前此外交政策之缩图。不知方其平和，武装固无所用；及其不得平和，则武装即为倒其自身之具。如俄、如德，已有明征。将来督军至须用其兵力以自卫之日，即知其兵力适足以为自身之害，而无所用之，抑已迟矣。且彼之将来社会之想象，实为一种近视的迷梦。欲令其身退之后，有一佳良之社会，容彼以不材终其天年，决非不可能之事也。

须知此种生命财产毫无保障之状态,实自袁世凯成之。袁世凯以前,固无有此也。在满清时,虽曰清帝喜怒不可测,而抄家斩首之事,实不数见。入民国后,对于从前之违抗者,不特不追责既往,又从而优用之。自来革命军之始成功,皆不尚屠戮,而未有如民国初期之尤寡怨者也。而袁世凯实首败之,暗杀之外,复设军政执法处;中央政府之外,又耸各省以杀戮为报复。二次革命以后,凡有造于民国者,皆豫知亡身破家之必至,强者走险,弱者逃亡,杀机一动,不可复抑。始以军阀官僚杀民党,终且军阀官僚亦自相屠戮。得势则夺人之财,杀人之子;失势则豫期报复之来。此种风气,始于民国元年之杀张方二人①,而至今日极矣。世人追论前事,往往以为民党当辛壬之交,除恶不尽,自贻其戚,其实不然也。

所以为民党者,即在其民众的法治精神。以当时民党一般意向而言,决非能绝无厌恶彼辈之心,乐与更始。其有持宽大者,不过为之领袖之少数人耳。然而不恣情杀戮者,以当时民意所趋向,在于和平与宽容,不能不尊重,而民党所自提倡之法治,不能付之空言也。故在民众的法治之下,复雠与不宽容之举动,必见屏绝。而政治上失势之人,自有法律民意为之保障,不须兵力。袁世凯惟弃去民众的法治主义,而以独断的人治主义代之,故其杀人没收财产,本无定法,而其所用之官吏,亦可以任意行之。今之督军所预想之社会,不过此七年间之社会,非势之必至,理之固然者也。如使督军不肯自退,而待其下之起革命,待邻省之并吞,则有如陕西、吉林之已事,可以决其代彼而兴者,必不容其生命财产安全。即或自退,而不肯以支配一省之权还之人民,乃与彼日觊而思取彼代之

_____

① 张方二人,系指张振武、方维,辛亥革命时期的湖北民军领袖。张振武在湘北军政府成立后曾任军务部副部长,1912 年 8 月,被袁世凯杀害于北京。

之人,讲交换之条件,为妥协之交涉,以欺诈人民,则继任者本一流人,倒行逆施,亦意中事。但若督军已知危险之发生,根本即在于此督军制;退职之后,其权还之于地方人民,不使有他督军承己之后,则岂有不法侵害能及其身者乎。吾今日望督军之退,固非望其个人之去也,望其去督军专横之制,而以一省之事,还付之一省之人,使实行民众的法治,则不特督军一身,生命财产,绝对安全,即其部下,亦完全得有保障。何则?贪人之财而夺之,记人之恨而复之,陷人以罪而罚之,追咎既往,横加冤抑者,皆三数人专政所优为,而大多数人所不愿者也。人情于利害关切之时则昏,于事势既定以后则明。如革命时,广东人之三李准,可谓有积怨者矣,而其失势之后,则反有同情焉。使当时为三数人之专制,则李氏之生死,未可知也。而民党必保全之惟恐不至者,固以民意为依归也。故在多数平民法治之前,无论何人,决不忧有特殊之虐待,且不难得既往不咎之保证。然则武断政治不存,则督军已非骑虎,而随时可下。即此督军之自退,可使其一省政治状况,还之民国元年以前。当此之时,虽今之军阀官僚,固无丝毫危险也。今试代督军计自退之方法,则可分为数级:

第一,荐举相当之本省人为省长,还付之以民政全权。

第二,确实选举调查之后,设立各县县会,授以自治之权。

第三,以省财政监督之权,付与自治机关。

第四,废去一切军法戒严名号,完全以司法权归之审检厅。

第五,悉敛驻防军队,集中一定地点,以俟裁并。

第六,军队裁定,自行宣告解职。

此所举手续虽极粗略,决不难行。其有现在法规不完全之点,亦无大碍。盖现在北方南方均已目无法律,但使其所行合于民治精神,则法规所不具者,尽可以省会之议决,经人民认可之后,作为一省法律,先行实施。于国家统一,绝无妨碍。而此种法律之中,即可规定,以罢免官吏之权,归之人民。人民对于裁判及行政,有完全之监督,则督军退后有生之日,皆为安稳之生活,可以无忧矣。

据《朱执信集》刊印。

要运动乡下人爱国才有用

佑尼干说:"爱国青年,应赴内地杂在一般人民之中,亲告以中国如何被卖,卖国者为何人。"这是很有价值的忠告。

本来这爱国的事情,不是少数有知识的人专做的。少数有知识的人,应该看到,除了爱国以外,我们还有一个更高的目的,更重要的义务,要等着我们去努力。但是为达这个目的,我们先要做一个基础。这个基础,就是不侵略人,也不受人侵略的国家。因为要有基础,所以做这些爱国的举动。因为一般人还没有理解这些更高的目的,所以只可以劝他爱国。等到爱国的目的达到了之后,再和他们讲更高的目的。这是群众运动不得已的办法。

但是讲爱国不过想他们容易懂。如果他们不晓得怎么样一回子的事情,那自然还是没有感动。而且关于全国事情的群众运动,也一定要通于各阶级各地方才有效力的。群众运动没有形成之先,要有一个共同信念,逐渐结晶,到后来就变了无可抵抗的力量,所以最忌是限局于一地方一阶级。

比方江浙的学生,如果是看着京津的学生运动漠不关心,他自己就永远不会有力量。如果学生眼睛里只看见学生,那这个运动也限局在学生一个自己制造的阶级,更不中用。运动不是给人家看的,运动要在人家看不见的地方做,运动的结果才能给人家看见。如果只在人家看得见的地方运动,那人家一定只看见他的运动,不会看见他的运动有结果。

据《朱执信集》刊印。

新文化的危机

放着很容易办到的事情不去实行，却去天天讨论；明明晓得还没有办法的事情，姑且讲讲；本来是各不相妨的事情，偏偏要互相攻击。这三种毛病，我看是销除新文化运动的特效药，是号称改革者没有诚意的确实证据。如果世界人类是前进不息的，科学告诉我们的理由论是不错的，这班人一定是要受淘汰。他自己淘汰还不打紧，恐怕还要拖许多可怜的无知识的人陪他，做他的牺牲。

比方注音字母，本是很容易推行的东西。无论他完全不完全，已是定了做一个符号，大家便遵守他算了，这个完全不完全的比较，差不多用不着的，偏偏许多人不去做实行的工夫，却要在那里讨论声韵今古异同，字形繁简，来赞成这个，反对那个，把这正当传授注音字母的时间都占去了。为什么来呢？这不是第一个讨论不实行的切实的例么！

讲奋斗主义的人，却去反对阶级斗争，这自然因为他的奋斗只向着自然奋斗，不向着人类奋斗，所以不愿意拿阶级来做斗争的对象了。但是除了阶级斗争以外，现在有向自然奋斗么？阶级斗争，本来是现存的事实，不是想出来的手段。社会主义者的主张阶级斗争，不是以为没有阶级斗争，也要用这手段。只是看见历史上的事迹，都是阶级斗争的表现，所以现在要绝灭阶级斗争，不能不先绝灭阶级。要绝灭阶级，还要借斗争的一个阶级的力量，所以现在要奋斗的时候，还得找一个破灭阶级的势力。有阶级存在，就要做奋斗的障碍，如果反对阶级斗争，还有什么办法呢？他以为用炸弹手枪，是阶级斗争，他不晓得用小册子、用演说台，也是阶级斗争。他以为聚众要挟、杀人放火，是阶级斗争，他不晓得罢工、罢市、怠业，也是阶级斗争。天天在那里讲奋斗，却是讲不出阶级斗争以外的办法。既然没有办法，又不承认人家的办法，便是叫世界人等到人性改善的时候，才来改革一样。虽然叫做高调的主张，实在是推诿规避的妙法。这是第二个例。

一个人主张优待学生，另外一个人主张优待工人，没有什么不相容的地方，因为各人所做的工夫，分了两方面就是了。却是有些人对于优待学生的，便拼命攻击。一个人主张女子剪头发，一个人说不必剪，本来也没有什么不相容地方。就象有一个便利的器械在那里，用不用随他就是了，因为这些枝叶问题，于主义的实行，只可说是一个象征，并不是叫做贯澈。却偏有许多人在那里主张，也有许多人向着这主张人来吹毛求疵的责备。难道没有别的要紧问题可以讨论么？再有一部人，关于女子解放的问题，他没有不同意，却把这论男女关系的，拿婚姻来比娼妓一层，拼命攻击。这种辩论，真是消耗贵重的时间，妨碍正当的进展，拿发议论来当做陶写性情、标榜声气的一个手段。大家拿着重要的主义去粉饰那些无聊的议论，如果这种象征的行动也可以救济社会，那和尚念经，也可以超度死人了。

照我看这种人那里是提倡主义、实行主义的人，不过自己弄一个名声，耽误了人罢了。从前的制度，诚然是坏，他还是实行的。现在的议论，却都是口讲的，讲一万遍，也没有效果。上头所讲的，都是不肯实行的毛病。因为没有实行，所以在那里故意讨论。因为没有意思去实行，所以也不讲办法。因为不去想实行一方面的事，所以专在这些象征的事实，文理的误差，显他的辩论的本领。这种空中构造的新文化，不要等人推他，他自己会倒下去。

他们这些不分明的提倡，无意味的讨论，夹在许多真有改革社会的诚意的人的说话里头，弄到看的人头昏眼花，到底莫明其妙。讲的人拼命来解释一般人的误解，闹到结尾，就是一个可以实行的方案，有疾而终。所以新文化的大敌，不是外面的抵抗，是内面这些微生物。我们不能容许这几个人在这里做文章，拿一本"新式骈字类编"里的"人格"、"解放"、"打破"、"建设"等等名字，杂凑起来，勉强工人去印，骗青年去读的一个现象，便算做新文化的代表。

从前胡适之叫人不要多谈主义，要多研究一点问题。在我看，谈主义，谈问题，是一样的。现在的人何尝不谈问题，不过谈的并不是研究，只是一个空谈罢了。真要研究问题，自然也研究到一个主义上来，没有可以逃得过的。现在谈主义的人，人还晓得他是在新文化运动以外。谈问题的就要走进新文化的内部来占一个位置了，所以危险最大。

凡有议论，都可以叫做谈。不过现在拿谈来讲，是对研究而言的，就是不想实行，并且没有想到他人如何实行的，所以只可说他是谈。这种谈法，比起古人的讲井田封建，要加几倍的不负责任。他这结果，只是教人换几个名称，还用旧日的办法。因为办是不能不办的，有了新办法，才可去旧办法。把旧办法只管骂，新办法还是没有成案，那不能叫人去做的。然而老实不做，就要挨骂，所以就奖励了这些假做的人了。我们试就顶平常的来讲，从前的捕快，因为有巡警的新办法，所以就废除了。从前的粮差，因为没有新办法,所以尽管制度上不要他,事实上还是非找这班人不可,实在消灭的只有粮房这个名称。现在要改革社会,应该拿这些卑无足道的做榜样。这些政治改革,尚且困难,何况社会!

　　缺了可以实行的方案,新文化终归破产。不把上头所讲几层弊病除去,不会有可以实行的方案。就有也推翻了,我们能够坐视他推翻、坐视他破产么?

据《朱执信集》刊印。

青年学生应该警戒的两件事

　　现在青年学生的地位,比前几年是大不相同了。前几年所有青年学生的心理,都是以为自己无拳无勇,一点本领都没有。这一年间,差不多都觉得学生在社会上,是很有力量的,有什么事情,要等着学生说话出主意了。本来对于自己的评价过高,或者过低,都不是好事。学生变了社会上这种评价,固然有许多是明白的,也有一部分是被米汤灌醉了,忘记了求进步的。然而大体上讲,可以算做利多害少,一个可喜的现象。

　　但是现在最要注意的,是良好的征兆,和良好的现实不同。征兆是东鳞西爪,看见一点,还有大部分看不见的。现实是全部现在感觉范围以内的。世间相信学生,期望学生,都是从征兆来说,不是已经完全实现。所以现在的学生,就要把他的征兆,来变成现实。把这"东鳞西爪"的觉悟,变做"一以贯之"的觉悟。

　　现在我先承认了,学生将来的能力和任务都是很大的,在这个意思底下,我想对于学生有一点责善的贡献。

　　按我所见,有两种事情,使学生的觉悟不能澈底:一件是校友的界限;一件是宗教的诱惑。

　　现在多数学生已经主张废除毕业学位了。那立一个标准来试验,经试验来毕业授学位,还要不承认,自然那完全没有标准,碰巧来定的某校学生的头衔,更应该在摈弃之列。就算某校教授得好,某校不好,某校管理好,某校管理不好,都不是学生自己的事情,为什么要把来立起做一个界限呢。却是现在学生,真是这个毛病,把这偶然的境遇,当作必然的界限。就拿广东来讲,已经有许多形迹,而学生联合会的分离,尤其是一个显著的例。学生中因为意见不同分了党派,不是不可以的,但是断没有这一校的人通是这个意见,那一校的人通是那个意见的道理。因为学生自己总有自由批判的能力,不是教习父兄可以压得住的,才可以讲改革。既然有了自由批判的能力,就没有全校一致的道理。那拿几个学校来立一个会,对抗别一个会的,就可以说明还有大多数学生,没有打破这校友的界限了。这个界限不能打破,就是将来学阀的基础了。

其实学生不过是暂时的地位,校友尤其是暂时的结合。把这些暂时的东西来决定主张,至到不能一起办事,这就明明白白是觉悟没有澈底了。纵然不能够说全体是这个样子,也可以说最少有一部分没有觉悟了。

这个虽然可忧,还希望他将来销除界限。此外另外有很可忧虑的一件事,就是学生对于宗教的诱惑没有抗拒的能力。现在所讲的宗教,自然不止耶教,然而现在诱惑力最大的还是耶教。所以我这议论,可以先朝耶教一方面说。

从来耶教在中国,虽然尽力传播,照我现在看来,真是贻害的地方,还讲不出。因为中国向来信教的人,都是没有经过什么研究。在信教以前,他本来是听从流俗驱使,拜偶象,拜孔圣的一流人物,这些人心中目中,都是升官发财。到了信耶教以后,也不过是把蒙恩陛见,改做蒙召归主;把红顶花翎紫禁城骑马,变做天国享福。只是把这一种坏人,改变做别一种坏人;这一缸的粪蛆,调去第二个缸养活。所以纵然不能说他有益，也不曾证明他有害。在当时反对耶教的人，都是那一般腐败学究，拿信条来驳人家的信条，拿自己的武断来抵当人家的武断，丝毫没有搔着痒处。可是现在的学生，已经把从前儒家那些谬说通打破了，由那些谬说派生出来的反对耶教的说话，也当然没有效力，自然是耶教的独舞台。而这些打破一个偶象的人，正是可以大有为的时候，如果被耶教乃至一切宗教诱惑了去，就是人类社会改革，少了一个澈底的人物。

闻说俄国的革命党在教堂写几个大字，说"宗教就是鸦片"。其实这两件很相象的，强壮的时候，不轻易中鸦片毒。中毒的人，大概都是在身体上有弱点的时候，才去借助他。现在学生，除了广东的几间受毒很深的不算外，大概都没有中宗教的毒的。然而这个实在靠不住，因为现在还是学生成功多失败少的时代，宗教的诱惑，要到一个人失败以后，走投无路的时候，才显出效力来。学生的前途，是有许多艰险等着他的，是要经过许多失败才成功的。当这失败的中间，要破除了一切倚赖的心事，鼓励起他的精力来，才能毅做到澈底。在这个时候，如果碰着宗教的诱惑，就立刻变了神的奴隶，这和一个人身体弱，受了鸦片的诱惑一样，很容易中毒的。现在人人晓得肉体上不应该受鸦片的诱惑，还不晓精神上也会受精神的鸦片的诱惑。这些烦闷时期的青年，千万不要犯着这宗慢性精神的自杀。

这两层确是将来青年学生进展的大障碍，戎希望先觉的人合力去打破他。

据《朱执信集》刊印。

人生问题

　　人何以要生存？生存有何目的？此一问题，居然亦以中国文字提出，有人研究，有人附和，岂非一种可喜之现象。

　　现在虽不能到多数人了解人生问题之地位，总算有少数人知道有所谓人生问题。就使此所谓少数人现在未曾得人生问题解决之方法，仍然此少数人竭力提起此人生问题，即此已有益于中国人不少。

　　人生问题，决不能单着眼于少数人，单着眼于一阶级之人求其解决。何以故？一阶级、一部分、一国家、一种族之生存目的，皆为人生问题决定后，始能决定者故也。如使人生无目的，或不能求得其目的，则决不能如不列颠人之自认为天之选民，或如华人之自视为神明胄裔，离去一般人类，独求得此一国家、一人种之生存目的也。是故不先求得人生目的，而但声言我国对于世界有如何重大之责任，世界之文化待吾种以发展，世界之利源待吾国以开发，又或言吾种应立于世界民族之首位，指导世界之人种以进于文明，则结果不过自己骗自己而已。不特不能成为实行，并且不能骗别种人、别国人也。

　　言人类必以平等为出发点，无论何人，不能自己认为除一般人类所有责任外，另有比他种、他国、他阶级、他宗教、他团体之人更重大之责任。故自审其一己之责任，即同时为世界上人类共同之责任。虽负此重大之责任，不能对于人类社会要求丝毫之特别看待，主张丝毫优越之权利；不能对于任何国，任何种人说我已负如此之责任，尔辈须感激我、拜谢我、从顺我、褒美我。故近我者有一国，近时非常为我国民所嫌，并非以其国民不负责任的原故，却是因太负责任的原故。更深言之，则以不肯自居但尽人类责任之地位，偏要居尽一种比他东洋人更重大之责任之地位，故要求特别之从顺，特别之感谢，特别之权利，于是不特招我国人之厌恶，并且招其他外国人之厌恶。不特与之为敌者厌恶之，即欲与之为友者亦不得不厌恶之。此是一例也。同时更有离我远者数国，口中依然亲善，依然公道，依然挈助公理，压抑强权，而对于世界仍旧觉得自己应尽之责任，比他国更多，故世界上之问题，只有此数国可以讲话，其余弱国不过举出多少代表作为陪衬而已。国际之事，不应用武力解决，何等美名。而问除却武力解决以外，有何办法，则是听凭有武力之五个国家解决而已。于是不特弱国无武力者厌之，同是强国亦有暗中反对之者矣。不特外面有反对，即其所谓强国者自身国民，亦有觉其不妥者矣。此又一例也。

大抵人类平等，为人人口中日日所讲，而心中无时不欲将此平等两字变作差别；及万事到手，便居然尽命将不平等的事做去。而此口中手上之不相符，彼固未尝不清夜自惭也。于是将特别责任四字掩盖自己之良心，故不特不足以为达到人类生存目的之助，并且处处妨碍之。即如普鲁士人常自命曰，将德国放在世界前头，将普鲁士放在德国前头。此亦一自命为有特别责任者也。普人诚心信之，且牺牲数百万人以实行之，而其结果不过将德国放在世界后头，将普鲁士放在德国后头而已。然则吾人为中国人，今日主张将东洋人放在世界前头,将中国放在东洋人前头不可也,犹之日本人主张将日本人放在东洋人前头之不可也。人类社会平等者也,不容何国、何种人主张特别之责任,独求其一部分之目的而实行之。此人生问题解决之第一先决条件也。

人生问题,又不能单观察人类之范围而决定之。人类不过在动物中为一种别其生存目的,不能离去动物而独存。于此一点,则古来宗教之种种迷谬之传说,不可不从根本上概予打消。不如此,则目的为他授的,非自发的也。服从他力之命令而有目的,则只是他方面所要之目的。而人类之生存,对于人类自身变作毫无意义,惟彼以目的付与吾人者视为有意义耳。故吾人以为人类自能有其生存目的,决不可由他力付与。而非人类之动物,亦各可以有相当之生存目的,不由他人付与。但以人类为动物中最进化者之故,人类自觉其生存目的之力比他动物更强而已。若如宗教家之说,上帝造人,特与以生存之目的——信仰——而其他动物不过作一种手段,陪衬人类。则动物之生存固无目的,人之生存就人自身计,亦不得谓为有目的之明也。人之生存目的为上帝所与,则人之生存或者上帝以为目的,而在人自观,则又不过上帝之一手段,无从自有目的也。如此,则人生问题,完全可以不发生。在今日欲为真正之研究,必先从进化论入手,则知宇宙中经无数进化而始有人,决非被上帝创造者。人虽为现代最进化之一物,将来必有一物进化过于今之人类,即如尼采所谓超人者。又必有他一物进化过于超人,而可谓之超超人者。如是薪火相传,未尝绝也。又推之以前方未有人类,此类人猿、此猿属、此有胎类、此哺乳类,各各于一时代占最进化之地位。且人之系统以外,如爬虫类、如鱼类亦各有其极盛一时者。所谓后之视今,犹今之视昔。吾人既有生存之目的,决不许将来超人或超超人种属认人类为无目的以生存者,则如何而可？许吾人认人类以外,从前一时曾在最进化之位置者之生存,必无目的乎。既已许既现在非人类诸动物为可有生存目的者矣,又安能于动物中区分某种属有目的,某种属为无目的乎。故结局,非认一切动物可有生存目的不可。但有目的与其自觉,本属两事。盖(一)虽为一种目的以生存,而至少不能自明确描绘出其目的为如何。此小儿之心理状态,可以推测一般动物所有心理现象者也。(二)非不知有此目的,而误认由此目的支分之一象征为目的之全体,此又人类所常有者也。二者有妨于自觉其目的,而无妨于其有目的,此最当注意者也。但以实验之范围论,现在人类既只能以人类为限界,人之所能唤起其自觉者,亦以人类为限界。故暂止于人生目的而不涉及其他动物,非否认其可以有目的,而以人类为上帝肖子独有光荣也。于是研究人生目的,自然牵涉及宇宙、生物、动物等等而考究其与人类相对之状态,以到达结论。此第二先决条件也。

　　要之,去国家的种属的偏见,始可以为公平的观察。更去宗教的迷信,始可以为自动的研究。故于以下所述理由,如以爱国爱种、天意前定之主张来为反对者,当然不置答辩。

　　　　　　　　据杨晓风保存的原手稿刊印。

人类的将来

苦乐时差与苦乐地差

一个朋友告诉我,他想将来的人类一定会绝灭。为什么呢?并不是因为别种动物能够来灭人类,只是我们人类将来有一天不愿意再传种的时候,自然再没有人类出生。他所以推测有这个时候的理由是:

> 人类照马罗阆斯①的法则,是倍加的。无论你什么民权主义、民生主义实行了的时候,到底总有不能养这无穷增加的人口的日子。现在世界人口是十六万万,让他作五十年一倍算,一百年后也有六十四万万了。到这个时候,已经是地面万不能再养活人了,一定是你杀我,我杀你,才能够活,并且免不了人吃人的惨事。却是那个时候,人民的知识,比现在进步,他们晓得了这人杀人、人吃人的原因都是在传种这件事,因为生儿女的数目,要比死的人多,所以人口一天天增加,到这个人杀人、人吃人的地步。保得住一代,保不住十代;保得过千年,保不过万年;算到无路可通,自然就要有第二种办法。大概厌世的人,常讲死是好的,不过能够死的,实在是少数。在野蛮

---

① 马罗阆斯,今译马尔萨斯。

的社会，自杀是很少的。要等有了知识，才能够自杀，然而总
是少数。不过要人类绝种，并不要他自杀，只要他避妊就够
了。他们既然算到无路可通，就一定会想到自己虽然肯自杀，
何苦再来传种，等子孙受这苦痛。这个想头，一通行了，就没
有人类再出生，一代就完了。……人类是这样绝灭去了，再过
一百几十万年，还会有别种动物，也走到这个地步，得了现在
人类的智识，也要学人类的避妊，不再传种，于是乎又绝灭了。
世界只管继续，这个现象还要循环。

他的观察是很深锐的，他所设想的人的心理，是过去、现在、将
来进步的人里头能够有的。然而究竟有几层，我们不能不注意的。
就是：

一　人类的思想，是不是以这种进步为止境的。

二　一定的时候，一定的社会里头的思想，有没有一致的
　　可能。

三　在实现这个变形的自杀的时候，会有中途更变不会。这
　　三层我都有一点意见。

现在的人，动不动都是讲强种强国。自己一族的人，想他一天
多过一天。自己一族人所占的土地，也想一天多过一天。这就是
所谓大什么主义，大什么主义、帝国主义了。如果这一班人能够再
稍微进步一点，想着自己只管把别人通压服了，自己子孙布满世
界，几万年后，还是自己的子孙和自己的子孙争面包拼命，或者也
会有自己的子孙和自己的子孙你吃我、我吃你的时候，一定会把现
在那一种兴会淋漓的帝国主义、大什么主义丢下了，这是可以有的
事。但是，这个问题还没有解决的。因为现在一班人，在那颠倒梦
想一族支配全球的时候，已经有"人类不应传种来造出苦痛"这一

个很进步的理想。那将来一般人能够发生这个理想的时代,一定早已有比这个更进步的理想出来了。那现在帝国主义、大什么主义,遇着了第二种主义的抵抗,就行不通。那将来这个不传种的主义,碰着了更进步的学说,自然也是退避三舍的。

这个将来的学说,是一个怎样的东西,我们现在没有到这个时候,当然想不出。但是这个学说的趋向,是可以看得到的。在从前的人,是晓得生的快乐,不晓得生的苦痛。这个不要传种的理想,却是因为看见了生的快乐是靠不住,生的苦痛是免不来的;因为要免生的苦痛,就连生这一件事情回避了。所以我们能更想象一种人,能够看破了所谓生的快乐,同时又能够解脱了生的苦痛的。这个道理,说似很深,实在很浅。因为人能够认识生的苦痛,到底是从认了快乐来的。如果认了快乐是假的,那要认识这个苦痛都是假的,并不艰难了。既然快乐苦痛都是假的,那认识这生的苦痛不必避一层,差不多不要费工夫的。这个最显著的,就在自杀的心理上。凡有自杀的人,都是拿自杀来求免一种苦痛的。然而他所谓苦痛的,就是他的一个求不到的快乐的反映。比方羞愧自杀的,就是他求人尊敬褒扬的快乐的反映。因病自杀的,就是求健康的快乐的反映。因贫穷自杀的,就是他求富裕的快乐的反映。因为社会上有得了这个快乐的,同他比较,他才生出痛苦来。如果不然,不会有痛苦的。所以打破了快乐这一层,似乎可以少点留恋。其实这个时代,苦痛也没有了,也不去寻自尽了,也不要灭种了。所以我断定人类的思想,断不以避传种这一级止境的。

再讲将来的社会,如果弄到人吃人的地步(或者永远不到这个地步都不定,因为人类防止过庶的办法是很容易做的),人类的思想怎么样呢? 大概只有他吃人、没有人吃他的这一部,当然是觉得快乐，不觉得苦痛的。只有人吃他、没有他吃人这一个阶级，虽然感着苦痛，他一定是还舍不得快乐的。这两种都是被环境制限住了，没有进步的思想。到了可以吃人，也可以被人吃，或者不至于被人吃，也不至吃人，这一阶级才有稍为进步的理想。然而这个阶级的理想，也决不一致。一部分总是同现在的人差不多，看不破快乐，又捱不住苦痛的。一部分可以有不要生命，免除苦痛的思想。再一部分就可以有看破苦痛，随顺自然的理想。这个是和声闻和小乘出现了之后，一定有大乘出一样的。讲到有一个时间，一个社会，完全被不传种这个主义支配了这件事，我相信是没有的。

再讲假如真有这个理想，支配了一个社会，把传种的事情中止了，决不是约一个期日，以后完全避妊的，一定是暗中参差错落来的。他这一行下去，不消得几十年，死了大半人了，剩下的中年人，生活上压迫去了，苦痛没有了，这个思想，也被环境改变了。人有了生趣了，自然又传起种来了。这个景况是很容易想得到的。如果说人会想象到"再过几百年，还会人太多生活有苦痛"，因此人还不愿意传种。我就可以说，人还想到"将来的苦痛横竖有救济的，何必耽心，最多不过同这回一样罢了"。那他可以放心传种了。所以不传种这一种手段，是不会澈底的，是会中途更变的。

我是说过，这位朋友的观察是很深锐的，他所设想，过去、现在、未来的进步的人能够有的心理。但是我们不能索这个心理发生的径路。

比方前个把两个礼拜，因为有美国一个天文家的科学上一种臆说，说几个行星走在一线上，太阳会受影响，地球跟着就有天气大变动，结果恐怕要成了人类的大不幸。这一个预言出了来，中国的人是怎么对付他呢？照我听到的，一般人都是说，有什么要紧，大伙死更好。然而后头报上,就有某国人因为恐怕地球末日快到了,赶快去大饮、大吃、大快活的新闻。可以见得因为公理战胜强权,得了扩张领土的实惠的民族,和附会人家公理战胜强权,得了一个大教训的民族,心理上的差异,是一种不可抗的事实。一个人的观察,无论如何,不能不受环境的影响。对于当前的苦乐,评价总未免高一点。对于时间空间的距离稍为多一点的苦乐,评价就未免少一点。这一个分歧成立了以后,就有许多矛盾的事情,不可以理解说的了。

同一个人,由于同一的苦乐在心理上所生影响,昨天所受的,比去年所受的多一点;明天所受的,比明年所受的也多一点;何以同一种苦乐,在同一个人,会有两种的影响? 这个只有"苦乐时差"能够说明他的。同一个时候,同一种苦乐,为什么这一部分人可以感觉到,那一部分人不能感觉到呢? 这个只有"苦乐地差"能够说明他的。

比方明天饭没得吃了,在我们中国人,个个都晓得是苦痛的。如果说明年没有饭吃,他已经是不大着急了。为什么不着急呢?因为有许多人,都是没有拿着明年一定有饭吃的把握的,横竖一年后的事,姑且再算罢。这种心情,是大概的人都相同的。如果讲到二十年以后没有饭吃,那真大概的人不来理会的了。不过真到明年那个日子,二十年后那个日子,他没有饭吃那一天,这苦痛总是大致相同的。这是中国人的苦乐时差了。然而如果到了法国人民来讲,他虽然一般人明年还不是一定有饭吃,任他的政治上、经济上是比中国人有利得多了。他这一般食饭的把握,总算多一点,于是他的看明年没有饭吃这一件事实,就看重了,就使他对于明天没有饭吃的苦痛,评价和中国人一样;他对于明年没有饭吃的苦痛,一定比中国人感觉得多一点。所以政治上、经济上的进步，有减少苦痛时差的倾向。越进步的人，他越能够感觉到以前过去很久，和以后隔很久才来的苦痛。

又比方中国多数人对于家里的人的苦痛，是很有同情的。对于同村的苦痛，就不大关心了。讲到同省、同国、异国的人的苦痛，就全无知觉了。然而在外国人，现在总还能够对于同国人的苦痛有同情。这为什么缘故呢？就是中国的社会组织，不如外国的进步。这同社会人的苦乐，感应到别人的程度就有差别了。所以社会组织进步，也有减少苦乐地差的倾向。在组织更进步的社会里头的人，更能够对于疏远的人起一种同情。

然而减少只管减少，消灭永远不能够消灭。无论你政治上、经济上的条件怎么好，社会组织怎样密，明天的事情，是明天的事情，明年的事情，是明年的事情，没有相等的时候。同乡的事情，是同乡的事情，别国的事情，是别国的事情，也总有分别的。惟其时差、地差是有减少的趋向，所以从前不放在眼里的苦痛，渐渐都发现出来，有了支配人的心理的力量。从前以为几百年后不是我们所关与的事情，只拿我躬不阅，遑恤我后两句就抹杀尽了；现在却把几百年后的事情，来当做一种忧虑；岂不是渐渐把很久远的事情看重了。从前以为几千里外的事情，于我何干，各家打扫门前雪，莫管他人瓦上霜，成了格言；现在想象了社会里头有人吃人的事情，便晓得不快活；岂不是渐渐把很疏远的人的事情看重了。这两个看重，都是自然而来的。所以我这朋友有这个心理，和其他去来今三世的有这个心理的人，都是有社会的、政治的、经济的基础的，不是光是发明了一个原理，告诉他一种理论，可以令他成一个信者的。

同时他这个无视苦乐时差，无视苦痛地差的见解，是武断的、夸张的，也可以看得出。因为快乐时差虽然减少，究竟不是全无差别。假使你说一年的差为十分之一（拿利息来做比例），那十年的差，就要是百分的六十五，一百年之差就要变了百分之九十九有多了。换一个方法来说，就是明年的苦乐，比起今年，要打个九折。那后年的苦乐，比起明年，又打一个九折。似乎很平常，不过这一算下去，十年后的苦乐，就攀不上三成半，百年后的苦乐，比起现在来，就不到千分之一了。时间是无穷的，那将来的苦乐评价，自然也是无穷小的。反转在苦乐地差来看，现在国界种界已经是很有势力的，我们算是能够看破了这一层，然而最多不过讲到人类全体罢了。那人类近亲的猴子，从堂兄弟的哺乳类，乃至一切动物生物，能够一概有同情么？现在我们是无从做得到的。那苦乐的地差，不能完全打灭，也是无可疑的。我们理论上虽然四海一家，万物一体，感情是做不到的。爱无差等，施由亲始，并不是遁辞，实在是感情上的不可抗力（但是这个亲不要拿家族亲来限定他）。所以我们看见几百年后的苦痛，不能和现在的苦痛一样，对于可以延长到几千年，几万年后的苦痛，更不能看得和现在的苦痛一样，这个是可以确信的。对于必要的人吃人一件事实，所发生同情的强弱，也是不能一律的，这个也可以确信的。如果说将来人吃人是苦痛，那比我们进步的人，看见我们人吃牛，也岂不觉得苦痛？将来再进步的人，岂不说牛吃草，人也要苦痛？然而牛的地位，比人差远了，草的地位，比牛又差远了，同情总有个高低，不能一样的。

因为有这时差地差，所以几千百年很疏远的人的困苦，不能够摇动他当时最亲近的人的快乐。我上头所说的第二、第三两层，是在这一个原理底下，不能摇动的。

人类贪生怕死，是错的。但是贪死怕生，也是错的。人类只知人生有乐,不知有苦,是错的。怕了苦,就怕了人生,那是更错的。将来的哲人,一定要超越生死,超越苦乐,还是不离生死,不离苦乐,这就是解脱究竟。

原载于 1920 年 1 月 1 日《星期评论》第 31 号。

学者的良心

　　我在上海住了这半年,刚碰着这新思潮和旧形式作对的时代,我自己固然不免发了一点议论,并且对于别一个人的议论也很留心。我觉中国人有一种最易犯的毛病,就是学者良心的麻痹。这个毛病,我不敢说新的方面没有,然而旧的方面,比新的更多些。本来一个人为什么主张一个学说,要建设新文学,或者是保存旧文学;主张新道德,或者是保持旧道德;采取新制度,或者保持旧制度呢? 最少总要对于这所新采的,或者旧有的,真知灼见,非如此不可,然后把理由用合理的方法叙述出来。这是学者应该有的态度。如果觉得我说的万无疑惑的余地,就是堂堂的主张守旧,我们何尝敢疑心到他的人格,何尝敢说他缺乏了学者的良心。但是我们如果有一两点研究不完全,一定是表明这一部尚待研究,或者不能够一一声明,总要把不清楚的地方,还他一个表示没有清楚的字眼。这是对于学问的忠实,对于自己人格的尊重,万不能少的。如果以为我虽然不十分清楚,希冀人家没有留心,就混过去了;甚至于明明晓得不合理的,前后矛盾的,变更论点的,偏偏要拿一种掩眼的方法来编成很合理的样子,这就是把同他说话的人,都当是没有知识的,都是可以欺骗的,都是听了几个不懂的名词,就不敢轻易反驳的,他讲了这种不合理的话,还是很安全的,才讲出去。一个人如果是这样发议论，我就除了叫他做学者的良心麻痹了以外，没有第二个方法。

中国所以有这种良心麻痹的事实，也不能归咎于一两个人。这种掩着良心说话的习气，实是几千年的历史养成的。从诸子著书，辩士游说，制科对策，一直到近日的学堂考试为止，大概的人，都不肯自认不能解决人家所问的问题的。不管说得着、说不着，讲得通、讲不通，论起一件事情，总要装成十足晓得毫无疑义的样子。他因为听的人本来不一定懂得是非，如果说不晓得、不清楚，那就立刻丢了脸。他计算一下子，讲不晓得是准失败的；硬讲晓得，还有徼幸的希望；所以昧着良心，便充在行。本来他发议论，就是从前俗语所谓敲门砖，骗得门开，砖也丢了，官做到手，议论也不管了。这一个习气弄下来，就有许多忠厚笃信的人，受了他的骗，还不晓得。这个景况，决不是今天才有的。

但是今天已经开了新知识的门户了，有了自由研究的途径了，应该这些没有确信的人，再耐心研究多一点；明晓得自己不对的人，赶快革故取新。本来学问是公共的，一个人的偶然持论合于真理，还不一定算是光荣；偶然持论不合真理，后来晓得改过了，那真是如日月之食焉，又有什么耻辱。为什么要舍长用短，讳过遂非，还学往日这种荒谬的行径呢？然而这种例我的确看见不少，我姑且把近日所见的章行严调和论举出来，做学者良心麻痹的标本。

章行严九月间在上海寰球中国学生会演说过一次调和，跟着就受四方八面的攻击。不得已在《新闻报》上辩解几句，更被人指出他的糊涂遮掩前后不符的地方。弄到无可如何，就宣言从大病以来，已有觉悟，现在不去欧洲留学，真没有发言的余地。当时看了他的宣言的，无论是他的友人、他的论敌，都起了一种同情，希望他明白自己的缺点。那晓得这一条船，能够载他到香港，不能载他到马尔赛①。那前清宫保②，就像一块磁石，章行严就像一个铁绣花针，一走近就要吸去，一粘着就拉不开。不过几时，又到广东高等师范演说他的调和论了，又来攻击人家介绍新思潮主张新主义了。不晓得他所指的欧洲，在那一方，留学怎么留法。难道船里头的管舱，便做了他的监学；船面的侍役，便是他的教师；由上海开往香港的三天，便算卒业；人家就要刮目相待。为什么在上海没有发言余地，在广东便有发言余地啊。为什么在上海便非留学不可，回到广东又不留学未尝不可啊。

　　我晓得了！他以为在广东他有势力，可压得住人家的反对；广东学生的程度，不及上海，不晓得反对；所以在上海无发言余地的，可以在广东旁若无人的讲演起来！他并且看不起上海的言论界，以为发一回宣言，讲得可怜一点，敷衍过一时，人家便忘记了。等他在别一个地方卖弄，我们攻击他的调和论，他并不当做真理的研究，只当做对策的争等第，考试的争分数！像这种的论客，父母生他的时候，我想断不会不给他良心。然而弄到这个田地，我只可说他的学者的良心麻痹了。

　　本来调和的一个字，没有什么不好的。章行严那一次演讲，受驳最厉害的，就是因为他把调和限于妥协的意义来解释，又把这个解释借来做政的公愤。从此调和两个字，几乎没有人敢提。前回陶孟和先生的一篇论文，用了一个调和，就赶快解释他的真意。实在调和何尝不好，就是受了章行严演说的累，真是不自殒灭，祸延

_____

　　① 马尔赛，今译作马赛。
　　② 指岑春煊，时任广东军政府首席总裁，他与西南军阀排挤孙中山疏离广州军政府离穗赴沪。

调和了。

等到他在《新闻报》上登第二回的调和论，就完全变了论旨，把新旧消长的，保旧迎新的调和，变做了接青接黄的移行的调和了。等到他在广州演说，又把移行的调和，变做矜慎的调和了。他自命逻辑专家，他这三种调和，用同一的名词来表示他，不晓得是不是逻辑的规则呢？

试看他演说里头解释调和的意义，有几句最要紧的是：

调和者，乃慎于主张者也，断乎非无主张。调和者，乃讲求主张如何有效者也，不如人之妄为主张。调和者，乃以最经济之手段贯彻主张者也，不如人之滥事主张。

照他这样说，调和不过是：未主张之先，仔细一点，主张的时候，要求他有效，要用最经济的手段。本来是各家主张的普通应有的属性，与他的调和论，并没有特别关系。他把这属性拿来区别调和论和别人的议论。硬把他人的主张硬派做妄为主张，滥事主张。这种谬论，是万不能容的。我们试把他的话扭过来说：

非调和者，乃慎于主张者也，断乎非无主张。非调和者，乃讲求主张如何有效者也，不如调和之妄为主张。非调和者，乃以最经济之手段贯彻主张者也，不如调和之滥事主张。

也没有不可以的。因为妄与滥是批评者凭空加上的副词，人之……主张，和调和之……主张，都是全称特称不明了的命题。你说我是妄是滥，我也可以说你是妄是滥。你把只骂妄滥的话来搪塞，我也可以说我的命题并不是全称。矜慎等等没有专利牌照的。这种论法，不是等于没有证明么。

然而试看他所谓矜慎的内容所举的有四条：

一、将某种主义研究彻底，并将主义发生之前后事由，疏解明晰,愈详愈有用。

二、将吾国之社会情状,详细查察,准备适用某种主义时,即将主义发生地之情事,与今所查察者,逐一比较。

三、认为某种主义可适用时,更考究阻碍吾主义之势力何在,其势力程度何若,吾欲张吾主义,何者宜排除,何者宜融合,须有一番计算。

四、以是之故,凡一外来主义,蓄于吾心,吾当如何运思以镕冶之,出于吾口,吾当如何斟酌而损益之。见之于事,吾当如何盈虚而消息之。皆须通盘筹度。

上头两条,是从胡适之的《四论问题与主义》来,本是一般研究的顺序,与调和并无关系。他实在的调和办法,在后两条。但是他这种办法,又通不是矜慎,还是他第一回讲的新旧消长保旧迎新。为什么呢?主张矜慎,是自己的责任,不是对外的畏缩。是论这一件事做到了好不好,不是论这件事做得易做得难。求主张有效,是求所主张的一件事有效,不是但求我的一个主张有效,不管是不是我所信的。用经济手段贯彻主张,是定了主张以后选择手段,不是拿手段经济不经济,来决定主张。所以他第四条所讲的,运思镕冶,斟酌损益的话,当做决定主张的顺序过程,是可以的;盈虚消息,当做选择手段,是可以的。但这种办法完全不是调和了,也是现在他所攻击的一般学生等已经做了的事情,不消得他来忠告。然而他不能这种解释,是很明了的。因为他的蓄于心、出于口、见于事,都由一个主义来的,自然盈虚消息是指主义讲,盈主义,息主义(消息的息字作长解,章行严大概总懂得),我自然赞成。我只问他为什么要消主义,要虚主义?那岂不是还是新旧消长的旧话么?岂不是还是对外畏缩,不是对己责任么。我更看他的第四条首末句,他明说的以是——计算阻碍主义之势力——之故,须通盘筹度。所以他第四条的运思镕冶,斟酌损益,盈虚消息,都是为阻碍的势力来的。所以运思镕冶,不是镕冶成一个救济社会不安的主义,却是镕冶成一个和"阻碍救济社会之势力"融合的主义。他所斟酌而损的,不是不能救济社会的部分,却是那"阻碍救济社会势力"所不容的部分。所斟酌而益的,不是能够救济社会的新方法,却是"阻碍救济社会之势力"所要求的旧束缚。他消的虚的,是真正救济社会抵抗强权的主张。他盈的息的,只是阻碍救济社会不安的势力。这便是他的调和论向来的真相。百变不离其宗,所谓进化、移行、矜慎、经济,都是假面皮。他的调和,就是拿阻碍的势力做骨子,拿救济社会的主张来做门面,欺负国民不懂得,便去欺骗他。

他所讲的阻碍主义之势力,是要论他势力程度何若,来定何者宜排除,何者宜融合。并不是看他阻碍的程度何若,来定何者宜排除,何者宜融合。所以他要排除的,不是阻碍最多的势力,却是势力最少的阻碍。所融合的,不是阻碍最少的势力,却是势力最多的阻碍。这样看来,他的融合,不就是投降的别名么? 况且他所演说里头,明讲:

> 吾理虽真,为施行之便利计,吾权吾理 不得不与世间之惯性偏见并重。……抑将为所谓惯性偏见,留相当之余地乎? 而况舍行而言理,其理未必真,所谓惯性偏见之中,未必无理乎。……故曰:调和者,非得已也。

照这样讲,有势力的惯性偏见,是不能排除的,那排除的,一定是别种新思想,别种新主义,还没有权势,他可以看不在眼里的。再不然,也是本无势力,已经不出来同人家争的了。他于是落井下石,把这种主义制度,再攻击他几回,令人家晓得没有势力的,不要希望他调和便算了。问他为什么要和阻碍主义的融合,就说是"非得已也"。那现在同人家融合了之后,究竟主义阻碍了没有呢? 惯性偏见都融在里头,还会有主张主义么? 所以他这个演说的内容,完全是保旧,没有别的作用。是把阻碍主义的力,来代替主张主义,却标个调和的名字,令人家以为他不是投降。

如果从他的调和办法去做,那"非得已也"一个名目底下,就可以什么主义主张都丢了。然而如果想要这个样子,尽可爽爽快快,公然承认"我是不肯用力去打破阻碍主义的势力,所以无从主张那任何一种主义,只有看那一种是主张了不受势力的反对,才去主张一下子。这不是因为主义好,行了有益来主张,只因为现在没有势力反对阻碍他,姑且主张"。那也算是良心未昧的自白。然而章行严偏不认这个事实,先把矜慎、经济的字眼,来藏他的丑处,那真是无从认他做还有好良心的了。

尤其不可解的,就是一开口演说,没有多几句,先讲:

> 究其实,新思潮为何物。议员之主张,是否真与新思潮相合。学生之行动,是否真与新思潮相合。请议员置答,无以应也。请学生置答,亦无以应也。

究竟他对于八百多议员,在什么时候,曾经逐个考试过,晓得他不能置答。对于全国几十万的学生,什么时候,曾经逐个质问过,晓得他不能置答。明明是没有做的事情,并且明明是做不来的事情,敢在教育会诓说,真可以算得大胆。预先派定人家是不晓得新思潮为何物的,跟着就骂人家做妄为主张,滥为主张,鹦鹉猩猩,生吞活剥,更不能不惊其无耻。落后他更演他贤人政治的主张,加上拥护财阀,阻止学生文化运动的谬论,简直是没有一句不该痛骂的。然而实在考察他，就可以晓得连这贤人政治等等的主张，也是假的，结局还是惟军阀之命是听罢了。又偏要这样大言不惭，那除了解释做良心麻痹以外，真想不出别种妥当的称呼。

他的演说发表以后，广东的反响如何，我现在也不能完全晓得。但是我随手检一张《天民报》，已经有一篇很痛快的文字，批评他的贤人政治。料来广东学界，虽然屡被摧残，究竟朝气还在，这种连吓带骗的演说，一定是瞒不过的。我现在主意，并不在乎驳章行严，只要言论界里头的人，拿他做个榜样，时时提醒自家，免得陷入他那种毛病，把清白一身，给人家和章行严一律看待，我就满足了。

原载于 1920 年 1 月 1 日《民国日报》纪念增刊。

社会与忏悔

我们认罪恶是社会做成的,认犯罪的人是没有先天的犯罪性,反对龙蒲来的刑事人类学的结论。所以当然要求犯罪人的忏悔,要他有忏悔的方便,开他忏悔的道路,帮他忏悔的进展,同时也要警戒虚伪的冒认的忏悔。所以我们想悬一个忏悔的程式,定一个行为的最小限度,给这忏悔的人做标准,来标出下文两句话:

> 以言论得罪社会者,可以言论的忏悔补过。
> 以行动得罪社会者,要以相当之行动补过。

本来言论不过是行动的一种,但是现在一般的毛病,是拿手犯罪,拿口忏悔,所以我在这言论的特种行动,要把来和一般的行动分开来立论。言论并不是价值比行动少,言论犯罪的结果,弄到无地自容的,本来很多。就像筹安会六君子,到现在还不能不遮遮掩掩,求人家挈带。里头算最有勇气的,是孙少侯,前个月发表一篇忏悔的文字,也引起不少的反响。论起他筹安会的罪名,本是言论上的犯罪。他这忏悔,自然不能不容许他。但是他的犯罪,是仅仅发一段议论而止么?他自己明说因为买古董负债,不得了,赞成帝制,那他明明是第二种的罪恶。他这罪恶不是以言论为范围,自然不能拿一篇忏悔的文章算做责任已尽,所以我说只有看他的将来。

然而如果孙少侯真能够拿行动来忏悔,我就不能不佩服他。

照现在的社会情况，不止没有引人忏悔的能力，并且明有阻碍人家忏悔的趋向。我不是说社会太狭隘了，不容人忏悔，实在是太不公道，只信有势力的人忏悔，不信没有势力的人忏悔。所以如果不是真正勇猛精进的人，给这种社会上势利的舆论一逼，就算满意在社会上立功自赎，他的勇气也不能长久，最容易消灭的。能够照他本来的意思，彻底做去，就是非常难得的了。

实在社会上能够拿着金钱势力，去补过的人，如果能够多几个，自然不错。但是以为惟有拿着金钱势力的人，才够在行动上补过，如果没有金钱势力，那虽然忏悔，只是口头的事情，那就完全错了。因为社会上有这种迷信，所以生出两种现象。

甲　希望有金钱势力人的忏悔的心事太热，所以把并没有忏悔的人，硬替他是已经忏悔。

乙　以为除了有金钱势力以外，不能有行动上的忏悔，所以口头忏悔的人，恰好不用实行，真心忏悔的人，勇气也减少了。

前一件是在对梁士诒一辈看得出的。梁士诒的忏悔，是连口头都没有的，不过那一班无聊的人，以为他有金钱，可以支配一切，于是大家装做相信他已经忏悔就把他抬起来。论起梁士诒的罪恶，何止千万倍于孙少侯，然而孙少侯比较的有诚心的忏悔，还有许多人不愿意容纳他，梁士诒却是人人愿意纳交，梁士诒还不屑理。这种社会，能够有真正忏悔的人出来么？

后一件现在在上海尤其流行，不特犯了罪的人不肯做诚心的忏悔。连不晓得自己犯什么罪的人，也在那里做时髦的忏悔。这种忏悔，真是和鹦鹉一样，多造成一班说谎伪善的人材便了。

由上头这两层，又发生了第三件事。就是：

丙　虚伪的忏悔的人,更拿借手补过做题目,来要求社会容许他接近政权,续行犯罪。

所以现在社会对于忏悔这种态度,是阻碍真正忏悔,引诱伪善的,不是诱掖人类向上的。在这个社会里头,如果真要忏悔,须从牺牲了一切财产地位势力,重新奋斗入手,不能这么做的,我们还是不要相信他。牺牲一切,就是行动的忏悔一个要件。

原载于 1920 年 1 月 12 日《闽星》第 2 卷第 4 号。

杂 感

（一）

现在拿着很有利益的地位，死不放松的人，最喜欢叫人家做匪。前清的时代，叫革命党做革匪。袁世凯的时代，叫革命党做盗匪。现在日本人《大阪每日》就叫中国学生做学匪。我们被人叫惯做匪的了，横竖看这匪字，比宫保、大帅总少肉麻一点，乐得随他叫叫。但是一般学生，对于这个匪字，却是很有不平。我且把这匪字，再研究一下子。

匪字大概是从《周易》"比之匪人"句来。匪人不过是不和他们贵族一致行动的人的名称。所以匪人就是阶级制度的产物。因为有了优秀分子，所以在优秀分子的眼里看起来，除了他们自加贵族头衔这少数人以外，他们都认他做匪。中国已经是这个样子，外国人自然学样了。

然而优秀分子，也要靠人家的钱养活他的，也要靠人家的武力保护他。有金钱、有武力的人本来也是他们的匪。但是因为有钱有势,于是乎脱了匪的徽号,做起巡宪、督军来了。所以被人叫做匪的时候,还是没有丧尽了人格,等到脱了匪人的匪字的时候,真是连匪人的人格也丧去了。我希望我们被人家叫做匪的人,不是赶快想法免去匪字。

(二)

有时人家问我,为什么有许多无聊的人,一面旁敲侧击的骂革命党,一面冒充新人物,你还同他敷衍。我只得答他说,他骂骂不到真革命党,我说话也敷衍不到他,本来没有要紧的事。就我自己来说,我实在不轻易骂人。除非我希望骂了这个人,会改过或者有旁人肯拿他做警戒,终去骂一回。至于寻常辨论,只要指出他的错处就够了,我实在不屑骂。

但是我想这个骂不骂,就只有在没有觉悟的人有分别;在已经觉悟的人,是没有分别的。横竖讲明白了,他以为然的时候,你骂他,他也赞成,不骂他,他也赞成。他不以为然的时候,你骂他,他也反对,你不骂他,他也要反对的。如果已经赞成我的主张,却以为人家骂革命党,你为什么不骂回他,那就是根本上错了。我骂人是很矜贵的,没有骂的必要,我决不骂。看骂人的文字的人,也要明白,骂人不是拿来出气的,不是拿来快心的,如果一定要拿骂人来做享乐,那就是一种的错误,还得人家骂他。

（三）

近来对于新思潮的崇拜，是一天高一天，口里头讲新思潮的人，也是一天多一天。但是新思潮的意义怎么样呢？照前几年一般所用的新思潮三个字的意义，是很空漠的。然而还有共通的地方，就是对于现存不合理的事物的改革的趋向。但是那趋向自身，已是各人不同了。现在用这个名词的人更多了，他的内容就更复杂。这个名词，我们差不多要把来重新下一个界说。我们现在暂规定我们所用新思潮的内容，是怀疑的态度，合理的批评，向上的进展。大概怀疑这一层，是现在通有的。但我对于某一种事实怀疑，一定要拿合理的批评来实现他。如果不用合理的方法，来证明自己的怀疑，只是拿几个独断，来筑成自己的理论基础，那这结果，不止不能够得向上的进展，并且有逆转的危险。因为他这种理论，不特不能够建设新的好理论好制度，并且不能够打破旧的坏理论、坏制度；不特不能打破，并且使旧理论、旧制度，更加巩固。所以新思潮里头的怀疑，是研究了各方面，才去怀疑，不要自己先设一个假定，拿着假定去怀疑人家。并且切不可以为怀疑多了，就是有本领。因为有力量的怀疑，只要怀疑一件事物，于社会上也大有益处。又万不可以为我有本领，就可以随意怀疑。因为怀疑一定要从研究出来不合理的地方起，并且对于那不合理的地方，加以修正而止，不要逾越了一步。如果是蔑视了这个制限，恐怕思潮不特没有进展，还要有反动来。

原载于 1920 年 1 月 15 日《闽星》第 2 卷第 5 号。

主张军国主义的留美学生①

　　留美学生的救国意见，这个名目，很令人急着要看。但是看见他这个救国书的人，恐怕多数是失望的。

　　他的说话，还没有说出，就把总统、领袖、省长、督军肉麻的叫了一大片，临末才有"全国"两个字，却早又把"父老"两个字接上去，以后便没有了。我真不解他的意思在什么地方？如果是说要对这班拿着武器压迫人民的讲话，就连这"全国父老"的字样，也可以不用说。如果眼中还有人民，就应该向现在最奋发有为的青年男女讲说话，为什么只看见父老，不看见子弟，只看见男人有父老，就不看见女人有母媪呢？按照现行文义，父是已经有儿女的人，老字却是从古以来父母在恒言不称老的。所以他这说话，只可说给有了儿女没有父母的人听。但是民国的人民，参与政治，为什么要拿生了儿子死了父母做条件！

　　他这二千多字的一篇长文字，里头也有说得很好的，就像讲"决不可惑于任何国之口头亲善"，和"国际联盟保障和平之说不过纸上空谈"。都是在欧美住的人，轻易不肯讲的话。可惜他这根本却弄错了。他的救治，却是"政府人民一致提倡军国主义"。这个

---

　　① 原文下有注："原文见本月五六日各报。"上海《时报》曾于1月6、7日连载，题名为《留美学生之救国意见》。

主张，比起欧美来，固然迟了一个世纪，就比起中国一般人的思想，恐怕也不止迟了十年。这个不应该由国民共仰为先觉的留美学生说出来的啊。

实在向着这班总统、领袖、督军、省长来讲提倡军国主义，他们那有不赞成的。如果叫人民来帮他讲军国主义，那更愿意了。但是还得问一问，他们晓得什么叫做军国主义呢？他们的军国主义，就拿袁世凯的小站练兵，做最高模范罢了。讲到人民，自然有大部分还不晓得什么叫做军国主义的，但是总有一小部分晓得。然而晓得是晓得了，不过晓得军国主义的人，现在都不崇拜军国主义、迷信军国主义了，都变成反对军国主义者了。然而这些人，都是青年的平民，不是总统领袖，不是父老。

所以他这篇文字，有两个错误：第一层，不晓得除了领袖父老以外，还有可以实行他的意见的人。第二层，不晓得除了军国主义以外，有抵抗强权的办法。前几天看见新出的《少年世界》杂志，有少年包办的话头。这个话我是不赞成的。现在留美学生发表意见，只说给领袖父老听，却是正得其反。我以为现在打破旧惯，发张民力，抵抗强权，确是人民的责任，尤其是少年的责任。少年应该有负责的精神，不应该有包办的陋习。至于父老，我们未尝不欢迎他，然而决不能太倚靠他。因为他的时代已经过去了，他不帮我们，是当然的；帮我们，是例外的。

军国主义，是拿抵抗的目的来采用的时候，不算做不正当的。然而现在已经晓得抵抗强权，不要用军国主义了。抵抗强权，要用军国主义，就是这几年间世界大战里头实验过的。英、美、法、意、日、俄都是拿军国主义来反对德、奥的，然而成功还是由非军主义的运动。这样看来，就可以晓得拿抵抗的目的来采用军国主义，虽然不算不正当,总算不经济、不适宜、陈旧不堪的武器。

　　这篇文字,是用留美学生会的名义,但是我相信美洲多数学生的智识,决不止这个样子,并且希望发表这种意见的人,思想上更有进步。

　　　　　原载于 1920 年 1 月 11 日《星期评论》第 32 号。▲

没有工做的人的"生存权"和"劳动权"

现在有许多人对于中国的劳动问题,只看见一个"从业者"的问题,没有看见一个"失业者"的问题,于是他们便空空洞洞的说:只有做工的人才有革命的权利,没有职业的流氓土匪没有革命的权利(杨亦曾君在《时事新报》所发表的议论也是如此)。这种议论都是一相情愿的话。流氓土匪和工人是有区别,他们看得见的。流氓土匪为什么和工人有这个区别,他们就看不见了。

流氓和土匪的发生根源,完全在这中国的经济组织和经济状况上头。如果是世界上没有掠夺劳动阶级的资本家,决不会生出掠夺资本家的土匪,也养不起许多变形掠夺的流氓。凡有现在的工人,都是时时刻刻可以做土匪流氓去的,所有土匪流氓,除了几个头子以外,也是时时刻刻可以钻进工人阶级去的,本是没有严密的关阑,可以弄到他老死不相往来。他立这界限的,不过是在一个时间可以分得出,不是一个人做了这种就做不了那种。

这一件事最显著的,就在所谓会党的范围里头。会党本来没有区别收工人、收土匪流氓的,所有秘密会党主要的分子,还是现在做工或做过工的多。但是社会上一般的人看见做工的没有觉得他是会党,就不怕他。看见流氓土匪,以为是会党了,就怕起来了。他只晓得抢夺敲诈资产阶级的人是流氓土匪、是会党。他不晓得资产阶级所抢夺敲诈的工人也是会党,他更不晓得这个会党许变成那个会党。他们看见流氓土匪就把他不当人,认为罪大恶极,万无可宥,这是事理当然,我们只可说他不明白就完了。然而想要改造社会的人,就不应该一味盲从,一面跟着人拼命恭维工人,一面又跟着在那里大骂土匪流氓。既没有理解人类之经济的权利是甚么,所以就再也不会更进一步去研究工人和流氓土匪,在现存社会制度上的位置,和这两个阶级所以成立的原因。于是所讲的社会改造的话,也就只是架空在虚无飘渺的上头,和现存社会的实生活,没有切实的交涉。和讲女子解放的人,不能理解娼妓问题,正是一样的空疏。

工人(包含农业劳动者说)为什么会变做流氓土匪呢?这是经济上变调的必然结果。国内国外的资本家压迫来了,从前中国的工业本来是某一种工作可以用三个人做工,现在只用两个人;从前可以用两个人做工,现在只用一个人。由三个工人变做两个工人,就是一个工人要做流氓土匪。三十个工人,就有十个工人要做流氓土匪。假如四万万人里头本来有一万万人做工,那至少要有三千多万人因此要做流氓土匪。如果是由两个人变做一个人,那就有五千万人要做流氓土匪。这种流氓土匪,还是要拿所谓实业家从别人身上刮来的钱,分一部分去用。筹饷咧、借粮咧、好看钱咧、掩口钱咧,终久还是实业家负担一大部分的。悖入悖出,有什么地方可以告诉。

流氓土匪所做的真是恶事,他们都是恶人。但是他这做恶人做恶事,都不是愿意做的,是没有方法不做的。一面是赃品的诱惑,一面是生活胁威。他做工的时候,已经由雇主把那愤恨现社会的感情灌注满了。等到他没有工做的时候,他那有拣择不做流氓土匪要做点金道士辟谷万户侯的权利。我看见英国司梯文生的一段小说,叫做《法兰西威龙》的里头,讲这一位流氓诗翁和一个老贵族主人对谈的时候,有几句话很动人的,我且翻也一点出来:

贵族　你真是偷盗么?

诗人　我先主张我的受保护的神圣权利(不举发驱逐他),是的。

贵族　你年纪还轻啊。

诗人　(拿出指头来给他看)我如果没有用我这十个东西的本领来养活我,我还长不到这么老哩。这十个,就是我的养父、我的乳母了。

贵族　你还能够忏悔更改啊。

诗人　我天天忏悔,世界上比这可怜的法兰西斯还忏悔得多的人,大概也少了。但是讲更改总得有人更改我的境遇啊。一个人如果是只能够一路忏悔下去的,那也还一定要一路吃东西下去啊。

贵族　(满面严肃的讲)更改总要从心里头起。

诗人　我的先生,你以为我因为想快活来偷东西的么?我憎偷东西和憎做别种工、憎冒别种危险一样。我看见绞首台,我的牙齿也打挂的。但是我不能不吃啊,我不能不喝啊,我不能插身进一种社会去啊。……

这一班流氓土匪里头,总有大多数的人怀着心事,和这四十年前小说家所描写的十五世纪诗人的心理,真没有什么区别。我并且可以说,第一革命的时候,有许多流氓土匪参与了革命之役以后,还不愿做兵,回去做生产或不生产的工。然而不到一下子又走到匪的路上了。他只管愿意做工,社会上并不容他做工。

所以我们讲革命是要更改工人的境遇，同时更改这土匪流氓的境遇。土匪流氓有革命的权利，不是有做官的权利。和工人有革命权利，不是有做官的权利一样。把一个政府换一个政府，把一般官僚换一般官僚，不算是我们的革命功成。要把我们所主张的生产分配方法来换了旧日的生产分配方法，才可以算是我们的革命成功。

现在的实业家，说是振兴工艺，增加工人职业，这个名称是很好听的。但是如果不看他内容，随便恭维他，就大错了。就一般来看，比销外国货的时候，内地多了许多工厂，多用许多工人，岂不是应该令工人多一点事业。其实大不然，消外国货的时候，外国货固然不用中国人制的，却是仍旧用中国的农产品换的。少了许多外国货进口，也少了许多内地农产出口，跟着也是少了内地农人做工的机会。所以普通办实业的，如果能够开一个工厂，抵制了一百万元的外国货，用了一千个工人，而内地农产品输出减少了的结果，内地做农工的有八百人失业，那比较还长了二百人。这实业总算于国民经济有益的，若果只用得五百个工人，那较从前还要少养三百人，就大损了。所以挽回利权的话，我们要看清他。振兴实业，如果不注目在他分配一方面，决没有好结果。

虽然上头所讲三个人的工两个人做，两个人的工一个人做的话，是极端的例。但是决不是虚构的。中国所以因为贸易上吃亏，发生生活上不安，都是由国外有这个力量来的缘故。但是中国如果兴起实业来，人工更便宜，机器一样新鲜，内地的手工业更灭亡得快，土匪流氓就要越加多。他们办实业的只管着攒钱就是了，那里晓得这许多。所以在中国办实业的利益，是人工较欧美便宜，工人较欧美耐苦。如果用新式的机器，周到的管理方法，不怕不战胜欧美。这种说话，我听得多了。但试一想，现在已经是工人不能不变做土匪流氓,将来用更便宜的工人,更耐苦的工人,去实行资本主义的生产,内地的工人不更要快变做土匪流氓么?

我看见《纱厂联合会季刊》里头有一篇《今后纱厂应有之觉悟》,痛骂工人的"惰容满面工作迟缓"。要纱厂以后给工钱只计出货,不论做工时间。他以为觉悟了如此可以多榨取一点余剩价值了。可惜他没有觉悟到,如此的缩少工人就职机会,就是造就土匪流氓。资产家碰着了他们,只管叫苦连天,不晓得他们还是自己"觉悟"了想出来的妙计制造成的啊!

我们以为土匪流氓和工人一个样子,都是有生存权和劳动权的。现在的社会组织威逼到他的生存权和劳动权上头,所以他们对于这种社会组织的打破,不能不认做他们的权利。但是他们如果不打破这个组织,自己占了利益又去压迫他人,他们自己终是没有好结果。这是革命没有成功,他们投降了旧制度的现象。流氓做官的现在很多,固然有由利用革命来的,也有大半是由投降来的。请看陆荣廷、张作霖,他们何尝干过革命呢。土匪流氓靠革命做官吃饭,也是对于旧社会制度的降伏,受招安也是降伏,都是抛了革命权利,就是不能认识生存权和劳动权的真意得来的,不能认做靠着革命权利做到的。

认他是一个人,不能不认他有生存权和劳动权,所以不能认他反抗伤他生存权的制度的权利。我们决不以为做土匪流氓是好的,但是我们却只见这是现存社会经济组织所发生的必然结果。所以我们也就不能轻轻的否认他们由生存的必要发生出来的一种权利(关于生存权和劳动权的研究,将未有机会再详细发表)。

原载于1920年2月15日《星期评论》第37号。▲

实业是不是这样提倡

穆藕初君为招湖南女工的事,在《时事新报》发表一篇东西。我看他里头再三注意聂云台的恒丰纺织新局的工作时间,和"聂君的感想",很像是专向聂氏辩护的样子。本来互相攻讦的事情,我们不愿意管的,但是我也不愿意过于立入他的心理内容。先就他表面上来看,可以算得一个代表的错误。

他说:"人家徒倡道多给工值,而不问工作能力大小,责任心有无。……实业界中固直接蒙其害,因此而投资人多所顾虑,工业振兴将无望。国货空虚,外货愈得安然占据我腹地之市场,制我全国之死命,然则社会国家,亦间接蒙其害焉。"这是向来做生意的人不敢讲的大帽子话,如果没有把"留美六载"的金字招牌,随时挂在嘴边、笔上的大实业家,我们检直听不到如此妙论。

从前将本求利的生意人家,自己看着,比那上京求名的还低了若干倍,这真可以不必。然而如果说刻薄求富,一定比钻营做官高许多,那更没有道理了。富贵本来相差不远,求富求贵,一样是古来奴材的名称。但是从来做官的,总爱说忧国忧民。做生意的却老实不客气,说句:"但觉眼前有生意,不知门外是何人。"如果要在求富求贵,这一大堆号称为人的动物里头,勉强说那一个比较好,我也不能不推奖这个老实的。可怜这老实一层,都给近来的时髦企业家遭塌了。"商战"、"抵制外货"、"振兴工业",这都是近来新出的好题目。讲起这个是提倡实业的人,就像已经有大功德于民,不肯同那一班做官来发财的,相提并论。把做生意的话,完全不提。似乎提倡实业,是牺牲了自己,来利益社会的一样,不许人家问他一问。先假定了提倡实业是一个神圣不可侵犯的事情,一概反对,都拿实业蒙害的题目来压住。我试问一问,他们的提倡实业是有利益于他没有呢?现在尽有办了没有利益的事业,他们并没有提倡。提倡来,提倡去,还是他自己有利的实业。老实说,还是检最好做的生意来做。既然做最好的生意,又要说是"救中国贫弱"、"使地方进于治安之轨道中",不许人反对,这样便宜的事情,恐怕没有罢。

振兴工业,还是做生意。几个人做生意攒钱,中国就不穷了么?现在中国果然工艺没有发达,天然富源没有开发,但是如果照他这种办法,得来的结果,中国可以算做富么?就算说是富,这种富于中国人民有何益处?本来讲国家富不富,不应该只看总额若干,还要看每人所能受的分配额若干。所以就算天然利源开发了,实业勃兴了,提倡实业的人,个个都在那里面团团得意,而一般工人,求荐觅保,仍旧是做每月八元的工,中国并不算是富了。况且物价跟着采矿冶金术的进步来腾贵,是现在货币制度里头免不了的趋向,将来这些工人恐怕实际上比现在更苦,就是中国一般国民比现在更穷。他不肯多出一点工钱的提倡实业者,能够救中国贫的地方在那里。

说到救中国弱,就更远了。如果他们纺纱织布等等一概有利的生意,都是养成良好军人的机关,只要由工厂拨进营盘,就立刻可以成一枝劲旅。那就南北军阀,都免不得三薰三沐,请他把留美六年的经验教给他。可惜从统计上来讲，农业劳动者变做工业劳动者之后，他的征兵成绩，实在坏了许多。如果像穆氏所说的"做工做到十五点，污秽几非人类"的工人，尤其不适合于兵役。所以要救中国弱，正要把他这种工业的组织来大改良。如果不许人主张改良，那完全是致中国弱的实业，不是救中国弱的。

我们且把他这门面上说的话揭开，试看提倡实业有什么真正价值呢？我决不做无条件的反对提倡实业，却是我批评提倡实业，要注重在分配一层。从分配上来看，如果认外货占市场为比国货占市场更不好，自然要主张提倡，但是这要有比较的。

为什么外货占市场有不好的结果呢？普通都叫他作漏卮，以为金钱因此漏出去了。这是大错的。因为金钱本是无用的东西，我们能够将他换有用的货物，是毫无妨碍的。没有现钱，就用纸币也好，有什么不可以的。有些人觉得这个错误了，就改一句说，外国买我的生货，卖给我熟货，他攒了我的钱（这个实际是货物，不是货币）。所以我们做多许多产出生货的工作，才能够换他用很少的工作做成的熟货。这个说话，精透得多。有点智识的人，听了都点头了。但是这层只把全国合在一起来说，全国是吃了亏了，如果通用国货，这个亏就不用吃了，岂不是应该提倡国货么？

然而这后头却有一个误谬，看不见的，就是分配的问题。我们假想他全国出口的生货，是要一千万人每人每天做十二个钟头的工夫，才做得成的。换来的东西，就是人家用八百万人，每人每天做八个钟头工夫做出来的，这是大吃亏了。如果我们提倡实业，这外国八百万人所做的熟货不进来了，一千万人所做的生货也不出去了，立刻便有一千万人没有工做。如果实业家做国货的时候，仍旧招了一千万工人，叫他做每天六个半钟头的工夫，或者因为不熟练的缘故，做到八点钟，究竟还是一千万人，没有一个失业，工却做少了，工钱也不见少去，那是可以赞成的。如果提倡的人说，这些工人尽可以做十二点钟的工，所以只要招六百七十万人做工就够了。于是乎实业提倡起来，外货不进，生货不出，做生货的人少一千万，做熟货的人加六百七十万，两下对销，就逼出三百三十万个失业的人。平心想想，这个时候，社会上是有益还是有损呢？这六百七十万人，本来做生货的工，是在家乡的，有家族的乐趣的。现在因为提倡实业的缘故，他那老营生干不成了，离乡背井来做一个工人。做工时间是一样的，工钱也还公道，没有比从前减少，他们还要歌颂实业家的恩泽。然而这三百三十万人无端失了生活，坐着等死么？不能够的呀。所以就成了流氓，成了土匪，成了兵队，成了督长的附属物，来敲诈这提倡实业的大财主，分他的钱去用。虽然有些算做抢骗，有些算做保镖，究竟没有这一批失业的人，是不会有这些事的。他们虽然不晓得，实业家的钱也是一千万个工人身上出的。他们总晓得，你这种实业家是可以出钱的。我们冷眼看他，这种国货占市场的情形，恐怕比外货占市场的时候，还是一样。有眼光的人，一定要痛恨这些令工人做十二点钟的工，来榨取余剩价值的人。既愚且妄，自贻伊戚。然而现在国际劳动会议，已经决采八点钟制；关于中国，也决定采十点钟工制的时候。中国的留美六年实业家，还要主张十五点钟的工，还说是使地方进于治安轨道。大概还嫌中国的流氓土匪兵队少，多制造他一点，要等他们做出一个治安轨道么。

我们现在可以到达我们的主张了。就是提倡实业，能够令得工做的人比较失业的人更多，就应该赞成。如果能够令失业的人比新得工做的多，就应该反对。而失业的多少，就看要求工人做工的时间长短,像他这十二小时工作纱厂,就不能说是有益的。

最奇怪的,是穆氏说人反对招工的家长署名铺保,是未明职业界习惯法。如果说习惯有铺保,我们可以不管他。但是从来也没有由湖南招女工到上海的习惯。讲到法么?最少总要社会上承认他的强制力,可以适用来裁判,才可以当得起。光是社会上所容许的,只可以叫做习惯,不能叫做习惯法。美国也是有习惯法的国家,有人敢把普通的习惯当做习惯法的么?留美六年的大实业家,连习惯和习惯法都分不清,那"置身局内实地考察"的本领,只好对他的同业聂云台君互相标榜了。

而且是真法律也有讨论改革的余地,是习惯法便怎样呢?野蛮的人,生第一个儿子,要宰了来吃,叫做宜弟,这是他的习惯法。哥哥死了,要拿嫂嫂当老婆,也是犹太的古代习惯法。不是不可以改革的。在穆氏的意思,以为人人都如此,你为什么不许我如此。我的意思,是人人没有知识,已经不应该如此;你既然稍有知识,何以还要如此。

尤其不可恕的,就是篇中屡次用"欧美先进国不曾以不合卫生停办纺绩业","亦未曾芟除而封闭之"的话。人家不封闭不是不理。要整理的时候,除了封闭以外,还有许多手段。第一,就是工作和休息的时间。第二,就是工场改良的强制。第三,就是工人住宅问题。第四,就是疾病、保险、废疾、年金及其他等等。这几层藏起来不讲,似乎除了封闭之外,只可同厚生恒丰一样,没有方法。你以为上海看报的人的了解力判断力,都是和你这留美六年的人一样么?或者你以为还有人再比你笨的呢。

穆氏又举出河南招工溢额,工人无虑缺乏,较之穷无所归为愈。几乎要以万家生佛自任。但是我们所注意的,不止在受雇的几个人,要在失业者的全体。这种最长时间工作,最低工银的结果,一定发生社会上的危险。危险在雇主自己终归是不能免的。他叫人"宁以行胜,勿以言胜"。大概所有改良的批评忠告,都是他所厌闻。如果他有力量,不难还要要求张敬尧命令报馆,不许再登台反对的议论。但是我替他想,还希望他的理论到底是一个空言。如果说对于这个"工银制度资本掠夺"来以行胜,那小的就是同盟罢工和怠业,利害一点就是俄国的榜样来了!宁以行胜,这句话不是容易讲的呀。

附记　万国劳动会议的结果,或者穆氏可以说:"我留美六年,不曾有这事情。现在报纸上的说话那里可以相信。"但是美国自 1908 年阿力根州女子十时劳动法,被美国高等法院判决为不违宪法以后,大概的州,对于女工,都采用一礼拜六十时间以内的制限,并且有限定一天九时间或八时间的。穆君在美国工厂的时候,难道不晓得时间和沄律么?或者他蒙厂主特别优待,叫女工多作两点钟,来表示敬意吗?不然,或者是买了一个特别走得快的时辰表,看见女子做十点钟,他掏出表一看,已经是走了十二点了。所以到现在还不曾晓得,以为美国不叫做十二点钟,只有封闭工场一个方法。然而可惜这个表,没有放在厚生德大厂里,做时间计算的标准。

原载于 1920 年 2 月 29 日《星期评仑》第 39 号。▲

解散议会后之日本

政府党占多数，反对政府党提案将近要否决的时候，由政府解散议会。这个先例，不特是日本没有，就是世界立宪国的先例里头，恐怕也没有的。这是在日本第一次平民政党内阁底下做出来的把戏。

为什么日本政府要解散议会呢？他自己发表的理由，说议会里头有危险思想，要诉于国民。但是他所谓危险思想，却是普通选举案！日本的政党政治，快要到末路了！他真是苦块昏迷，语无伦次。这八九年来的政党举动，都是表白他比人民的程度低下若干倍，证明他毫没有力量。不特政友会是这个样子，就是国民党、宪政会也没有两样。

日本的军阀已经是晓得自己没有压伏全国的能力，才来借重政党。所以政党没有力量，就是不能再同军阀狼狈为奸的征兆。日本这个局面，是不容你再拿天皇万世一系来骗人的了。政党所以还有受军阀利用的价值，就是有担当恶名的本领。本来像原敬这种大党魁，尽可以把普通选举案打倒了，不解散议会。但是他又不肯背这个恶名，他还想看风头，等到选举以后，如果势头不好，还是要投降的。

可是这一层就是日本军阀顶不愿意的，他宁愿你内阁倒在这个问题,接手的内阁还是一样的东西。假使加藤组织内阁,犬养组织内阁,还是一样要伺候军阀的鼻息。这个怨气,却是政友会受了去了,试看从前增师案就是如此了。军阀所以要政党,就在这一层。现在政友会既然不肯代负恶名,还要讲诉诸国民这种好听的话,军阀的不愿意,是不用说的。

除了军阀的援助,日本政党还有什么实力呢?日本各党的基础,就是一般的地主和财界首脑。政党就靠这一班人才能够存在。这些财阀所以豢养政党,也以为他到吃紧的时候,有拥护资本家的用处。资本家的地位要摇动的时代,人民要起头的时代,他认做有危险思想发生的时代,却要诉诸人民。财阀自然也是不满,所以军阀财阀此后一定觉醒了,晓得不是靠这班不负责任的政党,可以骗人民的了。本来政党是没有势力的,从他的全体上,除去军阀财阀的帮助,和无觉悟的人民的属望,就等于无力。所以此后一定是站不住的。到底一定是军阀财阀自己露面,来和人民冲突,政党从此完了。

军阀财阀的直接和人民冲突,结果是可以预料的。日本现在军阀和军队组织的主要分子,完全是两样。财阀和产业组织的主要分子,也完全是两样。在军队里头,他的实权都在曹长下士里,下面就是每年换的兵卒,这些都和军阀的利害没有什么相同的地方。财阀的权力只管大,他产业组织里头,究竟还是多数劳工,有实际左右大势的本领。这些军阀财阀要脱了假面,和人民决斗,他自己的基础,就要摇动起来了。从前骗士兵去打仗,骗劳动者去做工的说话,都用不着了。那军阀财阀还有站得住的道理么?

日本的解散议会,本来是原则,不解散满任的才算例外。但是这回解散,不止有政府党和在野党冲突的意味,实在有政党不敢负政治上责任的意味。所以日本的前途,或者竟以这个解散来划一个时期。我们应该注目看他的将来。

原载于 1920 年 2 月 29 日《民国日报》。▲

议会政治试验是否失败

昨天张东荪先生讲他的非国会主义，有"八年不能制一宪"，和"此数年来谓议会政治实验而失败未尝不可"的话。我也是对于现在的议会政治不满足的人，纵使有了先入之见，也不到得成见牢不可破的地位。但是对于他这个论断，觉得未免太早。

我们论事，要分开组织的分子，和组织自身来讲。组织成现在的旧国会许多人，我不敢说好。但是要举他的罪案，都是各议员各党行动的罪案。说他议会内举动如何，说他成一个机关的举动如何，就不能说他和现在的所谓总统内阁等等，有过同一的罪恶。也不能说他和新国会一样，成了一个代人受谤的无聊门客团。

张先生对于国会在北京这一年多的内容，应该比我晓得的还多。何以会把八年不能制一宪，算做国会的一个罪案呢？我们试想民国二年四月八日才有国会成立，决不能在国会没有成立以前，便算起他不能制宪的时期。从四月八日到十一月底，不过七个多月，就是解散了。民国五年八月一日恢复，到六年六月十二，也不满一年，又解散了。通算起来，国会能够制宪的时间，只有一年有半。

这一年有半的宪法制定事业，可以分做两期。前一期，是因为将就袁世凯的意思，把所有《临时约法》上束缚行政部的国会权限，削除了大半,另外又加上许多行政部的特权。这种宪法,本来是跟着美国所谓"牵制与平衡"的原则来的。这个原则,先在美国已有许多人攻击。自然这个宪法,也有同一的缺点。但是尽管有这缺点,还不为袁世凯所容,才有各省督军通电反对,解散国民党的事。他反对的理由,不过是破坏行政首长的权利,酿成暴民政治。他的嫌弃议会政治,和我们两样。我们嫌他所代表的太少,近于贵族富族政治。他们却嫌他所代表的人太多,近于暴民政治。在这一个情景底下,可以说国会不能制宪是罪么?

到民国五年的时候,入了第二期了。这一期的宪法会议,开的次数大概也不算少,但是议不成的,就因为几个问题意见不合。这里面最主要的争点有几个:就是孔教问题,省长民选问题,解散权问题。这孔教问题,不用说。省长民选问题,要争中央任命和地方选举;大概现在冷静一点的人,也会看出是非的。独有解散权一层,还是问题。但是共和国有解散权规定的最著名的例,是法兰西了。他的解散权,除了第一任大总统用过之后,就到现在了。可以见得这几层多数人的主张,都还不是无理。可惜他那个原案是在民国二年起草,这一班议员,都是没有受最近的教育,所以不能采用最新的学理。然而少数人的争持,的确是不合的。那这制宪不成的责任,谁应该负,就可以晓得了。

设若没有督军团的事实,宪法还是可以早成功的。然而成功了,也不过一个空文。当时的政府也到底没有实行宪法的意思,国民也没有勉强他实行的力量。

议会政治光是议一个宪法,总不算是试验。除了议宪以外,议会在民国简直没有什么事情做出来。这是"牵制和平衡"的原则弄出的结果。然而议会主张的事情,到底没有做出一件。所以在中国讲,总可以说,议会政治还没有真正实验。

我们要注意旧国会里头少数党和各督军所主张的,比起国会里多数所主张的,还要近于我们和张先生所共通不满的独裁制。要接近张先生所主张的职业政治,还要先把那些反对旧国会现在所起草的宪法案的人所主张的谬说打破才好。在这一点,国会不算无用。

还有张先生所讲的国民大会俄、德的先例,都是革命政府保护着开的。要取这一个手段,先要有用武力把现政府推倒的事实。没有这个事实,国民大会是无从召集,行会也无人组织的。所以这个不是替代国会的问题。现在如果能够有一种势力,能够使旧国会议决的照行,再用这种势力来主张行理想中的职业政治,议会也无从不听命的。可是现在还没有这种力量。

原载于 1920 年 3 月 1 日《民国日报》。▲

外交秘密的危险

福建日人行凶的案子①，已经由两边调查过了。调查的报告，是公道的么？是正确的么？我还不敢相信。但是日本报纸上，早已说中国调查之后，还要主张撤领事、赔罪、赔偿的话，和去年初起时学生所主张的相差不多。就这一层，他已经不满起来（昨天的《上海日日新闻》②）。我于是看见中国外交一般的危机，和所谓交涉的真正价直。

当初学生主张的事情，经过调查以后，北京政府采用了。那就可以见得调查的结果，刚刚和学生所陈述的相合，才可以有这要求。如果调查的结果不合，那就不用提起。现在调查的结果，并没有发表，那日本新闻记者从那一点看出来，晓得中国在这回调查的结果，一定不应该再主张撤领事赔偿等等事情。难道中国委员的调查，没有实行之先，已经有个印板的报告书，派定了他不能不如此报么？做调查员，真是一件危险的勾当。

---

① 1919年"五四"爱国运动以后，各地人民经常有反日示威和抵制日货等爱国行动。11月16日，福州人民的正义行动竟遭受日方策划的袭击。驻福州的日本领事馆竟组织多人用枪刀铁尺等殴打参加爱国运动的民众，当场打伤十人。愤怒的福州人民拿获日本凶手三人。由此，激起全国人民的反日运动。当时北京政府和日本政府曾派人到福州进行调查。
② 《上海日日新闻》是日本在上海办的报纸。

到底是这回错了,还是这个中国外交向来错了呢?我不晓得。但是这个中国的外交,实在有点令我们过不去了。日本记者看见中国有要求,便大惊小怪,这倒是应该的。因为中国向来外交的惯例,一到派员调查的时候,就只有外国人讲话,没有中国人讲话。中国没有去调查以前,不能有一个印板的报告。他外国人没有去调查以前,总可豫先做一个印板报告书,说得斩钉截铁,证明中国理亏,外国理直;中国该赔罪,外国要占便宜的。这个印板报告书,最少在对日本的交涉里头,可以算做惯例。所以日本的新闻记者,在那里可以豫先断定,说中国既经调查之后,一定不能照学生的主张。现在有了要求,就像煮熟了的鸭子会飞起来一样,简直是日本人所不解的一宗奇迹。

这一次调查报告,能够正确么?能够公道么?我先说过了,我是不敢相信。但是我想如果照向来的规矩,就调查总不过是一个仪式,是一种延缓的手段,是避国民的注意,利用群众弱点的一个诡计。为什么呢?当初事情急的时候,人民反对是怕的,外国压迫也是怕的,左右做人难,最好就是一推把他推在调查员身上。等到事情稍为过了,人民没有从前一样的注意了,调查报告就可以来了,交涉就可以办结了。如果碰到人民另外有别件事注意的时候,更加是办结这种交涉的好机会。交涉的派员调查,和议案的托付委员一样,可以由政府党魁,随意弄鬼。等到人家不注意的时候,马上就提出来,决不待时。这个交涉,便呜呼哀哉了。这叫做老例,所以说他是诡计,是手段。为什么可以成这一个例呢?就是那个普天同愤的秘密外交做出来的。国家是公然的事情,交涉却要秘密。日本人闹事是公然的事情,调查的结果却要秘密。因为秘密,所以调查应该报告中国人理亏。日本人那边早已晓得,调查报告是不是说中国人理亏。中国人究竟不晓得,依赖"政府",信任"政府",请愿"政府","政府"就是"秘密"两个字到底。这秘密的结果,不用说是强国的运气来了。交涉的定义,就是等着一个秘密决定的机会。我希望中国的人民,觉悟了这外交的危机,全在秘密两个字,不要再相信北京政府外交秘密的话。北京政府派出委员调查的结果,设若有不可以给国民晓得的地方,那国家的前途,也可想而知了。要看闽案失败到什么程度,就看他秘密到什么程度,就可以晓得了。

我们不讲中国一定理直,但是调查员的报告,是不是合于事实,要求是不是恰当?应该给人民晓得。经过人民的审查,得了人民的同意,才可以根据着去做交涉。秘密两个字,永远用不着。这样办去,就算失败了,国民也还可以甘心。

原载于 1920 年 3 月 2 日《民国日报》。▲

军阀的破产宣告

李协和本来是带滇军来广东的,现在接李根源的手,总算是名正言顺。李根源自己本来没有可以说的话,才叫部下通电拥护,拥护就是不要命令的话了。却是这些不要命令的榜样,传递下去,拥护李根源的人的部下,还未必肯拥护这"拥护"的人。

其实我看滇军兵士,真是怪可怜的。从前拥护了方声涛、张开儒,就不拥护李烈钧了。到了拥护李根源,就反对方、张了。现在又反对李根源,一个盘旋,回到李烈钧的脚下。尤其奇怪的,每次拥护一个人,反对一个人的事,都少不了朱培德一个主动。因为这个理由,三四年间,由支队长升到师长,前个月娶小老婆,花到几万块钱。他的门口守卫的兵士,从离云南的时候,给过一两块钱以后简直摸不到一个大钱,还要在那里对着川流不息的贺客,来立——正! 举——枪! 这些人不会想的么? 他再拥护一个人,反对一个人,不好么?

滇军不是李烈钧可以弄得好的。不特滇军,现在西南的军队,北方的军队,都有同一的趋向。就是晓得了长官要他拥护,才站得住。那现在做师旅团营司令指挥的人,想再借着兵力,满足他的欲望,恐怕就难了。所以拥护的电报的反面,就是军阀破产的宣告书。

军阀的末日近了！国民赶快起来罢！当兵的还是人类，得着拥护人的教训，总会回头的。从前替李——方——张——李已经牺牲了许多人了，骨头砌起的司令、师长、镇守使衙门，血写的纪功碑，大概也没有什么兴味去重修再建了。拥护的声音，变做裁判的声音，那时军阀才晓得他招兵的结果。瞧着罢！

原载于 1920 年 3 月 2 日《民国日报》时译二，署名前进。

倒叙的日俄战争史

　　十七年前日本和俄罗斯打仗①,十七年后的现在,日本也和俄罗斯打仗②。可是这回打仗,什么事情都和十七年前相反,这真是一件奇事。

　　十七年前打仗的地方,是我们的东三省。现在打仗的地方,恐怕也不免打到东三省来了。但是前一回的打仗,中国的人老老小小,都是以为日本很帮忙我们的,只有在战地的人苦一点罢了。这一回却是中国的人老老小小,没有不希望日本人打败的。这个转倒,几乎令人莫明其妙。如果有一个从一千九百零四年睡着了,一直睡到一千九百二十年才醒的人,他看见了这个局面,也一定晓得这一次的日俄战争,不是前一次的日俄战争。

　　俄国的兵,在前一次,起首占到高丽的地方,后来一步退一步,旅顺、大石桥、辽阳、奉天、四平街,一路要回到西伯利亚去了。日本却是长驱直入,没有什么阻拦。现在日本的兵队,是从西伯利亚西部一路缩回来,这几天,差不多也要离出俄国的境界,弄到中国地方来扎兵。从前俄国人一步一步向北走,日本人一步一步向北

---

① 指 1904 年爆发的日俄战争。

② 1917 年俄国十月社会主义革命以后,日军侵入西伯利亚。侵入苏俄国境的日军,最后都被红军驱逐出境。

追。现在却是日本人一步一步向南走,俄国人一步一步向南追了。昔人弃妇的诗有说:"伤心双履迹,一一来时路。"佛偈也有说:"你从那里来,还向那里去。"日本参悟了没有。

打仗是日本人和俄罗斯人,本来中国没有份的呀。却是受打仗的牺牲的,是谁最多呢? 前回不是东三省人民遭殃的最多么? 他两国打仗,不在自己地方打,却要在中国地方打。打了不算,这两国战争的损失,也要中国赔他。中国却是叫做中立,这已经奇极了。现在又出一个新花样,日本和俄罗斯在俄界打,中国政府却去和日本结个密约共同出兵。现在眼看着要退下来了,却又赶忙去讲中立了。然而日本的将来在中国界里头打仗,恐怕这回中立,还要和前回的中立一样,吃苦头的还是东三省的人民。

为什么十七年前的日本,打赢了俄罗斯呢? 那个时候,日本人个个都愿意拼命打仗,俄罗斯人多数不愿意打仗。日本人的愿意打仗,是因为没有觉悟。俄罗斯人不愿意打仗,还是没有觉悟。可是这一回俄罗斯人觉悟了,日本人也要觉悟了。俄罗斯人觉悟了,就十分愿意打仗。日本人将近要觉悟了,就十分不愿意打仗了。

人是要由不觉悟走到觉悟的,断不能叫他走回头路。由觉悟了走到不觉悟的线上,是不能够了。那有什么方法? 思想不能背进的,军队是很容易背进的。将来日俄战争的背景,恐怕还要映到图们、鸭绿江以南去,完成了这一回倒叙的日俄战争史。

原载于 1920 年 3 月 3 日《民国日报》。▲

再答东荪先生

我所讲的"国会实验失败说尚早"一段,得了东荪先生的回答,更觉明显。本可以不再说,但是因为东荪先生有了"如以为然不必答我"的话,所以我再讲几句。我想东荪先生不兑我嬉笑怒骂的。

我对于东荪先生的行会一层,虽然还不敢主张(因为认真比较研究的工夫没有做,俄国现在制度其他报告都不完全),决不是反对的人,大概总可以得东荪先生的了解了的。但是在这个制度实现以前,要不要国会做一个时代的国家机关?在现在的国会选举法,加以改良,是否还可帮将来进步一点忙,是我们的研究点。我相信国会如果改做普通直接选举,再拿罢官权、复决权来监督他,不至于不能做一个改良国家组织的工具,这是主张国会可以存留的意思。

又因为议会这几年的成功,虽然没有,他所议决的、所请查办的错过也不算多。无奈没有实行,所以说他实验是还早。

东荪先生说的国会没有实力,是和我的意思完全相同的。我所以极力反对现在的间接制限选举,就是为此。但是如果有完好的选举制,和直接民权的监督,就容易发生实力。所以我的国会存留说,并不主张继续现在的选举法。

恢复国会,和另做革命,果然是两件事。但是另做革命,我们决不用在这里讲。所以讲恢复国会，不过人家能这么做，我们就可以不用武力革命的手段罢了。不用武力的革命，恢复国会以后，还是要的。我们姑且把恢复国会，做一个不得已而思其次的事看。东荪先生以为如何。

比我们更进步的主张，决不当做反对论看。我们决不学那些保旧迎新的人"秽恶不可不去，而亦不可尽去"的主张，所要求的就是对于现在制度的缺点指摘，没有过于其实的地方，才成一个真讨论。在这一个观察底下，我还是维持我的尚早说。如果将来另设一个国民大会，有力量可以制定行会制度的，那时候，没有新国会，也没有旧国会，未尝不是一个试验（虽然不是惟一的），我们尽有再商榷的地方。但是现在中国的旧国会、新国会，争来争去不过一年两年的任期。行会和国民大会的组织，先要差不多好几年的预备，决不能凭县官乱报，像现在选举一样。所以恢复国会，决没有碍行会的理想。况且要这班军阀自己投降，愿意招集国民大会，断没有的。所以用国会来通过一种更进步的组织，总算比较容易。我们也决不至于恢复了国会，便苟且偷安。这是我前天讲的"打破谬说未尝无用"的意思。

东荪先生声明过讨论终结。我现在说的，也只算做解释前论罢了。

原载于 1920 年 3 月 4 日《民国日报》。

实业家的危险，危险的实业家

力主格杀勿论促成辛亥革命的常州富翁①死了，分财产的官司，不晓得要打到几多年。法律本来是为保护财产设的，我们在这个地方，说他是非，也是没有用处。

但是要晓得，他是压成革命的一副水压机，他受尽万人怨恨，临死才把汉冶萍等等许多中国的天然富源，送在日本的势力底下。如果二十一条是亡中国的条件，那他就可以算做在亡国里头尽了二十一分之一的力量。他就为的这些财产了。然而死了，不过送给律师用，剩了之后，再给他并不认识的漂亮男女用。他的官司，总可以给我们一个大教训。

他在中国讲起来，总算一个大实业家了。在那些矿工和一般人身上，刮来的钱太多了，恐怕保不牢，就去做这卖去中国二十一分之一的勾当。到头还是不认识的人，用他的钱。你说这些实业家的名义，何等名贵！这些实业家的行动，何等危险！这些实业的结果，何等无聊！我希望现在炙手可热的实业家，不要跟着这些天字一号的危险人物走才好。实业的名号，不能够当做罗马教皇的

---

① 常州富翁，即盛宣怀（1844—1916），曾扶助李鸿章兴办洋务。1911年任清朝政府的邮传部大臣，以"铁路国有"名义将已归商办的川汉、粤汉干线作为抵押换取四国银行团的贷款，出卖利权，引发了保路运动。

赎罪状用的啊!

　　实业家的财产还没有聚拢来,将来用他的钱的律师,已经在学校里快毕业了。那些漂亮男女,都将近要晓得性欲了,他等你的钱用呢,还是你的钱等着他用呢!

　　　　　　　　原载于 1920 年 3 月 4 日《民国日报》时评三,署名前进。

勤工俭学与工读互助

法国的勤工俭学会，发起以后，想去的很多，去了也有不满意的，这是李石曾先生已经讲过了。要有许多条件，才可以去。去了还是先勤了做工，再把余力来学。这个简单说：就是在工的上面，再加一点学，不是在学以外加一点工。

现在内地办工读互助团，也是很发达得快，却是因为不能向工厂里做工，所以非得了一个出钱的，或者散募捐款，不易成立。

但是这两个比较起来，内地的工读互助，总少了一个四等船费，和一千法郎，又用不着预备法国话，所以至少每人可以省下二百块钱。如果攒积起五十个人做一团，不是有上万块钱的资本了么，这个工读互助团就大了。

横竖做工，在中国的平等组织底下工作，不比在法国资本家组织底下工作坏；要学罢，还是可以学的。那赴法不合格的诸君，何不作退一步的想头。

工读互助团的理想，谁不赞成。但是要等捐款筹钱，还觉有种种障碍。现在有不用向外面筹钱的方法，何不试一试看。

原载于 1920 年 3 月 5 日《民国日报》时评三，署名前进。

群众运动与促进者

群众运动的效果，是已经看见的了。群众运动何以有效果，有许多人实在没有看见。照这个样子，糊里糊涂的做过去，恐怕有许多失败跟着要来。

群众运动的真实力量，是多数人的意志力。因为根据多数人的意志，不能多数人逐个表示出来，才有少数的人出来代表他讲说话，代表他做事情。先有群众，才有代表。不是先有代表，才有群众。群众除了几个代表之外，另外要有一部分不出风头的人，在那里提挈鼓励他，养成他们的勇气，制止他们退转的行动。这是不可不晓得的。

所以群众运动的成功，第一个要紧的，就是不出来做代表，不出来做发起人，不留名声，不做目标的一类促进者。这些促进者，要享一般人的待遇，和一般人一起动作。于没有成为群众以前，用他的力量聚拢他；于成为群众以后，还用他的力量防止他涣散。他这努力，固然不比寻常人；他的能力，也要特别的；却是他最大的长处，就是不出名，因为不出名，所以他的运动有效。

现在中国的群众运动，我看就是代表太多，促进者太少；站在人面前的太多，站在人背后的人太少。同是一个人，叫他做代表，就许毫无所能；留他做促进者，就会力量很大。把这些应该做促进者的人，都推他做代表，这就是群众自己减杀自己的力量。

　　试看中国的群众运动，总是最初很有力量，到后来就不济了。不留心的，以为组织不好就算了。其实他成功的时候，也并没有什么好组织；失败的时候，人人讥诮我们只有五分钟热度，也不能全归咎到组织上。他的组织越完备及代表干事越多，越没有力量，这一层只有一个理论可以说明他，就是向来做促进者都做代表去了。代表出现，各个人的责任就解除，代表便成了悬空的代表。出去做的事情，固然是没有力量，就是开了全体大会，也是没有什么精神。这是举出代表同时就有卸责的意思的缘故。

　　本来要代表办事有力量，一定要代表者和被代表者保不绝的联络。宁愿办事迟滞，万不可以专擅不恤公议。群众的运动，不要处决详细各点的。群众所能够一致的，只在大纲。决定大纲，要使群众的意志都归到非如此不可的一个样式去，并是保持这个意志不变，到成功之日为止。要得这个结果，就是时时直接与闻代表的办事情形，引起一般人的兴味，才能决定保持这个意志。如果把促进者都推了做代表，那去检点代表的人就缺乏了。团体的行动，各个人就难得问他了。就想问他，也是因为全都是向来不能说话的人，对着向来会说话的人质问；向来不大通晓外面情形的人，对着比较通晓外面情形的人来质问；总搔不着痒处的，所以断断没有兴味。这做代表的，只凭着自己的所想去做，做好事到底没有实力，做恶事就是全体被了恶名。民国这几年来，各种团体是有始无终的，大概都是受这毛病。就去年新发生的团体，我也恐怕要蹈这覆辙。

　　从来团体成立以后，代表者的行动，都似乎不用再问团体里各员，团体各员也不必再问代表。现在要矫正这个毛病：（一）总要减少代表,留一点人在后面做促进者。(二)所有想尽力于团体的人,要有一部决心留自己做促进者,不出去做代表。(三)做代表不成的,万不要以为没有尽力的机会了,把责任都推在代表身上。如此代表也不能反于团体的意志来行动,并且有群众的意力,可以左右代表的行动,才没有失败的危险。

我们要牢记着,社会上不出来表面讲说话的人,做的事情顶多。要想做事,还要尽力所至,做一个不出名的人物。干这些出名的事业,要当做一种不得已,不要当做光荣。

原载于 1920 年 3 月 5 日《民国日报》,署名无名。▲

特别保护归国华侨

华侨唐清渊归国,领事移文地方官特别保护①,这是很平常的一件事情。但是中国能够特别保护华侨么?岂止不能特别保护,并且没有寻常保护。如果还有寻常保护,也没有这许多华侨年年向外国走了。

唐君要到南京置产,我便想起一个死去了的朋友。这个人是有功于民国的一个归国华侨。大局定了,就想去兴农业,招了美洲和吕宋的许多资本,在南京附近买些田地,用土人来耕作。刚刚弄到有头绪,二次革命就来了,张勋的兵、冯国璋的兵骚扰过了还不算,究竟我的朋友也捉在监房里,等他的福群公司的钱通用尽了,才放他出来。这便是特别保护之一例了。

实在特别保护,是领事的官样文章。在有知识的华侨,只要你寻常的保护就够了,本来用不着特别保护。华侨回国,要经营产业,并不是想学现在那些新式职商,要和官厅狼狈为奸,敲剥一般人来得他的利益。如果要做那些新式职商的举动,那自然要特别保护了。现在不学那些新式职商,这特别保护真没有用处。

---

① 唐清渊,福建人,在南洋泗水行医、营商。因不堪荷兰殖民主义者虐待,携眷回国,拟在南京置产定居。我国驻泗水领事贾文燕致函江宁县知事特请保护。唐清渊,原文误作唐潘渊,据《民国日报》3 月 6 日所载泗水领事致上海华侨联合会函改正。

　　我们试想像,那些华侨回来是为什么? 他不是因为在外国受胁迫不能安乐么。既然如此,他回国来置产业,是想求一个安乐的居住,可以终身不出去外国,受人家的气。断不是想在一个地方,做一时的特别优待阶级的。一个人要和一个土地生出关系来,除了先能够和他的邻里街坊得一个平等交际以外,决不能达目的。况且现在唐君,不止一身回来,他还带着家眷。家眷也要到南京去生活,那就不止他自己一身一世的问题,并且是这个家族,就是他的子孙永久的问题。所以得一个特别保护之后,他便和本土人民生了隔阂,他的目的就达不到了,充其量还是客子畏人,与他本来回国的理想,完全相反。

　　所以华侨回国,所要的只是寻常保护。寻常保护,就是除了保护这个新来的华侨,也一样保护旧管的非华侨。一定要这个样子,实业发达,才是真正的发达。在这个保护底下,华侨所经营的产业得利益,才算真利益。不然,一两个人得了利益,全体都不参与,成了一种特殊阶级。碰着一个反动,华侨就不难被土人仇视。那些华侨,在外国被人仇视,可以迁回中国。在中国还被中国人仇视,那就无所逃于天地之间了。

　　中国的特别保护,实在还是特别摧残。只看福群公司一案就晓得了。如果真是特别保护,也是不相宜的,我所以单替华侨要求一般保护。

　　要求一般保护,不是说华侨回来应该和一般人一样不保护。是说一般人应该和华侨一样保护。是说华侨要求保护的时候,应该记着,另外还有许多同胞,一样的要保护,是同休共戚的,不要再上官厅的当。

　　华侨联合会和领事不同,应该有比较远大的眼光。我希望他招呼唐君的时候,还要体察唐君回国的心事,不要把四万万人平等的原则看轻了。

原载于 1920 年 3 月 6 日《民国日报》。▲

运用军事密约

日本电报说:"奈良中将来中国,是想谋军事协约的运用,不是想改订。"我不晓得什么叫做运用,我怕他的运用甚于改订。

日本军阀想出兵,打西比利亚,不能够得中国的赞成,就想利用中国军阀,来达他目的。他这运用,不晓得要怎么样,然而中国人民,要做的牺牲,定了。

我想反对军事协约的人,现在还要睁着眼睛,看着他这个运用。不要给手订军事密约的人,再替日本运用这密约!

原载于 1920 年 3 月 6 日《民国日报》。

送回俄罗斯去

　　《大陆报》批评卡尔密考夫和谢米诺夫两个人①逃入满洲说："应该置之不理。武装军队逃入满洲者，须卸其武装。"这个和荷兰收容德皇一样，决不算做偏袒。但是我们看北京政府的处置，恐怕未必有什么主义法律，止是把两边的势力利害比较，来决定引渡和不引渡算了。

　　然而我另外有一个看法，比方英国和瑞士都是从来亡命渊薮。但是亡命的人，通是向来承认英国和瑞士的法律和主权的。现在谢米诺夫一辈人，天天在那里和华人做仇敌，没有承认过中国的法律和主权。我们觉得也没有保护的必要。

　　上海近来有俄国人在工人集会里头，讲世界语可以连络工人对付资本家，便触犯了捕房，受了警戒。说：如果再这个样子，要送回俄罗斯去。我想这正是中国对付俄国旧党的好榜样。如果谢米诺夫一班人，要来中国，一步不乱走，一话不乱发，中国还不少了地方，可以给他容足。要不然罢，止好照上海捕房的办法，送回俄罗斯去！

　　原载于 1920 年 3 月 6 日《民国日报》副刊《觉悟》，署名前进。

---

　　①　两人均为俄国反革命分子。曾盘踞西伯利亚一带，裓红军击溃后，逃入我国境内。

滇军为谁自相残杀

滇军和滇军,在广东打仗①,受苦的自然是广东人了。但是云南人得了益没有? 广西人得了益没有? 湖南、江西、福建人得了益没有? 通通没有得利益的呀,那是何苦!

滇军来广东的时候,是帮广东人驱逐龙济光,广东人很希望他能够令广东人有利益。到后来却把广东变做陆荣廷的征服地,实在是算广西人得了利益,却是云南来的军队到现在还是很苦很苦的。中间护法讨龙,许多事情,云南兵士死的不在少数。现在李根源盘踞住了,不服从就要有桂军来缴枪;服从了又有家属被唐继尧治罪的危险。我想中国最苦的,还是受人的钱帮人去打人的人。

滇军的争,固然是有曲有直,不应该一律排斥。但是要主张滇军是谁所有的,无论那方面,都是一样可笑。当民国五年的时候,滇军饷项问题没有解决,滇军便算做中央军队。中央军队又责成广东筹饷,这种矛盾的论理,在滇军身上已经发生过不止一次。从来领饷的时候,滇军总不算是云南军队。惟有用人的时候,滇军总不能不算是云南军队。这是无论如何讲不通的。莫荣新拿着广东的钱,养起云南的兵,叫他们做广西人的把门狗,以为是千妥万当

---

① 指李烈钧与李根源在广东韶州的战争。

的了。却是他的养法太拙,养的钱是出了,滇军究竟还是饿得半死不活。他这狗的义务,自然是尽不来,到头还是一个造反,给了唐继尧一个机会。这种蠢办法,大概和他学写虎字,想叫人挂来当中堂一样,可以入传的。

所以滇军两下打起来,论理是李烈钧比李根源理直,但是我们要更进一步,问这个兵是谁养的?这个兵替谁养的?广东人出钱养的兵,为什么不听广东人的命令?既然是中央军队,为什么关于滇军的事情,不对国会负责任?苦是苦了滇军的兵士,滇军的兵士到底晓得这苦是谁给他没有?如果是国会政治,有名有实,滇军不会发生这种问题。如果广东人养兵,广东人自己选择将校,更不会发生这些问题。滇军死了,还不晓得哩。

滇军也许可以排去了李根源。但是滇军在广东,还是一个问题,不能解决。或者滇军完全被李根源改编了做边防军,这也还是广东的一个问题,以后的纷扰更多,更难解决。滇军的问题要想解决,只有由滇军自己觉悟了,他不应该做广西人的机械,也不应该吃广东的饭,听云南的指挥。愿意帮广东人的,和广东人一起,排去征服广东的广西人。要不愿意帮广东人罢,赶快丢了枪,回去耕种,不要再在广东人身上剥皮。这样做去,我不敢说滇军就不受苦。但我相信这个苦受了,是于广东有益的,于世界有益的,是觉悟了的牺牲,是有价值的牺牲,不是为着钱帮人打人的牺牲。

滇军里头,帮李根源的不用说,帮李烈钧的也要晓得,现在这样做去,于你自己还是毫无所益。广东人有一天革起命来,这些吃广东人的血的军队,终归是要消灭的。无论怎么奋斗,都是白奋斗。

原载于 1920 年 3 月 7 日《民国日报》。▲

开课了——怎么样？

各校的学生，陆陆续续回来了，各校陆陆续续开课了。

我想各学生临来上学的时候，一定有许多人，受了尊长的训戒。说："你们去年一年也闹得够了，既往不咎。今年须得替我好好读书去罢！"

学生———一般学生，不论有尊长没有尊长的，都要想想！我们自命能够救一国，能够抗一国的侵略的学生，连这几句话，都抵敌不来么？连打破这个拘束的勇气，都没有么？抵敌不来，没有勇气，就应该赶快请人救自己，不要再讲救国了。我想去年轰轰烈烈的学生，应该不至于甘愿这样收场。

现在直接交涉要秘密开始了。京津学生，捉的捉，伤的伤，死的死，停课的停课。上海的学生也要表示一点力量。等世界的人，也晓得上海学生，不是两三句训戒束缚得住的。等京津学生也说：上海的学生，究竟是和我们一样热心做救国运动的啊！

原载于 1920 年 3 月 7 日《民国日报》，署名前进。

查禁主义的人要先晓得反对的学说

现在有些人看见无政府主义就怕了,看见共产主义就怕了,他完全忘记了为什么要怕这些主义。这是人类感觉最易错误的凭据。因为怕这些无政府共产主义,查禁他,想绝灭他的人,还是实行欧美一般学者所指为无政府共产的危险行为的。如果这些人非常进步了,能够看到批评攻击无政府主义的书,他或者自命为无政府党、共产党也说不定。

攻无政府的最浅薄的,是说无政府就会强有力的人随意抢夺。难道现在不是随意抢夺吗?现在中国的保障财产,只有对于穷人,没有力量的人,来侵犯的时候,做一个保障。对于拿着军械来抢夺财产的,不论他是兵、是匪,向来没有效力。中国现在还有有钱的在内地的缘故:第一,是因为有钱的人不敢倚靠着政府和法律的保障来对抗抢掠,只用着巴结纳贿的手段来敷衍一时。第二,在抢掠的人一面,把这些有财产的当做酿蜜的蜂,生卵的母鸡,并且把他所没有抢来的东西,也算做置诸外府。第三,也不能不算这些抢人的人,究竟还有餍足,断不像欧美一般人所想像的凶恶。并不是有什么财产能够得政府的保护。

常人总觉得奇怪,为什么中国这些奸淫掳掠的军匪首领,到临走的时候,一定有人挽留;不特挽留,并且歌功颂德忙个不了。而这些歌颂挽留的，大半还是遭过殃来的。这个在有政府有法律的假定底下，算是一个难解的现象。现是如果想一想，军队抢了东西，横竖没有地方告诉，为什么他不把所有的东西通抢完，还让你积下这些钱，等到他走的时候，可以做挽留的电费，可以做去思碑、遗爱庙的基金，就可以晓得他的挽留歌颂，也未尝没有一些道理了。如此看来，如果说无政府的时候有人要抢人家的财产，那现在做兵、做匪的固不应该怕无政府主义；现在被兵抢被匪抢的，也不必怕无政府主义了。因为最多不过如此。

驳共产主义的人一定说，这个制度行了之后，个个都懒惰，不做工，社会就会覆灭了。这是就着现在的欧美制度，形式上究竟还是做工的工人有钱养活的看法来说。如果说中国，现在不做工就没有饭吃么？决不是的。现在许多无业游民，总是不做工，不拿工钱，也有饭吃的。今天去吓诈，也弄到一笔钱。明天去撞骗，也弄一笔钱。这里偷一把，那里抢一段，就把许多无业游民养了。今天匪洗村，明天兵清乡，兵匪过了，还有衙门的需索，经手的谢礼。再不然，聚拢来的钱，放在窑子里，就养了许多卖淫附属游民了；放在古董里，便养了许多贩假货的游民和门客了。抽来的税，也是养无业游民。抽税的时候，许多吃钱中饱，也是养的无业游民。我们虽然没有统计，到底看见饿死、刑死、穷病死、自杀死的无业游民，比那饿死、刑死、穷病死、自杀死的工人少得多。这样看起来，中国的社会真是奖励懒惰的。这些富贵的懒惰不用说，就同穷人那些不做工的，比做工的总是好过一点。惟其不做工，所以好过。但是仍旧有许多穷人，不去做兵匪倡优隶等等高下级游民，却去做工。可以见得懒惰是不必怕的。纵使有懒惰的机会，也未必个个懒惰。如果共产社会奖励懒惰，那现在的官、绅、富豪、强兵、悍匪、卖淫、吓诈、鼠窃、狗偷等等脚色,就应该众口一辞,来欢迎他,为什么还要反对。

所以现在如果有人怕无政府主义,怕共产主义的,还是没有看见欧美批评无政府主义、共产主义的学说的缘故。他们如果听了反对这些主义的话,他们一定没有工夫反对这些主义。

现在中国的政治,不是证明随意抢夺的社会,也叫做治安的么? 不是证明奖励懒惰的结果,还有许多人做工的么? 中国一般的人,不是反对改造么? 不是很想保持现状么? 那又何必怕这些主义,何必禁这些书呢? 可见得欧美的学说,到底在中国有些行不去。

毁谤这些主义的,尚且不能说得他比中国现状坏,那赞成的更不消说了。可惜查禁的人,到底不看见。

原载于 1920 年 3 月 8 日《民国日报》。 ▲

不批准和约之美国

昨天电报说,美国这一回上院的保留案,是非通过不可的。通过了之后,威尔逊是一定不答应的。结果就是和约批准成一个虚话。美国花了若干人命,费了若干金钱,到底得一个这么的结果。在我们同站在对德宣战的名义底下,没有签德约的国家,应该对于美国,尤其有同情。

但是美国这一回,是不是上当呢?我以为美国断断不能够说是上当。因为美国的国民,从此得了一个大教训。晓得当初当做战争目的底几项事情,要人牺牲生命去取得的,去拥护的,到底不能成为他们的利益。他们的利益,到底还是阶级的,不是国家的。所以美国的工人将来决不会再被国家利益这个名目骗了去,这是顶大的利益。

上院的保留,总统的拒绝,都是表示失望的。保留的意思,是以为如此订约,美国就受束缚,就有损害。拒绝的意思,以为若果保留,美国更受损害。都没有讲到如何才有益于国家的话,也并不能专拿公理正义来做根据。达两边都说不通了,才有这些内讧,也决不是宣战当初所料到的。

实在因为战争得利益的,只有少数企业家。大多数人是受了苦的,受完苦以后,还要丢脸。这个不平,简直没有地方可诉,所以只可互相埋怨。他所争论的，虽然在将来。所以使他争论的，还是过去和现在的吃亏。说什么于门罗主义有伤，投票权不得均等，都是借来发挥的。实际的不满足，还是因为没有照美国人当然意想中的条件来议和。

我对于这一个事实，决不非难美国人的无远见。因为在当时一般人的推想，只有以为美国胜不了德国人会生不满的。结果，再也不想到全靠美国的力量，打破德国，仍旧生出这种不满的结果。美国在讲和会议中间，会弄到蓝辛和威尔逊不合；签字后，还有保留批准的风潮；都是没有人料到的。但是从休战的时候起，美国在讲和会议上没有力量，就渐渐明显了。所以没有力量的缘故，都推在国际联盟一件，说因为求国际联盟成立，不能不让步。等到国际联盟成功了，才又晓得，美国的投票只有一票，英国却有六票，于是乎美国成了永久的没有力量了。事情相逼而来，当初是除了天才，都看不到，就有看到的人，一般的人也不能了解，可是现在都看到了。

所以这回的战胜国人民，很不满足的。战争下来，罢工怠业，到处响应，却是把那战败国的德、俄阶级打破了许多，差不多农工阶级都有脱离资本轭制的趋向。换一句说：就是少数企业者获利的国家，一般人民都有失望的不满足，有追悔的不满足。如果是全国都受损失没有人获利的国家，那些人民有不满足，都是对外的。在他一国里来讲，倒是可以趋近满意的。战胜国工人的牺牲，都在战败国的工人阶级里头生了效果。可见这回大战，决不是无意味的。

美国人民觉悟到那一个程度，是不容易量度。然而只看他政府对付罢工要用到法律制裁，对付出版要用到干涉出版自由（阿力根州最近的事实），就可以晓得他国里头的纷扰，和治者阶级的不安了。这些不安不是表明美国已经在改造的程途上的么？光是这一件事情，我已经觉得不枉了美国人出这一个大牺牲了。我们要注意着美国人的今后的努力，并且可以拿来做中国改造的指导。我们要晓得外交失败，还是可以于国民有益的；国家的名誉，领土的保全，权利的均等，一条一条的路都走到不通的时候，国民就会找到达该走的那一条路了。

原载于 1920 年 3 月 9 日《民国日报》。▲

不要辱没广东人

广东人打电骂军政府①,可以算做一件快事,可惜骂得太没分晓。他说:"赌博徧地,盗贼蜂起,人命草芥,负担累累。"这都是真的了。但是为什么说:"曩因护法,隐忍不言。"难道护法的政府可以有糟蹋地方的特权么? 就讲了他,是开赌纵盗,杀人谋财,怕什么。

他既然因为护法可以连这些事情都隐忍不言,可以算得很热心护法的了。那看出了护法是一个假面的时候,应该自己去一面驱逐,一面自己去做护法事业。为什么只求人卸去护法招牌,苟延旦夕。一个人自己声明只求苟延旦夕,还有脸靣去要求人卸招牌,这真比前清那些主张不革命要求立宪的还要肉麻得多。

实在这"苟延旦夕"四字,的确是他们心里发出来的,从前也是苟安,不是因为护法隐忍。现在口头要求,还是"苟延旦夕"里头的一种冲动的呻吟,不算做有意识的讲话。

我以为广东人不满意军政府,可以推倒军政府,另立政府,或者做到护法以上之事情,都是很不错的,却是万不可以坐在上海讲。广东人也是人,万万没有"苟延旦夕"的道理。广东人里头,除

---

① 1920 年 3 月 9 日《民国日报》载旅沪粤人团体致电粤当局。

了打电的这一个人,恐怕没有一个主张"苟延旦夕"的。当心着,休要辜负了广东人这个"人"字。

原载于 1920 年 3 月 9 日《民国日报》。

直隶湾筑港之计划

（一）

于中国北方设一世界大港,此中山先生在发展实业计划中,所最先提议者也①。此议宣之本志②以后,仅阅二月余,而直隶省议会已议决依中山先生所示地点,以定筑港之计划,可谓神速。顾此议出后,反对即兴,近日转觉沉寂,将来如何,尚复难料。此项反对主要之动机,为党派互争利益,而对于其计划内容、实行方法之评论,皆非实际以诚意为之,事已大明,不必吾人举证。但此计划之能否实行,不在现在倡此计划之人之少数意见,而在一般国民对此计划之批评眼光如何。诚使人民知其有利于国,有利于己,而乐观其成,则今日主张者已得不少之援助,反对者亦未遽敢以其一人之私干众怒也。抑且以人民洞然于此中利害,能防中饱垄断之故,即在

---

① 孙中山著《实业计划》中的第一计划,即在直隶湾建设北方大港。最早刊于《建设》杂志第 1 卷第 1 号。

② 即《建设》杂志。

发起之者,亦无不正利益可图,反对之党派,又当然消其嫉妒之心。故不论彼主张者反对者之意何在,吾人只须向于一般国民,喻以孰利孰害,如何而得利免害,则此问题自无患其以不利之结果为解决。今试先就《远东时报》所载之计划,述其大要。

此港在北直隶湾滦河、青河两河口之中央,离瑞清河口站一十二英里。瑞清河口者,唐山南境之旧市镇也。依此计划,应有左之三部:

一　建新式港湾及必要之设备。

二　筑一铁路,自此港与京奉路相连,以通天津。

三　浚一运河,经唐山以至天津。

其筑港所选地点,中央有小河贯通,南面临直隶湾,河口左边有一大半岛,右边有三小岛相连,于此两侧,各有遮蔽。今于其间,再设防波堤,令冬季强风能将港内所结之冰吹去净尽。则此地可成为水深三十四英尺、周年不冻之大港矣。

据现在规划,应有广大之船坞、大起货场及设备,又加以货仓及载煤场,其他种种船运中心所需之建筑。

商埠所占地域,豫定为一百英方里。除建置上条所述各项外,又建避暑地区、工厂地区、磨厂地区、渔业地区、制盐地区,以及住宅地、官公署地。

所拟筑两铁路之中,其第一路仅与京奉路之一点相接。他一则至唐山。由唐山更开二线:一至唐山北境农矿区;一至通州。其运河则经唐山至天津,接于大运河。以此运河之力,可令中国北方内地得由河运,以与深水海港相通。

此项规划所费,豫算为三千七百万元至四千万元,由直隶省发行公债充之。据《远东时报》所闻之消息,则此项经费实不足以筑此巨港、二铁路、一运河也。此项规划有关系者，为施肇曾、边守靖、李纯、曹锟兄弟及徐世昌之弟某。外国人方面，则有哈里胡西与洛克费拉财团有密切联络者也。……

<h1 style="text-align:center">（二）</h1>

依据上所述，则知此次直隶省议会之提出此案，已得外国专门家之赞助，经实际之调查，立最新、最宏大之规模，可谓空前之举。今试以与中山先生原案比较，则可知其主要差异之点有三：

一、中山先生原案为用现规划地之河口左岸半岛，向半岛之东深水处开港口，而浚阔横断半岛之小溪，以为港面。此计划则用河口为入口，以左边半岛及右边三小岛及小岛间之联络堤，圈成港面，港外更设防波堤。

二、中山先生之计划，由此港直筑铁路向多伦诺尔，以为西北铁路系统之终点。如此，则其与京奉路线相交，必在唐山或其附近。则此计划所拟定之一线已包在内，其他一线则任诸私人企业。此计划则以直隶省内极短之两线铁路为限，不涉及西北铁路全盘计划。

三、中山先生之计划，此项地区，一切土地皆归国有，以为偿还本息之最大财源，且免发生土地上独占之危险。今计划于此一点，全缺规定。

关于此第一点，吾人当然准据最近之实测，赞成新计划。盖此项港面，容停泊巨船若干，及其防波堤建筑难易，进口水路如何，均为决定筑港详细规划之要件。今案既经实测，能于河口得有内外两港,容纳多数商船,而右边三岛相近,只须设堤联络,均为始计所不及。所以变更中山先生之计划,固无碍也。

然在后两点,则吾人以为现在计划,实有缺憾。使孤行现在之案,则不特自身将归失败,亦令其他计划因之同受阻碍,不可不察。

(三)

现在计划,除以一运河通天津外,尚有一铁路接京奉路,一铁路经唐山入矿农区,并达通州。比之毫无交通计划者,自有不同。然比之中山先生之计划,则已远不及。何则?今日之计划,不过以发展唐山以北小区域之矿业,且以运河分天津之出口载货,纵使有利,决不能凌驾天津与秦皇岛,其极不过分其商场,成为一竞争港而止耳。以唐山北境论,虽曰富源不少,而今日已由唐山次第运出其产物,可以无窒塞之忧,所急者不在一新港也。通州已有运河,尤无所事于此。今日北方所以贸易不进,固亦有由海港缺乏来者,然其最大原因,乃在于内地农业之不开发,输出之困难,从而不能有巨大之购买力。虽有大港,亦无如何。故中山先生之发展实业计划,以五纲为一计划,互相关联,而西北铁路统系与此港关系尤为密切。使其铁路完成,则此港为内外蒙古、新疆、陕甘、直隶、山西各省,举中国北部全部之惟一出口,所以豫期其殷盛,可与美之纽约争衡也。今若缺此铁路系统,则不过一府数县之物产,可由之以进出口耳。夫贸易之额大,则出入之船多。不惟其数多也,其船体亦随之巨。惟船巨故港须深,惟船多故港须广。今此港所以为有天然之利便者,即以其深且广也。而无巨大之贸易额,则本无需于多数巨船,又何须于此广深之港。然则此种经营,非有铁路计划同时并起,使腹地与此港呼吸相通,直无利益可言。依彼现计三四千万元之巨款,投之建筑者,皆将无所取偿。此其危险为何如乎。依此计划,新筑之港,不特以为商业港,又以为工厂、盐业、渔业之港。此项利益,非不显著。然以鱼盐之利,合之唐山附近农矿所产,可以使此港为中等商港而有余,若言一国大港,则尚未也。所余者,独有工业问题。虽然,但以此隘陋之经济圈,为其工业成品之销场,果何如哉。今以中国工业发展程度言,新兴之工业,不足以输出外国与人竞争,明也。其市场必将求诸国内。又其工业材料,将求之何所乎,亦非有内地之供给不可也。唐山及其附近,所能供给材料几何,其人民所能消费者几何,可度而知也。虽曰以内地交通不便之故,外国不易与我竞争市场。而实际乃以交通杜绝之故,亦并无市场可以独占。夫不培养北省之购买力,诱发其企业心,减轻其接近之困难,则此港之工业,亦必归于萎靡,决不能因之以得一港之繁荣。

依中山先生之计划,此港或者可先作为中等商港,恃鱼盐之利以立,而徐图与铁路并进。则此新计划可姑视为不求一时完竣,不求目前利益者。然以将来成为世界大港之豫期,而设立此项一时的中等商港者,其成功之第一条件,则在土地问题。

(四)

今以中国向来开港之计划论,对于土地之注意,可谓缺乏。即如浦口,至今计划尚为此一批地皮掮客所左右,其归于失败,宁复待言。今以此新港言,假其仍循向来之覆辙,以土地委之私人之手,则今日之发起诸人,买地占田,扰攘不定,已足倾覆此计划有余。此项计划之经费,既为一省所负担,则其事业之失败,即为一省人民之公共苦痛,而其得利者则少数人也。吾人又安用此计划为。

依此次之计划,市区定为百英方里,可谓大矣。然在始筑港时,决不能同时经营此百英方里之地也。最大之市区,至十英方里内外止矣。此十英方里之土地,以中等商埠之发展言之,已令私人所有土地者占不少之利益。然在此尚不为重要之问题。最要者,乃在铁路逐渐发展,商港日渐扩大之时,此时商埠之内,固见土地投机之盛行,其沿市街之空地,价亦必随之俱涨。以此之故,一切都市发展应须之设备,皆以地主跋扈而受窒碍,至无一事可以如意进行。就使以公用征收之法行之,其评价亦必至贵。故经营之费积而愈多,则发展因之而迟,内地之农业亦随之而受沮害。夫以数千万元可经营者,经地主之侵蚀,则变而盈万万矣。以万万易数千万,其损失尚可计也。而为此数千万之支出,变为盈万万之故,直隶一省增筹两倍之经费,固属不易。即以全国,恐亦须增若干年之豫备。因之,在此发达中途,因经费而阻碍数年者,内地农业所受之损失,恐又不止每年逾一万万也。此其损失在全国民经济言之,实不可胜计也。

且不止此也,以数千万之经费可成功之计划,一变而为逾万万,则渐减可以收回其所费资本之望。结局为投资者之畏缩,工程之中止,已设者归于荒废,而土地投机者终亦至于两败俱伤。故为北方大港作计,则于开办之初,先定土地国有计划,实为尤切要之图。若欲先设中等商港,徐图发展,尤非如此不可。

今先为土地国有之豫算,一百英方里之土地,约为四十万亩,现在北方地价高下虽不可详,约其情况,当不过二十元一亩。故就令全买取其地,亦止数百万元之费用而已。此数百万元之土地,将来若于初开商埠之际,止能用其什一,则其余三十余万亩,即可专为供给此商埠野菜及家畜所用之地。依各国惯例,此项土地所生利润,必多于余地,亦足以偿还买地本息有余。将来都市逐渐扩张,即可无虑阻碍。如使现在土地已为少数投机者占尽,则亦未尝无相当之对付方法。盖现在地价,依吾人推想,不过二十元,在实际或不及之。而其价值,只须于附近之地,一为调查比较,即可证确。所以买占之地,其价若比旁地加至数成或一倍者,明为希图利用公共建筑以获私利,即可以强制征收。若不欲以强制之道取之,亦又有术,即按各土地原价比较,使一切地主,各自报其增加之价值,实行土地增价税而按年征之。即如以二十元一亩为标准价值者,若地主自报值三十元,则每年征其增价之部分百分之五,税五角。若报四十元者,则征一元有奇。由此累进,以至年征十分之二,或其以上为止。如此,则每年征百分之五者,二十年而国家所收已等于其增价年额。以标准价值,加此所征收者,即可敷买取其地之用,与以标准价值买取之不殊也。若其增价愈多,则国家能以税入买取其地之期愈近。一经报价之后,国家即可随时按其原价征收,彼亦无可专占矣。

能实行此种土地国有之计划,可使现在计划不完全之点,一切留一改良余地。抑且以此四十万亩之地言,开港之后,即令每年每亩收租不过二十元,已有一年八百万元之收入。将来全市悉依计划完成之后,又岂有不敷偿还投资本息之忧哉?

（五）

最后尚有一问题，则美国资本输入可否如何是也。此案为美国资本家参与，事实已明。且美国若不投资，必有日本资本家继踵而至。故开港与借债为不可相离之事实。今日反对派所持以动人者，则亦在此外国资本一点。现在之美国资本，自中国人眼中观之，决不含有侵略的意味。但自理论上言，以一国之投资，独占一世界要津之权利，必至引起国际间之嫉妒，而受其害者即为独占之人，与以其利益供人独占之人。土耳其与德意志，即其前例也。美国虽不必有侵略之心，中国决不宜诱起此种独占之行为，自致纠纷。故此项借款，吾意必置之共同借款之基础之上，排去一切损及中国主权之条件，使其借款纯然为经济的，不生势力范围之问题。若是之外国资本，吾非惟不反对之，且欢迎之。

而若是之投资，正须求中国国民一般之了解，绝对禁止回扣红利等等不正行为。以此一节而论，则吾甚不敢致信于前述发起各人。此则虽离乎党派的立论以言，吾人犹不能以为安福部之反对，而废其言也。夫开发一国之利益，必须令其住民，确信其非与二三宵小狼狈为奸，此所望于美国有志者也。

原载于 1920 年 3 月《建设》第 2 卷第 2 号。▲

千贺博士之金本位废止论[①]

自从克纳普的"货币法定说"出现以后,对于金货本位的疑心渐渐增加;到飞沙教授的"新货币数量说"出来以后,金属论者更一天一天的失了势力了。中国的学者,还没有弄清头这一层,还在那里主张金本位(十三四年前,我也是一个金本位论者)。民国元年的时候,孙先生发表不用金银的议论,一般人没有用真正研究以前,早已拿套话来排斥去了。日本那一方面,虽然早已有福田博士一班人,在那里研究货币价值,但是到现在还没有那一个有一定的提案。在欧美,近来废止金本位的说话虽然不少,也还没有到得彻底的办法的议论。

去年年底,我忽然看见《太阳杂志》十二月号里头有千贺鹤太郎的一篇文章。他虽然不是拿经济学出名,却是因为没有受过去学说的束缚,看事情比认真的专门学者或者聪明些,所以居然占了首先提出废金本位案的人的位置。我所以把他这篇摘要来介绍一下子。千贺博士的论文大概说:

[①] 本文曾全文刊于1920年3月《建设》杂志第2卷第2号,后收入《朱执信集》,但文字稍有出入;另,朱执信此文手稿,原由刘纪文收藏,手稿之后附有古应芬、邵元冲跋文各一篇,今将其全文刊出,以供参阅。关于此文写作时间,据古应芬跋称约在1918、1919年间,姑且定于1919年前后。原作者千贺鹤太郎(1857—927),生于日本冈山县。著名国际法学家,曾任京都帝国大学、立命馆大学教授。代表作有《国际公法要义》等。

现在已经暴腾到极的物价,应该怎样调节呢? 没有解答这问题以前,我们先要晓得清楚,物价何以至到这样大暴腾呢? 他的原因在那里呢? 我们看现在物价腾贵,根本原因有两件:第一,是日本受欧美列强的物价腾贵影响。……第二,是大战乱的结果。日本化做制造国,一下子就变做大输出国。……所以,日本工业界各方面都呈活气,自然工人、农民、商业者的工钱也增加了。……农工商都增加了收入,所以日用品是不消说,一概物件的需用,都是激增。但是,只有一样没有增加的,就是金块,所以一切物价、一切工钱,和金块的比较失了权衡,自然金货轻了,别的东西重了,物价就暴腾了。世人举许多事情来论物价暴腾,都是一时的近因、诱因,决不是根本的大原因。

这一段议论,不过是一般的批评,或者还有不彻底的地方,但是,也没有大关系。他跟着举出日本现在一般主张的救济方法——纸币减额、代米食料奖用、奖励输入外米、取缔奸商、法定日用品价格——逐个来批评他,说他不能实行,没有效果。然后举出日本政府官吏和有产阶级所受损害三种来讲:

一、因为物价腾贵,政府所收地租(地税)的收入,实质上减少许多。

二、官公吏因为物价腾贵,要受非常的损害。

三、光拿着资金,自己不去从事实业的人,和官公吏一样受损害。

他所着眼的,只在这一方面,没有完全深透的批评,我是很觉得不满的。但是,他却立了一个案,求救济物价的动摇,并且是一个很有价值的案。他说：

> 救济物价腾贵的根本大策有没有呢？决不是没有的。但是
> 这个策，真是理想的，真是根本的，现在的日本，不论是政府、是
> 议会、是实业界，都不容易答应，我早晓得透了。凡有政治家、实
> 业界，总是被私利、党利、不可告人的事情拘束住的。一切政治
> 上的事，只管有根本改正的想头，他决不要这个药；只管有妙案
> 奇策，如果是根本的，就没有实行的勇气和果断了。然而，我姑
> 且不问他实行能够不能够，在理想上且说我的意见。

> 世界各国所以拿金银做通用货币，不能不说因他的价格
> 比较的高低少一点。然而，今天各种物价、工钱已经暴腾到这
> 个地步，金货的价值比较的就很下落了，而且他的下落，还要
> 一路继续下去，没有底止。社会民生所受的害，又和上面讲的
> 一样，将来要弄到什么地步，真是料不到。照这样推下去，恐
> 怕两三年间，弄到一升米卖一圆（日本的一升，差不多有漕斛
> 的两升）、卖一圆半、卖两圆，也不晓得。

> 对于这一件的根本大策，就是在这时候，断然废止金货本
> 位，把金货当做和银货、铜货一样，算做补助货。纸币上面不
> 要写金几圆，只要写粗米几升、几斗、几斛，那纸币可以和现在
> 一样通用，而兑换的准备，本来不是金货是粗米。政府就不用
> 藏金块了，只要处处设粗米货仓，兑换纸币就用粗米。这样一
> 行，物价腾贵就没有了。至少，总是除了比米还要腾贵的东
> 西，都不腾贵了。拿这一件来，可以把上头因物价腾贵生出来
> 的患害，不花什么工夫就芟除尽了。

> 实行这种政策，政府要到处做米仓，年年卖旧的，买新的，事
> 务非常之麻繁。的确不错，并且因此多用几个钱；但是，因这种

所用的经费,比起地税自然减额,官公吏年年要增俸,就不止做得过,并且政府收入大增了。而且,既然有许多的米仓,就算不意之中,有饥馑的时候,准备也有了。既然拿米来做本位,由外国自然诱致米的输入了。虽然,还有外国交易稍为不便的地方,论起来总是大事里头一件小事。为国家民生来打算,忍他一会子,有什么要紧呢?况且,欧洲因为金的价格变动太多,已有不少的议论,或者欧洲就要把金货变做补助货,也不可知。

我们的议论,总要超然于私利和"不可告人"之隐以上。没有方法和世上情伪错综的政治家、实业界意见相吻合,我们的话他们惟有笑一笑,我是早晓得的了。但是,如果日本始终都被这些私党和"不可告人"来决定万事,那真可以寒心了。

论者或者有说,通用货币不是要少量、有大价额、极便运搬么?现在拿米来做通货,在这点就很不切当了。这个真是知其一不知其二。如果买卖和付工钱都真是用粗米来替金钱,自然是运搬不便,到底做不到了,我也决不主张他。不过,现在不是绝不用金货单用纸币么?政府有信用,有兑付的准备,普通的交易单用纸币,不独是便利,从经济上来讲,也可以说是有益。即使拿米做本位货币,那不必徒然把米搬来搬去,和不必把金搬来搬去一样,断断不要怕的。……

我虽然论拿粗米来做本位的事,但是如果用和粗米同一程度、始终腾贵的东西,拿来做本位货,经济上的效果也是一样。但是,日本用米比用麦多,和欧美不同,在日本来讲,还是用粗米好。

他看到这和粗米同一程度、始终腾贵的东西都可以拿来做本位货,真是一个大进步。但是,他这思想完全是断片的,他所设想的攻击和辩护,都太浅薄。我们还想另外加一点更深的批评。现在只做这介绍的工夫便完了。

跋　一

执信兄专攻经济学，又精研币制。此篇译述，时在民国七八年间，值欧战告终之际，金价暴落，物价上腾，世人遂有致疑于金本位制之摇动者，日本千贺博士，其一人也。执信于其所著《金本位废止论》上，每段加以批评，持论甚精。

迄欧战宁息，各国政府努力于物价之调节，其一部虽少回，后仍不能保持欧战以前之平，尤恐世界再有变乱，金本位之摇动且视欧战之时为厉，则千贺与执信之言验矣。否则，从他方面之影响金本位，亦有摇动之可能。将来，或粗米代金为本位乎？未可知也。

纪文得此稿本，愿珍拾藏之。

民国十九年十月

应芬（印）

跋　二

执信兄于学，极深研几。当其冥思孤往之乐，虽群动横集，而漠若无睹。故为文造语深至，不作肤泛门面之辞。此评千贺氏币制一文，处处见其深入浅出之精神，举一反三，斯可证矣。

纪文兄其永葆之！

廿五年十月

元冲（印）

原载于 1920 年 3 月《建设》第 2 卷第 2 号（内文缺跋一、跋二）。

此处据原函影印件，参见"辑释"。

匈俄苏域①政府的兵

前几天看见新出的《北京大学学生周刊》里头,有一段是讲俄罗斯和匈牙利宪法的,他责备俄匈两国的兵农工苏域制;说"兵虽做工却不生产"。这一层我以为他是有点错误的。不做工而不生产的兵,固然很多,专做不生产的工的兵,世界上更多。但是俄罗斯的兵,恐怕还不到这个地步,这是兵向那个方面做工的问题。

如果拿生产解释做极狭的意义,那直接生产者以外,都不能算做生产者,自然兵队不生产。但是政府也不生产,苏域议员也不生产,大学教授也不生产,不止兵不生产。要把生产的范围扩大了,这种使生产便宜,使生产可能的,当然也算在生产里头。所以俄国的兵也当然有要求生产者的徽号的权利。

现在俄国的赤卫军,就是国内劳农阶级的乳母。有了赤卫军的保护,他国里头的种种组织,才可以保持发达。所以俄国的兵,决不是做不生产的工的。现在除非适用托尔斯泰的无抵抗主义,不管那一个在那里发狂,我总是"勿与恶为敌"到底,那自然用不着兵。要不然罢,说俄国的兵做工不做工,生产不生产,还要审慎一点。

---

① 苏域,今译苏维埃。

原文批评是拿匈牙利、俄罗斯弄在一起的。但是匈牙利政府早已倒了,他所以倒的缘故,是十五万国防军之内,只有五万人信社会主义,那反对的势力倒占了多数。所以罗马尼亚的兵一到,就完了。匈牙利的结局,是很悲惨的。现在复辟之举动,虽然难做到。另立新王的事情,就保不定没有了。如果俄国也拿兵当做不生产的,有主义的只肯做工,不肯当兵,那苏域政府不早已完结么。这纯粹生产者组织的苏域,想在什么地方站呢。俄国的兵,训练的时候,关于主义的训教和军事知识是并重的。这两天报上,有列宁的演说,说平和以后赤卫军还有帮助经济建设的任务。这种军队,我们不好拿中国的"领饷土匪"来看待他。

原载于 1920 年 3 月《建设》第 2 卷第 2 号。▲

女学生应该承袭的财产

北京高等女子师范一个学生叫做李超，因为过继的哥子将他"先人遗产"占住，不容他拿来做学费，逼到他生病死了。于是胡适之先生提出四个问题来：一个是家长族长的专制，一个是女子教育问题，一个是女子承袭财产的权利，一个有女不为有后的问题(《新潮》二卷二号《李超传》)。这几层本来都是应该研究的。但是我以为如果另外从别一个方面来看，我们可以看得出几个更根本、更明了的问题。

第一，为什么财产应该承袭　李超的父亲是有钱的，他有钱，死了，就李超应该拿来读书求学。不给他用，便是情理不平。反转来看，就是如果李超父亲是没有钱的，就李超不能受教育，也不算做情理不平了。教育是因为做人类社会一个分子的缘故，应该受的，不是生长在有钱家里头的人，才应该受的。如果是只有父亲死了，"有钱而不得用"，才算情理不得其平。那这个情理，是专为千金小姐而设，还有什么价值呢。现在一般工女，不认得一个字，不懂得一点情理的，很多很多。这为什么呢？没有教育罢了。他这没有父亲留下一点钱给他读书求学的人，连写几封信诉冤，得一个人做传的机会也没有。揆之情理，便很平么？我以为根本上国民受教育，不应要费。有了受教育的机会，就用不着承袭。李超父亲拿生女不当做有后，不许女子承袭财产，是很顽固。我们去主张女子可以为后，女子应当承袭财产，也太不聪明了。本来承袭财产，不过是资本阶级保存自己的一个方便，国民经济上绝对没有必要。况且实际承袭财产的人，不定是死者愿意给的人，只由法律上定出来就算了。这种承袭，从那一个方面都讲不通。大概向来因为立后打官司的，没有一件不是说明这个矛盾的。如果所有财产都不许承袭，归了国家，做教育经费，那不特李超可以不死，还有许多在那里羡慕李超的不幸境遇的做工女人，也居然可以受他们应受的教育了。那岂不是根本解决了么。

第二，为什么财产应该私有　从上头这一层看，可以见得因为要人承继财产，所以李超才有个继兄。因为有承继的财产，所以李超的继兄，拼命的想阻止李超用钱读书求学。然而这个还不是这罪恶的根本问题。因为李超的继兄，那一种恶劣根性，是从私有财产制度养出来的，所以他的财产，本是李超父亲积起来，他固然不愿意李超拿情理来用他；若果是他自己积起来的钱，一定也更不愿意李超拿乞求来用他。就算这些钱是李超自己得来的，他也免不了想法子去截留他。这个动机，是一样的。因为社会上容许一个人私有财产，不许别人分他的享乐，所以没有财产的人想得财产，已经占了财产的人想保住他的财产，于是生出了保护财产的规定，又生出利用法律保护来得他"情理不平"的利益。承继财产，不过是一个派生的事实，他的弊害根本，还在私有财产。因为社会一切关系，都放在私有财产制度底下，所以这变相的谋财害命，是随在都有的。

第三，存续家族制度还有什么用处　李超的死，是不是家族制度误了他呢？照我看来，家族制度完全是门面话。李超的继兄说五叔、二伯娘最尊最长，不敢启齿。如果真是尊重族长、家长的话，不敢启齿，如何敢擅自阻止？我看见过乡里头的族长，大概都是朝银子说话。假使李超有钱，他的族长不要赶快恭维他么。现在的家族制度，用得着的时候，搬他出来；用不着的时候，收藏起慢慢讲。家族制度，恶人可以利用他做坏事，好人断不因为他才做好事；好人或者被他牵累做坏事，坏人断不受他束缚来做好事。在这个境地，还要说他有用，真只算做在李超的继兄方面有用罢了。

关于李超一生的评论，大概还有许多，我没有通看完他。我且把这几层提出来，供大家的研究。

原载于 1920 年 3 月《建设》第 2 卷第 2 号。▲

体育周报

　　湖南《体育周报》出了一个特别号①，有信来叫我批评。我向来是很推重这个杂志的，并且他这增刊号，的确不坏。但是我总以为《体育周报》的价值，不等到这个增刊才增加。《体育周报》的始终一贯精神，就在乎排除竞争的运动方法。在这些拿学生的偏枯发达，来做学校广告的组织底下的教育家，那个敢并这话呢。他这增刊里头黄醒君的《我的体育观》一篇，确是言人所不言，很有益的。近日出版物非常之多，出版物里头讲有益的话又居多数。但是这讲有益说话的中间还要分做三种：第一种，因为有有益的话要讲，来办杂志的。第二种，是因为要讲有益的话，买办杂志的。第三种，是因为要办杂志，来讲有益的话的。第一种是改变思想、创造新时代的一种原动力，万不可以缺的。第二种是在他发行的地方，和讲说话的信用，有个时候，很见力量。第三种就可有可无了。第一种的杂志，除了最出名的几种，不要我来介绍以外，《体育周报》我也要推在里头。我并且希望以后所出的新杂志，都是和《体育周

---

　　① 《体育周报》1919 年创刊。从 1920 年 1 月起又增出特刊，每三月一册。本文所涉及者为特刊第一号，1920 年 1 月 5 日出版。

报》一样的第一种杂志。如果要办第三种杂志,那不如拿那些钱帮第一种杂志。

原载于 1920 年 3 月《建设》第 2 卷第 2 号。▲

野心家与劳动阶级

《民铎》杂志的第七号里头,有一篇不出撰著人名的论说,题目是《阶级斗争与现在环境的打破》。里头有几句说:"我国雄厚之资本家既不多见,而劳动阶级组合能力之薄弱,尤在零点以下。则震撼全球之劳动阶级战争,在吾国目前之极短时期,除野心家煽动不计外,决不致成吃紧之问题。"我以为他的议论,有二层缺漏:第一层,阶级斗争,不是可以专由煽动而起的。第二层,阶级力量不足,和不成吃紧问题,大有分别。这两层《民铎》记者或者是疏忽了。他本来是认劳动阶级斗争,不成吃紧问题,这个是可以讨论的。但是以为没有雄厚的资本家,劳动阶级组织能力弱,就不成吃紧问题,这是错了。阶级斗争,成不成问题,是看资本家取得余剩价值多少,和劳动者生活工作条件如何。现在中国虽然没有雄厚的资本家,这小资本家的取得余剩价值的手段,要比欧美的大资本家凶十倍。中国的劳动者虽然没有力量,他所受的痛苦压迫,比别的国民也要加多几倍。我们如果是替资本阶级打算,当然觉得劳动者没有能力斗争,可以说不是吃紧问题。但是要从国民着想,从人类的进步着想,那一般劳动者还没有能力斗争,岂不是最吃紧的问题么。他这斗争是应该的,他这斗争的能力是没有的。我们正应该扶助他,替他想解决的方法。为什么幸灾乐祸,说不是吃紧问题呢。比方有几个小孩，被人掠卖，他没有组织的能力，不能斗争，我们除了变做同情于掠夺的人以外，那一个敢说这个不是吃紧问题。比方有几个妇女，给人家侮辱了，妇女的能力，不能斗争，我们如果是站在侮辱的一方面的，或者说句不是吃紧问题；我们站在人道方面的人，如何可以说不是吃紧问题呢。再讲野心家的煽动，从来只有向有斗争的原因，有斗争的能力的阶级去煽动。如果真是斗争不成吃紧问题，劳动阶级能力薄弱，他这煽动还有什么效力？比方日本人常讲中国人排日，是英美煽动的。煽动有没有姑且不论，试问日本现在能够煽动中国人排美不能？阶级斗争是什么事情，岂有野心家可以无因煽动的道理！大概《民铎》记者观察向来的革命，只注目于有人煽动，没有注意到中国社会组织的缺陷，和改革的真正动力。所以把这几年的历史，都认做野心家所左右。其实所谓野心家的能力，并不像记者所豫料的强大。社会上这种生活不安，是逼人而来，没有什么野心家，革命也是不能免的。讲到将来的经济上阶级斗争，也是如此。没有能力，就无从煽动。有了能力，不要等煽动，也会爆发。说不成吃紧问题，却拿没有野心家煽动做条件，未免太轻视了劳动运动了。

《民铎》这一篇文字很有解决中国问题的勇气，可惜他所观察的党人动机，不外乎"思于政治上占一优越地位"之类。他所希望的，就是市民团的提出条件，不采纳不遵守的时候，即作革命团体。他没有想到那组织成市民团的"工商学界确有实力之拔萃人物"，还是一句空话。照他所说，劳动级阶能力薄弱，那工会当然没有力量。农人当然不在市民之内。剩下的商学界，来找出有实力的拔萃人物，想独肩这个革命重任，恐怕不容易罢。

我以为中国的革命是难免的，工人的力量是一天增加一天，说不成吃紧问题这句话,未免要后悔。离了农工的帮助,学界也没有真正的力量。中国的商人(实在多半不是商),多是靠这社会的缺陷来得利益的。我不敢希望他的团体有打破环境的举动。我知道学术研究社诸君,是很热心的,是完全无党见的,所以希望他更进一步,讲不靠资本阶级的方法,讲说话的时候不要受资本家的灵感。

原载于 1920 年 3 月《建设》第 2 卷第 2 号。▲

改革者的两重义务

我们在改革社会进行的中间,常要负两重的义务。这个两重义务,是我们有意去改革社会的人很大的一个苦痛;却是能够忍受这个苦痛,是我一个很大的满足。

前十多年,我看见一段新闻:说鲁意佐治初做大官的时候,有人诘问他:"你平常主张,无论何人,每年不应该有多过五百镑一年的收入,为什么你现在又受这一年几千镑的俸钱?"他说:"我不是又曾经说过,劳动者不应该甘受此同等作工的人较少的工钱么?"问的人没有话说。

近来我看见日本杂志上,讲列宁政府底下的工人,都做十时间以下的工;惟有革命党,一天总做十六点钟的工;列宁有时做工做到二十点钟,只有四点钟休息(两件因为行箧无书,是记忆的事情,但大致不会差)。由这样看,鲁意佐治的主张,恰是两重权利;列宁一辈所实行的却是两重义务。比起古人来,鲁意佐治便是东家食而西家宿的新嫁娘,列宁到底是吃苦辞甘的好人物。

列宁不是不晓得作工的时间不应该过多,他叫人做工的时候,是很规矩的。但是在他自己做工,却是从来最苛酷的资本家,还没有勉强劳动者做的长期工作。他明明有一个对于社会上的义务,是做相当的工,受限定的给养;他是没有逾越界限,破他的义务。

然而对于十时间以下的工作的权利，他完全抛弃了。却把十几时间的劳动，也当做一种义务。这种义务，在一方面说，可以叫做对于过去社会的义务，因为过去社会才要求他尽这种义务。在另一方面说，可以叫做对于将来社会的义务，因为他要尽这种义务，才能够产出新社会。然而总不是对于现在社会的，所以在普通社会上的人，不敢勉强他负这个义务。而在改革社会的人，却不能希图避免。所以现我们分出了两种义务来：第一种是一般人的义务；第二种是改革者的义务。既做了改革者，就不能不兼负担这两重义务。

除了做工以外讲，比方我们主张，凡人生出来，有受教育的权利；而且如果对于研究学问，有特别相宜的地方，还有免除其他义务，专心研究学问的权利。我们自己批评自己，有时也可以说：我们是很相宜研究学问的。但是不敢说：因为这个缘故，我便免除其他的义务；还是要做我的工，有余多的时候，才来做学问，我们做改革社会的人牺牲生命，牺牲财产，是早已见到才来做的；然而把学问也要牺牲了，把名誉也要牺牲，却是当初料不到的。假使没有改良社会的工作，能够给他终身只研究学问，他所成就的，一定不止于此；然而他不能够丢了社会的事业，去做学问；又不能丢了学问，所以也负起了两重的义务来了。

又比方就家庭问题来讲：我们主张个个人都应该用自己的力量去做工，对于社会上的不能工作的人，有供养的义务，却没有对于特定的人，有供给的义务，这是不可摇动的原则了。所以我如果不做工，决其不能要求任一个人来养我，我也不应该要父母养活，也不应要儿女养活，这是一种普通人的义务。然而在改革未完以前，如果我父母还在，我能够不养活着他么？我现在有儿女，我能够不养活他么？这一种扶养的义务，明明是旧社会的结果生出来的，但是我所以仍旧负担这个义务，却是因为非如此做去，新社会不能成立；所以这个义务，还是对于新社会，对于将来的社会的义务。

又比方贞操上的问题：我们现在断不应要求人的贞操；但是我们自己，没有贞操么？这个相对的义务，我不要求人的贞操，人也不要求我的贞操，是一般人应该有的。然而在改革社会的人，固然不要求人家贞操；却是自己对于配偶者，还不能解脱这守贞操的义务；这个义务，并不是违背主义，实在是要如此，才能够免了这些无谓的冲突，"事出有因"的批评，于人家了解我的主义，最为切要，所以特别要尽这一个义务。我们自命改革社会的，大概都应该有这苦痛。

这个改革者的义务，在种种方面，都可以看得出。因为现在的权利义务关系，就像一堆互相钩联的铁扣子，积起来成了一个铁练。这样条练子，一定要有一个扣子，一头没有受人家的钩联，一头却钩连着人家的，才能够起。也一定要有一个扣子，一头受了人家的钩连，一头却不去再钩联前一个扣，这条练才有个尽头，不致于循环无端。所有现在的权利义务关系，都是从前有一部分人没有尽义务，就主张权利来的。如果晓得这个权利不该要，就当然不主张了。但是如果在权利者一方面，他不能懂到不该要这权利的道理，就生出冲突来。固然有许多冲突，是不可免的；也有许多，是可由一种只尽义务不主张权利的人，去做他的缓冲地带，便可以避免的。这些义务，就生出来了。

为什么这个特别义务，要叫改革社会的人负担起来呢？这个可分两层来说明他：第一是能力，第二是知识。

　　凡有改革社会的人，他的前提，是自信他的能力。因为觉得自己是有力量转移社会来就我的理想，不能甘受社会的转移，所以以改革社会自任。如果不能特别多尽一点力，多受一点痛苦的，那是人情之常，不必怪他。然而他的对于自己能力，是完全没有自信的了，只可等人家改革好社会，他来尽普通的义务，享普通的权利，不能再把改革社会的衔头挂出来，辩护自己的行动。如果是真有改革社会的能力的人，决不会对于这种义务，负担不起的。大概人有一种欲望，总要先有一种能力。没有消化能力，不会起一个食欲的。所以有改革社会的能力，自然有一种特别欲望。负担这个义务，固然是很苦痛，满足这个欲望，也是一个很快乐的事情。因为这一个欲望，在其他所有一切欲望的上位，所以为他的满足，可以忍受其他一切的苦痛。

　　再者要尽这种义务，自然重在意志的条件。既然自己想做改革的人，自然晓得他所以要改革的缘故，也晓得如何才可以改革下来；所以这一个特别的义务，终归要有一些人尽的。然而除了要改革社会的人，不容易晓得。所以横竖是勉强的事情，在已经知道社会要改革的人，就容易勉强他；还没有晓得社会改革的人，就很难勉强他去做了。所以一切方面也可以说，因为他的知识，生出他的两重义务。

　　为什么要有知识有能力的人，多负担这些义务；不是很不公道么？实在讲起来，丝毫没有不公道。不过因为近代的私有观念，太过浸淫得深了；把这公道的真意义掩住了，看不出来。知识是一个人发生出来的么？能力是一个人发生出来的么？不是的。知识也是旧社会流传下来的，全社会的公产，不应当作一个人私有的。

　　能力也是社会上公共保存发达出来的，不是自己做出来的。

知识能力既然公有,那有知识有能力的人,负担这些更重大的义务,是当然没得说的。他的知识能力分多了,他的义务也要分多一点去,这才是真正的公道。白痴人没有负担有正常知识的人的义务;废疾人也没有负担平常工人所负担的义务;在普通人来讲,不说是不公平,因为白痴人实在没有知识,废疾人实在没有能力的缘故。所以在这些要改革的人来讲,一般的人,不负这些特别两重义务,也因为普通人的知识能力,比不上改革社会的缘故,都是很公道的。

尽这些特别的义务,真是一种苦痛。做工的特别加多,贞操的特别制限,学问修养的阻碍等等,都是令人苦恼的。不止有肉体的苦恼,并且有精神上的苦恼。只是把所有苦痛总结起来,底下一个,如此做去,可以于将来社会生好影响,有许多人因此免有苦痛的信念。拿自己的苦痛,换多数人的不苦痛;拿多数人的不苦痛,补自己的苦痛;这就是大满足。要能够了解感觉到这一种满足,才可以算得改革社会的人!

从来改革社会,都是少数人的做出来的;等到多数的人,都了解了这一种改革的必要,实行起来的时候,已经是改革成功的时候了。到这个时候,又有第二个改革要来了;又有新的改革社会的少数人出现了,社会的进化,是一定如此的。不甘做改革的人,不甘做附和人的人,一定要负这两重的义务。

原载于 1920 年 4 月 23 日《闽星》半周刊。

广东土话文

广东新出了一本《新学生》月刊，是高等师范学生李同和君等组织新学生社发行的。广东已经有《民风》和《人》两种好周刊，现在又有这个月刊，我觉得很有光荣来绍介他。但是同时有点讨论。

《新学生》的第二号有一篇《对于肇庆西江星期报用广东土话做文章的意见》，里头说："有一点我是抱极大的怀疑，就是不用国语做文章，而用广东土语做文章。……若果各省的人照这个样做去，福建也用土语做文章，云南也用土话做文章，各省都是如此，就把白话文字的意思弄糟了。……我以为国语体的文字很易识晓，稍受教育的人便看得明白。我也是广东人，看嘅噃咯咪等字，反觉得非常累赘，不如看国语的通顺。……如果说受教育浅的人，不会看国语文字，难道你用德谟克拉西、女子解放的名辞他们又能了解？"我以为这个观察是错误的。这一种错误，是向来有的，就是那些攻击白话主张文话的人，也陷在这一个错误里头。

本来我们主张用白话做文字，是什么意思呢？就是说白话是活的，文话是比不上（说文话是死，或者太过。文话最少在从前所谓读书人的范围里头还是活的。但是活得很不完全，很不灵动。所以我想叫他做中风麻痹，不叫他做死）。何以说白话是活呢？第一，是活在我自己的嘴上。我们一开口讲话，无论是谈天、是演说、是讲学、是骂人、是下命令、是供状、是求救命，冲口总是讲话的（不一定是国语）。不要慢慢想过，翻过字典，才念得一句，这是我的活白话。第二，在人家耳朵里是活的。无论我讲的话，是快是慢、是自然流露、是郑重来讲，那听的人不假思索，就能受领我所达的意思（误会是另一个问题），这是他人耳朵里头的活白话。由嘴里头的活白话，可以变做纸上面的活白话。由耳朵里头的活白话，可以变做眼睛里头的活白话。这是顶便宜的、顶自然的。如果把嘴里的活白话，经一道翻译，弄到纸上的中风麻痹文话；再由看的人，把眼睛里的中风麻痹文话，翻做心里头活白话；就太不自然、太不便利了。不特不自然、不便利，因为做的人和看的人，翻译工夫都是不很够的，所以有许多时候，简直弄到意思不对。就算不至于完全不对，他这语气轻重之间，一百回总有九十九回不能刚刚巧合，这是无可如何的。因为避这中风麻痹所生的结果，所以主张用白话做文字。

　　所以白话文的长处，可以从两方面来说明他。从应用上来讲，就是不至于意思不对。在文话不特字不能通认得，认得的字也不能通记解法有几种。除了专门的人以外，这种误解，一定有的。如果不信，只要摊开所谓经史的注来看看。毛传怎么样注，郑笺不一定这样解的。如淳这么注，晋灼不一定这么注。你说他们不懂文字么。懂了文字，尚且如此。那现在的一般人，会错了文话的意义，是无论那一个人，不能责备他的。如果写的文就是他们平常所讲的话，识了字就没有不明白的了。如果从艺术上来讲，文字的好处，不在乎一个个字表现的是什么意思，却在乎选择，能够把他的"幻想的实在"，完全表现出来，不多不少的几个字。并且用方法配列他，使他表现出来，仍旧不多不少。这个"幻想实在"，有时不能解说分析,只可暗示的,尤其要讲究选字和排列的方法。却是选字拿什么来做出发点呢? 就是避去引人家的感觉到别一个方面去的字眼。比方释齐已早梅的诗,把"数"字改做"一"字,欧阳永叔叹服杜工部"身轻一鸟过"的"过"字,都是引起联想在那一面的讲究。就是用什么方法,把人的意思集中在一点的讲究。所以尽管有意思相同的字,不能互代的。例如杜诗的"树搅离思花冥冥",这个树字万不能用木字代的。"无边落木萧萧下",这个木字也万不能用树字代的。因为前头一个树字所引起的联想,和他的离思配景恰合;而后头这个木字,借着《淮南子》"木叶落长年悲"的话的助力,刚刚可关联到登台感叹去。这种选字,非常看古书的人,是做不到的。做出来之后,看的人如果不长看古书,光看他这一句诗,也无从说他好坏,艺术的目的,就达不到。所以避去文话,避去古典,就可把这选字的工夫,完全放在现在口语的范围里头。那一个字会生出那一种联想,引人注意到那一点,都拿现代口语来做基础,所以所说的一个个字都是从许多句话里选出来的。只要选得适当的字,经适当之排列,决其不会怕人误会了他的语气,不副他的豫想。这才把贵族文学变了做平民的文学,把机械的文学变做自然的文学。

由上头所讲的文学好处,就可以见得白话文所以能够活,全在做的看的都是用惯了白话。一种话活不活,完全由对着某人来定。比方现在英国人也学拉丁文,但是拉丁文在英国,还是死文学。然而如果找到二千年前的拉丁人,他只可以说拉丁文是活文学。我们也学一点英文、日文,然而在我们来论,还是中国文真活着,外国文究竟没有活透。这一层决定了,才讲到广东人的白话。拿文话、国语、土话三项来讲,那一种是活的呢? 在一般的人,文话是中风麻痹的,国语是还没有活的,真正活的还是土语(东北江不讲广州话,西江、广西界内有讲广东话的可以相补)。所以如果不关联于将来的要求来讲,广东人做文字,给广东人看,只有用广东土语,才能适合艺术上应用上的要求。和英国人做文字给英国人看,应该要用英国文一样,决没有主张用法国文,才不算"弄糟意思"的道理。一定说多数用国语,我就不能用土语,那和守旧家"从古至今皆用文言"一个理由,横竖相仿。又像吴稚晖先生笑那班讲古音的人,"声声失败放口中",都是一种拘迂的结果。这勉强做去的国语白话文,在艺术上就失了自然的好处,在应用上就失了明白的好处(即如上头"弄糟意思"的话,就有欠自然、欠明白的缺点。这是广东人做白话文的通病,我自己大概也常犯着)。

我想各省各县,除是没有土话,或是土话太不完全,不堪用的以外,都可以各自用土话来做文章。广东人、琼州人、客人、潮州人、福建的漳泉人、福州人、浙江的温台人、宁波人、江苏的苏州、上海人,都可以各用各地的话来做文章,不独西江流域的人,可以用广东语。这是和用白话做文的真正理由一致的,是把活文字换死文字的一种必要手段,不是弄糟。这个最明白的,就是像广州或上海等地,有一种土话,能够独立的地方,大概会讲国语的人,总是经过认字求解的阶级。所以他了解国语的力量,也和了解文言的力量相差不远(除去用典故古训不算)。如果勉强他做国语文,看国语文,那也和勉强他做文话、看文话一样。做的也是嘴里的活土语,变做纸上的麻痹国语。看的也是把眼睛里的麻痹国语,翻做心里的活土语。而在做的人,总有许多达不出的意思;在看的人,也总有许多囫囵吞下去,解释不清的地方。这种用国语白话文字装饰的理由,是很薄弱的,不必主张。

　　但是上头完全是假定，不管将来的要求如何的讲话。如果论到将来世界应该有人类公用的言语，那就不能不逐渐想法子减少说话的差别。所以用国语做文章，就是先在中国里头，引起利用全国共通语言的趋向。所以广东人对广东人讲说话，也应有用国语的时候。然而却不是正宗，不是目前迫切的要求。我们用广州话讲给广州人听，拿福州话讲给福州人听，比较多数的人能够明白。广州人讲广州话，福州人讲福州话，比较能够自然。所以宣传新文化，当然要用土语，不要顾虑将来。

　　做这篇文字的黎君，以为国语体文字易晓，稍受教育的人，看得明白。这个明白的分量成色，是不很充足的。实在广东稍受教育的人，能够看国语体文字，而不能看文言体文字的人，有几多个呢？所谓明白真是一个一句，没有含糊的，比起来又有几个呢？比起广东的看木鱼书，唱粤讴、南音、龙舟班本（皆土语之文）的那一种多呢？教一个人弄到他能理会粤讴容易，抑或是教到能理会新诗容易呢？这是一个事实，不能含糊的。广东人只要认得这几个字，他读粤讴，没有不受他的感动，发生一种情绪的。这是白话文的真正长处。国语新诗，断断做不到这个地步（就广东讲）。

　　黎君说："难道用德谟克拉西、女子解放，他们又能了解？"这一层也是错的。因为旧文学家，现在也正拿一样话来驳我们。"道有深浅，故言有难易。"就是他们辩解的话。但是我们要分清楚，一个是所讲的东西难解，一个是所用的说话难解。所讲的东西难解，是有方法的。比方"德谟克拉西"（其实还可以翻译）难懂，我可以用说话解到他懂。如果我的说话，他先不大明白，就东缠西扯，解说不来了。所以讲的东西越难懂，越要求用易懂的话来讲他。不能拿所讲的难懂，来做用"人不会看"的文字的理由。我们现在反对旧文学，正注重在这一点。自己也总得检点一下子。

还有一层，现在我们所用国语，都是经过选择来的。除了"的"、"呢"、"呵"、"吗"等助字、介字以外，所采用的很不多。北边形容词、副词还有许多没有采用的，名词差不多除了椅子加"子"字之类以外，采用的很少。所以看着，还是易懂。广东话将来也要这样办法，少用本土的形容词、副词熟语，自然不会累赘，并且用不着添几个生字，看去也一定不繁难。

我没有看见这《肇庆西江星期报》，照他的名字来看，已是累赘太过（肇庆和西江尽可以删去一个）。他的国语白话文，被《新学生》这篇引来的，也有点不流畅，或者有该改良的地方。但是用土话做文一层，我却很赞成。凡以地方开发为主的出版物，都应该如此。

但是这个界限，是不能不划清的。我主张广州人对广州人，讲广州土话，并不主张广州人对中国人、对世界人，都讲广州话。更不能要求中国人、世界人，都对广州人讲广州话。而现在广州人，除自己谈话以外，还有对中国人讲话，听中国人讲话的必要。所以没有地方性质的出版，应该用国语，就算不自然、不明白一点，也是没有方法。到万讲不清的时候，也可以用文言来补助。这都是论外的事。

原载于 1920 年 4 月《建设》第 2 卷第 3 号。▲

中等社会的结合

从资本、劳动阶级对抗的中间，插进一个中等社会，就一定引起一种四不像的盲动出来。这些中等社会的人 劳动阶级一方面，可以放得他进，而他自己不愿；资本阶级一方面他愿意附进去，人家又不收；于是乎成了一个牵扯弥缝的局面。还有许多社会政策学者，想拿来做一个解决社会问题的基础，天天在那里想保存他，扩张他，做劳动、资本中间之屏障，所以想到用种种方法来防止他的没落（德国的国民经济学协会曾因讨论保存中等阶级的问题，起过大论战）。但是近来一般的人，都已经晓得这是不行的了。因为这二十多年的继续的产业集中，物价腾贵的结具，所有中产阶级，除了特别有好机会的以外，都跑到劳动者一路云。那些要有学问的工作，虽然还是雇往日自命中等社会分子的人来做，这些人早已以有识无产阶级自居。这些碰着好机会留着财产的人，也只好钻到资本阶级里头并附庸。独立的小资本家，再没有占势力的机会。所以十多年前，属望中等社会的气派，现在总算少了。我们中国人从前是不晓得中等社会要来这么用，本来不要理他。但是现在还有人主张中等社会的结合，我就觉得可以不必。

《少年世界》二月号里头，有李贵诚君做的一篇《中等社会的联合问题》。里头主张中等社会联合运动，免除黑暗势力，保全当享权利,指导劳动社会,协助群众运动,监督政府。这所做的,都不算坏事。但是我可惜他,以为中等社会还要保存,还要自成一个阶级,要自外于劳动者。这一层是李君还没有看透的地方。

为什么要成立一阶级呢?为什么会生起阶级斗争呢?这是先决问题。假如大家都做工,就分不出劳动阶级来了。大家都不做工,又没有资本阶级。在人人做工里头,特别有一部分人不用做工,而享很多的结果,于是成了所谓资本阶级。又有一部分人,做工是特别少,而享结果比较多,就成功了中等阶级。然后把其余的人,编在劳动阶级里头。劳动阶级是这两种阶级的反射做出来的。阶级斗争也是这两种阶级逼出来的。劳动社会要混在别两个阶级是不能随意的。这两个社会的人,要到劳动社会里头,却毫无制限。所以社会问题的解决,是要把阶级构成的特权消灭去。如果站在劳动运动以外,以指导者自居,自成一个联合,以能够推翻劳农政府为能事,这种指导,决没有好结果。

我以为现在的中等社会,应该有撤去中等社会、劳动社会的界限决心,把中等社会合并进劳动社会里头。如果是能够指导,就站在劳动社会里头指导他,不要站在外头,另做一个团结来指导他。

李君所指为中等社会,有“出租税的中产家”,也有“教育界人”。然而要联合起来,保全当享权利,这两种人是不相容的。教育界的前途,一定要编进劳动阶级。中产阶级权利,却是劳动阶级不会去拥护的。如果把教育界人,附在中产阶级里头,组织团体,保守权利,那就是永远和劳动阶级反对,使问题更加复杂,解决更加困难,决没有什么好处。

反抗黑暗势力,是应该的。但是黑暗势力,不过是我们加上的名称。在他们那一班人。是全然不觉得的。所以我们得想一想,万一人家也叫我们团结起来的势力做黑暗势力，我们又怎么样呢。我们可以骂他做黑暗，是因为不劳而食，并且要逼到人劳而不得食。我们便当反其所为，不特不许人家不劳而食，并且自家也不能不劳而食，这才是彻底的办法，才可以拿黑暗骂人，自居光明。所以我们对于这个中等社会的名称，万不能再有丝毫留恋，尤其不可以拿一个阶级来做团结的基础。

法国的革命是什么？就是第三阶级反对僧侣贵族的斗争。当事的市民，决没有把第四阶级放在心上。这一种不彻底的平等，才弄出一百多年的阶级斗争。现在中国还希望有一个恐怖时代么？还希望有几回革命么？还要蹈这种覆辙么？这中等社会的权利，保全他做什么。何不把他来放大了，做全劳动社会的权利。

少年中国学会的会员，都是很肯虚心研究的。如果见了我这段话，再去推寻一下子，我想决不愿意仍旧去保存中等社会这一个不名誉的阶级。

原载于 1920 年 4 月《建设》第 2 卷第 2 号。▲

杀人不是革命的要素

二月二十日的《正报》里头,有一段评论,叫《革命的遗憾》里头说:

> 中国辛亥的革命,讨伐的目标是满洲政府,结果决没有杀满洲政府一个人。丙辰的革命,讨伐的目标是洪宪皇帝,结果也没杀袁朝一个人。这种不名誉、不痛快的革命,直教人肉麻,那里配说革命。我劝以后的革命党,惩前毖后,确定革命的要素在那里。

这种论调我是听得多了。有一部分,是做过革命的事业,受了反动派的气,借此发泄的。也有新受激刺,进革命党,本旨只是复雠的。更有一部分人,是想革命党受他利用,做杀人的工夫,他自己不花一毫力量把政敌推倒的。但是这种议论,很容易引起革命党里头少数的盲动,和革命党外头对于革命党的误解。所以我借这一机会指明这个观察错的地方。并没有研究过现在讲这说话的人,由那一种动机讲这个话。

革命的目标是推倒不良制度,另外拿一个良制度来替他,并不是复雠。所以革命的要素,破坏同时建设,不是杀人。我们革命的遗憾,就是破坏不尽,建设不来,不是杀人不痛快。就是没有杀人,也不是不名誉。

杀人不是革命的要素

我讲这个说话,并不是袒护从前。从前不杀人的责任决不在我身上,并且我现在还得忏悔,在当时还有求痛快的心事,和现在论者没有分别。但是痛快决不能有益于革命。革命的事业,要在耐烦和公平的条件底下做去的。满洲政府的罪恶,本来不是政府里头一个个人的罪恶。政府里头虽然有坏人,也是社会制度不好养成的。又因为政治的组织不好,所以把这些坏人弄到政府里去。所以有政治组织的彻底改革,这种坏人自然是钻不进,那是一层。如果社会也完全改革了,就是坏人也有变好的日子,那更【没】有杀的必要。这几年间袁朝的许多不好改治行出来,也不能指为他各个人的责任,只是这全社会的组织不好。所以弄到如此,也决不是杀几个人可以了事的。当时如果把满洲政府里头的人通杀了,袁政府里头的人通杀了(这原是做不到的事情),我敢决中国的革命还是不成功。现在的扰乱依然不能免。因为把这个罪恶认做由几个人生出来的,只求杀这几个人的痛快,那就一定看不清组织上应该怎样改良,事情还是弄不好,人家也要想痛快一下子了。

试看袁世凯拿惩治盗匪条例来杀革命党,他心里何尝不说痛快。然而袁世凯究竟倒不了革命党,可见得痛快无济于事。社会的组织是这样不完全,所以作恶的官吏也不断,反抗政府的革命党也不会断种。所以要免除这一个(不是永远免除,因为永远免除是不可能的)革命的原因,才算这一次成功。辛亥苴命本来有三个目的:一个是由民族间不平等生出来的,这个原因已经由清帝退位除去了,可以算个成功,本来不要杀什么人。第二个是由政府组织不完善的原因生出来的。第三个是由经济组织不完善的原因生出来的。这两个原因都没有除去,所以不能免以后的革命,纵然多杀几个人也不中用。

我们以后的努力,要向觉悟革命的目的在那里一方面做去。我们认从前的革命是失败,是有遗憾。但是以后决不可以求痛快来杀人,也不可拿没有杀人做遗憾。

原载于 1920 年 4 月《建设》第 2 卷第 3 号。▲

米本位说之批评

前一号①里头，我曾经把千贺鹤博士的废金本位论的大概，介绍出来。本来他这议论，在日本人里头，总算是有眼光的。但是他所看见的物价腾贵里头，最动他的，就是米价腾贵，所以想拿米做本位货币，来得根本的解决。这一层我们如果拿来详细研究一下子，就觉得他很有缺点。

第一　米的交换价值到底不免摇动。这个说话，是斯密氏以来，一般经济学者都承认的。从前以为一个世纪和一个世纪比较，谷价的变动就少。一年一年的比较，谷价的变动就多。他虽是就麦来讲，其实用在米一方面，也是一个样子。比方日本近来的米价，说是上等米一石要八十多圆。而经济学家据着去年米的生产额和朝鲜、台湾的输入米来算，可以敷他们全国的用，就豫算可以有五十圆一石的米食了(《东洋经济新报》二月号)。但是其他的物价，决不跟着他变动。所以假想用米来做本位货币，这几个月间，物价便会腾贵了五六成，那经济界的动摇，和一般人的困难，也是免不了的。所以拿着米来做标准，仍日不妥当。

第二　和消费情形比较起来，实在不方便。如果在米本位底

---

① 指《建设》第 2 卷第 2 号所载的《千贺博士之金本位废止论》。

下来兑换,一定要把所有的米都归了国管。现在假定每石五十元算,全国(日本本国)米共有六千七百万石(政府发表的数目),应该有三十三万五千万元的价值。日本现在本国通行纸币额,只有一十二万二千七百多万元。所以如果把全国的米都收到国家的管理底下,按着一元两升的比例来发行纸币,那纸币总额就要一个个月不同。在收获之后(日本叫做米年度的开始在每年约十一月),政府手里头,有六千多万石米,就发出三十三万万元的纸币,在市面流通,那未免太多。到了米年度末的时候,照他平常的情形,只存三四百万石旧米,就只可发行二万万元以下的纸币了,那用米流通,未免太少。如果碰得不巧,还许有一石都不存留的时候,岂不是把货币制度弄到大乱么。如果实行起来,那当米年度的开始,一定争着拿纸币来兑米,等到年度末,就要米吃,也很难得到一张纸币去换米。这就是经济上的一个大不便了。所以在这个制度底下,消费者长要受这一种经济上的胁迫,而没有方法可以避得去的。因为纸币数量定期的增减的结果,物价也变了定期的腾跌,这个毛病,尤其可怕。

第三 米的投机仍旧可以流行。米是个政府独占经营的东西,当然应该再没有投机的了。但是因为拿着纸币的,都可以兑换,兑换了之后,便成了私产。等到米年度末的时候,政府手里头没有米了,市面上也没有纸币了,就要回到物物交易的状况。这卖米的独占生意,就要比现在更可以多攒钱,回头就是贫者阶级的大不幸。

这几层都是因为生产消费的时间不同生出来的,无论怎么样都避不开。要免这个毛病,只有另外找多几种物件,做兑换的东西。这几种东西,收成的时间,是不在同一期的,消费也不在同一期的,大概总是每个月,或者每个季节,都有相当额的生产,也有相当额的消费。于是量着社会上的纸币流通需要总额,来贮准备的物件,一面按月收进,一面按月兑出,不一定要把全部的纸币同时发出流通。就没有流通货币总额忽多忽少的毛病。如果办到这个地步,就上头所讲的几种弊害,都不会发生了。

现在假定拿米、棉布、丝、茶、盐、油、煤、糖八种东西,来做兑换品,那国家仓库里头,就可按着季节来收进货物。这里头像布、油、煤、盐、糖这几种,差不多整年有产出的。丝的制出时间也很长,只有米和茶,是一年中只有一两月有货出。所以把这几种拼拢来做准备,就一面每月由生产者买进若干,每月仍旧兑出若干,市面流通的纸币数目,却依旧一样。

如果做到这个地步,就无论什么米多米少,一涨一跌,不会摇动纸币的根本。因为纸币是几种东西合起来做准备的,如果是米的交换价值增加了,我们可以按着普通物价来算出他的增加程度,用同比例来减少兑付的数目。假如照物价指数来算,米的价增到百分之一的时候,兑出的米从来一石的,现在就只兑九斗九升。那货币价值,还是没有摇动。如果丝的价减到百分之九十九,那从前兑给一担丝的,现在就要兑到一担加一斤了。丝的价只管变了,纸币的价值也还没有摇动。这样转移,就能够使货币价值不至受时代的影响。就是物价除了因他自己的生产消费的条件以外,不会有变动。现在所谓金融上的变调,大抵可以免去了。

这一种准备,不必等到能够把米、油、茶、盐、丝、煤、糖、布等等,全数作为国家专利经营的事业,只要政府定一个价钱而收买,定一个价钱来卖出,和现在的大商店到各地方收货回来,再行转卖一样。国家和商人可以并立,各做一部分的买卖。这个时代,国家一方面，就是一个大的"小卖大店"Department Store，一方面就是发行纸币的银行。商家只管站在可以和国家竞争的地位，他也只可以要求正当的价值，不能过多过少。市面上的价值，总由交换价值构成的正当原因来决定，所以这物价指数，也不会不准。

这所举八件东西，虽然是假定，但是在东方人的生活上，这几种东西。总可以说是生活上不绝需要的货物里头最主要的（土地问题另外应该有解）。所以用合理的方法，来作成的物价指数，（应于重要之度来附以系数，再求平均数），一定可表示人的生活上头，每一元（假如用这名称）有若干力量，并且可以使这力量长久不变。如果将来再发现生活必需的重要品，那又可以随时加进指数表里头，做他一个元素。

拿货物准备兑换，在普通人看去，觉得很奇怪。但是如果有工夫把各银行发纸币的实在情形，来察看一回，就晓得这是很平常的事情。只要不把那些先入的学理来遮蔽着自己的眼睛，就立刻可以了解的。我们试就战前的银行来讲，英、德、日本等国，都是在一定限度里头，许可银行用证券来做准备的。法国是用比例准备法，只要有三分之一现金，其余三分之二，也是用证券做准备的。美国完全是公债准备。比如日本，民国二三年的时候，正货准备不过一万万元光景，证券准备却有一万四千万元。其余的国家，大概平常都是只有一半现金准备，一半证券准备。试问证券准备的性质是怎么样呢？我们第一，可以说他是将来会变成现金的，因为普通说证券准备的话，就是银行借给人家现钱，取回人家的仓单傲纸期票做抵。这些单上的货物，可以卖了做现钱来还债，所以把他替代现钱。就算不是把仓单傲纸来押的，一个凭空的期票，也要这票上负责任的，有动产不动产，或者有债权（这个间接债务者还是要有货物财产），才能够有替代现钱的效力。在这一层看，证券准备，是因为有可以得到现金的性质，才能够许容。银行的信用维持，也靠在这一层了。

然而我们如果再留心一点，就会看出这个可以算做一种的遮眼法，不能算做正当的解释。因为"将来会变成现金"和"是现金"这两层，是完全不相同的。将来会变成货物的，究竟是货物，不是现金。现在想像可以换到的现金，不过是拿来做计算货物交换价值的一个标准，并非有些现金在银行之外，等着这货物财产来交换。所以在兑换纸币制度里头，证券准备的真正性质，还是拿货物财产的交换价值做基础，来做兑换准备。我们试想像，银行被要求兑换，而兑换了的现金，各人都死藏着，不放出来的时候，怎么样呢？那证券准备的一半纸币，不是没有方法再兑换么？拿着银行纸币的，一定吃亏么？并不是这样的。如果银行的基础是很好的，他做准备的证券，还是可以收回现金不用说，就算没有现金把他那些货物财产收起来，还是有相当之交换价值。那拿着纸币的人，分有这些货物财产，就借交换的方便，换得他所要的东西。可以和他兑了现金，去买要用的东西的时候一样，没有分别。拿纸币的人，并没有损失。如果为银行倒了，受银行纸币的亏，那一定因为这些证券准备的内容，在当时没有和纸币额面相当的价值。换一句话说，就是所押的货物财产交换价值不行，所以拿着纸币的人，会受损害。讲到这里，就可以明白证券准备的真相了。

我们从上头所讲的，可以看得出，在欧洲大战以前，各国银行发出来的纸币，只有小半是预备着现钱兑换，大半是拿证券做准备，结果是拿人家的货物财产来做准备。但是人家很相信他，因为口头他答应是随时全发现钱。到现在，我们提议用自己手里头拿着的货物财产来做准备。但是没有骗人说，随时可兑现钱，就不相信了。这不是自己骗自己是什么呢？

还有一层，我们不可以看漏了，比方一个银行，他所放出的钱，若果都是做人生必需物品的生意，那他做抵押的货物，还是人人要的。他就算自己倒下来，拿着他的纸币的货，还是很容易收回他所要的有交换价值的物品，这是没有丝毫危险的。若果他所放出的钱，做些人生不很需要的东西的生意，那他做抵押的货物，不一定有人要，回头要周转不来的时候，拿纸币来兑换的人，只得一大批不必要的货物，就麻烦了。前一个例，就像米的押傥，万一银行停止营业，米商找不出现钱来，只可把米献出去。米到底是人生所必要的，所以拿着这银行纸币的货，可以等着米卖去，偿还他损失。后一个例，就像军火的押傥，那一天战事停了，用不着了，这银行就麻烦了。如果倒下来，这些拿着纸币的人，分些军火，自己也没有用处，想换别的东西，又换不来，所以吃亏。同是银行放钱出去，同是拿这些放钱所得来的证券来做准备，只因他银行选择放钱的事业不同，所以结果一个纸币所有者很安全，一个很危险。这就可以证明银行纸币准备得周到不周到，要看他放资的事业性质来定，就是看他间接做准备的货物的性质来定。

前头所举第一个例，是银行放钱出去，在做米的生意的，以为比较是人生必需的东西，所以比较安稳了。但是这些做米的生意的人，还许把米卖了，没有钱还，所以再进一步，一定想道，如果银行的准备不是米的押傥，简直是银行自己有所有权的米来做准备，不是更妥当么？然而这个提议，和千贺氏的议论相去就不远了。只是千贺鹤的米本位说，是拿米来做标准。现在这个案，却拿钱做标准。论他做准备的东西，还是一样。

如果我们再推究他深一层。假使这些银行放钱在米上面太多，偏重了，万一周转不来的时候，除了米以外，再没有别的东西可以给人，不是还有危险么？那最好的方法，还是除了米以外，更加上别种人生必要的东西。无论那一个时候，这些东西都是人所要的，并且可以在很短时间里头消费完了的，那就不怕东西滞积在那里，拿着纸币的会受损害了。如果实行这一步，就和我的提案差不多相同。所以拿货物来做准备，决不是凭空的理想造出来。实在最近来银行发行纸币所指示的趋向，自从英伦银行改革，用限额证券准备制度起，一直到现在，七十年的银行纸币历史，都是说明这个趋向的。只有那顽冥的金属论者，到底了解不来。

货币用什么材料，本来是一个很可以研究的问题，现在不能够详细讲了。单讲中国古代的货币，也可以见得货币的起源是两路的。古代货币，一种是由装饰的奢侈品发达来的，就是贝壳。这种贝壳，到近代还有通用，就是云贵土司所谓肥钱。另一种是由直接满足生存欲望的东西发达来的，就是布帛，到唐时还有论绢计价的风气。所以关于经济上所用名动词，都用贝、巾两个部首来表示出来。货币这两个字，便是代表。钱字却是后起的，代表金属货币。金属货币形成的时候，还是偏在奢侈品一路。却是到了钞法行了之后，那做钞的准备的东西，成了茶、盐、矿产、香、药等等东西，就是奢侈品和必要品混起来了。因为从前的贝壳，是少数人的奢侈品，所以到交易发达之后，不能不让布帛这种一般必要品出来占他的位置。到交易再发达的时候，布帛也有不能分割，品质不齐的毛病，才又让金属出来。但是金属的产出，是受天然制限的，所以到不得已，才用交钞。而交钞的本质，就是代表国家专利的几种必要品和奢侈品。但是因为他经过交钞一个中间作用，所以不怕不能分割，也不怕品质不同。在欧洲的一般学者还没有做发明货币材料的几个要件以前，中国是早已解决了，实行去了。所以中国宋元交钞的制度，真是一个应该研究的事情（参看《建设》一卷三号《中国古代之纸币》一篇）。如果把这交钞的制度，变做可以兑米，就是千贺博士的案。如果把来扩充一下子，就是我们现在的提案。所以如果研究一下子中国经济史，就对于他这个提案，一定可以有很正确的观察。

原载于 1920 年 4 月《建设》第 2 卷第 3 号。

兵底变态心理

现在我们想改造社会,有许多要排除的制度,要变更的款式,一时间不能不理着他。比方硫酸原是没有直接供人利用的性质,不特不能直接供人利用,还会伤害人的身体;尔是为满足人的欲望起见,我们非制造硫酸来用不可。所以有许多我们现在受害的东西,我们不能绝对不理他,我们要研究他的害人性从那里来,有什么方法能够用别种东西来替代他,这个替代他的东西如何做得成(就用这个东西来做成他抑或用第二种东西)。假如私有财产制度如何有害,在那一点有害,是第一个问题。对于这个制度,想拿集产主义来换他呢?抑或拿共产主义来换他呢?还是用别种样式呢?是第二个问题。假如定了做集产主义了,月那一个方法,用那一个式样来实现他?还是守着马克斯所指摘的那一种历史的过程,等到产业集中到少数人手里头来得到集产的结果呢?还是用革命的方法,一概没收他呢?抑或用组合的方法,来集结资本,弄到现在的生产制度变了,才废私产呢?还有其他种种提案,都是想解决第三个问题的。三个问题里头,最重要的是第三个问题。因为这个问题如果不能解决,就第二问题的解决,是无效的。如果所有提案都不能得第三问题的解决,那第一问题的解决就和没有解决一样。然而第三个问题虽然重要,却要晓得这些过渡手段的研究,实在根据在现在要改造的东西的性质上。所有过渡手段,都是在从前所有的坏制度里头变出来的。所以改造的具体办法,就是如何这个坏东西才能够变。得这办法的手段,还是研究这东西何以会坏。我现在先拿现在人人所怕的兵来讲。

人人晓得说兵的坏处,却是都只从受兵害的人一方面来说。究竟做兵的也是人,为什么做了兵便坏? 中国人当兵和外国人当兵,都是以杀人为业的,何以中国的兵特别坏? 答不出这个问题,便没有解决方法。

我们答这些问题,可以有一句顶取巧的话,就是说环境不同。然而事实上所要求的,不是这种无责任的笼统答案。我们要把所谓环境,细细研究一番,才可以说答了第一个问题,才可以进入第二个问题。我们可以把中国兵的生活,和兵的心理,来稍为说明一下子。

兵的生活第一种特征,是继续的不安定生活。却是他的心理,要拿这不安定的来当做很安定的看待。我们先从从前的防营水师说起,这种军队,驻扎得散漫的,地方防务的责任很重的,制度上所要求他的,就是不断的注意,今天有土匪来打也不定,明天有盐枭来扑也不定,一打仗有性命之虞。然而到底一个月不过四两多银子的饷,可以算做顶苦的了。今天犯事会打军棍,明天犯罪会砍头,就不送命,一革出营门就算了事。兵的驻扎地常有离家几千里的,一个大钱没有,怎么样可以回去呢? 可以算做顶危险的生活了。再不然,老了不能当兵了,一碰着整顿营伍的时候,就要淘汰出去。回家也不能,做工也做不得。这种危险天天胁迫着他。还有阵上受伤的,养伤费拿不到几个钱,粮子串不成了,这个危险也是天天胁迫着他。所以他们就要适应这个生活,造成一种心理:一方面把制度上的敌人（土匪等等），看做不得已的伙伴；一方面把随便指定的驻扎点，当做家乡。把随意由长官任命下来的哨官什长，当做生活中心，把全棚兵士的生活都委任了他，自己不耽一点的心。到了革出来的时候，还要拼命钻回去。总而言之，样样可以忧虑的事情，他都推了出去，像于他无关的一样。巡防营的化身，到了近年，有警卫军、警备队、安武军、振武军等等名目，他的性质还是继承以前的，更加上种种恶性。至于所谓陆军，在前清时代讲，本来是很平常的生活，和外国的兵相差不远。但是到了近年，陆军的特质，已经销磨了许多。他的不安定的生活，因为这几次内乱，弄到比巡防营加几倍，所以他的心理变态，更是显著。

他的生活第二特征，就是突然而起的过度劳作。因这个结果，令到他生出一种自暴自弃的心理。从来讲究用兵的人，都说爱惜士卒。这个爱惜，实在和耕田的爱惜他的牛一样。一到了用他的时候，就不爱惜了。讲到现在的人用兵，更是不晓得什么叫做爱惜。不特不肯爱惜，并且要利用他这一种过度劳动的事实，令他不觉得生趣，才不怕死。所以不怕死的兵，原不是好兵。

他的生活第三个特征，就是完全不容他自由决定一点事情。然而这个结果，一定弄出很放纵的心理。最迫促的环境，弄成一个最惫赖的心理。最拘束的环境，弄成一个最放纵的心理。虽然像是不合理，实在真是理有固然，逃不脱的。兵队的教育，是上官讲得着也要服从，讲得错也是服从。兵士的心里头，就成了一个"不一定要做着的"的信条。所以上官讲的，到不能不听的时候听一点。除此之外，都是任着本能去盲动。他本来受的教育，是不管是非，你如何还能用是非论他。

兵的生活第四种特征，是做了事不用负责任。所以他的心理，就变了兽性的间发的。本来受命令的行为，不应该负责任。然而中国的兵官，他并不想到有什么事情，要豫先下命令。所以没有命令的行为，带兵的人也只可容认他。因此做兵的，无论做什么行为，他都不晓得什么叫做责任。有时有一两个按军法办了，他也不以为是错了的结果，他只叫做碰钉子。这种不负责任的生活，自然有不负责任的心理跟着来了。甚至于敌人来到几百米突以内，还在那里抽鸦片，打纸牌。然而有一时又有非常锐敏的注意是平常的人想不到的。总而言之，任他们兴之所至去做，没有准头。

　　以上种种的变调生活，弄出来种种变态心理，一时也说不尽。所有兵的奸淫焚掠，都从这变态心理发生出采。晓得这层，那就救济他替代他的制度，立刻可以指得出了。

　　现在简单来说，我们想像中将来可以替代现在的兵的，就是劳动军。这劳动军的组织，和发达的途径，我们都可以从现代兵的研究寻得出来。因为现代兵的生活，是令他不好的，所以将来的劳动军，一定要有生活安定的保障，一定要避过度的劳作，一定要留他自由决定的机会，一定要使他自觉对于自己的责任，以至用其他种种方法，变易他的生活，才能够变易他的心理，才能够有力量替代他。

　　兵的问题，我想讲的很多，却是我才回上海，《星期评论》社要我做文章，没有多时候了，所以只先写个大概，迟一点再把详细的论述，发表出来。　　九、四、二六执信。

　　原载于 1920 年 5 月 1 日《星期评论》劳动纪念号。▲

诗的音节

《神州日报》登了胡怀琛先生《读胡适之尝试集》一篇,就音节一方面来批评新诗。后来胡适之先生又在《时事新报》登了一篇,对于怀琛先生所改的,表示不满足,同时解释《尝试集》里头的音节。这是很有益的事,因为现在的做旧诗的人也不懂旧诗的音节,许多做新诗的人也不懂新诗的音节,是很危险的事情,将来要弄到诗的破产。

去年《星期评论》的纪念号,适之先生曾有一篇《谈新诗》,里头第四节专论音节,举出两个重要分子:一个是语气的自然节奏;一个是每句内部用字的自然和谐。但是他所举的"平仄自然"、"自然的轻重高下",到底还是说得太抽象,领会的人恐怕不多。余外所举,尽管是双声叠韵的例,令人家觉得,似乎诗的音节,就是双声叠韵。到现在说明《要想不相思》这一首,还是用双声叠韵来做理由,那差不多更容易惹起误解。

怀琛先生所批评,我实在不敢同意。他讲"当年曾见将军之家书"要改作"当年见君之家书",把"娟逸"改做"雄逸",都是不懂旧诗音节,不懂作诗人趣味的证据。把多字改做再字,尤其无理。因为"何可多得"说话,很像现在有这个人,而实在是没有这人以后评论他的神气,这才是诗人的口气。如果用"何可再得",本来是应该没有这个人以后的说话,却用在现在有这个人在前,而豫想到异时何可再得,拼命珍惜的时候,那才是诗人压榨出自己情绪的巧妙。试读古人的"宁不知倾城与倾国,佳人难再得",和"良时不再至,离别在须臾",可以见得用再字的方法。如果用"当年"一定用"再"字,那是做试帖诗和八股小题的规矩,不是做诗的工夫。如果要这样照应,恐怕将来的诗要弄到"案奉将军家书内开……等因奉此"出来了。

他改"也无心上天"做"无心再上天",也是一样不懂音节的毛病。这话都留在后面讲。

但是适之先生的答复,只说明《也想不相思》一首,是用双声叠韵的尝试,和句中用韵的尝试,却并没有说明这几句所以是自然轻重高下的缘故。所以虽然是讲了一大通,到底人家不懂。假如说双声叠韵就是好的,那李义山的"落日渚宫供观阁,开年云梦送烟花",就可以作声调谱的模型,苏黄游戏的口吃诗,也算上等了。然而沈约讲究声病,他偏有要避忌声韵相同的几个例,是什么缘故呢。适之先生《谈新诗》那一篇里头,已经表明把段、低七个阴声字,和挡、弹等四个阳声字,参错互用,可以显得出三弦的抑扬顿挫,这就是不能织双声叠韵笼统解释的暗示。然而究竟无论用双声叠韵的字,抑或非双声叠韵的字,都应该另有一个标准,决定他音节和谐不和谐。发现这个标准,虽然是很困难(纵使非不可能),然而暗示他一个大略的框子架子,未必是做不到的事情。这研究新诗音节,正是一个阐明一切诗的音节的好机会。

我从起首懂得一点字义的时候,就有一个想头,是"音节断不能孤立的"。这个想头,到现在还没有更改。然而我的学问一天退一天,看书所得的,比起所忘记的来,真是算不得数。所以这个想头,也一向不能再进一步。只有十二三年前,当教员的时候,曾经对学生发过一段议论。这个议论,不是专为诗发的,然而在诗一方面,尤其显著。我说的是:

一切文章都要使所用字的高下长短,跟着意思的转折来变换。

我叫他做"声随意转"。譬如"西出阳关无故人"的"关"字,是全篇所注意的,经过他这一个字才到"人"字,所以关字长而高,人字长而下。那上句"劝君更尽一杯酒"的"酒"字,因为是促起下句的,所以虽然用顶高音,不用长音。这是全首诗的意思,流注倾向到这一路,生出来的。如果是"两岸猿声啼不住,轻舟已过万重山",上句的落字"住"就较低较长,下句"过"字较低而"山"字就高且长。因为这个"啼不住"是直贯下去的,他的意思是在过万重山,而他的神理是在猿啼不住。所以要用这住字这一种类的音,来煞上句,拖长上句的声音,却不令他过高,来挑起下句的不调和。下句用"山"字结一句,这"过"字不能停顿,所以不用高音的字。一个字在一句里,是不是合自然音节,不能凭空拿字音来说,一定要从有这个音的字,在一句一章里头的位置,来判定他这个音是不是合于音节。

然而用字决不是如此束缚的,有许多时候,是应该注重在这一个字义的效能,就把音的效能来放在第二或者竟牺牲了。就如"池塘生春草"这个春字,如果照普通来讲,一定用去声的字,较低较长才好转折,和李长吉的"不知花雨夜来过,但觉池台春草长"的春草,一定要用清平才好刚刚相反。然而"池塘生春草"的价值,并没有减少,因为这个春草,位置在役格(Accusative Case),受生字的动词作春字不过是役格的形容词。在一般人看春草,本来当一个字,所以春草还是结成一气,春字就跟着草用,字短了下来,而生字的仍旧长。假使"生春"两个音,表一个动作,光是草一个字,表示受动作的物件,那这个说法,就完全不能适用了。这一层叫做"音受义的干涉"。因为字在句中的职役不同,所以读他先有长短高下不同了。然而在每一个合成字的煞尾,和一句之末,这个仍旧难通融。古人用韵所以渐渐弄到止有句末,又渐渐弄到止有偶数句末用韵,都是这个原故。

以上所讲的,仍旧不过两条暗示。然而我自己觉得很可以作为探路的一个小火把。我们先拿他来照照适之先生《读新诗》里头所举的例。他说"我生不逢建章柏梁之宫殿",如果换做"仄平仄平仄平仄平平平仄"就不见得他音节很好。所以举出逢宫梁章叠韵,不逢柏建宫双声,来说明他。但是如果我们用注音字母,写起这一句来试读一下,就晓得还要拗口,不觉得音节很好。他这一句里头,我字完全是衬字,"生不逢"当普通的两个字。(适之先生把这个当做两节,我以为不然。拿"生不逢尧与舜禅"来比较,可以晓得,这一句尧字独一字而成一节,应该注意。)之宫两个也是衬字,所以不字和宫字在句子里发生的影响较少。他这句子,逢字是注重的,读长的音,却不要高。梁章两个字一浊一清,恰合他一顺叫下来的两个殿。结煞这个殿字,恰是受上头那一个逢字的动作,用较高而仍旧长的字来同下文游宴相应。而下文游字,声音太低,故此用宫字在上头,来补救他。(这一层可以拿"人生不学李西平,手枭逆贼清神京"来比较。)如果把字义抹了去,这音节便不成立。

不特在一句里头,在全章里头,有一句是意境忽然变转的,他的音节,也要急变。上头适之先生那首《蝴蝶诗》,"也无心上天"一句,正是这个例。上头一路"不知为什么,一个复飞还,剩下那一

个，孤单太可怜"四句，都是一路沉下去的。到这句一扬高了，便用
"心"字，接连用个"天"字，用"无""上"两个字来跌起他。因为句
势先缓后急，所以前头还用"也"字。"也无心"三个字，已经高了，
"上"字折在中间，比较还是高的促起下头这个"天"字，所以能副这
一句的神气。若果改做"无心再上天"，前头两个字，觉得声还不
够，下头"再上天"着了"再上"两个低音，声音便加长了，成了平宕
的句子，完全不能和这一句位置上所要求的音节相符合。所以音
节不是一句一句可以讲的。到这句意转了，调也要转。从前五古
转韵的，如"青青河畔草"一章，转一个意思，转一个韵。后来七古
转韵，大概都是跟这例的。还有通篇一个平韵，煞尾忽用两句仄韵
来收的，尤其明显。姜白石说："篇终反通篇之意。"实在如果已反
通篇之意，当然也反通篇之调了。（韩退之喜欢拗气，有时不等讲
完，忽然转韵。转了韵一两句后，再转意思。如"嗟哉董生行"，便
是一例。）

这个原则，从前的人，像没有提出，然而实在是人人践履的。
所以要改"也无心上天"做"无心再上天"的，真是不晓得如何叫做
音节和谐。我要学从前考书院的办法，批一句："再求将旧诗的内
容晓得清楚。"

至于《也想不相思》一首，适之先生虽然自己解释了许多，在我
看却不满足。这不满足有两层，一层是烹炼的不足。他前两句"也
想不相思，可免相思苦"。免字是韵，不能够不在免字以前，把全句
意思送足。然而这个可字，完全没有力气，简直是一个多余的字，
而把这样高而且宏的音压在免字上（所以令读的人不能感觉免字
是韵），弄到免字的效能到减少了。我想这句当初，应该是"也想不
相思，免却相思苦"。却因为韵的关系，把来改做"可免"。其实这

个"想"字,是要如此如此,不是想像如此可以如此。"免相思苦"是所想的,"不相思"是手段,两句原是一句串下去的。用了"可"字,便神气不对,近于趁韵,这是一个短处。还有一层,就是音节太促迫单调……本诗四句,押两个相思苦在末尾,已是很单调的了。头一句"也想不相思",音节是很好的。第二句是可字的毛病,第三句本来是筋节,而"几次细思量"五字里,弄了四个做叠韵。"次细思"三个字音,本来都是长的,碰到四个字叠韵下来,就单调得难堪,其势一定弄到缩短他的声音,到量字才放。这个音节,配在这个地方,实在不相宜。因为和上头"也想不相思"的活泼音调,不能取平均。况且底下"还愿"两个字,也没有揭高。所以后半的音节,变了很促迫很单调的,这是用叠韵比用双声字更难的地方。所以我于适之先生这个解释,不敢说满足。

怀琛先生讲送任叔永那首诗,要把"送你"改做"送君","天意"改做"天公",说是声音长些,方有天然的音节。其实这前一句"便又送你归去,未免太匆匆",韵押在匆字,上头的送字和他相呼应,自然不能再着一个君字这样高而且长的音在中间,减杀送字的效能。如果是在去字押韵的,就可以改做君字了。那是到去字断句,去字以前,不能不参一个高而较圆的音(归字太扁)。现在这句,惟恐人家读去字长了,下半句接不上,所以把上半句压到不能十分畅遂,才能够整句的音节恰合。这个例,如果拿我上头所讲两条来批评他,觉得很简单易解。

音节决不是就这样可以有刻板的规则定出来的,然而我相信将来讲音节,一定还要借这种规则的一部的帮助。将来能够有比我所暗示出更明、更包括的规则出来,就是我所最希望的了。

近来自命作旧诗的,往往拿很浅的意,用很深的字眼表出来,很是艰深文浅陋,最可笑的。但是如果用很浅的字眼,来写出那很浅率无意味的意思,那就更不成话。我们要求厈很浅的字眼、很少的字数,表出很深、很复杂的情绪。所以看了好懂的,都是很难做的。这难做的原因,音节要占大部分。易懂的缘故,还有一部分在音节。所以明了音节是这样一个情形,率尔操觚的,总会少一点。

原载于 1920 年 5 月 23 日《星期评论》第 51 号。

兵底改造与其心理

（一）

现在改造中国的说话，是说够了。改造中国的事实，究竟还没有起手。这个没有起手的改造，我们可以看出他随处的窒碍。

先从教育上来讲，一间两间学校办得起来，经费早已绝了。勉强维持下去，一定要找人出钱。这出钱的人数，越弄越多，教育上的禁忌，也越弄越多。后来便是有教育，无学校；有学校，无教育。教育和学校势不两立，这便是私立学校的教训。

借着官立学校来讲教育好不好呢？请看北京的蔡鹤卿、杭州的经子渊，有教习帮他，有学生拥护他，社会上的地位，使军阀还不敢杀他、打他、禁止他教育。所以这一年间，看见这些学生运动的效果的，也说非走这条路不可。然而到底不行，校长是可以随便换的。换校长之后，教职员反对，学生反对，他就可以用兵力来对付。办教育的所靠的是学生，他所靠的是兵。一用到兵，浙江的学生就无可如何。在北京大学，虽然不能够换校长，他却对着一个个学生,用他的兵力,还是弄到手足无所措。就是一个兵,把所有对于教育的希望通打消了。

教育起手,不碰到钱的障碍,就碰到兵的障碍了。试从工业上做做看,这个成绩,也是看得见的。要想改造现在的组织,自然要拿劳工做中心。劳工的武器,就是罢工了。要看近来罢工的成绩,总算比较别种实在一点。而无论那一个人,都晓得现在罢工,因为没有罢工基金,不能够有力量。但是有方法得到罢工基金么?工人自身,每天所得的工钱,还不够他自己的生活费,有什么方法可以贮蓄起这个罢工基金来呢。工人越要豫备罢工,雇主那方面就越要不许他有钱罢工。所以无论用什么方法,这个罢工的豫备,是没有成就的时候,就是罢工永远不会有力量。

你想工人以外的人拿出钱来,做罢工基金么,决其没有的事。能够有钱拿出来做罢工基金的人,大概都不肯,肯拿的大概也不能。不论怎么样尽力,这个数目,是清清楚楚看得见的。前几个礼拜,有人在那里造某督军、某总司令接济上海罢工基金的谣言,可以叫得荒谬绝伦了。所以劳工运动还是要碰着钱的障碍。

劳工的罢工,本来是一件苦肉计。但是如果真能够所有的工人,一起约束起来,两败俱伤,也是这些雇主所最怕的。但是现在雇主可以强迫工人做工,工人不能强迫工人罢工,所以雇主的地位更为稳固。雇主一个人,如何有这个力量呢,就是兵帮着他的忙了。五月一号那天,上海拿全副武装的兵来压制工人,不准开会。说这些平和的工人,要借五月一号起事。说这个五月一号的纪念会,是俄国劳动会(就是俄国劳动会也与你何干,却要帮一边压一边做什么)。实在就是表明雇主纳了钱来养兵,兵就保护雇主,教他永远能够敲剥钱财,不必还给工人一点。所以工人的运动,不但要打主意和雇主的钱作对,还要打主意和雇主用钱请来的镖客——兵——作对。

不特是教育和工业上的改造,过不了钱和兵两个关头。你如果再想去离了学校和工场,去做一个新组织,可以算做顶让步的了,然而还是不行。工读互助团新村的失败,就是说明世上没有独善其身的法子的。只希望这些团体里头办得好是不行的。团体里头办得好,不过是表示将来如果到了新社会的时代,可以照样做团体的生活。但是这个事业,还是失败,还是因钱和钱背后的兵失败。

以外种种的改造社会方案,都比不上教育界和工业界两方面有实力,却是所遭遇的困难,一定是钱和钱背后的兵,没有可以逃得过的。所以有真心去做改良中国的工夫的人,一定有一天回转来,讲一句:"改造要全部改造。"

不错。改造是要全部改造的,然而全部改造,要从一部改造起。我们不是有了顶大的力量,全知全能,把世界一掀就掀过来,到底是要有一个全部改造下手方法。如果不然,就许人家下一个转语,说:"要全部改造才改造,就会变了全数不改造。"

我们怎样解决这个问题呢?

我们不是已经晓得钱和兵两个关头打不通么?我们有法子先改造钱和兵没有呢?我们有方法能够把一部分的钱,一部分的兵,拿在手里,再来改造社会不能呢?本来如果钱和兵两件里头有一件完全放在改革者的势力底下,那就改革完全不成问题。但是这个集中,是改造成功以后才有的。改造开手的时候,决其没有这种事情。所以最希望的,就是能握一部分的财产,或者一部分的兵力,再来改造社会。亦可以说,希望有财有兵的一部分人的觉悟。

　　这个事情，不是绝对做不到的。从来因为革命所用的钱，聚起来有几多呢？革命党如果不做革命的事情，除了他所用过的钱以外，跟着普通的状态去攒钱，积起来，又有几多呢？大概说几千万，总不会说多了。这不是改革社会的一个大力量么？如果革命党从此再做二十年的计划，攒积起这笔钱来，再讲改造，行不行呢？再如现在的兵，虽然叫做有统系，却并不见得要有学问。比方投进某系的旗下，做他的走狗，慢慢把兵权拿在手里，再实行革命。这是满清末年钮惕生所常讲的，也是徐锡麟亲行的。假如兵在手里的时候，要改造社会，怎么样呢？

　　我们细细把这方法研究过，可以得一个决定，是：兵可以拿得到一部分的，钱也可以拿得到一部分的。但是拿得到这一部分的兵，这一部分的钱，都没有改造社会的力量。

　　这从有钱的来讲，拿着钱来，可以改造社会么？俗语说："有钱使得鬼推磨。"这是真的。不过使得他推磨，不能使他革命。钱如果用来叫人替他私人尽力，是很有效的。在现在的经济组织，尤其有效的。如果用来达公共的目的，就没有一样的效果了。用来叫人帮他做损害别人的事，是很有效果的。用来叫人帮他做有益于人的事，就不成功了。比方我们要保护自己的掠夺地位，拿一点钱出来养兵，这个结果，兵决其不会反对我的。如使我拿出一点钱来养兵，叫他对抗掠夺阶级，保护工人，这是决做不到的。我们可以用几块钱一个月，请人看门口，很忠实的。我们出许多钱，请一班人保卫全市，就没有效果了。而且我如果十块钱一个月养点兵来保卫个人，实在是行的。如果有人二十块钱一个月，来买我的卫兵，叫他杀我，也许行的。但是如果我拿二十万二百万来买某地的第某师，叫他不要用刺刀刺学生、刺工人，就决其办不到。越有钱越办不出事体来。没有钱的时候,以为坏人所以能够作恶,都靠着用钱,我如果有了钱,那怕改革不来。现在才晓得坏人所以能够用钱,都靠着用钱作恶。我们如果用钱来做改革的事业,到底没有效果。

这是很容易解释的一件现状,不过我们没有留心罢了。比方那些用钱来做坏事的人,他做坏事就能够有钱,有钱又能多做坏事,是循环不穷。我们如果有钱来做改革的事,那改革的一步做过,钱决不能回到我们手里头。敌对的势力,就随时可以拿他丰富的钱,来破坏你这个改革,所以连这一步也没有了。他的力量,是循环相生不穷的。你的力量,却一鼓而尽,如何可以支持呢?从前人讲雇主对工人的关系,不是有"第二十个的问题"这句话么。比方有二十个企业家在这里,第一个起,数到第十九个,都是要待工人好的,只有第二十个要克扣他。这其余十九个,都只好跟着,不然就要收盘。所以这第二十个雇主,一个人做坏事的力量,可以把这十九个人做好的力量一齐破坏。我们从这一点看来,可以晓得拿着几个钱,想达改革的目的,是不可能的。

于是乎问题归到兵一方面去。钱自己不能有改造的力量,钱又没有使兵来帮改造的力量了。假如有了兵,钱是不是跟着来呢?单独拿着兵力可以改造社会么? 这一层,我们要详细讨论。

(二)

我的许多朋友,都曾经和所谓兵的一部类有关系的。当没有带兵以前，无论那一个都是相信兵有绝对的力量，带着兵可以把理想通行出去，没有能够阻挡的。等到真带兵了，才晓得带着兵是一事不能办，总要想维持兵的现状，才能够维持自己的势力。既然维持现状，就没有彻底的改革。搅来搅去，不过地位的转换，名号的变更。到得失败了下来，以为兵真是没有用的了，想做别一宗，不再入军队了。然而到着个时候，偏偏什么事情都被兵阻碍，什么社会上的事情都不能办。发愤起来，还是想着去弄军界。等到再进军界的时候，他所经历的，还是和从前一样。他的失败出来，也要和从前一样。出来之后，什么事都做不成功，也要和从前一样。在这一反一复的中间，不晓冤枉花了许多精神，许多生命。到了现在，还是一部分拿着一无所能的兵当势力，拼命保护，拼命扩张。一部分瞅着这些无恶不作的兵发狠，恨不得一下子彗星碰到地球来，和他同归于尽。我们从前的希望那里去了呢？这是什么缘故呢？

我们的朋友，有许多做下级官——连长、排长。在近来报纸上讲兵的惨祸里头，差不多什九和连排长有关。如果是要做些坏事情，真是毫不费事。但是要晓得这些连排长所以能作坏事，就是全营全团，和他通在一气。如果不去做坏事，他也站不住。上头有营长团长，下头有目兵。你说风纪怎么样，这些人就会看着你笑。如果你说军纪怎么样，就会对你不起了。你想整顿一下子，开除一个兵，或者照军律办一个人，简直叫做不行。就算上官面子上不能不准，回头来这些处罚，都是有名无实。革了，还不过是另补在别营别连，叫目兵看着，笑说一句"何苦要来"便了。你想把一点智识给军队么，这些同僚便当你做破坏他饭碗的仇人，种种胁迫，非到上官换他不止。一个排长想教育好这些兵队，就有两个排长反对。

一个连长想他一连人办得好好，就有三连的连长和你反对。营长坏的不用说，你早已销差了。营长好的，也没有方法，他不能把一连的力量对付三连，他就不敢帮你这个连长，敌那几个连长；也不敢帮一个排长，抗那几个排长。所以好好的人，做了连排长，只有把自己的牺牲了，来就目兵的范围，受同级官长的同化。如果不肯牺牲，不肯同化，只有走了不干。一个人跑进军队里头做下级官，是决不能达改造军队的目的的。

我们也有做中级官的朋友，他们做营长团长，是比较自由一点的了。连排长所受的同级官压迫，到中级官便少一点了。因为现在的军队，虽然不一定拿营来做战术单位，却是实际上一营一营的界限，比一连一连大得多。等到不同团的兵目官长，就差不多很漠视的。因此做团长营长的，要稍为发挥一点自己的个性，就容易得多了。然而这个到底是空的，因为中级官从旁面来的压迫，虽然比较少，在下面来的压迫，并没有减少。而做营长团长最大的吃亏，就是实际和兵丁相离隔得太远，指挥管理都不能如意。营长要干得下，一定要有一连以上做他的基本，再加上无可不可的，统共要有两连至三连，那下余的一连多的意向，就可以不用十分顾虑了。但这一连的基本，从什么【地】方得来的呢？如果自己是很受信任的，接任的时候，可以换一个自己相信的连长、几个排长，开除一点反对的兵，补一点自己的人，就可安安稳稳得到了。但是自己相信的人，去做连排长，又可以有手段吃得住这些军队，帮自己的忙的，就不容易找，难保不是沾染了习气的了。如果这个营长，不是特别被信任的，他也要找一点归向自己的兵，就非和这些连排长拉拢不可。拉拢的方法，不外乎许他作一点弊，再大家共同吃一点空额，多给他些搅钱的机会。这个方法，不但用来拉拢基本队伍，就是要找无可不可的几个连排长，也要用这些方法来敷衍。甚至于反对的，也非默许他几件，作为妥协条件不可。所以军纪风纪，就做了营长保持地位的牺牲。如果你要彻底，除非下一两年的工夫，还要得了特别信任，才能够几个志同道合的人来帮自己。这个机会，实在不容易得，而且在这当中，所用的人已渐渐变了，成为随流合污的人了。所以改革一营，真不容易。还有一层，一营里头，营长之外，还有营副。营副在营中，也成一个势力，也要拿几排人归他自己。营长如果想整顿他，这些不愿意整顿的人，都拿着营副来做荫蔽，营里便成了两个中心。到底是不愿意整顿的人多些，营长就站不住了。营长、营副对立，是最普通的事。营长、营副合力来改革一营，就真可以算得例外中之例外。团长比营长地位更高一点，可是他依赖营长来保持地位的必要，比营长依赖连长也相仿佛。营长要直接理目兵的事，撇开连排长还可以行。如果团长要撇开官长，和目兵直接讲话，直接去处理一切事情，就要惹起下级官的反对，终久保不住地位。从前满清时代，广东有个标统，专门用手段去拉拢目兵，什么赏罚都要由自己出，一概的营连排长都不敢去约束兵士，听他一个人主持。然而心里是恨极了，后来到底出尽方法，把他弄到局所里头去。第二次出来，又把他弄做镇的正参谋。等到革命的时候，跟着军队回省，想当都督，却被这些部下军官一哄赶走了。这是团长们所共知的一个龟鉴。至到近年，团长更不能不敷衍营连长，所以就要受这下属的压迫，想讲改革，更不容易。

实际团是作弊的单位，所有兵能够做种种贻害社会的事，至少都是一团的兵共同的力量发生出来的。在南方兵少分防地多的时候，或者这个单位，会降到一营。然而普通的情况，总是一团。这也有个原故,向来分驻的兵,大概总是一团管一区,三营分扎。这三营再各自一连两连的分开。论他驻扎的时期,一连扎一个地方,是很不久长的,就是营也要常常调防。然而成团的调防,就比较稀疏得多了。所以有一团在一个地方的公共作弊计划,就可以轮替分肥,这是一面。一连两连作弊,上官立刻晓得,就可以处置他。别的不作弊的营头还多着,抵抗不来。到了几营,便拥了可以反对人的资格了。要解散他一团兵,的确是惊天动地的事,和解散一两连不同。明欺你不敢解散他,所以他也敢作敢为,不比连排长小胆,这是又一面。总之,现在的兵,普通成了一团才有势力,下一点也要有一营,这是很显著的。比方现在的一师人里头,如果有一团步兵,是团长以下联为一气,反对他的便是附骨之疽。有了这一团人,其余的三团步兵,马、炮、工、辎都要管束不来。因为这些兵虽然没有站在反对的地位,他是随时可以加入反对一团的,所以事事非敷衍他不可。本来团长已是离目兵较远的了,然而编制上团长仍旧适合于散兵线指挥的。至于旅长以上,本来原则上用不着他到散兵线,所以一切规制,都跟着这一点来。弄到团的个性非常之强。如果师旅长怕部下拿不住,他只有一个方法,就是自己兼起团长来。有了一团的兵,就可以威压其余各团营了。近来的军队,你看那一师那一旅没有兼团长的事情,或是师长、或是旅长兼,或是参谋兼。甚至于身做督军,兼任师长,再兼旅长,又兼团长的例也听过。他难道做了督军,还希罕这团长的几百块钱薪水公费么,他实在是要这一团人做他的基本队伍。他如果丢了这一团人,就没有这一旅。丢下一旅,没有一师。丢下一师,没有一省。所以他要做督军,还得要做团长。那有人也许疑心,为什么他这位督军,不从连排长一路兼下去,把目兵、伙夫、驮载马都兼起来呢,这个就要回复到上头所讲单位来了。一团是兵的团结里头能够有势力的初步。自团以下,轻易不敢反对人。自团以上,很容易受团的反对。所以兼任要到团长为止。如果是兵力分布得散漫的,也有例外,就是一个镇守使,兼司令,兼统领,又兼营长,也不是奇事。这个也是事势逼出来的,并不是他贪恋。一面是如此才能够维持着他自己的地位,一面也可以晓得部下作弊到什么程度,好来调剂伸缩。所以团营长的重要,是对于上官做得好做得歹的重要。连排长的重要,是对于目兵督率他做歹事的重要。完全不相同的,却是团营长到底做不了好事出来,因为连排长没有督率兵做好事的力量,所以团营长也只好叫他督率着做坏事。

讲到上级官,只有说一声可怜。民国以来,光是陆军上将也有一百几十人,中将有一千内外,少将有几千个。如果要一个个都照阶级补起官来,那中国军队,大概足有一千师。这种现状,叫外国人听了,只有笑死。那几千个上级军官,实在能够有军职的不过十分之一二。其余就在那里鬼混,不是想拉这一个的兵,就要请求那一个准他招几百名土匪。这些人,起码当司令。稍为有点气派的,还要加上总字。实在都叫做战不能,守不可的,一无用处。如果想在军队里头借他一点势力来改革,他也决其不能容你自招,最高不过拨人家几营归你带便了。有一点乘着打仗的时候,招集些旧部,聚了一千几百逃兵,也号称师长、旅长、总司令了。大概以救国自任的,想拿着势力来实行主义的,都只有在这两条路上走。

人家拨来的兵,可以拿来改革么?决不能的。比方有一师兵的人,给一旅你带;有两三支队的人,给一个支队你带;算是很讲交情的了。他那些团长统领,你想动他一动也不能。师长、总司令给兵你带,你要多谢师长、总司令。这些团长统领当时肯受师长总司令的命令,师长等早已要多谢他们了。后来你接这旅长和司令,他们不来反抗,更要多谢他们了。中国近年军队里头的上级官,十分八九是坐升,只有十分一二是调补。他团长不能升旅长,已经是一个不平。承认别个人做他的上司,又算是人情。忍着不平来做人情,自然要求一个纵容作弊的默诺。你这接了任的旅长司令,想要拿他这些兵去改革,不是梦话么。实在插身进向来没有关系的中国军队里头,单靠上官的信任,是完全不行的。接任以前,先要揣摩这些团长统领的脾气,巴结他,奉承他。接任以后,打听他要做什么坏事,和他商量那件利益多,替他打算那个方法好,这支兵就带得稳了。统领要嫖,就同他嫖,要赌就同他赌,要种鸦片就同他种,要绑票就和他绑,这个旅长司令就有人和他一齐去拼命了。然而“改革”两个字,就离得远了,主义和军队是不相容的了。从前想拿了势力来改造社会,现在有了势力,才被人家引用来做社会应该改造的例证,你说可怜不可怜呢? 如果不用这些揣摩的手段,要来带这些兵,一定就是命令不行,调度不灵,弄到你非辞职不可。你觉得这个营长好一点,他就先和这个营长作对。你觉得那一个连长不好,要罚他,偏要把他请提升,请保奖。一切都和你反对,你就厚着脸皮做下去,决其没有方法可以改革这些军队。这就是先前所说的,成了一团以后,个性非常显著,旅长司令变更不来了。并且拿着这些军队,也万不能打仗,变了支干薪一样。

乘着扰乱招起来的兵怎么样呢? 一个人要招千把兵,不是容易的事情。一定找了许多民军贩子,再派些无聊政客,去结纳那些地位摇动未有归宿的营连长。招民军的时候,说有一百人的,委他一个连长;说有三百人的,委他一个营长;算是顶公道的待遇了。然而说一百人的,未必有三十人。如果有三十人来,这个连长也不能赖他的。说三百人的，保不定有一百个人，然而这个营长也是非给不可。不特如此，这一百几十人，还许有一半没有枪的。这些运动来的，一定是豫先订定，排长升连长，连长升营长，营长升支队长，自然所有的兵也是随他报的。所以有了三两千杆枪的时候，一定弄到七八千兵额，编一师还位置这些人不了，这已经是一个笑话了。然而这些民军散营头，也是久惯拿来做生意的。今天受了张三的委任，明天还要向李四接头。他的关系，真所谓合则留，不合则去。张三拿了兵不够算，还要运动李四的。没有运动好以前，早被李四把自己的部下运动去，这些例真可谓数见不够。平生交好，患难朋友，到这个时候，也会因运动部下，成了仇雠，轻的互相攻夺，重的就互相杀伤。问他们到底为着什么来，张三也说是为扩张势力，实行主义。李四也说是扩张势力，实行主义。到底主义实行不了，同志相杀，就实行了。请问这个时候，还有谁能够约束部下，谁能够改革弊端，谁能够冒着险来换一两个作恶的长官，谁能够不把种烟、开赌、强奸、强抢来做逢迎部下、巩固团结的手段。实在世间的坏事，只有是中国人想不到的，断没有中国这些兵队不敢干的。做了这些军队的首领，改革两个字只好留在公文告示里头做些词藻就了事。如果有这样笨的人，想实行试一下子，就有杀身之祸。

从上头一路说下来，不问你当那一级的军官，要想改革军队，拿来做改造社会的基础，一样是办不到的。地位越高，越没有改革的余地，这为什么呢？我们可以看得出，这是目兵的压迫，是从下级压到中级，中级压到上级来。这些目兵，和他做不好的事，件件都可以成功；和他做好的事，件件都要失败。我们非是到目兵一方面去，观察他所以致此的原因不可。

（三）

平常的人总会想着，觉得奇怪：为什么做兵的，打仗的时候不会逃走？他如果在中国的军队里头，得了一个实际的统计，他们更要莫明其妙。实际打仗的时候，因为兵士逃走，减少了战斗员的例，却是很少。到了不打仗的时候，你如果稍为照规矩来办，逃兵一定很多。要他送命的时候，他不逃；不要他送命的时候，他到逃起来了，这是什么缘故？

平常的人总想着，如果爱惜士兵，到打仗的时候，一定得他肯拼命；如果平日军纪整肃，到打仗的时候，一定格外得力。然而按事实而讲，也有爱惜士兵，而士兵替他拼命的。也有爱惜士兵，士兵偏不拼命的。也有军纪严肃，临阵收效的。也有平时只管严肃，到战时简直维系不来的。激厉之术，至此俱穷。在军队以外的人，真有时莫明其所以。

上头这两个疑问，可引人到研究兵的心理这一条路。我们现在研究兵的心理，有一个要先承认的原则，就是兵的心理，几乎可以说，全是兵的生活做出来的。现在当兵的人，实在是无所不有。从前读书的、经商的、做工的、做田工的、抢劫的、拐骗的、走私漏税的，都荟萃在兵的范围。他们的理想、习惯，没有进营盘以前，是千差万别的。等到收拢来，放在一个营盘里头，那他的心理，就渐渐不谋而合了。到了当过几年兵，取得了头目"老兵"的资格以后，简直叫做一副板印出来的，找不出两种脾气。这个除了说他们的心理通是受这些生活的支配,没有别一个说明。这个原则我们认定了以后,就要从兵的生活着手研究。

兵的生活:第一可以看的,就是常在不安里头。这和前头逃兵的一个问题,很有关系的。实在当兵的人,一进营门,就定了随时要去死的运命,这是当然晓得的。但是说他真是个个不怕死,才来当兵,决不是的。都是一面怕死,一面来当兵。但是他只管怕死,他决不晓得自己什么时候死。一进营门之后,还没有开差到什么地方打仗,他心里总不会想着,立刻要拼命。等到开差的命令下来,新兵的心理,自然说"这回来了"。却是一营之内,总有一点老兵。这些老兵,都是听见开差就喜欢的。新兵的精神,就被老兵征服了。有一点犹豫,就在犹豫当中,他的长官,拿着一个人的决心,少数人的乐从,就把这多数人裹胁了去了。到了军队行了战略上的展开,他们的所属部队,受持了一定区域的任务的时候,新兵的心里头当然又有一个摇动。然而这些摇动,还不能成一个决心来逃走。因为打仗死的危险,还是几天后、几个月后的问题,现在一走不脱,就是立刻的问题。凡没有勇气的人,对于立刻要解决的问题,总希望他不解决;对于日后要来的问题,总要设法避过他不提。后唐潞王从珂说:"勿言石郎,使我心胆俱碎。"其实不讲石郎,石郎还是要来的。他只想躲过这一时的困苦,就是和兵卒不愿意理几天后打仗的事情一样。还有武安君在长平坑赵卒,项羽坑秦卒,都是一样几十万人死完了,都没有逃走和反抗的思想。可以见得兵卒里头,不但争先打仗的要有勇气,就是率先逃走的,也要有勇气才行。平常的人,看别人不走,心里只管不敢进,脚下到底不敢退的。何况打仗还在几天以后呢。等到散开以后,枪弹、炮弹,继续着来了。前进固然有危险,后退也未必得脱。如果有工事的,就伏在堑濠里头，比向后走出去安全些。没有工事的，伏倒在地上，比站起来走也安全些。所以新兵初受枪弹炮弹的飞洒，听机关枪和大炮的声音，虽然很怕，却少有跑的。不过没有一些老兵，逼近冲锋，就不容易。等到过了一仗之后，立刻会死的恐怖过了，这时候更不做逃命的想头了。跟着这样，见过几仗，打死的已经死了，不是兵了。兵队里头都是打过仗不死的人，到了打仗的时候，也不很怕了。这便是战斗间逃兵很少的原因。

所以兵因为怕死不敢逃，而心里头总常常计较着，自己是随时可以死的。在普通的人，对于自己的生活，能够打一个长远的算盘，就觉得没有什么顾虑，最怕的是今天不晓得明天的事。如果是今天不晓得明天怎么样，自然会有日暮途穷倒行逆施的想头出来。不特兵是如此，就是普通人民，也未尝不如此的。韩退之写当时朝廷里的人心理说："今日曷不乐，幸时不用兵。无曰既蹙矣，乃尚可以生。"就是什么计划都立不来，所以弄到偷惰苟且。然而在兵这一方面，这些朝不保夕的情况，的确是特别利害的。所以他的日常行动，决没有长久打算。没有说我为一年后有什么效果，来做一件事。也没有说我为一年后会有什么危险，来不做某件事。只有立刻见效的"花红"、"赏犒"，还可以稍为动他一点。但是这些兵，得了一点钱，也断不积贮的，还是嫖赌吃喝，几天里头弄个干净。和这些兵来讲，改革了以后有什么好处，他先是懒怠听了，还讲不到相信不相信的问题。

在打仗的时候，精神奋兴，不会感觉到这一层。等到不打仗的时候，他的精神上紧张弛缓下来，没有应该做应该注意的事情。这些生活不安的压迫，就现出来了。所以不打仗的时候，如果碰到驻扎的地方不相宜，疾病多一点，搜括钱财的机会少一点，就会逃出去了。逃去的兵,也并不归农,也并不做工,他只望别一营里头钻,还是当他的兵。不过离了没有利益的营盘,走去有利益的营盘;离了有纪律的营盘,走去没有纪律的营盘;离了教练时间较多的营盘,进去完全不教练或是教练时间较少的营盘。所以这一种逃兵,还是苟且的逃法,还不是避死就生。不过是有死的威吓在一边,可以暂时避劳就逸,避苦就乐,这便是平日逃兵倒转多的原因。

在这个时候,带兵的人很多是很愿意这些兵逃去的。虽然做不到奖励他逃走,但使他走的时候,没有夹带军装,就万万没有再去追寻的道理。因为这些兵会逃,一定是驻扎的地方不好弄钱,如此那长官也不能在地方弄钱了,就只有向"截旷"想方法。什么叫做截旷呢? 一师有一师的定饷,一营有一营的定饷,领饷的时候,总是照足额领的。然而官弁目兵总有告假、开除缺额的。这缺了的饷,截留起来,就叫做截旷。本来应该把某官某兵旷了若干天,从那天起,到那天起,统共上饷若干,按月报解,抵领下月火食正饷,本来无从私自收起的。但是近年的军队,无论怎么样设法,这个截旷,一定弄不清。本来饷也不按期发,所以截旷也不能责成他按期解,更不能按期查考。缺一百个,报五十个也可以的,报三十个也可以的。缺一个月,报十天、五天,都可以的。所以带兵的,最望兵逃。逃兵本来有罪,断不敢自认的。所以他这旷饷,就可以安安稳稳吃下去,不用截了。所以兵当打仗的时候逃走,是官和兵都不愿意的。如果是在平时逃走,那是大家有益的。

逃兵问题,这一下子可以解答完了。但是这个兵的心理,还觉得说不显豁。因为他这生活不安,弄到他苟且是还可以懂得的。为什么他总没有丢了这种生活的心事呢? 这还是要说明的。实在做兵的人,不愿意回家度日的还多。试看从来解散的军队,那些官长,自然不容易逗留。目兵以下,一定是借口种种问题,留在解散的地方,等候招补的机会。因此发生案件的,不晓得多少。他所以不愿回家,就因为他在军队里头的时候,已经养成一个"万事不管"的习惯,来适合他的生活。他兵虽然没得做,习惯还不能改。一出营门以后,问他有什么愿意做的,能够做的,他实在回答不出。只好再向从前不安的生活里头,求着过苟安的日子。

他这营盘里头的苟安,实是很可惊诧的。从前广东有一个地方,出了一个小小的强盗,叫做吴培。这个地方驻扎的兵队,都晓得他,认得他;然而怕着惹事,都不敢捉他。他乡村面前河上,扎了一支缉捕扒船,有几个兵。每逢吴培打抢完回来的时候,走到对岸,叫一声:"吴培回来了。"这些兵立刻开了张小舢板,渡他过河,像他的卫兵一样。他们没有别的,只是在那个地方驻扎,怕着生事,所以宁愿巴结强盗。再如果案件多了,他们还要暗中通知强盗,赶快跑。这都是从顶不安的生活里头,弄出来的苟安方法。他可以和强盗成了默契,别的事更没有不可以做的了。

(四)

兵的生活第二个特征,就是突然的过度劳动。这些没有准则的过度劳动,令他成一种自暴自弃的心理,这个也是老兵的一种特色。本来用兵的人,不一定反对使兵卒过度劳动。有些时候,还要他的过度劳动才好用。因为一个人的精神,经过过度劳动以后,变了偏枯不健全的。对于应该咒诅的兵的制度,自身并不咒诅,却对于世界上一切事物,都咒诅起来。不特妨碍他的,要受咒诅;就是帮助他的,也不免被他咒诅。我记得前年某岅某支队,前年到一个乡村,这个乡村,本来受敌兵的骚扰,见了某军来,格外欢迎。这一队从很远的地方来到,虽然没有打仗,已是很辛苦的了。得了乡村人的欢迎,吃了乡村人烧出来的稀饭,也算可以了。他们白吃了稀饭之后,不特不感谢乡人,并且把所有盛稀饭的木桶碗箸,一起都打坏了。问所以然,他们自己没有一个讲得出的。其实这种是极普通的迁怒,他们受了极度的磨折,无论向那一面,都要出一出气。带兵的有时就利用这种迁怒的心理,叫他去和敌人打仗。

我当前年的秋间,曾经见过有一队南军移防的兵,从甲县走过乙县。有几个落伍的兵,倒在路旁,拿他们的身长,来测度他的年纪,大概不过十七八岁。想他出来当兵,也还不久。我们想着慰问他一下子。不过一走近了,就看见他们满脸的怒气,很怪人家要可怜他的样子。不多几时,又碰到一群北兵开差,每个兵扛一个铺盖,到出城门,一个兵朴的一声,把铺盖丢在地下,自己哭着也睡倒了,再不走了。后头来一个头目拿根藤鞭,拼命的打。地下的营兵,死也不肯起来。论理这些军队,不是很容易打败仗么。其实不然,这两次所见的兵,都是很能打仗的,而且是经过这些劳苦之后,仍旧能打仗。他的长官,行李有护兵拿,自己骑着马,或者坐着轿,高兴着一百几十里一天的跑,何尝有一些爱惜士卒的心事。但是这些兵丁,经过劳苦之后,总要出气,碰着敌人,就和敌人拼命。没有碰着敌人,也要向地方骚扰一下,破坏一点家屋器具。如果是有美术,有好建筑,他一定也要破坏净尽的。那带兵官就利用他这种性质,去战胜敌人。

这些兵卒,不特迁怒,并且反常。有许多很艰难得到的地方,到得到以后,他不肯去守了,仍要让人抢回去,他宁愿再去抢一回。平日最相好的,到那个时候,可以相骂相杀,不要什么理由。所以带兵的本领,不光是平日待得他们好,也不在训练得多(这些都是很要紧的事情,但不是决定的),却在乎看得出一般兵丁的心理,现在变到什么地步。把他平日苟安的心理,变做自暴自弃的心理。趁着恰好的时候,利用他、引导他,向适合于本军目的的一路走(如攻击敌人),不叫他把力量太过消费了到别的地方去(如破坏家屋和私斗)。这看得出、转移得来、引导得来,三层,都是一种天才,和学力没有什么关系。但是在转移兵丁心理的时候,他们却有一脉相传的手段。

本来战术上,强行军于战斗之前,是一件可忌的事情。但是中国的军队,往往在强行军之后,可以打胜仗,而失败的往往在那些守御久了的一线。这一个事实,可以证明上面那一个原则,因为要求兵士的过度劳动,和要求他过度精神紧张不同。这些兵虽然驻扎在一个地方,没有抽动,他的守御,还是要他精神紧张。在这些兵士,大概都是抱着那杆枪睡觉。睡梦中有一个人说两句梦话,就跳起来说:"来了来了。"跟着伏倒地上,枪指着外面,像机械一样。等一会子,没有什么声息,才又去睡。如果真有一个失手打了一枪出去,其余的就不问青红皂白,一阵乱打。有一回,南北两军接近,在一千密达以内,两边都筑起垒来。一天晚上,村里人走失了一条牛,在那里追,那牛便跑在两军当中去。这声音一来,两边的兵都开了枪。开枪不算数,还要开机关枪。机关枪不算数,还要开炮。打了许久才停了,大概两边都要去了几万子弹。到第二天,才晓得两边所认做夜袭的敌人,通通只有一条牛。尤其可笑的,就是连一条牛,也并不听得打死。然而这并不希奇,因为防守的兵,本来不是看清了目标才放枪,只是一阵乱打。他乱打的意思,就是借着枪声,来壮自己的胆。这是精神紧张时间太久的结果。对于这些军队,无论那一方,只有突然用新加入战线的兵队,来取攻势,没有不得胜利的,因为他是真没有拼命的意志了。反转来,这些新调到的军队,你只管叫他带着全副武装,一天走一百多里,接连走上两三天,才来攻击,这些兵还是可以打胜仗。

然而这些兵队的过度劳动,一定是突发的,才有这个效果。如果是一向如此,那兵的战斗力,一定减退。所以有些兵,是日夜在那里操练的,论理应该是一定胜过不操练的了。然而事实相反。所以从前的防营制底下养成的军官,一定在那里拼命反对现在的陆军教练。他的惟一理由,便是他曾经用过很少的防营制兵队,对抗优势的陆军制军队,并且打胜仗。但是他忘却一件事,他所对抗的陆军制军队,虽然时时有操练,却是营房没有,被服不完,给养不足,每天所能够负担的工作,自然有限。在这些兵队上头,再加以操练,那平常已经是过度劳动了。一到用起他来,自然没有操练的效果。所以那些反对操练军队的人,就拿来借口,说操练不中用。其实何尝是操练不中用呢。

带兵的利用兵士的过劳,来令他迁怒,这本是一种手段。然而除此之外,他们还有一个秘诀,就是劝赌。凡有兵丁,都是愿意赌钱的。打下一个市镇,第一天抢钱,第二天劫色,第三天就赌,这是中国军队的印板工夫。到了第四天以外,就看出带兵的本领来了。不会带兵的,赌过以后,兵丁一定是打架,如果有一个地方两支以上的军队,打得更利害。但是要有会带兵的,他只把所部一带到别的地方,或者就在原驻扎地,一面清查禁止骚扰,一面禁止兵丁外出,就行了。他这禁令,名目上叫做为地方安宁秩序,实际骚扰早已骚扰过了,他现在下这些命令,不过是为自己的军队设想。他晓得兵丁大赌以后,一定有许多赌输了发急的,这种人便是他下次打仗的材料,他找来拿点言语激励他,碰到要打繁盛的市镇,他们自然希望着抢,碰到没有可抢的要紧地方,可以用"标花红"的方法,来引起他的兴味,最勇敢最出力的,便是赌输了的兵。然而如果在赌输以后,打仗以前,自己去拼一两回命,这气又泄下来了。所以要在恰好的时候约束他,不是为地方。如果在扎久了没有打仗的时候,他就只有督率开赌,纵令兵士去赌,并且禁止抢赌的方法。这一来,不特可以得钱,并且可以得许多赌输了肯拼命的兵士,到打仗的时侯,还是奋不顾身。这个相传是曾国藩的秘诀。是真是假,虽然没有考据,但是我明看见防营出身的人,没有不信这个学说的。

除了开赌以外,招致土娼,开设茶馆,用种种方法,来敲剥兵士的钱。等他们发穷急的时候,再叫他们打仗,用这个方法的将官也不少。然而同是用这个方法,有成功的,有失败的。如果用得不恰当,那自暴自弃的兵,他可以兵变,可以各营私斗不止,可以私卖子弹来供嫖赌,甚至连带兵官卖了去。这是不能够在恰当的时候利用他转移的缘故。看得出,转移得动,完全是天才。

从这一面讲来,为什么不爱惜士卒的,有时会打胜仗;不肯操练的,有时也能够打胜常操练的;也可以明白了。军队里头,恩怨虽然还不完全没却,但是有时忘大德而思小怨,也会有时忘大怨而思小德。这就是自暴自弃的一种表现。

（五）

我们再进一步看，更可以晓得兵的生活，是束缚的，是没有决定自己所做的事情的权利的，是做了事不要负责任的。现在讲来讲去，什么叫做军纪风纪，都是假的，只有要养成像机械一般的军队，令行禁止，供一个人的用，是真的。所以就用种种方法来束缚他们的自由思想。凡有由命令来的事情，都算做好。凡有不由命令，各人独专行的，都算做不好。这个论作战上，本来是不得已的。因为如果各人自由判断，应该怎么样做，各出主意，一定弄到一败涂地，不可收拾。所以指挥统一，绝对服从，在军队里头已经成了不可动摇的原则。但是这个原则，本来是限于作战的时候；而那些适用这个原则的人，一定要适用到不关于指挥作战的事情上头。本来没有作战以前，那一个是敌人，是应该决定的。决定那一个是敌人，不能纯由一个最高级长官命令下来（那些长官或者就是兵丁所要攻击的也不定），然而长官就一定要不许兵丁议论到战争的目的。从初次教育起，就要消灭他自己批评事物的本能，宁愿牺牲了其他的事，一定要求他绝对服从一切命令。但是这件事情如何可以做得到呢？把全国的事情，弄到一个手里去，他的决定，一定有不切于事情，实际无可遵守的，于是生出一个形式上的服从，消极的服从来。本来作战上服从的效用在"令行"这一方面多，在"禁止"这一方面少。然而到现在这些军队，就是禁可以止，而令不必行。而且所谓止，所谓行，都只在表面，实际也不做到。所以军队里头的诈伪,非常之多。到近年的中国军队,就更不行了。下一个命令先要商量过,人家到底服从不服从。看着可以得服从的,才下命令。不过有一层是要紧的,就是认那一个做敌人一层,要他完全信托主将,服从主将,其余都可以敷衍了事。所以作战上所要求的绝对服从,现在都没有了。你要他进攻,他偏自由退却。你要他向左,他偏向右。然而作战外所要求绝对服从,就是服从最高长官指定敌人的命令一层,还在那里拼命维持。因为要达这个目的,就断绝了兵士智识的根源,甚至于报也不许看,书也不许读。所以兵丁做了南军,就打北军,做了北军,就打南军。他手里开的大炮、机关枪,一天不晓得杀了多少人,他决不想这是我杀的,只说是受命令。某地的军队捕了学生去,学生对他说爱国的道理,他说:"我何尝不晓得,只是这件军服束缚着我罢了。"某地的军队受了向学生冲锋的命令,就闭着眼睛冲过去。问他为何要说晓得,要闭眼睛,自然是还有是非之心所致。然则何以闭了眼睛就可以冲锋,穿了制服,就不能不捉人。这因为已经养成了做事情不要负责任的习惯。什么人是敌人,不是他有权判断的。成了习惯,就不管什么人,只要有命令来,说是敌人,就当他做敌人了。既然算是敌人,打了也不负责任。

照理想,军队是要服从作战上的指挥。除此以外,就是一般关于军纪风纪的规律。然而事实上,这些都可以牺牲了,换得一个服从指示敌人的命令。从此在当兵的人,只有拿是非的判断和行动的指导,分做不相关的两件事。兵所做的事情,在兵自身,未尝不可以晓得为是非;但觉这些事情,于应该怎样做这一层,不发生影响。在要求士兵服从的本意,是说士兵见利害,不如高级指挥官的明了,所以要他服从。然而现在打仗,实在是一群兵自己随意行动。只有判断是非一层，本来不是那个原则所要求的，现在却完全委托了人。因此兵士的心理，实在是很放纵的，并不是守规则的。碰到长官来，立正、举枪，还你一个体面。此外实在不可以再问。他以为那一件是，那一件非，不过是凭空讲讲，并不作为自己行动标准。上级官所要求的，都是叫打某人就打某人。这些规则，并不要紧。既然蔑视了规则，又不拿是非做标准，所以他的命令外举动，完全是兽性的冲动的，和命令下的冲动，是盲从的刚刚相反。但是他天天所做的事，大概都是命令外的事，所以也是放纵的。比方军队驻扎在一个地方，一定要找土娼去嫖，找赌场去赌，碰到人家的牛羊鸡鸭，就用枪打死来吃，有树木就砍来烧火，就是用不着的，也要拿一两件去顽顽，转眼间又丢了。这种实例，写也写不尽，只看那兵队驻扎过的房屋，就可以说明一二了。广东潮州和福建漳泉，都是房屋很讲究的，用石头做门楼，用细木做门窗，都是很细致的雕刻。这些好房子到打仗的时候，都给兵丁做营房了。南军的，北军的，从前住过的，现在有兵住的，我看过的不少，都是破坏到不堪。他的破坏的顺序，大略也有一定。最先去的就是门户，因为他们无日无夜，是不关门的。第二就到窗棂了。第三的就到楼板间壁柱子。末后就是统全间拆了。牌坊和门楣的雕刻，尽有很玲珑的，烧不去，推不倒，就用锤用棍打下来，顽一两天丢了。所以见着的，都是断井颓垣，而且雕刻的没有一件完全的。甚至于有一个时候，某长官要盖一座亭子，限着日期，叫工程师去办。把柱子通量着长短做好，堆在一起，预备明天早上逗合起来，可以应期。那晓得早起一看，十多根柱子却不见了。这工程师到聪明，立刻晓得是某长官的亲兵做的顽意，到那营里一看，柱子果然有了，然而已经都截开做一尺长短的小木节了。工程师只可认晦气，长官也只得展限期。民国元年的时候，龙济光在广东住了三个月工业学堂（从前的巡抚衙门），到搬出来以后，那个地方，只剩了司令房间和军械室有点影子。此外惟存砖石，并无瓦木。诸如此类，都是兵丁的放纵行为，就也是要求他绝对服从的结果，不许他有辨别是非的权利的反射。他们兴到就做，做完拉倒，断不会从是非上头，批评一回自己的行动。

（六）

此外兵丁的生活，我们还可以看出他一个特征，就是倚赖的，所以他的雷同性很丰富。外面的人，看见兵做事，都以为兵是很大胆的。其实他若果剩了一两个人，没有联络，他是很小胆的。兵丁往往在一个时候，会自己闹出很大的事情来。然而事情闹起来以后，他们却完全没有主意，就是平素倚赖的生活弄出来的结果。比方现在发火食，每连每日不过二三十元，各连领火食的，总是五天以下。他一连的兵士，除了问连长以外，没有地方找饭食。平素已经如此，所以一离了他的长官，他们要自己出主意做事情，简直不行。第一他的火食就没有来源。如果向地方一抢就散了，散了之后，一定是逐个给人家拿住。所以老兵晓得自己的弱点，决不肯离去大队的。比方一营打败仗，溃散下来，这些兵丁如果不死不降，一定是在前日宿营地附近彷徨，来往找同伴。如果看见有几个人聚在一起，就立刻走拢去，转眼间就几十人了。成了大队之后，他才可以有倚靠食饭。实在兵丁集合起来的时候，有枪自然气很壮。

如果是一两个人,他的枪还是一个祸的,不特见着敌人不得了,就是乡间人碰着,也要抢他的,倒是麝香象齿一样。他从当兵以来,用枪杀人的事,只管干过许多,都是跟着大队做的,如果剩了一两个人,就一毫的勇气都没有。所以兵丁要靠同伴才有他,而一连的结合,尤为紧要。比方这一连变了,如果没有另外的统军机关,任命他连长、司务长替他们经理,他们立刻要乌乱起来。当民国元二年的时候,各省往往有反叛的兵,一面在那里和都督的兵打仗,一面军需还到都督府领火食的。因为兵丁虽然叛变,他并没有豫备,一旦他的火食用尽,就要迫连长军需。连长自然没有方法,军需他只晓得都督府可以领钱,就跑去领了。他这没有主意的行动,无论兵数怎样多,没有不失败的。可是他这种依赖生活是做惯了,他们独主动作实在做不到。

因为他们要靠多数人才有胆,而各个人还是互相依靠,不会有特出的主意。所以只要有少数人,是豫先计算好,或者临时偶然做出一件事来,其余的人不问理由,都会跟着来的。一连之中有了几个人或者真是天性勇敢,或者因为无聊拼命,这一连的人都会跟着前进。偶然有一两个人精神颓丧,就会牵率到一连人。前年南北战争的中间,有一回南北两军苦战了一回,各自退却了,一个副官带几十个人碰上来,占了一个要隘的例。也有一个火夫,碰着六十几个敌人,徒手把六十多杆枪都缴了的例。几十个人,可以转败为胜,又可以把枪缴给一个徒手的火夫,这都是跟着几十个人里头的一两个人做去的缘故。不是这些兵的素质,真是勇怯相差如此之远。

从来说的强将手下无弱兵,差不多近代的兵队,没有可以算做弱兵的,毛病单单在没有强将。因为社会上经济的逼迫,已经到了极点,他们没有进营盘以前,已经有一种自暴自弃的心事。到了军队以后,他只可以向着苟且、迁怒、放纵这条路走。这些很不好的字样里头,含着许多现在拥兵的人所要求的要件。并且晓得终归被杀,不如趁早多杀两三个人,这便是兵丁勇敢的理由。营盘里头的人生观,在这几年间的确变了许多。所以这些雷同的兵,可以拼命前进,也可以拼命退却(这四个字是北军将领通电里头有的)。拿着肯拼命的兵还说他弱兵,就太对不起兵士了。

(七)

兵的生活,还有一层是非向上的。从来打仗赢了,官长是有升迁,兵总是仍旧的,只有几文赏钱,又被长官在那里劝赌劝嫖,一下子弄个干净。排长有功,不过几仗,就可以升到连营长去了。和这排长一起打仗的兵,还是当兵,没有出息。所以兵丁想靠资劳来升进,总不可能。就是杜工部所讲:"我始为奴仆,安能树功勋。"的确是新兵一种心理。

然而现在的军官,出身行伍的很多,这是那里来的呢?我们可以把他们来分做两类:一类是由长官特意提拔的。这些提拔,完全是营长、统领的植党营私一种手段,决其不论功勋。只要巴结得上,先成功了护兵、护目、马弁,就可以送入所谓随营学堂、讲武堂、军官讲习所、学兵营、速成学堂等等,混几个月。不要学到什么本领,只要一张文凭,以后就可以巴结从事。要能够放个小差遣跟着打仗,就有排长可以补,从此便有升迁了。再有一类,便是兵丁自已搅变乱的。从第一次革命以来,这个"杀得连长做连长,杀得营长做营长"的两句话,竟成了运动军队的不成文宪法。所以这些兵队,时时都想得这种天外飞来的富贵。湖北起义后,由目兵出身超升做师旅团长的也不少,营长以下不用说。这也完全和他的功勋没有关系。虽然没有功绩的人,总到不了将校的地位,然而许多有功勋的,也没有得升进。升官的几个人还是靠着结连党羽,自立名号,夤缘得了地位,不是光靠功勋。这两类虽然不同,却有个同一的结果,就是兵丁都带着一点侥幸的心理,因此更生相信命运的心理。他努力的程度,和所受的报酬,不相比例。努力很少,富贵也可以到手。努力很多的,仍旧不免是奴仆。人家的努力,或者自己沾丐了得利。自己的努力,或者完全被别人冒了去得利益,只可说他是运气。既然相信命运,就一定把明明没有希望的事情,都姑且去试试,所以又成功了侥幸的习惯。从来防营里头的人,没有不相信风水相命的。并不是这班人特别蠢愚,实在是他于这些升沉荣瘁里头,着实有一番经验,晓得兵丁有没有出头这一层,断没有公道可讲,然后归到相命堪舆里头。于是带兵的对着兵丁自称福将,大言不惭,想着兵丁信他不会打败仗。然而有些野心的兵丁,也俨然以将来的福将自命了。我看见的"福将"真不少,但是他部下存着"大丈夫不当如是耶"的心事的人,更要多几十倍。

这个侥幸的心事,令他们生出多少勾结、串通、迎某、拒某的事情来,即使身死事败,断不后悔。大抵一营一团起变的兵,都是打仗的时候,顶勇敢最得力的兵丁。他行险侥幸,本来没有什么目的主义,只是没有向上的路子,只有趋向这一途。凡有侥幸信命运的,一定还是看风头。风头稍为不好,便都收起来。风头要是好一点,又争着去做了。二次革命以前两个月,替袁世凯打制造局的人,转眼就帮革命军打袁世凯。过得一两个月,又站在袁世凯一边了。这些人也可以算看风头,也可以算做信运气。所以打得仗的兵,不必是靠得住的兵。信运气的兵,不是安命的兵。安命的兵决不能打仗,信运命的兵可以打仗而不可靠。

(八)

此外我还可以举出特种的兵的特殊心理来研究。一种是征服者的客军,一种是自战其地的民军。论征服的客军,虽然是特殊的兵种,其实在中国现在的军队讲来,还是主力,还占多数。中国现在征服人的省分养兵少,被征服的省分养兵多,所养的兵都是由征服人的省分派出来的兵。大略来讲,中国被征服的省分都是工商业发达,可以抢掠的财比较多;征服人的省分大概都是农业地,工商业幼稚,享乐种类少。所以那些兵一入了被征服的地区,就像日耳曼人进了罗马,个个都打满载而归的算盘。所以这种军队,是另有一种心理,出于上头所讲以外的。

他们当初打进邻省的时候,都是一种羡慕,一种妒忌。民国二年,北军第某师由京汉铁路输送到南边,他的师长誓师,就明明说:"我们住的都是自己亲手造的草房子,南边军队都是高大的洋房。"他这两句话,已经表明了一般做征服者的痴望,用不着说:"你们大家去抢了来住啊。"兵丁自己会去抢了。到了征服地,师长升了督军,放长便兼镇守使。不到一年,就团变为旅、旅变为师了。师旅以外,陆军游击队咧、新编混成旅咧、地方守备队咧、盐警咧、水警咧,差不多和细胞增殖一般,一变二,二变四,快到了不得。这些新军队,自然由征服者的故乡招来,进营盘的时候,他早已打定发财的主意。平常的兵,不打做几年兵回去的算盘。这些兵,却是完全当华侨出洋一样,离乡的时候,便有衣锦还乡的希望带着一起来了。从前防营里头,一定拜一个神,这个神就叫做"营胆",全营都要敬奉他,就和俄罗斯和瑞典等处的兵,每一团人都养着一个动物,如熊、如猴等类,公共去保护养育他一样。广东当没有被云南、广西人征服的时候,各营的营胆,大概都是关帝。因为兵士的倚赖的生活,常常使他们羡慕有友谊的人。等到云南、广西兵来了,就把旧的营胆一丢,新换一个营胆,却是财神。这些征服的军队心目中有什么东西,不用问他,只问问他的营胆,就晓得了。别的营盘,或者不是这样拜法。然而我相信征服者的军队心中,个个都有一尊财神,做他无形的营胆。

这些军队,别的地方和以前所讲一样,只有一层,就是钱渐渐多了,打仗的力量渐渐少了。当初拿少数人来征服一个地方,似乎很不能持久,所以多招一点丰沛子弟来,还怕他不甘心,又用种种的利益来引诱他。兵多了,口袋里钱满了,能够打仗的兵,都变不能打仗的了。代谢的时候到了,新征服者要来了。所以要兵能够打仗,千万不要叫他拜财神。

征服者都是客军,客军到一个地方,少不得要一点土军做向导。然而到征服的事情办完以后,这些土军也在必去之列。所以被征服地的各地方,一定很多被解散的兵,和土匪化合起来,成了一种比较受人欢迎的寇贼。不穿号衣就打劫的军队,所在都有的。这些"兵匪合作"的团体,都乘了征服者交代的机会,各竖一帜,成为近日的民军(第一革命时候的民军不算)。民军的境遇,说起来真是可怜。他自己的力量，不能驱逐征服者。然而如果有一种势力发生出来的时候，这些民军蜂起来攻击旧征服者，也不为没有力量。在那新征服者，正好利用这些民军，来得成功。所以带路的是民军，打先锋的是民军，牵制旧征服者的也是民军。等到事定之后，民军始于收束，终于解散缴枪，没有得好结果的。只有近来这一年多，真可以叫做天造地设的民军得意时代，凡有被征服省分，或多或少总有几支人。这几支民军，本来如果打仗，是一定被敌人消灭的。然而如果讲和成功了，也一定被他的友军消灭的。惟有这两年不和不战的时候，招起有枪无枪的几千兵，占了各军不出全力来争的地方，种些万人共好的鸦片烟，欺负一下子乡里不能抵抗的老百姓，一县一个总司令，都不足为奇，可以算得如天之福了。这些军队本来是由兵丁来做主，什么总司令、总指挥，替他鞠躬尽瘁，志决身殊，妄想以为是自己的力量，不晓害了多少好人枉送了性命。而且这些民军头目，向来不肯跟一个人，一面受了甲的委任，一面还要向乙要钱。得到乙的钱，就反对甲。乙的钱用尽了，又和丙商量倒乙。事情一发生出来，甲也说我的部下乙来勾引，乙也说我的部下甲要抢去。就算甲乙是顶好的朋友，一到争民军做部下，就要拼命。所以民军在这几年里头，真是一种"不祥人"。如果征服者的军队营胆要用财神，这些民军的营胆，一定要用夏姬和冯道。

为什么民军要弄到这个地步呢？我们可以看见的，还是他的生活上特征。别的军队只有向国家张口要钱，自己不负责任。到了民军就是无门可诉的孤臣孽子。凡有招民军的人，在成军以前，一定带几个钱来（或是领来的或是骗来的）。到成军以后，就万不能再找外面的钱接济，所以只能在本地想法子。他民军的素质本来不好,枪械也一定不如人,却是那些头目决不肯受小的名义,于是一定多招徒手的兵,好称支队长、营长。以如此的散卒坏枪,只占那些收入不丰的地,又如何能够养这许多的兵。此时做民军总司令的人,一定穷于应付。若果一时能够免得部下的催逼饷项,就算万幸,也不敢说这一件行,那一件不行了。所以民军里头除了种烟、开赌的例行公事以外,新鲜的办法,很有在人意想不到的。譬如某省的民军,有一个办法,叫做派饭。平常驻扎军队,每日要他供给若干。如果总司令来了,总指挥来了,就另下一个条子,某几家要供给一桶饭,某几家要供给一碗菜。如此如此的命令下去,一时间东西就来了。派饭之外,还要派铺盖,忽然闯一道命令要各家供给被窝若干床,各家就要自己的铺盖献出去。此外派的名目还多。有一个地方民军来住得多了,弄到整村的人,只有床板,没有铺盖,只有锅灶,没有碗箸。在没有经过战争兵燹的人,无论如何设想都设想不到的。这有限的民脂民膏,搜括总也有个穷尽之日,所以那些头目,自然舍故就新,甚者还要东食西宿。这通是局势逼成的,不是独有这一班人,格外没有信谊,没有宗旨。他如果不是这样,早已跟总司令一齐饿死了。

这些军队恰和上面所讲征服者的客军相反。两种兵都是很容易打败仗的。那一种因为有钱,不肯打仗。这一种却是没有钱,也没有兴味打仗。客军失败,是豫备走,豫备降,却不轻易散。土著民军失败的时候,不消一刻都散尽了。然而稍为有机会,他又来集合,不轻易投降。而民军的残忍横暴,都是他的制度上自然生出来。如果不要他自己筹钱,恐怕民军的纪律,还要比其他的军队更好。但是如果有不用筹钱可以养活军队的机会,他也不去招民军了。既然要兵自己去找火食,那自然兵丁开除总司令,和别的军队总司令开除兵一样;兵丁枪毙总司令,也和别军总司令枪毙兵丁一样。反复是民军的特性,就是他的生活的结果。侈汰是征服的客军的特性,也还是他生活的结果。

从前满清时代,各省有驻防的旗人,有各地的土匪。旗人到了末年,都是不能打仗的。何以不能打仗?因为他是征服者,有特别的地位。土匪如果是自己打劫,是很能打仗的。然而两乡械斗,请土匪来帮打的时候,一定都是不能打仗的。何以不能打仗?因为他们已经豫备到第二村、第三村帮打,不肯花去子弹,只可骗取子弹。现在的客军,当然可以比美旗人。民军更不用说,从土匪来,但是成了民军的土匪,是帮械斗的土匪,不是自己去抢的土匪。

民军的总司令,很少是和军队没有关系的,大概总是旧长官。这些旧长官,对于所谓旧部,还想用从前正式军队的架子派头,就没有不失败的。但是就不用这些派头,也总不会成功。因为这种民军,不会听命令。你叫他去甲地方,他立刻问你火食,问你子弹。没有,不用说,使令不来。有了,出发了,你以为甲地方是有兵了,不晓得他已经去了乙地方了。如果在乙地方,碰到敌人,一开火就打赢,便没有事情。要不然,他领来的子弹,放出过半,就赶快退却,非退到总司令部不止。你总司令怎么样好战略,都不中用。派出去的,无论是怎么样长于战术的参谋,也不中用。所以做民军的总司令,不是能够叫民军听我的主张去打仗,只是把自己借给那些民军,做掳人勒赎、种烟、开赌、奸淫、抢劫的招牌。还要说这是我的一个势力。

（九）

上头历举各种兵的生活，和他的心理，目的只在说明现在的士兵所以如此，并不是讲兵自己有不好的地方，不好是由生活来的。这种生活，一大半由制度来，一小半还是由带兵的庸人自扰来（里头也许有善意恶意的区别）。所以如果叫我从二十岁起进营盘当兵，我敢相信，现在的我就和前头所批评的兵一样。我如果现在还带兵，我所带的兵，也决不会和前头所讲的两样。我们要把兵来改造，要从研究如何可以改变他生活做起。不然，无变今之道，由今之俗，这些兵纵使可以打胜仗，一定毁坏了你"用打仗来求达到"那一个改造的目的。

（十）

以上所说的，不过令希望拿着兵来改革的人，灰心短气，并没有指示出怎么样能够改变兵的心理，使兵的改造可以完成，因之可以达其他的目的。从来只讲病源，不能开方治病的医生，是不会得人信服的。就是不能治已病，也要能治未病，才有信服的价值。现在这些已经成了习气的兵卒，有了个性的营头，纵使能够听我摆布，我也没有方法改正他的僻性，变为良好的军队。然而如果从新另外编成一种与现在生活完全不同的军队,那并不是没有方法的。这个兵的改造,就可以从这里讲起。

中国古代都盛称寓兵于农,北魏到唐的府兵,还是这个办法。到唐中叶以后,才完全用募兵。宋朝就有所谓禁军厢军,以后完全是以兵为职业的人出来当兵了。明朝虽然还用过各卫所圈地屯田的办法,实在打仗还是要用专练的兵。清朝的兵也是这个样子。这些兵随便招来,一来就要他打仗。从那里得许多豫备军,取之不尽,用之无竭呢?打完仗以后,兵又如何能够遣散呢?就是一个土匪,在那中间,做调盈剂虚的工夫了。招兵的时候,可以从土匪招一点来。散兵之后,兵还去做土匪。所以古人寓兵于农,近人寓兵于匪。为什么从前人总讲好人不当兵,实在只是好人不当匪便了。

这种兵要他能够打仗,自然要讲操练。然而一方面也要他们有奸淫掳掠的兴味,也要用束缚的,非向上的,突然过度劳动的、不安的、倚赖的生活来养成肯拼命的心理。千篇一律的,不止近代的兵为然。可是这种手段,如果在一般政治修明的时代,有许多时候用不来的。就是讲操练,在太平日子,也一定是成为具文的。所以每到这种时候,碰着内乱外患,就简直等于木偶。试看宋初削平各国,真宗在澶渊之役,对付契丹,都是用他本来的禁厢军。等到和西夏打仗的时候,就不能不靠弓箭手了。等到和女真打仗的时候,就不能不靠河北义民了。明朝起首,何尝不用绿营。洪武、永乐年间,屡次北伐,何尝没有武功。然而等到倭寇一来,戚继光一辈也不能不用义乌民兵了。清朝当川楚教匪的时候,已经要用乡团。等到太平天国那一回,就完全靠乡勇来做主力。因为以兵为业的兵,碰了无所用武的时代,完全失了他的效用。一到有事,自然让那另有职业临时当兵的乡勇来替代他。从此旧兵倒霉，新兵得势。再过几时，这些乡勇变为常备兵，天下太平，自然又跟从前这一条轨道走去，这个看湘军的前例也可以看得出。这些寓于匪的兵，要叫他回复到寓于农的兵，是做不到的。中国历史上的府兵，几乎和井田封建一样，成了读书人纸上谈兵的偶象。他何尝晓得这个土地私有权存在的社会，不会有不照样覆灭的府兵。经济上的原因，已经弄到府兵成了过去的遗迹，只可和日本的庄园，欧洲的孟诺Manor制度①并论。现在的兵，是集中的，是常备的，要"农隙讲武"、"立秋都肆"的办法，是行不去的。要各乡各遂各卫各所临时征发，更应不得急。所以就有有田的府兵，也不口用。

前十年一时举国皆兵的话，非常流行。现在因为德国的败仗，人道主义反对军国主义的假胜利，这个声音，就低下去了。然而兵是不可废的，至少在世界没有都变做社会主义国家以前，兵是不能不保存的。招募的兵，就怕他来从匪中来，去向匪中去。所以强制征兵法，还像是一个办法。但是征兵制的精神，就是把不愿意当兵的人，强迫他尽一种义务。而这几年的一般心理，的确是不赞成这种强迫。所以强迫的结果所得的兵卒，一定不能打仗。在清朝初练新军的时候，何尝不用征兵的名义。当时虽然还是招募，却是很不愿意从匪中招出兵来，所以就派出许多征兵委员去劝募。那些委员到了乡间，总是拿说话来骗他诱拐他出来 说得当兵怎么样好，怎么样荣耀。等到骗拐进营以后，就不负责任了。然而来的人还是不一定好人，总夹许多土匪在里头。等到进了营盘以后，大概当兵的滋味多晓得了，除非想在里头运动革命，有点知识的都逃出

---

① 孟诺(Manor)制度，即采邑制度。

来。所以存下的还是和以前的兵性质一样,和所期望的征兵成绩,相去太远了。实在劝诱而来的,还是如此。那强迫得来的,更可想而知。比方征兵征了那些有钱的,不劳动惯的,当然会逃会设法规避(日本这种军国教育底下,还有许多避征兵的青年。十几年前日俄战争刚完的时候,我亲见的)。那用钱规避和临时逃走的风气一开,你有什么方法防止他,不能避去这两个毛病,就没有改造中国军队的效果。因为如此强迫征来的,一定是和招募招得到的一样。虽然不是从匪中来,到底不免向匪中去。举国皆兵,就是一句空话。

现在我们着手,是要弄出一种能有主义的、有希望的、非倚赖的、不突然过劳的、精神上平等的生活来改变兵的心理,完成兵的改造,再拿兵来解决各种问题。我以为只有把寓兵于匪的制度,改做寓兵于工,就是创造一种劳动军。这个劳动军,就是俄国最新的劳动军一样,拿战时杀人的军队,变做平时生产的大力量。一到有事时,还是完完全全的一枝大军,一面做防卫主义的武力,一面又是共同经济建设的先锋,生活的保障。因为他们同时是劳动者,所以很容易授与他一种主义。他由主义上觉得非去拼命打破敌人不可。因为他们是工人,所以退伍以后还有工做,到了不能做工的时候,还有养老制度,引起他的希望,不是那种朝不及夕的不要。他们是工人,生活就没有倚赖的性质。平常习于劳动,而依法律可以保护他们。令他们决不至于过度劳动,就没有突然过度劳动的毛病。然后再拿平等的精神来组织军队,这将校并不尊,兵丁并不卑,自然不会有非向上的毛病了。

（十一）

　　主义就是人生所以能够成为有意义的原因。如果是完全没有主义，那自然对于危险，只有畏怖，没有抵御；对于现状，只有恋着，没有努力把持；便有前头所讲由不安而苟安的结果，不特是不能当兵，并且不能做其他的改革的帮手。因为现在所有改革，都要求不肯苟安的人来担责任。

　　没有主义的兵，和有主义的兵战斗的力量，相差得太远了。从前俄国和德国打仗的时候，所有的兵都不禁打的，一下子就败下来。直到革命以后，克伦斯基政府对德取攻势时，还是如此。一到多数派执政就完全变过了。这三年间，差不多赤卫军是战无不胜。所有反对多数派①的军队，得了外国的援助，四面来攻击他，到底没有一个能抵挡住赤卫军的。都是一样的俄国人，何以前头就望风奔溃，后头却所向无敌呢？不是有主义和没有三义的分别么。就拿中国人来讲，在中国的军队是腐败极了，当兵的似乎都要不得。但是现在赤卫【军】里头，却有整万的中国人当兵。这回波兰打基夫②的时候，有一团中国兵在那里死守，打到一个不剩。这些军队在中国向那里找去。不特在中国，恐怕世界上像这种壮烈的军队，总是没有的。如果说好人不当兵，所以中国的兵不得好。那何以招去俄国做兵的总是好人。如果说将官不行，那现在当华兵指挥

---

　　①　多数派，系布尔什维克（Вольщевик）的意译。

　　②　基夫，今译基辅。

的,不是俄国从前的败将,就是由华工升进的,断不会比别的军队格外好。所以这个"迁地更良"的结果,就是由注入主义于各人头脑之中来的。我们试看三月廿九攻广东督署的选锋,到现在还有做民贼的鹰犬的,他虽有空名,实在完全没有打仗的力量。人还是那一个人,可是去了主义,去求富贵,自然那些勇气,索然而尽。所以不堪一战的兵,得了一个主义,就立刻可用。不避水火的人,失了一个主义,就萎靡无用。

求兵队能打仗,最好令他成为有主义的兵。也有许多人已经晓得了。然而主义不是可以拿一回演说、一张文告,硬嵌进兵卒脑筋里头去的。一定要从他们的生活上头,逼到他自己觉悟,借着说话,借着文章来提醒他,那才可以成为有主义的人。平常男丁因为兵队的生活是不安的,所以总是遇事苟且。现在告诉他们说,我们这个军队,是奉什么主义的,那兵卒还是当做过耳秋风,因为你讲的主义救不了他切身的痛苦。然而如果把他们日常生活说来,告诉他,如此就可以免除痛苦,这样的输入主义,就没有不动心的。现在我们想改造社会,自然要打破经济的阶级,建立社会主义的经济组织。所以如果能够使做工的人,了解了现代社会组织的缺憾,是他们生活上痛苦的原因,自然能够信奉一种主义,为这个主义去拼命了。如果能够使农人了解,现代社会组织的缺憾,是他们生活上痛苦的原因,那他们能够为主义拼命,也和工人一样了。但是现代做工的人,感觉痛苦了解缺憾的程度,比农人更强,所以现代肯替主义拼命的人,还是要为主的向工人方面找去。试看俄国的赤卫军多是工人出身,在欧洲打仗的华兵都是华工变成的。他成军的时候,是从工人中招来;将来退伍,也是回去做工人;所以他感觉工人的利害最深,才肯牺牲生命为主义而战。就这一层,可以晓得兵队如何才能成为有主义的兵队了。

做工的当兵，和上头所讲寓兵于匪的军队，差别在那里呢？头一个显出的就是现在的军队，以做兵为维持生活的手段，同时因为当兵生出不安，将来改造后的军队以做工为维持生活的手段。在做工的生活里感得了不安，才又拿当兵做手段，防止这个不安。这个差别，就生出军队素质上的差异了。将来那些当兵的人，是先有了可以做工维持生活的地位，并且有当完兵仍旧能靠做工维持生活的保障，尽可以不靠当兵才活。然而因为他们做工维持生活的基础被军国主义（本国的外国的）、帝国主义、资本主义威胁，到了随时可以倒坏灭亡的地位，所以觉悟到非出去当兵来拥护这生活的基础不可。于是乎把他一个觉悟，结成一个为主义而战的决心。所以他如果当兵去打死了，他也是心安理得，对于战争的危险，决不生出不安。倒是如果还没有人出来做这牺牲的事业，他却是不安了。这样的兵队，才可以拿来做改造社会的资本。

所以假如我拿了一个独立团或独立营的军队（改造一定要从这种独立团营着手），驻守在一定的区域。这个区域里头，有相当的近代工业可以发展，有能够供给这一个团营的饷项的力量，而且得了特别委任，有改革这个地方经济上政治上组织的权能，我们可以着手于这寓兵于工的建设了（这些团营以后称他为理想军队，这个地区称他做理想地区。这不过图省字数好记忆。但是现在这个条件，并不是十分难具备，不是空洞的理想，尤其不是理想上完满的意思）。

这原来的兵不是工人，所以第一着手，就是化兵为工。化兵为工的顺序，先是把没有做工的能力的人开除了。这些没有做工能力的人，实在就是没有当兵能力的人。不过向来各营盘里头，都多少养一点这种有名无实的兵,而碰着整顿军队的时候,也一定首先把这些人除汰。次就要开除没有做工的意思的人。这一部分,都是所谓老兵,具备了十足兵卒的恶性,做一营一连里头指导者的,他们只希望打了仗奸淫掳掠,并且受赏,决不希望做工。这些人不开除,是没有改良的余地的(虽然他们的心理都被他的生活酿成,但是不能一天改变他的生活,就立刻变了他的心理)。而且这种兵卒,正是别团别营所最欢喜,今天开除,明天有人招去,决不会饿死了对不起他。除此之外,下余的兵卒,就要甄别一下子,分做熟练工人和普通人两类。兵队里头,常藏有许多熟练的工人,他有了专长,因为种种理由不能够就他本业,勉强投在兵队里头的,我们一定先要选拔出来。除了这些熟练的人,便是普通人。照近代工业的状况,普通人不过经极少时日的训练,便可以做用机械之工场的工人。所以这些普通人,也只要加一两个礼拜的训练,成一个普通工人。熟练工人就可以各应他的本领,替他找相当的事业。而在没有相当事业以前,也可以要求他暂时做一个普通工人的工作。在理想地区里头,当这改造的时期,一定要兴起各种工场和整理交通、改良土地、建筑各种新式设备、运输原料材料意想里头的工作,决不至不能容纳此理想军队的残部。所以兵丁要做工,决不怕没有工作。

照这个样做去,一定还有许多不愿意的,自然告假的告假,逃走的逃走,总去了一部分。我们假想他连前去了一半人,这个兵额是要补的。这补充的时候,就不要向别的地方找兵了,只须向本地区原有的工人里头挑补。所以这个时候,理想军队里头,已经有一半是向来做工的,有一半是新做工的了。然而实际并不止此,因为兵卒出去做工,当然可以要求工钱。假定一礼拜里头做四天的工,留二天操练，那每礼拜四天的工钱，比营中所发的饷少不了许多。所以理想军队原有的饷，却可以减去一半。这多余的一半，又可以再招同数的工人进来当兵。简捷说，就是兵丁能兼做工，就一个兵的饷，可以养两个兵。一团里头不算团营连本部的将佐、护兵、号兵、火夫等等，各连所有目兵，通算应该有一千五百一十二人，所以改革以后，可以养得三千零二十四个。就是每连可以有二百五十二名目兵。这个数目，恰和各国战时定员约莫相当。而在平时，这些兵率做四天工，才操练两天。所以轮替着，实际只有三分之一在那里操练，就是一连只有八十四名（现在的两排人）受教练。以现在吃空额的军队来比较，这个数目，已经不算少了。而这三千多人里头，总有半数以上，乃至四分之三，是新来的工人。所以这理想军队里头的空气当然一变。

在这个时候兵卒已经开始做工了，自然生活安定了。没有那些不安的气分，当然也没有那些苟安的心理了。所怕者就是兵卒只愿做工人，不愿再做兵。要找工人当兵，也没有工人当兵。所以要他们有了一种主义。因为这个主义，生出一个牺牲的决心来，尽这些兵役的义务。然而恰是在这工人的生活底下，有输进社会主义的可能。世界的工人，都比农人感觉资本制度的痛苦较早，而且较深切。在不能自由宣传的环境，尚且如此。如果能够有这么一个区域，那当然可以在军队教育里头，同时做社会主义的宣传，引起他阶级的自觉。这些工人决不会发生避忌兵役的现象。到这个时候，才能算有战斗力的军队，可以拿来做改造社会的一种力量。

（十二）

这个理想军队和这理想地区，发生了继续不断的关系。当兵的就是工人，当了几年的兵以后，可以退伍。退伍以后，倒是一个有能力的工人，而且是一个豫备兵，将来可以为主义而战。我们参酌欧洲和日本的征兵制，和俄国最近的劳动法典，可以定一个大概的规模。就是：

十六岁起，做几成的工。

十八岁起，做完全的八时间工作。

二十岁起，当兵兼作工。

二十三岁，三年兵役满，算做豫备兵，做完全的工作。

三十五岁起，算做后备兵，做完全的工作。

四十五岁起，免除兵役义务，做完全的工作。

五十岁起，免除工作义务，受公众供给生活费用。

这个年期，虽然是很专断的，但是实行上如果有障碍，要修正他是很容易的事。总之，这些现役、豫备、后备的兵卒，都是由理想地区的政府，担保他们的劳动机会，并且有强迫他劳动的权能。在这区域里头要成了他们"歌于斯、哭于斯"的家乡，要成了他们"有猛虎无苛政"的乐土。所以关于工人的经济上设施，有几种是不容稍缓的。

第一是伤病的救济治疗。为达这个目的，一定要设免费的医院和废疾者公养的制度。这个伤病，不论是由兵役战事来的，由工作来的,由其他意外来的都算在里头。如果由伤病而成废疾,自然按照他的程度,减少他的工作义务,或者全免,并且照养老的办法扶养他到死为止。

第二是老人的扶养。自五十岁以上,曾经做过兵做过工的人,当然要社会扶养。他这个扶养的内容,要包括衣食住等生存必要的资料,并且加上各自应于其趣味的相当娱乐。遇着有行动转侧不自由的,要设立一种类似医院的养老院,专人照料他。

第三是孕妇产妇的扶养。自产前八礼拜至产后八礼拜,这三个多月,是绝对不能做工的,当然由这理想地区公养(妇人虽然不一定要当兵,但是他的丈夫当兵做工的时候,可以免了顾虑)。

第四是儿童的扶养教育。凡兵卒工人的儿女,生出来以后养育的费用,一定是要社会共同负担的。到学龄以后,教育也是社会公众给他的。到了上头所述做工的年龄,才课他做相当的工作(要采儿童公育制度不要,再看将来改造的程度,到那一步才能够定)。

有了这几种设施,自然有许多其他的制度相随而来。但是我相信在这理想地区里头,能够先行了这几种,就可以令兵卒的生活,成为有希望的生活。因为一个人想求金钱财货终极的目的,是在享乐。如果他找不出永久继续的享乐,才花精神去满足一时的欲望。一定要令兵卒可以打得长久的算盘,才可以叫他对于将来生出希望。却是人生保不定有病有伤,到了军队里头,尤其容易生病负伤,成为废疾。如果伤的、病的、废疾的,可以有所归,那他的算盘就打得响了。不伤不病,还会老衰。老的仍旧可以得扶养,不怕临老去讨饭,那他的算盘,更打得响了。平常娶妻生子,是顶希望的事,还是顶怕的事。到了儿子大了,要教育他,更是不容易。生儿子、养儿子、教儿子所要的费用,都是社会负担起来,那他的算盘又打得响了。替自己打算,替家里的人打算,都打得通,那将来的希望就有了。他一天一天的工作,社会上各种的行动,他都可以慢慢想透了,立了长门计划做去。所以他的打仗,完全和家族的防卫自己财产的防卫一样的,不特是一样,还要加倍。因为如果这个主义倒了,他的希望也没有了。这个主义如果永远不倒,那他自己只管死了、伤了、成了废疾,他所希望的东西,还是一样实现。这便是拿有希望的生活,来换他不安生活。为主义而战,就是他实现希望的唯一方法。

(十三)

由以上的组织,可以令束缚的变为有主义的,不安的变为有希望的了。但是我所希望的理想军队,还不止此。一定要变那倚赖的生活,做非倚赖的生活,变那非向上的生活,做精神上平等的生活。

兵卒的倚赖生活,完全因为他所做的工,是和他所受的俸给,在两条路上,本不相干的。所以他的官长发饷发火食,他们就有钱用、有饭吃。一天不发,他们就要挨饿。如果能够有一个办法,兵卒可以自己找他吃饭的材料,就不怕他因倚赖而生出雷同性了。本来群众的雷同性,是没有方法完全免去的。但是如果令他不生生活上的倚赖,那"蛇无头而不行"的兵,总可以变到"人自为战"的兵。这军队的战斗力,就强得远了。

做工的兵除了向营里要求火食以外,还可以有工作的报酬,这一层已经把他依赖连长的惯性打破,然而他并没有跳出圈子以外。因为他做工来得报酬,在现在的资本制底下,仍旧是倚赖的,要听候工厂里的帐房发工钱,还比听候连长发火食艰难得多,不自由得多。想要兵卒有独立的精神,非连产业上这种隶属关系,一起打破不可。因为这个目的,我们要在这理想地区,建立产业的自治。凡主要工场的管理权,都要叫工人参与。分别专门的、熟练的、非熟练的工人,各选出代表,来管理这些工业。在私有制还不能废止的时候,对于资本的利息,虽然还不能不承认,而决定产额、价格、工钱的权,要分给工人。关于伤病、废疾、老衰、孕产、教育分摊的费用,一定认先取的特权。于是乎做工的兵,虽然还是受工钱的人,却早已是自治的人,不是隶属的人了,是独立的人,不是倚赖的人了。倚赖的风气,再不能有了。

这个时候,所谓独立,固然不是绝对的。名为独立,实在不过是互助的假定条件。这个时候,理想军队的生活,还是互助的生活,不过不是由命令来互助,是容许其独立之后,以自由意思来互助。互助的结果,可以说互相依赖,却总不至倚赖一两个人。并且我倚赖人的时候,同时人也依赖我。因为人人都感觉到自己对于这一件事业,有责任的,不会漠视;也不会一时间失了头目,就无所措手足。

这个产业自治之外,当然还有普通公民的自治权。经过这个自治组织,工人兵卒还可以公民的资格,决定这些理想军队的任务和待遇。所以不特是非倚赖的工人,也并不是倚赖的兵卒。这个说话,并不是想统驭指挥的权,从将校手中夺了去,只是决定打那一个人,是要兵卒有一分的权利,也有一分责任。至于如何打法,还让长官去指挥。

从前有人说,兵士的服从,非平日养成不可。也有一派人主张平日并不要教练,只要临时推举一个人,大家服从命令就行(见《新世纪》)。这是两面的话,照我看,战略上和战术上的指挥,不特要服从,并且要训练的。至于其他形式上要求的服从,不特平日无用,战时也用不着。至于决定战争目的,宣战媾和的大权,是在人民的。兵卒自身也有一部分的力量,将校还要服从兵士才对。

所以我的计划,还是三年兵役。这三年兵役,每礼拜只有两天的教练,所以实在教练时间,也不过和现在的一年兵役相等。可是现在的二年兵役、三年兵役制,所要求的训练,实在可以减省。比方集合及运动,弄出许多队形,实在用处并不多。单人教练里头的工夫,大概都是可以在学校早教了的。像美国参战的时候,所教练的军队,大概都是一年以内,就到战场的。欧洲几国的新兵,也何尝有过一年以上的教练。所以在步兵教练,决不怕因为实在只有一年的缘故,教练会不完全。至于其余的特科兵,要求普通步兵以上的知识,所以就不能不展长年限。于是乎现役期限可以展到五年,预备役年限只可十年。照这样算去,有战争的时期,豫备兵就不能保相当的比例。因为救这不平均,所以平时的特科兵,比例上要加多一点(然而在养兵的费用上讲,所加还是有限)。步兵三年,特科兵五年的教练,到实战士受指挥的习惯能力,是已经有的了,不会碰了"驱市人使之战"的困难。

除了作战上的指挥以外,兵卒对于将校士官,是没有区分阶级的必要。所以比现在的军队,虽然还是一样目兵不能够升进做长官,却是可以令目兵并不羡慕那将校士官。因为从前的非向上的生活消失了,在官长和目兵两面,虽然一个是指挥,一个是服从,却不能当做阶级。关于这一层,可以有两种办法:第一种办法,是初期所采取的,就是官长的饷,还照从前定额,且是只给他几折。官阶越大,折扣越多。大概总是除了火食、衣服的费用以外,只准他领半饷就尽够了。所以要给他半额的饷,并丰以为官长应该浪费一点,比目兵应该多享乐一点。因为他关于指挥管理上头,要有种种的智识,要有种种的器具,并且他是长远在兵役里,不是三五年退伍的,所以要有许多负担,在未曾为共产社会以前,不可少的。这个半饷,就是供给他的需要的。在这同一时期里头,就算工人,也可以有专门家、熟练工人、普通工人的分别,可以受不同等的报酬。然而我们可以一律当他做工人看待。所以在这一边做兵卒的,在那边仍旧可以做专门家。在这里做到将官阶级的,到那一方面,可以仍旧算一个工人。虽然工钱饷额有不相同,精神上可以算做平等。

第二种办法,就是共产制完成的时候所用。对于所谓专门家、熟练工人、将校、士官,并不用工钱饷银差异的方法,来供给他所必需。只是按着他所需要的东西,来供给他。容他有适当的机会,发挥他的特长。在这个时候,当然是精神上平等了。抑且到这个时候,自然愿意做兵士的,比做官长的还要多些。因为只有精神上、技术上确是有特长的,才觉得非做专门家,非做将校,不能发抒他的能力。在普通的人,就算叫他将校,他还愿意改做目兵,决其没有做目兵的人希望做将校的道理。现在是从利益来讲,目兵做官长,叫做升进。将来从加重责任来讲,目兵做长官,只可叫做吃苦。要肯吃苦的人,才去做将校。那再没有因为不得升进出怨言的了。更没有因为想做官长,就搅起风潮,弄到兵变的了。

（十四）

最末就是要把突然过度劳动的生活,变做日常有相当工作的生活,而且谋工人体力的增进,使他仍旧在必要的时间,可以出最大的精力,应作战上的要求。这个是最后的要件,然而不是最小的要件。实在几乎是第二要紧的事情。因为决没有在过度劳动的工人里头,可以挑得出好兵的。照各国的征兵成绩来论,农业地的征兵成绩,比工业地要好好几倍。因为工人在城市里头白昼做工,就不得见日光。晚上做工,就不得正当的休息。空气是永远不得新鲜的,传染病是最容易流布的,所以稍为不注意,就可以把兵的素质弄坏。从前欧洲资本制下的工人,实在是拿一世的健康,去换一时的面包的。虽然征兵的时候,还是少年,已是受父母遗传,和小童工作的结果,成了一种普徧的不健康状态,所以成绩在农业地之下。他这成绩仅仅在征兵时期来比较,尚且如此。到了三十多岁以后,做工更做多几年,体力和同年纪的农夫相比,一定更远了。所以要兵卒能够在战争的时候,发挥最大的力量,仍旧要在平日用工夫。

不做工的兵,是不行的。我们已经晓得了,我们要这些目兵,平日都做了工人。每天做标准时间的工作,那就比起做工的时候,一天五十里到八十里的行军,不算艰苦的事。一天打仗要在壕沟里半天,太阳晒下来,大雨洒下来,也不算希奇的事。只有从军乐,没有从军苦是顶要紧的事。然而若是平日过度劳动,就万万不行的。就算不是记了标准时间，若朵不给他完足的衣食住，也是不可的。

所以我们现在要弄营房，决其不可做那蜜蜂窝一样的营房，一定要有十足的空气日光，不畏风雨的。每天所给食粮，一定要能够充满他们身体上所需要。并且要给与能御寒暑的称身冬夏衣服冠履，不能照现在那样，随意做衣裤鞋帽，派给兵丁，几乎要令他削足适屦。这是现役的话，兵的卫生要讲究，不止现役为然。所以对于一般工人的住宅，其他卫生上的条件，都要用绵密的法规，规定了他。等他不至为工人生理上的障害，自然做兵的也不受这个障害了。如果工人只做标准时间的工作，有合卫生的衣食住，而且能够有适宜的休暇，那生理上决不会比农人不如的。

（十五）

照上面各节所讲的办法，寓兵于工。工人的生活改善了，就是兵的生活改善了。兵士的苟安心理，也可以没有了，也不自暴自弃了，也不迁怒了，也不虚伪了，也不放纵了，也不雷同了，也不羡慕妒忌了。现在的兵所有心理上的异状，到那个时候都没有了，就成功了能耐劳苦肯为主义而杀的兵卒。现在的一团人，三年退伍一回，十年以后，有现役的兵三千，豫备兵九千人，可以成两旅的步兵。再加上一些特别兵，便可独立作战，对付现在的两三师人，可以有胜无败。如果能够有几个地方，做了理想地区，有几千混成旅，分开了来做这些理想军队，不是可以在几年之后，成了比中国一切势力优越的武力么。这个时候，实行一种主义，不是很容易么。寻常看起来，似乎十年的豫备非常迂远，但是中华民国，现在不是已经九年了么，我们还是不要贪速成的好。

这里所讲的，只是寓兵于工，没有讲到农。自然因为中国农业地区的情形，不很适当。但是另外还有一个理由，我们要找工业地区，来做入手的路。因为现在这个计划，先是要有一营以上的兵队，并且可以要求一个地方的自治全权。如果是有这种带兵的人，情愿做第一个试验，那是最好的事。就是不能得带兵的人了解我的方案，那就现在中国工业中心地点，还有几个地方，可以不受军队保护，自己练警察的。在这些地方，要照警察的名义，或者用团练的名义，联合附近的乡村，照我的计划，做一个小规模的实验，还不是做不到的事情。只要一两处办起来，就可以有成效，就可以传播起来。对于那些侵略的客军，骚扰的民军，要抵抗排除他，实在是顶容易的事情。再讲别一方面，现带着军队的人，不能说他都是没有良心，只是单相信自己的老法子，就不相信兵还可以改造。如果看见有好方法，他也是改弦更张了。这个便利，是工业地特有的。

等到改造完成之后，当然可以在全国里头，另外做一个普遍的计划，断不能把农人排除在兵役以外的，只是斟酌他农事的季节所宜，另外定一个期间来教练，不像工人可以一礼拜几天的通融。然而这个改变，也是很小的事情。

我们相信做兵的人，不要成一种特别的阶级。只要他的感觉性能，和普通的农人、工人一样。前次有一个人在芝加高社会党大会演说（据日本《新公论》杂志三十八卷八号冈悌治氏所引），说到赤卫军有一段话，很有意味。他说：

　　……现在各国都把军队和市民，严格来区别了。在现役里，不叫他干预政治。就在豫备期间里头，也时叫他来兵营里训练，努力养成和市民不相同的精神。……在俄国把军队和市民区别开的必要，绝对没有。倒是兵士，做了兵士就有和市民不相同的精神一件事，是他所最怕的。所以除了在前方战线，和即刻活动的前方背后战线的兵士以外，常带在驻屯地叫他混在一般市民里头，做农工和修缮道路等等工作。这些过和一般农民无异的生活的兵士，轮流和在前方的兵士交代。所以令他在战时仍旧不发生那一种特别军队气质。这种制度，并且有令驻屯地的农民欢迎兵士，互相亲睦的效果。……豫备后备兵在家里头，都有武器。召集的时候，就按着自己的力量，带着火食出来。……真正是国民皆兵的组织。有这个样子的俄国军队，是世界现今最可怕的军队。别国的军队，万不能抵抗他。……

　　我们的理想军队，将来如果实现，我想也不会比俄国这种军队弱到什么地方去。"临渊羡鱼，不如退而结网。"这是我对于一切有改造兵的思想和机会的人的忠告。

　　临末我更将俄国的劳动军法规译出来，附在下面。可以见得这个计划，是按着验方配合的，不是空想。

　　赤劳动军法典　关于第一革命劳动军之劳农国防议会之法规（《苏域俄罗斯》杂志二卷二十二号所载）：

　　　一　劳农赤卫军第三军应利用于劳动之目的。此军团为一完全组织，一切武装均不解除，亦不分离，称为第一革命劳动军。

　　　二　以第三赤卫军利用于劳动目的为临时的方案，其时期当由国防议会据军事上形势,及此军所能担任之工作性质,以一特别法律定之。尤当注重于此劳动军之实际生产力。

三　下列各项为适用第三军之力量及器具之主要作业:

第一　甲　准据国民粮食委员会所规定,准备粮食及刍秣,且集中之于一定之仓库。

乙　准备木材,并送致之于工场及铁路车站。

丙　组织水路陆路运输,以达上项目的。

丁　因国立规模之工作,为必要劳动力之动员。

戊　在前述限界内之建筑工作,并其他更大规模之工作,以渐导进更多之工作。

第二　己　重整农业上之设备。

庚　农业工作其他。

四　劳动军之第一义务为为其各驻在地本土工人求得粮食,其分量不在赤卫军之下。当劳动军议会之粮酒委员会长(第七条)别无他法,可以求得上述工人之必要粮食之时,用供给军队机关之方法行之。

五　利用此第三军之劳动于一定地区,必须行之于此军主要部所驻在之地区。其精密之决定,俟之此军之首要机关(第六条),而后由国防议会确认之。

六　革命劳动军议会为主管指定工作之机关。并规定凡适用劳动军服役之地区,即为革命劳动军议会之役务享有经济的权力之地区。

七　革命劳动军议会以革命战争议会议员及国民粮食委员会、高等公共经济议会、国民农事委员会、国民交通委员会、国民劳动委员会之授权代表组织之。享有居在此劳动军议会首席之权之特别授权国防议会在此议会之首位。

八　一切关于内国军事组织，及依内国陆军服役规则，并其他陆军规则所定之各问题，由革命战令议会，为最终之决定。该议会引导因以军队使用于经济上之必要而起之一切必要之变更，于内国军队生活之上。

九　每一分部工作之中（粮食、薪、铁路等等），其组织此工作之最终决定权，留归劳动军议会之当该分部之代表。

十　遇有根本的意见冲突，则该事件应移属国防议会处置。

十一　一切地方机关，如公共经济议会、粮食委员会、土地局等遂行劳动议会，经由其相当议员所下之特别命令指令，不论其涉于全体，抑仅关于要求应用群众劳动力之工作分部。

十二　一切地方机关（公共经济议会、粮食委员会等），各仍在其特别地区，以其平时工具，遂行劳动军议会经济计划实行上使之分担之工作。地方机关非得有为劳动军议会议员之相当局所代表之同意，不能变更其构造，亦不能变更其机能。若其为根本之变更，则须得有相当之中央局所之同意。

十三　遇有可以暂时利用军队之各个部分之工作，或其军队之小部分屯驻在军队主力以外之地区或可以移转于此地区界线外之时，劳动军议会须于每一事件，即时与遂行其相当工作之地方常设机关立约，于此件实行不遇有障碍之际，此分遣之陆军支队即变为该机关临时经济的配置。

十四　除为维持军队自身生命所不可缺者外，一切熟练劳动者，均须由军队转送之于地方工场，或经济机关，通常在劳动军议会相当代表指导之下者。

注意　熟练劳动者,必须得该工场所属之经济机关之同意,始能送往工场。工人组合会员以关于军队问题之经济的需要,仅须得地方机关之同意,即有离去地方的营业之义务。

十五　劳动军议会必须以各该管会员之力,用种种必要之方案,于一定局所之地方机关,使管理在各地陆军支队及其机关,当遂行其所受持之工作时,不违苏域共和国之各种章程法规指示。

注意　一般国定报酬率,特须留心视察,以保农人利益,以送达粮食准备薪材木材。

十六　中央统计局与高等公共经济会及战争局协商之后,须作成一豫算,决定登记之形式及时期。

十七　本法从以电报公布之时起有效。

国防议会议长　乌由利亚诺夫(即李宁)①

书记　斯不力斯京那

1920 年 1 月 15 日于莫斯科

原载于 1920 年 6 月《建设》第 2 卷第 5 号与 8 月第 3 卷第 1 号。▲

---

①　乌由利亚诺夫(即李宁),今译乌里扬诺夫(即列宁)。

（二）函　电

致古应芬、李文范函

　　樱花开矣。晨复大雪(公等去后,已再大雪、四小雪,并此为七),积至寸余,握管时犹打窗也。繁花承雪,因风时颤,亦一奇观。今雨不来,翻以恶人情绪。念公二人远在南服,此时当披襟当晚风,同此离怀也。世态日形险恶,而中伤常出于平素置信之人,则后此不独旅费难期久远,更恐有无穷意外之事绫此而生,则此万里相望之况,犹是人生一福,异时追忆鱼雁之迹,更恐复羡今兹乎!致港五函,湘①只见一。别来肤体幸不更劣,而夕界事物,种种令人不耐,今略条举,以备更有致言于左右者,有以应之,并得□近况也。

　　1.半月前,黄隆生致函展兄②(由夏重民交来,其缘由可知),谓前还华侨款五十万,内有四十六万仍捐作国民党经费,实际只汇二十余万至北方,余皆展兄吞没;今各人图再举,展兄听从朱、廖蛊惑,不肯交出供用云云。展兄当即觅仲恺,将所有进支列单寄彼,同时并寄信与泽如矣。此必大炮友有关系者也。

　　汇北京议员之款,弟记是三十四万;仲恺记不清楚,只写廿四

---

　　①　"湘"指古应芬。
　　②　"展兄"指胡汉民。

万。此中尚有弟所筹一笔未列入进数内,高等支出三万元未列入。足下如能确记汇京数,或佩兄①能探诸荫、浩之口,则较妥。此数目后日尚恐有不满足者也。

2.公等行后,弟即致一信季氏②,谓外间流言非彼莫能洗刷,请其设法发表至粤状况。倾接其覆信,谓外间更有谓彼亦受巨款者(分为三说:一谓袁于议和时已以巨金付季;二谓李石曾贷彼巨资,使营商业;三谓展兄所得与彼共之),虽辩无益,并言近与吴、蔡诸先生竭力著书,冀收小效。

此事当初不过心血来潮,不谓其致疑者乃为黄氏。而季氏复书恰与黄书同日至,可谓一奇事矣。季又言,官费尚未断,但时时有断之虞,以后不知如何。

3.此间办一杂志,拟诸种经费皆从节省,而原稿料不吝,大约所定必在每千一元以上,不拘著译,推展兄为编辑人。计画既成,款亦凤具,而无人作文。二个月中,交卷者五,而不可取者二。其所取者,当以道源之《中国内治论》为魁(弟撰一文竟,自阅竟不知作何语)。两兄有暇,宜属稿数千字,公私两有所益,切勿以为自己文字不佳便觉退缩。弟初亦不敢答应作文,无奈竟无人作,只可放厚面皮;且展兄焦急万状,以友谊论,兄等亦不应坐视也。

4.康有为为弟请木主书籍,竟得许,可谓怪事。然书籍仍须献出图书馆,不知碑帖可得抽四否,此尚是万一之希望也。

5.静山归家几被祸,湘兄所知。今彼有书来,言家人乘此夺其权利(大约是分家之权),且其母私蓄亦被此祸,至无一钱,可谓亲九族矣。静山竟至无觅饭之法,尤可焦虑。

---

① "佩兄"指李文范。
② "季氏"指汪精卫。

6.伯元有书来,言彼地通文字者殊无觅食处。美洲如此,他处口亦可知。李萁在上海,尚未通信。闻李思辕在小吕宋,当主□,恐未必真有他席位,往亦难得活路也。

7.佩兄近状何如? 闻与苏群有所谋,不知是大是小、是暂是久? 去家数千里,犹与欢娘共数晨夕。在兄恐有财尽交绝之惊,在彼亦不无引断引之恐,正不宜绝迹避兄离母,以李八郎继陈仲子也。淑琼闻尚可自活,佩兄南行,彼或不无相助耶。世界既大概为坏人,则不知其好坏时,姑作好人观之,未尝非疏肝之一法,但不敢以此为基础而定一计画耳。足下谓然否?

秋谷顿首

四月四日雪夜

致古应芬函

湘翁大鉴：

前两信寄泽如处，未知达否？四月五号来函所商，已先答覆，现与展、毅①各兄商酌，各人均竭力设法，拟由港凑足交肥哥处奉寄（大约两礼拜内可决也），一面请先将经营大略示知（来信但云，月可千元，是否总收入？应支之费几何，收入几何？希为见示。因弟现在之计算，足支持一年之事，而该项若收入太少，弟当更立豫算，故急欲详知，兄当能相谅也）。

杂志②第一期已付印，各稿均不甚满意。兄当于暇日依弟前信速草一稿寄来，八兄③如能略挥翰更妙也。

港案刘、陈已释，徐尚拘系。陈来日本，始知谢英伯④妻与李思

---

① "展、毅"即胡汉民、胡毅生。
② "杂志"指《民国》杂志。
③ "八兄"指李文范。
④ 谢英伯（1882—1939），原名华国，字抱香。广东梅县人。1908 年任香港《中国日报》记者，后加入同盟会。1910 年 2 月，《中国日报》改组，任社长兼中国同盟会会长。1913 年于广州创办《讨袁报》。后加入中华革命党。1914 年起，在美国，加拿大创办报刊，进行反袁宣传。

辕①兄同为侦探,徐即其所捕。既而各埠汇款(美、小吕宋有数千元,此外不知若干),彼辈又悉据而分之。邓兆侣②亦为侦探,则捕陈者也。此时如有更以筹款来者,必当告泽如、子瑜详查之,勿蹈此辙也。此请

大安!

秋谷顿首　廿六

据原函影印件。参见李穗梅主编《古应芬家藏未刊函电文稿辑释》(以下简称"辑释"),广州出版社 2010 年版。

---

① 李思辕,生卒年不详,广东五华县人。早年就读于香港皇仁书院。为孙中山革命活动提供经费支持。1911 年,参与广州辛亥三月二十九日之役;同年加入同盟会,任《中国日报》主笔。1915 年赴新加坡办报,鼓吹革命思想。1919 年回国,历任广州市财政局局长、粤汉铁路总务处总长等职。

② 邓兆侣,早年加入兴中会,后入同盟会。广东光复后出任顺德县知事。

致李文范、古应芬函

佩兄、湘翁鉴:

　　得十日书,知已得肥人信,第四号信不知得到否? 四号以后,又发三信,二寄泽如处,一寄子瑜处也。来信共收四封(廿日、廿五、四日、十日)。第三封来述收买锡米、树乳事,中有不分明处,已于第三、第四两信奉询。

　　今第四书来,复述开锡矿事。吾人资力微薄,势同孤注,而身所抱负,又非适当之材,自不能不委心托之泽如。况泽如之智识可靠,且以赤心相为,尤不能有丝毫疑惑。然计事当慎于未决以前,不妨多所商榷,而已决之后,万不能再有观望。

　　此时为买锡为开矿,尚未有决,要之不宜兼营,以分其力,弟所敢断言也。来函所述矿状,自是有特别相待之益,然弟视此,颇怀疑念:

　　(一)地价3500,而集股5000,则仅1500之流动资本经营,势必不免向银行借贷,即仍须措甚高之利息,未免危险。

　　(二)又,此地段既与大地段相连,则彼地主何以不买,而任令外人买去,无亦曾经探验,觉有不妥,乃弃置耶? 泽如虽老手,而中间归国,于龙邦二年来之出来事,未必备知,恐受骗。

　　(三)如只办矿,则吾人实无用处。只是投资博利,吾人尽可不

・824・

南行，此是一好事，而本意欲并收利润与劳银者，今只有利润一方面，未如素志（若南洋真有教读之地，或可耳，吾辈作工大约不能得教读以上之收入也）。

此数层务请酌量复知，要之，吾辈既为孤注之决心，自不能避危险，然若事情不许乐观，亦正无为殉之也。

八兄言源水[①]拟绍介之教席，非鞭挞不能施教，此是一憾。然吾辈自信非凌践孩童以自快者，以其余暇，稍为温故，未尝不乐（即教认字亦可增长学问，以吾人于小学功夫少，借此一查古义，兼考其变迁之源，亦可进步）。若理官来合伙，则仍为李商隐，进退易耳。

此间官费生皆革去（独五校旧生留），大约将伺其归国而捕之，困者当更多矣。仲实允假资，久不送，殊困，若此着不得，殆无余望。

近日力习英语，此亦非数年不能有成，即成又未知何处可谋活，姑作娱乐之一种而习之耳。オサン[②]来书云，吾辈于《民报》不敢言功，要非通日文，断不能作《民报》，而今日通欧文，必有《民报》以上之效果。此自是至理（オ劝弟等往欧洲，则太不措意于经济问题）。

吾辈虽只有一年之食，未必一年后即行饿死，若迁延至数年以后，能多所蓄积而发表之，则死亦不冤。且如今日负此虚名，究竟有何本领，自思益悲而已。眼高手低，其结果为会弹唔会唱，会须

---

① “源水”即李源水。英属南洋怡保华侨。1907 年，与郑螺生等组织怡保同盟会，被选为副会长，为国内革命事业提供大量经费支持。辛亥革命后，在华侨中进行组党和筹款工作，支持国内的讨袁、反龙济光斗争。1915 年，被委任为中华革命党怡保支部副支部长、霹雳筹饷局理财，多次得到孙中山的嘉奖。

② オサン，日语，人名，何人不详。

丢架(我等本无意求此虚名,而今日竟以此为累),此后闭门种菜,卖剑买牛,得比于逸民,斯为幸耳。此上,即请

湘、佩两兄台安!

秋谷顿首　四月晦日

(第五信)

子瑜住址有街名而无号,并请再写来,是否久居,亦乞示。

南洋邮政情形如何,并乞探问。チヒサイ①并无他事,此处亦不闻消息。

据原函影印件,参见"辑释"。

---

① "チヒサイ",日语,是"小"的意思。

致古应芬函

湘翁大鉴:

得四日书,知已见泽如,前两书亦已收到。当两书未到时,曾得肥哥信,述八兄与之贞①有所望,今乃知其所望乃此也。然卖药不足为韩康辱,徒隶不足为季布耻,自食其力胜为客短辔前矣。屈伸有时,此复何憾,愿以慰之。

所商事尚未以告二人,大抵必能相助。现弟有一希望,若能得手,当以现所有者及所得者,除一年费用及舍弟之三年学费外,尽数投资(可得二千),事总有望也。

近日杂志已有头绪,不日出版。原稿料大约每千二圆,足下不妨随时寄稿(前信已言之),题目本可随意。惟弟闻日本近有某人著《支那论》,谓中国适于地方分权,而衰势不能久,中国将仍成共和政云云,颇有见地(展阅之告弟如是)。此书若拔萃,参以己意,可成一巨篇,商之展兄,彼亦谓然。此事兄所优为,拟即买一册寄上泽如处,速成之,可赶及第二期也。

---

① "之贞"即周之贞(1882—1950),又名苏群,字又云,广东顺德人。早年赴南洋经商。1905 年在新加坡加入同盟会。1911 年春归国,参加广州辛亥三月二十九日之役,失败后亡命海外。同年秋回广州参与暗杀清将凤山之举。广东光复后,奉孙中山命到肇庆督办军务。1913 年参加反袁斗争。1917 年任大元帅府参军。1922 年后,历任中央直辖广东讨贼军第二师师长等职。时周之贞在马来西亚活动。

广东之事,兄想已有所闻。弟与仲元竟获二采,而姚反居第三,可谓奇事;末位安置贡氏,尤奇之奇者也。不知短髯于此头采曾否以之夸口耳。

八兄贫况已至极点,不知所欲对彼如何?本意欲合力汇数百元与彼,恐彼所欲不甘徒四壁之相如,遂有左拖右拍之举。而八兄复喜怒无常,若以之付彼,所欲收贮,更或有挟资潜逃、协奸图杀之事,故拟将此款凑足后,交兄贮藏,随时助之,兄谓然否?

日本此次政变,先以贵族院否决海军豫算,致豫算不成立,山本辞职;元老举清浦,被海军抵制,不敢受,乃举大隈,所用皆同志会人,加藤大浦为之主,大隈不过傀儡耳。尾崎入阁,而中正会仍决议采自由行动,犬养谢绝入阁,则现内阁仅有同志会数十人为基础,恐复易倒。然其对中国政策,或加藤仍袭桂之策略,则机势或有一转。但恐炮军所望过奢,又求速效,终无益耳。赤冢请假归国,见展数次,所言无甚重要者。然于展言,主张迟重,甚赞成,而慨サン在旁主张急进,彼谓此为小不忍乱大谋。此可想见日人对吾辈态度之一斑矣。赤冢又谓,弟确在港澳时时来往,运动不已,滋可笑也。

拯民[①]等行止如何?现在竟无通信处,并肥哥、和尚亦未有住址(何医生已离港),迟数日当知之。

东京近忽发肺プスト,千叶已死数人,神奈川又有患者,大正博览会现遭国丧,又逢恶疫,恐必吃亏矣。

樱花已散,今年风雪相寻,殊无游兴也。此上,即请

大安!

---

① "拯民"系林树巍之字。

致古应芬函

Lju 顿首

来示子瑜住址,只有街名并无号数,故仍寄泽如转。请以后住址留心,最好兼写汉文。

据原函影印件,参见"辑释"。

致古应芬函

湘兄大鉴：

见致展兄书及廿四日信，知展兄寄泽如信已到。然弟四月四日之书何以尚不到，岂有滞留耶？然同寄泽如，不应更有他故也。

此次之计画，弟赞成锡米之一方面，而反对开矿，前函已详。现已与展、毅兄合筹六千作孤注，不日汇上，或由电汇（请照商办锡米、树乳之法行之）。至矿则力固不及，且成功可疑，若泽如意谓必可得，则或与之合资经营，暂由此拨出一千（足下前信所云豫算）作计如何？

现仲实信复有推托，弟存现款只有千五（内千三在宫崎①处，尚未到手），此次拟占股一千，余五百已不敷今岁用度，实不能更为他计矣。

小红须引弟作党，可谓大愚。然现代恶人既如此之多，添彼一人，亦复何所损益？故不更骂之矣。

来信频托人写住址，殊为不便当，已别写信封数枚寄上（封面

---

① "宫崎"即宫崎寅藏(1871—1922)，本名宫崎虎藏，号白浪庵滔天，日本熊本县玉名郡荒尾村（今熊本县荒尾市）人。1897年，结识孙中山后积极帮助兴中会的反清斗争。1905年，协助孙中山、黄兴等组织中国同盟会。辛亥革命期间，多次往返于中日两国之间，从事联络工作。后参加南京临时政府的筹建工作。"二次革命"爆发后，积极辅佐孙中山反袁斗争。终身支持孙中山的事业，至死不渝。

仍写唐字)。兄在彼处经营,亦不能不略识数字,似两三个月之英
语不妨学也。

　　展已迁来同居。杂志第一期不日出版矣。拯民来书,奉肥哥
拟居澳,肥哥却不道及,不知确否?

　　弟近学英语,又须作杂志(此期拟出万五千言),匆匆鲜暇,各
处信多未报,极残念,然却因忙减去忧愁之时间,未为不值。故愿
兄亦稍学语也。

　　办锡米之策,究竟豫算如何,兄前函太简略,愿再见示。如有
见达,弟当以金尽之日来(若仲实肯帮忙,则一年半后可来),大抵
相见在半年一年半之限度内矣。此请
旅安!

秋谷顿首

六番信

据原函影印件,参见"辑释"。

致古应芬函

湘兄足下：

兹汇上星架坡银六千元（内千元是弟股，二千元吉云，二千元陈隋斋，千元胡昌言兄，千元林理），请即查收，作收买锡米、树乳股本。此事既经与泽如商量，自必妥当，所有一切布置，悉以全权相托。其布置概略，仍请示知。

以弟意计，恐吾人皆无效力之处，将来如南行，不能于其中求职业，则仍不免各处一方以就口食，此弟所深虑者。兄累信皆不提及此，究竟如何？若不能兼聚首与谋食，则将来弟或求渡美之途，亦不可知也。

接数信，知兄颇焦急，但弟之焦急亦等于兄耳。仲实口惠而实未至，弟之款纵宫崎能速相偿，亦只存三百余元（此次千元真是孤注），故甚欲兄作一豫算相慰，如何？

此次合股若干，似仍宜作公司形式（此事弟记前函言之），将股票寄回，因如此始可受彼法律保护，并可以于迫害之场合举反证也。

兄能稍习英语数月，在彼必有益处，且可以此消忧，不必作为认真勉强之事。则纵使学之不上进，亦不过稍稍□疏肝，别无损失，但切不可以记性不好，自己生气耳。——有弟所习最浅最有用

之英语一本,足下如有志学,当奉寄。此请

大安!

秋谷顿首　五月十二夜

第七信

单上写明 Ku Xiang 即古湘之译音,手形是句揸打行取持参拂式(即有古湘签名之后,无论何人,皆可取银),可托泽如取也。

据原函影印件,参见"辑释"。

致古应芬函

前礼拜寄上星①银六千元之手形一枚,兹再将第二枚寄上,请收取。

单上写明 Ku Xiang,是古湘之译音。单为揸打行,宛一览拂指图式,即有古湘签名后,无论何人可往取也。

五月十八日

第八信

据原函影印件,参见"辑释"。

---

① 星指星架坡,今通译作新加坡。

致古应芬、李文范函

湘翁、佩兄鉴：

十九日寄第八信，并汇单副张（正张十二日写信，十三日寄），后接五月六日、五月十二日各一函，又肥兄转来五月七日一函，敬悉。十五晚接四月廿九日函，亦未详覆，今分别条复如后。

四月十日接由星来第一信，即复一信，后约一礼拜，又寄一信，皆寄泽如处。第四信始寄子瑜处。来函言接廿五信，是第四信也。然泽如处之信，何以迟至如此！即前四月四日信，足下于廿八日始接得，亦已十分迟延。若此信更迟，则殊无理。然信系担保，必无不到泽如处则失落，或在到挂罗以胜以后耳。毅兄因此甚虑前汇去越王君子之数有不稳妥（该信亦寄泽如处，因足下屡来函书泽如住址，皆只有德彰三楼，并无门牌，其倩小红所书住址，则直是广合隆街三楼，可谓荒谬。弟意彼必故意倒乱，彼可乘乱施展也），故又电泽如，促其注意，大约不致有失也。此款是弟与毅兄积蓄全数，展亦居大半，万一有失，则不堪设想。然此信到日，不成问题矣。

弟贷宫崎之款，彼尚未还，此是更借展兄者，若彼还，我还展兄，则尚有百余元之余剩，合现在预金（百余元）有二百余元，可敷三四月之食，以后便望卖帖，卖帖不成则绝粒矣。然帖至今尚不寄来，焦急万分。前拟凑资稍助佩兄之急，今亦不能，奈何？

　　来信谓南洋人对弟感情尚佳，此自可感，然弟自审寄食必不能久，而求佣亦复甚难。（弟之疾恶太甚，亦自知不宜于处世，然窃自矢以为，为公事自当稍假借恶人以辞色；为私事必当痛自鞭策，不以箪食豆羹受呼尔、蹴尔之声，此兄所能谅者也。须知吾人不知是非则已，既已知有是非，不能强自抑其良知以就口腹，此即享乐之一种，不能诎去之也。然本此义，则凡我以力食报者，无论如何贱役，不妨为之。我自食其力，于志未尝有所屈，虽世俗所鄙夷，于我意本无轻重。昔日不惮为官吏，今日岂惮为傭役哉！）非有确实卖其劳役之途，终非了局。现在之局面，我辈决不主张如大炮友之所为，顾亦不肯攻之于此两不能之下，旗帜总不鲜明，故就于时事以不谈为得。然既不谈时事，则攻击者必纷至沓来，是今之感情好者，异时感情未必不恶。此节不过就所感言之，其实在东京亦毫无生财之路（杂志本拟有报酬，然今观彼辈之经营，则其失败可决，即报酬亦谊所不得取也），兼恐政府意见不定，则我辈之托足何所，亦尚不可知。现拟竭力搜索小吕宋之路，彼处尚是来往不十分困难之地点也（吾辈不能绝意国事，若往美洲，一旦有机会，恐坐失之，故纵有路亦不欲往）。此时致力，惟在英文，学得年把未必无益也。

　　弟于兄屡次来信均只提商业一层，颇不谓然。商业须为己所习者，如佩兄之于药肆可耳。若锡米、树乳一层，则但为投资，而湘兄绝不能置身其间有所裨益，则已非计；而湘兄于此收买之事，纵稍有入息，亦决不足赡家，仍不能不别求糊口之资，则异日肥哥与弟南来，则只有分利，毫无益处，甚明。故屡信皆求湘兄解决，有何种事业能有劳银与利子同时收入之问题。换言之，则以现在之少资本，能自给之问题也。覆信务祈注重此点。

买テッポー①汇皖一项,是明汇,其余已由冲再函告泽如,并有函与湘兄矣。季屡次有信来,皆道及两兄,何不致彼一信? 住址如下:

Mr. Wong

37 Rue Victor Hugo

Columbes

Seine

France

若怕写英文,可寄来转寄。佩兄来书,半月未复,皆望杂志也。书中责弟拟不于伦,甚荷。惟弟当时固断章取义,以为足下于此际,有人同为辟麻续屦之役,恰与古人相似,故涉笔及之,非以足下为有意别兄与母也。如弟以孤子之身,致先君子木主亦被封禁凌践,负罪岂不甚重? 然弟之得祸纯非由己之私事,故不自以为歉。况如足下此次奔走,岂有相非之意哉! 至于足下所叹,弟固始意不能无惑。近闻湘、肥、和②三子竭力保举,谓可与兄共艰,若弟亦暂信其不负兄。

然生平自信所稍可取者,在当人得意之时,肯替彼为失意之虑(得意不必如世俗所云,如兄得一知心,亦可谓之得意),且不惮直言之,故于前函之言,弟愿兄犹时时看其言,不中,骂弟可也。然或者因有弟言,兄得随时检点,未尝不是佳事也(弟前书于过引、断引与财尽交绝两方均注意,兄现虽能保其人,尚愿鉴我言,不致再有别种问题)。

---

① "テッポー",日语,意为"步枪"。

② "湘"代古应芬,"肥"代陈融,"和"代李烈钧。

近日大炮欲与黄跛手①大相冲突,炮以书与跛谓:中国事应于二年间归彼包办;跛之部下不听指挥,皆以跛故(其实是煽构者言),请跛两年勿与国事,如两年无成,再让跛包办云云(此中情节复杂异常,弟亦不欲深知,亦不必使兄等知之矣)。天下不怕丑有如此者,可谓奇事! 弟力劝展兄往美,勿立入此种是非丛中,展口允之,而意不决也。

佩兄意(论民国二字之意),弟前于致季舅信,亦有此层说及。然弟意此名义尚无大碍,现今已有此民国之一事实在,是吾辈当初主张,此政体亦以为一种达到社会主义之手段(弟前数年尝于法政学堂讲义略申此义),今日仍不妨用此手段,不过不可以此手段之故,牺牲一切目的而为之耳。

弟之为文字所以攻袁者,亦注重此一点,而卑之无甚高论,意以为《折杨》、《皇华》②矣。而外间评尚大抵以为难解,反不如刘师复③等之信口乱说,有人懂他讲话,此自是无可如何事。兄试观我文,谓如何(弟自知为最劣之文字,不必恭维我此种杂凑不成体统之文,但问如此说理合否)? 其文载第一、二号,尚有半篇,留充第三号也。

小红欲以兴华事诋我,固无如何。当时弟固为仲实等一般人稍谋食饭之路,亦以此项可谓国民党筹款十余万也(此节荫廷亦

---

① "大炮"代孙中山,"黄跛手"代黄兴。

② 《折杨》、《皇华》都是古代歌曲,代表世俗的音乐,常与《周南》、《召南》等高雅音乐对称。《庄子·天地篇》:"大声不入于耳,《折杨》《皇华》,则嗑然而笑。"

③ 刘师复(1884—1915),原名绍彬,后改思复、师复,广东香山(今中山)人,中国无政府主义思想先驱,早年参加同盟会,曾参与革命党暗杀活动。辛亥以后,着力提倡无政府主义学说。创办"晦鸣学社"、"心社",创办杂志《晦鸣录》(后改名为《民声》)。代表作有《无政府主义之目的与手段》等。

知）。且现在老龙以此召变，欲得百万元，且不可得。闻老龙之召变，不除出筑马路等地面，则此价值已不如黎所出，而其时纸币价又倍于现在，则当时承领八十万元之价亦不为低。及后取消，而与以赔偿，则故当然之事，当时定筑路材料及各费，实亦费去不止万元，外有租事务所、雇画则师及书记等费，赔款未必过多。且此赔款所余，现亦只仲实筹作公共事业所费，弟殊无与其事，仲实虽允贷我以小款，尚未有给我之事；即曰有之，亦正可以自白不辞，以仲实纵能贷我，不过二千元内外，而弟学费为公事已用去三四千，又家产虽无有，而此次被封后，当纳入图书馆之书籍，亦当值二三千元。仲实等近业亦非如彼辈徒以吞款而耸人使钱为事者，何必为愕哉！

佩兄现有无就馆？若专心药肆，则此馆可荐吴静山就之否？又尚有其他教读之馆否？顺希见示。此请
钧安！

I remain

Your truth

Lju

六月二日

第九信

据原函影印件，参见"辑释"。

致古应芬、李文范函

湘、佩两兄鉴:

得湘兄五月廿二日及廿七日书,久未覆。以计期,前月十三日汇款,当于月杪可达;计复信期,当在十四五,故欲待之也。然今已十八,尚未接信,不识何故?

湘兄廿二信云,提官多疑,朗亦犹豫此节。弟向亦尝为佩兄言之(四月四日书),提之与吾辈不过利害之结合,不必以道义责之也。然弟自计前数函所论,亦适有类于提之所为者。兄虽谅弟,未必尽解其原因,故急一作注疏。弟常言湘兄焦躁,弟此之辩解或不免为弟之一种焦躁之结果,反为湘兄所笑矣。

弟之所以屡函询办法,求作豫算者:

(一)以湘兄信已有"月获利可至千元"一语,以月获之利过巨,遂使生疑,或恐有误算。

(二)湘兄向来于此等事,必确实计算,至少有若干利益、若干损害,然后动手。以为已有豫算,故求其速示。

(三)弟虽现有二千余元之财产,而千元为不动产,千余元贷与宫崎,其时实只存二百元(现只有百元多),而极欲入股,故须向展兄借款,因此犹疑颇多(后毅兄力促弟为之,故不待覆信而决),亦急欲得一确实之回答。

（四）素知八兄之计画不甚有实际根据，恐湘兄之所画有类此者，故一方面极望知其为有利而求参与，一方面又恐其为有损而急欲知而阻之。

故屡信询问，不图适与提官所为相类也，所幸即弟已前汇款，非待回答始汇，此可以自明于两兄前者耳。然欲知豫算之念，则至今未能息，何则？今之托命尽此千余元（汇去千元伸水几千二）虽深信两兄，要不无欲知之私意。若着手开办，则每月铺租若干，用人若干，已可概知。此所用之人，须有何种知只，譬如吾辈能胜任否（须习学数月不待言），皆亟欲得悉者也（弟仍如屡信所主张拟求劳银而不靠利子）。

又，展、毅当时曾议及兄现无股本，即有亦必不多，将来如不能按股分利，拟以湘兄管理之任务作为若干股本，而应作若干已难决定，且以事涉渎冒，又不便言，以与弟商酌。弟意非知豫算此层不能定（若先以告兄，兄必不肯自定，而弟等又无从代定，故欲求豫算），故问豫算之函，前已不止一二，而今日尚觉其必要也。又，来函有来往颇费用颇多一层，此节似须分两方面作计。芙蓉①非所素习，且设药肆又无专门之人，自是艰难之事。比朥则泽如势力范围，买锡买胶又其素习，尽可先行问泽如以铺租、人工及买卖手续，不必待亲至其地也。

当时兄来函只言及锡、乳，未言药肆，故弟等以为，此事豫算一函与泽如便可作成，不知兄以芙蓉为艰，而兄以芙蓉不能着手之故，并比朥亦忘记，想是近日焦烦之况，有不禁长叹者。弟在此且然，何况兄居彼地，百事不如意，更无慰藉之人哉！然甚望于忧患

① "芙蓉"为马来亚城市。

之际,以冷静处之。若提官之款未集,则先作乳、锡之计,一面如廿七日信所述,就子瑜栈开一药肆,未为不可(若提未汇款,则往芙蓉只益费矣,不特前此兄谓不宜往,即此后弟亦谓不宜往也)。

此外应说者尚多,且听下回分解。弟数日寄一函,无要语(然而皆要语也),想已收得。此请

钧安!

秋谷顿首　3.6.18th

第十信

前来书述地址有街名无门牌,故寄信仍寄泽如处,耽搁皆缘此而来。书已接至第四信(中有问此点语),何以不将门牌写寄?此时计已着手经营锡米、树乳,新住址万望注意,勿蹈此辙。若暂不迁移,则子瑜处门牌仍希抄寄。因无门牌则极易误递,故紧急信未尝交子瑜处也。

据原函影印件,参见"辑释"。

致古应芬函

湘兄鉴：

　　本月五号、六号、七号三函同时接得，豫算二纸亦读过，分别答复如下：

　　一、八号来函，告股本与前稍异，然展、毅等与弟意皆以兄所告树胶、锡米事为可靠，故倾囊为之；药肆之事，似尚未甚妥，而兄函前此亦未详告，弟等亦未尝欲附股，应如何办理，弟不敢参议也。在弟窃计，此两业并无相连之性质：收买之事稳而固定资本少，药肆之事利可望大而不甚稳，固定资本须多。若以此二者沟通一气，则必以药之周转不灵累及收买事，不如分别计算，将弟等股本先作收买股，俟朗、提等出资，乃谋药店，如何（此层乃数人向来本意，因设药店事前所未谋也）？此节务望注意。

　　一、权限一层，本以全权托兄经营收买一事，此业应如何办法，均请独断独行，惟已行之事，务请随时函知。知兄百事把细，万无失箸之理，但恐如兄所云"一旦因病离比胜，则箸人难作"，到彼时再问旧令尹之政，甚难周到耳。此节仍候肥哥主意。

　　一、有限公司之议，本恐政府有没收党人资产之事，欲藉此表明并非一人之业耳。如有他法可免此，请专行；否则亦无可如何者，或亦无大碍耳。

一、前函之认股数,是吉云一千,误作二千,忘记擦去(吉一、秋一、隋一、胡一、林一)。

一、弟与毅皆欲南来,然所以不能即来者:(一)来南无佣处,则居东尚胜;(二)现在从日本人处觅得研究种菜、种果路,拟日间就学,得知识经验,再到南洋觅田力耕;(三)现学英语,虽不甚进步,要稍有希望,欲掷一年之光阴以从事焉。故南来之事虽定,南来之期却不能定。

一、弟之生活费,现又减至仅存二百元,大约尚有二个半月支持,过此便恃"卖帖"或"去屋"。而帖至今未到,屋不过数百元,大概是一年计算为止,若万事不如意,到此期或更早。然此与弟之附股无伤,盖弟于此笔立意,仅其力之所能至以保存之,非至百无生路时决不动用,此时尚非其时也。故弟切望兄专理此收买之业,若能循常过去,得回普通利息,弟决不受损。一年之后,若要动用,再行算计(因现在尚有仲实允贷之一希望,故希冀不动用),但若投之他业,则实有所惧矣。

一、开办费请照开销,不可以兄私囊充之。

一、来函谓弟来南可寓朋簪园,月费不过五六元,此节兄何不先行寄寓,此时不已省下若干车费耶(由星往庇又出,又往芙又出,所费实多)?八哥药肆计画若未能急成,同暂寓庇,不更佳耶(实则药肆一层,既需如许之固定资本,万不能以五千开手,而现在朗、提态度如此,恐五千亦不可恃,何不仍就前说,专卖陈李济药耶)?甚愿于此稍为打算也。

一、毅之股票已前有信与兄言之。

一、来函谓,庇埠马拉人多种稻,此项米是否自食,抑系供给附近各地人所食?有无米绞之经营?若用日本式精米机,较中国之所用者为省,能否获利?请为一调查。因此收买之局固属稳当,若有万一不虞,转而营此,亦可不致吃亏否?因各埠同志颇多,若无窒碍,此亦甚稳之业也。

一、以上各节,肥哥阅后再加意见始寄湘兄。

秋谷顿首　六月廿四

第十一信

据原函影印件,参见"辑释"。

致古应芬函

湘兄鉴:

得六月十九日函并前致展兄函,中论关于博士各节,弟意尚有不尽谓然处,然展兄此时情谊不能拒绝大炮友,则慢说可也。生意事既开手,甚佳,然何故托人司理,而兄反置身事外?此所不解,请循其本言之。

此次经营,由兄所发议。兄之发此议,是因南洋一时不能觅生活,故拟经商。而经商一时未得资本,故在此设法,故:(一)弟等附股,全然不计此业将来利息有几许,只求其中可有数人在此事业中当一佣工觅活,至少须有一人能得所栖托,故倾所有为之;(二)弟等将来南行,若不能就此中觅佣工之路,亦可藉兄在彼之经验,更立一稍小之局面于他处;(三)八兄药肆之计,弟等本不关与,然尚以为如弟前信所言,可以有自活之处。

今来信,则兄既不任收买之司理,八兄亦终不任药肆事(药肆提、朗已翻悔,决不能成。十八日肥兄已有电往,何以十九日来信尚未接到?)则此经营究竟为谁作嫁?弟等全副精神做此事,现在只可算作毫无结果,而兄等却重新另向道源借钱耕植畜牧,则何不当初不作此番乌乱乎?当初应为收买,应为耕牧,兄亦并未有何等详细说明,弟等亦未知其孰为利害,本意尚欲待弟询兄各节覆后再商,因兄总接不到信,而焦躁异常,故由信兄之结果,先寄银去。兄若以办收买为不相宜,尽可移其资本以营耕牧,何必又烦泽如之婿代为出台? 在泽婿办此事,明知其必在行,且必热心为此资本谋利益,且度彼必抛弃无数较好之位置,来替我等出力,然实在我辈初心只是替高维谋一事业,并非依高维之介绍作一可望厚利之事业;只是计我辈本钱微薄,聚作一起,尚可容吾辈数人于其中出力,得回经济上所谓劳银之部分(因既无人肯庸我辈,有时又不屑庸于或特定之人,故不得已自己庸自己),并非想庸一最在行之人,为此数千金谋利益也。故前信(内言司理酬三十元)未到之前,弟尚有一信说酬劳事,恐兄以无股本故不能与于利益之分配,则甚不平均,故欲以此作为一种出资,作若干股算分配利益也。今若各人均各另谋托足之地,则此举变为全无意义,尽可即刻收庄。兄既改意耕牧,则弟之千元不妨流用(大约展、毅等股亦未尝不可暂借),足下借得道源款更佳,不借亦无妨,但用弟款也。要之,此收买之业,是为兄与伊东而立,弟等之钱是为兄与伊东而汇。本来不知收买情形如何,即令知之,亦决不能投资求利息。何则? 纵有重利,已不能待,而如可以得为佣,则少资可长久也(当初,弟意肆中可用三四人,而锡米及树乳之辨认专学之,不过数月可辨,故屡函皆问店用何人,吾辈可充数否? 意固以为将来南行时,可尽辞去工人,而吾辈自当伙计也)。纵使锡米、树乳事属专门,收买之人非雇不可,司理则关于账目来往,决不须愁不能位置一人,此其最少之希望也。今兄乃并司理而不为,则弟等此举,知之者谓为以数家待养之钱,投之固定之处,为不合理;不知者且以为弟等已有余资,故暇经营此矣。不知当时汇款,眼光光数月后必无米可炊,须待卖帖为活,犹剜心头之肉以成此举,其苦痛为何如也!

且兄屡次来信,并致肥兄信,皆亟亟欲成此事,且以其不成而欲去,若此业仍是委托他人,则前此究有何意味?此层矛盾,弟反覆思之,终不能解(窃思解此矛盾,惟有一途,则或者兄意本欲附股,而经理不取酬劳……以兄初函尚有自集股一千之语,后并此股而不能附,义又不取酬劳,故不如托之他人,而己虽经理其大纲,不取丝粟是也。然弟以为,此种不取报酬之思想,殊属无谓。因兄赴南洋谋商,始有此议,谋商而资本不足,乃有此助。若兄不取报酬,则弟等亦不出资矣)。愿更详审,无为轻于措置。若兄决心不办收买,弟等亦决心取消出资,以之另供他用矣。

兄到南洋以后,两方意思殊多隔阂,往往不答所问,而答所非问(此病两方有之)。然此中原因虽多,弟实信兄之"无定性"为一大原因。始言办锡米、树胶,继言兼办矿,忽又各事俱失望,忽又兼营锡、胶、药肆,忽又尽弃锡、胶、药肆别营耕牧。以是之故,弟等复信论锡矿,而兄已作归计;复信论授权,而兄已委之他人。于是,弟等所急欲知者,竟无从得知,而兄所欲吾辈知者,及吾辈知之,已为兄所不欲。然则商量一次,辄数十日,何能有成效哉(此等无恒之病,弟或更甚于兄,顾弟等不能自知,犹兄之不觉也)!

此次耕牧是否兄之最后决定尚不可知,然无论如何,弟之千元可资兄之指挥,弟无后言。惟望勿以托之他人(以弟之意,只是助兄成一事业,将来或能共经营之,或借其经验,非望其利息),且必决定一主意,不中变为盼。既已投资,请将经营情形见告(收支概算、用何种人、资本周转迟速、危险大小等),弟决不为掣肘也。

此问题决后,再说耕牧之内容。庇罅宜种何树,宜殖何畜,非弟所知,然大概言之,植物成功迟而稳,动物成功速且利厚,而危险非常之多,而要之两方均要熟练与学问。若兄等三人平空白地去作农人，未必遽有岁入千余元之利益；若实有比利益，则全是泽如豫先种树之结果，非劳动之结果。此层不可不注意。

又，种树胶之事，前毅似已曾问泽如，回信言须款数万，且须十年后始有收益（记如此，不知是否，今夜不及问毅也），故尔作罢（始意欲数人全力经营，当时数人尚可凑得万一二千元，今则骤减，除去汇去之额，所余无几，公私两有所费，无可如何，循此速率，岁末当皆赤贫）。足下欲以三千余金经营之，不知得成否？成亦望诸十年以后，西江之水何益于我辈？此事亦须审慎。泽如之美意自可感，然若受其美意而不知，不可；受其美意，而不能待其美果，尤不可。

弟等现亦讲求为农之道，若兄真有意耕牧，尚可共耦俱馌，作一辈子长沮、桀溺，去骂孔老二一餐。然窃计其收益，不敢望若是丰；开手能每人每年得回二三百元足矣（因开首数年树无果实也）。此境况挨得过三四年，则千元之收入尚在可望之列也。至于树胶，不敢轻议得失，但兄能同泽如商量立一豫算，的确所费不过此数，且确知其期限，当可商量拨办也（以不办收买言）。此请

大安！

秋谷顿首　七月五日夜

据原函影印件，参见"辑释"。

致古应芬函①

湘兄鉴：

今早发一信，语本多过激，弟亦自知之。然古人道得好："癫佬讲说话，圣人拣择他"，姑且当弟作颠人看待，何妨平心一阅也。

今日与林理、隋斋、吉云、昌定商定二策：（一）请兄仍任司理人；（二）即刻收盘。别无话说，请速酌定回复（兄若以司理之费不敷家用，尽可加增；又如于司理之余兼营耕牧，亦未尝不可）。寄回兄前来信四纸，请细自阅之，则弟等可不必更言矣。惟祈速复耳。

此请大安。

秋谷顿首

六月六日夜第十三号信

往者陶子正祭先君子文有曰："君乃答之，吾为论琴律龃龉，发情岂暌世，若无我子谁论哉！"念兄与弟之交谊，未必不可以比踪英杰，愿勿以此为怖。

---

① 据1914年7月10日第十四号信所谓"六日寄两函（第十二、十三），想当先此信达"（参见《古应芬家藏未刊函电辑释》第192页），此处应为"七月六日夜"之误。

致古应芬函

湘兄鉴：

六日寄两函(第十二、十三)，想当先此信达。得廿三日信，知九号信已达，来书以弟窘急，故忧虑竟日，使弟感激欲泣。然弟所谓只存二百余金者，现金耳，尚有金表练一，可值五六十圆，尚足支持一月。合现在所有，尚可支持三个月也。碑帖于此间决买不到，大概总可卖三四百元，如此已可支持至年底。昨闻李茂之①在泰东书局，此是卖书一路，拟作函询之。若得稍有裨，又可支持数月，自觉视兄尚富裕也(仲实又允贷款，此款得，仍拟候经营农业用之，今暂不动，大约月内亦可到)。筹款百元，万无受理，已托肥哥却之。于尊大人前，请再信止之(展、毅各尚有千余金，不愁无贷款处)。

提官事早由肥哥信知之，此业实有险处。八兄既可得书记席，胜营此业矣，亏折只百余元是大幸事，弟始意恐不止于此也。兄前信拟弃商学耕，弟等非常着急，故连发两信，请兄速决定，如不营商事，即速收盘。今来书又不提耕事，却拟教读，教读事固大佳，然如

---

① 李茂之(1881—?)，广东新会人。辛亥广东光复后，任广东督署参议，不久转任南京临时大总统府秘书。1913年，当选为参议院议员。1914年，在上海设立金星生命保险会社，并与谷钟秀等创办《正谊》杂志。1917年，任护法国会参议院议员。次年，任两广盐运使。1920年，任广东财政特派员。

能兼顾商店,仍请勿弃司理,找一帮手可也;如必不能兼,便须仍照前议闭肆。弟等始意不在牟利也,但彼处西席能给几何?若仍只三十元内外,则不如此业尚有进步之希望矣。此层最宜着意审慎(然弟却不敢有所主张,以非亲至其地也)。

弟前信谓兄"无定性",语多过激,今虽悔之,而驷马不及邮船,无如何矣。然尚望以"美疢不能恶石"一语相谅。此次若举棋不定,终非所宜也。

季舅住址,前已抄寄(记是第九号信),今所得者是否相同?因季前寄来信住址是在 Columabes 者,而竞存致汉民信则云 Columbes,只有子民①及某,而李在某地(忘之),恐竞因迁去失落也(如仍是【Columbes】请寄担保)。

弟之行踪现实不能决,泽如厚意自所深感,然寄食何可久支?且家中仍须费用,亦须学稼学圃,情愿被孔老二骂作小人,尚可自给。而学此以东京为便,同时又可稍习英语。舍弟②在此考入学亦便利。如此则一年之计不能更短,一年以后便相看情形,或到南洋耕植(因现已豫计有少许资本),或到广州湾③(此处可有进取之望),或有机会则到南非洲或小吕宋(此则纯是进取之计)。此时殊未能定,然总以南行占十之七,广州湾才百之二十五耳(此处若有成,仍可纠合群智学舍旧友共居也)。

卖字是最名誉事,然恐无人要,因彼等判别好歹,只凭其能中举、点翰否,身非三甲一榜,不能捞此辈钱也。若果有辨别力,自当学梁星浦挂招牌。然使其能相赏,则何难相求于千里以外!然则

---

① "子民"即蔡元培。
② "舍弟"指朱秩如。
③ "广州湾"指湛江市。

试验亦正易易耳，兄何不一一探之？若能如明末遗民相约卖艺，则文字、篆刻皆有其材，不妨招肥哥大班共之也。

杂志已函觉生，寄子瑜处代理。今日展复函促之，不知已寄否？第三期日间可出，第四期大有"乾"之势，文字运与荷包俱转，奈何生力军竟按兵不动耶？少少增援，亦可以振作士气也。此请大安！

八兄同此。

秋谷顿首　七月十号

十四号信

据原函影印件，参见"辑释"。

致古应芬函

湘兄鉴:

得本月八日书,知已接前月初信(以后在铺中定用何名,请示知,可省一封套),然当时(尔时)①殊无意触君离绪,意欲以上方不足、下比有余者相慰耳。兄之近况当更萧索,而人生最吃紧关头即在此处。所谓艰贞者,不特在体质上有之,即精神上亦正当日勉也。

八兄就书记事自是不得已而然,泽如办矿,如可为司账,自必胜此。然矿事亦正难靠,龙邦如此,安和何能必利? 授千余元以得位置,若单为位置计,殊不值得。此节切宜打算。若矿采可为,当与青山、吉云等竭力为之,不必计港款也(想无股本,亦可充司账,只须供担保耳)。

收买肆想即名"图南",函中何意,未言及。其英文作 Thor,音似与图字不甚合,是否土音如此? 暇乞示之。

前寄豫算谓,月收树乳三十担、锡米三十余担,即可少有余利。今来函云,十日已得树乳 16 担、锡 25 担,则是已在豫算以上,可谓好成绩。然资本此时已有不足之虞,则卖时有须稍"札"待价者,不

---

① 此处在"然殊"两字之间加"当时"一词(墨色与全信同),在"当时"右又书"尔时"一词(墨色较淡)。应是作者用词斟酌,皆留诸纸上。

更难周旋乎？实际资本约须几礼拜始可回头，此节算清楚始能定须添若干也。

来函云泽如办机器，并谋代理，是否铺中打算，抑系彼自办？来函语气似系铺中事，如此则资本更不足矣。

开割树乳机想不过为便收乳而设，收买与割无与也，是否支店之设为收较便宜之货乎，抑为多收乎？如为多收，则现在资本既缺乏，甚不宜也。初尝此业时，弟等本意欲以兄之勤务作一股份，曾函商肥兄（当时以为股系八千，肥哥亦占其一部故也）。今肥兄来书，亦甚赞斯议，但此节只系弟等六千之事（与泽如之一千不能相关，即以后港款亦可不算入），故径不与在港余人商量，决定将此六千之股之赢利分作八份。以二份为兄酬劳，若兄后此稍熟练，则仍可兼任司理，月中所入尚可勉强敷演〔衍〕，胜去就教馆之席。又不妨从泽如借地种菜。此节可将以前之问题尽数解决。兄万不可再生他枝节（如坚辞不受类是也）。

锡米溶化，日人有欲为之者，但其本钱极微，实恐不中用。若真欲计画此事，则弟提出数问题：

一、现在英人及其他镕矿者，共有若干家。其资本各若干？（据《南洋之产业及其富源》三七二页，有海峡商会及中国商人宝兴、顺美、协振等，皆业精制锡。）

二、此各公司有无联络供资本之银行？

三、欧洲市场卖锡手续如何？

四、所谓合日本人组织公司者，南洋华人是否能占一部之资本？其额可得若干？

五、螺生①、源水各君在大霹雳经营一镕锡公司,即收锡米而煮之者,是否为同一生意? 函中云"为英人操纵者",是否彼之公司亦不能自立?

六、经营者是否只要有冶金之知识,抑尚须通知欧洲市场情形?

七、现在锡之集散中枢在于何处? 应设工场几所? 其地点如何?

八、欧人镕矿是否仍役华工,有无熟练之工人可以招致,抑须另役工人?

此数层希即答覆,最好能作一节略,始可与日本人商量也。此事弟颇属望,惟事成之日,弟等所得之利益不过为彼一雇人,则殊无大益处。须于第四问得解答,吾辈可为一部分株主之委托人,始能谓之成功耳。若前记节略成,弟当竭力谋之。日本欲投资南洋之人,尚不甚少也(觅日人之主义,是重其资本乎? 重其技术乎? 重其通欧洲市情乎? 此层须先告知)。

前函论药肆事,想已得达。当时提款不汇,或不甚措意;今肥兄信来,言提已汇款,则此事仍须斟酌。弟之前言或不无过当之处,然大抵勉强汇款者,将来难免有后言。既决意在提主药肆,则索性割断关系,不亦善乎?

前函言泽如有地可种树乳,须本三千余元。此节实际如何?

———

① "螺生"即郑螺生(1870—1939),别号继成,福建同安人。早年加入同盟会,后奉命创建南洋霹雳同盟会,出任会长兼主盟人。1913年,国民党新加坡总支部成立,当选为常务委员。1915年,被委任为中华革命党怡保支部正支部长。1917年,任广州海陆军大元帅府庶务司长。

种树之费非一时出之，或可积渐抽得出也。约有几英亩？请示知。《护谟栽培大要》（《移民调查报告》第四册）内言：经营千英亩者，年费二万余元；第七年起有收入，则其经营费约十三四万可得充足（总数十三万四千余元）。即万余之资本，可经营百英亩；三千余，则二十五亩而已。照此推算，六年后，第七年一英亩收三十余元，第八年一亩可得八十元内外。本甚合算，然彼计树乳值三先令一磅，即约香港二元一斤，现在价值恐与此殊也。此节如系可能，弟亦望之，但甚惧其不确耳（记泽如来信云，价至低时，华人经营每担可获二十元内外之利；若利少于此，则西人先倒。如依此计算，则第七年每株已可产一磅半。每亩有二百二十五磅，至少约有三十四元之利；第八年每株产二磅，可得每亩三百磅，利至少有四十五元一亩之收益，二十五亩即一千一百二十五元也）。

挂罗比膀附近，既多稻田，其产米销于何处？收获总额若干？有无米绞（精米及去谷壳）之类存在？若收谷用机器，制米能否获利（日本精米及去谷壳机价廉易使用也）？窃意米为常食，此业或不致悬虚也。

此上各项统请详覆。此请

大安！

秋谷顿首　七月廿四日午后九时

十五号信

信未发，得肥兄寄来一号寄肥哥书，知烟草代理及开割机器皆营利之一种，甚慰！然函中仍拟以港款开支店，以弟观之，力分者易败，而精神纵使能照顾两面，必致过劳。兄之体质非堪奔波数地以指挥之者，八兄尤不习此事。故甚望兄先致全力于一店，可免过劳,亦不致累及泽如押屋也。

函中所述前事,弟悉未之前闻。然弟前致八哥信,固言人未作恶,姑作好人看待,实则何尝不豫知彼辈举止哉!提每供攀朗,谓是同调,实际殊不然。肥兄想已函知矣。彼闻弟窘,犹寄二百金来,弟万无受理。日间当汇交肥兄交还彼也。

此信寄肥兄转。至德兄来信,往往不甚明了。弟之屡有焦躁,往往因此。其实,兄写信时,某事已告肥,未告弟;某事未告肥,已告弟,必难记忆(即弟之写信亦然)。此法可稍为补救,然肥兄寄信来,则自己无从查考,却是不便。弟近用复写纸颇便利,写信时可一写两张分寄两处,否亦可一张存底。拟买一册奉寄,如何?想在彼地亦易买也(用法看邮政局买担保信时收票可知,彼即用此纸也)。

廿五晨追加

Lju

据原函影印件,参见"辑释"。

致古应芬函

湘兄鉴：

得廿二、廿四两书，其所图所辩，今皆不切时宜，可暂置不论。然有一层不能不为兄告者：弟之于兄，常以十年以长之义，不敢以世俗所谓兄者相待。故援"至亲无文"之义，百事责善则有之，若曰疑兄之为人，则万无此理也。前缄所以力请任司理事者，以兄来函有云"托泽如之婿为司理，药肆则八哥暂任之，俟提官来则倩彼司理"，明明两司理皆以授人，与初意全然不对，而兄之自为计则曰"以耕植畜牧为业"。以此两语测之，则兄有类变计，而弟等决不想到。

兄掌银，泽如掌数目，如廿四来函所云也。以是之故，要求兄不自任司理，则不如罢休，并非以为兄不顾弟等资本，实以为弟等此次投资，并非为求利息，故将胸臆间物一切倾吐。而兄意乃以为弟吞吐其辞，疑兄之为不顾也。弟屡信云，当求庸钱，不当求利子，即是此意。

兄任司理，则因营此业，兄得庸钱，弟等之目的已达。泽婿、提官任司理，纵极适任，弟只是收利润耳。翻覆谆-亨，皆为达斯意，而辞繁不杀，恐反以为迷。兄既非弃司理，又仍兼他业亦不弃之，则弟前之推测概属错误，可以一笔打消。兄谓弟疑兄不重资本，亦是误会，亦可同时打消也。

前闻兄有意回港一行，此际如何？弟亦不日遄返，此行成败，难若得邀天之福，生前相见，一释此疑，虽死不恨。倘未死者，当相从南服，不再问国事矣。甚愿兄了解，弟虽就死之日，决不疑兄为相负也。

寄回六月十九日信，请审之（此不过明弟所以错误，非有责于兄也）。

道原以其资大半买广纸，作定期预金，预入官银钱局（当时买入六成余），现在欲换新币，仍须待期，而到期所得已吃亏殆半（换新币四成五，再减银号经手等费用，不及双毫五毫之价）。在轮船公司之股，又亏数百（即麻子之公司被新封去）。其余储东京者，又多系定期，仅有数百元现金。前日，因闻消息不佳，赶快起出。弟之所见，其允寄五百，尚恐难恃，想此时亦不必事商业，此策未须急也。

弟以去月借得黎①款二千余元，而宫崎一笔大有不还之势，适相抵销。但以现款论，周转尚易耳。弟新欠展一千一百七十元，可以铺股抵；欠毅千元，可以屋抵。现黎寄来舍弟留在姑母处六百元，尚得三千元内外。此次行装，已花百余元，大约尚须数十元。留千元作舍弟学费，以千元留作家用，以三百元作归费（家族合计），尚有五百元留作运动用。此又一孤注也。

闻老伯在港资用乏，颇急，此次托子芳带少许往，恨力不足以相济耳，希勿却也。

八兄处同此，希寄示之。倘有欢笑相见，期重翻此信道南地情

————————————

① "黎"指黎仲实。

形,其乐当何如?苏、李河梁志趣本异,如吾辈者,生死合离无由预
测,其情又岂古人所能道耶?行矣,素心不渝!

　　汪サン所谓入地相逢终不愧耳。此请

大安!

秋岔顿首　十一日

十八号信

据原函影印件,参见"辑释"。

致古应芬函

湘兄鉴：

（廿四日寄一信，肥哥托其转寄；又一信托兄家转寄）昨夜得一书，即作覆信，今日覆视，觉所论多过当之辞。本拟另写，然念自兄南渡以来，两方未有打开壁子讲亮话之信，此信纵使受足下一骂，终必如吾两方有益。且平生落落寡合，如此狂犷之语，惟兄能谅之，不向公说，更向谁说？故不更作书，愿细味函中之意，不可以弟语过火，便置不道也。此中不含一毫诈伪掩饰之语也。

据原函影印件，参见"辑释"。

与邓泽如谈话①

自袁氏祸国，第三革命，不容幸免。而欧洲战事，益与吾人以不可更迟之机会。内外同志所共知也。现东京本部已分省筹划进行。广东为南省门户，中山先生特派邓仲元主任其事。邓推执共事。查粤军队，除济军②外，皆邓仲元与执之正部，已先后派员接洽，均允发难。其济军亦有一部分既明大义，约定倒戈相从。其余绿林啸聚者，大抵皆前日民军，当辛亥九月，由执率之起义，后经遣散者，今亦联为一气，誓倒袁贼而后已。似此，以最激烈之人心，乘不世之机会，为一致之行动，粤省固已在掌握之中。此外，各省亦由主任人经营，成绩均不相让。倒袁之期，可以预卜。独是发动之初，不能无款，事机已迫，更须速筹。用特南来，商请各埠同志，勉为捐助。俾发动应时，不失机宜，早复吾民之自由，登之安席。

原载于邓泽如：《中国国民党二十年史迹》，正中书局 1948 年版。

---

① 据邓泽如在《中国国民党二十年史迹》记载：1914 年 9 月 14 日得邓子瑜电，云朱执信已抵星加坡。次日邓泽如即赴星加坡，在邓子瑜家会见朱执信。二人作此谈话。

② 济军，即龙济光的部队。

致郑螺生、李源水函①

螺生
源水两先生台鉴：

别后至芙蓉、吉隆坡、麻坡、麻六甲等埠，以怡保之义举为之劝勉，并允筹助。霹雳各埠，以两先生之力，当更发扬也。怡保筹款情形，已函东京详述。将来收款后，当再将详细由港函知本部。此处亦不妨径将数目寄东，以免迟延。弟此次南来，适当开战②之后，各同志均于商业凋残之际，倾产相助，衷心感佩，非楮墨所能罄。异时治定功成，政当数此以为勋首耳。弟以驽下之材，猥蒙同志信任，誓当效身躯以副所期。倘得生还，尚拟重谒

台端，再申悃款。先此奉达，即请

义安。　弟朱执信顿首。

附两函，请分致区、谢、朱三君③，并请勉以义言，增益奋励。

1914年9月写。原载于黄警顽编:《南洋霹雳华侨革命史迹》，

文华美术图书公司1933年版，影印原函。

---

① 原函无日期。邓泽如撰《中国国民党二十年史迹》载朱执信到南洋募捐是9月，10月初返香港。据此与本函内容判断，此函似为尚未返回香港时所发，时约为1914年9月末。郑螺生、李源水均马来亚怡保华侨。

② 指第一次世界大战。

③ 区、谢、朱三君，即区慎刚、朱赤霓、谢八尧。

致李源水等函①

源水
螺生
仁甫②先生暨各同志均鉴:
赤霓
八尧

　　顷得港函,已设立收款机关。尊处筹得之款,请汇往香港上环干诺道十九号公慎隆交高维③收即妥。其英文如左:

Koh Wei c/o Kung Shen Loong,

19 Connaught Road

Hongkong

此项汇款收单,即由广东主任人邓铿君同弟签名为据。专此奉达,敬请

公安。　盟弟朱执信顿首。

原载于黄警顽编:《南洋霹雳华侨革命史迹》,

文华美术图书公司 1933 年版,影印原函。

---

①　原函无日期,据内容推断,当为 1914 年 9 月在南洋所发。

②　仁甫又作仁圃,其姓及简况待考。

③　高维,即古应芬的化名。

致郑螺生等三人函①

健江②
螺生先生大鉴：
源水

    十三号晚奉来电，并汇款万元（港纸），经十四日领收。生意③开业在即，购入货物，所需不赀，断非现在所有之股本便足经营。深望即日筹集汇寄。本日拍发一电，想登览矣。本店开业定在下月初旬也。

诸公精心毅力，夙以维持中国商业为任，并望有以诲之。收股单候刊就即寄。此请

均安。   朱执信、高维。

          1914 年 10 月写。据《南洋霹雳华侨革命史迹》影印原函。

---

    ① 原函无日期。据《南洋霹雳华侨革命史迹》影印收据所载："收到怡保电汇银壹万元（港币），此据。民国三年十月邓铿、高维、朱执信。"此函当为 1914 年 10 月中旬在香港发。

    ② 健江，姓及简况待考。

    ③ 函中"生意"、"货物"等词为"起事"、"枪械"之类隐语。

致邓泽如函

泽如先生大鉴：

别后于十号抵港，沿途幸尚无风浪，堪以告慰。此间情形悉如前所豫定，更有少许特别利益之点，在于省城。此间人皆只待款到，便拟举行。惟在庇发信，至今已逾十日，不知何故，未曾有一汇到。故于昨日发一电与源水先生（知公未即归庇，故不电庇），嘱其股长速交。又以公慎隆颇为人所注意，陈单平人虽好而太疏。李济民等皆知有款到，四出扬言，恐有窒碍。故电中并声明请改汇德辅道中一百三十一号德昌隆转高维。请将此意转知，并函告关丹、噤唗、呕啤、文东四处，改汇德昌隆为祷。此处各人皆渴望公归掌理财政。如能抽暇，仍请不吝一行。此次举行，全恃股本。而集股之力，皆倚赖我公。重以此相烦，不免过于偏劳尔。惟以我公于此事始终以至诚出之，故敢相渎耳。湘、佩诸人均已见，图南事容商定复知。专此，先行奉达，即请

大安。　　盟弟执信顿首。三年十月十一日。

原载于邓泽如：《中国国民党二十年史迹》，正中书局 1948 年版。

致邓泽如函

泽如先生台鉴：

敬启者，此次筹款，蒙公助力，得有豫定之数，同人不胜佩感。现各埠汇到数目，计有五起，经已分别函电复知，即由铿等分别拨用。兹将本旬收支数目，开呈尊览，并可示之机密同志也。

收款（通以港银计算）

（一）来怡保电汇银壹万元。

（一）来星加坡十三郎函汇银伍百壹拾元。

（一）来星加坡函汇银壹千叁百捌拾伍元伍仙。

（一）来芙蓉电汇银壹千元。

合共来银壹万伍千捌百玖拾伍元伍仙。[①]

支款

（一）支铿手，惠州、潮州、嘉应州、韶州办事经费，共壹万叁千伍百元。

（一）支执信手，广州、肇庆、阳江办事经费，壹千捌百捌拾伍元伍仙。

（一）支杂用伍百壹拾元（收款机关）。

---

① 函中收款数和支款数相符。但上列四起收款共计是一万二千八百九十五元五仙，与收款总数不符。据上文汇款"计有五起"，似为漏写一起。

合共支款壹万伍千捌百玖拾伍元伍仙（支款不过分拨，决定如何种费用，未尽费去，合并注明）。

另由铿手筹银，并中山先生来银共万余元。执信手收金、张、杜三君来银伍千元。经分拨伍千余元，作广州一带经费，余作惠州一带经费，不在此数内。计现在不敷尚多，南洋原定三万元，今只及半数。请再敦速进行，能照前额，始敷应用。并请转知，勿再延缓。因开始愈迟，所需经费愈多。此弟甘苦，先生所熟知，不必多赘也。专此，敬请

台安。　高维、朱执信、邓铿。三年十月二十四号。

原载于邓泽如：《中国国民党二十年史迹》，正中书局 1948 年版。

致南洋各同志函

南洋各同志均鉴：

刻弟因身赴战地，所有关于款项事情，应由弟签名者，统委托高维兄代理。特此函达，乞察照。以后所有经高维兄签字之项，虽未有弟签名，弟当同负责任也。此请

公安。　　　朱执信谨肃。民国三年十一月五日。

原载于黄警顽编:据《南洋霹雳华侨革命史迹》，

文华美术图书公司 1933 年版，影印原函。

致朱秩如函

四弟览：

得展堂①书，知已迁居本乡馆矣。弟之宗向，本与吾殊，吾不强弟相从。但能如向者所期，修得一专门学问，钻研教授，亦未尝不足为社会福也。惩忿窒欲，为持己之大端。忠厚待人，必无良心苛责之结果。猜忌之术，非常人所能用，用之适以自败，此亦屡尝为弟言之矣。今兹历事，愈觉其信。展堂我平日亦以为风谊兼师友，当敬礼求益。虽不与于其运动，彼于导人以学，必悦而不拒，不可自疏。毅、恺、湘、协、朗诸人，有缓急可以相求。然人贵自立，不可倚赖也。四妹在澳，别无亲戚，婿未能自立，可念。当时时与信也。此问

近安。　　　　　　　　　　　　　　　　执信泐。三年十一月五日。

　　　　　　　　　　1914 年 11 月 5 日写。刊于《朱执信集》。▲

---

① 展堂即胡汉民。

致古应芬函①

湘兄鉴:

现有吴业刚君,前在纽约助筹款最得力,后归国从煮豆公②办事,今岁从指天诚出攻江门及攻台山。现欲在乡办民团,欲得新会沙堆民团长之委任(吴本古井人)。中山嘱弟请兄一调查,今新会知事为何人,可与说话否? 或另觅人托李子云求其委任。若无他碍,则办之亦可收侨民之心也。

展兄有多函致兄,故不详近事。此请

大安!

弟　符顿首　十五日

据原函影印件,参见"辑释"。

---

① 函中所称"今岁从指天诚出攻江门及攻台山"事,发生在 1914 年 10 月,则此函之写作时间当在 1914 年 11 月或 12 月。

② "煮豆公"疑指李石曾。

致陈融函

肥哥大鉴:

　　前写一函,因闻何医生来,故止不发。后何至,知其家仍收信,始于前数日奉寄也。《围棋讲义录》已托何带上。据绝轩云,五月中当出十辑,届再购寄也。

　　南洋信来在兄函后二日,可怪! 后续得一信云,欲集资收锡米、树胶,月可获千元,需本八千,欲弟等与展兄占五千;并云兄已占二千。此所谓千元不知是何种数目? 若纯利千元,则人必争投资,势不可以有;若总收千元,则支出若干尚无计算,又恐湘翁计数未清,读百为千或读年为月,计数便恐殊。湘翁势不能不养家,若以月得百元计之,彼至少须以五十元付家中,则其生意实为年七分之息。此青山或可从事,弟则急于家食,无从骈骥矣。故覆信告知,款必力筹,期于必得,而另请其详列一收支豫算见寄(原信寥寥数语,至今已十日,未有第二信)。

　　一两礼拜内,当与展等筹足寄尊处,汇汇南洋。因弟等此经营等于孤注一掷,而外间恐有谓弟等犹挟多资者,众口铄金,非言可解,不如由港汇去,股分即可分作五股,亦免嫌疑也。足下如接南信较详晰,则请录记以便决计。

　　弟之现状,固非以千余元可支持久远,然若投之于年息七分之业而有固定之忧,则将来粮尽之时,更无他策,故不能不稍为打算也。又,此业须用多人,各须有专门知识(单就胶、锡),不知湘兄曾否觅得可靠之人? 又,弟等如往南时是否能担当一方面皆为问题,请兄就此与湘商酌。此业仍取公司形式为妥,因后此英人手段如何尚不可知,为公司尚有法律保障也。

张①文集并《词征》,仍乞寄弟;《财政史讲义》不知能觅得? 如有法亦请寄一本。此请

四底半安!

□顿首

据原函影印件,参见"辑释"。

---

① "张"指张德瀛(1861—?),字采珊,号巽父,又号山阴上人,广东番禺(今广州)人。著有《耕烟词》五卷、《词征》六卷。

致古应芬函

　　请兄等任一人来,弟皆可交代而去;若无人肯来,徒多去弟一人,则益使先生伤心而已。弟非不知,循此以往惟有死之一途,而不忍使天下人视先生为二十余年奔走理事,乃无一人肯随之也。

　　吴王黄池之会,左司马呼士而进之曰:"刭于客前以酬客。"吴有此士,固不免亡,然其风自足千古。使弟能以一死塞责,亦所不辞,何况只要求弟去! 特是弟虽既去,公等仍不偕来,又将如何? 此种条件,兄等尽可提出,不必隐而不宣也。此上
湘翁暨诸同志。

弟　符顿首

　　此事是否为弟所致,及以前弟所以告语毅兄及仲元者,将来必可证明。以此时告兄,兄亦不信,姑不论可也。

据原函影印件,参见"辑释"。

致古应芬函

湘兄鉴：

　　先生已允调停，兄等须乘此时进言，勿使人以众叛亲离疑先生；而先生以兄等疏远之故，恐又不得不近佞人也。

知名

　　据原函影印件，参见"辑释"。

致古应芬函

湘翁鉴：

前信覆所询各事，已请肥哥函达。然该函就于八哥之药肆，未尝深谈，盖恐八哥近来不得意，于此节驳之，必基不悦也。

然弟之意，以八兄而营此业，实可谓危险万分。依豫算所列，芙蓉现营药肆已有数家（兄前函，肥哥只言一案），则现在开肆全靠夺取主顾，以生疏之人为此，固甚不易。一也。

八兄前此计画，只是卖陈李济丸药，故弟以为铺租可省，用人可止于一位耳，虽不甚赞成，亦不敢反对，今则并营熟药，大开门面，未曾开市，资本已去大半，危莫甚焉。二也。

朗、提辈意向不知如何。朗之为人，或不甚出面反对，然里面必锱铢计较，此自是性质使然。若此次照办，必非一二年间所能冀成功，而冲突将先之而至。三也。

别种事业，改业尚可收回多少本钱，此则觉知其不成功时，已是不能收回一钱之状况。若不信其不能获利，而借贷以支持之，则恐吃亏或至数倍原本，不亚办矿，此等手腕我辈所未有（言其理易，践其实难）。八兄尤不宜，但彼兴高采烈，此时宜如何设法以说服之，是一问题。

在弟之意，现时先办收买之业，而八兄照前议设肆子瑜铺中，专卖丸药,候招牌既行,然后租铺,策之上也。租小铺专卖丸药,省租、省人、省熟药本钱(于是丸药本钱在千圆以内,租铺登告白五百元,留五百元作人工已足),则约二千可得开手,假使朗、提不如约,尚可支持,若其失败,丸药可减价卖去,不如生熟药之限于数家同行能买,策之次也。若出前所云云,未免陷于下策,请细思之。

惜分直克俱有意南行,此数人皆非备不可者。若如八哥所计算,实无计位置多人,现在既算入其资本,将来如何位置,此实最大问题。故集股愈多,将来尤不得了,不如暂缓熟药之图,则八兄专之,可无后言(此非为八兄私利而忘却诸人,实恐同归于尽,两无所利耳)。惜分等各挟其资,尚可别寻头路,自是一策(此收买之业,加肥哥已有余,若肥哥拟分营药业,则加以八兄前缄所论亦可行,前所谓中策矣)。若彼营同一之业于他埠,亦甚佳也。

此函务宜秘之。并乞即复。此请

大安!

知名

致南洋各同志函^①

统雄先生台鉴：

　　敬启者。前月廿四日，汇回港纸一千一百四十元，本月一日，汇回港纸五百元，均经收到。敬谢热忱，并已报告东家总部矣。香顺四邑，大局已定，详情俟专函奉达，先此奉复，即请

台安。

　　　　　　　　　　　　　　　　　　　弟琴生顿

收条另封寄上。

　　琴生系朱执信先烈别名，用于讨袁时期。统雄志。

　　　　　　据"中国国民党中央委员会党史委员会"藏影印件，参见
　　　　　《革命文献》第48辑，台北"中央文物供应社"1969年版。

---

　①　原函未标明时间，据内容推算约为1914—1915年间。

讨龙之役报告书①

各同志公鉴：

敬启者，此次广东举事，蒙各同志倾心相助，未至成就，复求匡倾，惭恧无地。惟自始事以来，进行大概，未尝报告。此时正在收集休养，准备续战，特先将办理大略，报告于下：

此次办事，先由弟与邓君②商定，东北一路（分惠州、潮州、韶州、增龙四路）由邓君派人办理。西南一路（分番禺、花清、南顺、恩开新、两阳、高州五路），由弟同各处同志办理。而西南城内、香山、江门两处，以已由邓君派人交涉，故仍归邓君指挥。邓君所运动者，多为军队，仅惠州及增、龙两处，兼恃绿林合力，而仍以军队为主。弟所运动者则主为绿林。城中暗杀事件，专由邓君指挥之。城中内应，则由两人分别派人办理。所有办事款项，由弟经手。在南洋及香港约筹得四万五千余元，另立单息借（或无息）数千元。邓君收小吕宋及安南款九千元，另自筹万余元，由东京邓君带回六千元。其恩开新及高州办事经费，除由香港筹得款内拨四千余元外，另自筹万余元。两阳办事，由李萁君自筹五千元。此外由弟等自筹

① 龙济光为袁世凯的爪牙，时任广东都督。1914 年 9 月，邓铿与朱执信等策动讨龙。向南洋华侨募捐。讨龙失败，朱执信向南洋华侨作出书面报告。

② 邓君即邓铿。

之来往旅费，及各机关用费四千余元（主由展堂、毅生、仲实三兄[①]出之，共约四千余元）。及高州林君[②]等十一人被逮后，用费千余元（由毅生垫千元），皆不计在内。

弟自南洋回后，南款未到，仅邓君由孙先生[③]处带回六千元。当时邓君在东京带回之同志，及邓君办事机关等费用，已去大半（内有数百助陆领、黄明堂两兄设机关）。弟与高维兄等旅费并办事机关费用，皆取之于友朋，不敢更动公款。斯时惠州方面办事人，急于开办，故邓君自行筹划一万余元，先行办理。（时他处均未领款。）及南洋款到一万元（埧罗一万，麻坡三千，星州千余，芙蓉一千，共万五千余），亦仅拨千余，与西南一路拨王百余作杂用。余一万三千余元，皆拨作东北路及暗杀之费。其时在港仅由金、张、杜三君交来银五千元，合之前所拨者，得六千余，以办西南方面，势不能敷。乃在港另行设法筹集，而一面勉力进行。其时惠州绿林头目已跃跃欲动，军队亦皆允应。办事者意不能待。而在港筹款事颇泄，港政府欲捕弟十余人。洪兆麟君主任惠州事宜者也，亦有名。邓君恃洪君以举事，恐被逮后追放出境，即全局破坏，因促使入惠州。惠州与增、龙之众遂先起，此十月下旬事也。

增城、龙门之众，本拟以军队反正，直攻省域。然绿林起时，军队不应，我军遂击毙其一连长，拟转攻东莞。东莞兵迎战一日，不能胜，而我军子弹已竭，遂散。惠州之起，后于增龙，而港有谣传，或谓惠州已得，然无实耗。或内地信息不通，疑洪已失手。而邓子瑜君适由南洋回，乃托以于博罗起一军，而番、花、清、南、顺之众，

---

① 毅生、仲实即胡毅生、黎仲实。
② 林君即林树巍，时主持高州、雷州等地事务。
③ 孙先生即孙中山。

急起与应。是时南洋款到,皆均分东北、西南,各取其半。而博罗新起之费,则自西南路拨支。幸是时港中稍筹得款,又立约息借数千元,约六月后偿还。乃强南顺、番花清两处虽乏款,亦急起。十一月三号,子瑜所部,举事于狗仔潭(博罗属)附近。而其时敌兵正由省调往惠,适与遇,我军不能敌。同时洪君亦自惠州至香港,知为军队所卖,负伤而出。而南顺方面又已准备,更不能待,遂定以十四号起。此十一月上旬事也。

是时西贡款到,邓君铿方谋再起惠州之众,遂拨以办惠州事,而约与南顺相应。南顺之众以十号夜攻佛山,据其一部。时佛山屯敌兵约二千人,不能敌,我军乃求援于省及附近所屯兵。先是龙氏知吾党将起于西南,而南海绿林尤重节概,知必为吾党所用,故以重兵驻佛山附近,凡十余营。及事起,又自省调兵数营,往与原驻兵合攻我军。我军与战,自十一号至十三号,而他处不应,敌军益集。审知博罗已散,香山、江门、花县皆不能即起,饷馈已竭,遂退。相约无得取人一钱,以为他日再起地也。番花清一带,本分王伟、刘济川任之。王固非老同志,临事不进。刘至花县,众颇以挟资少难之。刘勉集众,将起,适有人持委任状至,谓为邓国平受邓君铿命发之,且云不久大款且至,慎毋妄发。刘故不习花县人,其往也,以王之介绍。王既不如期至,土人又以委任状中书标统者几十人,复闻有款随至,遂谢刘不肯发。方是时,龙氏方空城以争佛山,城中约内应者,皆扼腕待发。使花县之师不沮,则乘势而下,成功可如所预期。而以委任巨款之言厄之,则天也。刘固疑此委任状非实,返见邓君铿,则果言邓国平已入惠州,无发委任状事。然不可挽矣。此十一月中旬事也。

高州之众,闻佛山既起,不知其已退也,乃以十一月十六日攻取电白城,据之四日。会主动者在广州湾被捐,高州他属不得动,乃弃城东行,将会两阳之众。是时惠州由邓君以安南、小吕宋及南洋来款数千元办理,久未得起。龙氏集重兵于南顺一带,城中约内应者稍泄,颇被捕诛。而尔时花县之众,初知被欺于与委任者,因来求再举。顾谋划甫定,而约内应之最主要部分观音山炮兵,又被捕戮,事遂不克举。故十一月下旬,弟尝欲以数日间再发动告。不图其事已泄,又致延期也。高州之众,既引而东。连战十余日,敌死伤数百,我军亦颇有伤亡,皆保聚此间待命。城中济军前约内应者,虽一部已泄,然大部分仍已受运动。但须再为组织,费时亦须数十日。各地再起,又须另求费用。恩开新及两阳之众,前皆期与高州军相应而发,准备已全,徒以内应既泄,虽举无济,故暂令分驻要地,待机进取。

计此次举事,所以未得成功,中途再求佽助者,大要有三:其始汇到款项,先拨东北路经费,西南一方徒待款到,不能办事。其已运动之惠州方面又先起,不待他处。次则许反正之军队,在惠州,在增城、龙门,在虎门,在江门者,各负心反噬,或捕人,或拒敌,以是与原拟计划龃龉颇多。三则南顺起时,花县绿林为委任状及巨款之言所诱,不肯即动。故惠州起而佛山不能应,佛山起而花县又不能应。及花县既悟,高州又起,佛山之众方拟再进,又以内应泄而不得成。凡此皆办理不善之处,弟等责无可辞。然现在之局面,不过是暂缺资本,须待补充,并非全盘破坏,另起炉灶。计现在南顺方面,用余款项尚有千余元,本应留备偿还在港息借之款(额四千余)。但众议既谋续办,此款应暂存储。计南洋尚有数处款项未到,若再加筹划,一面尽力预备内应,定可速复旧观。邓君铿已往东京,再行筹款。弟在此亦尽力运动。谨先报告大略,请秘密告

知各主要同志,并嘱勿泄为要。各地发动始末,分项列下:

惠州 由邓君铿委洪君兆麟办理。先约定统领胡汉卿及其所部杜某等两营长为应,皆允以所部相助。另驻淡水李卓一营,亦允降。洪乃招集绿林,约期先起。以为惠州既有军队之助,若得府城,必须数日,始能进取省城。乃约定惠州先南顺一礼拜起事。惠州绿林闻军队相助,亦急欲起,故定旧历九月九日为期(十一月二十七)。至期,洪入惠州,而淡水李卓营不应。所遣主淡水事者,奔还。洪乃集众于三多祝,严德明、林海山等皆以众会。十一月一日起行至平山,众号万人。然苦乏械,有枪者裁千余人而已,又缺乏子弹。时胡汉卿在惠州城外,杜某等两营长,皆在平山,率数百人伪降。洪前锋至,敌兵突起击之,死伤者十余人。二日洪自率众攻平山,战数小时,弹垂尽,洪乃自率十余人冲锋。去敌百余米突,弹中手仆,余人多伤,一卒负洪退,仅得免。洪裹创,求子弹,复进攻平山。而平山商民闻讹言,谓三多祝一当店被掠,乃力督警卫军固守。龙氏时方遣数营之兵,击增龙之众。增龙我军既向东莞,龙遂益兵集惠州城。然皆不敢进战,杜某等所部,仅自固而已。三日洪伤发,弹亦尽,乃退至三多祝。敌军因蹑其后,又使李文富以兵数营,自汕尾登岸,夹击我军。洪伤益剧,遂赴港。邓君铿乃使邓国平往代洪,而众已散,不可猝收矣。惠州所用约二万五千余元(内有二千余元拨作运动虎门炮台用),而军队运动费,所耗为多。

增城龙门 由邓君铿委邓国平君运动。始时增城、龙门及东莞、石龙均有军队,允为应。邓意尤急,知惠州将起,遂先期以十一月二十七日举事,先集众于龙门、增城。增城有徐连胜所部一连,适驻近起事之地。招之降,不应,乃围攻之,歼其连长。余营亦不如约。龙氏以陆军二营,加徐连胜所部,合攻我军。邓乃合龙门众,转攻东莞、石龙。石龙兵亦不应,力竭而散。所费约三千余元(见十月二十九前后报载)。

虎门 由邓君铿经洪君兆麟手运动台官谢某。谢允以虎门、沙角等六台建旗举义。因托陶君胜伦(前湘省议员、谢之同乡)等四人,往与约期,且给资二千元。陶至,见台官六人,其五面允,其一犹疑。陶等出,就外舍宿,遂被捕,就义于省城(龙氏宣言:谢实举发之。见十一月一号前后报纸)。

东莞、增龙失败之后,邓君铿再以东莞事托陈君逸邨。以款绌,仅拨与四百元。会东莞县知事知革命军将起,请于龙氏益兵驻城,陈遂不果发。

香山 由邓君铿委陈景桓、林景云两君担任。其众半为军队,半为绿林。费用多由陈君卓平与林君共筹。惠州起事后,急欲响应,而陈君景桓猝以炸药案在港被逮,林君又以澳门住宅有人制药自炸死事,被葡官逮问。事遂阻。既而林释出 谋应攻佛山之军,而香山军队,以时方有兵自省至,江门又未起,不敢发。未几,林之同事任鹤年得黄克强书,云待来年春间始可着手,其事遂息。除林、陈二君自筹外,用公款千余元,由李杰夫、陈景桓两君经手。

新会江门 由邓君铿委李杰夫君办理。李转使黄忠干君先入运动。始驻江门军队,属统领罗烈所管。邓君使苏慎初君与罗书,报之反正。往还数四,罗伪诺。黄至江门,罗与营长曾某阳厚待之,阴告龙氏捕杀黄等。三人所耗千余元。邓君既闻之,乃与弟商定,以江门事属诸刘君梅卿。

潮州 由邓君委邓文辉(前江西旅长)、谢崧生两君办理。用款千余元,以运动军队,约惠州起后为应。惠州既败,潮军亦不发。

韶州南雄 由邓君铿派人与统领朱福全接洽,约与潮同起,所费略千元。

南海顺德　由弟同陆领君办理,所集者皆绿林。始弟由东京回时,陆已布置南顺、番花清一带,谋自起。弟至,遂与商定办法,待南款而开办。既而为事势所迫,南洋款不得不先拨办东北方面,南顺等地不能即有举动。方窘迫间,惠州已起,不得已强以少款开办。于是素所联络诸同志中居住较远、需费较多者,皆谢去之。以邓君子瑜约以博罗之众出龙门,会于花县,以十号为期,故南顺之发动,亦定于十号。各乡主任者即受命令,分编集中,已为龙氏所知。有高金者,前为民军教练员,龙氏密令为侦探,而主任三十六乡之陈添、陈天锡、陈柏三君误信任之,遂陷高策中,于三水被捕(十一月十一就义于省城)。其所携款约一千,亦失去。于是众已聚于佛山附近,知三十六乡失散,而事不可已,遂以十号晚攻佛山。是时先集佛山附近者,乐从一带众数百人,莲塘众约千人,合为第一队;大都一带之众千余人,为第二队;沙坑一带众约千人,为第三队;皆以十号薄佛山,乘夜进攻。其较远不能赴期,先分驻沙岗西南。水藤、紫洞、濠滘各数百人驻大都,约千人,皆未至佛山也。攻佛山之军,第一队由材地沙胜敌兵,据升平街、快子街一带而进。第二队胜敌兵,据彩阳堂泛而进。第三队进攻火车站。其时佛山敌兵有锺子材及济军李嘉品所部各千余人,自夜半战至日晡,毙敌兵百数十人,伤者数百,得枪械约百杆,我军死二人、伤一人而已。是夜,各据阵地不相下;而佛山附近驻兵十余营,亦与未到佛山各队相持不决。次日,敌军由省来援者约三千人,我军乃以主力移向火车站迎击,毙敌二三百人,伤者无算;我军死一人、伤五人耳。下午,敌又增兵,有机关枪十余尊,退管七生半炮四门,势不能进逼,相持至午后三时,乃敛兵退驻张槎。是夜移营至沙坑。十三日在沙坑拟集大都、濠滘、沙岗等处各队，再进取佛山。未及集，敌兵贺文彪所率众数百来攻沙岗，击退之，敌亦不敢窥沙坑。十三夜得探报，知惠州、花县不能起，乃决先退。既退，而敌兵大掠佛山及其附近乡村。民皆知我军之无扰，即益深恨敌军之非人也。我军既退，遣人出问各路消息取进止。且以费用既匮，不肯掠取，污革命军名，各择便宜处，就所识者措资给食费。弟以他处不能即应，而惠州及博罗众昔已散，遂令各归其乡，而仍聚其首领，期有机会，数日间可再起。此役于是中止。实费一万三千余元（陈添三人所失，及事后养伤葬费资遣费皆在内）。

番禺花县清远　此方面全属于绿林，其中心在花县，始由王伟运动之。弟至港，王请派人往与彼共办。刘济川君常与王及其所运动绿林交涉，弟既察王不能驾驭绿林，故使刘入任花县、清远事，而使王专任番禺。时拨此方面办事之款，仅三千余元。而事势已迫，因促王、刘以资入内地，期与南顺之众同日起。王分半资去，竟不能起，亦不复见。刘至花县，集其众，数可三千余。费苦不足，乃又谢去其一部。其时适有伪委任状事，又有人流言龙济光使侦探约绿林举事而聚歼之，因有疑刘者。刘不得已乃出。则南顺兵已却矣。遂求得南顺豪杰识花县人者，将与偕入。花县人亦以所谓巨款者不至，知委任状伪，乃复约刘入誓，无论何时，有命必应。会内应事泄，乃令姑待。

新会江门第二次运动　刘梅卿君既任江门事，运动军队，得少数人，乃以资千余元往。然军队力不充，不能自举。其素所结绿林，又已集于佛山。刘之入也，与黄明堂君之戚属欧阳德偕。欧阳尝从用苏群君为稽查，数日，以不职黜去。取消独立后，为袁带侦探，数捕杀同志，黄不知也，以介绍于刘。刘与资六百，使集其众。

欧阳诺而不发。刘乃出,从李海云君,又求少资往,冀再起。既至,欧阳遽来言,众已集于某地,要刘偕往。刘疑之。会有识其为袁侦探者,缚诘之。欧阳度不活,乃谩骂曰:"恨不即缚汝。若汝偕我行,此时缚诣省矣,不得汝命也。"然刘计划已为所知,先告诸官。次日所运动军官及主任二人皆被捕,刘乃间行得免。

博罗永安 惠州既起,而不得迫城,弟乃与邓君子瑜更计划惠州事。以资三千余,使起师于博罗永安。十一月三日,集众千余人于狗仔潭附近。会省调兵援惠州至其地,我军度势不敌,乃赴增城。而增城亦已有备,头目曹昌求饷不给,引去,余众亦各散。同时林寿山、张安国起兵于永安,将南攻惠州。会平山已败,路阻不得会,乃保聚山间。

高州 由李海云、林拯民二君办理,其费大抵由李君出,高州人亦稍助之,而统商进止于弟。始运动军队,已有成议,而绿林及退伍兵亦颇多,拟各县同时并发。未行,而办事机关为敌所知,林方抵广州湾,遽与同志十人皆被捕。其时电白县距离稍远,主其事者已前往,不知其事,遂先发,而他处皆未起。电白始由林委陆志云、许国丰二君办理,有众三千余,然其中有以事迫,不及取所储械者;发难时,有械者不及二千人。敌兵在电白城内者,有陆军、济军各一连,观珠墟有陆军一连,水东墟有陆军一连。陆军营长林成登已约反正,济军势孤亦允中立,乡团警察皆同情于我。高州城兵少,而各属皆豫定起事。故当时计划,惟防省兵及邻境兵自东方来。因先以众约千人,据守东方之白花山,而以数百人于十一月十六日夜袭电白城。十七晨,陆军开门迎入,知事孙某逃匿。电白城既得,乃出示安民,商民皆燃炮竹、竖旗,表欢迎意,且允筹饷。各衙署局所皆以我军守卫。惟南门陆军两排,先已献门,故不更调,惟加派数人而已。林成登欲降中悔,怀利昧义,乃以水东之兵来城。十八夜至南门,南门兵纳之,彼遂至县署司令部,声言见司令领饷、取襟章。前门卫兵先已闻林成登受运,不之疑。进及二门,即发枪击我军。我军应战。同时以一部队绕道往缴济军之械,济军不服,遂亦与战。至天明,毙济军连长黄荣及排长一名、兵士数十。而县署因被释出,亦多助我军战。驻白花山之众,知城有变,引四路遇敌。驻观珠墟之陆军,赴城者与战,因不得入城。我军在城者,接战两昼夜,子弹已乏,援兵隔阻,乃以廿号夜弃县署,巷战而出。逮廿一日午,始与援兵合,据望夫山、白花山一带为固。是役敌死伤约百人,我军死者三十余人,伤者十余人,监犯以助战亦多死者。我军既依险,敌复益兵来攻,前后十一日,昼夜戗不息。敌军死伤颇多,我军亦稍有伤亡。然地险不易攻取,故至今不散。

恩平开平新宁 由李海云君与李可简君筹办。简所运动多军队,海所运动多绿林。其费始皆由海自筹,后海筹得七千余,归入公款,乃由公款内拨四千余元,分办恩、开、新、高州事。南顺起时,恩平绿林一部亦已起。以江门蹉跌,遂令暂聚合待时。

两阳 由李祺礽君办理,而商进止于弟。其款由李自筹,约五千元。款至时,南顺已起。交通不便,众不得猝集。至十一月杪始集合,因嘱其暂待后命始动。

城内暗杀 除第一次为铁血团所办外,余皆由邓君铿办理。第二次天香酒楼之件,由邓君委邓国平经理。下手者先为黄明堂君所资助,既费数百元,资竭而事未成。乃介绍于邓,邓卒成之。第三次双槐洞,第四次正南街,第五次将军署厨中,皆由邓君铿委龙侠夫君办理,其详情须待邓君相机发表。

城内内应 先由邓君铿委龙侠夫运动济军,委徐军雁君运动陆军,弟亦托刘梅卿君运动济军。徐所运动已费二千余,无效,遂中止。济军则颇有成效,以各处义师均未迫城,故不得起。十一月中,事稍泄,连长数人,兵数十人,被捕杀。其中有驻观音山炮兵数十人,为尤重要。故十一月秒,再起之计,不得不停止。幸此次泄漏,止于一部分,济军允为内应者,各部分皆有之,不因此而有动摇,但须重为组织。且彼防闲正密,不能不稍需时日耳。邓君所用运动并暗杀费,约四千余元(尚有续用之款,详数须候清算始知)。刘手所用,约千余元。

此次所用款项,弟经手筹者,只有五万余元,约居半数。其详非征集各人簿籍不能知。兹先将弟经手之款总数开列:

计进	(元)	
香港	18,790.00	内七千余,李海云经手,筹交弟手,余在港分筹。
安南	5,000.00	
南洋(英属)	26,695.05	
借款	4,380.00	共借六千余,除已还,止此数,另息项数百元。
共支	54,865.05	
邓铿君手	24,430.00	外孙先生交六千,小吕宋款四千,自筹万余。
陆领君手	21,065.05	外邓铿君交数百元。
邓子瑜君手	3,300.00	外自筹数百。
李海云君手	4,700.00	外自筹万余。
陈卓平君手(香山)	700.09	外自筹及邓君拨款约三千。
陈泽南君手	100.00	
杂用共	570.00	

共　　　　　　54,865.05

（另有香山、两阳等地筹款,已分载各地纪事段内。）

此中各项支销,除杂用项下尚存八元外,有陆领君项下存未用银一千五百余元,续收坤甸贰千元,均暂行存贮。其收支详数,由高维兄详细报告。此请

公安。惟察不宣。　　盟弟朱执信顿首。民国四年一月十日。

原载于邓泽如:《中国国民党二十年史迹》,正中书局 1948 年版。

致邓泽如等函

泽如先生暨各同志公鉴：

敬启者，前函报告，谅蒙察览。续由湘芹兄①将数目带星埠，详细报告，想亦已蒙延接。弟既蒙重托，当此艰巨之际，万不致畏蠕畏缩，有辜厚望。惟以事情牵绊，不获亲诣陈达一切。所有此后全局进行概略，前经与湘芹兄商定。如有商榷之处，湘兄即可代表弟之意见。务乞始终不懈，无任盼祷。此次佛山举事，主由弟同陆君领办理。现陆兄经理稍有余暇，弟谨托其往南洋一行。所有内地办事情形，湘芹兄未及详述者，均可询之陆君。敬乞推爱招待为感。陆君事繁任重，仍乞早日将贵处办法决定告知，俾陆君得速回妥筹续办事宜，以免延阻。专此敬达，即颂

公安。

盟弟执信谨肃。民四一月二十五日。

原载于邓泽如:《中国国民党二十年史迹》,正中书局1948年版。

---

① 湘芹即古应芬。

致李源水等函

源水、螺生、仁圃、赤霄、八尧各先生同鉴：

久疏通候，甚悫甚悫。恨少活动可供报告手。妄夫承媚，僭伪在即①，谅在海外，亦同此痛。鞭厉鼓舞，何可已耶。以弟所营，虽缺资助，亦易振起。然旦夕思奋，未有怠荒。现在桂、滇、川、黔各地，现已渐厌官礼品物腐败有害，趋向新派食品②。其主要商人③，亦已幡然密通诚款，愿就范围。大局如此，定为我商界前途之福。现展兄④已承总理之命，总办此数省事务。弟拟就彼一商进行高法。约计一月有余，可以往还。如有赐函，仍交港上环公慎隆陈君收，内封写弟名即可转到，不虞失落迟误也。手此，敬请

公安。　弟秋谷⑤顿首。十月七日。

原载于黄警顽编：《南洋霹雳华侨革命史迹》，

文华美术图书公司1933年版，影印原函。

---

① 指袁世凯妄图篡窃民国，僭称皇帝。

② "官礼品物"和"新派食品"，都是隐语。盖指袁世凯帝制自为和革命党维护共和的活动。

③ "主要商人"为隐语，似指唐继尧等人。

④ "展兄"即胡汉民。时孙中山派胡汉民到南洋等地筹款。

⑤ 秋谷为朱执信当时的化名。

致南洋各同志函①

□□□□鉴：

　　□启□：□□□□□志。昨□□□，□十□②月卅号赐书甚慰。许、邓③诸君南行筹画，全赖尽力，得集巨款，在东逖闻，尤深佩慰。弟自到东与博士④见面。博士言前此相诋之函⑤，各由误会，今已释然。约弟加入社会⑥，彼即通函认错。想该函早经达览矣（此函寄怡保源水兄处）。嗣以沪局已急，西粤地又由粤东店采办滇云南黔贵州货物⑦，甚有希望，故着弟即回港任粤店司理。不料动身之后，沪店因船只遇险⑧，不能开张如意；而在粤所办外江货物中有变坏者。以后各帮，均受影响。但弟前所经手者除皮箱店⑨外，尚无伤

---

① 原函第一行损坏，不能辨别上款。
② 此字残缺，据写信日期推断，当为"一"字。
③ 即许崇智、邓铿等，时孙中山派他们到南洋筹款。
④ "博士"当指孙中山。时孙中山住在日本。
⑤ 1914年朱执信到南洋筹款，并非孙中山所委派，亦未加入中华革命党。孙中山曾函李源水、陆文辉、邓泽如等人，说"不信任朱执信"。
⑥ "社会"指中华革命党。
⑦ "店"、"货物"都是隐语，盖指中华革命党所设机关和讨袁活动。
⑧ 指1916年12月5日上海举事失败。
⑨ "外江货物"、"皮箱店"等都是隐语，不知确指何人、何处讨袁秘密机关或相关行动。

损,可以告慰。皮箱店被匪劫,丧我数年良友,即□①等,言之心痛。犹幸该支店存货尚多,接手有人,将来三春花柳,万里江河,未始不可期也。直、岐两兄②诸蒙照拂,感同身受,不及致函。见时尚希道意。此请

大安。　弟朱秋谷顿首㊞③。

十二月十九日。

螺、源、刚、赤、尧诸兄④并乞道候。

原载于黄警顽编:据《南洋霹雳华侨革命史迹》,

文华美术图书公司1933年版,影印原函。

---

①　原函字迹不清。

②　"直、岐两兄",不知指何人。

③　影印本字迹不清。

④　"螺、源、刚、赤、尧诸兄",即郑螺生、李源水、区慎刚、朱赤霓、谢八尧等人。

致古应芬函

湘兄大鉴：

昨发一电，谅达。精卫归京，适有美劝加入战团之事发生，彼与亮俦明日由京来此，拟商定吾辈态度。先生则谓，此事当视日本之意向为转移。现尚未发表意见。

以弟之意，俄既反对，日必同之，此时正恐俄日有"单"记举动，而美之此举，或反刺激，长此动机。如此则我不加入为最得策。先生亦首肯此议也。

分处事由仲恺探之，庄之部下张某，言如此（谓自裁撤后，因经费问题，向未敢议及）。此请

大安！

符顿首　二月十日

边注：

窥唐无意来粤，俟再确其态度，另函详之。

同时，廖与黄①来迎先生，先生想不会入京矣。君伯元希致声

---

① 分指廖仲恺与黄大伟。

未复,其行多忙故也。小吕宋行,俟廖回定。

据原函影印件,参见"辑释"。

致古应芬函

湘兄鉴:

　　来书奉悉。伯元之款实难再对先生说,只可俟将来由弟填还可也(自从到上海已赔却六百元矣)。招股之事,现亦拟另派别人往。俟仲恺兄回,商定小吕宋处办法后,伯元可一往小吕宋,再自回美洲为宜。

　　彼与弟信,更欲得政府护照,此事殊不易办到。彼既不欲专为招股去,只可听之而已。彼有来回票返美,总不算十分狼狈也。先生或入京,弟仍拟不随行,不知能摆脱否。尊处之款,务请勿再动一钱。此复,即请

大安!(伯元处不必示以此信。)

弟　符顿首

　　再,伯元在美洲似稍有荒唐之举。观各埠来信,每以中山、伯元并列可知。先生亦绝非偏袒伯耀[①],但伯元亦殊不足助,取敬远主义可也。小吕宋方面事本不多,稍敷衍之,未为不可。彼无他希望,只可回美而已。

----

　　① 黄伯耀(1883—1964),字亚伯,广东台山人,生于美国旧金山。1904年加入兴中会。辛亥革命前,在美从事革命宣传和筹款工作。1916年,任中华革命党驻美洲总支部长。后回国参加华侨参议员选举,被选为国会议员。

　　彼来信,欲作先生代表到美洲,若然,必同出大不妥矣。广东方面彼知有若干钱,必有他说进,办报有百害圙无一利,(试问谁能办之?)恐兄无词以谢之,故正函如此写。若不得已,则撕去末数字可以示人。

　　先生对于两广之事,仍采旁观待变主义,以此时リク①尚未决心。我若促之,成不任德,败必任怨。俟其时札熟,然后决之可耳。オサン归,专谋助协商,此亦一大バカ②事也。国何必自我亡? 思之殊觉无味。此请
近安!

符再拜

　　　　　　　　　　据原函影印件,参见"辑释"。

---

① リク,日语,不详何人。
② "バカ",日语,是"愚蠢"的意思。

致陈融函①

协兄大鉴:

　　寄上银二千元,请收交湘翁,用于参议员选举方面。如湘翁已来,则依湘翁临行指定之办法处分;如未有办法,请兄主持,并与贡石、拯民、梁百爷公商量办妥。此请
大安!

　　并乞即复!

弟　符顿首　十二月五日

据原函影印件,参见"辑释"。

---

① 陈融(1876—1956),字协之,广东番禺人。曾任广东高等审判厅厅长、广东高等法院院长、广东省长公署秘书长等职。为胡汉民妻兄。

关于书籍出版的短函

全书脱稿(共十章)①,今先分两封寄上,请为付印。昨忘题书名,请为补之。著者名拟但用"朱大符"三字,将来尚拟作一自序,不知能赶及否？若以此误出版之期,则可不必矣。此请

大安!

校对定烦及肥、八、拯、直②诸兄,先此为谢!

符顿首

据原函影印件,参见"辑释"。

---

① 当指朱执信执笔的《中国存亡问题》一书。该书共十章,1917 年 4 月曾在上海《民国日报》刊行两章,后出单行本。

② "肥"代陈融,"八"代李文范,"拯"代林树巍,"直"代林直勉。

致简琴石函

琴石先生大鉴：

　　国会议员招待费据云已用尽，急须支出。请由南洋公司款下即拨五千，交国会非常会议会计欧阳君收。至祷！容谢。即请

大安！

大符顿首

据原函影印件，参见"辑释"。

致朱秩如函①

四弟览：

前致数言，想已达。此次归粤，竟无往晤舅舅及彦平之暇。明日又当赴外县，风云靡定，遂此漂忽，交臂无从为面言，殊所歉也。不面弟复近二年，三妹又随君直之任阳江矣，不知何时始得一堂为乐，今且图杀敌自娱而已。军中较处家宅为安全，向来战死者，视在家被杀者少，可知也。陆士衡所谓有恶而必得，有爱而必失者，吾侪正当念此言也。又先人初无他贻留，惟此耿介之性实赋诸我。傥腼颜苟活，岂不有忝于祖。如谓若敖鬼馁，则兄娶妇十年，三育皆女，纵葆此生，何可必其有后乎。此意愿弟正之。即请近佳。
兄大符泐。

1917年〔？〕写。据《朱执信集》刊印。▲

---

① 原函无日期。函称"娶妇十年"，按朱执信结婚系1905年冬，似可推算为1916年冬季之函。但1916年冬季朱执信未回广州，此函可能为1917年秋朱执信随孙中山回广州组织护法政府时所发。

致古应芬函

湘兄鉴：

　　二日到上海，八日趁春日丸，十一日到东京，得奉廿八日示，该书俟访明代购。此外，尚见有关于通俗的物理、化学常识，及进化论关系书籍，可购数种，归日供尊阅。此等书，弟本买以供汽车旅馆中流览，看毕再以奉赠可也。

　　稍肯留心科学者，此时当竭力奖励之看书。闻曹伯陶尚有勇气，究竟若何？此等书亦可供回读也。

　　竞存托致纸币事，兄之所知，现在大约不致棘手，惟当时印者难保无私行加印情事，弟已对莫京①声明，现恺兄又嘱再行声明，以免日后追悔。请访莫京面言之，嘱彼电知竞存，另商防其伪冒之手段。至要！至要！（但无论何时托日人印刷，皆不保其无此病，此则须豫为注意者也。）此节并须速办。此请
大安！

弟　大符顿首　十三日

据原函影印件，参见"辑释"。

---

　　①　即黄强，广东南海人，毕业于京师陆军速成学堂。后赴法习农业，历任广东农村学校校长等职。

致古应芬函

湘兄鉴:

前上一函,谅达。十二日回漳州,十四日后自漳到厦,李①所派代表纯然以受降相待。有命令无商量,而其三义不外使竞存让出延平、泉州,使彼得保地位而已。但仲元以粤军李炳荣、熊略、罗绍雄②守江东桥,皆无持久之力;洪、邓③两部虽勇,以扼左右翼,亦不能抽调,临时绝无预备队,故不敢即决裂。欲俟刘部卓桂廷、滇部杨子明到时,可以抽松兵力,即大有作用,现仍以磋商为缓兵计也(许太缓,以介部不能速往故也)。

欧已讲和,先生有何判断? 兄真电所述情形,先生对之作何批评? 乞电漳示知。此请
大安!

符顿首 十五日

季舅伤状如何? 未接示,甚念也!

据原函影印件,参见"辑释"。

---

① "李"指李厚基,时任福建督军兼省长。
② 李、熊、罗三人时分别担任援闽粤军第一、第二、第三支队司令。
③ "洪"指洪兆麟,"邓"指邓本殷,时二人分别担任援闽粤军第四、六支队司令。

致古应芬函

湘勤兄鉴：

　　到漳后，曾奉两信，谅已收。现所商件已中止，而介石则于今日始行，其行程尚未能豫定也。竞公拟请兄为代表，已有电去，此节本不过敷衍覃、吕、曾诸人，使之决心在我，不必有所求，更不必有所献议也。

　　兄在省本无事，此行或有所益。弟既到此，遂无归期，美洲之行，恐须他人。李思辕如未去，须代催促；必不能去，亦须早觅人。因铎意本欲兄往，兄不往，弟乃请行。今因循三月有余，殊于心有不安也。

　　季舅伤，闻稍轻，不知近如何？恺兄有信来否？闻少川回沪，此子非有所藉手，必不轻归，内幕如何，尚乞探示。此请

大安！

大符顿首　十一月十九日

　　　　　　　　　　据原函影印件，参见"辑释"。

致古应芬函

湘兄鉴：

前得来书，已由展兄奉覆，并由焕兄买药二盒寄上，想早到矣。注射后病者想可轻减。

近日风潮必已延及广东，然气总觉尚鼓不起。此为六年来人民饱受摧残之证，非粤人之不如人也。弟既无所爱于中国，更无所爱于广东，但使有人为人类奋斗，即以自慰，故未可为爱国主义者道耳。

海滨编集三月廿九事实，何克夫却与打笔墨官司，诚属不必。兹寄海滨书与纸，乞代转去。杂志①定八月一日出，禁赌材料乞速寄来，并乞转促君知、哲生；如海滨有兴，正不妨劝作一篇。但现拟定论说宜短，纪事宜长，请其分别体裁做去可也。此请
大安！

弟　大符顿首　十四日十四时

据原函影印件，参见"辑释"。

---

① 　指 1919 年 8 月 1 日创刊的《建设》杂志。

致蒋介石函

介石我兄大鉴：

惠书奉悉。景良①兄往汝为②方面，必有益处。弟现在观察中国情形，以为非从思想上谋改革不可。故决心以此后得全力从事于思想上之革新，不欲更涉足军事界，故漳③行只可暂罢矣。昨接沧伯④来电，淡游⑤于本月五日逝去，现由仙峤料理后事。先生接电，甚为惊悼。电文简略，不知以何病逝去。淡兄家事，弟等亦不知其详。彼临行时，闻已将日本妇及幼子送往日本，不知其与日妇所定条件如何。并其乡间尚有妻儿亲属否，亦不得知。一时无从查考。兄于此层，当较明了，乞示知。此请

大安。　弟大符顿首八、六⑥、七。

原载于《朱执信集》。

---

① 景良，即丁景良。
② 汝为，许崇智字汝为。
③ 蒋介石当时在陈炯明军中，居福建漳州。
④ 沧伯，杨庶堪字沧白，时任四川省长。
⑤ 淡游，周日宣字淡游，浙江奉化人。1918年冬随杨庶堪入川。
⑥ 《朱执信集》作"七"。函称"本月五日"周日宣去世，周病故为6月5日，此函当为1919年6月7日所写。

致古应芬函[*]

湘兄大鉴：

数书均悉。自到上海，闭门不访一人，而仍每日忙个不了，平均每日总花八点钟于事务所，所以并信亦不多寄也。

来书论"为人类奋斗"一节，恐怕中国人民尚未做得来。弟以为，惟未做得来，所以不能不提倡。至于此次风潮，仍系以"爱国"两字激发，弟岂不知！但欲望其于"爱国"之内容更加一研究，百尺竿头更进一步耳。

爱国与爱人类是有个程序，弟之意正与兄同。忆精卫舅氏在《旅欧杂志》上有《论国家主义》一文，意亦正如此。然非于提倡国家主义时，同时警告之以尚有较高之目的，将恐流入褊狭之国家主义，而侵略主义即随之而兴矣。即如往年主张强有力政府、主张帝政者，不外谓如此始能富强耳。求富尚有自富而不损人之道，求强则安能不侵略？故杨度谓："德日能强能富，法美能富不能强。"虽在彼为赞成帝制之口实，而在信其说者，则固以为强为国家目的，从而当效德日不当效美法也。即，应学侵略主义，不应学抵抗主义也。观于"睡狮醒"一语入人之深，可以知之矣（弟有一论，载《民国

---

* 本函主要内容曾刊于《建设》杂志 1919 年 8 月第 1 卷第 1 号，此为信函全稿。

报》"觉悟"栏论之)。

人人知爱国,而爱之适所以害之。如兄所论,日本人心理仇视中国者,仍居百分之九十几,仍是爱国的思想,正证明爱国不特不必于人类有益,抑且不必于国家有益。惟知爱国同时爱一切人类,始能有益于人类,同时有益于国家耳。此弟所以提出"为人类奋斗"一义也。

至如爱国一层,在已有知识者,无论如何打破不来,其专行不顾之度或有差别而已,本不须吾等特为提倡,且吾人现在仍非不提倡之也。大抵被压迫国民,授与以知识,自发生热烈的爱国精神。观十九世纪初期普国爱国主义之发生径路,自可概见。故中国人之爱国思想,现已有外国人在山东、满蒙、藏卫替我提倡,将来提倡之人亦正不少,不必忧其绝响也。

弱国人之国家主义,本为一重要问题,尚欲有所论著,以质诸当世知者。先述概略以贡左右,仍冀有以教我。

生命之不可思议,同时有两杂志译出。屈子曰:"恐他人之我先也。"

《时事新报》近日豹变①,张东荪②几自认无政府派,而攻击民党则如故,想欧洲之无政府党或亦有此病也。《新潮》一部分(其他

---

① "变"即"斑"之假借。"豹变"语出《周易·革卦》。意指有德的君子在他改过迁善或发展鸿业时,就像秋天豹子斑纹变得更加漂亮一样。后来,"豹变"和"革面"也多被用在没有节操的人上。

② 张东荪(1887—1973),原名万田,字圣心,浙江余杭人,早年留学日本,辛亥革命时期回国,后任南京临时大总统府秘书。之后,历任上海《大共和日报》、《庸言》杂志、《大中华》杂志和《正谊》杂志主笔,《时事新报》总编辑,并在上海中国公学任大学部部长兼教授。1919年9月,在北京创办《解放与改造》杂志(次年改名为《改告》),任总编辑。

尚多)亦受林长民①辈所支持,而背后则有冯国璋。吾人食河豚,去
毒可也。此请

大安!

弟　符顿首

哲生稿来,使人鼓舞。

据原函影印件,参见"辑释"。

---

① 林长民(1876—1925),字宗孟,早年留学日本,回国后任福建谘议局书记长。
1912年作为福建省代表,当选为临时参议院议员兼法典编纂委员。1913年,当选为众议
院议员,任秘书长。1916年,任立法院秘书长。次年,任段祺瑞内阁司法总长,同年参加
宪政研究会。1918年,被聘为总统府外交委员会委员兼事务主任。1919年,被推举为国
际同志会理事。

致孙中山函

中山先生大鉴：

接读七月四号来书，具悉一是。新军运动之事，前展①往西贡，临行时已发一信，略述各方面情况，度日间当可达览。然照此情形，则外面敷衍尚易，实力协助则殊不可保。且现在能身进内地者无几人，虏之防备较前更密，倘无人引进，则新军之路亦未易通。故一时未能着手，尚须看机会也。

若所嘱制各表，则非联络其参谋处人员，不能办到。其功程须在新军运动有效之时，始可着手。冬前寄美，恐不可得。据仲实兄之意，则谓调查此等事，向军谘处为之，事半功倍，而军谘处仲兄亦有路可通。将来如决定办去，则由仲兄介绍一行，调查当非甚难，时候亦可缩短。然最可虑者，此种表册，各项皆可据实登载，惟将校之人格思想，皆须从好一边说去，倘彼资本家接表后立发人调查，此方运动不能急速如期，反有不利。则不如逐省做工夫，看准某人思想较好，再行作表，则彼照表调查，亦无大碍，然时日不免拖长。此节当再与展兄妥商决定办法。

现在能办到者，尽力办去，大约不过得数省军队中有一小部分

---

① 指胡汉民。

人赞成,多数人不反对而止。至于发动之力,概不可望,即办到此地位,恐亦非有一年以上之运动不为功。以新到一省,欲行运动,必须结识其中人物,然后以次传播,徒有金钱,恐无益处。前年倪君①在粤省运动时仅费数月工夫,实因赵②任标统时已种下种子,不可为例。且当时防闲极疏,外人可任便入营住宿、演说,今断不能。而倪君开手运动虽在九月,其结纳营中官长已先费半年有余工夫,又有同乡多人为助,然后有此好况。今往运动他省,虽稍有基础,而防闲较严,尤需长时日矣。倪君运动之费(专就新军一方面)不过三千余元耳,今岁所费十倍倪君时,而其人又大半已经倪君运动者,然尚不得前岁十分之一之效果,足见运动不全关于钱,仍系于人才也。然今日人才尤难,欲得其人,势不许十省同时运动,故此期限仍须放长一年半载。即欲真得十省军队赞同,须一年以上至二年之工夫也。如此逐省办去,得有成效,再行借款,然后聚全力于一省以发动(大概仍以广东为有利),即不得甚大之款,亦无大碍。如东美之款,能有一百或数十万,则似亦可足用,不必再求借大款矣。

委任状之事,容再致信分访各省同志,得其同意,大约非难。然毅史言,港藏书楼纵有形式可仿,文句必不能同,似由尊处寄一稿来为佳。若各省不能悉觅人,则尚可仿照去年办法也。

满地可款事,已问海云,俟彼查核清楚再复。忆前月自由有信开列各埠捐数与电汇日期,海已详细复信,并分寄收单,大约总已清楚矣。

此次事后,省港之人皆极称义军之仁勇。惟此时侦探之多异

---

① 指倪映典。
② 指赵声。

常,一时不能轻易收人,若有财力者之帮助,则尚未多。南洋情况,据一二人之传说,则广府人颇有进,而客人以报告中声姚氏①罪,故多不服。其福建人,以此次同乡殉义者多,亦颇发奋。此次展之往西贡,即由福建人招同往星洲一带筹款者也。

展于西七月十七号往西贡,今已两礼拜余,尚未得来信。尊函当摘要抄寄彼阅。或彼由西贡已有信到美,彼地情形必当详述,此处得彼来信后亦当专函奉告也。此请

台安

胡毅生　朱执信同顿首　西八月六号

据孙中山故居纪念馆藏原件

---

① 指姚雨平。

致孙中山函^①

……昨接电,言有二人回谋刺事,即已复电。盖以此方情形论,则张、李非不可刺者,而谋之者有陈竞存^②与何晓柳^③,并克兄^④而三。何亦甚决心,窃意彼与克兄必有一成也。陈非身自为之,效应不如二人,然亦有什一之冀。此三人同时设法运物(皆以药),已颇有风声。故今来之二人,如不外此法,则不如稍缓,看其成效如何。然此三起中,□陈所用人有辫,如今欲来者未剪辫,则胜彼辈。又或来者精于枪,亦可有用(但李身裹甲未易击,只可对付张)。此事仍须先生决定办理。专此。敬请
大安

朱执信顿首　中闰月十六日、西八月十号

据孙中山故居纪念馆藏原件

---

① 此函缺受信人姓名。因函中称受信人为"先生",此为当时一般革命同志对孙中山的尊称;且述及"昨接电,言有二人回谋刺事",则又与当时孙中山从美国旧金山遣两人返粤,拟代黄兴谋刺张鸣岐、李准任务的事实相符(同月三十一日孙中山致吴稚晖函中曾追叙此事),故可断定此函当寄与孙中山。

② 指陈炯明。

③ 指何天炯。

④ 指黄兴。

复居正函①

觉生我兄足下：

兄买了杂志，看了几回，才把人家批评我们的话，传给我们，我们真是感谢得了不得，不止感谢你，还要感谢这位——或者不止一位——讥诮我们的先生。因为拿他真心来骂我的，比拿着假意来恭维我的，还有益些。我们欢迎驳论，欢迎讥诮，就怕恭维了之后丢在一旁。但是这个批评，我们却受不进。

先讲滑头一层，滑头借不论时局来掩藏他的滑头，是有的。不过我们所论的还是时局，是时局所以有今日之缘故，是把这不满意的时局，变做满意的将来时局之方法，都是现在拿着政权的人不爱听的话，不过不是替这派人攻那派人，所以觉得很不动火气的样

---

① 居正字觉生。居正来函亦同时发表于《建设》杂志第 1 卷第 2 号，转录如下：

执信兄足下：

《建设》出版第二天，我就买了一本，真是花了钱的，爱读得很，翻来复去，读了几遍。除了孙先生一篇是建设民国的大计划外，其余文章，都是一种的时髦的学说，对于现在时局，毫无只字谈及。外间就发生一种批评，说是滑头杂志。又阅孙先生的发刊词，很堂皇，很正大，分明是一个大大的范围。后面载的建设社章程，却是狭隘得很。外间又发生一种批评，说是广府杂志。这两种批评。传入弟的耳朵内，却是有些痒痒的，因为我们是力争上游的，宁可受驳击的批评，不肯受讥诮的批评。所以赶着告诉我兄，想兄亦必不肯受此种批评，表明真态度，现出活面目，使一般读《建设》的人，晓然大白。才算替兄等争一口气呢。　正白。八月十三日。

子。至如学说，不是时髦的一定好，究竟好的总不免有时髦的时候。况且我们杂志里头，有好几篇文章的形式主张，还是同乙巳年出版的文章，是一贯的，不是现在因为时髦了才和身转过来，这一层我兄总可以替我们证明的。直接民权一层，在欧美算是时髦了，中国除了孙先生提倡过之外，我们孤陋寡闻，可以说得一句没有听见别一个人讲过。现在有一种言论范式，要把世界上所有的人类，都攻击完了，就剩了他自己，这不是叫人相信他的主张，只是叫人疑心他的攻击靠不住。我们觉得太无聊了，不愿意学他，大概学了他，我兄也许骂我们无聊的。

再讲广府一层，弟与精卫舅氏及汉民兄，均番禺人，五个社员①中占了三个，很像有地方主义似的。不过仲恺兄是惠州人，季陶兄是湖州人，可见不是拿地方来结合的了。这种小小团体，又不是股分的营生，就是几个朋友，信托我们几个人，还算谨慎一点，付我们几个钱，讲我们几句话。讲得对，愿人点一点头。讲得不对，人家骂我们两句，都没有大不了的事情，总不要在社里头自己把意见生出来。所以发表的意见不嫌其多，而组织的社员不在乎多。有了志同道合的人，五个人都同意，自然请他进社，如果有一个人不愿他进社的，用多数【表】决来承认了他做社员，将来不是两个社员就会冲突了么。社员本来只有义务，没有什么特别权利。至于发表意见，凡是合了本志宗旨的，我们是欢迎投稿，并且分请学者投稿，都登了在杂志上面。不见得多认几个社员就是大大的范围，少请了几位入社，就算狭隘。所以社章上通用全数赞同，不用多数表决是免了意见之冲突，不是禁人发表意见，尤其不是尊己卑人。况且

---

① 意指《建设》杂志的五名编辑，即汪精卫、胡汉民、朱执信、廖仲恺和戴季陶。

现在我们的结社,不是一天的事情,本来不愿意用党的界限,来画住自己在圈里。所以结社也有不是中华革命党的人在里头。钱尤其不向中华【革】命党员勉强(因为他们对于党本有义务,不愿意再请他帮忙,所以除了我一个好友送我的小小一笔赆仪放了进去以外,现在所有社款,都是以弟等个人向党外的人,非广府的人,筹来的)。但是何至反要排斥党里头的人呢?宗旨,我们不会变的。恭维人,我们是不来的。排斥人,尤其不会的。请你告诉批评我们的人,只要看我们的杂志,是不是公道,是不是诚实。如果不是专替一部分人说话,就算刚刚是社员全体都是广府人,那有什么要紧。比方你看上海的《密勒氏评论》,不是用一个人名来代表他的杂志么,那你就叫这个杂志做戴氏杂志、朱氏杂志,也没有大不了的事情。何况广府杂志,何况不是广府杂志。

再者孙先生也是广府人,孙先生我们也没有请他入社,我们也不敢拿他的名字同党的名字做招牌。然而孙先生很高兴把他的意见,放在我们的杂志里头,在我们是求之不得。如果我们不是排斥孙先生,就一样的不是排斥其他当代名人、党中旧友了。请你把这意思告给各位同志。　　执信。八月十五日

原载于 1919 年 9 月《建设》第 1 卷第 2 号。

再答黄世平函①

均甫先生足下：

弟前书偶述所见，本非指为定规，因此得引起我兄与汉民之研究，是文字界之幸也。至如文言所用字，有分功繁简之处，弟仍主张用文补言。前数日得侍吴稚晖先生，说及此层。吴先生亦以为："不论何种的文字，尽可以各随所便，用了出来。到得成为习惯之后，就有进步的言语。"大抵现在用白话作文，亦欲其传达真意思，现出真感情，指示真事实，吾辈决不至以"夜梦不祥书门大吉"换作"宵寐非祯扎闼洪庥"。然而有时觉"有犬死奔马之下"之类，未尝不可用。文所不传之真意，固有时待语而传。而语所不能明白分析联络斩截之处，亦赖文助之。此固因言语未发达而来者，事实不

① 黄世平致胡汉民、朱执信函全文亦同时刊于《建设》杂志第 1 卷第 2 号。节录如下：
展堂、执信两先生鉴：
前得复教，知贵志文体各从其便，而倾向仍在白话。两先生陈义甚高，仆仓猝无以为难。顾仆恒见今日所谓搢绅先生者，犹笃嗜旧文。一睹白话，即以为言不雅驯，罢不欲诵。此辈人于社会未遽丧失势力。且于改革之际，其力每较青年学子为优。杂志以开发社会为职，此辈人之心理，决不可以无视。故仆之意见，终以舍文用语为不宜。惟执信先生来书所云，白话文中："的"字用于形容词下，与助词之"之"字，各有专司，宜有区别。说甚确当。今睹《建设》月刊白话文诸篇，仍一律用"的"字，岂不以执信先生所提议为然耶。仆心有未安者，必求之不已。非敢吹毛，为是强聒也。 黄世平顿首。八月九日。

可蔑视也。至如言语不进步,却有二种原因:一,以言语向不作指
出幽微曲折之辨别之用。二,以言时有语调身形为助。前者以无
知识之人务变繁复为简单,有知识之人亦愿以含糊代明白。"打"
字在普通话中含义之多,即证明第一例。"商量"、"前途"等字,可
使终其谈论,莫明所指者,则第二例也。故话之不进化,"推车卖浆
者"与"冠盖苞苴者"当分任其责。而吾人所求改善者,即在此也。
后者以求互相了解,不但注意于其言义,并注意于音声态度。试用
同一之语,一用平调朗读,一用电话传声,一为直接谈话,三者历试
之,看各人了解之度如何,则可知音声态度,大为言语之助矣。惟
其为之帮助,所以亦为其发达障碍。凡可以音节态度辨之者,不别
立一语,以明其区别矣。现在吾人必须求此种缺点,而谋其救济,
故凡对于白话文,为概括的排斥者,弟不敢苟同。若一一指其缺点
所在,则正弟等所乐闻也。　　大符敬复。八月十五日。

原载于 1919 年 9 月《建设》第 1 卷第 2 号。▲

复林直勉李南溟函^①

直勉、南溟两兄鉴：

所示胜义，本非弟所敢下转语者。但于研求佛理与做军官，有无冲突，则弟亦略有感及，姑举以待教。

佛说所求者圆觉，所欲脱者无明。惟因无明，强生分别，则有世界事物种种观念。今从根底打破此无明，自然不能以学佛而令人有为军官之必要。但从反一方面着想，做军官此一观念既从无明而来，如能打破障壁，何尝做了军官。则在世俗随顺见地看去，觉军官可做则做，不可做则不做，不必引佛为言。但有执著，则虚空亦障也。若除去执著，则屠刀即不放下，于成佛何碍哉。谢康乐生天成佛先后之语，亦是执著，不可不知。至于吴先生所说保障人道正义。人道正义，即亦无明妄生别之结果所认，至于无无明尽之境，宇宙不存，人道正义复在何处。所以人道王义不能与佛教并存，亦不能与佛教对立。第于此点，欲借譬于算学以喻之。譬如微分式级数展开之后，第一项天，为变数；第二项中之辛，为一次无穷小数；第三项中之辛二方，为二次无穷小数。一次无穷小数，无论

---

① 1919年8月9日，林直勉、李南溟致函胡汉民和朱执信。内称二人往访吴稚晖，对吴稚晖声言，李南溟本为军官，以为军事学是杀人的学术，大不对，想研究佛经。特请教。吴稚晖说了一通话，不懂。故又函询胡朱二人。

以实数倍之至若干倍,不能等或大于第一项、第三项之二次无穷小数。无论其系数如何大,终不能比于一次无穷小数。又如几何学中之点,无论积若干点,不能等于一线分。无论积若干线,亦不能等于一平面。凡此皆为普通算学家所知。故如佛学所立"真如",比于微分第一项之天,几何之立体空间,则以"无明所生分别"。如宇宙中国家人类社会凡百可得实证之事物比之,仅可以比于一次无穷小数耳,仅等于几何学中之平面耳。从圆觉之后观之,自然不能认其有差别。犹之微分式之第二项微系数,为一或为数千数万,几何图形之平面,只有一个或叠积至数十个数百万个,皆不能生影响于其微分式第一项与立体图形也。但若退一步论,如求函天与函天加辛之较,再以辛除微分式之左右各项,则右边第一项(原第二项)变为实数之微系数,而第二项(原第二项)变为一次无穷小数矣。又如转讲平面几何,则线之不能积而成面,又与昔日面之不能积而成立体同矣。此即无异在国家社会之中,有有益于宇宙人类者,与有损者(正与负)。且有真者、有假者(实数与无穷小数)。于是有崇人道主义反对军国主义之说,有证明进化论反对神造论、轮回论之说,皆于无明之所支配之下立论者也。在其从顺世界不灭无明之际,傥可以人道主义进化论发挥出去,而排斥军国主义与神造论、轮回论,此犹之证明一次无穷小数比二次无穷小数大,与面之形非积线所能成耳,毫无不合理之处。蛮触斗于蜗角,固甚小矣。而在蛮触眼中,又有其甚小者。人虽不顾蛮触,若设身为蛮触之民,则其大小不容不分也。吴先生之理论承认宇宙(时间空间),即承认无明所生分别在此制约之内,并无矛盾,但非普遍绝对之真理耳。然现代学者,多以绝对普遍为知识范围以外之事,惟于康德所谓可得思惟不可得认识之疆域,庶几可以容之。进化论、人道主义等,本为在或条件之下成立容认之者也。故圆觉可得到达与否,不受做军官或不做军官之影响,做军官不做军官之决心,仍当以社会上情况决之,不必问之佛学。此弟之所自命为已了解者,究竟是否了解,仍须待善知识决之耳。　执信谨复。八月十七日。

原载于 1919 年 9 月 1 日《建设》第 1 卷第 2 号。

致古应芬函

湘兄大鉴：

　　接纪文弟信，知侄女于十日迁化①，为之伤悒！以兄慈父之怀，必复哀痛。然当知人生乘化修短本齐，际其生时得兄为父，与纪文虽未婚，尚能一致其恸曲，即令长之至于百年，亦复何以加此？努力事亲爱己，正兄此后所有事，无徒为思子之赋而已。得信时，值内子感寒热疾，不能即致讯，今幸就安善矣。阿妹闻耗亦惊，更念阿娘不置也。此请

俦安！

　　　　　　　　　　　　弟　符顿首　廿一日七时

　　前托陆满带去杂志五册，请交一册至莘伯舅父处，余请代分。此皆弟私购（送友者）杂志，则于撰述者及他极少数人始送阅耳。

　　哲生稿已寄到。

　　　　　　　　　　　　　据原函影印件，参见"辑释"。

---

　　① 古应芬的长女古婉仪因患肺病于 1919 年 8 月 10 日去世。

复黄世平函①

均甫先生足下：

    本志文体,本随各人之便。弟有所撰述,亦不用白话体。然问我所主张何如,却不能不答以赞成。大约此种态度,必又有人指为主张而不实行。然弟对于作白话文者,拟加以一种制限,即能用普通话演说者,可以作普通话之白话文。于我等仅能用广东话演说者,只能作广东话白话文,不能用普通话也。斫以然者,作文如但求人解其大义,则用我等现用之文体,已为多数人所了解。然而作文者,并不求人仅解大意,直欲于其所用每一字所函有意味,全数秤量;至于极准,使其一字一句所表示之意味,不少于所欲表示者,

<hr/>

① 黄世平字均甫。黄世平致胡汉民(字展堂)、朱执信函,亦同时刊于《建设》杂志,节录如下:

展堂、执信两先生鉴:

    (前略)闻邹君言,先生等创办杂志,主用白话。仆于此尚有怀疑之点。夫辞以达意,虽甚新甚旧之学说,不能违也。吾国社会之语言,其拙劣甚于文字。将以明繁赜之事理,则固有之文字,犹病其不足,曾谓白话可以胜任愉快耶?中山先生亦云,中国人非不善为文,而拙于用语。往往文字可达之意,言语不得而传。然则求合达意之本旨,固不宜舍文而用语矣。吾人所怀,诉诸社会,欲其共喻,则立言必以简明为贵。乃有时一种理解,纵为文字语言俱可表现者,亦文字简,而语言繁。仆尝试先为文,而后译以白话。后者之篇幅,不啻多于前者一倍。此以文之函义较深且广,则能取语言而约之。而白话适与为反比例也。白话盖便于操觚,近人因是欲破旧文学之壁垒。仆以为若吾国学术思想长此不进,即人人可以振笔疾书,亦复何益。先生等素豪于文,今兹或有长厚者亦复为之之意。仆病未喻,求有以诲之。 黄世平白。六月二十七日。

并不多于其所欲表示者，所引起之联想，略等于吾现在所有之感想，尤不可引起与吾相背之感想，又须集中之于短句短章之中，使之不至于得此意味，已忘彼意味，起此感想而已失彼感（即所谓散漫冗长）。且其文中所示，必有萃中之处，兼不能无变换，以致生精神刺激效用减退之结果（所谓平直板滞）。此种条件，略举数例而言，已不易满足。吾辈有时作文，欲满足此种要求，常苦现在通用之字，不足以供用，不得已有时须借用古字以成文。并非要作古典文学，实出于不得已。作文如此，出话更难。我辈于文字上微妙之转折，或者亦有研究不完全之处。然比之作官话，则自信尚多。若口中所能说之话本不多，勉强以的、呢、呵、吗，代之、乎、者、也，则人即懂其大义，终不能于其呼吸细微之意，驱使如意，即此已失白话文之真价。故弟之不为，非不主张，乃未学也。非未学白话文，乃未学足白话也。至于白话文之用途，尤要在宣明学说一方面。如汉民兄所言，苟早用白话文，各归国学生，早已吐丝成茧，衣被学林。然今日白话文中，亦正有宜注意处。即如今日普通所用"的"字，在十余年来，我国受日本之影响，已用之译形容词，及其他形容性语句，殆成习惯。与助词之"之"字并行，各有所司。今日一律用"的"字，反害其区别。即如某甲言我家中有一个暴君的父亲，此"的"即指父之性质为暴君的，而人皆知其人为某甲之父也。反之若言我家中有一个暴君之父亲，此"之"即指谁为此父之子，人必谓其人为一暴君之父亲，偶然在某甲家中耳。若两皆用的字，则其区别之效果亡矣。二十年来，日文直译派笑话尽多，其功用亦有不可埋没者。主张白话文者，意固将取话而改良之，则于白话之中，采用相当之文言，未始不为一助。否则区别不明，用语界限不立，用以剖析精微之理，固有未能驱使如意者，则虽用白话文，未必即便于转译也。此亦学界当前之急要问题。用文言夹杂以成文,或者初看近于不伦不类,久之亦必成为风气。但其目的在使人了解而止,说不到引起联想一层,则驱使总较易,此即应用文与美文之分功固无妨也。足下所指语言拙劣一层,弟亦有同感。然拙劣有我辈未学,故觉拙劣;与从来学术少由口讲,故本质拙劣两种。前一种只可自责,不可推己及人。后一种正当以文补言,亦不足为白话文不适当之理由也。(下略) 执信。七月二日。

原载于 1919 年 8 月《建设》第 1 卷第 1 号。▲

复一心社函①

　　惠书辗转,久始入手,稽答为怅。来教所以相诘者,即持理论
而不实行一点。然弟以为凡对于一种旧道德、旧习惯,加以改革,
而主张新道德者,至少须如蔡先生所说:"取予之间,一介不苟者,
乃可言共产。男女之间,一事不苟者,乃可言自由恋爱。"然后于推
行其学说有益,否则适足以为之碍。故对于足下向来主张,并不反
对。而对于足下向来办法,并不赞成。足下之疑,诚非无故。弟亦
正欲借此机会,一贡所怀于左右,并以发贵同社诸君之研究也。

　　共产主义与自由恋爱主义,以思想及物质上趋势论,为进化过
程将来可能实现之一范型(纵使非永久如此),故可有实行之一日,
此弟与足下所共信者也(至其实现之时间与条件,或者弟之所见与
足下不相同,有时或至相去甚远,则另一问题)。然吾与足下既共
信其有实行之日,而不肯安坐以待之,对于其学说,有所主张,并且

---

① 一心社来信节录,亦刊于《建设》杂志。转录如下:
执信吾兄足下:
　　往日常闻足下持论,对于共产及自由恋爱,绝少怀疑,仆颇向人引为同调。仆之友
朋中,固亦不无浪费如某某君者,然仆等与足下同事数年,当知其自奉淡薄,绝非不甘寒
苦者也。而足下每谈及吾党,辄有不满足之意流露,仆不敢谓足下头脑太旧,然以为理
论家排斥实行家,即不彻底之证。于足下本旨,得无伤乎?此论久欲相叩,恐难于面答,
伤感情,故以书达。若不欲答者,亦不必示人也。(下略) 一心社友白。五月十九日。

所主张有不相同时,互相排斥,互相纠正,此何故耶? 足下必不以为我辈研究共产主义,犹之天文学家之研究星云,但知其将来必变成如何而足,自己绝无着力之处也。如其不然,则我等主张之,不可无必主张之理由。

主张之理由,在足下未知何如。在弟观之,则:(一)主张有益故。(二)吾之主张有力故也。何谓主张有益? 依理论上,进化将来虽必经此阶级。傥永无人主张,社会上不生改革之自觉,则此有害之制度不去,有益之制度不来,医之人类之大部分须被淘汰,吾人所甚不愿,故不能不主张之。又以既为将来出现之事实,而于其未出现之前,社会实有种种苦痛。苟能以我主张之故,早一日实现,则社会早一日免其痛苦,故又不能不主张之也。何谓吾之主张有力? 以上所说,主张所以能有益,因人信其主张之为正当,故其主张较易见诸实行。此主义既有人主张之矣,而人犹信之未笃,故欲以我之主张,加人之信服,即主张有动人之力,始成为有益也。此两层虽为弟之所提,然察之一般心理,当无矛盾之处。

于是吾人可以进入本题,即如何主张始有能力(因之使其主张有益)之问题也。以足下来教之精神演绎之,必曰:以身教者从,以言教者讼,故实行使主张有力,此虽弟亦未尝不承认之。然而于所谓实行,不可不附以条件。盖此种实行,以明吾所信之主义,非社会上已实行我所主张,又只为推演我所主张之手段,并非以止我一人实行之为目的。因之所谓实行者,当限于义务方面,不宜涉于权利方面(所以言方面者,一部分学者不认社会上应有权利义务之存在,故此所谓义务方面,即尽所能之种种事情;权利方面,即取所需之种种事情;其他可类推也)。凡主张一事而已实行之,令人见而感叹曰,其人以欲主张此事而实行之如此乎。虽不必即从吾主张,而必信吾之主张为出于纯洁之动机,则其主张为有力,而其人主张之有益矣。如往日史坚如之行事,无论赞成、反对之者,未有信其为私利而为之者也。则于革命之主张,直接间接,所裨助者非浅鲜明也。反之,若其主张一事而已实行之,令人见而惊疑曰,其人乃以欲实行此事而主张之如此乎。虽素从其主张者,亦疑其向者观察之误。故其主张无力,而其人主张之反为有害也。如雍正之作《大义觉迷录》,虽素尊君者见之,亦为之蹙额。此何以哉?前者为主张而尽其义务,此则为其主张而要求权利故也。故实行能使主张有力者,为尽义务言之也。

今如与足下实行共产主义,各尽所能以供给于社会。此种实行,不必以各取所需随之,然后为完全者也。以具体之例言之。譬如吾人作工八小时,而雇吾人者只付与吾人以六小时所产之价值之货币,此无可如何者也。然吾人一方于此八小时以外,为社会服务,不要求报酬,即循吾辈各尽所能之主义以行,则已可谓之实行矣。故假使吾为工场主,吾必不能效马克斯所谓余剩价值掠夺之行为,至少须学德国赛斯工场之组织,以绝资本主义之形迹。此以其权利为吾所不应要求者故也。然吾为工人,则不能惟择赛斯工厂,即在最苛之厂主下作工,亦与主义无损(至同盟罢工之属,又另一问题也)。盖吾之实行,所以为例,并不以为全社会皆已如此(到此时,亦无须我辈主张矣)。故注重于使人见吾尽其义务之结果,信吾为主张之动机,如是而已。此例亦可推之于男女之间,现在婚姻制为社会所行,而自由恋爱为个人所信。故吾于恋爱上未尝欲束缚人,而有人于恋爱上束缚我者,我甘受之。何则?此于主张无冲突也。

故主张者之责人也,于其现制所许,而主张上所不许者,不责其人,而责其制度。于主张上所许,而现制不许者,斥其束缚,而以解放为可。其责己也反是。主张上所不许者,固不为也。主张上所许而现制上不许者,亦姑不为之。此非故为矫激,所以使其主张易实行而已(此所论限于道德、经济方面,政治、宗教则不以此论)。即如吴稚晖先生虽当旅费乏绝,而同志贻之数磅,亦不肯受。李石曾先生以寡欲闻于时。故即其主张共产,主张自由恋爱,亦无人敢疑其动机之不正当也。弟惟望足下以及社友,能如两先生所为而已,何敢拟议一字乎。

　　总之,传播主义之人,与在此主义实行后一般社会之人,地位不同,所负责任亦异。责备贤者之义,欲为吾子陈之。往见《自由录》对于蔡先生之言,下一评语曰:"取予男女之间,只有要不要,并无苟不苟。"弟以为此于将来已实行此主义时,对一般人言之可也。至于蔡先生之言,为主张之者言之也。自主张之人言,不苟即为所要。世上断无对于体欲,尚不能自节使至于不苟之人,而能以其主张改革社会者。若有人信之,则足下亦必谓其自视其力量太大,而视社会之力量太小矣。此弟所以不敢即以贵社为满足也。　　朱执信白。六月廿九日。

原载于 1919 年 8 月《建设》第 1 卷第 1 号。▲

复古应芬函①

湘兄大鉴:

　　来书论为人类奋斗一节,恐怕中国人民尚未做得来。弟以为惟未做得来,所以不能不提倡。至于此次风潮②仍系以爱国两字激发,弟岂不知,但欲望其于爱国之内容,更加一研究,百尺竿头,更进一步耳。爱国与爱人类,是有个程序,弟之意正与兄同。忆精卫舅氏在《旅欧杂志》上有《论国家主义》一文,意亦正如此。然非于提倡国家主义时,同时警告之以尚有较高之目的,将恐流入褊狭之国家主义,而侵略主义即随之而兴矣。即如往年主张强有力政府主张帝政者,不外谓如此始能富强耳。求富尚有不损人之途,求强

---

　　①　古应芬致胡汉民、朱执信函,亦同时刊于《建设》杂志,节录如下:
展堂、执信兄鉴:
　　(中略)执兄为人类奋斗的话,道理上本系如此。但弟的意思,以为中国人民恐怕尚不能做得来。弟的见解:(一)弱国的人民尚不能不讲爱国,譬如这回的风潮,仍系以"爱国"两个字激动出来的。若完全采用托尔斯泰的无抵抗主义,就首先被强国摧残尽了。(二)爱国与爱人类或者是有个程序。譬如我们十余年前,已经知道"爱国",其时尚未有"人类都应该爱"、"国界应该打破"的思想输进来,故只知道"爱国"。如今有些人比我们十年前的思想,还攀不上,怎么能够晓得爱人类呢。这真是难解的问题了。望两兄想一个解决的方法。执兄致日本友人书,弟读过一遍,很以为然。但是日本人恐怕做不到。此次排货风潮闹起来,日人心理恨中国者仍居百分之九十九。(中略)大约日本人的思想,仍是"爱国"的思想呢。兄以为然否?　湘白。六月二十六日。
　　②　指"五四"爱国运动。

则不免于侵略。故杨度谓德、日能强能富，法、美能富不能强。在彼虽为赞成帝制之口实，而在信其说者则固以为强为国家目的，从而当效德日，不当效美法也。即应学侵略主义，不应学抵抗主义也。观于睡狮醒一语，入人之深，可以知之矣（弟近有一文论此事，载《民国日报》）。人人知爱国而爱之，适所以言之。如兄所谓日本人心理，仇视中国者，仍居百分之九十几，仍是爱国的思想。正证明爱国不特不必于人类有益，抑且不必于国家有益。惟爱国同时爱一切人类，始能有益于人类，且有益于国家耳。此弟所以提出为人类奋斗一义也。至于爱国一层，在已有知识者，无论如何，打破不来。其专行不顾之度，或有差别而已。本不须吾等另有提倡，而吾人现在仍非不提倡之也。大抵被压迫国民，如与以知识，自发生热烈的爱国精神。观十九世纪初期普国爱国主义之发生径路，自可概见。故中国人之爱国思想，现已有外国人在山东、满蒙、藏卫替我提倡。将来替我提倡之人，亦正不少，不必忧其绝响也。弱国人之国家主义，本为一重要问题。尚欲有所论著，以质当世知者。先述概略，以贡左右，仍冀有以发我。　　　　执信白。六月三十日。

原载于 1919 年 8 月《建设》第 1 卷第 1 号。▲

致古应芬函并挽余建光①诗一首

湘兄鉴：

读廿八日来书，感悒无已。上月得纪文之弟来书，及姑母致内人书，已知噩耗，时适内子患发热颇剧，故未致函耳。前日夜半，建光又以肺疾死，此心愈侘傺。

然弟平生以为，处逆境正所以磨练精神，缺憾非人力所能为，而抵御淬厉之功，则吾人所可自致者。死而不亡者，与生而尸居者孰优？以活动满足死者之余望，与以愁思销磨死者所爱之日孰多？

昨挽建光一诗，姑录以呈。达观之士，本非我辈所能学，惟愈不免有情，愈增长其奋斗之精神，则所愿以相勉者耳。

直勉已赴美洲。

　　　　　　　　　　　　　　　　　　　大符顿首　九日

---

① 余建光(1891—1919)，又作健光，又名祥辉，四川叙永人。1906 年东渡日本，入东京警监学校，后加入同盟会。1910 年夏回国，后参与广州"三二九"起义。辛亥后，在上海协助陈其美从事革命活动。1915 年 12 月，参加护国讨袁战争。1917 年 8 月，从上海赴湖南从事护法活动。1919 年春，因奔忙于广东、上海、湖南等地而积劳成疾，逝世于上海。胡汉民为撰《余健光传》，孙中山亲笔作序。

挽余建光

既然他是本来没有眼睛的人，

你不该望他晓得世界上光明如何郑重。

如果我是本来没有爱情的人，

如何晓得你缺欠爱情的苦痛？（中有本事）

到底苦痛和缺欠才是你生命的内容！

那满足和完全倒是你生前的迷梦！

你撒开了我死攥着的不朽精神，

我收拾了你不再要的臭腐形骸。

我就不道你聪明，你也何妨算我懵懂？

你死了还有我，我死了也一定有谁，

你生前想不到休息，我死后也懒怠问谁还活动！

但是你总得相信世界永远有人活动！

原载于 1919 年 9 月 14 日《星期评论》第 15 号。

据原函影印件，参见"辑释"。

致古应芬函

湘兄鉴:

得书未复,忽忽又将一礼拜矣。三号出版即寄去一份,不知收到否? 在粤过于枯寂,赴漳之举不识确否? 到漳后更一来上海,何如?

四月来,英文稍有进步,现已持字典辄试翻译。今又学俄文,兄得无笑其狂且贪耶? 南溟①亦同学此,将来以英、日为吸收智识之具,以俄为活动之具,花两三年功夫未必不值得也。现劝纪文补习英文,兼学朝鲜文(极易学),而云陔又新学法语。一堂济济,皆有活气。兄能来此,或可稍散心耳。

《星期评论》自《每周评论》禁后大销行,弟亦时有投稿。国庆纪念特别号共五张、约六万言。先生、仲、云、弟、季各有长篇,另有胡适之论新诗一篇甚长(然弟以为,有圣人一体而已),徐季龙等皆有作,可谓大观。拟购百份,分寄省城及漳州知好也。四号发稿已过半,甚希兄来一观之也。此请

俦安!

弟　大符顿首　十月七日

---

① 南溟,指李章达。

致古应芬函

　　杂志寄大新公司甚不便（闻受抵制），请商哲生取回，交南武及师范贩卖部代理。将来交书，则交到南武何剑吾处似较妥，如何？乞复示。大新纵复业，学生亦必抵制之，是杂志终不能销，无益也。

　　　　　　　　　　符再白

据原函影印件，参见"辑释"。

复查光佛函①

光佛先生：

你的来书，是把我们的议论再翻进一层，很佩服，很佩服。但是我的意思，以为海凯尔所讲的精神不灭，原是有个性，能知觉，要享乐，依托物质的那一种精神。这种精神，完全是人所拟造，各种宗教都认他有的，就是婆罗门教也不能免。佛教是蒙着婆罗门的

---

① 《建设》杂志第1卷第4号载查光佛来函。转录如下：

记者先生：

读大月刊第二期古君所闻德学者海氏之《精神不灭论》，执信精神终归断灭。此为破除迷信遮拨上帝灵魂教义，作方便说则尔，若精研胜义，则精神当实有不灭之理。夫所谓精神者，当即为吾人之见闻觉知等诸现象。然此现象之本质，究竟为何为真为妄，为有为无。若其为真，云何有灭。若其为妄，则精神外何者为真。无则同于龟毛兔角。但有言说，都无实相。然今吾人之精神，皆可亲证不可云无。若承认为有，则此精神，为从质生，为依力现。质力既有不灭之理，何于精神反云有灭。若非由质力所成，则精神生自何来，灭向何去。又此精神，为自然生，为因缘生。假定有灭，自然灭耶，因缘灭耶。若以变化为灭，则如佛说人之身体，虽刹那刹那变迁无常，然童时观河之见，与耄时观河之见，元无有异。且盲者亦有见性，聋者亦有闻性，前尘有明暗动静之殊，而见闻性从无增减。六根可以互用，如阿那律陀无目而见，跋难陀龙无耳而听者。循此推求，则是吾人精神，可不依附肉体而能常住不坏也。第佛说之所谓不灭者，与西哲之所谓灭者，是一是二耶。凡此甚深了义，不知能依现今科学的唯物哲论，圆满解释否也。愿不弃浅学，详以教之。亦以使凡读者因此而得正确之人生观也。再因此问题，于孙先生学说，所谓行易知难，又得一证。则以人人皆有此精神，皆常用此精神，而不能知精神之本来及其究竟也。转质之先生以为何如。　光佛上。

影响,所以有六道轮回等等话头。其实过去现在未来这种时间观念,东西南北上下的空间观念,不特在佛教认为无明妄作分别,即在近代哲学者对之亦不免有所疑惑,而且个性的基础在于时间之联续,和空间之互相排斥性,当然不生一种不灭之问题。论那要享乐之性,本来和个性相比附而来,如果灭去人我相,如何能够享乐?既然是依托物质,那死后精神当然应附枯骨,如何能够别有天堂地狱? 如果本来不一定依附物质,那就应该连他以苦乐也可以离脱物质。那些拿有形有色,能报恩怨,来解释不灭精神的神话,当然不能成立了。来书注重无目而视,无耳而听一层,实在这个视听的工具,尽可以有别种东西替代他。这能视能听的神经,究竟总不能没有。所以佛学所谓见精,并不是常住不坏的东西。盲者、聋者虽然仍旧有见性、闻性,究竟闻见还要生存。生已经是无常,见闻性自然不能够常住。所以别种宗教所拟议的灵魂,固为海凯尔所排斥,而先生所讲的见闻性,也不是不生不灭的东西。此外先生又说质力既有不灭之理,何于精神反云有灭? 我的意思质力是否永久,还不过是一个问题。就从现在科学家假定了一个质力不灭的原则,也只是宇宙间的质力不灭。而由质力成就这一个有限期间的连续,有限空间的占领排斥——就是所谓个性,就当然要灭了。在先生所讲是佛的不灭,他这个不灭原是不生,是超越于个性以上的。海凯尔所排斥的精神不灭,是具有个性的本为所作,故应无常。这一层我们把他分别清楚,就不会生出冲突来了。唯物哲学本来没有把所有问题解释完了,但是他这研究方法,是还可以在知识这一个范围内推行。至于康德所讲不可认识,只可思惟的地步,当然不在他所管。但是现在有一班人,想把神秘主义的东西来搀在知识里头,把世间有为的事神的现象,来跟随他的思惟,那就不敢赞成。再讲伍博士他们的鬼话,更是受低级知识影响的思惟闹出来的,稍有知识的人,大概总不会信服他的。拿海凯尔的话来对付他,已经是全力搏兔了。先生所讲精神的研究,也可以证行易知难,是不错的。但是现在所讲的精神,是自然的结果,要到精神的动作,才可算入行的范围。这一层我们也要特别注意的。我既不是哲学专门,佛学也很浅薄,但是我想得到的地方,姑且写出来,做大家的参考便了。 朱执信。十月十五日

原载于 1919 年 11 月《建设》第 1 卷第 4 号。▲

致古应芬的明信片

广东省城老城东岳二约古应芬先生：

　　寄上《星期评论》五十份，这回是同季陶讲明推销，不好意思不给钱，每期不够一元，请顺便收妥，汇来给他。

　　前次托林云陔带回的《宋诗纪事补遗》是请你转交莘伯舅舅①的，现在再请你转交（封皮上原本有写的，想是撕的时候没有留心）。八哥在那里研究オイケン②同ヘルグソン③，大概很进步，你看过他的信么？

大符

9/11/8

《建设》是不是付负败图？请覆我。

据原函影印件，参见"辑释"。

---

　　① "莘伯"即汪兆铨。

　　② "オイケン"是日文对 Rudolf Christoph Eucken 的音译，今通译作鲁道尔夫·欧肯。德国哲学家，生于 1846 年，1926 年去世。主要作品有《大思想家的人生观》、《人生的主义与价值》、《人与世界——生命的哲学》等，1908 年的作品《精神生活漫笔》曾获诺贝尔文学奖。

　　③ "ヘルグソン"是日文对 Henri-Louis Bergson 的音译，今中国通译作亨利·路易·柏格森。法国著名哲学家，生于 1859 年，1941 年去世。其代表作品有《时间与自由意志》、《形而上学导论》等。

致朱秩如函

四弟览：

　　来书已读，日本之纸币跌价，乃世界的货币膨涨之结果，不关于准备不足也。弟所拟办法不甚适当，后节两层则已转告友人矣。兄现因稍习俄语故忙，若印刷事则挂名耳。四舅舅来上海，未及一礼拜，即往粤。现正有筹备西南大学之议，就否尚未可决。若不就则大约仍须往欧一行①，彦慈弟本月底乘法国船往法，三嫂大约下月分娩，并闻。即问

近佳　兄符泐。十一日。

1919年12月11日写，朱秩如保存。据原函刊印。

---

①　往欧一行，系指赴苏俄考察学习。

复刘凤鸣函①

凤鸣先生鉴:

《东方杂志》翻译那篇《社会主义之检讨》,是去年八月登在日本《中外》杂志上面。这篇文章一出,就捱了一班学者臭骂。我也记不得许多,只记河上肇说他是整篇抄袭玛洛克的文字。玛洛克不知从那里得一本马克斯的伪书,就在那里发议论。北聆吉偏偏和玛洛克一样,很是怪事。奉劝北聆吉以后做文章,赶紧要将《资

---

① 刘凤鸣于 1919 年 12 月 7 日致函《建设》杂志记者,由朱执信覆文回答。原函全文如下:

我看见商务印书馆发行的《东方杂志》一连几期,翻译一篇日本北聆吉做的《社会主义之讨论》,我十分怀疑。第一,就是日本近来的文化运动,听说很有进步,何以还有这种肤浅误谬的社会主义反对论。第二,这篇文章说马克斯的社会主义,以"一切之富皆以劳动而生者故其一切之富皆为劳动者所当受"的思想为中心原理。我虽然对于马克斯的学说,没有十分研究。但我看见季陶先生译的《资本论解说》"价值与财富"一节,明明说"往往有人把'劳动是一切财富的源泉'这一句话,硬当作从马克斯口里说出来的,但是从上面所说明那一条路上过来人,都很容易晓得这句话和马克斯的见地根本反对"。北聆吉连这个地方都不留心,便要做社会主义检讨,未免荒唐。放在日本杂志界上,难道没有人纠斥他的谬误。第三,《东方杂志》因为《新潮》等杂志骂他"你说他旧么他却像新的,说他新么他却实在不配。"这几句话实在有些受不住,就做了一篇新旧思想之折衷来辨护,说,"一方对于新时势不可不有所努力,一方对于旧时势仍不可不有所戒备"。同时就去搬到那北聆吉的《社会主义之检讨》。不知道他是借此来努力于新时势呢? 还是戒备旧时势呢? 像北聆吉那篇文章,配得上叫做新旧思想的折衷吗? 弄得我如【此】糊涂,请先生们指示我一二。

本论》的伪版弃了,另寻马克斯的真本来读才好。这种话也算挖苦极了。还有山川均做一篇《北聆吉之能力》登在《中外》杂志九月号,拿又痛快又刻薄的笔锋将北聆吉的错处指摘出来。茅原华山也在这同一号的杂志,说北聆吉是剽窃学者的标本。高岛素之在《新社会》杂志上,就引马克斯《资本论》第一卷十一页①:"劳动并非他所生产之使用价值的唯一源泉,就是并非物质的财富之唯一源泉,是和威廉伯斯所谈的一样,劳动乃财富的父,土地是财富的母。"——亦见戴译《资本论解说》"价值与财富"一节——又引十二页②"使用价值分量的增加,于其自体是富之增加……却是富虽增加,同时他的价值减少"。两段话说北聆吉不懂得富是什么东西,价值是什么东西,富和价值的关系,交换价值和使用价值的关系,通没有弄清楚,人家几十年前解释得很明白的,他没有看见,就糊糊涂涂的去做反对论,总是证明他自己的无能力罢了。诸如此类的批评,弄得北聆吉抱头鼠窜反舌无声。直到今年四月北聆吉才寄一篇文字到《中央公论》杂志,题目叫做《忏悔——代笔事件之告白》大致说:"河上肇博士一班人骂得也够了,挖苦也够了,那知道骂的不是我,这篇文字不是我做的,是去年'中外社'的干部将一篇反对社会主义的文章,叫我出名,我那时妻子有病,我又打算去美国,我没有精神去细看原稿,就是恍恍惚惚的答应了'中外社'用我的名字出版。谁想这篇文章一出,引起那么多人的批评,真是意

---

① 下段引文,见人民出版社版《资本论》第一卷第 16 页:"劳动不是它所生产的使用价值即物质财富的唯一源泉。如威廉·配第(William Petty)所说,劳动是它的父,土地是它的母。"

② 下段引文,见人民出版社版《资本论》第一卷第 20 页:"较大量的使用价值,本身就是较大量的物质财富……但物质财富的增加,可以和它的价值量的同时减少相适合。"

外想不到的事。"他还说：现在已经告白忏悔，应该折笔退出论坛，先不能不退出"中外社"。此外和"中外"有关系的评论杂志，都不敢替他做文章。当做记者论客的一个无期徒刑。我们看以上许多的批评，和北聆吉自己的忏悔告白，就晓得这篇《社会主义之检讨》在日本言论界，真是一钱不值的。

　　先生你看了《资本论解说》的译本，就那样明白，真有眼光，也不枉季陶先生那里从事译述一番的努力了。至于《东方杂志》为什么选译这篇受人家唾骂够了的文章，我们也不甚懂，不好用主观的批评，还是让他自己去解释罢。

民意敬复。十二月十六日

原载于 1920 年 1 月《建设》第 1 卷第 6 号。

致胡青瑞转王宠惠伍朝枢胡汉民电

　　胡青瑞转王宠惠、朝、展：参二千先生已允。昨展与唐见冯，冯允力助，并允济款银行事。先生谓须知详细办法始决定，请函寄。符。

致王子明电

上海法界白尔部路新民里九号转子明：朝晦以太邱无决心为言，太邱则候剑南无决心为言。事颇棘手，决后日赴邕晤剑南。

致陈炯明函

竞公台鉴:

　　两电均复,不知达否? 一电言汝为可来事,次电则云"汝为可来,闻子乔愿充总司令率兵出,确否? 请代致敬意"也。

　　育航①兄来,屡得晤谈,但以款项未有眉目故,不能即决,想彼已有函奉达矣。此间接头者颇多,成绩殊未敢言。惟汝为于闽确有把握,得三千人可以济事矣(大约三数日后可动身)。

　　尊处所召集者,究有若干? 能于何时齐集? 莫氏②态度如何?

---

　　① "育航"即马育航(1883—1939),广东海丰人。海丰速成师范学堂毕业。1910年加入同盟会。早年从教,后与陈炯明等创办《海丰自治报》,宣传反清革命。1911年武昌起义爆发后,参加光复惠州之役,任"循军"指挥部书记、副官长。1916年春与陈炯明等组织惠州共和军,后任惠潮梅军务督办公署参议。1920年任粤军总司令部副官长。1922年陈炯明叛变后,任判军司令部中将总参议等职。1925年陈炯明部被国民革命军东征击败后,匿居香港。
　　② "莫氏"指莫荣新,时任代理粤督。

顺希详示。日前有黄君鲁贻①到粤访方韵松②君,想于此间形势亦
必有所述矣。此请

近安! 匆匆不具。

大符顿首 廿四日

据原函影印件,参见"辑释"。

---

① "黄鲁贻"即黄展云(1876—1938),字鲁贻,祖籍福建永福。1914年加入中华革
命党,任孙中山秘书。次年,任中华革命党福建支部长、南洋各埠筹办福建军债特派员。
1917年7月,奉命留沪筹办公司,为护法筹款。同年9月,任中华民国军政府海陆军大
元帅府秘书。1919年被委任为中国国民党福建支部长,在福州创办《福建新报》。

② "方韵松"即方声涛(1885—1934),字韵松,福建侯官(今福州)人。1905年加
入同盟会。1912年,任江西混成旅旅长。次年改任江西讨袁军右翼军司令。1915年,赴
云南策动讨袁,任护国军第二军第二梯团团长。1917年,参加沪法运动,任军政府卫戍
总司令。1923年,任闽军总司令。1924年,任建国军福建总司令,代理陆海军大元帅大
本营参谋长。

致古应芬函

湘兄鉴:

电悉。陆赞是否即陆湛?前年死事之黑七之弟在何处、被捕何理由,均未悉。打电实无从措词,已面托青瑞,看可否转圜。

此行陆颇避人,来沪仅一见先生。拟开欢迎会,由岑往留彼数日,亦不可得也。

青瑞云,顺卿人极佳,欲荐一人入其幕,计此事惟贡石能办之,请商一哥,看如何?若兄能奋发,更善。

该书已印出否?印好直寄数册至京(顺治门外米市胡同丙辰俱乐部),此处只寄数册足矣。百五十元已收妥,欠缺只可随后再补。此请
大安!

弟　符顿首　廿三日

据原函影印件,参见"辑释"。

致古应芬函

湘兄鉴：

两函悉。精卫虽到，未有回粤之决心。兄能一电促之否？

陈事如可联结，尚以与联为宜，总须查明何人可为主持之人。所谓国民党者，持何理由以为反对，如何始可缓颊？函电兼复先生，自可照办也。加入之件，先生大不谓然；报载先生赞成，非也。但以此为政府对外已行之事，不便反对耳。展为精卫、亮畴所误，在京曾有所主张，今虽悔之，已无及矣。以后关于此件，吾党暂守沉默为宜。

陆督军①是否如期来？如缓来，必以其来之目的及随伴之人人豫告为要。肥哥两信均已转与展兄矣，请告之。此请

大安！

符顿首　十九日

据原函影印件，参见"辑释"。

---

① "陆督军"指桂系军阀头子陆荣廷，曾任广东督军。

致古应芬函

湘兄鉴:

　　第二日抵沪(到日大雪,今手犹僵也),已见先生。展往南京已回,地点当可定。上海条件未有眉目,日本(参部)竭力保全段之国防军,唐反对之,将来裁兵事不知如何。

　　代表中反对政学会者约得半数,事尚未可知也。梁财信药丸请再买三打,即寄沪。オサン用之有效,而将匮也。此请

大安!

弟　大符顿首　四日

据原函影印件,参见"辑释"。

致古应芬函

湘翁大鉴：

　　接两信（一言李福林请先生写同保堂扁，一言《杂志》①交开智），均悉。李扁当俟间与先生言之，恐先生意未必愿，须婉转进言也。《杂志》及《星期评论》均请托开智，下期即将开智刊入广告中，《星期评论》寄五十分往如何？

　　日来《杂志》忙迫，计每期并翻先生之计画②算，总须五十页左右，颇不易支持。昨日竟至十六时间劳动，为三年来所未有，故所简转疏，谅之！

　　云陔回粤，此间又少一帮手，惟望其速来耳。茂之③处，无论如何总算对吾人无恶，实在已是极难得之人，攻之亦觉无聊。

　　前寄来新闻（弟未看而付报馆）登载后，稍觉不安，兄于此事曲折，能一示否？

大符

　　オサン来沪否？未可必。前已同展各以函告之，此时子超等

---

　　① 指《建设》杂志。
　　② "先生之计画"指孙中山的英文著作《实业计划》，由朱执信、林云陔等人将其翻译为中文，经孙中山审核后，由《建设》杂志分期刊发。
　　③ "茂之"指李茂之。

必有拉住不放之势。然国会真无用处,制宪尤为笑话。オサン初
归,必不悉其内情,请详告以无益之故,劝早来沪。

国会欲以三良殉穆,吾人亦何必从井救人?!

据原函影印件,参见"辑释"。

答胡适函

适之先生：

昨天仲恺兄接了你的信，里头有一段是关于汉民兄前次的信里头计算上的反驳。因为这一点是从前我同汉民兄共同研究的，在数字上我也应该负一点责任，所以我代他答复几句。下余几层，等汉民兄由广东回来再答。请先生恕我冒昧奉渎的罪。

先生（一）根据《王制》，说古者百亩，当汉人百五十六亩有多，所以不能拿汉亩作准。（二）又拿 Grenard 和 Herrman 的考究，证明汉里有四百米突左右。（三）而现在的一英里等于中国三里三，所以晓得汉里和今里相差，只有八十米突。（四）因之说周百亩可以有现在百一二十亩。所以疑我们的研究有一个大错误。

我大胆一点想替先生消去这个疑惑。

第一，我以为《王制》的数字，是完全不可信的。他这里接连两段，第一段是"四海之内，方三千里，为田八十万亿一万亿亩"。是按一里九百亩，一亩百方步算的。却是他忘记了一里九百亩，已经有沟渎等在内，后面又把沟洫数进去。这本书只管是汉时人假造，他又忘记了汉亩是二百四十方步，随便就说"古者百亩，当今东田百四十六亩"云云。这种不负责任的话，是完全不能作准的。所以我们还是跟汉志妥当一点。

就算他这一种说法，是就百方步为亩的来讲，也完全和先生意想中的不同，不能算做一个证据。因为现在二百四十方步一亩的算法，是很明白，自汉以来有的。他所说的东西，只管算他做百方步的田，也完全和汉人——至到现在——二百四十方步的亩法没有什么影响。如果说他是还没有二百四十步一亩的时候的书，又不能算他汉亩了。所以我认《王制》的亩法，没有研究价值。

"周道法地，地法妇人，妇人大率中八寸，故以八寸为尺。"这等说话，都是谶纬家造出来的。孝文的时候恐怕还不作兴这种说话，他底下的数字，也和上文不符，所以郑康成也没有方法，只有改数字来就他。又说他是六国时候的变乱法度，孔颖达也只可以说，经文错乱不可用了。

第二，先生所据的 Grenard 和 Herrman 的考究，我们不曾看过，自然没有方法可以评论他。但是我有一层不能了解，就是他考校城址的时候，是用鸟飞距离呢？还是随着路屈曲呢？我疑心汉志的西域距离，总有一部分是鸟道，也有一部分是随着路转湾来算。但是有一个比较可信的记载，就是乌孙的境界。乌孙的界，东边到汉的玉门，西边到葱岭，东西六千余里，这个数目是一定拿空中距离来说的。把这两个地方来算现在的距离，只有三千六百里光景，刚刚是六千余里的一个六折。其余莎车、疏勒到长安的距离，都是九千余里的，现在量起来，就只有五千三四百里的光景，不够六成，但是我想这个应该是跟着转湾算的（现在的驿路更因绕湾多了许多数字，比方广州到韶州直径的算法只有四百里光景，驿路要算千里以上）。他欧洲学者，纵能寻出城址，未必能寻出汉人走过那一条路，所以他这四百米突说，不敢轻易说他的确。

第三，先生所说的一英里三里三，和所说一汉里四百米突，十汉里等于二英里半,两句话分开说,都可以的。一合起来,就不对了。为什么呢?因为英里是翻 mile 一个字,却是 mile 这个字表示三种的长度。

第一种是 Statute mile,等于五二八○英尺,约莫和中国的五千尺相当,算起米突来是一六一○米突光景。先生拿四千米突算做二英里半,应该指这种英里。在一汉里四百米突的假定底下,先生一点也没有错误。但是五千尺只有二里又十分之八,并不够三里三。

第二种是海上普通用的 mile,等于五四○○英尺,和现在这个问题差不多没有关系(政家年鉴称中国三里,等于英国一 mile,大抵指这一种来讲)。

第三种就是 Nautical mile,这种日本人称他做海里,等于六○八五英尺,又等于中国之五千七百八十尺内外,又等于一八五○米突,所谓一英里三里三的,是就这一种来讲(严格讲起来还不够三里三,只有三里二)。这种英里,每英里有四百米突的四倍六强,不能拿来算做四汉里。

所以如果照汉里四里当今里三里三来算,自然是今里只有四百八十米突,相差只有八十米突。佢是这个含着错误的绕湾,我觉得很可以不必。

民国四年的权度法里头,有依万国权度公会所制定铱铂公尺来量定的长度,拿营造尺做底起算一里等于五七六公尺(即米突)。所以一里比假定的四百米突汉里,多了一七六米突就是多四成四。这样算从米突就到米突,简单多了。先生不采这种方法,却拿米突换算做量地的 Statute mile,又把 Statute mile 和 Nautical mile 当做一种,才把他换算做米突,未免歧中有歧,误了正路。

上头的计算英里和米突的差，应该在十万分之一以下。中国尺和公尺的比较，据权度法，大概也没有大差，所以断没有疏忽错误。但是当时所定的营造尺，和前此所用，有没有差异呢？这层我相信总有的。因为从前曾纪泽的笔记里头，曾经说过，他拿米突尺比营造尺，营造尺得三十三生丁。以后我看见许多统计书里头，都假定三十三生丁做一营造尺。然而这里头一定有小小差异，所以袁世凯定他做三十二生丁。那他从前所用的，总不外自三十二生丁到三十三生丁之间。所以我拿权度法来做根据算营造尺的长，只有算短了他，断没有算长了他的毛病。

除此以外，我们还可以有点旁证，证明这一里等于五七六米突的数目，不会推板得太远。

这个米突，是人人晓得拿地球过极经圈之长四千万分一来定的。中国的康熙皇帝和梅文鼎等人算他，却把过极经圈一度，算做约二百里，所以全线应该有七万二千里。拿这两个对算，一里应该是五五五米突有多，比现在稍为有点差异。但是米突原尺，不是真正实合四千万分一，而中国当时测量北极出地高度，是限于北回归线以北的地方，本来已经是有差的。所以这个不合只有二十米突有零，不算奇异。

再一个就是我们一般简算用的十二里等于七千米突，这个算法也是在袁氏定权度法以前的，照算是一里得五八三米突。这原是简算，但是如果把曾纪泽的笔记来比较，可见这个数目尤其近于民国前的实数。也可以明白现在没有大差。

所以照 G.H. 两个的说话，也不过是汉里得今里十分之七弱（应为六九四四），再加上他们所应该容许的误差，那就对于十分之六一层做不到什么疑惑的材料。

第四,先生说的周百亩可以有现在一百二十亩,是完全无视了从前一亩百方步,和现在一亩二百四十方步的一层。大概总是对于《王制》那一段没有细查的缘故。我们且把《王制》的不对撇开不算,光照先生所讲 Grenard、Herrman 等的材料,照上文推算出来的数目来,寻出汉亩,可以推定他是今亩的二十四分之一十,乘百分之四十八强(千分之四百八十二),约得十分之二。然则汉百亩也不过现在的二十亩零几厘,和我们所算的十五亩,相去不见得远。

第五,汉尺的长度,阮元等的考据或者可以说是假古董累了他。沈存中却不可一例看待。因为沈氏本来是乐律的专家,他这考订尺度也是从考究乐律发生出来的,所以比较总算可信。从来做乐律工夫的,有一个通例,他把黄钟之管九寸,做了一个信条,要这个黄种之音合了,才算这把尺合式。所以时代变迁一天,世间通用的尺长一天,他制乐的人万万不肯跟他,放长这把尺。因为这个黄钟九寸,已经是低到极了,再低就要不成声了。所以从来制乐器的尺,都不大相远,高下不过二律。不是数目跟了他,却是声音管住他。惟魏汉津异想天开,叫宋徽宗以身为度,另外做尺,那乐音就低到三律以上,不能再奏了。所以他们研究乐律的考据,倒有可靠的地方。就算他有差,也不过两律(约十分之一)以内的事。

第六,先生以为三亩养一个人,乃至不够二亩田养一个人,没有好日子过。然而这古人百亩所产的数目,除了李悝以外,还有鼂错的奏疏也可以参考的。他说农人治田百亩,岁收百石,还要供役纳税,借债纳息,所以很苦。明明指出百亩田养一家,是没有大多余的。然而说二亩田养不了一个人,也不见得。照我所晓得广东的省城附近田地,大约不好的每亩一回收两箩谷,一年可种两回,收四箩谷。好的一年可以收到八九箩。一箩谷约有百余斤,四箩约近于三石，九箩就有六石有多。想古人的种法，或者不如今人，做两作的也比做一作稍为多收一点，姑且折半算，现在的好田一亩，古人只能收今三石，两亩六石，养一个尽有余了。下等的田，三亩也有四石多，不能说他不够。（如果照晁错的话，一家收百石，就五个人的家族各享二十石，约当现在四石。）

古人说锺亩之田，说是一亩出一锺（六斛四斗）。郑国渠成说是亩收一锺。这都是特别形容的说话。只有晁错和《汉书》引李悝的说话（固然不一定是李悝说的）比较可信。所以我断定，古人亩收一石至一石半，每月一个人也食一石以上，除了拿出去交换必要品和谷种以外，没有什么多余。至于《左传》、《诗经》的争土田的说话，是争采地，是争所有地一层，是先生这回的信第二个重点。这层且等汉民兄回来他自己再答，我姑且不论。但是《左传》里头，差不多几年一回，就有争田、赐田、得田、取田、与田的话。记得起的，只有韩起拿州县来换乐大心的原县，和季孙对孟氏家臣说吾与子桃，又与之莱柞，算是大夫做主的事情，其余都是国际的授受。而韩起和季孙，当时都是为政的人，所以想定他是拿执政资格来处分采地，不是拿大夫资格处分私有田地的。这一层是我偶然想到的，姑且说出来备先生的参考。此外还有可查的地方没有，一下子也没有想清楚，以后有机会，再研究一点，才来请教。顺便祝你的健斗。

朱执信　一月三十一日

此外我还有一两点想声明的：就是古代六尺为步，现在权度法是五尺为步。但是实在前清测量的时候，另外用一种弓步尺，比营造尺长一点，所以一步比六尺或者少一点，比五尺还多得多。前几十年湖南黄宗宪做的求一术通解，里头还有步法五十八寸（又一处五尺八寸)的话。这个恐怕和实际的数目相近。

如果拿这一层放在计算里头,就可以相信,如果汉里是现在的十分之七,那汉步就也是今步十分之七,汉尺比今尺就只有十分之六了(因为一个六汉尺的一步,才等于五营造尺一步之十分之七,那一汉尺就是现在营造尺的六十分之三十五,不够六成)。然而田亩丈量却是用弓步尺的(我所晓得是广东的情形),所以一步还有古步的约莫一倍六的数目。

又从现在亩法算,一六亩又二七六〇一田等于一公亩(Hectare),而一公亩等于二英亩又四七一,所以一英亩应等于六亩六分。然而在南洋的耕种的人,我问过他几次,他都说一英亩等于他们乡里四亩多,不够五亩。那法律上的亩,实际是我们所称一亩的四分之三,也可以和上一节相证的。

古人的度量为什么要变大呢?这个可以从收税收实物来说明他的,丝和帛都是汉以前就算做一种税品,所以汉尺不会比周尺再小。

李悝的说话以外,汉人还有日禀五升的话(记不得那一个人说的)。赵充国说:"一马自负三十日食为米二斛(石)四斗,麦八斛。"算麦做马料,米做人食,也是一天八升。他是出征西羌的,或者算少一点,也总不能加到两倍以上。这都是古人吃东西的考证一个资料。　　　　　　　　　　　　　　二月一日再附记

原载于 1920 年 1 月 31 日《建设》第 2 卷第 2 号。

复许贯三函①

贯三先生：

　　你的信早已收到了。因为是旧历岁底，印刷所催并着要提前付印，所以耽搁了几天。请你原谅我复信的迟慢！你的父亲既然是克强先生的同志，那我们总算有点关联，所以我看见你的热心研究的态度，尤其觉得高兴。

　　你对于孙先生的发展实业计划一段怀疑，差不多我们同志里头也常有疑心这一点的。但是孙先生的意思，以为这个是方略上的计划，不是工程上的计划。工程上的事情，要等实测过以后，才能够决定。比方北方大港的计划，孙先生也只指定一个地方说可以做，至于他的详细工程计划，就要等实测决定。现在经美国工程

---

　　① 许贯三是南洋公学的学生，1920 年 1 月 31 日致函朱执信提出三点：一、寻找孙中山《实业计划》的英文原稿。二、谈对于铁路的意见。三、拟向《建设》投稿。来函载于《建设》第 2 卷第 2 号，节录其第二部分如下：

　　我常想到如果全亚洲的铁道的网也像美洲、欧洲一样的密布，那时的世界，定是大同的世界。我们中国人的责任是何等的重大呵！！！对于现在发达我国各种实业，我想交通是第一要素，铁道又是交通的第一要素，因为于今科学发达，那自然所给我们海岸线的长短是不足以定文化的迟苦了。不过我常常为我国怀疑，如果国内交通一齐便利，我们的利源固可以发达，但是那时外国雄大速资本"入据中原"，经济上的缚束是很可怕的。一国人民受他国人民政治上的束缚还容易解脱，如果经济上宾主"倒持"，痛苦是不堪言。像于我国关税只好奖励进口，国内想发达实业的已经吃着的不少了。我这个疑问你有什么见解可以开迪吗？

师实测以后,就有决定的工程做法发表出来。他这详细的工程上事项,尽有和孙先生原案不同的,却是于孙先生本意毫无所背。将来改良扬子江和广州港,也是如此。如果还有更便利的地方,不便利的地方,要在详细工程上计划来定的。而且我以为这两项计划里头,像江阴和下关两处的浚宽,恐怕是不能免的事。其余大概可以容技术上的修正的。扬子江出口,差不多也是非把三个水路塞了两个去不可。广州的通路,从前我们在广东做事的时候,曾经略为调查,大约零丁和第二闸洲的浅处(第二闸洲有石要爆去),非浚深不可。是一般的议论(海军将校的话),这几层都是不可避免的事情。所以我们只能望专门工程的人实测以后,有比较用力少的方法就是了。其余真是工程上困难的地方,在我们外行的人,或者不觉得,这个是很欢迎讨论的。

孙先生的英文原稿,第一计划已经没有了。现在寄去的是第二计划和第三计划的前半。那第一计划,在去年六月的《远东时报》Far Eastern Review 登过的,这杂志是上海的英文工程专门的杂志,想南洋公学应该有的(北方大港实测后的图和工程概略,也登在这杂志的正月号里头),请查一查看。

你对于伯达铁路那一篇觉得有趣,我很喜欢。我常常怕我做的文字太艰涩,没有趣味,如果多几个人看了我的议论,能够了解得中国人这个重大责任,那算我的微力,还能够在社会上有一点贡献了。你讲的发达实业交通是第一要素,铁道又是交通第一要素,这一层和我们的意思一样。你所焦虑的外国资本入据中原,也是一个重要问题。我们现在分开两方面说:一面是外国的货物因交通便利,进口容易;一面是外国人投资开发中国的天然富源以后,捆载去了,中国人不能倚赖天然利源,发达自己实业。前一层是关税,厘金两件事作梗,这种不合理的税法,无论如何,断不能容的。如果能够裁去厘金,免除出口税和本国两埠间出入口税,中国的产业发达,大概还不十分艰难。后一层就全在借款的方法条件。从前北美合众国也是靠外资发达实业的,现在南美阿根廷民国也是靠外国资本的,也不见得有弊。我们不主张独占的借款,主张共同的投资,就是这个意思。天然富源,本来不是为一个国家、一个民族设的。我们自己没有能力开发,人家自然生心。我们想免了人家霸占的毛病,只有自己赶紧去开发。这开发所用的机器,就不能不仰仗外人。所以结局一部分的借外债,总是免不了的。外债能够借得妥当,也不一定有害。

你想译这两篇,我想一定有益的。但是我们从前所登的译稿,或者有问过原著者,或者豫料定不会生版权问题的,才翻译他。这个 E.N.R. 的论文,可以翻译不可以,我们不清楚。请你查一查,如果不生出版权问题.我们是最喜欢登载的。

祝你的健康,和你的学业进步。并谢你的好意。

朱执信　二月九日

原载于 1920 年 3 月 1 日《建设》第 2 卷第 2 号。

致杨庶堪函①

沧白先生大鉴：

　　曩致一柬，妄抒其狂言，来书不以为忤，又引使商榷，此见先生冲和虚受，非仆辈狷急者所及也。往书尝以破坏伦常扰乱秩序自

---

① 杨庶堪(1881—1942)，字沧白，四川巴县人。1905年参加同盟会。1911年武昌首义后，在四川重庆响应，组织起义，建立蜀军政府。二次革命期间，宣布独立反袁。失败后逃亡日本，参加中华革命党，并任政治部副部长。孙中山倡导护法运动，历任四川省长、大元帅府秘书长等职。杨庶堪致朱执信函，原载于《建设》第2卷第2号。节录如下。

执信先生教下：

　　……承示谓，将有销磨精力之他一途，以为世界伦常尚有待公破坏，秩序尚有待公扰乱者。此志锐烈，亦何可畏敬。贱子颓散则同，而其流必至于放浪形骸以外。老庄之毒，自谓中之，新事伟业，则当让公等独步，不敢循例谬讽同志。……又见执事于《星期评论》亲为白话诗，而辱书仍行也、者、之、乎之旧。贤者固无逮不可耶，抑现拘儒身而为说法，以为故无失故也。怀疑之论，已于展堂笺微发之，盖仍相对之诤言，而非绝端之敌拒，一旦折服，或且从之，今犹未有以醒然也。……十年以往，谬为中学讲师，其论国文则恒举《水浒传》、《石头记》、《牡丹亭》诸书，以为例证。甚者至手钞《石头记》文，以销长夏。……白语散文，于语录、小说以次，间已略涉其藩。至于韵文戏曲，则自元人百种曲选，暨明清两代名著，下至洪氏唱本(按：四川书商洪金山，刻印唱本很多)，固尝已罗列窥之，略知其意。然恒狂论，以谓文言白话，厘符号之差殊耳。文心雕琢，正复相类，其难易亦非有等夷。负文言以轻白话，固自迂疏；持白话以废文言，其理据亦非复完美。用是迟回，妄有言说耳。贱子虽寡薄，亦绝不求为所谓选派、桐城者之功臣，徒致疑于廿纪中国之新文学即为白话，是否可下此定义耳。如其未也，尚当任人商榷，以薪最后之解决。不容有我之见存，而为最新学术思想之专制也。制庶堪再拜。十二月卅日。

任，义固不专主文学。符常谓中国近人好言上轨道，此即无异昔人欲造常动机，社会上事岂能容其有轨道。今试想大地之上，本可随推挽所之者，一旦限之以轨道，尚有何处容人择途命驾。所谓伦常，所谓秩序，亦正与轨道同，皆欲以一终古不变之规绳，驭转变无常之人类社会，犹复望其一一适合，而其终则无一而可，惟有祸患贻人类而已。纵使不能一切蠲弃不道，而现代之所谓伦常秩序者，已成死骸，不足以牵制恶人，而恰可以束缚良士，必须立为涤洗改作。如此巨业，初非一人一时可毕，要当自勉，期与当代知者共行之耳。至于厌世而犹争闲气，则所厌者固不多。先生不许为吾辈同志，符亦不敢谓先生真中毒于庄氏。以先生之于物论，尚有所掊击，知先生虽曰破狱返初，未得如柱无情也。且老氏语陈义或不高，庄则断无毒可容人中。异时先生舍弃政治生活，又岂能不有以为世界益哉。

来书问符白话诗文事。符对于此之意见，略具于《建设》一卷一号通讯①。所以主用白话为文，以其渐近自然也。所以自不多用白话为文，以少日惟操粤语，其以普通语为文之不自然，犹之文言，抑又过之，故常不乐为。然而自审学荒文退，已如前书所言。今之操翰，期于便利，不复雕镂。吊建光诗，一时抒情之作，后亦鲜为之。其于撰论，文话颇复相参，期能尽达委折而已。先生非笃旧者不待言，而白话文言，文心雕琢，正复相类，非有难易等事，尤为通论。但今兹所议者，当分二涂：

其一，从艺术之眼光立论，不特文言可用，即震霆无瑕塞聪，亦何尝非一格。世上既有人曾用此语，有人能解此语，则此为敝帚，

---

① 即1919年7月2日《复黄世平函》。

彼为千金,更相非议,滋益笑耳。然而有不可不辨者,假如吾人今日虽甚浅薄,亦能假字典之助,读数行外国书。人以外国为文,我亦不必尽不了解,则可以主张用外国文乎不也。讨论此种文学上之工具,固当以多数人为断,而少数人相与谈说娱乐所可行者,不必以强之他人。非独新旧之问题,尤非作制难易之问题,乃人能曲喻与否之问题耳。且今日吾辈所治之古文,固非今人之今文,亦非古人之古文也。取周、秦、汉、唐以来,迄于宋、明所用之语,而一合之以为古。故用周、秦之字,宋、明人常不解。用宋、明之新语,周、秦人固不知。今法兰西人谓廿世纪之拉丁语,罗马古人复生听之,不必解也。彼徒异音尚尔,则异义者如何。然则吾辈所用之古文,始终为少数传习者圈内跋行,使用之一种工具,谓之死语,诚为大过,目曰贵族的,则无可辩者也(贵族的本不含恶义,只对民众的艺术而言)。于此将求艺术精神之发展,而不用白话,固无所可。至于雕虫祭獭,尽可任我辈为之,初不相妨。钱氏废汉字之议①,利害如何,向待讨论。然废字与废文言,则自有殊,不必持以入此论范围。且符平昔论文,固宗桐城。亦常劝学文者读《文选》。盖以为"桐城而非谬种","选学而非妖孽"者,自有可能。且今日以白话作文,势不能以保姆为师,其吞吐流转,正复须脱胎古人。不作古文,非不治古文也。顾最新学术思想之专制,固不可有。而不适用于多数人之工具,必有自然淘汰。所以然者,艺术之精,贵知者稀,而其效用,乃在动不知者。必令解嘲有作,止于呫尔自娱,则非所尚。持此而论,则虽难易雕琢适齐,文言已当避席。何况艺术之进,方自今兹始乎。

---

①　钱玄同主张废去汉字,采用世界语。在过渡期间,可用英文,最好是用法文。1918年4月,《新青年》第4卷第4号曾载其《中国今后之文字问题》一文。

次之,从应用之方立论。文言于多数地域,不敌白话。其能有相等之效用者,独闽粤等不用普通之省分而已,而又别有闽粤土语自存。故文言之在中国,可谓之不甚通行之第二国语,不能应用无憾。夫离艺术而言文字,则文字真以代表谈言为其最上职分,期使识字者皆能著其所言于文耳。须字字窜易,以合文体,则能言者不能以其所识之字,记其所言;能听者不能因其所识之字,以解其所读;此何以为应用乎。先生举语录、小说、戏曲以论古之白话文固当。然以符观之,则在公牍文字,尤见其然。明代公牍(如《纪效新书》所载),皆杂当时口语。所谓上谕者,亦率写话不用文。即清代州县所用公文,亦多口语。非其能知改新,乃必要驱之也。然应用于一部,则承认之;应用于全部,则有不敢;岂非一蔽。即如今日公牍中,"据报称⋯⋯等情前来"及"将⋯⋯打死"等语,断无人改作文言。然则惟的、呢、啊、吗是责者,固不解孰为文言,孰为口语者耳。然符于此,非谓不当参用文言,纯用口语。以现在口语之不完全,有时须赖文言为之补助,故将来尚须多插意义简单确定之文言于口语间,构成较完全之国语。此不特有资于古代文言,亦有待于外国文。但其旨在补其所本无,非易其所已有,此不足为主白话文者病也。往昔之应用文学,已不能不参用白话。将来白话文,亦不能不补以文言。必要所驱,固不能以口舌搪抵也。

先生既夙以口语之文教蜀人,而惟待自由研寻商榷之最后解决,不欲有所专制。则符以为吾人可有共通之标准存在,即修补整理口语,以为一国平民艺术上及应用上之文;钻索斧藻古语,以为二三同好趣味玩赏之文。如此,则不特僻典恗诗,不妨羼入;即庾词歇后,亦所不禁。如此之酬复,在外人可以密码电候视之。丹书石髓,秸生尚或以福薄不得窥,何必与人同乐,始为贵哉。若是者,先生可以消日,符辈腹俭,不能参角,亦颇以得观为乐。即令仓颉字废,佉卢①道行,断不缚吾辈作妖言咒术治罪。则钱氏之论,又何伤乎。

致展堂书到日,展堂已赴粤,归来当有书奉报。今姑陈所见,以为一笑之资尔。吏事当不易摆拨,形骸之外,亦无复执政存。古有在家僧,今岂不容在官逸民乎。然则先生之返初,固又不待摆拨也。此复

即候兴居。

朱大符　二月十日

原载于 1920 年 3 月《建设》第 2 卷第 2 号。▲

---

① 佛经传说古代佉卢仙人造文字,其字左行。

答胡怀琛函

五月二十五《神州日报》上头登的信，我已看见了。但是《星期评论》比不上《神州日报》，没有许多篇幅转载尊信，这是很抱歉的。

我说先生不懂新诗的音节，或者先生以为太唐突了。但是不懂得是很平常的事情，所怕的，就是轻视别人创作的艺术的价值，做漆圆方竹杖的杀风景事。原诗"当年曾见将军之家书，字迹娟逸似大苏，书中之言竟何如"。先生把他改做"当年见君之家书"。说是"因为下面二句都是七个字……落得用七个字，使他更整齐"。试想他这首诗，前三句里头，首两句自是一团，第三句独立成一团，把第二句和第三句并在一起，来规律第一句，岂不是不懂他的音节？如果碰着杜老，大概先生不会拿着"鲸鱼跋浪沧溟开"两句，来规律"王郎拔剑斫地歌莫哀"那一句的。可以见得，因为是新诗，先生所以没有懂得。

克强的字，是娟逸、是雄逸，是个人自己的趣味感觉，不应该拿自己所见，去勉强人家。先生以为亲眼看过克强书法不娟，我未尝没有同感。但是先生讲他是雄，更差远了。其实克强的字，完全是日本人替他吹起来的，我和他相处这许多年，他没有敢承认过会写字。一个人有过人的地方，只要一两点，我们何必去推类至尽。却是克强想学大苏，是他自己也承认的，我们朋友间也承认的。那一种脑满肠肥的笔墨,请问从什么地方雄起?

我说用"再"字的方法,举了"佳人难再得"、"良时不再至"两个例,并不是说除了此例以外,没有可以用。但是以为专用再字,来照应"当年",就是试帖工夫。同时说明适之先生那个多字,不算用错。先生轻轻加上一个"凡"字,说"我的理由,是凡用再字,是在事前遥想事后时用的"。那会错意了。先生改了古人的句,说"而今方知倾城与倾国,佳人难再得"、"良时不再至,回首空悲伤",说是事后追思事前的口气。不错的。但是我想问问先生,这样改了,还成什么诗?

我所论的要点,是"声随意转"。先生既然承认了,我本来可以不说别话。但是读《两个黄蝴蝶》一首,先生会疑心到是第二行意境转变,不是第四行,那我真是不解了。临末只有正声变声的问题,先生引了王右丞的律诗,算做正声,大概是不拗为正。但是唐以前的诗人,没有做过律诗的,都算是变声么?然而先生举出王渔洋、查敬业一辈人,做律诗还是用拗句的,何以又算正声呢?南宋学江西派的固多拗句,像陆务观又何尝不做很顺溜的音节的诗呢?那究竟算正声,算变声呢?先生说了盛中唐是正声,有宋是变声,更令人莫明其妙了。更奇妙的,就是说多少含点亡国之音,现在难道还要以万宝常自任么?

其实正声变声,决不是这样讲的。我想先生决不至于连赵秋谷的声调谱,也没有翻过。请先生先把旧诗的正变弄清楚,再拿来评改新诗。或者适之先生不愿意受改削,总还有人愿来做郢人垩鼻。可是只可运斤成风,万不可以把人脑袋砍去。

原载于 1920 年 5 月 30 日《星期评论》第 52 号。

致朱秩如函

四弟览：

　　叠信均已接。图亦已收到，惟欧行旅费现尚无着。或看须至明年或今年年底始能起程。赴东之期，亦不能定。弟如无必要，则不如待兄次信始决归否，因兄现尚滞留漳州，何时回上海尚未定，或者由厦赴京都，与吾弟同归上海也。此问
近安

兄符　六月二十四日

1920年6月24日写，据原函刊印。朱秩如保存。

致古应芬函

湘兄鉴:

你的信收到了,龙头九号的英文是:Hsucheongleong A9 Kulangsu Amoy,他的大北公司电报挂号是:Sɐvoystone。从前我已经写过信给哲生了,日期还没有定,因为汝为的サボタチエ①一天利害一天,现在检〔简〕直当我们做眼中钉了。先生那边没有电报催他,恐怕"先动"两个会疾终正寝还不止,要弄到"先败"。烟公已经答应"没有タマ也动",但是各司令官的口气都是"如果有タマ还可以动",相去狠远。这回来一个多月毫无效果,就只成功了破坏《建设》的一件大事。稿〔草〕率至此,还怨谁呢?

陈庆云②触钱狠靠不住,李光辉说他买日本那副机,要用六千多块钱,但是我晓得那部机只要日本金三千多圆,那他已经侵蚀至

---

① "サボタチエ",日语,是"偷懒"的意思。

② 陈庆云(1897—1981),字天游,广东香山南溪乡人(现属珠海市)。早年在日本中华革命党航空学校学习,后转赴美国纽约寇狄斯飞行学校受训,1917年毕业回国。1918年2月,任海陆军大本营大元帅府参军处副官,后曾任航空局第一飞机队副队长、北伐军飞机队副队长、广东航空处副处长、中山县训政委员会委员、广州市公安局局长、广东海防司令部副司令兼参谋长、国民政府航空委员会中将三任、中央驻粤空军总指挥等职。1918年4月,与杨仙逸等人奉孙中山之命,赴福建组织援闽粤军飞机队。其间,曾奉命到日本大坂购买航空武器。

半了，请告诉哲生一声，不要十分相信他。

大符

九、六、二六

据原函影印件，参见"辑释"。

致古应芬函

湘兄鉴：

关于飞机，竞存以为，如能照下列条件，可以商量：

一、该机须飞或运到漳州方与交易。

二、并订西技师，每月若干薪，遇战事则任飞行，另为买保险若干元。

对于价钱，竞尚无不满。惟弟意此事关于技术上之审查，吾人绝无把握。陈庆云绝对不可信（去年花六千银买一不能飞之机），侵蚀公款，已有确据，万不可使之经手。如将来真要买，自须另派人审查议价也。

兄住址仍不寄来，如何打电？

介石大约明日可到，仲元、礼卿①赴福州交涉，夕マ大约不致落空。小徐亦电李②嘱助先生也。

---

① "礼卿"即吴忠信（1884—1959），字礼卿，安徽合肥人。辛亥革命时，任江浙沪联军总司令部执法官兼兵站总监。1912年，任南京首都警察总监。"二次革命"失败后赴日，加入中华革命党。1917年，参加护法运动，任粤军第七支队司令兼汀州绥靖主任。1919年，任粤军第二军总指挥，驻漳州。次年，任粤军第七旅旅长。1921年12月，兼广州大本营宪兵司令。

② "小徐"指徐树铮，"李"指李厚基。徐树铮（1880—1925），字又铮，江苏萧县人，长期追随段祺瑞，为皖系重要成员。

大符

九、七、九

哲生兄均此致候!

据原函影印件,参见"辑释"。

致古应芬函

湘兄：

到此已有九天，因为事情没有头绪，所以没给你信。

四川催人去，催得狠急。汉民、仲恺都由先生勒令赴川一行，大概月底起程。竞存昨天来一个电说，一定干（四号密 tupe boko como lexi guli nenu pori），但是李还不付东西。广东的事体，先生是主张一律停止，不特竞存不动的时候不管，就是动了以后也没有再花钱的意思。

育航去港确系提条件，介石知之，然桂人似不乐受降城，所以后头才有这些说话。料竞存还是"狗急跳墙"，汝为却是"没有二千元的打仔"了。登①处可以敷衍他一下子，将来我们还是再要有一点力量牵制竞存的。

天总的妻子有一信要钱，他住在香港第三街尾 198 号二楼，李达仔请先设法付一点钱给他。现在正是设法使他放松的时机。他的定刑期本有四年，现已过半，或者能够早点出来。我先写信问问精卫（此事只可由精卫找谭延闿去），你也可以安慰他们一下子。

---

① "登"指李福林（1874—1952），字登同。广东番禺人，绿林出身。第一次护法运动时，暂任大元帅府警卫，后历任亲军总司令、广州市长等职。

哲生何时来？先生极盼之也。此请

大安！

大符顿首

9/8/9

粤军消息的确的时候再打电。

据原函影印件，参见"辑释"。

致蒋介石函

介石我兄：

  竞存的电信来后，汝为、仲元的电报也来了，料他不至变更。冯启民君昨天由厦门到，他说你走之后，汝为派人来请你回去，并且说即刻要出发。照汝为来电是十号动身，那也还不算假。现在对于竞存与汝为，似乎不好太过决绝。你看如何？孙先生叫我到香港，我打算礼拜四早上的船去，先经厦门，再到香港。如果没有效果，还是一个月内回来。如果有希望，就有两三个月耽搁。但是我决不带兵，事情定了之后，我还是到欧洲去。因为波兰媾和的事，英法意见冲突，现在的情形，是英意为一党主和，美法为一党主战，欧洲局面很有变动的样子，我们游历计划不要给他拦断了。希望你能教给我一个信（礼拜三以前。）请

你和

你母亲的安 大符 九、八、一五

      1920 年 8 月 15 日写。原载于《朱执信集》。

致古应芬等便条①

东莞已得,由冯德威攻下。

一、此处经若干交涉,始得邱氏让步,大约要塞可以统一于吴军队名义上,亦可统一于锺矣。请用竞公名委虎门要塞司令(吴礼和),填状即交来。

一、海军人、飞机油(达),及红旗(湘)、地雷材料(湘),均请办妥,先后交来。

一、款项至少先筹一千元来(哲)。(已交德公带二千)

一、翻造子弹及修枪人(湘),有即来。(泽、南负责)

一、联义处有人,尽数来(德公),此三四十人亦不多。

一、子弹有路(长枪)则搭路(达)。

一、催汕头速运兵来,并催灯筒(湘)。

来人用函介绍,赴沙角司令部。此请

均安!

大符

据原函影印件,参见"辑释"。

---

① 收信人缺,背后有"陈达生、古湘勤先生"字样。

致古应芬函

湘兄鉴：

廿八日电（今日下午八时）已收察，此电文则廿七早所致电，殊未到也。电信迟延至此，可恨！

近日，经义题目出《周公洛诰》首句，作者皆彪炳琳琅、闳中肆外，而尤三致意于孝子爱日①，惓惓之致，想兄早已闻之，不识继辂以为何如？

先生致欲一晤象山，亦以此故，如彼不来或未定，则请兄务照前电约之密谈，告以彼如不来，先生可因省墓之便，归与面商一切，希得其答即行函电并覆，至要！

前电许瓣香为巴拿马代表，想已转知。此件系自由②所托；该埠证明书存在上海，请自酌量来否。若此函到时尚未起程，则不来亦可（原限初三以前到，冀稍有展期，然不过初十前后），无事空费船车费也。

展③前患气管病，现函云稍愈。季舅④以经义有疑，赴北京大学

---

① 语出西汉扬雄《法言·孝至》："事父母自知不足者，其舜乎？不可得而久者，事亲之谓也。孝子爱日。"意指珍惜与父母相处的时间，及时行孝。

② "自由"即冯自由。

③ "展"即胡汉民。

④ "季舅"指汪精卫。

质之,此经解作妥乃有曰归之咏,希并告诸人,彼须稍迟始返也(不必言理由)。此请
大安!

　　　　　　　　　　　　符顿首　初一日

弟妇如非遇产难,希便一示。

　　　　　　　　　　据原函影印件,参见"辑释"。

致古应芬函

湘兄鉴：

今日电悉，惟仇兄何指，希再示明(已一面电展)。

别后无书，忧虑万分，处置如何，何以绝不一示？展来书嘱请贡石赶快设法，催促省长发出议员证书寄来此处，转寄展收，请商贡妥办。伯挺有一书来，已代覆之。八尧来信呈阅，弟不暇复信，请兄为之。

报馆事尚未写信，因意欲并营沪粤，而沪上经理实无人，须稍缓再定夺。现在情形不定，亦不欲涸竭外埠资源，此种委曲，局外人固难悉知，独可为兄告耳。

联义会改支部事务，希速办，否则必闹出不妥(其故已于临别时言之，务希注意)。如简不允任，则任何人均可(永安公司之孙光明，先生族人也，或可以为德川议长)，务希早以此意传于赵植之等，万不可省赴港川资及因事迟延也。此上，即请

大安！

弟　符顿首　卅一夜

盼复！

展函云，第一次手合败于段及汪云峰，第二次则皆胜，成绩尚

不恶。

　　昌哥之膏药甚有用,希告弟家,再寄一小盅来。

据原函影印件,参见"辑释"。

致古应芬函附致让之函

湘兄鉴:

　　兹有王镜波者(确系华侨),欲在黄花冈得一席位,先生嘱请查其人如何,以定用否。如可用,即交让之差遣,牧另以一函致让之。但兄须详查,非可靠则不必交也。原函寄呈,如不可用则请代先生覆以一信,告以暂时不能位置,免伤感情。此上,即请
近安!

弟　符顿首

致让之函

让之先生大鉴:

　　敬肃者。沪上一别,忽复易序。闻湘勤兄言,阁下近况益佳胜,私以为慰! 黄花冈事亦蒙担任,定可使吾粤先烈资以益彰矣!

　　兹有华侨王镜波君致函中山先生,欲助理黄花冈事,中山先生嘱请阁下审察其人可用否,斟酌录用或不用。特以奉闻,即请
义安!

弟　朱大符顿首　四月十六日

据原函影印件,参见"辑释"。

致古应芬函

湘兄大鉴:

前以青瑞之言,曾将广东起事收支详数造一清册交朗如带回,备交青瑞,请广东承认之用。现在特别事情发生,须取消此册,万不可再留在粤。请嘱青瑞,切勿交去;如已交,亦乞索还。已交未交,均详电复知,勿吝值。情形次信详之,并希绝对秘密。此请大安!

符顿首　廿九日

据原函影印件,参见"辑释"。

致陈融函

肥哥鉴:

　　数月不作书,湘兄现归,更懒矣。今日番起,大雾,得一打油诗,呈供一笑。

符顿首

终夜蓄昏雾,逮晓尚溟溟。
推窗疑沆瀣,入眼但廓落。
有如浑沌生,倏忽未始凿。
朝日流熹光,潮许挂林角。
空濛犹极天,隐晦互交错。
远屋灭模棱,近条生轮郭。
忽辨晨炊烟,已噪寒飞鹊。
轻车缓遵途,巨樯懦停楗。
视袂惊潮濡,步草觉沾著。
因念雾市人,豹隐泽文鞹。
狂驰我何如,即此感离索。
南飞尚有鸿,烟章聊可托。

据原函影印件,参见"辑释"。

致胡青瑞转古应芬电

督军署胡青瑞转古湘勤：□前托朗如带回广东起事费用清册，曾嘱彼交兄，托青瑞转陆清元，□□册有误，须改正。如已交，乞索还；未交，勿交，迅寄回，并即覆电。执。

（三）文　艺

拟古决绝词①

决绝复决绝,萧艾萋萋生,不如蕙兰折。白露泠泠群卉尽,只剩柔条倚风泣。中夜出门去,三步两徘徊。言念同心人,中情自崩摧。我心固匪石,千言万言空尔为。月光皎皎缺复圆,星光睒睒繁复稀。月光星光两澹荡,欲明未明鸡唱时。芙蓉江上好,幽兰窗下洁,所宝在素心,不向西风弄颜色。水流还朝宗,叶落还肥根,来岁当三月,坐看万木繁。人生世上亦如此,此身何惜秋前萎。

1909 年作。原载于《朱执信先生自书诗遗墨》。

---

① 《拟古决绝词》与下一首《代答》,都是 1909 年秋作。时汪精卫等拟到北京刺杀清摄政王,朱执信以此二诗赠之。原手稿已佚,此为 1921 年 2 月汪精卫所录。

代　答

　　蒲柳望秋零,冻雀守纥干,所贵特达人,贞心盟岁寒。齐鸟三年不飞飞冲天,所争讵在须臾间。我有变徵歌,欲奏先汍澜。歌中何所言?意气倾邱山。丈夫各有千秋意,毋为区区儿女颜。相期譬金石,誓涤尘垢清人寰。何意中道去,一往逝不还。此情谁为言,心摧力已殚。不惜此身苦,恐令心期负。含辛进此歌,愿君一回顾。

　　　　　　　1909 年作。原载于《朱执信先生自书诗遗墨》。

寄陈生

北风吹鬓感千端,念子天涯共岁寒。飘泊我曹安宿命,拍张奴辈早高官。争光自耻侪魑魅,结佩人犹贱茝兰,亦欲榜船亲送妇,可怜荆棘满稽山。

闻君赁庑逢贤主,只我登楼愧昔人。猿鹤虫沙都有恨,东南西北总无因。未封马鬣还中隐,合对鸠衣肯怨贫。陈宝不飞天帝醉,此身遮莫是闲身。

幽居绝少俗缘侵,赖有羊裘日见寻。只憾贮胸无二酉,不妨相腹缺三壬。入山拟蜡阮生屐,裹饭应闻庄舄吟。此去鼠肝虫臂好,当年深悔未琴心。

弹铗何曾为食鱼,曳裘浑未羡安车。真成窦薮妨容穴,未信穷愁合著书。枝辩关门论白马,虚名隐穴误丰狐。只今结习除都尽,伸纸含毫只自娱。

1914 年作。原载于《朱执信先生自书诗遗墨》。

观　物　二首　四年秋作

　　沉麝各多忌,木雁皆不材。巷谈尊狗曲,物变剧牛哀。乌竟瞻谁止,虫仍出怪哉。漫持白马论,辛苦度关来。

　　世事衣苍狗,人言海大鱼。沐猴冠已久,腐鼠璞何诛。问鹿非关马,占龟便献图。如闻避风鸟,不独是爰居。

　　　　　　1915 年秋作。原载于《朱执信先生自书诗遗墨》。

六年归广州寓居海幢寺中岁除日作

暂得还乡仍作客，猪肝一累愧前贤。僧客桑下过三宿，身在兵中近十年。抱蜀不知千载远，放怀翻畏五浆先，何时得税王尼驾，对此横流一怅然。

1917 年 12 月 31 日作。原载《朱执信先生自书诗遗墨》

登阿苏火山绝顶　八年三月三日

山在日本熊本市东南百余里，高二千许尺，顶有新旧两喷火口。旧口溢为硫黄泉池，微烟滃翳之。新口则浓烟喷涌，声若万雷俱发。又有瀑布大小数十，最大者为数鹿流瀑布。山麓十余里皆原野，民田其中，其外绕以土阜，与余地隔绝。说者谓太古地震洼陷，独留外围，故名之曰外轮山。西乡隆盛以明治初起革命，败于熊本，切腹死。

久闻阿苏山，蜡屐神已王。攀跻值佳日，扶持得筇杖。停车指遥岑，涌地三百丈，外轮抱沃野，万顷托墉障。积雪春渐消，朝暾抵重纩，接武身转高，荡胸景逾旷。奔瀑参差鸣，玉走珠喷浪，山半一止足，峦壑变黝犷，烟云射天起，熛怒入遥望。益州如可烧，丰城定非诳，鼓勇登其巅，佛阁屹相向。平沙杂溶岩，中洼作盂状，硫泉结浅绿，似有微波漾。蹑足临其崖，精神与摇荡。浓烟因风破，地裂若有象，倏忽还迷濛，殷雷自排宕。想昔山始成，突空吐流壤，大块一翕辟，原野互升降。尔来几万年，爝火时可炀。廛井看屡湮，天功竟谁抗。因想南洲翁，奇勇实孤倡，龙性本难驯，大节终不丧。回头谢山灵，此意尔能谅，迢迢千里滨地名，窘步此一放。夕日催归途，野烧明遥嶂，重来未可期，且祝两无恙。

1919年3月3日作。原载于《朱执信先生自书诗遗墨》。

悼余建光

他已经是本来没有眼睛的人，
　　断不晓得世界上光明为什么贵重。
如果我是本来没有爱情的人，
　　如何晓得你缺乏爱情的苦痛。
到底苦痛和缺乏才是你生命的内容！
　　到底满足和完全倒是你向来的迷梦！
你撒开了我紧卷着的不朽精神，
　　我收拾了你不要的臭腐形体。
　　　我不道你聪明，你又何妨算我懵懂。
你死了还有我，我死了也一定有谁。
　　你生前不想着休息，我死后也懒问谁还活动！
　　　但是你总得相信世界永远有人活动！

　　　　　　原载于 1919 年 9 月 14 日《星期评论》第 15 号。

毁　灭

　　读胡适之先生诗,忽忆天文学家言,吾人所见星光有数千年前所发者,星光入吾人眼中时,星或已灭矣。戏成此诗。

　　一个明星离我们几千万亿里,
　　　　他的光明却常到我们的眼睛里。
　　宇宙的力量几千年前把他毁灭了,
　　　　我们眼睛里头的光明还没有减少。
　　你不能不生人,
　　　　人就一定长眼睛。
　　你如何能够毁灭,
　　　　这眼睛里头的星!
　　一个星毁灭了,
　　　　别个星刚刚团起;
　　我们的眼睛昏涩了。
　　　　还有我们的兄弟我们的儿子!

　　　　　　　　　原载于 1919 年 10 月 5 日《星期评论》第 18 号。

悼黎仲实

人家说：
"人人只晓得时间就是金钱。
到了风刀欲断，
　　丝喘犹悬，
坐垂堂纵有千金，
都买不转百年如电。"
你看四大何曾值一钱，
虽然糟蹋了事业千秋，
到底没有卖也，
　　你这光荣的贫贱。
　　你也不要再买也，
　　这乌兔匆匆几十年。
　　你除开了看得破的功名，
　　难道有忘不来的恩怨。
　　任你享乐怎样凡猥，
　　　　神智怎样颓唐，
　　我知道你一会子吐茧丝缠，
　　　　霎时间抽刀水断，

你这吐不出忍不来的痛苦，
都拼拢在你泪涸神枯的两个眼。
你抛弃了将来，
来保护你的从前。
到了今天，
　我眼里享自由的仲实早已死了，
　心里闹革命的仲实从此再无更变！
还有那活着便卖了从前的，
　比你更可怜！

原载于 1919 年 11 月 30 日《星期评论》第 26 号。

短歌行

日复一日,春非我春。
非直不必殒身,酒色亦未杀人。
悬目两眶看魑魅,谁谓我生为不辰。
龙蛇陆梁当要津,野马蔽日虎踞阍。
陇西壮士羞姓陈,道旁苦李苦无言。
平生不识值一钱,缘督为经乃尔尊。
咄嗟万秒同一喧,恨无益烈山泽焚。
撞汝钟,伐若鼓,
肿背骆驼语鹦鹉,沐猴恣冠仗马舞。
北风一夜来,汝曹岂不缩颈归粪土。
粪土有时荣,汝曹宁再生?
秋雨欲罢空闭门,芳草不萎哀王孙。

读汉书 七首

适俗既无韵,绝交当有书,古服而今驰,怅怅将焉如。开卷得古人,奇怀与之俱;爬罗出眇眇,跌宕生幽娱。不复惜此日,安能爱吾庐,长揖谢时贤,公等非我徒。

张陈刎颈交,验在泜水侧。绝亢篋舆中,渠非张王客。始知激意气,命或轻一掷;至于平生欢,并贵每交谪。夺将计久成,发愤借厝泽,如今老监门,焉识异胶漆。

欺齐烹郦生,徒取假王贵,谓汉不负吾,而负锺离昧。竟死钟室谋,悔失蒯通计,将无托陈豨,犹冀鼎足势。告密缘舍人,肝胆竟谁氏,心知季布奴,滕公犹慕义。名善漕中叔,孙建请塞罪,结交谅有由,知人宁不易。应愧彭王头,有客仍奏事。

绵蕞试法酒,原庙献新果,攻略如有须,群盗政亦夥。秦汉有代谢,儒冠自骎骎,由来叔孙辈,宛舌媚青琐。天帝除书来,美新胡不可。卓哉鲁二生,抱经守坎坷。积德不百年,速去毋污我。

马上得天下,诗书以治之。所以挟策徒,皆为纡紫来,翩翩张京兆,治剧不世才。良材不自惜,力学而逢时,眉妩自可尔,学经胡为哉。汉道杂王霸,此曹堪驱驰。末裔有伯松,颂莽抒华词。得力在稽古,久矣谁云非。

杨敞事废立,乃用夫人谋。幼卿告霍氏,俯仰取通侯。家训有下石,朝议赏焦头。南山忽芜秽,歌舞皆謈尤。大将军在时,当复有此不,顾言谢梅尉,市卒复焉求。

兰熏不待烧,膏明或待煎,蜀生与湘累,宁复相愚贤。剧秦作大夫,自谓守太玄,寂寞老投阁,何如夭天年。

原载于《朱执信先生自书诗遗墨》。

杂诗五首

凉风忽已厉，中夜绪苦恶。
共此羁旅怀，畏道罗衾薄。
缠衣起绕阑，明星粲如昨。
俯见渔舟宿，宵火熠不灼。
万物归一静，峻寒起寥廓。
还就单枕眠，惟有念离索。

昔有耕凿愿，每惊时序迁。
日从丧乱来，作计非一年。
顾以事物役，夺兹松石缘。
亦畏苟埋头，负彼切磋贤。
纷华与道义，两失成茫然。

往我生孤露，托育舅氏门。
道义诏我聆，诗书劝我敦。
饮食且教诲，有逾父母恩。
宅相言已诬，旧闻纪遂愆。
十年从征役，永念疏晨昏。

况此值乱离，恐劳惊奓魂。
长疑遂永诀，负之知何言？

随流桃偶人，却羡西岸土。
鼠肝与虫臂，何以逾醢脯。
定知葬腹肠，胜使蝼蚁饫。
胡为亲棺垄，而翻惧鼎俎。
死当九鼎烹，快哉昔人语。

丰狐文自残，死固已留皮。
灵龟寿千年，不钻神安施。
蕴奇吝一试，引手徒委蛇。
此于菌蟪辈，正当可等夷。
世弃庄君平，幽帘聊自怡。
龚生腊汉腊，不为儿曹移。
抗委各任惇，可以为世师。

据原函影印件，参见"辑释"。

委韭行

芳兰无端生当门,委韭分不窥故园。
臣书第一负陛下,帝将千万禽王孙。
时无英雄阮生哭,代宝燕石和氏冤。
一艺得名要屈曲,千秋计业真谰言。
世间死推足夸者,于中置我宁为伦。
君不见,
萧衍老公自矜侈,命作骑兵给三事。
征事护前舍身妄,隐侯早殁侯景至。
横得大年祸东南,索水荷荷终身悬。
又不见,
莱公孤注走契丹,晚叶再相乃尔嫠。
莱荻染须得几日,雷州忽复迎征骖。
长公敛辔归濩落,幼卿击缶强行乐。
治死人待洛阳令,作阎罗要上柱国。
人间万事炫怜蛇,天道何时马生角。
世有来者视薮泽,吾将往矣翔寥廓。

据原函影印件,参见"辑释"。

寄陈竞存

五湖去日臣行意，三窟成时客有能。
史说屠羊王反国，凭君跨马我担簦。
暂同涸鲋相濡沫，莫学疑狐亵听冰。
此去升沉两无准，不烦松柏咏平陵。

据原函影印件，参见"辑释"。

赠山井格太郎

搴芦出楚泽,鸣鸡望秦关。
以我笼董遭,每叹行路难。
途穷香港津,讥诃来无端。
君也倾盖遇,为我申义言。
苟归郑褚隐,季脱朱家还。
经年两契阔,及此聊盘桓。
琼瑶谅难报,短章盟肺肝。

据原函影印件,参见"辑释"。

乱曰 七律一首

此间无书可读,闲辄甚苦。昨忽案出吟诗一法,居然吟甩几点钟。傍晚,介石来,遂废之,书以奉寄。试谓乞一噱否?

符顿首　五日

乱　曰

徒读司空城旦书,呻吟裘氏竟何如?
庄子只合论齐物,詹尹何尝解丶居!
礌砢自知多节目,马牛谁遣共襟裾。
年来亦慕庚桑楚,莫要朝三恼众狙。

据原函影印件,参见"辑释"。

误闻汉民凶信之作

　　平生重意气,恩怨未拟酬。忽以九京讯,而令双涕流。相逢惊误活,失喜破端忧,却话当年事,浑判料虎头。过洛犹怀刺,临山废勒移。孤蛩愁失距,良会更伤离,幕燕栖难定,韝鹰下有时。东南应日出,可照最高枝。身似何无忌,哀吟未忍闻。鹑鸥争互吓,雁木偶成纷,黄绢留新唱,青冥失故群,结茆先有约,他日望停云。

原载于《朱执信集》。

感　怀 **重用前韵**

剩有愁堪说,谁言愿已酬。星辰空北极,河汉忽西流。世态余千变,吾生足百忧。相怜有明月,侵夜到楼头。转轸惊弦结,看云忘景移。空言松郁郁,又见草离离。马角虽非诳,蛾眉讵入时。四愁先有咏,珍重赠琼枝,亦慕逃空谷,因之次旧闻。丛残仍掇拾,斧藻日缤纷,且避鸡虫闹,宁辞麋鹿群。心期拟终践,先誓岭头云。

原载《朱执信集》。

中秋日迩伤陈无恙

论定犹难是盖棺,政声未起骨先寒。知机脱悟朱丹毂,听吏曾探赤白丸。事去李陵依卫律,途穷张耳负成安。他年作传连张赵,不待鸿文已不刊。

原载《朱执信集》。

为少文题叔琼画兰

　　独抱幽怀待岁寒，何曾因梦到人间。东风误送余香去，却遗游蜂不得闲。

原诗手稿为杨晓风藏。

悼刘岐山

躯干虽微腹自宽,早年结客类陈安。艰危私积僧珍橹,惊喜初弹贡禹冠。共说卢循称乱暂,谁怜来歙汉军难。墓以宿草经秋尽,欲奠桂浆泪已阑。

原诗手稿为杨晓风藏。

为萱野长知题诗①

处处灵堂望眼宽，荷花荷叶过阑干。游人去后无歌鼓，白水青山生晚寒。

据萱野长知著《中华民国革命秘笈》影印手迹刊印。

---

① 此诗不知写作时间，系为日本人萱野长知所写。诗后题款为："萱野先生政鉥
朱大符。"标题系编者所加。

为朗如题诗

　　别日犹看花满枝，东风三月燕争飞。飘萧暮雨春何处，零落寒烟客未归。莫道离情伤晼晚，可能真意惜芳菲。浮英浪蕊年年事，常恐天涯愿易违。

原手迹。

超 儿

　　柳意同小鞏坐在公园里头石凳上面。石凳前面有几棵柳树，当四月初间的时候，去年的柳枝上头，一个一个新芽冒了出来，同着地下的新草，在那枯根上面迸出的活叶，像在那里斗演他生活力的样子。映着两个女孩儿的面孔。连这个做成功了几百年，摆在公园里十多年的石器，也觉得有点春天到了的意思。

　　满园活动里头沉默的时间，过了二三十分钟，柳意才向小鞏说：

　　　　今天你又同他吵了。有什么益处。别人是心绪不宁，才同人家吵嘴。你却是心绪越好，越要同凤生辩驳。结局还不是一样，世界是这个样子，你想用几句说话，就能把他翻转来么？

　　小鞏说：

　　　　我不是愿意吵嘴。实在如果能够不吵，是最好的。不过凤生这一个人，要不是你同他一个个字攀驳，恐怕他不止不懂你讲的话，连他自己说话是怎么样解法，也许不晓得。我讲的话只要他口里肯驳，他心里就动了，我的话就算有了影响了。

　　柳意说：

影响？影响有没有,是随你说的。不过凤生是什么嗜好都没有的,就算有也是可以压得住的。你看他戒吸纸烟同戒喝酒,就晓得了。他只有一个情欲,就是支配欲,支配一种别人不能支配的人。把人家现在支配着的人,夺了来放在他支配底下,这就是他的趣味,就是他的生命。你想用你的话去压服了他,就是去了他的生命一样,是万不能的。你同他吵的,都是白讲。……呀! 你看叔父来了。……叔父,我们在这里啊!

他两个说话当中,柳意的叔父叫做稻村的从公园口,低着头、绉着眉,一步步走进来。听着柳意叫他,立刻换一副喜欢高兴的面孔,走过来说:

你们两个都在这里,正好。我因为去寄信回来,经过这里,想看看这里的梅花落了没有。不晓得你们也在这里。一面说,一面便在对面一张石凳上面坐下,对着小鞏说:今天你的话,本是有道理的。不过凤生是一个有口无心的人,他不是成心得罪人的,虽然旁边听了有点难过。好在我们都是自家人。

回头对柳意说:

可不是么?

柳意说:

凤生真是不愿意去顾人家的面子,却是我们总不会怪到他这一层。

小鞏说:

这种事情,我是讲了就算了,总不至于记着。比方你老人家看着他讲话,也是没头没脑的,却是他并不是不尊敬你老人家。你老人家也不怪他,难道我们还要怪他么?

稻村点头说:

你的话不错。他待我的心,我也看得见的。除了兰儿以外,再没有比凤生尊敬我的了。说起兰儿,煞是可怜,一个人在京里头读书,没有亲人。我几次想去,旦是……我去了也不过如此。横竖他要毕业的。咳!就是毕业还得两年呢。

说着,站起来,口里说:

你们还坐一会子罢,我要先回去。凤生要是看见我不回去,又要耽心的。

便慢慢出了公园去了。柳意一双眼睛,跟着稻村出了公园门口,才回转来向小鞏说:

他昨天还在那里躺着发气呢,今天又来劝解你了。可是被人劝的,还是高高兴兴的声色俱厉。这个劝人的,却是绉着眉头,勉强开着口笑。不知道谁该劝谁呢。

小鞏笑一笑说:

你道他真是来劝解我的么?他心里头不爽快,得要人安慰他。他脸上的崖岸,不许人说安慰他的话。所以有人回答他安慰人的话,就算受了人的安慰了。好歹他同我们讲一回,总有几点钟好过,不要说穿了他。

柳意说:

真的,他真是可怜。其实凤生很想待他好,不过他是存了一个疑心,摸不着凤生的脾气,就一言一动,都可以得罪他。这一层凤生也晓得。不过凤生他也不肯因为要令人家好过,就把他的支配欲打消了。叔父心里又想,你是我的晚辈,我的面子上,你总得委曲一点,才在人家面前过得去。却是凤生的脾气,这个委曲,是万万不肯受的。他希望兰哥毕业,便可以得凤生招呼。其实兰哥怎能够在凤生手底下当清客呢。所以兰哥常说还要同叔父到外国去。就是不愿意他父亲勉强来装这受人尊敬的架子。还想报了凤生的恩惠,叫凤生倒转欠他的债,他才愿意。

小鞏说:

惟其如此,所以凤生更不放他去了。如果他同兰哥去,竖起独立生活的招牌来,凤生不是少了许多发挥他的施恩不望报的机会么?但是替你兰哥想也没有别的法子,只要你叔父肯拉下脸皮一讲,就行了。

柳意站了起来,提起日伞说:

你也同兰哥一样的傻,总想着世界上可以碰得好人。世界真有好人么?我们看着凤生总比看世界的人清楚了许多。看见凤生许多不好的地方,还找不到比凤生好的人。将来再见世界上许多不好的地方,难道还可以找得到凤生比他坏的人么?何必丢了凤生,去找外国的人来相与呢?况且施恩不望报,算是一种本领。受了恩不勉强去报,作成人家一个好人,不算是一种本领么?如果说我靠他才能够活,我也说,他靠我才有好人做。如果说有人应该丢了生命去做好人的,就没有应该受人的好处来使人家做好人的么？我们坐得久了，回去罢。

小翚一手牵着他说：

你且再坐一坐，我还问你。前天湘史有信来，说起你同凤生的亲事，你究竟怎么样呢？照你刚才说的，保存人家一个好人的地位，比保存人家的生命还强，你像是自信有这个本领是的。况且我看凤生的意思，也是非你不娶的。

柳意一面听，一面坐下来，看着小翚，半天才说：

湘史本来不懂世故的，你也看错了。我呢，是不愿意再去接近人，发见出人家的短处。这姑且不说，你以为凤生待得我好，就是愿意娶我么？凤生不是因为要"我"好，才待我好；却是因为总要得一个人受他的"待得好"，刚刚找着我便了。为什么要找我来待得好，就因为待得我好没有利益，就显得他待人好不是为利益。如果他一旦娶了我，那从前他待我好的种种地方，都算做自私自利，一点价值都没有了。难道他肯把一个好好的背景，硬改做他摆样的老婆么？凤生可不会做这种糊涂的事情。

小翚想了半晌，说：

这个道理，我不能驳你，但是我想不到。凤生既然喜欢人家负恩，不喜欢人家报恩，他又常批评人太软弱了，太不自立了。如果人人自立，那个来受你的恩，那个来负你的恩呢？

柳意说：

他何尝想不透，他要人家强是真的。也要人家比他弱更是真的。如果你比世界的人强,还要比他弱,还要受他的恩,还要负他的恩,他才算是比其余的人更强了。前一回你病的时候,不是他七天七夜没有睡么?他满脸上的忧愁,还包不住他心里一点点的高兴——有机会你受他的恩了,后来你病好了,他倒转是不耐烦了。他何尝怪了你,却是他已经没有机会了。越是强的人,他越是欢喜弄到你承认是弱,所以他决不会娶我的。将来他还或者有个手段,显出不得已容许我嫁别人,是我负他,不是他负我。但是我也很愿成全他,受他这个手段。至于他,要是不娶,要娶,一定找你。

小鞏跳起来说:

找我?为什么他要找我?我能够爱他么?他以为我终久可以爱他么?

柳意说:

不找你找谁?如果你是自己承认能够爱他的,也不找你了。他天天同你吵,就是天天忘不了你。他要找一个人人相信他娶不到的人,来娶了,那他这支配欲就可以满足了。他不管你愿意不愿意,生出爱情,总是他能在你这情田的沙漠里,发出一枝萧洒摇曳的爱情的青苗来,他就心满意足了。

小鞏说:

我这田里没有种子,他有什么方法种出来?他要亲近我,我就不到你家里来。他再要到我家里来,我便避到外国去。如果你的话是真,他是要失望的。不过早失望比迟失望好些。

柳意说:

超　儿

你还是当局者迷,你以为没有爱的根苗么?你为什么要逃?为什么要叫他早点失望?并且你刚才说要他受你影响,你要人受你的影响,你能不受人的影响么?爱情有没有根苗,自家是不觉得的。你要嫁也止有嫁凤生,凤生娶也止能娶你,这是定了的。

小鞏怔了半天说:

真是给你提醒了我,我究竟为什么要亲近凤生,要他受我的影响呢?可是我现在真受了他的影响了。你晓得就是你刚才所讲的支配欲,不是男人才有的,我就是这个支配欲所支配的一个人了,你想这个有什么法子。

柳意说:

这个有什么法子?而且还要什么法子?你不过要满足你的支配欲罢了。我告诉你,你能满足了凤生的支配欲,你就支配了凤生了。

说着两人站起来,柳意拿着日伞各自回家去了。

过了三年,小鞏携着一个刚周岁的小孩,同柳意再坐在这公园的柳树下。却是七月底的天气,柳阴覆满石凳上头。柳意还拿那把日伞,挂在柳树边尽在那里出神。小鞏笑了一笑说:

你还记得三年前我们在这里议论婚事的时候么?你看风景还是相差不远,就是上头柳叶长大了,底下多了超儿罢了。日子真快呀!

柳意提起伞来,在地上一面画,一面说:

你还记得那天我说的话么?可是你得告诉我,究竟你是做了凤生的小鞏呢？还是他做了小鞏的凤生呢？

小鞏眼看着超儿，口里说：

照他说，是他支配了我了。照你说，是我支配了他了。照我说，那不过同三年前一样罢了。但是我们两人都做了超儿所支配的小鞏同凤生了。

世界是永久的！欲望是不会满足的！人还要生出人来！不知谁又支配超儿！（完）

此篇本拟翻萧伯讷《人与超人》一剧之案。在中国社会，受现代之感化成为彼剧中之安娜者，转在男子。故于性一方面，恰与萧氏剧相反，而转近《红楼梦》中人物，因假彼以为名。又以背景分幕不匀称，故又就删改作小说。未熟之作，知必有讥其僭妄者。惟欲于人生问题，稍引起读书界之兴味而已。

萧伯讷之剧，登场之人各就其地位而论，皆为正当者。离其地位，皆有不正当者。要之皆为宇宙意志之一发现，超人产出之一过程而已。故愿读者移之以观此小说，庶几免误也。前进　八月十日记。

原载于 1919 年 9 月 1 日《建设》第 1 卷第 2 号，署名前进。

（四）杂著及其他

李湛神道碑①

中华民国陆军步兵上校广东警卫军统领李君神道碑

君讳湛,字竹贤,广东番禺人。曾祖进聪、祖宗贤、父国汝,并孝友任恤,躬服田亩,隐德弗新,来贻于君。君早孤,事母梁至孝。有兄曰林,壮岁出贾。弟曰德平,出为伍氏子。君友爱无间,德平事君如君之所以事兄也。

始广州多盗患,乡为团自保,长之者皆择近地之能。君既长,智略勇名闻于乡,而南海缴表之乡团,乃聘君为长。君粗读书,知大义,常以国家危殆,思结雄勇之士。不得志者,往往依君。月所入,常不自给,交游而无几微矣。既得交今少将李福林,辄倾倒自以为弗及,因兄事之。时胡毅生君方以革命事游说内地,君因福林得识胡君,闻民族之义,因想共和之盛,立起自任,剪除暴逆。岁庚戌正月倪君映典倡义番禺,明年三月黄君兴以选士攻广东总督署,并事几成而败。君时受命部署乡民,将为之应,既不得举愤懑,而周君之贞、李君沛基要君殂谋刺清将军凤山事。方三月之败,虏廷知大螯在广东,图终绝其根株。凤山于虏为材,清室所信,将使临广而收汉将兵,草薙诸乡。周李二君因君以指置诸事。凤山至广

---

① 写作日期不知。就内容推断当在 1913 年夏。

东,遂中弹死。是时,武昌义师起半月矣。凤山死之十四日,广东总督张鸣岐尽挟库藏逃。广东独立,君随李君福林实首倡。率义师进城请抚时,今都督胡君自香港来主广东事,法度未立,桀骜者往往自雄,因扰闾里,而旧存陆军防营徒自保弗制。有无赖千数百人结盟,称志成公司,掠省治南河南市。又有流氓张承德自号招抚全省绿林,为患市中。君前后受命,击破擒斩之。

既而南京政府成,北方形势方急,命广东济师,乃集诸良家子,编为北伐民军,君为第一标长。备具将发而和议成,君乃自任弭平广东诸寇盗。广东固多盗,而广州之番禺、南海、顺德,肇庆之恩平、开平为尤。其人或习山谷,或素居水乡,奔走劲疾,没行数十里不惫,自清室以为难胜。君受命一年,所遇战无虑百数十,前后所斩获累至千,还盗所卤者以百数。君所部统于李福林警卫军,而人皆称为福军。问纪律整肃众志壹而名勇者,必数福军以对,皆君与李君雍所为也。

民国二年四月,开平有盗,自号救世军,聚众数千人,日肆焚掠。君受命往讨。盗方据山颠,既接,尽绝诸道,盗无所逃,战又不利,乃并力谋破围。君时督战在前,猝盗众至,君手杀数人,中三创,殒于阵。盗首亦毙,余众散去,四月廿四日也。越日,妻戴子海乃以君归,颜色如生人。呜呼哀哉!卒伍痛伤,士女永怀。诸尝被盗掠得救者泣相闻也。母老在室,妻少在帷,子幼不知悲,家无余财,友朋闻讣,莫不怆然失其所期也。棺椁既周,恤赏如制,乃以其年○月○日葬君于城东○里○○冈之原。君之从弟有容作者,亦负勇艺,屡有功,同时死开平,祔葬于○。余知君于患难间,去岁北伐民军之编简,余实尸其事。既而督军务于广州阳江,君所领军受事广州,每期君计事,义气愤发,不知有己,而审虑周密,不妄为言,其所言未尝不践，其勇敌而爱士，殆天性然也。居常卒有过犯，未尝轻贷，而士卒归之。每战有创者，必呼李标长、李标长。得李标长一言，几失其楚。而君亦亲扶伤问疾不衰。其遇盗，每先士卒行，士莫取后。弹破衣帽者屡矣，勇前不改，卒以是殒。

先是，君有从卒数人，素所爱抚，进止必偕。君既屡陷阵，其从卒多丧。有二卒为其侪言曰，吾辈从李标长久，同时从者皆以陷阵死矣，李标长进不止，吾辈其终免乎。相与泣也，而感君意未尝有怯退，二人竟与君偕死。其德之入人也，使至死而不避也，斯岂易得于今之世者哉。是可以铭。铭曰：

有汉人之骞，除凶涤膻，惟君奋焉。揽挈俊豪，左鞭右刀，以会于郊。北面誓师，将往勿徯，不贰其期。曰虏既平，有盗弄兵，惟士弗宁。君与董戎，有肃其容，克襄厥功。凶残既夷，流亡既来，相乐于畦。奄凑祸门，不竟此勋，而丧其元。高冢岩岩，丰碑是镌，昭兹万年。

据杨晓风保存的原手稿刊印。

征集辛亥三月二十九日事实启

辛亥三月二十九日广州攻督署之役，为缔造中华民国一大关键，固世人所共知者也。而中华民国成立八年，三月二十九日之事，未有信史公诸世界，一任社会传述，疑信参半，则是役后死者不能辞其责。去岁林君子超集资建筑三月二十九日七十二烈士所葬之黄花冈墓地，将告成矣，而三月二十九之事实尚未集成，尤觉无以对死者，以昭来兹。但当时合全国之人材，谋大举于广州，事非一手一足，同是身亲其役，苟非执掌之事，实莫知其底蕴。是欲求当日之事实，非请当时诸同志将执掌之事各举所知不为功。用是先由某等拟具问题，列表附上，请诸同志各将身经事实，一一填写，不求其工，但求其实。尤请表到即填，填好即寄，俾集齐材料，早日成书，与黄花冈七十二烈士之墓同时告成也。或有当时在事同志，以住址未明，不能奉上表纸者，亦请照报载表式，另填寄来。诚以后死者共有之责，某等特汇诸同志之事实，编成册页，俾为信史而已，毫无成心于其间也。尚幸诸同志万勿放弃，早日照表填好寄返，无任切祷。肃此，顺颂

义安。 朱大符
邹 鲁 同启

　　注意　通函件处广州西横街水母湾又三十号二楼邹鲁寓收。

征集辛亥三月二十九日事实问题

（一）三月二十九日以前之革命述略。

（一）三月二十九日直接之动机。

（一）三月二十九日之总计划。

（一）香港机关之部署名目及担任人员。

（一）香港机关进图广州之计划。

（一）广州之部署名目及担任人员。

　　1.攻督署之计划如何。

　　2.攻水师行营之计划如何。

　　3.攻督练公所之计划如何。

　　4.攻将军署之计划如何。

　　5.攻警察署之计划如何。

　　6.攻各城各署各要地之计划如何。

　　7.运动新军之计划如何。

　　8.运动巡防营之计划如何。

　　9.运动民军之计划如何。

　　10.各军出发集中策应及其他之计划如何。

　　11.各军选锋之计划及选择附属方法如何。

　　12.各机关之设置地点。

（一）三月二十九日之经费。

　　1.事前之经费筹集情形。

2.美洲筹饷情形。

3.南洋筹饷情形。

4.军费之预算。

5.军费之实支。

(一)三月二十九日之军械。

1.军械之购买情形。

2.军械之密运情形。

3.军械之密藏情形及地点。

4.军械之分布情形及地点。

5.炸弹之制买及运藏情形及地点。

6.军械炸弹交发各队情形。

(一)发难时期之决定及更易并其原因。

(一)决定三月二十九日发难之原因。

(一)三月二十九日变更前定各路计划情形。

1.新军之情形。

2.由顺德调回之三营防营及观音山并其他之防营情形。

3.赵伯先所部之情形。

　A.邓明德运动卫队失败情形。

　B.宋玉琳所率皖同志未出发被捕情形。

4.陈竞存所部之情形。

　A.始平书院方面之情形。

　B.严德明所部之情形。

　C.旗界放火及租屋情形。

5.姚雨平所部之情形。

　A.嘉属会馆情形。

B.饶陈寓情形。

C.水师公所情形。

6.胡毅生所部之情形。

7.黄克强所部之情形。

A.所部之人及其出发时之总数。

B.攻督署卫队之情形。

C.入督署搜张鸣岐情形。

D.李准来援情形。

E.东辕门拒敌情形。

F.林时爽等在东辕门死伤情形。

G.出西辕门三路突围情形。

H.黄克强出大南门与防营遇战情形。

I.徐维扬以所部花县同志欲出小北门及与敌军遇战
情形。

J.喻云纪与七十余人攻督练公所及转攻龙王庙情形。

K.黄克强及各同志脱难情形。

（一）败后之情形。

1.各烈士遇难及收葬情形。

2.各烈士生平各别之真实行述,如系疑似,宁阙毋滥。

3.赵伯先、胡展堂及百余先锋三十早到省原因及折回
情形。

4.安顿省港同志之方法。

5.筹划将来进行及报告各埠。

（一）三月二十九日之鼓吹机关。

1.广州之部。

2.香港之部。

3.上海及各埠之部。

附

（一）孚琦被击情形。

（一）李准被炸情形。

（一）凤山被炸情形。

（一）本问题未列各情形。

注意　各人亲历亲见之事,请注明见字。其闻诸人者,注闻字,其人名字可记忆者,并请注人名。如有关于当时之记载及相片并各死者之遗著遗物,足资纪念者,请一并寄下。如声明须寄返者,且可照办。或有未能将原物寄来者,可拍影寄来。

据原件刊印。

寄赠书籍

《社会主义批判》　　日本室伏高信著　　东京市京桥银座二之廿七批评社发行

室伏氏在日本，关于民本主义之主唱与天山郁夫略齐名。其在思想界之功绩，殆不可没。其于经济组织改革上，亦以其民本主义之眼光为批判，持论似于罗塞尔等为近。此书只为比较研究，著者不自下一主张。然而非无主张也，特不敢公言其所主张耳。故室伏氏之自序云：

> 予固民本主义之主张者也。于政治、于社会、于产业之中觅出民本主义者，予之批评之根底也。故先察正统社会主义之立场，次及就于此之右翼的修正运动，夏于极左派社会运动之各分派，亦概加以研究。于是乎在劳动组合主义自体之革命，工会社会主义之诞生，——此等之中，吾终不能有所与矣。以为社会运动之光明，有如已在一处出世矣。

全书分——国家社会主义——修正派社会主义——散的加里主义(产业管理主义)——工会社会主义——劳动组合主义——波尔失委克①主义——无政府主义七章。于明了各派之纲领异同一

---

① 波尔失委克，今译布尔什维克。

点,确为有益之书。在日本两月余而重版十次(约万册),亦可知其在日本读书界之流行也。(室伏氏曾译脱罗斯奇之《过激主派与世界平和》,及著《民本主义》等书皆风行一时)

柏格森《创化论》　　张东荪译释　　商务印书馆发行

柏格森为近世哲学家中最重直觉者,其排斥十九世纪中华之主知主义,恰与德之倭铿相应。其"变的哲学"之语,实足为其学说研究之要领。此书本名为《创造的进化》,以活动、创造、转化,说明宇宙间一切范围,极便于窥知柏氏学说之内容。译释者张东荪君,学术文笔久已知名。今兼据英日两译,取其要义,略其细节,以成此书。取法于日人主解说体,故曰译释。张君自言:以达为第一义,于达信之间,宁重达而轻信。其译名,于东译派认例外,于译音及立新名,皆非万不得已不为,皆足为绍介学说者之法。以中国今日一般人基本知识之缺乏,专门书籍出版之少,此种译释书籍,尤为适于时代所要求也。此书为尚志学会丛书之一种,同丛书已出数册,皆颇有益之书也。

原载于 1920 年 4 月 1 日《建设》第 2 卷第 2 号。

介绍杂志

近来本社新到了的有三册好杂志：

第一　是《新青年》的劳动号；

第二　是《学艺》的二卷一号；

第三　是《自觉月刊》的一卷三号。

第一种的价值，用不着我来评价，且讲第二、第三两种。

《学艺》这一期里头，有许崇清先生的《今后思想家应取的针路》一篇。的确是现在思想界的一个刺激剂（虽然不敢说现代的思想家要当这篇做良药）。因为在这一年多的出版物里头，个个人都几乎有不做思想家不算的样子，却是很少能够用科学的精神来研究。所以有许多讨论，都放在很无聊的术说〔语〕误用误解里头去。批评的态度，不随伴以批评的力量，便是坐井观天，管中窥豹。有批评的意思，没有批评的方法，便是跋前疐后，动辄得咎。甚至于对所批评的事物。完全没有了解，引用几段死书，用着几个比喻，便作为思想结果，发表出来。我常说现在的新文化运动，要是不加以科学精神，恐要变做魏晋的清谈，等到排墙填杀以后，才说夷甫诸人，不能辞责，已经太迟了。许先生这一篇，指出注重方法，注重组织，来培养科学的精神，力求人格内容的充实（人格内容充实这一层，自然还是有大讨论的），是今后思想家应该做的事情，我最赞成。

《自觉月刊》这一期,有罗绮园先生的《科学的宗教批评》一篇。现代自命新思想家的人,决其没有是真信宗教的。但是有多数人,还想敷衍宗教,不去说破他,暂时利用他。说来说去,便成了不明了的态度了。还有许多,是受了托尔斯泰的毒,上了倭铿的当,以为精神生活和社会的爱,是要宗教才能完成的。更有看惯了那些信教文士的小说,把他们的"庄严威仪"式的词藻,认做真性情流露的表征,只管不是教徒,简直说的都是教徒口里说剩的话,自己还不晓得。所以有许多改革社会名称底下之出版物,借着文学的传染媒介,感受了宗教的瘟病,字里行间充满了"上帝听汝"的空气,真是一个大障碍。惟其如此,所以那些灵学会、基督教救国会之类,还可以把我们的世界,当他们的光天化日来大出风头。罗先生这一篇,确是能够摆脱了所有顾虑,超出所有瞒骗,来做合理的主张。我以为现代趋向未定的人,非熟读这篇不可。

尤其可注意的,这两个杂志都是注重科学的。他们也许有错。但是他们决没有诈伪,没有荒唐,这是应该取法的。

原载于 1920 年 6 月《建设》第 2 卷第 5 号。

译文存目

创制权复决权罢官权之作用

　　一九一九年八月一日《建设》一卷一号刊。署名民意。

瑞士之直接民权

　　一九一九年十月一日《建设》一卷三号刊。署名民意。

世界中都计画

　　一九一九年十二月一日《建设》一卷五号刊。

社会化之交通计划

　　一九二〇年五月一日《建设》二卷四号刊。署名民意。

基督教与文明（未刊原稿）

　　杨晓风藏。

附　　录

朱执信先生墓表

汪兆铨题　　汪兆铭撰并书

先生姓朱氏，讳大符，字执信。其先浙之萧山人。祖夏始移居番禺。父启连，学者称棣垞先生，有《棣垞集》行于世。母汪氏，谷庵先生之次女也。先生生于民国纪元前二十六年九月初五日。幼承家学，自胜衣就傅，已不屑意于帖括，枕经葄史，于诸子百家无所不窥。神明内敛，望之浑如也；然于意所不可，则凛乎若干将之不可犯。弱冠留学日本，治法学。先生幼读史，已怀亡国之痛，至是究心民主政治，遂慨然有志于革命。然疾空论，益肆力于学。民国纪元前七年，今大总统孙先生文至东京，与故南京留守黄先生兴等立中国革命同盟会，先生与焉，以身许国自此始。每与密议，潜心锐思，持论皆观微见远。所为文见于《民报》，理精而辞峻，见者推服。既归国，为教授于广东公立法政专门学校，固以此自晦，然于所执业亦殊不苟，至于躬冒危难，以遂其志。行之数年，人犹晏然无所知也。其智深勇沉类如此。满洲末造，益昏虐，知海内愤疾，思以暴力制之，盛治兵。鄙夫因倡为"后膛枪出无革命"之说，以媚虏而蛊国人。先生既以革命自任，以为非军队反正，不能制民贼之死命，非集民军无以发难。日与党人之潜身军中者相团结。又周历草莽间，所至以至诚动之，从者益众。自丁未以至辛亥，凡广东革命诸役，无一不与。劳身焦思，审而后发；既发而败，则气益厉，谋益深，务再举。三月二十九日之役，其最著者也。是役，先生力战，体被创犹不却，众死亡略尽，跳入友人家以免。自是始亡命海外，然计画内地事如故。且经是役，党人志节著于天下，虏魄益丧。其年秋八月，武昌举事，各省相继起，遂革虏命，立民国。当广东之始复也，庶事草创，胡先生汉民、陈先生炯明先后任都督，先生悉力佐之。既选将简卒，出锐师北伐；内则辑和军民，有桀骜不受制者痛治之，事始定。元、二年间，历任广阳绥靖处督办及广东审计院长，务涤旧污，致新治。而袁世凯谋反，东南麏兵，讨之不胜，党人皆亡走。先生亦走日本，从孙先生参大计，并撰述《民国》杂志，举成败之由以喻国人。暇则补生平未竟之学，治英文，究算术，洞其奥理，博览群籍，于经济学尤极深研幾，孜孜矻矻，惟日不足焉。五年，袁世凯称帝，先生受孙先生命，起兵广东。其时肇庆抚军院忌异己，百端齮龁之。会袁世凯死，军事解，先生舍去，从孙先生于上海，谓可小休矣。六年夏，乱又作，武人毁法，帝孽乘之谋，遂覆民国。孙先生集海军将士于上海，议讨贼，遂率军舰至广州。国会开非常会议，举孙先生为大元帅。先生念频年国本未定，民生日凋，故锐意以戡乱自任。而陆荣廷阴持两端，嗾将士不受命，军政府号令不行，乱日甚。先生感愤，以为人事若此，国难未有已也。七年秋，孙先生解大元帅职之上海。先生从，日与孙先生商榷建国方略，并撰述《建设》杂志，复以余力治俄文，亦时往漳州，就粤军总司令陈先生炯明计军事。九年秋，粤军自漳州旋师讨贼，复潮、梅，进次惠州，贼以死力拒战。先生自上海归，集同志袭虎门，克之。贼大震，贿军卒狙击先生，中要害，遂卒，九月二十一日也。先生虽殁，粤军卒复广东，尽逐群盗，迎孙先生建政府，北向戡乱。呜呼！

先生可以无恨。

　　先生生平致力于革命，极劳苦，无休息，虽数失败，所成就至多，意之所赴，无能阻之者。于生命及悠悠没世之名，视之蔑如也。凡所遇难，皆以力胜之。待人接物，一载以义，君子服其勇，小人惮其严。终身穷约，以养其节操。好学，虽颠沛中，手不释卷。进德之猛，有由然也。卒时年三十有六。其蕴于中而未施诸外者，人莫能窥其涯涘矣。娶妻杨氏，生三女，始、微、如；一子，百新。先生平日著作多散佚，后死诸友辑其遗文刊行之，事迹关系民国者不可胜纪。先命兆铭撮大略表诸墓，俾天下后世知所矜式焉。

　　中华民国十一年四月一日。

先兄执信行状

朱秩如

先生幼有至性,孝于父母,友于兄弟姊妹。十五岁时,广州城鼠疫流行,先考妣同时染疾,皆发大热,昏迷不省人事。先考病八日而殁,先母病数月,仅获痊。先兄看护甚谨,数月之间,或通夜不就寝,或不解衣而卧,不及二三小时而复起。积疲之余,往往坐立之间,不能自制其倒眠。及先母已愈,先兄就床一寝,经三日而后醒。十八岁时,先母病殁,先兄看护如前。入殓之后,亦一寝经三日而后醒。二十一岁时,先兄方留学日本,闻两姊相继殁,哀痛成疾,几至不起。民国四年,末妹病殁,先兄为之经纪其丧事,葬之于先考之茔。先兄又收养从兄遗孤三人,慈爱备至。其一人中疫,发大热数时而殁,先兄手自灌药,不稍畏避传染。死者已气绝,灌药之调匙,犹在先兄之手与死者之口之间。其真挚不苟如此。民国二年,龙济光入粤,欲全灭吾家。先兄当时甚贫,自顾不暇,犹怜其弟,携之东渡,使得留学。闻之者皆感叹谓余曰:"令兄诚可谓天下无双之友爱矣。"

先兄幼而好学,四书五经、《通鉴》、廿四史、内经皆烂熟于胸中。十六岁始习数学于从舅汪仲器先生,但自弧三角以上至于微分、积分及立体几何、解析几何等,则自读书籍而习之。每夜钻研非至四更不就寝,不独能忆各公式,且深明各公式由来之原理,与其应用之范围。不独谙新式之算法,各正史之《天文志》《律历志》、《周髀算经》、《勾股开方捷术》、《数理精蕴》、《历象考成》、《中西算学大成》、华蘅芳梅定九算书、《则古昔斋算术》等,自古代以至前清时代诸算书,无不探其蕴奥。余不通高等数学,故不能述之。渡日本后,又广购东西洋数学名家之著书而读之。尤好演算难题,算〔冥〕思苦索,废食忘寝,凡与数学有关之科学,如天文学、力学之类,类皆通晓。尝应留学日本法政科招考,以第一名合格。同时应北京大学预科招考,亦以高第入选。先兄舍北京而往日本,专心研究经济科。俭食约处,以购书籍。凡居日本一年半,所倾学费,不过六百圆,而所购之书籍,凡数百圆。其在日本时所居之客舍,仅三叠三张席。每日所食,唯白饭及腌菜而已。其苦行节俭,诚有非他人所能为者。日本文虽较欧文为易习,而日本语则全与吾国殊,以短少之时日,终难熟达。归国后,甚易遗忘。先兄居日本岁余,即能自由听讲。归国十余年,不独无所遗忘,且日有进境。英语之书,亦能诵读。盖非其精力特异于常人,但常人不肯向学,而忍耐之力不及先兄耳。

先兄忠于为人,其与人交,知无不言,言无不尽,则无论对于何人,皆直陈己见,无所避忌。余尝问之曰:"兄与胡汉民先生共事,如鱼与水,必无争论,可断言矣。"兄曰不然,每日争论少亦数次、多则十数次。可见其直谅之一斑矣。

先兄为人清廉,而好施与。家用常不足,而未尝苟受一钱。同志有急,以己之衣物钱财赠与,毫无吝惜。有受其厚恩而改从恶党者,兄不以为意,曰:"吾所以助之者,为公非为私也。彼改从恶党,是彼对于社会而为负心人耳,吾无私怨焉。"民国二年,广东被龙贼所攘,兄事败去粤,贫乏不能自赡。而同志有求救者,不问同省异省,割己资以救之。或有感激流涕者曰:"士穷乃见节义。吾居末世,唯于君见之耳。"

今世政界之人,无廉耻,无节操,变节易说,以迎合当世而取禄位者,纷纷皆是。先兄素性贞介,虽屯遭挫折,困苦流离,而自始至终,未尝变节易说。其死也,亦殉其主义而死者也。视彼之游美洲而梦俄罗斯,为袁氏之内阁之一总长,而又背叛袁氏,子女玉帛所在,虽事十姓亦不辞者,人格果何如哉?

先兄常以殉国殉民为己任,断脰决腹,是其素怀。前清末年,先兄运动革命甚力,与同志聚商,常至五鼓而后归家。狂风怒号、冷雨侵骨之夜,家人尽睡,老仆妇独静坐而待,闻叩门三声,歇而复继者,则必先兄之归家也。前清宣统二年正月,广东新军之变,倪映典于十二月晦日,宿于先兄之客厅。正月元旦,由吾家直赴新军起事。先兄自是日起,数日间行踪不明。初三日,新军事败,倪氏被杀,搜捕之吏役军队,终日过门,锁链琅珰之声,铳剑铿锵之响,皆足使吾亡魂失魄。盖吾知先兄之必预谋,而其遭难与否,亦不可得而知故也。三月二十九之起义,先兄自二十六日离家后,家人不知其何往。二十九晚,先兄偕黄克强等百余人焚攻督署,黄克强乘第一轿,先兄乘第三轿。爆弹所及,堂屋倒溃,道路梗塞,末由前进。而敌人援兵大队已至,不得已退出,右手及胸前,均为爆弹所伤,血透重衣。行至双门底之一横巷,避入林伯虎君之家祠,幸而得免。四月初一,乃出城往香港。同志死者九十六人。可谓险矣。桂贼专肆,粤事益危,先兄冒险入香山,运动起兵,先作书诀弟而后启行。贼运未穷,不能如愿,此次驱逐桂贼,先兄屡由沪往漳州,与陈总司令谋虎门独立。先兄冒险入内,竟为逆贼所害。此特其著者耳。其他冒险之事,不知凡几。自三月二十九之后至于今日,吾接先兄诀别之书，已及数次。一在三月二十九后，一在民国三年十一月将入内地谋起兵逐龙济光时，一在民国□年将往香山起事驱桂贼时，即开炮攻督署时。吾常劝其不可太冒险，兄不答，徐举手自拟其颈曰："好头颅谁当砍去？"又曰："譬犹沙煲，有用以煮饭、经岁而后损坏者，又有用以盛爆药掷向盗贼、随用随毁者。吾则盛爆药之煲也。"又曰："岂可不自牺牲，而望之他人乎？"又曰："先人耿介之性，实传之我。若靦颜苟活，其何以对祖宗？"又曰："吾本东西南北之人，不自珍惜，亦不耐投闲。冒险杀贼，尚差足以自快。家中但视吾为已死可也。"盖其决死殉国之心，十余年如一日焉。

先兄少博学能文，下笔万言，语简括而典雅。留学归国后，以为欲输入欧洲文明，非翻译西洋书籍不可；西洋文字，非直译不能尽其真确之意义。而直译则必须借用日本译名，且文辞艰涩而难解，无可避免。故其当时所作之文字，所编译之讲义，类皆多用日本名词，其文字亦质朴艰涩。学生辈苦其难解，啧有烦言。科举出身诸人，亦群相攻击。近数年来，编辑《建设》杂志，多用白话体文字，以图智识之普及，亦其启钥民智之苦心也。然先兄若徒慕文字之华美，套古人之调，不惜改原文之真意、变文字之范围，则贻误读者，甚非浅鲜。宁受不通之讥，不肯没其传导真知识之良心，虽众口交讥，亦弗之恤。先兄勤于读书，勉于执务，夙兴夜寐，居处有恒，不赌不嫖，不吸鸦片，不饮酒。前清末年至民元年间，尝吸雪茄烟及烟仔，既而以为有害，遂绝不复吸。常叹吾国人不好读书，曰："若使吾等一日不读书，当是如何痛苦耶？然吾国之少年，则常不喜读书，而费时于叉麻雀，岂不惜哉！"

先兄自留学日本归国后，奔走国事，积劳过度，神经衰弱。然三月二十九后，避居香港，静养数月，精神复原，肌肉丰美。自此以后至于今日,除民国三年尝患疮几死外,疾病甚稀。常操十磅哑铃以磨练身体。饮食居处,皆有常度,决不买过街馄饨、熟面等物,以防感受传染病。其意以为此身当留为国家牺牲,断不肯轻丧于身体口腹之欲也。

呜呼吾兄,今已死矣!今已惨死于恶徒之毒手矣!吾未见有如吾兄之决死为国者,未见有如吾兄之好学奋勉者,未见有如吾兄之孝友慈爱者,未有见如吾兄之任侠勇为者,未见有如吾兄之清廉者,未见有如吾兄之博览强记者,未见有如吾兄之忍耐者,未见有如吾兄之谅直者。以此忠烈无双之国士,方在驱桂贼、救粤民之中,竟死于毒手,岂非可悲之甚者耶?

呜呼!吾兄之历史,奋斗之历史也;吾兄之生涯,牺牲之生涯也。与民贼斗,与境遇斗,与世人之冷嘲热骂斗,牺牲其财产,牺牲其精力,牺牲其生命,鞠躬尽瘁,至死而后已焉。余每深夜静思,逾觉其志节之可怜也。今则已长逝矣,虽百身其可赎乎?呜呼哀哉!

朱执信主要活动年表

1885 年(清光绪十一年乙酉)　诞生

6 月　中法战争于去岁正式爆发后,清政府在法军多次失利的情况下,竟然继《中法停战条件》订立后,签订了丧权辱国的《中法会订越南条约十款》。

10 月 12 日(农历九月初五)　出生在广州市豪贤街的汪氏随山馆,即颇有文名的外祖父汪瑔的寓所。父朱启连为文士,著述甚丰,祖籍浙江萧山,前代迁至番禺。母汪若昭幼承家学,亦能诗词。朱执信原名大符,字执信、蛰伸。据说"执信"二字是因父亲朱启连仰慕康熙年间的著名学者赵执信而来。赵执信为人狷介,不随俗流,别号"秋谷",诗作对社会状况多有反映。后来,朱执信在函电中也常用"秋谷"作为别名。

1894 年(清光绪二十年甲午)　9 岁

8 月 1 日　中日甲午战争爆发。

11 月　孙中山在檀香山创建了近代中国第一个资产阶级革命民主派的团体——兴中会。《兴中会章程》在成立会议上通过,入会誓词则为:"驱除鞑虏,恢复中国,创立合众政府",首次提出了共和制度的诉求。

1895 年（清光绪二十一年乙未）　10 岁

2 月 21 日　孙中山在香港建立了兴中会总机关。旋又在广州组成兴中会广州分会，开始策划广州起义。

4 月 17 日　得知丧权辱国的《马关条约》签订，失声痛哭。

10 月 26 日　孙中山领导的第一次反清武装斗争——"乙未广州之役"计划败露，起义流产。

1896 年（清光绪二十二年丙申）　11 岁

7 岁开始诵读儒学经典，是年师从著名塾师章奏篪。后又投到名师沈孝芬门下学习五年，为国学素养打下比较坚实的基础。

1898 年（清光绪二十四年戊戌）　13 岁

9 月 21 日　戊戌政变。百日维新被清政府镇压，遭到清廷杀戮的"六君子"之一的杨锐是朱启连好友。此事给少年朱执信的思想和感情带来了极大的震动，认为必须"力加改革"。

1899 年（清光绪二十五年己亥）　14 岁

朱启连病故。

1900 年（清光绪二十六年庚子）　15 岁

6 月　孙中山先后到西贡、新加坡等地，积极策划武装起义。同时，派遣宫崎寅藏等赴广州，准备同李鸿章商谈合作问题，后因李鸿章奉诏北上未果。

10月8日　兴中会会员郑士良受孙中山委托,率领会党600余人在惠州三洲田起义。移师东向抵三多祝时,队伍已达两万余人。同时,史坚如在广州谋炸署理两广总督德寿未果,死难。半月后起义失败,但"国人之迷梦已有渐醒之兆'。

1901年(清光绪二十七年辛丑)　16岁

9月7日　《辛丑条约》签订后,深感清政府朽败无能,萌发反清思想。

12月　亲制"南都沦后第四乙酉生"印章,寄托反清决意。

是年　跟随汪仲器学习数学。仅数月即对三角、几何、微积分等各门开始通晓,又触类旁通转而研究中国古代历算,并涉及正史中的天文律历志、《周髀算经》及清代梅定九等的著作。

年底　作《读辛幼安南渡录感叹题后》一文,赞扬辛弃疾的爱国情怀,痛斥宋高宗偏安江南之举,提醒人们吸取宋朝灭亡的教训。这篇文章被广州著名学府广雅书院拟取为文学第一名。

1902年(清光绪二十八年壬寅)　17岁

是年　进入由维新派创办的新型学校——广州教忠学堂学习。它以"中学为体,西学为用"作为办学宗旨,开设科目有生物、物理、化学、历史、地理、经学、国文、修身、唱歌、图画、体操等。课余,与古应芬、胡汉民、汪精卫等志同道合者组织了"群智社",研讨新思想、新学说,逐渐接受西方民主主义学说,重新审视和探究中国封建传统思想,密切关注当前社会现状,主张消除封建专制主义,要求实现社会变革。

1903 年（清光绪二十九年癸卯） 18 岁

是年　因不满校方的专制管理，退学在家自学。

1904 年（清光绪三十年申辰） 19 岁

2 月　参加京师大学堂预科入学试，以高分获得录取。

2 月 8 日　日俄战争爆发。翌年 9 月，日本获胜，中国东北南部及朝鲜日益沦为日本势力范围。

夏　以第一名的优异成绩考取广东省官费赴日留学。

冬　与胡汉民、古应芬、汪精卫等人抵达东京，入东京法政大学法政速成科，主修理财科。

1905 年（清光绪三十一年乙巳） 20 岁

春　进入东京法政大学法政速成科第二期。法政速成科开设有政治、法律、经济等课程，选修了经济学科。

7 月 30 日　出席中国同盟会成立筹备会议。孙中山邀约各省有志于革命的留学生和华侨七十余人，其中包括了兴中会、华兴会、光复会和科学补习所的成员，在东京召开中国同盟会筹备会议，讨论建立统一革命组织的问题。会议最后决定结成新团体，组建中国同盟会。是日，首次会见了孙中山。

8 月 20 日　参加中国同盟会在东京召开的正式成立大会，被推举为同盟会评议员兼评议部书记。会议通过的章程把革命纲领概括为："驱除鞑虏，恢复中华，建立民国，平均地权。"

11 月 2 日　日本文部省徇清廷要求，颁布《关于清国人入学之公私立学校之规则》，遭到留日学生反对。

11月26日　中国同盟会机关报《民报》创刊,朱执信任编辑和主要撰稿人。在创刊号上发表政论《论满洲虽欲立宪而不能》。

12月24日　反对日方的"取缔规则"风潮发生,中国留学生大多退学回国。朱执信、胡汉民等持不同意见,发起组织"维持留学界同志会"。

1906年(清光绪三十二年丙午)　21岁

1—7月　在《民报》上陆续发表《德意志社会革命家列传》、《驳法律新闻之论清廷立宪》、《从社会主义论铁道国有及中国铁道之官办私办》、《论社会革命当与政治革命并行》、《就论理学驳新民丛报论革命之谬》等文章。

夏　在速成科毕业后回国。

1907年(清光绪三十三年丁未)　22岁

1月　在广东高等学堂和广东法政学堂任教习,积极从事革命活动。

5月下旬—6月上旬　潮州黄冈起义和惠州七女湖起义爆发,不久失败。

6月　参与刘思复谋炸广东水师提督李准事宜。

7—9月　在《民报》七月刊、九月刊上发表《土地国有与财政》。

9月1日　钦州防城之役爆发,旋因给养困难失败。

冬　与杨道仪结为伉俪

12月2日　镇南关(今友谊关)之役爆发。革命军奋战数昼夜,被迫于9日撤离镇南关。

1908 年(清光绪三十四年戊申)23 岁

4 月 30 日　云南河口之役爆发,起义军坚持 20 余日,终于失败。

6 月　在《民报》发表长篇论文《心理的国家主义》。

参与策划巡防营起义,结识倪映典等。

1909 年(清宣统元年己酉)　24 岁

6 月　与赵声等策划广州新军起义,负责联络会党和起义机关部事宜。

10 月　同盟会南方支部正式成立,会所设于香港,任职实行委员会和军事组,并介绍陈炯明、邹鲁参加南方支部。

1910 年(清宣统二年庚戌)　25 岁

2 月 12 日　策动倪映典等发动庚戌广州新军之役。起义虽败,革命风潮已成"鼓荡之势"。

兼任两广方言学堂教习。

主持同盟会机关报——香港《中国日报》笔政。

1911 年(清宣统三年辛亥)　26 岁

3 月　与邹鲁等编辑出版《可报》,批判时弊。

4 月 27 日　参加"广州三月二十九日之役",手持炸弹加入选锋队,进攻两广督署。起义失败后逃亡香港。

5 月　继续主持《中国日报》编务。致书劝李准反正。

10 月 10 日　武昌起义。新军工程第八营首先发难,迅速占领了楚望台军火库。其他各营兵士纷纷响应,合力攻打湖广督署。翌日,武昌全城为革命军据有。武昌首义,立即得到了全国各地的积极响应。

10 月　积极联络民军,配合革命党人策划广东独立,同时负责接洽李准反正事宜。

11 月 9 日　广州和平光复,随后广东军政府成立。

11 月 10 日　从香港返穗。

11 月 17 日　出任广东军政府总参议,并负责编练北伐军(约8000 人),准备北伐。

12 月　参与拟定广东《临时省议会选举法》。

12 月 29 日　孙中山被已经独立的奉、直、豫、鲁、晋、陕、苏、皖、赣、闽、粤、桂、湘、鄂、川、滇等十六省代表选举为首任临时大总统,并以临时大总统名义发布告同胞书,勉励全国人民"再接再厉,全始全终"。

1912 年(中华民国元年壬子)　27 岁

1 月 1 日　孙中山在南京宣誓就中华民国临时大总统职。发布《临时大总统就职宣言》和《告全国同胞书》,宣告中华民国成立。通电各省改用阳历,并以 1 月 1 日为民国建元的开端。

2 月 13 日　孙中山为"形势所迫"向临时参议院辞去临时大总统职,并荐袁世凯以代。临时参议院旋即选举袁世凯为临时大总统,袁氏于 3 月 10 日就任。

2 月　任广东军政府执法处处长。

4 月　任广东核计院院长。负责制订十多万民军的处理方案,裁减整顿民军。

5 月　兼任广（广州）阳（阳江）军务处（后改为绥靖处）督办。

8 月 25 日　同盟会与四个政团联合组成国民党。

12 月　会同邓铿、潘达微等致函广东都督，请筹款为"广州三月二十九日之役"殉难的七十二烈士兴建纪念碑。

1913 年（中华民国二年癸丑）　28 岁

3 月 20 日　袁世凯主谋刺杀国民党代理事长宋教仁。

6 月　辞去核计院院长等职务，前往香港。

7 月中旬　孙中山在沪发表讨袁通电。"二次革命"爆发。

7 月　回到广州，敦促时任广东都督的陈炯明反袁。后往上海，准备赴欧洲留学。因在经济上捐助淞沪讨袁军，以致留学计划未能实现。

8 月 20 日　赴港筹备讨伐袁世凯在粤爪牙龙济光事宜。

9 月 15 日　二次革命失败后，遭到袁世凯通缉，前往日本。

1914 年（中华民国三年甲寅）　29 岁

5 月 10 日　《民国》杂志在日本东京创刊。朱执信任编辑和撰稿人，发表《未来之价值与前进之人》、《无内乱之牺牲》等多篇文章。

6 月—8 月　在《民国》杂志发文《暴民政治者何》、《生存之价值》、《革命与心理》、《开明专制》等文。

7 月 22 日　中华革命党在东京举行成立大会，孙中山正式就任总理。因对入党组织规定持不同意见，旋从日本回国，积极投身广东反袁讨龙运动。

9 月 14 日　受邓铿委派，前往新加坡、芙蓉等地筹款。

10 月 3 日　筹得 4 万余元,回到香港。

10 月 10 日　与邓铿密谋广东反袁起义。次日即在顺德发难,指挥千余人向佛山进发。之后,策动驻扎在广州观音山的炮兵倒戈。

1915 年(中华民国四年乙卯)　30 岁

1 月 10 日　提交《讨龙之役报告书》,向南洋华侨汇报起义情况。

夏　在澳门建立反袁讨龙机关部,策划讨伐龙济光事宜。

11 月　应孙中山召请赴日,商讨广东地区的讨龙策略。中旬,正式加入中华革命党。

12 月 2 日　被任命为中华革命军广东军司令长官,全权负责广东反袁讨龙任务,遂即返回澳门。

1916 年(中华民国五年丙辰)　31 岁

1 月　策动革命党人在惠州起义,扩大中华革命党队伍。

2 月 5 日　率领包括数十人的部队接近广州石湖村兵工厂,并于 8 日指挥民军发动石湖村之役。

2 月 20 日　与陈炯明商谈联合反袁事宜。

3 月上旬　在澳门布置袭击肇和舰计划。

4 月下旬　与龙济光方商谈停战协议相关条件。

5 月 10 日　发表《致李福林书》,揭露和批驳龙济光隐瞒事实、欺骗舆论的做法。

6 月 6 日　袁世凯病故。反袁军事活动停止。

12 月 7 日　发表《中华革命军之略史》。

1917 年（中华民国六年丁巳）　32 岁

春　在上海主持中华革命党事务所的日常工作。

夏　据孙中山口授撰写《中国存亡问题》一书,反对中国参加协约国对德作战,主张保持"严肃之独立"。

7 月 6 日　由于北京政府拒不恢复"临时约法"和民初国会,随孙中山、廖仲恺等南下广州开展护法运动。

8 月 25 日　广州召开国会非常会议,成立护法军政府,孙中山当选海陆军大元帅。

9 月　主持大元帅秘书处的工作。

11 月　策动李福林部队起义,惩治时任粤督的桂系军阀莫荣新。

1918 年（中华民国七年戊午）　33 岁

1 月　据孙中山指示联络广东地方武装力量,招募军队。

3 月 28 日　应头山满、犬养毅之邀,受孙中山委派前往日本。

5 月 4 日　因桂系军阀及政客的排斥,孙中山辞大元帅职。

5 月 21 日　随同孙中山离穗赴粤东,取道台北转日本后前往上海。

6 月 26 日　陪同孙中山抵达上海。

1919 年（中华民国八年己未）　34 岁

5 月 4 日　五四运动爆发。与孙中山、罗家伦等探讨新文化运动问题。

6 月 8 日　与戴季陶等在上海创办《星期评论》。

6月28日—7月3日　在《觉悟》杂志上连续刊发政论《睡的人醒了》等。

8月1日　与胡汉民、戴季陶等在上海创办《建设》杂志。

8月　将孙中山用英文写成的《实业计划》部分章节译成中文。在《建设》杂志上陆续发表《民意战胜金钱武力》、《神圣不可侵与偶像打破》、《舆论与煽动》、《侵害主权与人道主义》等文。

9月—11月　在《建设》、《星期评论》、《民国日报》等报刊发表《不可分的公理》、《国家主义之发生及其变态》、《求学与办事》、《不合时宜之调和论》、《国会之非代表性及其救济方法》、《新文化的危机》等多篇政论。

12月1日　与陈炯明等在福建粤军驻地漳州创办《闽星》杂志。

冬　兼任上海《民国日报》主笔。

是年　在上海参加孙中山组织的俄文学习班,准备赴十月革命后的俄国考察。

是年　与邹鲁征集有关"广州三月二十九日之役"的相关资料,筹备编纂史书。

1920年(中华民国九年庚申)　35岁

1月—6月　在《星期评论》、《闽星》、上海《民国日报》、《建设》等报刊陆续发表文章数十篇。

4月初　在漳州与福建督军、省长李厚基的代表臧致平会晤,并函告孙中山相关详情。

6月29日　受孙中山派遣,与廖仲恺前往漳州,敦促陈炯明速率部队返粤,驱除桂系军阀。

7月22日　致函孙中山,陈述陈炯明对回师广东的态度。

8月15日　赴香港主持广东讨伐桂系事宜。

9月16日　策动虎门要塞司令桂系所部丘谓南反正。20日,致函马伯麟商议策反李福林部事宜。

9月21日　在虎门调停丘部与民军冲突的过程中,被驻军流弹击中,不幸殉难。灵柩于12月15日运回广州。翌年1月16日归葬于广州驷马岗。1936年迁葬于执信中学,驷马岗墓则为衣冠冢。

主要参考文献

建设社编:《朱执信集》,民智书局 1921 年

邵元冲编:《朱执信文抄》,民智书局 1926 年

邵元冲编:《朱执信文抄》,中国文化服务社 1935 年再版本

《朱执信先生自书诗遗墨》,民智书局

李穗梅主编:《古应芬藏未刊函电文稿辑释》,广州出版社
2010 年

《民报》

《民国》杂志

《建设》杂志

《民国日报》

《星期评论》

《闽星》杂志

《上海晨报》

朱秩如、杨晓风诸先生所藏朱执信未发表过的原稿与手迹

后　记

　　摆在面前的《朱执信文存》校样引发了我的许多记忆和感慨，从《朱执信集》与《朱执信集》(增订版)到《朱执信文存》的编纂，是一个长达半个世纪的曲折过程。

　　朱执信著述的编辑工作，始于1961年初。当时，中华书局的领导金灿然、李侃等同志通过电报和来穗直接部署了这项任务，指出朱执信在近代中国民主革命中的重要地位，除了孙中山、宋庆龄已有文集外，朱执信与廖仲恺、何香凝均应编纂新版文集。此前我在北京大学历史系做研究生时曾与泽厚学兄初步研讨有关朱执信的思想，且有短文在《光明日报》发表。我所在单位中国科学院广州哲学社会科学研究所(后更名为广东省哲学社会科学研究所)把编辑文集的事情交付给我，而历史研究室的同事当时大都下乡整风整社或患病住院，自己难以推卸工作，寻求合作者亦非易事，只能勉力承担。

　　作为卓越的民主主义革命家，朱执信的理论活动是他政治生涯的重要部分。从1905年到1920年，他在《民报》、《民国》杂志、《建设》杂志、《星期评论》、《闽星》杂志、《民国日报》、《上海晨报》和南洋地区华侨报刊上发表了许多论文，且有专著出版。1921年出版的建设社编印的《朱执信集》，大体选录了他的主要著述。

1926 年发行的邵元冲编《朱执信文抄》实际上是《朱执信集》的缩编本,仅增加了少量篇章。此外,朱执信的四弟朱秩如和亲属杨晓风先生慷慨提供了一些未发表的手迹和照片。在此基础上,我遍访京、沪、宁等地,从高校、科研单位的图书馆收藏的报刊中拾遗补缺,居然寻找出四十余篇文章。各地的专家学者给予了热情的支持和指导,中国科学院近代史研究所荣孟源前辈的谆谆教诲至今难忘。遗憾的是不能前往近在咫尺的港澳,更难想象到台湾访问。至于东南亚地区的泗水、仰光等处主要侨报,亦终未能尽睹。

经过近两年的工作,书稿送交中华书局。然而,不断的运动和随后而来的"文化大革命"打断了《朱执信集》的出版计划。直到"文革"结束后,经略加修订,由中华书局作为"中国近代人物文集丛书"之一种于 1979 年夏付梓。2011 年时值辛亥革命百年,《朱执信集》被选入"中国文库",中华书局并计划再版"中国近代人物文集丛书"本。在这期间,朱执信的研究再度兴起。在广州市建设岭南先贤祠的过程中,朱执信被一致推选为 56 位先贤之一。2013 年 3 月 29 日,广州博物馆又举办了"民主先烈朱执信生平事迹展"。当然,令我十分兴奋的是《古应芬家藏未刊函电文稿辑释》的出版。古滂先生是古应芬(1873—1931)的哲嗣,这位关心祖国文化建设的旅美华人把先辈珍藏多年的相关函电和文稿交给了孙中山大元帅府纪念馆。担任主编的李穗梅馆长和李兴国同志付出了极大的精力,整理编成了这部颇有价值的史料集。在《辑释》中,有未公布的朱执信致古应芬等的函电约五十件。我们衷心感谢他们的辛勤劳作和对社会科学研究事业的一贯支持。中山图书馆倪俊明副馆长多年来始终关心、帮助我们的科研工作,他又提供了一些朱执信函稿的复印件,这就给此次《朱执信集》的增补修订工作提供了大量素材。这些信函大多为朱执信在 1914 年到 1920 年所写,其间政局变幻:袁世凯帝制自为、张勋复辟、军阀割据、外患频至;革命党人捍卫共和的艰苦斗争、十月社会主义革命的影响、五四运动的爆发、大革命浪潮开始涌动……民主革命即将进入新阶段。这些资料十分可贵,使得新文集趋于完满——接近全集性质,弥补了过去的遗憾。我们把这些函件加以整理,交给中华书局作为再版《朱执信集》的补编。同时,我们也产生了编纂"全集"的意愿。在大家的支持下,此事终于办成。

　　这里,我还要提一下署名问题。五十余年前编辑文集时用的单位署名早已成为历史。中国科学院广州哲学社会科学研究所已多次更名,现为广东省社会科学院,所属历史研究室也改为历史研究所,又再扩为历史与孙中山研究所。为了保存文集的原貌,仍署旧名。只署单位而不提具体承担者的名字,乃是当时气氛使然。所以,我在"后记"中应当略加说明:初版和增订版编辑工作的主持者实际上为张磊,广州市社会科学院副研究员张苹——她的《朱执信》一书刚刚出版——则几乎承担了增订版补充修订的主要任务。同时也衷心感谢师友的支持,特别是我多年的同事张难生、方志钦、黄彦和刘培琼先生。这是实事求是的态度,也是对项目负责和对学术研究的尊重。事关跨越半个多世纪的编纂工作的来龙去脉,这里不得不敷衍几句。希望这部以"全集"为目标的《朱执信文存》在大家支持和指导下完成。

　　当然,我还要表示对中华书局的深切诚挚的感念。长期以来,中华书局的相关同志对我们始终积极扶持,对于广东的人文社会科学事业更是热情支持。我的第一本习作——《孙中山思想研究》就是于 1981 年在中华书局出版。11 卷本的《孙中山全集》和《孙中山年谱长编》等重大项目,也是中华书局承担了付梓的重任。成绩卓著,功不可没。老一代领导已逝,新一代领导的关切依然赓续。退而不休的陈铮先生和风华正茂的张玉亮等同志,则至今仍热切推动我们的工作。恳请中华书局的同志们更加发挥良师益友的作用,大力支持我们促进广东文化事业的发展。

最后,我还要衷心感谢广东省人民政府文史研究馆和参事室的领导和同事们。二十余年来,我的科研工作、社会活动乃至健康,都得到了他们的深切关怀。本书得以付梓,就是文史馆鼎力支持、指导的结果,我不能因为自己的馆员身份而讷言,这里谨作简单的表述。

张磊谨记

2018 年夏·广州